Henssler/Grau

Arbeitnehmerüberlassung und Werkverträge –
Gesetzliche Neuregelung und Auswirkungen für die Praxis

Rechtsanwaltskanzlei
Gerald Munz
Hummelbergstraße 28
70195 Stuttgart
Tel.: 07 11/305 888-3
Fax: 07 11/305 888-4
E-Mail: info@ra-munz.de
Internet: www.ra-munz.de

AnwaltsPraxis

Arbeitnehmerüberlassung und Werkverträge

Gesetzliche Neuregelung und Auswirkungen für die Praxis

Herausgegeben von
Prof. Dr. Martin Henssler
Prorektor für Planung und wissenschaftliches Personal der Universität zu Köln
und
Dr. Timon Grau
Rechtsanwalt und Fachanwalt für Arbeitsrecht,
Freshfields Bruckhaus Deringer LLP, Frankfurt a.M.

Zitiervorschlag:
Henssler/Grau, Arbeitnehmerüberlassung und Werkverträge, § 1 Rn 1

Hinweis
Die Ausführungen in diesem Werk wurden mit Sorgfalt und nach bestem Wissen erstellt. Sie stellen jedoch lediglich Arbeitshilfen und Anregungen für die Lösung typischer Fallgestaltungen dar. Die Eigenverantwortung für die Formulierung von Verträgen, Verfügungen und Schriftsätzen trägt der Benutzer. Herausgeber, Autoren und Verlag übernehmen keinerlei Haftung für die Richtigkeit und Vollständigkeit der in diesem Buch enthaltenen Ausführungen.

Anregungen und Kritik zu diesem Werk senden Sie bitte an
kontakt@anwaltverlag.de
Autoren und Verlag freuen sich auf Ihre Rückmeldung.

Copyright 2017 by Deutscher Anwaltverlag, Bonn
Satz: Griebsch & Rochol Druck GmbH, Hamm
Druck: Medienhaus Plump GmbH, Rheinbreitbach
Umschlaggestaltung: gentura, Holger Neumann, Bochum
ISBN 978-3-8240-1504-7

Bibliografische Information der Deutschen Nationalbibliothek
Die Deutsche Nationalbibliothek verzeichnet diese Publikation in der Deutschen Nationalbibliografie; detaillierte bibliografische Daten sind im Internet über http://dnb.d-nb.de abrufbar.

Einführung

Nach Mindestlohn, Tarifeinheit und partieller Reduzierung des Renteneintrittsalters hat die große Koalition in der 18. Legislaturperiode ein weiteres arbeitsrechtliches Reformpaket geschnürt und zum Abschluss gebracht. Es sieht erneut eine in vielen Bereichen zu begrüßende Stärkung von Arbeitnehmerrechten vor, wird aber zugleich statt des versprochenen Bürokratieabbaus unternehmerische Handlungsspielräume zusätzlich einschränken. Nach mehreren Vorentwürfen hatte sich der Koalitionsausschuss mit Beschluss vom 1.6.2016 auf eine Reform der Arbeitnehmerüberlassung und anderer Gesetze geeinigt, die im Wesentlichen der zum 1.4.2017 in Kraft tretenden Gesetzesfassung entspricht. Die Neuregelung verfolgt zwei zentrale Anliegen, nämlich zum einen die Leiharbeit wieder auf ihre Kernfunktionen hin auszurichten und zum anderen den Missbrauch von Werkverträgen zu verhindern. Die Regierungsbegründung hebt insoweit hervor, das Gesetz solle die Funktion der Arbeitnehmerüberlassung als Instrument zur zeitlich begrenzten Deckung eines Arbeitskräftebedarfs schärfen, den Missbrauch von Leiharbeit verhindern, die Stellung von Leiharbeitnehmern stärken und die Arbeit der Betriebsräte im Entleiherbetrieb erleichtern. Zugleich soll die Arbeitnehmerüberlassung als eines der flexiblen Instrumente des Personaleinsatzes inklusive ihrer positiven Beschäftigungswirkungen erhalten bleiben. Schließlich soll die Bedeutung tarifvertraglicher Vereinbarungen als wesentliches Element einer verlässlichen Sozialpartnerschaft gestärkt werden.

Das Gesetzespaket betrifft zwei miteinander verbundene Regelungskomplexe, nämlich neben der erneuten Reform der Arbeitnehmerüberlassung die erstmalige gesetzliche Definition des Arbeitsvertrages und damit mittelbar auch des Arbeitnehmers im BGB.

Den klaren Schwerpunkt des Reformgesetzes und dementsprechend des damit einhergehenden Anpassungsbedarfs für die Praxis bilden die Änderungen des AÜG zur erwähnten Rückführung der Arbeitnehmerüberlassung auf ihre Kernfunktionen. Hierfür hat der Gesetzgeber neben einem Bündel kleinerer Maßnahmen zwei zentrale Neuerungen vorgesehen:

Zum einen wurde eine arbeitnehmerbezogene Überlassungshöchstdauer von 18 Monaten für Leiharbeitnehmer eingeführt, von der (nur) durch Tarifvertrag oder aufgrund eines Tarifvertrags der Tarifvertragsparteien der Einsatzbranche abgewichen werden kann.

Zum zweiten erhalten Zeitarbeitnehmer gemäß dem neu gefassten § 8 AÜG einen grundsätzlich unbeschränkten Anspruch auf Gleichstellung. Auch von ihm kann nur durch Tarifvertrag abgewichen werden, allerdings soweit es um Entgeltgleichheit (Equal Pay) geht, für einen Zeitraum von höchstens neun Monaten. Bei Bran-

Einführung

chenzuschlagstarifverträgen, die eine stufenweise Heranführung an das gleiche Entgelt vorsehen, verlängert sich der Zeitraum auf 15 Monate.

Weitere wichtige Änderungen betreffen die gesteigerten Transparenzanforderungen, die zugleich das „Aus" für sog. Vorratserlaubnisse bedeuten, das Verbot, Zeitarbeitnehmer als Streikbrecher einzusetzen und die deutliche Verschärfung der Sanktionen bei einer Überschreitung der Höchstüberlassungsdauer oder der Verletzung des Gleichstellungsgebotes.

Zur Verwirklichung des zweiten Kernanliegens des Artikelgesetzes, nämlich der Eindämmung des „Missbrauchs" von Werkverträgen wurde der Arbeitsvertrag im BGB erstmals gesetzlich definiert. Die entsprechende Neuregelung in § 611a BGB orientiert sich eng an der Rechtsprechung des BAG.

Unser vorliegendes Handbuch bietet einen kompakten Überblick über die Neuregelungen sowie deren praktische Auswirkungen. Zudem sollen die eingearbeiteten Praxishinweise und Übersichten den praktischen Umgang mit den veränderten Anforderungen erleichtern.

Köln/Frankfurt a.M., im November 2016,   Prof. Dr. Martin Henssler
Dr. Timon Grau

Inhaltsverzeichnis

Einführung 5
Autoren 19
Literaturverzeichnis 21
Abkürzungsverzeichnis 23

§ 1 Reformanlass und Entstehungsgeschichte der Neuregelung . 29

A. Reformanlass 29
B. Die Entwicklung des Rechts der Zeitarbeit 30
    I. Vom Arbeitsvermittlungsmonopol zum Arbeitnehmerüberlassungsgesetz 1972 30
    II. Die Deregulierung des AÜG insbesondere durch die „Hartz-Gesetze" 32
    III. Folgen der Deregulierung und AÜG-Reform 2011 33
C. Von der Koalitionsvereinbarung 2013 zur Reform 2017 38
    I. Der Koalitionsvertrag des Jahres 2013 38
    II. Der erste Referentenentwurf vom 16.11.2015 40
    III. Der zweite Referentenentwurf vom 17.2.2016 41
    IV. Der Regierungsentwurf vom 1.6.2016 42
    V. Behandlung im Ausschuss Arbeit und Soziales und weitere Schritte im Gesetzgebungsverfahren 43

§ 2 Die Regelung des Arbeitsvertrages in § 611a BGB 45

A. Einleitung 45
B. Die im Verlauf des Gesetzgebungsverfahrens verworfenen Entwürfe 45
    I. § 611a BGB in der Fassung des ersten Referentenentwurfes vom 16.11.2015 45
        1. Die allgemeine Regelung (§ 611a Abs. 1 BGB RefE-I) 46
        2. Der Kriterienkatalog (§ 611a Abs. 2 BGB RefE-I) 47
        3. Die Vermutungsregelung (§ 611a Abs. 3 BGB RefE-I) 49
    II. Der Regelungsvorschlag des Regierungsentwurfs 51
        1. Die wörtliche Wiedergabe von Leitsätzen der Rechtsprechung ... 51
        2. Kritik 52
C. Die Neuregelung in § 611a BGB 53
D. Die fortgeltenden Kriterien der Rechtsprechung 55
    I. Die Notwendigkeit einer typologischen Betrachtungsweise im Sinne einer Gesamtwürdigung aller Umstände 55
    II. Der Vorrang der tatsächlichen Vertragspraxis vor der Vertragsgestaltung 56

Inhaltsverzeichnis

III. Einzelfallbezogene Abgrenzungskriterien 57
    1. Für den Arbeitnehmerstatus sprechende Indizien 57
    2. Die Kriterien des § 611a Abs. 2 S. 2 Ziff. g) und h) BGB-RefE-I . 58
    3. Für die Statusbeurteilung unbeachtliche Kriterien 59

§ 3 Die Abgrenzung der Arbeitnehmerüberlassung von anderen Formen des Fremdpersonaleinsatzes 61

A. Der Einsatz von Fremdpersonal – rechtstatsächliche Entwicklungen 61
    I. Missbräuche im Recht des Fremdpersonaleinsatzes / Rechtstatsachen 61
        1. Zahlen zur Leiharbeit 62
        2. Zahlen zum Fremdpersonaleinsatz durch Onsite-Werk- oder Dienstverträge 68
    II. Unternehmensfeindlicher Reglementierungsdrang der Bundesregierung 69
B. Die rechtliche Abgrenzung der Arbeitnehmerüberlassung von anderen Formen des Fremdpersonaleinsatzes 70
    I. Überblick über die Rechtsverhältnisse 70
    II. Die Bedeutungslosigkeit der Grenzziehung zwischen Werk- und Dienstvertrag 71
    III. Die Grenzziehung nach neuem Recht – das Ineinandergreifen von § 611a BGB und § 1 Abs. 1 S. 2 AÜG 73
    IV. Der Arbeitnehmerbegriff des § 1 Abs. 1 S. 2 AÜG 74
        1. Die Kodifikation der Rechtsprechung 74
        2. Offene Praxisfragen 76
    V. Sachgerechte Regelung: Rechtssicherheit durch „Positivkatalog" ... 77
        1. Kriterienkatalog: Das Gegenmodell eines Positivkataloges 77
        2. Elemente eines Positivkataloges 77
C. Lösungsansätze zur praktischen Handhabung des Fremdpersonaleinsatzes ... 78
    I. Allgemeine Anforderungen an die vertragliche Vereinbarung zwischen Auftraggeber und Auftragnehmer (Dienstleister) 79
        1. Die Person des eingesetzten Arbeitnehmers 79
        2. Abgrenzbares, abnahmefähiges und dem Auftragnehmer als eigene Leistung zurechenbares Werk 80
        3. Haftung/Gewährleistung für Herstellung eines Erfolges 81
    II. Anforderungen an die Ausgestaltung des Personaleinsatzes im Betrieb des Auftraggebers 82
        1. Die Notwendigkeit einer Gesamtwürdigung (typologische Methode) 82
        2. Maßgeblichkeit der tatsächlichen Vertragsdurchführung (§ 611a Abs. 1 S. 6 BGB) 83

Inhaltsverzeichnis

    3. Faktische Übertragung der Personalhoheit durch Überlassung des Weisungsrechts als Indiz für eine Arbeitnehmerüberlassung . 83
    4. Eingliederung in die Betriebsorganisation . 84
    5. Nutzung fremder Arbeitsmittel . 86
    6. Dauer und Intensität der Zusammenarbeit . 86
  III. Prüfung der vorliegenden Umstände nach ihrer Indizwirkung (Bewertungstabelle) . 87
  IV. Checkliste für die rechtssichere Handhabung . 91
D. Sonderfall: Die Personalgestellung im Projektgeschäft . 92
  I. Die unverzichtbare Klarstellung in der Begründung der Beschlussempfehlung . 92
  II. Die Folgerungen für die Praxis . 95
    1. Anforderungen an die Ausgestaltung des Vertrages über die Dienstleistung . 95
    2. Die Erfüllung des Beratungsauftrages im Betrieb des Auftraggebers . 97

§ 4 Solo-Selbstständige . 99

A. Definition/Begriff des Solo-Selbstständigen im Arbeits-, Steuer- und Sozialversicherungsrecht . 100
B. Bezeichnung als Solo-Selbstständiger . 103
C. Motive für Solo-Selbstständige und Auftraggeber . 104
D. Zahl und Bedeutung der Solo-Selbstständigen – Anteil an den Selbstständigen – Weißbuch Arbeiten 4.0 . 107
E. Solo-Selbstständige in Tarifverträgen . 109
F. Solo-Selbstständige ohne Arbeitnehmerüberlassung (Zweier – Beziehung) . 111
  I. Abgrenzung der Solo-Selbstständigen zum Arbeitnehmer . 111
    1. Arbeitsrechtliche Abgrenzung . 111
    2. Sozialversicherungsrechtliche Abgrenzung . 112
      a) Gesetz . 112
      b) Rechtsprechung . 112
      c) Sozialversicherungsträger . 113
    3. Steuerrechtliche Abgrenzung . 114
      a) UStG und LStDV . 114
      b) Checkliste des BFH . 117
      c) Auseinanderfallen von steuer- und sozialversicherungsrechtlicher Beurteilung der Tätigkeit – gesetzlich ungeregelt . 118
  II. Konsequenzen falscher Handhabung . 119
    1. Konsequenzen einer falschen Handhabung im Arbeitsrecht . 119
      a) Individualarbeitsrecht . 119
        aa) Arbeitnehmerstatus . 119
        bb) Zukünftige Lohnhöhe . 120

       cc) Auswirkungen auf die Vergangenheit 121
       dd) Rechtsmissbrauch/Verwirkung/Treu und Glauben 124
       ee) Statusklage 126
       ff) Rechtsweg 129
    b) Kollektivarbeitsrecht 132
       aa) Neuwahl des Betriebsrates 132
       bb) Zustimmungspflichtige Einstellung 133
       cc) Unterrichtung des Betriebsrates 133
       dd) Innerbetriebliche Stellenausschreibungen 134
2. Konsequenzen einer falschen Handhabung im Sozialversicherungsrecht 134
    a) Bei rechtzeitigem Anfrageverfahren 136
    b) Außerhalb eines rechtzeitigen Anfrageverfahrens 136
       aa) Abschaffung des § 7b SGB VI 136
       bb) Nachentrichtung der gesamten Sozialversicherungsbeiträge/Säumniszuschläge 137
       cc) Verjährungsfristen 140
       dd) Erstattung der Arbeitnehmeranteile 141
       ee) Konsequenzen in strafrechtlicher Hinsicht 144
3. Konsequenzen einer falschen Handhabung im Steuerrecht 144
    a) Lohn-/Einkommensteuer 144
    b) Umsatzsteuer 148
    c) Gewerbesteuer 150
    d) Verjährung bei Einkommens-/Lohn-, Umsatz- und Gewerbesteuer 151
    e) Straf- und bußgeldrechtliche Auswirkungen 151
G. Solo-Selbstständige in der Arbeitnehmerüberlassung (Dreier – Beziehung) .. 151
   I. Praxisrelevanz – Renaissance der Freien – Mitarbeiter – Verträge? .. 151
  II. Einordnung in Fallgruppen 153
    1. Fallgruppe 1: Überlassung eines echten Solo-Selbstständigen/ Freien Mitarbeiters aufgrund eines echten Dienst-/Werkvertrages an einen Dritten 154
       a) Arbeitsrecht – Nichtanwendbarkeit des AÜG 154
       b) Sozialversicherungs- und Steuerrecht 156
    2. Fallgruppe 2: Überlassung eines echten Solo-Selbstständigen/ Freien Mitarbeiters mit weisungsgebundener Eingliederung bei einem Dritten 158
       a) Arbeitsrecht 158
       b) Sozialversicherungs- und Steuerrecht 162

3. Fallgruppe 3: Überlassung eines scheinselbstständigen Solo-Selbstständigen/Freien Mitarbeiters ohne Eingliederung bei einem Dritten 164
   a) Arbeitsrecht (Solo-Selbstständiger als Scheinselbstständiger seines Auftraggebers) 164
   b) Sozialversicherungs- und Steuerrecht 165
4. Fallgruppe 4: Überlassung eines scheinselbstständigen Solo-Selbstständigen/Freien Mitarbeiters mit weisungsgebundener Eingliederung bei einem Dritten („Doppel-Fehler") 165
   a) Arbeitsrecht 165
   b) Sozialversicherungs- und Steuerrecht 166

§ 5 Die Reform des AÜG 169

A. Überblick über die Neuregelungen im AÜG 169
  I. Einleitung 169
  II. Wesentliche Neuerungen im Kurzüberblick 169
    1. Legaldefinition der Arbeitnehmerüberlassung 169
    2. Neuerungen beim Anwendungsbereich des AÜG 171
       a) Bereichsausnahmen für den öffentlichen Dienst 171
       b) Keine Änderungen beim sog. Konzernprivileg und weiteren Ausnahmetatbeständen 171
    3. Ausschluss von Ketten- oder Zwischenverleihkonstruktionen 172
    4. Kennzeichnungs- und Konkretisierungspflichten: Ausschluss von Vorratserlaubnissen 173
    5. Begrenzung der zulässigen Überlassungsdauer auf 18 Monate ... 173
    6. Verschärfungen beim Equal Pay Grundsatz 174
    7. Fiktion eines Arbeitsverhältnisses mit dem Entleiher und Widerspruchsmöglichkeit des Leiharbeitnehmers (sog. Festhaltenserklärung) 175
    8. Untersagung des Einsatzes von Leiharbeitnehmern als „Streikbrecher" 176
    9. Beteiligungsrechte des Betriebsrats 176
    10. Schwellenwerte 177
B. Der Begriff des Leiharbeitnehmers und das Verbot des Kettenverleihs 177
  I. Definition des Leiharbeitnehmers 178
    1. Legaldefinition 178
    2. Gleichbleibende Beweislast 179
  II. Verbot des Kettenverleihs § 1 Abs. 1 S. 3 AÜG 179
    1. Definition und bisherige Rechtslage 179
    2. Neue Rechtslage 181
    3. Kein Kettenverleih (abzugrenzende Konstellationen) 183

C. Bereichsausnahme für den öffentlichen Dienst 184
   I. Überblick über die Neuregelung 185
   II. Entstehungsgeschichte und Hintergrund 186
   III. Inhalt der Neuregelung 189
      1. Regelungsstruktur und Abgrenzungsfragen 189
      2. Bereichsausnahme in § 1 Abs. 3 Nr. 2b AÜG 191
      3. Bereichsausnahme in § 1 Abs. 3 Nr. 2c AÜG 195
      4. Richtlinienkonformität der Bereichsausnahme 197
   IV. Bewertung für die Praxis 199
D. Die Regelung der Höchstüberlassungsdauer 199
   I. Grundlagen 200
      1. Entwicklung der gesetzlichen Regelung der zulässigen Überlassungsdauer 200
         a) Höchstüberlassungsdauer im Wandel der Zeit 200
         b) Beschränkung der erlaubnispflichtigen auf „vorübergehende" Überlassungen 202
      2. (Wieder-)Einführung einer Höchstüberlassungsdauer von 18 Monaten 204
         a) Überblick über die gesetzliche Neuregelung 204
         b) Europarechtskonformität einer Höchstüberlassungsdauer 205
         c) Die Neuregelung im internationalen Vergleich 206
   II. Berechnung der Höchstüberlassungsdauer 206
      1. Überlassung von bis zu 18 Monaten an denselben Entleiher 206
         a) Konkretisierung des Merkmals „vorübergehend" 206
         b) Arbeitnehmerbezug der Höchstüberlassungsdauer 207
         c) Begriff des Entleihers 208
         d) Ununterbrochener Einsatz bei demselben Entleiher 210
            aa) Berechnung der Überlassungsdauer 210
            bb) Anrechnung vorheriger Überlassungszeiten 211
            cc) Unterbrechungen der Überlassung 213
         e) Keine Anwendung der Höchstüberlassungsdauer innerhalb des Konzernprivilegs 214
   III. Abweichungsmöglichkeit durch oder aufgrund der Tarifverträge der Einsatzbranche 214
      1. Zuständigkeit der Tarifparteien der Einsatzbranche 214
      2. Abweichungen durch Tarifvertrag 216
         a) Inhaltliche Anforderungen an eine tarifvertragliche Regelung. 216
         b) Tarifbindung des Entleihers 217
            aa) Entleiher als Partei des Tarifvertrags 217
            bb) Nachwirkung einer tarifvertraglichen Regelung 218
            cc) Besonderheiten bei Umstrukturierungsmaßnahmen 219

       c) Nachzeichnung des Tarifvertrags durch Betriebs- oder Dienstvereinbarung 221
          aa) Fehlende Tarifbindung des Entleihers 221
          bb) Nachzeichnung nur im Geltungsbereich des Tarifvertrags . 221
          cc) Regelungstechnische Anforderungen an die Nachzeichnung 222
          dd) Besonderheiten bei Umstrukturierungsmaßnahmen 223
       d) Übersicht: Abweichung durch Tarifvertrag 225
     3. Abweichung durch Betriebs- oder Dienstvereinbarung 225
       a) Bestehen einer tariflichen Öffnungsklausel 225
       b) Zeitliche Beschränkung bei tarifungebundenen Entleihern 226
       c) Übersicht: Abweichung durch Betriebs- oder Dienstvereinbarung 227
     4. Kirchen und öffentlich-rechtliche Religionsgemeinschaften 227
  IV. Rechtsfolgen bei Überschreitung der Höchstüberlassungsdauer 228
     1. Unwirksamkeit des Leiharbeitsvertrags mit dem Verleiher 228
     2. Folgen für den Überlassungsvertrag zwischen Verleiher und Entleiher 229
     3. Fiktion eines Arbeitsverhältnisses mit dem Entleiher 230
       a) Wirkungen der gesetzlichen Fiktion 230
       b) Inhalt des fingierten Arbeitsverhältnisses 231
       c) Beendigung des fingierten Arbeitsverhältnisses 231
     4. Schadensersatzanspruch des Leiharbeitnehmers gegen den Verleiher 233
     5. Zustimmungsverweigerungsrecht des Betriebsrats des Entleihers 233
     6. Ordnungswidrigkeit für den Verleiher 234
     7. Versagung bzw. Nichtverlängerung der Überlassungserlaubnis ... 235
E. Der Gleichstellungsgrundsatz 236
  I. Grundlagen 236
     1. Allgemeines 236
     2. Der vergleichbare Arbeitnehmer 237
     3. Umfang des Equal Treatment 239
     4. Praktische Handhabbarkeit / Zwischenfazit 244
  II. Tarifliche Abweichungsmöglichkeiten (9 Monatsfrist) 244
  III. Der weite Equal Pay Begriff/gesetzliche Vermutung/Berechnungsprobleme 247
  IV. Erweiterte Abweichungsmöglichkeiten für Branchenzuschlagstarifverträge 249
  V. Abweichungsmöglichkeiten für tarifungebundene Verleiher 254
  VI. Übergangsrecht 255
  VII. Folge von Verstößen gegen den Gleichstellungsgrundsatz 257

F. Die Offenlegungs-, Konkretisierungs- und Informationspflicht 258
   I. Rechtslage bis 1.4.2017 259
   II. Koalitionsvertrag 261
   III. Rechtslage ab 1.4.2017 262
      1. Vertragsbezogene Verpflichtungen 262
         a) Allgemeines 262
         b) Offenlegungspflicht 263
         c) Konkretisierungspflicht 266
         d) Rechtsfolgen bei einem Verstoß gegen die Offenlegungs- und Konkretisierungspflicht 270
      2. Informationspflicht 272
G. Fiktion eines Arbeitsverhältnisses mit dem Entleiher und Festhaltenserklärung des Leiharbeitnehmers... 276
   I. Rechtslage bis zum 1.4.2017 276
   II. Koalitionsvertrag 278
   III. Rechtslage ab dem 1.4.2017 279
      1. Fiktion eines Arbeitsverhältnisses mit dem Entleiher 279
      2. Festhaltenserklärung 285
H. Der Einsatz von Leiharbeitnehmern während eines Streiks 298
   I. Vom Leistungsverweigerungsrecht zum (zusätzlichen) Einsatzverbot 299
      1. Der Leiharbeitnehmer im Arbeitskampf 299
      2. Bisherige gesetzliche Regelung eines Leistungsverweigerungsrechts 302
      3. Vergleichbare tarifliche Regelungen 302
      4. Gesetzliche Neuregelung eines (zusätzlichen) Einsatzverbotes ... 303
         a) Referentenentwurf 304
         b) Neufassung 304
   II. Gesetzliche Neuregelung 304
      1. Verbot des Einsatzes von Leiharbeitnehmern im bestreikten Betrieb 306
         a) Betrieb vom Arbeitskampf unmittelbar betroffen 306
            aa) Streikaufruf und unmittelbare Betroffenheit 306
            bb) Andere Betriebsteile und anderer Betrieb 307
            cc) Konzernprivileg 308
         b) Einsatzverbot nur bei rechtmäßigem Streik 308
         c) Beschränkung auf Einsatz zum Streikbruch 309
            aa) Übernahme streikbedingt ausgefallener Tätigkeit 310
            bb) Zeitliche Erstreckung auf alle Leiharbeitnehmer und Notdienstarbeiten 311
            cc) Praktische Erwägungen 311

d) Rechtsfolgen des Einsatzverbotes 312
  aa) Vergütung des Leiharbeitnehmers 312
  bb) Überlassungsvergütung 314
2. Leistungsverweigerungsrecht des Leiharbeitnehmers 315
  a) Voraussetzungen des Leistungsverweigerungsrecht 315
   aa) Entleiher vom Arbeitskampf unmittelbar betroffen 316
   bb) Leistungsverweigerungsrecht nur bei rechtmäßigem
     Streik... 316
   cc) Zeitpunkt und Art der Geltendmachung 317
  b) Hinweispflicht des Verleihers 317
  c) Rechtsfolgen des Leistungsverweigerungsrechts 318
   aa) Vergütung des Leiharbeitnehmers 318
   bb) Überlassungsvergütung 319
III. Durchsetzung des Leistungsverweigerungsrecht und des Einsatzverbotes 320
  1. Überprüfung der Rechtmäßigkeit eines Leistungsverweigerungsrechts.. 320
  2. Reaktionsmöglichkeiten des Leiharbeitnehmers bei Verstoß gegen das Einsatzverbot.. 320
  3. Reaktionsmöglichkeiten der streikenden Gewerkschaft 321
  4. Erstattung einer Anzeige 322
IV. Bußgelder 322
V. Hinweise zur Vertragsgestaltung 323
  1. Regelungen zur Vergütungspflicht im Arbeitsvertrag 323
  2. Regelungen zur Vergütungspflicht im Überlassungsvertrag 323
VI. Verfassungsrechtlicher Rahmen 324
  1. Freiheit der Wahl der Arbeitskampfmittel – Eingriff in die Koalitionsfreiheit der Entleiher 325
  2. Beurteilungsspielraum des Gesetzgebers – Rechtfertigung des Eingriffs in die Koalitionsfreiheit? 326
   a) Beurteilungsspielraum des Gesetzgebers 326
   b) Fehleinschätzung des Gesetzgebers? 327
  3. Betroffene verfassungsrechtlich Freiheiten des Verleihers und der Leiharbeitnehmer 328
   a) Verleiher 328
   b) Leiharbeitnehmer 328
I. Beteiligungsrechte des Betriebsrats 330
 I. Überblick über die Neuregelung 330
 II. Rechtspolitische Diskussion und ursprüngliche Forderungen 331
 III. Neuregelung in § 80 Abs. 2 BetrVG 333
  1. Regelungskontext und bisherige Rechtslage 333
  2. Ergänzung des Informationsanspruchs in § 80 Abs. 2 S. 1 BetrVG 337

Inhaltsverzeichnis

   3. Form der Unterrichtung und Vorlage von Unterlagen 339
  IV. Neuregelung in § 92 BetrVG 341
   1. Regelungskontext und bisherige Rechtslage 341
   2. Ergänzung der Vorschrift 342
   3. Vorlage von Unterlagen 343
  V. Zusammenfassende Bewertung für die Praxis 343
J. Berücksichtigung von Leiharbeitnehmern bei Schwellenwerten 344
  I. Rechtslage bis 1.4.2017 344
   1. Betriebsverfassung 344
   2. Unternehmensmitbestimmung 347
  II. Koalitionsvertrag 349
  III. Rechtslage ab 1.4.2017 350
   1. Betriebsverfassung 350
   2. Unternehmensmitbestimmung 356
K. Folgen der Neuregelung für grenzüberschreitende Arbeitnehmerüberlassung. 363
  I. Grundlagen der grenzüberschreitenden Arbeitnehmerüberlassung... 363
   1. Allgemeines 363
   2. Arbeitsverhältnis des Leiharbeitnehmers 363
    a) Outbound-Fälle 364
    b) Inbound-Fälle 364
   3. Arbeitnehmerüberlassungsvertrag 365
    a) Outbound-Fälle 365
    b) Inbound-Fälle 365
   4. Gewerberechtliche Bestimmungen der Arbeitnehmerüberlassung 365
  II. Wirkung ausländischer Tarifverträge 366
   1. Gleichstellungsgrundsatz (9-Monats-Frist) 366
    a) Inbound-Fälle 366
    b) Outbound-Fälle 366
   2. Höchstüberlassungsdauer (18-Monats-Frist) 367
    a) Inbound-Fälle 367
    b) Outbound-Fälle 367
L. Sanktionen 367
  I. Das Übermaß an Sanktionen 367
   1. Einleitung 367
   2. Die Kern-Kritikpunkte 368
    a) Mehrfachsanktionierung 368
    b) Verstoß gegen die Koalitionsfreiheit bei Streikbrecherverbot . 370
   3. Fazit und Ausblick 371
  II. Die neuen Bußgeldtatbestände 371
   1. Allgemeine Grundsätze 371
   2. Neue objektive Bußgeldtatbestände des § 16 AÜG 372
    a) Verbot der Kettenüberlassung, § 16 Abs. 1 Nr. 1b AÜG 372

   b) Verstoß gegen die Offenlegungspflicht,
    § 16 Abs. 1 Nr. 1c AÜG 373
   c) Verstoß gegen die Konkretisierungspflicht,
    § 16 Abs. 1 Nr. 1d AÜG 374
   d) Verstoß gegen die Höchstüberlassungsdauer,
    § 16 Abs. 1 Nr. 1e AÜG 375
   e) Verstoß gegen den Gleichstellungsgrundsatz,
    § 16 Abs. 1 Nr. 7a AÜG 375
   f) Verstoß gegen die Gewährung des Mindestentgeltes,
    § 16 Abs. 1 Nr. 7b AÜG 376
   g) Verstoß gegen das Verbot des Einsatzes von Leiharbeitnehmern während eines Streiks, § 16 Abs. 1 Nr. 8a AÜG 376
  3. Subjektiver Tatbestand 377
 III. Rechtsfolgen 378
  1. Höhe der Geldbuße nach § 16 Abs. 2 AÜG 378
  2. Sonstige Rechtsfolgen 379
 IV. Verjährung 379
 V. Überblick Sanktionen 380
M. Übergangsregelungen 381
 I. Allgemeines 381
  1. Drehtürklausel 381
  2. Höchstüberlassungsdauer 383
  3. Gleichstellungsgrundsatz 384
 II. Beispiele 388
 III. Schwellenwerte 389

§ 6 Anhang 391

A. Synopse zum AÜG 391
B. Synopse zu den geänderten Vorschriften des BetrVG 429
C. Fassungen von § 611a BGB vom Referentenentwurf bis zur Gesetzesfassung. 430

Stichwortverzeichnis 433

Autoren

1. Dr. Robert Bauer

Rechtsanwalt, Fachanwalt für Arbeitsrecht, Taylor Wessing Partnerschaftsgesellschaft mbB, Frankfurt a.M.

2. Dr. Oliver Bertram

Rechtsanwalt, Fachanwalt für Arbeitsrecht, Head of HR Taylor Wessing Deutschland, Taylor Wessing Partnerschaftsgesellschaft mbB, Düsseldorf

3. Dr. Alexander Bissels

Rechtsanwalt, Fachanwalt für Arbeitsrecht, CMS Hasche Sigle Partnerschaft von Rechtsanwälten und Steuerberatern mbB, Köln

4. Dr. Anne Förster

Rechtsanwältin, Fachanwältin für Arbeitsrecht, Taylor Wessing Partnerschaftsgesellschaft mbB, Düsseldorf

5. Dr. Timon Grau

Rechtsanwalt, Fachanwalt für Arbeitsrecht, Freshfields Bruckhaus Deringer LLP, Frankfurt a.M.

Lehrbeauftragter an der EBS Universität, Wiesbaden

6. Prof. Dr. Martin Henssler

Prorektor für Planung und wissenschaftliches Personal der Universität zu Köln

7. Dr. Daniel Krämer

Rechtsanwalt, Küttner Rechtsanwälte Partnerschaftsgesellschaft mbB, Köln

8. Dr. Jürgen Kunz

Rechtsanwalt, Fachanwalt für Arbeitsrecht, Bochum/Köln

9. Dr. Christian Mehrens

Rechtsanwalt, Fachanwalt für Arbeitsrecht, Freshfields Bruckhaus Deringer LLP, Düsseldorf

10. Christiane Pickenhahn

Assessorin, wissenschaftliche Mitarbeiterin am Institut für Arbeits- und Wirtschaftsrecht der Universität zu Köln

11. Johannes Simon (LL.M.)

Rechtsanwalt, Fachanwalt für Arbeitsrecht, Taylor Wessing Partnerschaftsgesellschaft mbB, Düsseldorf

Autoren

12. Dr. Ulrich Sittard

Rechtsanwalt, Freshfields Bruckhaus Deringer LLP, Düsseldorf

Lehrbeauftragter an der Universität zu Köln

13. Dr. Katrin Stamer

Rechtsanwältin, Fachanwältin für Arbeitsrecht, Gragert Stamer Partnerschaft von Rechtsanwälten mbB, Hamburg

14. Dr. Tim Wißmann (LL.M.)

Rechtsanwalt, Fachanwalt für Arbeitsrecht, Küttner Rechtsanwälte Partnerschaftsgesellschaft mbB, Köln

Literaturverzeichnis

Baeck/Deutsch, Arbeitszeitgesetz, Kommentar, 3. Aufl., 2014

Bamberger/Roth, Beck'scher Online Kommentar BGB, 40. Edition 2016 (zitiert: BeckOK-BGB/*Bearbeiter*);

Berscheid/Kunz/Brand/Nebeling, Praxis des Arbeitsrechts, 5. Aufl. 2016 (zitiert: Berscheid/Kunz/Brand/Nebeling/*Bearbeiter*)

Boecken/Düwell/Diller/Hanau, Gesamtes Arbeitsrecht, 1. Auflage 2016 (zitiert: Boecken u.a./*Bearbeiter*)

Boemke/Lembke, Arbeitnehmerüberlassungsgesetz, 3. Auflage 2013 (zitiert: Boemke/Lemke)

Däubler, Arbeitskampfrecht, 3. Auflage 2011 (zitiert: Däubler, Arbeitskampfrecht)

Däubler, Tarifvertragsgesetz, Kommentar, 4. Aufl., 2016 (zitiert: Däubler/*Bearbeiter*, TVG)

Däubler/Hjort/Schubert/Wolmerath, Arbeitsrecht, 3. Auflage 2013 (zitiert: Däubler u.a./*Bearbeiter*, Arbeitsrecht)

Däubler/Kittner/Klebe/Wedde, Betriebsverfassungsgesetz, Kommentar für die Praxis mit Wahlordnung und EBR-Gesetz, 15. Auflage 2015 (zitiert: DKKW/*Bearbeiter*)

Erman, BGB, Kommentar in 2 Bänden, 14. Aufl., 2014 (zitiert: Erman/*Bearbeiter*)

Fitting/Engels/Schmidt/Trebinger/Linsenmaier, Betriebsverfassungsgesetz mit Wahlordnung, Handkommentar, 28. Aufl., 2016 (zitiert: *Fitting u.a.*)

Henssler/Moll/Bepler, Der Tarifvertrag, 2. Aufl., 2016 (zitiert: Henssler u.a./*Bearbeiter*)

Henssler/Willemsen/Kalb, Arbeitsrecht, Kommentar, 7. Aufl., 2016 (zitiert: HWK/*Bearbeiter*)

Hess/Worzalla/Glock/Nicolai/Rose/Huke, BetrVG Kommentar, 9. Auflage 2014 (zitiert: Hess u.a./*Bearbeiter*)

Hueck/Nipperdey, Lehrbuch des Arbeitsrechts, Band I, 7. Auflage 1963

Löwisch/Rieble, Tarifvertragsgesetz, Kommentar, 3. Aufl., 2012

Müller-Glöge/Preis/Schmidt, Erfurter Kommentar zum Arbeitsrecht, 16. Aufl., 2016 (zitiert: ErfK/*Bearbeiter*)

Palandt, Kommentar zum Bürgerlichen Gesetzbuch, 75. Auflage 2016 (zitiert: Palandt/*Bearbeiter*)

Preis/Sagan, Europäisches Arbeitsrecht, 2015 (zitiert: Preis/Sagan/*Bearbeiter*)

Richardi, Betriebsverfassungsrecht mit Wahlordnung, 15. Auflage 2016 (zitiert: Richardi/*Bearbeiter*)

Literaturverzeichnis

Rolfs/Kreikebohm/Giesen/Udsching, Beck'scher Online-Kommentar Arbeitsrecht, 41. Edition, 2016 (zitiert: BeckOK-ArbR/*Bearbeiter*);

Säcker/Rixecker/Oetker/Limperg, Münchner Kommentar zum Bürgerlichen Gesetzbuch, Bd. 1: §§ 1–240, 7. Aufl. 2015, Bd. 3: §§ 535–630, 7. Aufl. 2016 (zitiert: MüKo-BGB/*Bearbeiter*)

Sandmann/Marschall/Schneider, Arbeitnehmerüberlassungsgesetz, 73. Aktualisierung, Stand Oktober 2016 (zitiert: Sandmann/*Bearbeiter*)

Schaub, Arbeitsrechts-Handbuch, 16. Aufl., 2015 (zitiert: Schaub/*Bearbeiter*)

Schmidt, Einkommenssteuergesetz, 35. Auflage 2016 (zitiert: Schmidt/*Bearbeiter*)

Schüren/Hamann, Arbeitnehmerüberlassungsgesetz, Kommentar, 4. Aufl., 2010 (zitiert: Schüren/Hamann/*Bearbeiter*)

Thüsing, Arbeitnehmerüberlassungsgesetz, Kommentar, 3. Aufl., 2012 (zitiert: Thüsing/*Bearbeiter*)

Ulber, Arbeitnehmerüberlassungsgesetz, Kommentar, 4. Aufl., 2012

Urban-Crell/Germakowski/Bissels/Hurst, Arbeitnehmerüberlassungsgesetz, 2. Auflage, 2013 (zitiert: Urban-Crell/Germakowski/Bissels/Hurst)

Wiese/Kreutz/Oetker/Raab/Weber/Franzen/Gutzeit/Jacobs, Gemeinschaftskommentar zum Betriebsverfassungsgesetz, 10. Aufl., 2014 (zitiert: GK-BetrVG/*Bearbeiter*)

Willemsen/Hohenstatt/Schweibert/Seibt, Umstrukturierung und Übertragung von Unternehmen, 5. Aufl., 2016 (zitiert: Willemsen u.a./*Bearbeiter*)

Wlotzke/Richardi/Wißmann/Oetker, Münchener Handbuch Arbeitsrecht, 3. Auflage 2009

Abkürzungsverzeichnis

a.A.	anderer Ansicht
Abs.	Absatz
AEntG	Arbeitnehmer-Entsendegesetz
a.F.	alte Fassung
AGB	Allgemeine Geschäftsbedingungen
AIP	Aktueller Informationsdienst für Personaldienstleister (Zeitschr.)
Alt.	Alternative
a.M.	anderer Meinung
AMP	Arbeitgeberverband mittelständischer Personaldienstleister
Anm.	Anmerkungen
AO	Abgabenordnung
AO-StB	AO-Steuerberater (Zeitschr.)
AP	Arbeitsrechtliche Praxis (Entscheidungssammlung)
ArbG	Arbeitsgericht
ArbGG	Arbeitsgerichtsgesetz
ArbRAktuell	Arbeitsrecht Aktuell (Zeitschr.)
ArbRB	Arbeits-Rechtsberater (Zeitschr.)
ArbuR	Arbeit und Recht (Zeitschr.)
ArbZG	Arbeitszeitgesetz
Art.	Artikel
AsylG	Asylgesetz
Aufl.	Auflage
ausdr.	ausdrücklich
ausf.	ausführlich
AVR	Arbeitsvertragsrichtlinien
AuA	Arbeit und Arbeitsrecht (Zeitschr.)
AÜG	Arbeitnehmerüberlassungsgesetz
AÜG-ÄndG	Gesetz zur Änderung des Arbeitnehmerüberlassungsgesetzes
Az. (oder AZ)	Aktenzeichen
BA	Bundesanstalt für Arbeit
BAG	Bundesarbeitsgericht
BAP	Bundesarbeitgeberverband der Personaldienstleister e.V.
BAPostG	Bundesanstalt-Post-Gesetz
BAT	Bundesangestelltentarifvertrag
BB	Der Betriebs-Berater (Zeitschr.)
Bearb.	Bearbeiter
BeckRS	Beck-Rechtsprechung (Online-Datenbank)
BEEG	Bundeselterngeld- und Elternzeitgesetz
BetrVG	Betriebsverfassungsgesetz

Abkürzungsverzeichnis

BFH	Bundesfinanzhof
BGB	Bürgerliches Gesetzbuch
BGBl	Bundesgesetzblatt
BGH	Bundesgerichtshof
BMAS	Bundesministerium für Arbeit und Soziales
B+P	Zeitschrift für Betrieb und Personal (Zeitschr.)
BSG	Bundessozialgericht
bspw.	beispielsweise
BStBl	Bundessteuerblatt
BT-Drucks	Bundestagsdrucksache
BR-Drucks	Bundesratsdrucksache
BurlG	Bundesurlaubsgesetz
BuW	Betrieb und Wirtschaft (Zeitschr.)
BVerfG	Bundesverfassungsgericht
BVerwG	Bundesverwaltungsgericht
BW	Baden-Württemberg
ca.	circa
CGZP	Christliche Gewerkschaften für Zeitarbeit und Personalserviceagenturen
DAV	Deutscher Anwaltsverein
DB	Der Betrieb (Zeitschr.)
DGB	Deutscher Gewerkschaftsbund
d.h.	das heißt
DRV	Deutsche Rentenversicherung
EBRG	Europäisches Betriebsrätegesetz
EFZG	Entgeltfortzahlungsgesetz
EStG	Einkommenssteuergesetz
etc.	et cetera
EuGH	Europäischer Gerichtshof
EUR	Euro
EuZA	Europäische Zeitschrift für Arbeitsrecht (Zeitschr.)
e.V.	eingetragener Verein
EWiR	Entscheidungen zum Wirtschaftsrecht (Zeitschr.)
FA	Fachanwalt Arbeitsrecht (Zeitschr.)
f.	folgend(e)
ff.	fortfolgend(e)
FG	Finanzgericht
FGO	Finanzgerichtsordnung
FS	Festschrift
GA AÜG	Geschäftsanweisung zum Arbeitnehmerüberlassungsgesetz
GA BA	Geschäftsanweisung der Bundesagentur für Arbeit

Abkürzungsverzeichnis

gem.	gemäß
GewArch	Gewerbearchiv (Zeitschr.)
GewO	Gewerbeordnung
GG	Grundgesetz
ggf.	gegebenenfalls
ggü.	gegenüber
grds.	grundsätzlich
GWR	Gesellschafts- und Wirtschaftsrecht (Zeitschr.)
h.M.	herrschende Meinung
Hs.	Halbsatz
i.d.F.	in der Fassung
i.d.R.	in der Regel
i.E.	im Ergebnis
i.e.S.	im engeren Sinne
iGZ	Interessenverband Deutscher Zeitarbeitsunternehmen e.V.
i.H.d.	in Höhe der/des
i.H.v.	in Höhe von/vom
insb.	insbesondere
i.R.d.	im Rahmen der/des
i.S.d.	im Sinne des/der
i.S.v.	im Sinne von/vom
i.V.m.	in Verbindung mit
jurisPR-ArbR	juris PraxisReport Arbeitsrecht
KSchG	Kündigungsschutzgesetz
LAG	Landesarbeitsgericht
LG	Landgericht
Lit.	Literatur
LSG	Landessozialgericht
LStDV	Lohnsteuer-Durchführungsverordnung
MAIS NRW	Ministerium für Arbeit, Integration und Soziales des Landes Nordrhein-Westfalen
MDR	Monatsschrift für Deutsches Recht (Zeitschr.)
MgVG	Gesetz über die Mitbestimmung der Arbeitnehmer bei einer grenzüberschreitenden Verschmelzung
MiLoG	Mindestlohngesetz
MitbestG	Gesetz über die Mitbestimmung der Arbeitnehmer (Mitbestimmungsgesetz)
m.w.N.	mit weiteren Nachweisen
n.F.	neue Fassung
NJW	Neue Juristische Wochenschrift (Zeitschr.)
Nr.	Nummer

Abkürzungsverzeichnis

n. rkr.	nicht rechtskräftig
n.v.	nicht veröffentlicht
NZA	Neue Zeitschrift für Arbeitsrecht
NZA-RR	Neue Zeitschrift für Arbeitsrecht, Rechtsprechungs-Report
NZG	Neue Zeitschrift für Gesellschaftsrecht
NZS	Neue Zeitschrift für Sozialrecht
öAT	Zeitschrift für das öffentliche Arbeits- und Tarifrecht
OECD	Organisation for Economic Co-operation and Development (Organisation für wirtschaftliche Zusammenarbeit und Entwicklung)
OVG	Oberverwaltungsgericht
OWiG	Ordnungswidrigkeitengesetz
RdA	Recht der Arbeit (Zeitschr.)
Rdn	interne Randnummer
RefE	Referentenentwurf
RegE	Regierungsentwurf
RiLi	Richtlinie
rkr.	rechtskräftig
Rn	externe Randnummer
Rspr.	Rechtsprechung
S.	Satz; Seite
s.	siehe
SchwarzArbG	Schwarzarbeitsbekämpfungsgesetz
SGB	Sozialgesetzbuch
sog.	sogenannte/r/s
SprAuG	Sprecherausschussgesetz
StGB	Strafgesetzbuch
str.	strittig
st. Rspr.	ständige Rechtsprechung
TdL	Tarifgemeinschaft der Länder
TV BZ ME	Tarifvertrag über Branchenzuschläge für Arbeitnehmerüberlassungen in der Metall- und Elektroindustrie
TVG	Tarifvertragsgesetz
TV-L	Tarifvertrag für den Öffentlichen Dienst der Länder
TV LeiZ	Tarifvertrag Leih-/Zeitarbeit
TVöD	Tarifvertrag für den Öffentlichen Dienst
TzBfG	Teilzeit und Befristungsgesetz
u.a.	unter anderem; und andere
Urt.	Urteil
USt	Umsatzsteuer
UStAE	Umsatzsteuer-Anwendungserlass

Abkürzungsverzeichnis

UStG	Umsatzsteuergesetz
u.s.w.	und so weiter
v.	vom
vgl.	vergleiche
VKA	Vereinigung der kommunalen Arbeitgeberverbände
WRV	Weimarer Reichsverfassung
z.B.	zum Beispiel
ZfA	Zeitschrift für Arbeitsrecht
Ziff.	Ziffer
ZIP	Zeitschrift für Wirtschaftsrecht
ZPO	Zivilprozessordnung
z.T.	zum Teil
ZTR	Zeitschrift für Tarifrecht
ZWH	Zeitschrift für Wirtschaftsstrafrecht und Haftung im Unternehmen

§ 1 Reformanlass und Entstehungsgeschichte der Neuregelung

Literatur:

Düwell, Die vorübergehende Überlassung im Ersten AÜG-Änderungsgesetz, ZESAR 2011, 449; *Hamann*, Kurswechselbei der Arbeitnehmerüberlassung, NZA 2011, 70; *Henssler*, Überregulierung statt Rechtssicherheit – der Referentenentwurf des BMAS zur Reglementierung von Leiharbeit und Werkverträgen, RdA 2016, 18; *Thüsing/Schmidt*, Rechtssicherheit zur effektiveren Bekämpfung von missbräuchlichem Fremdpersonaleinsatz, ZIP 2016, 54; *Waltermann*, Fehlentwicklung in der Leiharbeit, NZA 2010, 482; *Wank*, Die personelle Reichweite des Arbeitnehmerschutzes aus rechtsdogmatischer und rechtspolitischer Perspektive, EuZA Bd. 9, 2016, 143.

A. Reformanlass

Die rechtspolitische Diskussion über den **Missbrauch von Werkverträgen** hatte nach der letzten **Reform des AÜG** im Jahr **2011**,[1] bei welcher der Fokus noch ganz auf der Bekämpfung des **Missbrauchs der Arbeitnehmerüberlassung** durch Langzeitüberlassungen lag, an Intensität gewonnen. Während zuvor Konstellationen, bei denen Stammarbeitnehmer[2] entlassen und anschließend als Zeitarbeiter[3] wieder in ihrem ehemaligen Unternehmen eingesetzt wurden, im Mittelpunkt der Debatte standen und als Reaktion auf diese Fehlentwicklung die sog. **Drehtürklausel** eingeführt wurde, wird seit der verschärften Regulierung der Zeitarbeit zunehmend beklagt, dass Normalarbeitsverhältnisse nunmehr anstatt durch Zeitarbeit durch den Einsatz von Fremdpersonal mittels Werkvertrages ersetzt werden. Mediale Aufmerksamkeit erhielten dabei insbesondere die fleischverarbeitende Industrie, der Einzelhandel sowie die Paketzustellung. Breiter Kritik sah sich zu Recht die Entwicklung in deutschen Schlachthöfen ausgesetzt, in denen zunehmend Werkarbeitnehmer eingesetzt wurden, die aufgrund von Werkverträgen mit osteuropäischen Unternehmen nach Deutschland entsandt wurden und die Arbeiten zu **„Dumpinglöhnen"** von teilweise 3–5,50 EUR pro Stunde verrichteten. Von rund 30 000 Menschen, die in der Fleischindustrie arbeiteten, wurde seinerzeit (2012) nach Erkenntnissen der zuständigen Gewerkschaft Nahrung-Genuss-Gaststätten

1

---

1 Erstes Gesetz zur Änderung des Arbeitnehmerüberlassungsgesetzes – Verhinderung von Missbrauch der Arbeitnehmerüberlassung vom 28.4.2011 (BGBl I S. 642) sowie Art. 1 des Gesetzes zur Änderung des Arbeitnehmerüberlassungsgesetzes und des Schwarzarbeitsbekämpfungsgesetzes vom 20.7.2011 (BGBl I S. 1506).
2 Im gesamten Werk wird zur Förderung des Leseflusses ausschließlich das Maskulinum verwendet.
3 Die Begriffe Zeitarbeit/Zeitarbeiter werden in diesem Werk synonym für die Begriffe Leiharbeit/Leiharbeitnehmer verwendet.

§ 1 Reformanlass und Entstehungsgeschichte der Neuregelung

(NGG) jeder Dritte auf der Grundlage eines Werkvertrags tätig.[4] Für jedermann sichtbar zeigte sich der steigende Einsatz von Fremdpersonal auch in Supermärkten bei der Regalauffüllung. Hier wurde zeitweise der tariflich übliche Stundenlohn von 10–12 EUR umgangen und Löhne von zunächst unter 8,50 EUR gezahlt.

B. Die Entwicklung des Rechts der Zeitarbeit

I. Vom Arbeitsvermittlungsmonopol zum Arbeitnehmerüberlassungsgesetz 1972

2   Zum besseren Verständnis der aktuellen Reform und zur Einordnung der nunmehr erfolgten Rechtsänderungen sei ein kurzer Rückblick auf **die Entwicklung der Arbeitnehmerüberlassung** in Deutschland geworfen. Die Regulierung der Zeitarbeit geht bis in die 1960er Jahre zurück. Vor Inkrafttreten des **Arbeitnehmerüberlassungsgesetzes** am 11.10.1972[5] galt die Arbeitnehmerüberlassung in Deutschland aufgrund des Arbeitsvermittlungsmonopols der damaligen Bundesanstalt für Arbeitsvermittlung (heute Bundesagentur für Arbeit) als verboten. Erst sieben Jahre nach Gründung des ersten deutschen Zeitarbeitsunternehmens erklärte das BVerfG[6] 1967 die Einbeziehung der Arbeitnehmerüberlassung in das **Arbeitsvermittlungsmonopol** für mit der Berufswahlfreiheit aus Art. 12 GG nicht vereinbar. Das BVerfG bejahte zwar die Gefahr einer Umgehung des Monopols durch die Arbeitnehmerüberlassung sowie eine Nähe von **Arbeitsvermittlung** und Arbeitnehmerüberlassung hinsichtlich der wirtschaftlichen Funktion.[7] Es betonte aber auch die Unterschiede: Während die Arbeitsvermittlung mit der Tätigkeit eines Maklers vergleichbar sei und sich in der Vermittlung von Arbeitsuchenden und Arbeitgeber erschöpfe, bestehe bei der Arbeitnehmerüberlassung ein dauerndes Rechtsverhältnis zwischen dem Zeitarbeitsunternehmen und den überlassenen Arbeitnehmern.[8] Die konkrete Gefahr einer Ersetzung des Eigenpersonals durch einen dauerhaften Einsatz von Zeitarbeitnehmern sah das BVerfG nicht.[9] Vielmehr könne die Zeitarbeit ein besonderes wirtschaftliches Bedürfnis nach Mobilisierung derjenigen Arbeitnehmer erfüllen, die aus den verschiedensten Gründen keine Daueranstellung annehmen können oder wollen.[10] Entgegen der in der öffentlichen Diskussion häufig einseitig verfälschten Darstellung der Zeitarbeit als Instrument des „Lohndumpings" und der

---

4   Broschüre des NGG „Wenig Rechte, wenig Lohn", September 2012, abrufbar unter https://www.ngg.net/fileadmin/medien/2015_2016/PDFs/Themen_und_Positionen-PDFs/wenig-rechte-broschuere-werkvertraege.pdf.
5   BT-Drucks VI/3505, S. 1.
6   BVerfG v. 4.4.1967 – 1 BvR 84/65, BVerfGE 21, 261.
7   BVerfGE 21, 261, Rn 21.
8   BVerfGE 21, 261, Rn 22.
9   BVerfGE 21, 261, Rn 23.
10 BVerfGE 21, 261, Rn 25.

B. Die Entwicklung des Rechts der Zeitarbeit § 1

Kostensenkung erkannte das oberste Verfassungsgericht somit bereits in den 1960er Jahren die Vorteile der Arbeitnehmerüberlassung als „Jobmotor" an.

Auch das BSG äußerte sich wenige Jahre später zur **Abgrenzung von Vermittlung und Überlassung** sowie der Schutzfunktion des Arbeitsvermittlungsmonopols. Das Monopol des Staates rechtfertige sich aus Gründen der sozialen Sicherheit der Arbeitnehmer, zum Schutz der Würde ihrer Person (Schutz vor Ausbeutung) und aus Gründen eines wirksamen Ausgleichs zwischen Angebot und Nachfrage auf dem Arbeitsmarkt. Diese Schutzfunktionen erfordern es aber nicht, solche Verhältnisse in das Vermittlungsmonopol einzubeziehen, bei denen der Schwerpunkt der arbeitsrechtlichen Beziehungen im Verhältnis zwischen Verleiher und Arbeitnehmer liege und somit eine feste Grundlage für einen arbeitsrechtlichen Schutz bereits vorhanden sei.[11] Kurz gesagt, Arbeitnehmerüberlassung liegt vor, wenn zwischen Verleiher und Leiharbeitnehmer bereits ein Arbeitsverhältnis besteht und in diesem Verhältnis der Schwerpunkt der arbeitsrechtlichen Beziehungen des Leiharbeitnehmers liegt.

Die Freigabe der Arbeitnehmerüberlassung durch das BVerfG veranlasste den Gesetzgeber die nunmehr wachsende Branche der gewerbsmäßigen Arbeitnehmerüberlassung staatlich zu regulieren. Mit dem ersten Arbeitnehmerüberlassungsgesetz vom 7.8.1972[12] wurde die bis heute bestehende Erlaubnispflicht eingeführt. Eine Erlaubnis erhalten seither nur diejenigen Verleihunternehmen, die die erforderliche Zuverlässigkeit besitzen und den sozialen Schutz der Leiharbeitnehmer gewährleisten. Zum Schutz der Leiharbeitnehmer wurde schon 1972 eine **Höchstüberlassungsdauer** eingeführt, die allerdings in der Folgezeit kontinuierlichen Änderungen unterworfen war. Die folgende Übersicht zeigt anschaulich die zunächst konstante Entwicklung hin zur Verlängerung der Einsatzzeiten und den 2011 einsetzenden Gegentrend hin zur Verkürzung der Überlassungsdauer:

Übersicht: Entwicklung der Höchstüberlassungsdauer

Jahr	Höchstüberlassungsdauer
1972	3 Monate
1985	6 Monate
1994	9 Monate
1997	12 Monate
2002	24 Monate*
2004	Unbegrenzte Überlassungsdauer**
2011	„vorübergehend"
2017	18 Monate

*verbunden mit Equal Treatment Grundsatz ab 13. Monat
**verbunden mit Equal Treatment Grundsatz ab dem ersten Tag

---

11 BSG v. 29.7.1970 – 7 RAr 44/68, BSGE 31, 235–247, Rn 50.
12 BGBl I 1393.

§ 1 Reformanlass und Entstehungsgeschichte der Neuregelung

II. Die Deregulierung des AÜG insbesondere durch die „Hartz-Gesetze"

6 Während die **Dauer der Überlassung** 1972 mit maximal drei Monaten sehr restriktiv reguliert war, hob der Gesetzgeber die Maximalfrist durch das Beschäftigtenförderungsgesetz vom 26.4.1985[13] zunächst von drei auf sechs Monate, 1994 sodann von sechs auf neun,[14] 1997 auf 12[15] und 2002 schließlich auf 24 Monate[16] an. Die stetige Erweiterung der Arbeitnehmerüberlassung war Folge des wachsenden Bedarfs nach einer Arbeits- bzw. Beschäftigungsförderung aufgrund der wachsenden Arbeitslosigkeit. Neben der Höchstüberlassungsdauer wurden auch weitere Regelungen liberalisiert: So wurde das Synchronisations-,[17] Befristungs- und Wiedereinstellungsverbot gelockert, indem die (einmalig) wiederholte Einstellung oder Synchronisation für zulässig erklärt wurde.[18] Außerdem wurde das 1982[19] eingeführte Verbot der Arbeitnehmerüberlassung im Bauhauptgewerbe eingeschränkt.

7 Mit dem ersten der insgesamt vier „**Hartz-Gesetze**" 2002[20] erfolgte eine weitreichende Änderung des AÜG und Aufwertung der Zeitarbeit. Der Gesetzgeber hob nicht nur die Höchstüberlassungsdauer von 24 Monaten vollständig auf, sondern gleichzeitig auch das Synchronisations- und Wiedereinstellungsverbot. Die **Deregulierung der Leiharbeit** war die Reaktion der Bundesregierung auf die durch die weltweite Konjunkturkrise verursachte Entwicklung auf dem Arbeitsmarkt.[21] Fast schon in Vergessenheit geraten ist, dass die Arbeitslosenquote in Deutschland um die Jahrtausendwende ein Rekordhoch von 10–11 % erreicht hatte.[22] Neben der Reform der staatlichen Arbeitsvermittlung sah die Hartz-Kommission in der Leih-

---

[13] BGBl I 710.
[14] Erstes Gesetz zur Umsetzung des Spar-, Konsolidierungs- und Wachstumsprogramms v. 21.12.1993, BGBl I 2353.
[15] Arbeitsförderungs-Reform-Gesetz v. 24.3.1997, BGBl I 594, 714f.
[16] Gesetz zur Reform der arbeitsmarktpolitischen Instrumente – Job-AQTIV-Gesetz – v. 10.12.2001, BGBl I 3443.
[17] Synchronisationsverbot = Verbot, den Arbeitsvertrag des Zeitarbeitnehmers zeitlich mit der Dauer des bevorstehenden Einsatzes zu synchronisieren.
[18] Arbeitsförderungs-Reform-Gesetz v. 24.3.1997, BGBl I 594, 715.
[19] Arbeitsförderungs-Konsolidierungsgesetz v. 22.12.1981, BGBl I 1497.
[20] Das Erste Gesetz für moderne Dienstleistungen am Arbeitsmarkt v. 23.12.2002, BGBl I 4607 (Hartz I) trat bereits zum 1.1.2003 in Kraft. Die enthaltenen Änderungen des AÜG hingegen entfalteten erst nach einer Übergangszeit zum 1.1.2004 ihre Wirkung.
[21] BT-Drucks 15/25 S. 1.
[22] BA Statistik, Arbeitsmarkt 2002, Amtliche Nachrichten der Bundesanstalt für Arbeit, 51. Jahrgang, Sondernummer, Nürnberg, 18.6.2003.

B. Die Entwicklung des Rechts der Zeitarbeit § 1

arbeit ein Arbeitsmarktinstrument mit hohem Potential zur Flexibilisierung und Schaffung von (zumindest kurzfristiger) Beschäftigung. Um Leiharbeitnehmer trotz der erfolgten Deregulierung des AÜG zu schützen, wurde im Gegenzug das Gebot der Gleichstellung hinsichtlich der Arbeitsbedingungen („**Equal Treatment**") sowie des Arbeitsentgelts („**Equal Pay**") im Entleiherbetrieb ab dem ersten Tag der Überlassung eingeführt (sog. Gleichstellungsgrundsatz). Schon zu diesem Zeitpunkt konnte vom Gleichstellungsgrundsatz aber durch oder aufgrund eines Tarifvertrages abgewichen werden. Zudem wurde eine individualvertragliche Abweichungsmöglichkeit eingeführt, nach welcher von Equal Pay bei zuvor arbeitslosen Leiharbeitnehmern bis zu sechs Wochen abgewichen werden durfte. Den Leiharbeitnehmern stand aber mindestens ein Lohn entsprechend ihres vorherigen Arbeitslosengeldes zu, § 9 Nr. 2 AÜG a.F.[23] Die Arbeitnehmerüberlassung war damit von ihren strengen Restriktionen befreit und erzielte ihre Wirkung als für die deutsche Wirtschaft attraktives **Beschäftigungsförderungsinstrument**.

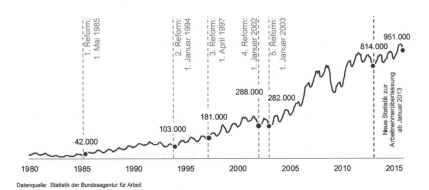

Entwicklung der Anzahl von Leiharbeitnehmerinnen und Leiharbeitnehmern
Bestand; Reformen der Arbeitnehmerüberlassung

Datenquelle: Statistik der Bundesagentur für Arbeit

III. Folgen der Deregulierung und AÜG-Reform 2011

Die Hartz-Reformen stimulierten ein erhebliches **Wachstum der Zeitarbeitsbranche**. Während 2003 noch rund 282.000 Leiharbeitnehmer in Deutschland eingesetzt wurden, waren es 2010 bereits doppelt so viele. Der zur Kompensation der neu geschaffenen Freiräume eingeführte Gleichstellungsgrundsatz erreichte das an-

8

---

23 BGBl I 4607, 4618.

§ 1 Reformanlass und Entstehungsgeschichte der Neuregelung

gestrebte Ziel eines angemessenen Schutzes der Zeitarbeitnehmer hingegen nur begrenzt. Der als tarifdispositiv ausgestaltete Grundsatz wurde faktisch in sein Gegenteil verkehrt, die auf tarifliche Regelungen gestützte Abweichung wurde zum in der Praxis gelebten Standard. Neben **Branchentarifverträgen** der dominierenden Tarifgemeinschaften[24] schlossen Gewerkschaften mit Unternehmen auch zahlreiche Haustarifverträge für die Leiharbeitnehmer ab, mit denen gegenüber der Stammbelegschaft verschlechterte Arbeitsbedingungen bzw. geringere Löhne durchgesetzt wurden.[25] Tarifliche Löhne für Anlerntätigkeiten bzw. einfache Helfertätigkeiten lagen 2008 bei nur 55 % des Lohns, die ein Stammarbeitnehmer erhielt. Auch bei qualifizierteren Verwaltungs- und Bürotätigkeiten (Ausbildungsberufen) ergab sich eine Differenz von immerhin 35 % zum Normallohn. In konkreten Zahlen ausgedrückt hat ein Helfer in der Metallbranche 2008 in der niedrigsten Entgeltstufe 12,02 EUR/Std erhalten, während er als Leiharbeitnehmer rund 7 EUR erhielt. Die Stundenentgelte der Zeitarbeitsbranche lagen damit deutlich unter den tariflichen Branchenmindestlöhnen.

9   Der politische Handlungsbedarf zur großen **AÜG-Reform** des Jahres **2011**[26] ergab sich maßgeblich aus dem geschilderten Trend zu einem „Lohndumping". Medialer Aufhänger und Synonym für branchenübergreifende Fehlentwicklungen wurde der **„Fall Schlecker"**. Die Presse nahm dies zum Anlass von der „Schlecker-Methode" zu sprechen.[27] Das Prinzip war einfach: Das Unternehmen Schlecker gründete eine Zeitarbeitsfirma, kündigte seinen Angestellten und stellte diese mit Hilfe der Zeitarbeitsfirma als Leiharbeitnehmer zu einem niedrigeren Stundenlohn wieder ein. Diese als **„Drehtürklausel"** bekannte Taktik war der Anlass für eine Neuregelung, nach der abweichende Arbeitsbedingungen bzw. Abweichungen vom Equal Pay Grundsatz ausgeschlossen waren, soweit der Leiharbeitnehmer in den letzten sechs Monaten vor der Überlassung aus einem Arbeitsverhältnis mit dem Entleiher oder aus einem Arbeitsverhältnis mit einem nach § 18 AktG konzernverbundenen Arbeitgeber ausgeschieden war (§ 3 Abs. 1 Nr. 3 AÜG in der bis zum 31.3.2017 geltenden Fassung). Die zum 1.4.2017 in Kraft getretene Neuregelung behält diese Drehtürklausel in § 8 Abs. 3 AÜG[28] in erweiterter Form bei.

10 Weitere Anlässe für die Reform des Jahres 2011 waren die anstehende Umsetzung der europäischen **Richtlinie 2008/104/EG** bis zum 5.12.2011 sowie der Umstand,

---

24 DGB-Tarifgemeinschaft und Bundesverband Zeitarbeit Personal-Dienstleistungen e.V. (BZA), Interessenverband Deutscher Zeitarbeitsunternehmen e.V. (iGZ) sowie damals noch die Christlichen Gewerkschaften für Zeitarbeit und Personalserviceagenturen (CGZP) und der Arbeitgeberverband mittelständischer Personaldienstleister (AMP).
25 Ausführlich hierzu auch *Waltermann*, NZA 2010, 482.
26 Erstes Gesetz zur Änderung des Arbeitnehmerüberlassungsgesetzes – Verhinderung von Missbrauch der Arbeitnehmerüberlassung v. 28.4.2011, BGBl I 642.
27 Handelsblatt online, Bundesregierung sagt Schlecker-Methode den Kampf an, 11.1.2010.
28 Paragraphen des AÜG ohne Angabe des Gesetzesstandes bzw. des Zusatzes „a.F." verweisen auf die Neufassung des AÜG ab 1.4.2017.

dass die bereits 2004 der EU beigetretenen osteuropäischen Mitgliedstaaten[29] zum 1.5.2011 die volle Arbeitnehmerfreizügigkeit erhalten hatten. Man befürchtete einen weiteren Lohnverfall durch massiven Anwuchs der Entsendung von **osteuropäischen Billigkräften** nach Deutschland. Im Wesentlichen sollte mit dem **Ersten Gesetz zur Änderung des Arbeitnehmerüberlassungsgesetzes** der missbräuchliche Einsatz der Zeitarbeit durch

- die Erweiterung der bisher auf gewerbsmäßige Arbeitnehmerüberlassung beschränkten Erlaubnispflicht auf alle wirtschaftlichen Tätigkeiten,
- das Erfordernis einer nur „vorübergehenden" Überlassung,
- das als „Drehtürklausel" bekannte Gebot der Gleichstellung, soweit der Leiharbeitnehmer in den letzten sechs Monaten vor der Überlassung in einem Arbeitsverhältnis zum Entleiher oder einem konzernangehörigen Arbeitgeber stand sowie
- die Einführung eines durch Rechtsverordnung des Bundesministeriums für Arbeit und Soziales erstreckten tariflichen Mindestlohns als Lohnuntergrenze (§ 3a AÜG)

verhindert werden. Die ersten beiden Maßnahmen dienten der Umsetzung der **Leiharbeitsrichtlinie**. Für die Anwendung des AÜG ist seither nicht mehr erforderlich, dass das verleihende Unternehmen mit Gewinnerzielungsabsicht tätig wird. Vielmehr fällt nun auch die früher beliebte Methode der Überlassung von Personal „zum Selbstkostenpreis" unter das AÜG. Das bis dahin geltende Privileg des erlaubnisfreien konzerninternen Verleihs (§ 1 Abs. Nr. 2 AÜG) wurde aufgehoben, soweit Zweck des Verleihunternehmens allein die Überlassung von Personal ist. Im Übrigen gilt allerdings bis heute das in § 1 Abs. 3 Nr. 2 AÜG verankerte Konzernprivileg (siehe § 5 Rdn 6 f.).

Die Übernahme der Begrifflichkeit **„vorübergehend"** sollte nach Auffassung des Gesetzgebers nur „klarstellende" Bedeutung haben. So sei die Arbeitnehmerüberlassung von ihrer Konzeption her schon nicht auf Dauer angelegt.[30] Allerdings wurde bereits im Rahmen der damaligen Reform diskutiert, welche Folgen die Einfügung dieses unbestimmten Rechtsbegriffs nach sich ziehen würde.[31] Zu den offenen Fragen zählt: Was soll „vorübergehend" bedeuten, wenn keine konkrete **Höchstüberlassungsdauer** gelten soll? Meint „vorübergehend" einen kalendermäßig befristeten Zeitraum oder geht es um eine inhaltliche Zweckbefristung? Handelt es sich um ein Verbot der **dauerhaften Überlassung** mit der Rechtsfolge

11

---

29 Von der Übergangsregelung betroffen waren die 2004 beigetretenen Länder Polen, Tschechien, Ungarn, die Slowakei, Slowenien, Estland, Lettland und Litauen; die zum 1.1.2007 beigetretenen Länder Rumänien und Bulgarien erhielten zum 1.1.2014 die volle Arbeitnehmerfreizügigkeit.
30 BT-Drucks 17/4804 S. 8.
31 *Hamann*, NZA 2011, 70, 72.

der Unwirksamkeit des Arbeitsverhältnisses zum Verleiher und einer Fiktion des Arbeitsverhältnisses zum Entleiher[32]?

Der letztgenannten Forderung erteilte das BAG mit Entscheidung vom 10.12.2013[33] eine Absage. Besaß ein Arbeitgeber die erforderliche Erlaubnis zur Arbeitnehmerüberlassung, kam nach der bis zum 31.3.2017 geltenden Rechtslage zwischen Leiharbeitnehmer und Entleiher kein Arbeitsverhältnis zu Stande, auch wenn der Einsatz des Leiharbeitnehmers entgegen der Regelung in § 1 Abs. 1 S. 2 AÜG a.F. nicht nur vorübergehend erfolgte.[34] Dem BAG zufolge sah das Gesetz für den Verstoß nur die Möglichkeit der Versagung bzw. des Widerrufs der Erlaubnis gem. § 3, 5 AÜG vor. Für eine **analoge Anwendung der §§ 9, 10 AÜG** fehle es an einer planwidrigen Regelungslücke, da der Gesetzgeber bewusst von einer ausdrücklichen Aufnahme in §§ 9, 10 AÜG abgesehen habe. Dies ergebe sich aus der Entstehungsgeschichte des AÜG.[35] Vorgängerregelungen, die eine konkrete Höchstüberlassungsdauer vorsahen, knüpften an das Verbot der Überschreitung die **Fiktion des Arbeitsverhältnisses** zum Entleiher an (so § 13 AÜG in der bis zum 31.3.1997 geltenden Fassung). Während das BAG damit ein – wenn auch nur schwach sanktioniertes – Verbot der dauerhaften Arbeitnehmerüberlassung statuierte, hat der EuGH die Frage nach der Konkretisierung des Gebots der „vorübergehenden" Überlassung bisher offen gelassen.[36] Nach Einschätzung der EU-Kommission sieht die Leiharbeitsrichtlinie keine zwingende Beschränkung der Dauer der Überlassung von Leiharbeitnehmern an die entleihenden Unternehmen vor[37] (ausführlich hierzu § 5 Rdn 57 ff.).

12 Zur Vermeidung eines „**Lohndumpings**" wurde mit dem neuen § 3a AÜG das bereits vom AEntG bekannte Verfahren zur Erstreckung **branchenspezifischer Mindestlöhne** unter Berücksichtigung der Besonderheiten der Zeitarbeit weitestgehend übernommen.[38] Bereits Ende 2011 wurde eine erste Verordnung über eine Lohnuntergrenze in der Zeitarbeit erlassen,[39] die mit Ausnahme eines kurzen Zeitraums nahtlos von weiteren Verordnungen abgelöst wurde (siehe folgende Tabelle).

---

32 Dafür LAG Berlin-Brandenburg v. 9.1.2013 – 15 Sa 1635/12 Rn 51; LAG Baden-Württemberg v. 22.11.2012 – 11 Sa 84/12 Rn 67; *Düwell*, ZESAR 2011, 449, 455.
33 BAG v. 10.12.2013 – 9 AZR 51/13, NZA 2014, 196; dem folgend BAG 3.6.2014 – 9 AZR 111/13; 29.4.2015 – 9 AZR 883/13, AP AÜG § 1 Nr. 37.
34 BAG v. 10.12.2013 – 9 AZR 51/13, NZA 2014, 196 Rn 17.
35 BAG v. 10.12.2013 – 9 AZR 51/13, NZA 2014, 196 Rn 24.
36 Die mit Spannung erwartete Entscheidung des EuGH v. 17.3.2015 – C-533/13, NZA 2015, 423 brachte keine neuen Erkenntnisse.
37 Az. CHAP(2015)00716.
38 BT-Drucks 17/5238, 14.
39 LohnUGAÜV 1 – Erste VO über eine Lohnuntergrenze in der Arbeitnehmerüberlassung v. 21.12.2011, BAnz. 2011, Nr. 195, 4608.

B. Die Entwicklung des Rechts der Zeitarbeit § 1

Mindestlohn in der Zeitarbeitsbranche seit Einführung bis heute:

Geltungszeitraum	Alte Bundesländer	Neue Bundesländer
Jan 2012 bis Okt 2012	7,89 EUR	7,01 EUR
Nov 2012 bis Okt 2013	8,19 EUR	7,50 EUR
Nov 2013 bis März 2014	Zeitabschnitt ohne Mindestlohnregelung	
Apr 2014 bis März 2015	8,50 EUR	7,86 EUR
Apr 2015 bis Mai 2016	8,80 EUR	8,20 EUR
Jun 2016 bis Dez 2016	9,00 EUR	8,50 EUR

Quelle: Zweite Verordnung über eine Lohnuntergrenze in der Arbeitnehmerüberlassung, BAnz. AT 26.3.2014 V1, Bundesanzeiger

Weitere Änderungen, die im Zuge der **Reform von 2011** erfolgten, betreffen 13
- die Streichung der Ausnahmen vom Gleichstellungsgrundsatz für zuvor arbeitslose Leiharbeitnehmer,
- die Einführung einer Pflicht zur Information der Leiharbeitnehmer über freie Arbeitsplätze im Entleiherunternehmen (§ 13a AÜG),
- das Recht auf Nutzung von/Zugang zu Gemeinschaftseinrichtungen (z.B. Kinderbetreuungseinrichtungen, Kantinen etc., § 13b AÜG)

Zusammenfassung der Reformen bis 2011:

Jahr	Reforminhalt
1972	Erlaubnispflicht
	Höchstüberlassungsdauer 3 Monate
1982	Verbot der Arbeitnehmerüberlassung im Bauhauptgewerbe
1985	Verlängerung der Überlassungshöchstdauer auf 6 Monate
1994	Verlängerung der Überlassungshöchstdauer auf 9 Monate
1997	Verlängerung der Überlassungshöchstdauer auf 12 Monate
	Auflockerung des Synchronisationsverbots beim erstmaligen Verleih
	Erlaubnis einmaliger Befristung ohne Sachgrund
	Wiederholte Zulassung lückenlos aufeinander folgender Befristungen mit demselben Leiharbeitnehmer
2002	Verlängerung der Überlassungshöchstdauer auf 24 Monate
	(verbunden mit Equal Treatment ab 13. Monat)
2004	Unbegrenzte Überlassungsdauer
	Aufhebung des Synchronisations- und Wiedereinstellungsverbots
	Lockerung des Entleihverbots im Bauhauptgewerbe
	Equal Treatment Grundsatz ab dem ersten Tag

Henssler/Pickenhahn 37

§ 1 Reformanlass und Entstehungsgeschichte der Neuregelung

Jahr	Reforminhalt
2011	Umsetzung der Richtlinie 2008/104/EG
	Begrenzung der Zeitarbeit auf „vorübergehende" Überlassungen
	Erstreckung der Arbeitnehmerüberlassung auf alle wirtschaftlichen Tätigkeiten
	Verankerung der „Drehtürklausel"
2012	Erster Mindestlohn der Zeitarbeitsbranche

C. Von der Koalitionsvereinbarung 2013 zur Reform 2017

I. Der Koalitionsvertrag des Jahres 2013

14 Der seit Jahrzehnten geführte Kampf der Gewerkschaften gegen die „Flucht in die Leiharbeit" hat sich in den letzten Jahren neue Gegner auserkoren: nunmehr geht es gegen sämtliche Formen eines als „missbräuchlich" eingestuften Fremdpersonaleinsatzes, zu denen auch die Einschaltung von Drittpersonal auf der Grundlage von Werk- oder Dienstverträgen gezählt wird. Neben einzelnen in den Medien propagierten Missbrauchsfällen, insbesondere im Einzelhandel und in der Logistikbranche (siehe bereits unter Rdn 1 ff.) stieß auch die von den Unternehmen zunehmend verfolgte Praxis der vorsorglichen Einholung einer **sog. Vorratserlaubnis** auf Ablehnung. Mit dieser Vorsorgemaßnahme sollten die Sanktionen der §§ 9, 10 AÜG, insbesondere die **Fiktion eines Arbeitsverhältnisses** mit dem Auftraggeber/Entleiher, verhindert werden. Das bis zum 31.3.2017 geltende Recht sah diese Möglichkeit vor, wie das BAG noch im Juli 2016 bestätigte. Seiner Meinung nach griff bei Vorliegen einer Arbeitnehmerüberlassungserlaubnis die Fiktion eines Arbeitsverhältnisses zum Entleiher gem. § 10 AÜG auch dann nicht,[40] wenn der Arbeitnehmer nicht nach dem AÜG überlassen, sondern auf der Grundlage eines Werkvertrages beschäftigt war. Das BAG teilte die Auffassung der 4. Kammer des LAG Baden-Württemberg nicht, welche die Berufung auf das Vorliegen einer Arbeitnehmerüberlassungserlaubnis in reinen Vorratserlaubnisfällen als ein treuwidriges widersprüchliches Verhalten gewertet hatte.[41]

Den statistischen Daten lässt sich allerdings weder eine „Flucht in die Leiharbeit" noch die häufig beklagte Substitution der Zeitarbeit durch Werkverträge entnehmen (zu den Fakten siehe § 3 Rdn 1 ff.). Gleichwohl nahmen sich die Koalitionsparteien CDU/CSU und SPD des Themas der Eindämmung des Fremdpersonaleinsatzes an, welches in der öffentlichen Diskussion häufig unter dem ungenauen Titel „**Miss-**

---

40 BAG v.12.7.2016 – 9 AZR 352/15, BB 2016, BeckRS 2016, 72463, Rn 10 ff.
41 LAG Baden-Württemberg v. 3.12.2014 – 4 Sa 41/14, LAGE § 10 AÜG Nr. 14, Rn 99; a.A. 6. Kammer des LAG Baden-Württemberg, v. 7.5.2015 – 6 Sa 78/14, LAGE § 10 AÜG Nr. 15, Rn 27.

brauch von Werkverträgen" debattiert wird.⁴² Die Eindämmung dieser „Fehlentwicklung" wurde damit auf die Agenda der 18. Legislaturperiode gesetzt.

Bereits zum Ende der 17. Legislaturperiode nahm die SPD die Löhne von 3– 5,50 EUR/Std, die osteuropäischen Werkarbeitern in deutschen Schlachthöfen gezahlt wurden, zum Anlass die Bundesregierung aufzufordern, die neue Art der Ausbeutung in Form **des Lohndumpings durch Werkverträge** (und anderen Rechtsformen der freien Mitarbeit) zu stoppen.⁴³

Im **Koalitionsvertrag vom 17.12.2013** heißt es unter der Schlagzeile:

„Missbrauch von Werkvertragsgestaltungen verhindern

Rechtswidrige Vertragskonstruktionen bei Werkverträgen zulasten von Arbeitnehmerinnen und Arbeitnehmern müssen verhindert werden. Dafür ist es erforderlich, die Prüftätigkeit der Kontroll- und Prüfinstanzen bei der Finanzkontrolle Schwarzarbeit zu konzentrieren, organisatorisch effektiver zu gestalten, zu erleichtern und im ausreichenden Umfang zu personalisieren, die Informations- und Unterrichtungsrechte des Betriebsrats sicherzustellen, zu konkretisieren und verdeckte Arbeitnehmerüberlassung zu sanktionieren. Der vermeintliche Werkunternehmer und sein Auftraggeber dürfen auch bei Vorlage einer Verleiherlaubnis nicht bessergestellt sein, als derjenige, der unerlaubt Arbeitnehmerüberlassung betreibt. Der gesetzliche Arbeitsschutz für Werkvertragsarbeitnehmerinnen und -arbeitnehmer muss sichergestellt werden.

Zur Erleichterung der Prüftätigkeit von Behörden werden die wesentlichen durch die Rechtsprechung entwickelten Abgrenzungskriterien zwischen ordnungsgemäßen und missbräuchlichen Fremdpersonaleinsatz gesetzlich niedergelegt."

Parallel dazu setzte sich die große Koalition das Ziel, die Arbeitsbedingungen der Leiharbeitnehmer zu verbessern. Im Koalitionsvertrag heißt es hierzu:

„Arbeitnehmerüberlassung weiterentwickeln

Wir präzisieren im AÜG die Maßgabe, dass die Überlassung von Arbeitnehmern an einen Entleiher vorübergehend erfolgt, indem wir eine Überlassungshöchstdauer von 18 Monaten gesetzlich festlegen. Durch einen Tarifvertrag der Tarifvertragsparteien der Einsatzbranche oder aufgrund eines solchen Tarifvertrags in einer Betriebs- bzw. Dienstvereinbarung können unter Berücksichtigung der berechtigten Interessen der Stammbelegschaften abweichende Lösungen vereinbart werden. Wir entwickeln die statistische Berichterstattung zur Arbeitnehmerüberlassung bedarfsgerecht fort.

---

42 Gemeint ist aber der Missbrauch jeglicher Vertragskonstruktionen zur Umgehung eines Normalarbeitsverhältnisses, somit auch Dienstverträge, Geschäftsbesorgungsverträge etc.
43 BT-Drucks 17/12378 vom 19.2.2013.

§ 1 Reformanlass und Entstehungsgeschichte der Neuregelung

Die Koalition will die Leiharbeit auf ihre Kernfunktionen hin orientieren. Das AÜG wird daher an die aktuelle Entwicklung angepasst und novelliert:

- Die Koalitionspartner sind sich darüber einig, dass Leiharbeitnehmerinnen und Leiharbeitnehmer künftig spätestens nach 9 Monaten hinsichtlich des Arbeitsentgelts mit den Stammarbeitnehmern gleichgestellt werden.
- Kein Einsatz von Leiharbeitnehmerinnen und Leiharbeitnehmern als Streikbrecher.
- Zur Erleichterung der Arbeit der Betriebsräte wird gesetzlich klargestellt, dass Leiharbeitnehmer bei den betriebsverfassungsrechtlichen Schwellenwerten grundsätzlich zu berücksichtigen sind, sofern dies der Zielrichtung der jeweiligen Norm nicht widerspricht."

II. Der erste Referentenentwurf vom 16.11.2015

16 Obwohl der Koalitionsvertrag die Marschroute für die stärkere Regulierung des Fremdpersonaleinsatzes recht deutlich vorgab, ließ das Bundesministerium für Arbeit und Soziales (BMAS) mit der Vorlage eines Gesetzesentwurfes zunächst auf sich warten. Der Grund war die Umsetzung von als vorrangig eingestuften Gesetzesvorhaben, insbesondere die Wiederherstellung der Tarifeinheit durch das Tarifeinheitsgesetz und die Einführung eines gesetzlichen Mindestlohns durch das Tarifautonomiestärkungsgesetz. Erst am **16.11.2015** stellte die Bundesministerin für Arbeit und Soziales, Frau Nahles, den **ersten Referentenentwurf** eines entsprechenden Reformgesetzes vor.[44] Trotz der langen Vorlaufzeit wurde der Entwurf mangels Vereinbarkeit mit dem Koalitionsvertrag recht abrupt im Kanzleramt gestoppt. Mit überraschend direkten Worten erkannte die Kanzlerin die aus der Wirtschaft erfolgte Kritik an und betonte in ihrer Rede am Deutschen Arbeitgebertag in Berlin, dass sie als „Wächterin des Koalitionsvertrages" dafür einstehe, dass keine Reform umgesetzt werde, die über die im Koalitionsvertrag vereinbarten Ziele hinausgehe.[45]

Heftige Kritik erhielt das Bundesministerium für Arbeit und Soziales insbesondere für den in den Referentenentwurf aufgenommenen Versuch einer erstmaligen Definition des Arbeitnehmerbegriffs in **§ 611a BGB-RefE-I**. Anstatt – wie im Koalitionsvertrag vereinbart – die wesentlichen durch die Rechtsprechung entwickelten Kriterien für die Grenzziehung zwischen ordnungsgemäßen und missbräuchlichen Fremdpersonaleinsatz gesetzlich niederzulegen, ging der erste Entwurf des § 611a BGB über die Festschreibung des bisherigen Rechts hinaus. Neben einem zweifel-

---

[44] Der erste Referentenentwurf sowie alle folgenden Entwürfe sind abrufbar unter http://www.portalsozialpolitik.de/recht/gesetzgebung/gesetzgebung-18-wahlperiode/aueg-und-werkvertraege.

[45] Vollständiger Text der Rede von Bundeskanzlerin Merkel beim Deutschen Arbeitgebertag am 24.11.2015 abrufbar unter https://www.bundeskanzlerin.de/Content/DE/Rede/2015/11/2015-11-24-merkel-arbeitgebertag.html.

haften **Kriterienkatalog** (siehe auch § 2 Rdn 4 f.) sah der Entwurf eine **Vermutungsregelung** vor, nach der die Arbeitnehmereigenschaft bei Vorliegen der Sozialversicherungspflicht nach § 7a SGB IV vermutet werden sollte[46] (näheres dazu siehe § 4). Selbst diejenigen, die einem Kriterienkatalog sowie einer Vermutungswirkung grundsätzlich positiv gegenüberstanden, kritisierten die konkrete Umsetzung dieser Instrumente im Entwurf.[47] Der Kriterienkatalog sei nicht umfassend genug und die Vermutungswirkung dürfe sich nicht auf die Fälle der Feststellung eines Beschäftigtenverhältnisses durch die Deutsche Rentenversicherung Bund nach § 7a SGB IV beschränken.

Neben dem als Maßnahme gegen den Missbrauch von Werkverträgen gedachten § 611a BGB-E enthielt der Referentenentwurf I weitreichende **Änderungen des AÜG**. Dazu zählten u.a. die im Koalitionsvertrag vereinbarte Wiedereinführung einer personenbezogenen Höchstüberlassungsdauer von 18 Monaten, die Einschränkung der Abweichungsmöglichkeiten vom Equal Pay Grundsatz (Gleichstellung nach spätestens neun Monaten), das Verbot des Einsatzes von Leiharbeitnehmern als Streikbrecher sowie die Berücksichtigung von Leiharbeitnehmern bei den Schwellenwerten des BetrVG und der Unternehmensmitbestimmung. Eine über 18 Monate hinausgehende Überlassung sollte bereits nach dem Referentenentwurf nur durch Tarifvertrag des Einsatzbetriebes, durch Betriebs- oder Dienstvereinbarungen, die auf einen entsprechenden Tarifvertrag Bezug nehmen, oder durch Kollektivvereinbarungen von Religionsgemeinschaften vereinbart werden können. Die Forderung, die verdeckte Arbeitnehmerüberlassung zu bekämpfen, wurde im Entwurf durch eine weitreichende Denominationspflicht, die erweiterte Fiktion eines Arbeitsverhältnisses mit dem Auftraggeber sowie ein damit korrespondierendes Widerspruchsrecht des Arbeitnehmers (sog. Festhaltenserklärung) umgesetzt. Ferner enthielt der Entwurf eine Definition des Leiharbeitnehmerbegriffs in § 1 Abs. 1 S. 2 AÜG und ein Verbot der von der Praxis bereits zuvor als unzulässig eingestuften sog. Kettenleiharbeitsverhältnisse (näheres zu den einzelnen Änderungen des AÜG in § 5).

III. Der zweite Referentenentwurf vom 17.2.2016

Nach der heftigen Kritik am ersten Entwurf und den klaren Worten der Kanzlerin legte das BMAS drei Monate später am **17.2.2016** den **nachgebesserten Gesetzentwurf** zur Regulierung von Leiharbeit und Werkverträgen vor.[48] Wesentliche Änderungen zum ersten Entwurf betrafen zum einen den Verzicht auf den Kriterienkatalog und auf die Vermutungswirkung. Im Bereich der Reform des AÜG wur-

17

---

46 Zum Kriterienkatalog des § 611a BGB vom 16.11.2015 kritisch *Henssler*, RdA 2016, 18; *Thüsing/Schmidt*, ZIP 2016, 54 sowie *Wank*, EuZA Bd. 9 (2016), 143, 158 ff.
47 *Ulber*, Gutachten zum Referentenentwurf des BMAS im Auftrag der Rosa Luxemburg Stiftung vom 8.1.2016, S. 20; Stellungnahme des DGB vom 20.4.2016, S. 27.
48 Alle Entwürfe sind abrufbar unter http://www.portal-sozialpolitik.de/recht/gesetzgebung/gesetzgebung-18-wahlperiode/aueg-und-werkvertraege.

§ 1 Reformanlass und Entstehungsgeschichte der Neuregelung

den die tariflichen Abweichungsmöglichkeiten erweitert. In § 611a BGB begnügte sich das Ministerium mit einer fast wortlautgetreuen Übernahme bisheriger Rechtsprechungsgrundsätze (vgl. BAG vom 11.8.2015 – 9 AZR 98/14). Während das Nachzeichnungsrecht tarifungebundener Unternehmen von Tarifverträgen in einer Betriebsvereinbarung auf 24 Monate begrenzt wurde, wurden die Abweichungsmöglichkeiten von Equal Pay auf 15 Monate (bei stufenweiser Heranführung durch einen Branchenzuschlagstarifvertrag) ausgeweitet.

Obwohl der zweite Gesetzesentwurf von der gewerkschaftlichen Forderung nach einem Kriterienkatalog abrückte und damit die Kritik der Arbeitgeberseite aufgriff, sprachen sich die Industriegewerkschaften für eine zügige Umsetzung des geänderten Entwurfes aus.[49] Der Entwurf sei nunmehr „ausbalanciert und wirkungsfähig" äußerte sich etwa IG-BCE-Chef Michael Vassiliadis nach der Veröffentlichung des Entwurfes. Man wolle vorrangig die Änderungen des AÜG vorantreiben und sie nicht an der Jahrhundertaufgabe der Definition des Arbeitnehmerbegriffes scheitern lassen. Die Zeitarbeitsbranche hingegen kritisierte die Übererfüllung des Koalitionsvertrages, die dadurch noch wachsende Bürokratie sowie die Missachtung der Tarifautonomie der Zeitarbeitsbranche, die durch die bereits im ersten Entwurf enthaltene Beschränkung der Tarifzuständigkeit auf die Tarifpartner der Einsatzbranche erfolge.[50] Nachdem die CSU trotz des grundsätzlichen Rückhalts für den Entwurf von Seiten der Gewerkschaften und Arbeitgeberverbände einen vorläufigen Kabinettsbeschluss im März 2016 noch blockiert hatte,[51] brachte die Bundesregierung das Gesetzesvorhaben schließlich in nochmals nachgebesserter Form mit Kabinettsbeschluss vom 1.6.2016 auf den Weg (dazu Rdn 18 f.).

IV. Der Regierungsentwurf vom 1.6.2016

18 Die Nachbesserungen zum Vorentwurf von Februar 2016 betrafen im Wesentlichen
- die Einführung einer Übergangsregelung für Überlassungszeiten und die Überlassungshöchstdauer,
- die eingeschränkte Berücksichtigung von Vorzeiten, die durch Kürzung der relevanten Unterbrechungszeit von zuvor sechs Monaten auf drei Monate Unterbrechung deutlich reduziert wurde,
- die Einschränkung des Streikeinsatzverbotes von einem pauschalen Verbot des Einsatzes von Leiharbeitnehmern während eines Streiks auf das Verbot der Übernahme der Tätigkeiten von Arbeitnehmern im Arbeitskampf sowie
- der ausdrücklichen Regelung, dass „Voraberklärungen des Widerspruchs" unzulässig sind.

---

49 FAZ v. 20.2.2016, Nr. 43, S. 20.
50 Kurzstellungnahme von BAP und iGZ vom 17.11.2015, abrufbar unter https://www.ig-zeitarbeit.de/system/files/2015/151117_kurzstellungnahme_bap_igz_aueg-referentenentwurf.pdf.
51 FAZ v. 25.2.2016, Nr. 47, S. 16.

Zudem wurden die Möglichkeit einer Abweichung von der Höchstüberlassungsdauer durch tarifungebundene Unternehmen mittels Betriebs- oder Dienstvereinbarung sowie die Berücksichtigung von Leiharbeitnehmern bei den Schwellenwerten der Unternehmensmitbestimmung nochmals modifiziert.

Die erste **Stellungnahme des Bundesrates** zum Regierungsentwurf erfolgte bereits am 8.7.2016. Die Stellungnahme enthielt lediglich eine spezielle Prüfbitte zur Arbeitnehmerüberlassung im Rahmen der Kooperation von Ganztagsschulen mit außerschulischen Partnern,[52] so dass der Entwurf als Bundestagsdrucksache 18/9232[53] in das Gesetzgebungsverfahren eingebracht wurde.

V. Behandlung im Ausschuss Arbeit und Soziales und weitere Schritte im Gesetzgebungsverfahren

Am 22.9.2016 fand die **erste Lesung im Bundestag** mit der Verweisung an den Ausschuss Arbeit und Soziales statt. Dort erfolgte am 17.10.2016 eine umfangreiche öffentliche **Anhörung von Sachverständigen** gemeinsam zum

- Gesetzentwurf eines Gesetzes zur Änderung des Arbeitnehmerüberlassungsgesetzes und anderer Gesetze (BT-Drucksache 18/9232),
- Antrag der Fraktion BÜNDNIS 90/DIE GRÜNEN (BT-Drucksache 18/7370),
- Antrag der Fraktion DIE LINKE (BT-Drucksache 18/9664).

Der Ausschuss befasste sich unter gleichzeitiger Ablehnung der Fraktionsanträge erneut intensiv mit dem Gesetzesentwurf und nahm im Sinne einer typischen **politischen Kompromisslösung weitere Veränderungen** und zudem Klarstellungen in der Begründung der Beschlussempfehlung vor. U.a. wurden § 611a BGB neu gefasst, die Festhaltenserklärung des Arbeitnehmers stark formalisiert und der Zeitpunkt für das Inkrafttreten auf den 1.4.2017 verschoben.

Die weitere Behandlung in der 2. und 3. Lesung (21.10.2016) und im Bundesrat (25.11.2016) ergab keine Besonderheiten.

Das Gesetz tritt am **1.4.2017** in Kraft.

---

52 Stellungnahme des Bundesrates v. 8.7.2016, BR-Drucks 294/16 (B), S. 1.
53 BT-Drucks vom 20.7.2016 19/9232.

§ 2 Die Regelung des Arbeitsvertrages in § 611a BGB

Literatur:

Boemke, Arbeitnehmerüberlassung oder Fremdfirmeneinsatz im Rahmen von Werkverträgen, in Festschrift v. Hoyningen-Huene zum 70. Geburtstag (2014), S. 43; *Brors/Schüren,* Neue gesetzliche Rahmenbedingungen für den Fremdpersonaleinsatz, NZA 2014, 569; *Franzen,* Neuausrichtung des Drittpersonaleinsatzes – Überlegungen zu den Vorhaben des Koalitionsvertrags, RdA 2015, 141; *Greiner,* Werkvertrag und Arbeitnehmerüberlassung – Abgrenzungsfragen und aktuelle Rechtspolitik, NZA 2013, 697; *Junker,* Zeitarbeit und Werkverträge im europäischen Kontext, ZfA 2016, 197; *Schüren/Fasholz,* Inhouse-Outsourcing und der Diskussionsentwurf zum AÜG, NZA 2015, 1473; *Thüsing,* Rechtssicherheit zur effektiveren Bekämpfung von missbräuchlichem Fremdpersonaleinsatz, ZfA 2015, 419; *Thüsing/Schmidt,* Rechtssicherheit zur effektiveren Bekämpfung von missbräuchlichem Fremdpersonaleinsatz, ZIP 2016, 54; *Ulrici,* Darlegungs- und Beweislast bei Abgrenzung von Leiharbeit und sonstigem Fremdpersonaleinsatz – Ein Zwischenruf, NZA 2015, 456.

A. Einleitung

Obwohl dies kein Kernanliegen des Reformgesetzes ist, hat sich der Gesetzgeber aus Anlass seiner Bemühungen um die Eindämmung eines missbräuchlichen Einsatzes von Werkverträgen der Jahrhundertaufgabe der gesetzlichen **Definition des Arbeitnehmerbegriffs** bzw. **des Arbeitsverhältnisses** angenommen. Die letztlich Gesetz gewordene Fassung des § 611a BGB hat nur wenig mit den ursprünglich im BMAS erarbeiteten Versionen gemein. Auch wenn diese Entwurfsfassungen letztlich nicht aufgegriffen wurden, lohnt doch ein kurzer Rückblick auf die rechtspolitische Diskussion, die der Regelung in § 611a BGB vorausgegangen ist. So enthalten die nicht Gesetz gewordenen Entwürfe zumindest eine partielle Zusammenfassung der Rechtsprechung und geben damit einen Überblick über den aktuellen Meinungsstand zu den Kriterien des Arbeitnehmerbegriffs. Außerdem strahlt die Kritik an den Vorentwürfen auch auf das Verständnis der Neuregelung aus. 1

B. Die im Verlauf des Gesetzgebungsverfahrens verworfenen Entwürfe

I. § 611a BGB in der Fassung des ersten Referentenentwurfes vom 16.11.2015

§ 611a Vertragstypische Pflichten beim Arbeitsvertrag 2

„(1) Handelt es sich bei den aufgrund eines Vertrages zugesagten Leistungen um Arbeitsleistungen, liegt ein Arbeitsvertrag vor. Arbeitsleistungen erbringt, wer Dienste erbringt und dabei in eine fremde Arbeitsorganisation eingegliedert ist und Weisungen unterliegt. Wenn der Vertrag und seine tatsächliche Durchführung einander widersprechen, ist für die rechtliche Einordnung des Vertrages die tatsächliche Durchführung maßgebend.

§ 2 Die Regelung des Arbeitsvertrages in § 611a BGB

(2) Für die Feststellung, ob jemand in eine fremde Arbeitsorganisation eingegliedert ist und Weisungen unterliegt, ist eine wertende Gesamtbetrachtung vorzunehmen. Für diese Gesamtbetrachtung ist insbesondere maßgeblich, ob jemand

a. nicht frei darin ist, seine Arbeitszeit oder die geschuldete Leistung zu gestalten oder seinen Arbeitsort zu bestimmen,

b. die geschuldete Leistung überwiegend in Räumen eines anderen erbringt,

c. zur Erbringung der geschuldeten Leistung regelmäßig Mittel eines anderen nutzt,

d. die geschuldete Leistung in Zusammenarbeit mit Personen erbringt, die von einem anderen eingesetzt oder beauftragt sind,

e. ausschließlich oder überwiegend für einen anderen tätig ist,

f. keine eigene betriebliche Organisation unterhält, um die geschuldete Leistung zu erbringen,

g. Leistungen erbringt, die nicht auf die Herstellung oder Erreichung eines bestimmten Arbeitsergebnisses oder eines bestimmten Arbeitserfolges gerichtet sind,

h. für das Ergebnis seiner Tätigkeit keine Gewähr leistet.

(3) Das Bestehen eines Arbeitsvertrages wird widerleglich vermutet, wenn die Deutsche Rentenversicherung Bund nach § 7a des Vierten Buches Sozialgesetzbuch insoweit das Bestehen eines Beschäftigungsverhältnisses festgestellt hat."

Bereits der von Bundesministerin Nahles im November 2015 vorgestellte erste Entwurf zur Umsetzung der im Koalitionsvertrag vereinbarten Bekämpfung von Missbräuchen im Bereich des Fremdpersonaleinsatzes sah neben Änderungen im AÜG, BetrVG, SchwarzArbG und SGB IV eine Ergänzung des BGB um eine Definition des Arbeitsvertrages in § 611a BGB vor. Die geplante Neuregelung in § 611a BGB-RefE-I setzte sich aus **drei Komponenten** zusammen:

- Einer abstrakte Definition des Arbeitsvertrages (Abs. 1),
- einem konkreten, nicht abschließenden Katalog von sieben Kriterien zur Feststellung des Vorliegens eines Arbeitsvertrages (Abs. 2) und
- einer widerleglichen Vermutungswirkung, nach welcher ein Arbeitsvertrag nach Feststellung eines (sozialversicherungspflichtigen) Beschäftigungsverhältnisses nach § 7a SGB IV vermutet werden sollte (Abs. 3).

Alle drei Bestandteile sind berechtigterweise auf **heftige Kritik** gestoßen:

1. Die allgemeine Regelung (§ 611a Abs. 1 BGB RefE-I)

3   Bereits die allgemeine Regelung zur Definition eines Arbeitsvertrages konnte nicht überzeugen. Der Gesetzgeber bemühte sich zwar zutreffend um eine parallele Ausgestaltung der Definitionen des Arbeitnehmers in § 611a Abs. 1 BGB-RefE-I und

des Leiharbeitnehmers in dem ebenfalls neu gefassten § 1 Abs. 1 S. 2 AÜG.[1] So wurde in beide Regelungen die Eingliederung in eine fremde Arbeitsorganisation sowie das Weisungsrecht des Arbeitgebers als Kriterium aufgenommen:

§ 611a Abs. 1 BGB-RefE-I

„Arbeitsleistungen erbringt, wer Dienste erbringt und dabei in eine fremde Arbeitsorganisation eingegliedert ist und Weisungen unterliegt."

§ 1 Abs. 1 S. 2 AÜG

„Arbeitnehmer werden zur Arbeitsleistung überlassen, wenn sie in die Arbeitsorganisation des Entleihers eingegliedert sind und seinen Weisungen unterliegen."

Allerdings wurde damit entgegen der Vereinbarung im Koalitionsvertrag gerade nicht die bisherige ständige Rechtsprechung zum Arbeitnehmerbegriff aufgegriffen, in der das Kernmerkmal der persönlichen Abhängigkeit im Zentrum der Definition steht. Zudem wurde das Kriterium der Eingliederung als gleichberechtigtes Merkmal neben der Weisungsgebundenheit genannt, obwohl dies jedenfalls nicht der gefestigten Rechtsprechung des BAG entspricht.

2. Der Kriterienkatalog (§ 611a Abs. 2 BGB RefE-I)

Die intensivste Kritik zog indes die Ausgestaltung des **Kriterienkatalogs des § 611a Abs. 2 BGB-RefE-I** auf sich. Ziel dieses Kataloges sollte es sein, durch eine Konkretisierung des Arbeitnehmerbegriffes für mehr Rechtssicherheit zu sorgen.

Als Vorbild diente offensichtlich ein bereits zwei Jahre zuvor von der **SPD** vorgestellter **Gesetzesentwurf** vom **19.2.2013** zur Bekämpfung des Missbrauchs von Werkverträgen. Er sah ebenfalls einen Katalog von sieben Kriterien vor, von denen sich einzelne im Referentenentwurf vom 16.11.2015 wiederfanden.[2] Anders als in § 611a BGB RefE-I, in dem Katalog und Vermutungswirkung nach Abs. 3 selbstständig nebeneinanderstanden, wurde der in § 1 AÜG verortete Katalog des SPD-Entwurfes selbst mit einer Vermutungswirkung verbunden. Die Vermutungswirkung sollte nach diesem Vorschlag greifen, wenn im Streitfall eine Partei Indizien beweisen konnte, die das Vorliegen von mindestens drei der sieben Merkmale vermuten ließ (auch propagiert als „drei aus sieben"). Auf eine entsprechende Kombination von Vermutungswirkung und Indizien verzichtete zwar der Referentenentwurf vom November 2015. Er stellte aber (unter Abs. 2 S. 2 a)) das für die Statusbeurteilung zentrale Kriterium der Weisungsbefugnis hinsichtlich Inhalt, Ort und Zeit der Arbeitsleistung (Umkehrschluss zu § 84 Abs. 1 S. 2 HGB) in den glei-

---

1 Paragraphen des AÜG ohne Angabe des Gesetzesstandes bzw. des Zusatzes „a.F." verweisen auf die Neufassung des AÜG ab 1.4.2017.
2 So waren die Merkmale c), g) und h) bereits vergleichbar im SPD-Entwurf unter Nr. 2–4 enthalten, BT-Drucks 17/12378, S. 6.

chen Rang wie sechs untergeordnete, teilweise sogar sehr schwache Indizien (Abs. 2 S. 2 b) –h)). Während das Merkmal der Weisungsgebundenheit bei einem Arbeitsverhältnis stets erfüllt sein muss, kommt den anderen von der Rechtsprechung entwickelten Kriterien lediglich eine bloße Indizfunktion zu.

5 Selbst bei der Umschreibung des Kernmerkmals der **Weisungsabhängigkeit** blieb der Entwurf mit dem pauschalen Abstellen auf die Weisungsfreiheit hinsichtlich der „geschuldeten Leistung" ungenau. Gerade bei der rechtlich schwierig zu beurteilenden Tätigkeit der Mitarbeiter von Werkunternehmern muss zwischen **arbeitsbezogenen** und **werkbezogenen Weisungen** unterschieden werden. Werkbezogene Weisungen sind für die arbeitsrechtliche Beurteilung ohne Aussagekraft.[3] Vermissen ließ die Formulierung auch die notwendige Differenzierung nach der **Eigenart der verrichteten Tätigkeit**.[4] So ist es bei Orchestermusikern und anderen Bühnendarstellern der Eigenart der Tätigkeit geschuldet, dass diese an bestimmte Vorstellungszeiten gebunden sind. Allein diese Bindung kann aber den Arbeitnehmerstatus nicht nach sich ziehen.[5] Zeitliche Vorgaben und die Verpflichtung, bestimmte Termine für die Erledigung der übertragenen Aufgaben einzuhalten, sind kein hinreichendes Merkmal für ein Arbeitsverhältnis. Auch wenn nur ein geringer Spielraum in der zeitlichen Einteilung der übernommenen Dienstleistung besteht, spricht dies für sich genommen noch nicht für einen Arbeitsvertrag, wenn sich diese Einschränkung aus der Natur der Tätigkeit ergibt (z.B. Zeitungszusteller, Backwarenlieferant[6]).

Im Kriterienkatalog wurden zudem zwei ganz unterschiedliche Themenkomplexe miteinander vermengt, nämlich zum einen die Frage, ob eine Person überhaupt Arbeitnehmer ist (Thematik der Abgrenzung des Arbeitnehmers vom Soloselbstständigen, siehe dazu § 4 Rdn 9 ff.) und zum anderen die davon zu trennende Frage, welchem Arbeitgeber eine Person, die unstreitig Arbeitnehmer ist, zuzuordnen ist (Abgrenzung der Personalgestellung aufgrund eines Werk- oder Dienstvertrages von der Arbeitnehmerüberlassung nach dem AÜG). Die für diese beiden Fragen maßgeblichen Kriterien sind nur teilweise deckungsgleich. Während die Kriterien des Abs. 2. S. 2 b) – f) lediglich Indizien für die Feststellung der Eingliederung enthielten, waren die Kriterien Abs. 2. S. 2 g) – h) für die Abgrenzung zwischen Arbeitsvertrag und selbstständigem Dienstvertrag ohne jede rechtliche Relevanz. Sie sollten offenbar der Grenzziehung zwischen Werkvertrag und Dienstvertrag dienen,

---

[3] BAG v. 25.9.2013 –10 AZR 282/12, NZA 2013, 1348; BAG v. 18.1.2012 –7 AZR 723/10, NZA-RR 2012, 455; BAG v. 13.8.2008 – 7 AZR 269/07, AP § 10 AÜG Nr. 19; zur Bedeutungslosigkeit von Organisationsanweisungen, die nur wirtschaftliche Rahmenbedingungen schaffen, BAG v. 12.12.2011, EzA § 611 BGB Arbeitnehmerbegriff Nr. 87.
[4] So auch *Thüsing/Schmidt*, ZIP 2016, 54, 58.
[5] BAG v. 22.8.2001 – 5 AZR 502/99, NZA 2003, 662.
[6] LAG Köln v. 29.8.2011 – 2 Sa 478/11, LAGE § 611 BGB 2002 Arbeitnehmerbegriff Nr. 7, Rn 33.

betreffen damit die § 1 AÜG zuzuordnende Abgrenzung zwischen der Zeitarbeit und den sonstigen Formen des Fremdpersonaleinsatzes. Die Vermengung der Lösungsansätze in einer Vorschrift hätte durch den Perspektivenwechsel innerhalb des Katalogs Missverständnisse geradezu provoziert. Davon unabhängig litt der Regelungsvorschlag darunter, dass er Kriterien, die ganz unterschiedliche Funktionen erfüllen und von ganz unterschiedlichem Gewicht sind, undifferenziert in einen „Topf" warf (zur Gewichtung der Kriterien siehe § 3 Rdn 31 ff.).

3. Die Vermutungsregelung (§ 611a Abs. 3 BGB RefE-I)

Ebenfalls über das Ziel der Festschreibung der bisherigen Rechtslage weit hinaus ging die im Referentenentwurf angedachte **Vermutungsregelung** des **§ 611a Abs. 3 BGB RefE-I**. Danach sollte das Bestehen eines Arbeitsvertrages widerleglich vermutet werden, wenn die Deutsche Rentenversicherung Bund nach § 7a SGB IV das Bestehen eines Beschäftigungsverhältnisses festgestellt hat. Dies hätte eine massive Verschiebung der **Beweislast** zu Lasten der Arbeitgeberseite nach sich gezogen. Unabhängig davon, dass man darüber streiten kann, ob eine solche Verschiebung der Beweislast zugunsten der Arbeitnehmerseite sachgerecht ist,[7] hätte die Vermutungswirkung zu einer Vermengung zwischen dem **sozialrechtlichen Begriff des Beschäftigten** und dem davon abzugrenzenden Arbeitnehmerbegriff des Arbeitsrechts geführt. Eine solche Synchronisierung ließe sich zwar in der umgekehrten Richtung rechtfertigen, da grundsätzlich ein Beschäftigungsverhältnis anzunehmen ist, soweit ein Arbeitsverhältnis nach arbeitsrechtlichen Grundsätzen vorliegt. Da der Begriff der Beschäftigung aber weiter reicht als der des Arbeitsverhältnisses, verbietet es sich umgekehrt von der Beschäftigung auf ein Arbeitsverhältnis zu schließen.[8] Dies ergibt sich nicht nur aus der ständigen Rechtsprechung von BSG und BAG, die die jeweilige Unabhängigkeit der beiden Begriffe betonen, sondern ebenso bereits aus der Formulierung des § 7 SGB IV, der Beschäftigung als nichtselbstständige Arbeit, insbesondere in einem Arbeitsverhältnis, definiert. Das Wort „insbesondere" impliziert bereits, dass der Beschäftigtenbegriff weitere Fälle umfasst, bei denen eben kein Arbeitsverhältnis vorliegt, auch wenn beide Begriffe im Gros der Fälle (ca. 95 %)[9] deckungsgleich sind.

---

7 Zutreffend gegen eine Beweislastumkehr *Thüsing*, ZfA 2016, 419; *Thüsing/Schmidt*, ZIP 2016, 54, 62; *Ulrici*, NZA 2015, 456; dagegen Vorschlag einer Beweislastumkehr zugunsten des „Arbeitnehmers", § 1 Abs. 3 AÜG-NRW Entwurf: „Werden Arbeitnehmer in der Betriebsorganisation eines Dritten tätig, so wird vermutet, dass sie an den Dritten überlassen werden. Die Vermutung kann durch den Nachweis widerlegt werden, dass die Arbeitnehmer von ihrem Arbeitgeber im Rahmen eines Werk- oder Dienstvertrags mit dem Dritten eingesetzt werden." *Brors/Schüren*, Gutachten für das MAIS NRW, Februar 2014; dieselben in NZA 2014, 569, 572.
8 Vgl. auch BSG v. 27.7.2011 – B 12 KR 10/09 R, SozR 4–2400 § 28e Nr. 4.
9 Schätzung vgl. BeckOK Sozialrecht/*Rittweger*, Stand 1.6.2015, § 7 SGB IV Rn 4, sich darauf berufend die Begründung des ersten Referentenentwurfes vom 16.11.2015, S. 32.

§ 2 Die Regelung des Arbeitsvertrages in § 611a BGB

7 Als Paradebeispiel für ein Auseinanderfallen beider Begriffe lässt sich die unterschiedliche Behandlung von Gesellschaftsorganen, insbesondere GmbH-Fremdgeschäftsführern, im Arbeits- und Sozialrecht anführen. **GmbH-Geschäftsführer** sind zwar weitgehend sozialversicherungspflichtig, jedoch nach bisheriger (nationaler) Auffassung nicht als Arbeitnehmer zu qualifizieren.[10] Unabhängig von der mittlerweile überholten Auffassung, dass sich Gesellschaftsorgane generell nicht auf arbeitsrechtliche Schutzvorschriften berufen können, kann von der Sozialversicherungspflicht jedenfalls grundsätzlich nicht auf die Arbeitnehmereigenschaft geschlossen werden. So geht auch das BSG davon aus, dass mit dem **Statusfeststellungsverfahren** nach § 7a SGB IV grundsätzlich nur das Vorliegen bzw. Nichtvorliegen der Versicherungspflicht festgestellt werden könne. Das Verfahren diene hingegen nicht der Feststellung der Elemente einer abhängigen Beschäftigung.[11] Hinzu kommt, dass die Erfahrung aus sozialgerichtlichen Prozessen zeigt, dass viele Feststellungen der Sozialversicherungsträger fehlerhaft sind. Die Prüfung erfolgt schon aus Zeitgründen häufig nur kursorisch, sodass erstmals im Rahmen der gerichtlichen Kontrolle eine exakte Tatsachenermittlung und Subsumtion stattfinden.

8 Zusammenfassend kann festgehalten werden, dass das Kanzleramt den Referentenentwurf zu Recht an das BMAS zur grundlegenden Überarbeitung zugegeben hat. Der Entwurf des § 611a BGB hätte zu einer ungerechtfertigten und einseitigen Belastung der Arbeitgeberseite sowie einem unnötigen Anstieg von sozialgerichtlichen Prozessen geführt. Die ihm zugrundeliegenden Vorstellung, über pauschalisierte Indizien lasse sich eine trennscharfe Grenzziehung herbeiführen, wird der Vielfalt der Praxis nicht gerecht. So sieht sich auch die ähnlich ausgestalte Fassung des **§ 4 des österreichischen Arbeitskräfteüberlassungsgesetzes** heftiger Kritik ausgesetzt. Danach soll eine Arbeitskräfteüberlassung insbesondere vorliegen, wenn die Arbeitskräfte ihre Arbeitsleistung im Betrieb des Werkbestellers in Erfüllung von Werkverträgen erbringen, aber kein von den Produkten, Dienstleistungen und Zwischenergebnissen des Werkbestellers abweichendes, unterscheidbares und dem Werkunternehmer zurechenbares Werk herstellen oder an dessen Herstellung mitwirken oder die Arbeit nicht vorwiegend mit Material und Werkzeug des Werkunternehmers leisten oder organisatorisch in den Betrieb des Werkbestellers eingegliedert sind und dessen Dienst- und Fachaufsicht unterstehen oder der Werkunternehmer nicht für den Erfolg der Werkleistung haftet.

Nach der ständigen Rechtsprechung des österreichischen Verwaltungsgerichtshofes genügt es, wenn nur eines dieser Merkmale erfüllt ist.[12] Nur wenn kein einziges

---

10 ErfK/*Rolfs* § 7 SGB IV, Rn 3.
11 BSG v.11.3.2009 – B 12 R 11/07 R, NJOZ 2010, 195 Rn 14 ff.
12 Österreichischer Oberster Gerichtshof v. 25.8.2014 – 8 ObA 4/14h; vgl. *Franzen*, RdA 2015, 141, 142 f.; zur Abgrenzung und Identifikation in weiteren Rechtsordnungen siehe *Waas*, Abschlussbericht für die Hans Böckler Stiftung, 2012, S. 40 ff.

B. Die im Verlauf des Gesetzgebungsverfahrens verworfenen Entwürfe § 2

der vier Kriterien vorliegt, nehmen die österreichischen Gerichte eine Gesamtabwägung der Umstände des Einzelfalls vor.[13] Dies führt in der Praxis zu sachfremden Ergebnissen. In einer sich durch die Digitalisierung stark wandelnden Arbeitswelt ist eine Gesamtbetrachtung und Abwägung der Umstände des Einzelfalles von sogar noch wachsender Bedeutung und jegliche schematische Pauschalisierung abzulehnen. Der 71. Deutsche Juristentag (DJT) in Essen beschäftigte sich im Jahr 2016 nicht umsonst mit den Herausforderungen der digitalen Arbeitswelt, die zu einer Entgrenzung von Arbeitszeit und Arbeitsort führt. Sie lässt die Abgrenzung zwischen Arbeitsvertrag und anderen Vertragsformen künftig noch schwieriger erscheinen.

II. Der Regelungsvorschlag des Regierungsentwurfs

1. Die wörtliche Wiedergabe von Leitsätzen der Rechtsprechung

Nach heftiger Kritik am ersten Entwurf des § 611a BGB vom 16.11.2015 begnügte sich der – später auch in den Regierungsentwurf vom 1.6.2016 übernommene – Vorschlag des zweiten Referentenentwurfs vom 17.2.2016 mit einer sehr knappen Definition des Arbeitnehmerbegriffs:

§ 611a BGB Arbeitnehmer

Arbeitnehmer ist, wer aufgrund eines privatrechtlichen Vertrags im Dienste eines anderen zur Leistung weisungsgebundener, fremdbestimmter Arbeit in persönlicher Abhängigkeit verpflichtet ist. Das Weisungsrecht kann Inhalt, Durchführung, Zeit, Dauer und Ort der Tätigkeit betreffen. Arbeitnehmer ist derjenige Mitarbeiter, der nicht im Wesentlichen frei seine Tätigkeit gestalten und seine Arbeitszeit bestimmen kann; der Grad der persönlichen Abhängigkeit hängt dabei auch von der Eigenart der jeweiligen Tätigkeit ab. Für die Feststellung der Arbeitnehmereigenschaft ist eine Gesamtbetrachtung aller Umstände vorzunehmen. Zeigt die tatsächliche Durchführung des Vertragsverhältnisses, dass es sich um ein Arbeitsverhältnis handelt, kommt es auf die Bezeichnung im Vertrag nicht an.

Mit der Definition in § 611a BGB sollte weder ein neuer Arbeitnehmerbegriff noch eine Erleichterung der Beweisführung für den etwaigen Arbeitnehmer geschaffen werden. Eher formelhaft anklingend wird in der Gesetzesbegründung der Programmsatz wiederholt, dass durch die gesetzliche Definition missbräuchliche Gestaltungen des Fremdpersonaleinsatzes durch vermeintlich selbstständige Tätigkeiten verhindert und die Rechtssicherheit der Verträge erhöht werden soll. Der Gesetzesentwurf begnügte sich mit einer **wörtlichen Wiedergabe von Leitsätzen der höchstrichterlichen Rechtsprechung**. Soweit andere Rechtsvorschriften eine

---

13 *Junker*, ZfA 2016, 197, 214.

§ 2 Die Regelung des Arbeitsvertrages in § 611a BGB

abweichende Definition des Arbeitnehmers, des Arbeitsvertrages oder des Arbeitsverhältnisses vorsehen, sollten diese von der geplanten Neuregelung unberührt bleiben.[14]

2. Kritik

11 Aufgrund der engen Anlehnung an die Rechtsprechung des BAG ließ sich inhaltlich gegen den Regelungsvorschlag wenig einwenden. Verunglückt war jedoch die redaktionelle Gestaltung, weil zweimal Sätze mit „Arbeitnehmer ist, ..." begannen, dann aber unterschiedliche Aussagen folgten. § 611a S. 2 BGB-RegE umschrieb das **Weisungsrecht** des Arbeitnehmers, das sich auf Inhalt, Durchführung, Zeit, Dauer und Ort der Tätigkeit beziehen sollte. Zwar handelte es sich auch hierbei um die wortwörtliche Wiedergabe der Rechtsprechung. Der Regelungsvorschlag war aber berechtigter Kritik ausgesetzt, weil er weder mit § 106 GewO noch mit § 84 HGB abgestimmt war.[15] Lediglich in der Begründung des Regierungsentwurfs fand sich der Hinweis, dass andere Rechtsvorschriften von § 611a BGB unberührt bleiben sollten, soweit sie eine abweichende Definition des Arbeitnehmers, des Arbeitsvertrages oder des Arbeitsverhältnisses vorsehen, um einen engeren oder weiteren Geltungsbereich dieser Rechtsvorschriften festzulegen.[16] Im Gesetzestext fand sich die entsprechende wichtige Klarstellung aber nicht. Der Hinweis in der Begründung klärte zudem das gegenseitige Verhältnis der nicht wortgleichen Vorschriften nicht hinreichend. So lautet die Formulierung in **§ 106 GewO**:

> „Der Arbeitgeber kann Inhalt, Ort und Zeit der Arbeitsleistung nach billigem Ermessen näher bestimmen, soweit diese Arbeitsbedingungen nicht durch den Arbeitsvertrag, Bestimmungen einer Betriebsvereinbarung, eines anwendbaren Tarifvertrages oder gesetzliche Vorschriften festgelegt sind."

Die Regelung des § 106 GewO bezieht das Weisungsrecht somit nur auf **drei Merkmale: Inhalt, Ort und Zeit** der Arbeitsleistung. Weniger bedeutsam dürfte der in der Gesetz gewordenen Fassung verbliebene Verzicht auf den selbstverständlichen Umstand sein, dass das Weisungsrecht nur innerhalb der Grenzen des Arbeitsvertrages, von Kollektivvereinbarungen sowie gesetzlichen Vorschriften ausgeübt werden kann, da man dies auch in § 611a BGB nicht anders verstehen kann. Das Gleiche gilt für den Verzicht auf die Grenze des billigen Ermessens.

12 Bei einer Gesamtschau blieb damit nicht nachvollziehbar, weshalb die Entwurfsverfasser, wenn sie denn schon den Status quo nur niederschreiben wollten, § 106 GewO und § 611a BGB-E nicht aneinander anglichen und das Verhältnis der beiden Normen zueinander unmittelbar im Gesetzestext klärten.

---

14 BT-Drucks 18/9232, S. 29.
15 Vgl. nur *Henssler*, Stellungnahme als Sachverständiger für die Anhörung am 17.10.2016, Ausschussdrucksache 18(11)761, S. 40, 41.
16 BT-Drucks 18/9232, S. 29.

§ 106 GewO	§ 611a S. 2 BGB-Entwurf
Der Arbeitgeber kann **Inhalt, Ort und Zeit** der Arbeitsleistung nach billigem Ermessen näher bestimmen, soweit diese Arbeitsbedingungen nicht durch den Arbeitsvertrag, Bestimmungen einer Betriebsvereinbarung, eines anwendbaren Tarifvertrages oder gesetzliche Vorschriften festgelegt sind	Das Weisungsrecht kann **Inhalt, Durchführung, Zeit, Dauer und Ort** der Tätigkeit betreffen.

Hinzu kommt, dass § 84 HGB eine wiederum inhaltlich abweichende Definition der Selbstständigkeit kennt. Die gesetzliche Klärung der Grenzziehung zwischen Arbeitnehmerstatus und selbstständiger Tätigkeit konnte daher nach dem geplanten Reformkonzept nur als unbefriedigend bezeichnet werden.

Besser gelungen waren dagegen die Sätze 4 und 5 des § 611a BGB-RegE, die dementsprechend auch im weiteren Gesetzgebungsverfahren unverändert geblieben sind (nunmehr als § 611a Abs. 1 S. 5 und 6 BGB). In Satz 4 wurde die ständige Rechtsprechung des BAG[17] aufgegriffen, wonach die Abgrenzung des Arbeitsverhältnisses von anderen Vertragsverhältnissen im Wege einer **Gesamtbetrachtung** vorzunehmen ist. Diese Gesamtbetrachtung im Sinne einer typologischen Methode ist in der Tat ein unverzichtbares Kernelement des Arbeitnehmerbegriffs. Gleiches galt für die in Satz 5 enthaltene Klarstellung, dass bei einem Widerspruch zwischen Vertrag und tatsächlicher Durchführung für die rechtliche Einordnung als Arbeitsverhältnis allein die **tatsächliche Durchführung** des Vertragsverhältnisses maßgebend ist.

13

C. Die Neuregelung in § 611a BGB

In der nunmehr Gesetz gewordenen Fassung **definiert** der neu in das BGB eingefügte § 611a den **Arbeitnehmer mittelbar über die Definition des Arbeitsvertrages**. Die Neuregelung lautet:

14

§ 611a BGB Arbeitsvertrag

(1) Durch den Arbeitsvertrag wird der Arbeitnehmer im Dienste eines anderen zur Leistung weisungsgebundener, fremdbestimmter Arbeit in persönlicher Abhängigkeit verpflichtet. Das Weisungsrecht kann Inhalt, Durchführung, Zeit und Ort der Tätigkeit betreffen. Weisungsgebunden ist, wer nicht im Wesentlichen frei seine Tätigkeit gestalten und seine Arbeitszeit bestimmen kann. Der Grad der persönlichen Abhängigkeit hängt dabei auch von der Eigenart der jeweiligen Tätigkeit ab. Für die Feststellung, ob ein Ar-

---

17 So bereits BAG v. 16.3.1972 – 5 AZR 460/71, AP BGB § 611 Lehrer, Dozenten Nr. 10; v. 20.9.2000 – 5 AZR 61/99, NZA 2001, 551; aus neuerer Zeit etwa Urteile v. 15.2.2012 – 10 AZR 301/10, NZA 2012, 731 und v. 25.9.2013 – 10 AZR 282/12, NZA 2013, 1348.

beitsvertrag vorliegt, ist eine Gesamtbetrachtung aller Umstände vorzunehmen. Zeigt die tatsächliche Durchführung des Vertragsverhältnisses, dass es sich um ein Arbeitsverhältnis handelt, kommt es auf die Bezeichnung im Vertrag nicht an.

(2) Der Arbeitgeber ist zur Zahlung der vereinbarten Vergütung verpflichtet.

Da die Vorschrift diese Fassung erst im Ausschuss für Arbeit und Soziales gefunden hat, muss zu ihrem Verständnis vorrangig auf die Begründung der Beschlussempfehlung zurückgegriffen werden. Trotz der teils massiven Änderungen in der redaktionellen Gestaltung lässt sich ergänzend die Begründung des Regierungsentwurfs heranziehen. Die Begründung der Beschlussempfehlung betont insoweit, dass mit der Neufassung keine inhaltliche Änderung verbunden sein soll. Vielmehr sollen durch die Kodifizierung der Rechtsprechung missbräuchliche Gestaltungen des Fremdpersonaleinsatzes durch nur vermeintlich selbstständige Tätigkeiten verhindert und die Rechtssicherheit der Verträge erhöht werden.

Im Rahmen der Ausschussberatungen wurde der Regelungsgegenstand gegenüber der Entwurfsfassung an die Systematik des Bürgerlichen Gesetzbuches angepasst.[18] In dem in Rede stehenden Abschnitt regelt das Bürgerliche Gesetzbuch die Vertragstypen. Deshalb werde **nicht mehr** auf den **Arbeitnehmer, sondern** auf den **Arbeitsvertrag** abgestellt und der Arbeitsvertrag als Unterfall des Dienstvertrages definiert. Inhaltlich sei damit zur Entwurfsfassung keine Änderung verbunden, da die Begriffsbestimmung zum Arbeitsvertrag den Arbeitnehmer als dessen Vertragspartei umfasst. Außerdem wird die Vorschrift sprachlich gestrafft. Abweichend von der Entwurfsfassung wird das **Weisungsrecht** in § 611a Abs. 1 S. 2 BGB nunmehr ohne das **Merkmal „Dauer"** umschrieben. Die Streichung ist auf die Kritik zurückzuführen, dass die „Dauer" der Tätigkeit im Sinne des Umfangs der wöchentlichen bzw. monatlichen Arbeitspflicht als vertragliches Kernelement nicht dem Weisungsrecht des Arbeitgebers unterliegt. Da es dem Gesetzgeber um die Anpassung an § 106 GewO ging, wäre es im Interesse einer vollständigen Synchronisierung freilich folgerichtig gewesen, auch auf das Merkmal der „Durchführung" zu verzichten. Zur Vervollständigung und systematischen Anpassung wurde in einen **neuen Absatz 2** eine Bestimmung zur **Vergütungspflicht** aufgenommen. Betont wird, dass die Regelung in § 84 Abs. 1 S. 2 HGB auch durch die Neufassung unberührt bleibt.

Dementsprechend legt § 611a Abs. 1 S. 1 BGB nunmehr fest, dass der Arbeitnehmer durch den Arbeitsvertrag im Dienste eines anderen zur Leistung weisungsgebundener, fremdbestimmter Arbeit in **persönlicher Abhängigkeit** verpflichtet wird. Damit wird mittelbar zugleich der **Arbeitnehmerbegriff** definiert. Arbeitnehmer ist folglich, wer aufgrund eines privatrechtlichen Vertrages im Dienste eines anderen zur Leistung weisungsgebundener, fremdbestimmter Arbeit in persön-

---

18 BT-Drucks 18/100064, S. 16.

licher Abhängigkeit verpflichtet ist. Satz 2 ergänzt, dass das Weisungsrecht Inhalt, Durchführung, Zeit und Ort der Tätigkeit betreffen kann. Damit ist im Grunde der Inhalt des Satzes 3, nach dem zugleich im Umkehrschluss zu § 84 HGB als weisungsgebunden derjenige erklärt wird, wer nicht im Wesentlichen frei seine Tätigkeit gestalten und seine Arbeitszeit bestimmen kann, schon vorweggenommen. Satz 4 nimmt Bezug auf die in Satz 1 bereits als zentrales Merkmal vorgegebene persönliche Abhängigkeit und stellt klar, dass diese auch von der Eigenart der jeweiligen Tätigkeit abhängt. Gemeint sind damit auch solche Besonderheiten oder Eigenarten einer Tätigkeit, die sich etwa in Branchen und Bereichen ergeben, die Spezifika aufgrund grundrechtlich geschützter Werte aufweisen (wie zum Beispiel aufgrund der Rundfunk-, Presse- oder Kunstfreiheit).[19] In § 611a Abs. 1 S. 5 BGB wird die ständige Rechtsprechung des BAG[20] aufgegriffen, wonach die Abgrenzung des Arbeitsverhältnisses von anderen Vertragsverhältnissen im Wege einer **Gesamtbetrachtung** vorzunehmen ist. Zeigt die tatsächliche Durchführung des Vertragsverhältnisses, dass es sich um ein Arbeitsverhältnis handelt, kommt es gemäß Satz 6 auf die Bezeichnung im Vertrag nicht an. Auch dies entspricht der ständigen Rechtsprechung des BAG.[21]

§ 611a Abs. 2 BGB vervollständigt die Regelung des Arbeitsvertrages – entsprechend der Systematik des Besonderen Schuldrechts des BGB – um die zentrale Vertragspflicht des Arbeitgebers zur Zahlung der vereinbarten Vergütung.

D. Die fortgeltenden Kriterien der Rechtsprechung

Der Gesetzgeber strebt mit § 611a BGB keine eigenständige Neuregelung des Arbeitsvertrages und des Arbeitnehmerbegriffs an, sondern lediglich eine **Kodifizierung der Rechtsprechung** im Sinne eines aus dem US-amerikanischen Recht bekannten „**Restatements**". Die bisherigen von der Rechtsprechung anerkannten Grundsätze der Abgrenzung des Arbeitnehmers vom Selbstständigen gelten demnach – teils durch § 611a Abs. 1 BGB ausdrücklich bestätigt – fort.

15

I. Die Notwendigkeit einer typologischen Betrachtungsweise im Sinne einer Gesamtwürdigung aller Umstände

Anhand einer Gesamtwürdigung aller maßgebenden Umstände des Einzelfalls ist danach zu ermitteln, welche Gestaltung tatsächlich gewollt und umgesetzt wird.

16

---

19 So die Begründung des Regierungsentwurfs BT-Drucks 18/9232, S. 29.
20 BAG v. 21.7.2015 – 9 AZR 484/14; 25.9.2013 – 10 AZR 282/12, 17.4.2013 – 10 AZR 668/12, 15.2.2012 – 10 AZR 301/10, 29.8.2012 – 10 AZR 499/11, 25.5.2005 – 5 AZR 347/04 und 20.9.2000 – 5 AZR 61/99.
21 Die Gesetzesbegründung bezieht sich ausdrücklich auf: BAG v. 14.7.1983 – 2 AZR 549/81, 12.9.1996 – 5 AZR 1066/94 und 26.5.1999 – 5 AZR 469/98; aus neuerer Zeit vom 29.8.2012 – 10 AZR 499/11.

§ 2 Die Regelung des Arbeitsvertrages in § 611a BGB

Der objektive Geschäftsinhalt ist den ausdrücklich getroffenen Vereinbarungen und der praktischen Durchführung des Vertrags zu entnehmen (sog. **typologische Betrachtungsweise**[22]). Das BAG ist bereits in den 1960ern davon ausgegangen, dass es für die Abgrenzung von Arbeitnehmern und freien Mitarbeitern keine allgemeingültigen Merkmale gibt.[23] Daraus schloss es im Weiteren, dass es auch kein Einzelmerkmal gebe, welches aus der Vielzahl möglicher Merkmale unverzichtbar vorliegen muss, damit man von persönlicher Abhängigkeit sprechen kann. Insgesamt existiere kein einzelnes ausschlaggebendes Indiz für das Vorliegen eines Arbeitsverhältnisses, das sich nicht auch gelegentlich bei Selbstständigen findet.[24]

Das BAG hat sich damit bereits früh zur Notwendigkeit einer typologischen Betrachtung bekannt. Aus Gründen der Praktikabilität und der Rechtssicherheit sei die **Gesamtabwägung** unvermeidlich.[25] Vermutungswirkungen allein auf der Grundlage eines einzigen Indizes, wie sie § 4 Abs. 2 des österreichischen Arbeitskräfteüberlassungsgesetzes vorsieht, sind nach dieser überzeugenden Rechtsauffassung abzulehnen (dazu auch unter § 2 Rdn 2 ff.). Mit dem Bekenntnis zur Notwendigkeit einer Gesamtabwägung eng verbunden ist auch die Erkenntnis, dass der Grad der persönlichen Abhängigkeit von der Eigenart der Tätigkeit abhängt. Bei der Feststellung der Arbeitnehmereigenschaft kommt verschiedenen Indizien je nach Eigenart der Tätigkeit ein unterschiedliches Gewicht zu. So ist es bei Orchestermusikern und anderen Bühnendarstellern der Eigenart der Tätigkeit geschuldet, dass diese an bestimmte Vorstellungszeiten gebunden sind. Allein diese Bindung rechtfertigt es aber noch nicht, den Arbeitnehmerstatus zu bejahen.[26] Zeitliche Vorgaben und die Verpflichtung, bestimmte Termine für die Erledigung der übertragenen Aufgaben einzuhalten, sind kein hinreichendes Merkmal eines Arbeitsverhältnisses. Auch wenn nur ein geringer Spielraum in der zeitlichen Einteilung der übernommenen Dienstleistung besteht, spricht dies für sich genommen noch nicht für einen Arbeitsvertrag, wenn sich diese Einschränkung aus der Natur der Tätigkeit ergibt (z.B. Zeitungszusteller, Backwarenlieferant[27]).

II. Der Vorrang der tatsächlichen Vertragspraxis vor der Vertragsgestaltung

17 Ständiger, nunmehr durch § 611a Abs. 1 S. 6 BGB bestätigter Rechtsprechung entspricht es, dass der **Bezeichnung des Vertrages** nur eine indizielle Wirkung zukommt. Abzustellen ist auf die **tatsächliche Durchführung**, wobei bei einer Dis-

---

22 BAG v. 23.4.1980 – 5 AZR 426/79, AP BGB § 611 Abhängigkeit Nr. 34, II. 3. der Gründe.
23 BAG v. 28.2.1962 – 4 AZR 141/61, AP BGB § 611 Abhängigkeit Nr. 1.
24 BAG v. 23.4.1980 – 5 AZR 426/79, AP BGB § 611 Abhängigkeit Nr. 34, II. 3. der Gründe.
25 BAG v. 23.4.1980 – 5 AZR 426/79, AP BGB § 611 Abhängigkeit Nr. 34, II. 3. der Gründe.
26 BAG v. 22.8.2001 – 5 AZR 502/99, NZA 2003, 662.
27 LAG Köln v. 29.8.2011 – 2 Sa 478/11, LAGE § 611 BGB 2002 Arbeitnehmerbegriff Nr. 7, Rn 33.

krepanz zwischen Vereinbarung und tatsächlicher Durchführung Letztere maßgebend ist.[28] Das BAG begründet den Vorrang damit, dass sich aus der praktischen Handhabung der Vertragsbeziehungen am ehesten Rückschlüsse darauf ziehen lassen, von welchen Rechten und Pflichten die Vertragspartner ausgegangen sind, was sie also wirklich gewollt haben.[29] Dies bedeute aber nicht, dass die Bezeichnung des Vertragstypen vollständig bedeutungslos wäre. Kann die vertraglich vereinbarte Tätigkeit typologisch sowohl in einem Arbeitsverhältnis als auch selbstständig erbracht werden, ist die Entscheidung der Vertragsparteien für einen bestimmten Vertragstypus im Rahmen der bei jeder Statusbeurteilung erforderlichen Gesamtabwägung aller Umstände des Einzelfalls zu berücksichtigen.[30] Ohnehin ist die tatsächliche Durchführung nur dann vorrangig zu beachten, wenn die Parteien ein Vertragsverhältnis nicht als Arbeitsverhältnis, sondern z.b. als freies Dienstverhältnis bezeichnen, der Beschäftigte jedoch tatsächlich weisungsgebundene Tätigkeiten verrichtet. Im umgekehrten Fall der Bezeichnung einer freien Mitarbeit als Arbeitsvertrag steht es der Annahme eines Arbeitsverhältnisses nicht entgegen, wenn der Arbeitgeber sein Weisungsrecht gar nicht ausübt und der Arbeitnehmer „frei" wie ein Selbstständiger arbeitet.[31] Die „Falschbezeichnung" ist in diesem Fall schlicht bedeutungslos.

III. Einzelfallbezogene Abgrenzungskriterien

1. Für den Arbeitnehmerstatus sprechende Indizien

Im Übrigen behalten auch nach der Neuregelung diejenigen **Indizien** ihre Bedeutung, die von der **Rechtsprechung des BAG** bislang herangezogen werden. Dabei bietet der nicht weiter verfolgte **Kriterienkatalog des ersten Referentenentwurfs** in § 611a Abs. 2 S. 2 Ziffern b) bis f) BGB-RefE-I durchaus eine Fundgrube.

Abzustellen ist also neben (1) dem Weisungsrecht hinsichtlich Inhalt, Durchführung, Zeit und Ort der Tätigkeit auf (2) den Ort der Dienstleistung (eigene Arbeitsorganisation oder Tätigkeit in den Räumen des Vertragspartners), (3) die Verwendung von Betriebsmitteln des Auftraggebers oder eines Dritten, (4) die Zusammenarbeit mit Personen, die von dem Vertragspartner eingesetzt oder beauftragt sind, (5) die ausschließliche oder überwiegende Tätigkeit für den Vertragspartner und (6) das Vorhalten einer eigenen betrieblichen Organisation, um die geschuldete Leistung erbringen zu können.

---

28 BAG v. 8.6.1967 – 5 AZR 461/66, AP BGB § 611 Abhängigkeit Nr. 6.
29 BAG 18.1.2012 – 7 AZR 723/10, AP AÜG § 9 Nr. 10 Rn 28.
30 BAG v. 9.6.2010 – 5 AZR 332/09, AP BGB § 611 Abhängigkeit Nr. 121, Rn 19; v. 11.8.2015 – 9 AZR 98/14, AP BGB § 611 Abhängigkeit Nr. 128 Rn 22.
31 BAG v. 25.1.2007 – 5 AZB 49/06, AP SGB II § 16 Nr. 1.

So wird von der Rechtsprechung mit Blick auf die Ziff. 5 als Indiz der Umstand anerkannt, ob die Zusammenarbeit dem Auftragnehmer vertraglich sowie faktisch noch Freiräume belässt, auch anderen Geschäftsbeziehungen nachkommen zu können. Dabei ist nicht entscheidend, ob der Auftragnehmer tatsächlich noch weitere Auftraggeber hat und damit diese Möglichkeit tatsächlich nutzt.[32] Freiräume für andere Geschäftsbeziehungen sind allerdings nicht mehr gegeben, wenn der Auftragnehmer zeitlich so stark durch den Auftraggeber gebunden wird (z.b. zur Verfügung stehen von 9–17 Uhr täglich), dass deswegen eine Annahme anderer Aufträge faktisch quasi unmöglich wird. Über die Indizwirkung eines Arbeitsverhältnisses hilft dann auch eine ausdrückliche Vereinbarung, dass andere Aufträge angenommen werden können, nicht hinweg.[33]

2. Die Kriterien des § 611a Abs. 2 S. 2 Ziff. g) und h) BGB-RefE-I

19 Zurückhaltung ist dagegen bei der Verwertung der Kriterien aus § 611a Abs. 2 S. 2 Ziff. g) und h) BGB-RefE-I geboten. Sie stellen fälschlich auf werkvertragliche Elemente ab, die aber für die arbeitsrechtlich relevante Abgrenzung keine wesentliche Rolle spielen. In der Begründung des ersten Referentenentwurfs wird sehr deutlich, dass mit den Kriterien des § 611a Abs. 2g) und h) BGB-RefE-I allenfalls am Rande die für § 611a BGB relevante Gruppe der Soloselbstständigen angesprochen werden soll, die, wie der offenbar als Anlass für die Regelung dienende „Denkmalpfleger" aus einer aktuellen Entscheidung des BAG,[34] auf der Grundlage eines (vermeintlichen) Werkvertrages tätig werden. Vielmehr soll es primär um die Einordnung von Drittpersonal gehen, das auf der Grundlage eines von seinem Arbeitgeber abgeschlossenen Werkvertrages tätig wird. Das ergibt sich schon daraus, dass zur Begründung für die Aufnahme der Kriterien auf die Entscheidung des LAG Baden-Württemberg v. 1.8.2013 – 2 Sa 6/13 verwiesen wird, in der es um das viel diskutierte sog. **Ticket System** ging, und damit allein um die Abgrenzung Werkvertrag – Arbeitnehmerüberlassung. Insbesondere das Kriterium des § 611a Abs. 2 S. 2 g) BGB-RefE-I dürfte sogar ausschließlich bei der Abgrenzung von Dienst- und Werkverträgen von der Zeitarbeit eine Rolle spielen. Das BAG hat in der in der Entwurfsbegründung ergänzend zur Rechtfertigung herangezogenen „**Denkmalpflegerentscheidung**"[35] dementsprechend dem Umstand, dass in den Vertrag Regelungen zur Gewährleistung und werkvertraglichen Nachbesserung aufgenommen worden waren, ausdrücklich keine Bedeutung für den Arbeitnehmerstatus beigemessen. Das Kriterium hätte daher, wenn überhaupt bei **§ 1 Abs. 1 S. 2 AÜG** verortet werden sollen. Dort verzichtete aber schon der Referentenentwurf sowohl auf einen eigenen Kriterienkatalog als auch auf einen Verweis auf denjenigen des

---

32 BAG v. 30.9.1998 – 5 AZR 563/97, NZA 1999, 374 (unter IV. 3. b.).
33 BAG v. 19.11.1997 – 5 AZR 653/96, AP BGB § 611 Abhängigkeit Nr. 90 (unter I. 4. a.).
34 BAG v. 25.9.2013 – 10 AZR 282/12, NZA 2013, 1348.
35 BAG v. 25.9.2013 – 10 AZR 282/12, NZA 2013, 1348.

§ 611a Abs. 2 BGB-RefE-I, was im Falle seiner Umsetzung Auslegungsfragen aufgeworfen und zur Verunsicherung beigetragen hätte.[36]

3. Für die Statusbeurteilung unbeachtliche Kriterien

Im Rahmen des Gesetzgebungsverfahrens ist viel zu wenig Aufmerksamkeit jenen Kriterien geschenkt worden, die von der Rechtsprechung als nicht ausschlaggebend eingestuft werden. Wenn man sich gemäß dem Konzept des ersten Referentenentwurfs aus dem BMAS vom November 2015 für eine detaillierte Regelung entschieden hätte, dann hätten im Interesse der Ausgewogenheit und der Rechtssicherheit auch diese Merkmale in das „restatement" der Rechtsprechung aufgenommen werden müssen. Sie sind sowohl bei der Abgrenzung des Arbeitnehmers vom Soloselbstständigen als auch bei der Grenzziehung zwischen einem Fremdpersonaleinsatz auf der Grundlage von Werk- oder Dienstverträgen und der Arbeitnehmerüberlassung zu berücksichtigen.[37] Zu diesen **nicht ausschlaggebenden Merkmalen** zählen

20

- die Dauer der Tätigkeit im Einsatzbetrieb[38] und
- auch beim Soloselbstständigen/freien Mitarbeiter werkbezogene Anweisungen[39] zu Fertigungsmethoden, Anforderungen an die Qualität, Stückzahl etc. Sie sind Ausdruck des werkvertraglichen Weisungsrechts aus § 645 BGB[40] und von arbeitsrechtlichen Weisungen zu unterscheiden.
- Unbeachtlich sind aber auch gelegentliche arbeitsrechtliche Einzelweisungen, die nicht in einem Fortsetzungszusammenhang stehen. Schädlich ist erst ein fortgesetztes Verhalten des Auftraggebers, bei dem durch ein System von Weisungen eine Einbindung des Arbeitnehmers in die Organisation des Auftraggebers erfolgt. Die Beweislast hierfür liegt beim Arbeitnehmer.
- Von besonderer praktischer Relevanz ist schließlich im Sinne einer vierten Besonderheit, dass das BAG in vielen Entscheidungen[41] zu Recht betont, dass der Umstand, dass eine Dienstleistung in gleicher oder ähnlicher Weise auch von eigenen Arbeitnehmern des Auftraggebers erbracht wird oder wurde, für die Statusbeurteilung nicht ausschlaggebend ist.

---

36 Kritisch auch *Schüren/Fasholz*, NZA 2015, 1473, 1475.
37 Vgl. auch *Franzen*, RdA 2015, 141, 142.
38 BAG v. 13.5.1992 – 7 AZR 284/91, EzA AÜG § 10 Nr. EZA AÜG § 4 (unter I.5.b), NZA 1993, 357; ArbG Freiburg v. 30.1.2007 – 3 Ca 174/06, EzA AÜG § 631 BGB Werkvertrag Nr. 45.
39 Zur Abgrenzung zwischen werk- und arbeitsbezogenen Weisungen *Boemke*, in: Festschrift von Hoyningen-Huene (2014), S. 43, 52 ff.; *Greiner*, NZA 2013, 697, 700 f.
40 Vgl. BAG v. 30.1.1991 – 7 AZR 497/89, NZA 1992, 19; BAG v. 15.2.2007 – 8 AZR 431/06, NZA 2007, 793.
41 BAG 5.5.1992 – 1 ABR 78/91, AP Nr. 97 zu § 99 BetrVG 1972 (unter B.II.2); LAG Hessen 19.11.2007 – 16 Sa 569/07, EzA Nr. 3 zu § 10 AÜG Inhalt; LAG Düsseldorf v. 11.5.2012, LAGE Nr. 15 zu § 99 BetrVG Rn 34; zuletzt BAG v. 13.5.2014 – 1 ABR 50/12, NZA 2014, 1149 Rn 22.

§ 3 Die Abgrenzung der Arbeitnehmerüberlassung von anderen Formen des Fremdpersonaleinsatzes

Literatur:

Bleck, Atypische Beschäftigungsverhältnisse in Frankreich und Belgien am Beispiel des Teilzeit- und Befristungsrechts und des Rechts der Arbeitnehmerüberlassung – ein Überblick, RdA 2015, 416; *Brauneisen/Ibes*, Der Tatbestand der Arbeitnehmerüberlassung – Zur Abgrenzung verschiedener Formen des Fremdpersonaleinsatzes in Unternehmen, RdA 2014, 213; *Haller/Jahn*, Hohe Dynamik und kurze Beschäftigungsdauer, Kurzbericht des Instituts für Arbeitsmarktforschung und Berufsforschung (IAB) 13/2014; *Henssler*, Überregulierung statt Rechtssicherheit – der Referentenentwurf des BMAS zur Reglementierung von Leiharbeit und Werkverträgen, RdA 2016, 18; *Hertwig/Kirsch/Wirth*, Werkverträge im Betrieb. Eine empirische Untersuchung im Auftrag der Hans Böckler Stiftung, Düsseldorf, Oktober 2015; *Klein-Schneider/Beutler*, Werkvertragsunternehmen: Outsourcing auf dem Betriebsgelände, WSI Mitteilung 2/2013; *Schäfer*, Selbstständige als Auftragnehmer von Werkverträgen, Kurzstudie des Instituts der deutschen Wirtschaft 2015; *Siebert/Novak*, Neue gesetzliche Regelungen zu AÜG und Werkvertrag – Update 2017, ArbRAktuell 2016, 391; *Tuengerthal/Andorfer*, Neue Abgrenzung von Arbeitnehmerüberlassung und Werkvertrag?, BB 2016, 1909.

A. Der Einsatz von Fremdpersonal – rechtstatsächliche Entwicklungen

Prof. Dr. Martin Henssler/Christiane Pickenhahn

Die nunmehr erfolgte Definition des Arbeitsvertrages in § 611a BGB ist nur ein Nebenprodukt des eigentlichen Anliegens des Gesetzgebers, nämlich der Bekämpfung angeblicher Missbräuche bei dem Einsatz von Fremdpersonal auf der Grundlage von Werkverträgen. Missverständlich wird insoweit in aller Regel vom „Missbrauch von Werkverträgen" gesprochen. Tatsächlich konnte dieses Anliegen durch die Neuregelung des § 611a BGB schon vom Ansatz her nicht umgesetzt werden. Um die Gründe hierfür aufzuzeigen, seien im Folgenden zunächst die **Fakten** zu dem Phänomen des Fremdpersonaleinsatzes aufgezeigt, bevor sodann auf die bisherige Rechtsentwicklung und die insoweit künftig geltende Rechtslage eingegangen wird.

1

I. Missbräuche im Recht des Fremdpersonaleinsatzes / Rechtstatsachen

In der politischen Diskussion wurden immer wieder einzelne aufsehenerregende Missbrauchsfälle als Beleg für den missbräuchlichen Fremdpersonaleinsatz herangezogen. So wurde 2011 der „Fall Schlecker" zum Inbegriff der Ersetzung der Stammbelegschaft durch kostengünstigere Leiharbeitnehmer. Seither verkörpern osteuropäische Werkarbeiter in Schlachthöfen, Regaleinräumer in Supermärkten

2

sowie Paketzusteller der Logistikbranche die Ausbeutung durch den **missbräuchlichen Fremdpersonaleinsatz**. Sicherlich sind solche Fälle des Lohndumpings zu missbilligen und von der Rechtsordnung zu unterbinden. Gleichzeitig ist aber zu bemängeln, dass in der stark polarisierten Debatte die **tatsächlichen Daten und Fakten** teilweise ausgeblendet wurden.

Die Bundesregierung führt in der Begründung des Gesetzesentwurfs aus, dass sowohl die Arbeitnehmerüberlassung als auch der Einsatz von Werkverträgen in einer arbeitsteiligen Wirtschaft unverzichtbar sind. Beide Formen des Personaleinsatzes sind etablierte Formen des flexiblen Personaleinsatzes und haben einen wesentlichen positiven Einfluss auf die Beschäftigungsförderung. Unumstritten ist, dass Missbrauchsfälle aufgedeckt und für die Zukunft verhindert werden müssen. Hierfür ist eine präzise Abgrenzung der verschiedenen Vertragsformen von essentieller Bedeutung. Allerdings lässt sich bezweifeln, ob das Ergebnis des Reglementierungsdrangs der Bundesregierung wirklich zu besser handhabbaren und damit befriedigenderen Ergebnissen führt als sie bislang von der Rechtsprechung erzielt wurden (zur bisherigen Rechtsprechung zur Abgrenzung von Leiharbeitnehmern und anderen Vertragsformen siehe unter Rdn 14 ff.). Ein Mehr an Rechtssicherheit ist allenfalls durch die Begründung des Regierungsentwurfs und der Beschlussempfehlung des Ausschusses Arbeit und Soziales, nicht dagegen durch den Gesetzestext gewonnen worden. Begrüßenswert ist allerdings, dass die Novelle von einer einseitigen Veränderung des Arbeitnehmerbegriffs durch Vermutungswirkungen und unvollständige Kriterienkataloge abgerückt ist.

1. Zahlen zur Leiharbeit

3 Ein verbreiteter Kritikpunkt geht dahin, dass in Deutschland Normalarbeitsverhältnisse durch prekäre Arbeitsverhältnisse abgelöst werden.[1] Es sei eine fortschreitende Substitution der Stammbelegschaft durch Leiharbeitnehmer erkennbar, die zum Lohnverfall führe. Die Arbeitsmarktberichterstattung der Bundesagentur für Arbeit vom Juli 2016[2] bestätigt diesen pauschalen Vorwurf nicht, sondern zeichnet ein weit differenzierteres Bild:

4 Fakt 1: Die nominale Zahl der Leiharbeitnehmer steigt

Fakt ist, dass die nominale Anzahl der **Leiharbeitnehmer** in den letzten Jahren gewachsen ist und sich derzeit auf **rund 951.000** beläuft (Stand Dezember 2015).[3] Soweit von Kritikern der Arbeitnehmerüberlassung behauptet wird, die Zahl der Leiharbeitnehmer habe sich aufgrund der Hartz-Gesetze 2002 mehr als verdreifacht, wird dies durch die verfügbaren Zahlen allenfalls teilweise gestützt. Zu be-

---

1 *Klein-Schneider/Beutler*, WSI Mitteilung 2/2013.
2 BA Statistik/Arbeitsmarktberichterstattung, Der Arbeitsmarkt in Deutschland –Zeitarbeit – Aktuelle Entwicklungen, Juli 2016.
3 Bundesagentur für Arbeit Statistik/Arbeitsmarktberichterstattung, Juli 2016, S. 9.

rücksichtigen ist, dass die Bundesagentur für Arbeit das Meldeverfahren der Verleiherbetriebe Anfang 2013 in das allgemeine Meldeverfahren zur Sozialversicherung integriert hat. Hierdurch erhöhte sich der Abdeckungsgrad zum zuvor nur halbjährlich durchgeführten Meldeverfahren, bei dem es aufgrund von Meldeausfällen sowie zu spät eingehenden Meldungen zu einer geringeren Erfassung kam. Es ist davon auszugehen, dass bereits zuvor, also auch vor der Deregulierung der Leiharbeit, mehr Leiharbeitnehmer eingesetzt worden sind als es die Statistiken ausweisen. Der Anstieg der Leiharbeit wird daher zumindest teilweise durch die Umstellung des statistischen Verfahrens relativiert. Fakt ist freilich, dass die Zahl der Leiharbeitnehmer stetig gestiegen ist. Während es vor der Jahrtausendwende noch ca. 100.000 Leiharbeitnehmer gab, haben wir heute fast 1 Millionen Leiharbeitnehmer. Bis auf einen Rückgang zu Zeiten der Wirtschafts- und Finanzkrise 2008/2009 ist der durchschnittliche Bestand an Leiharbeitnehmern jedes Jahr gestiegen.

Fakt 2: Der Anteil der Leiharbeitnehmer an der Gesamtbeschäftigung liegt bei ca. 3 %.

In Abhängigkeit zur prozentualen Zahl der rund 36,1 Millionen Erwerbstätigen in Deutschland ist der Anteil der Leiharbeitnehmer mit 3 % nach wie vor **gering**.[4] Laut Statistik der Hans-Böckler-Stiftung ist der prozentuale Anteil der Leiharbeitnehmer damit bereits seit 2003 **gleichbleibend**.[5] Entgegen der oftmals propagierten Flucht in prekäre Beschäftigungsformen ist daher festzustellen, dass sich die Zahl der Leiharbeitnehmer nicht in einem die Normalarbeitsverhältnisse nennenswert ersetzenden Maße verändert hat.

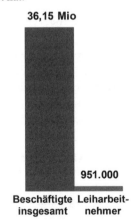

Datenquelle: Statistik der Bundesagentur für Arbeit

---

4 So auch *Haller/Jahn*, Hohe Dynamik und kurze Beschäftigungsdauer, in: Kurzbericht des Instituts für Arbeitsmarktforschung und Berufsforschung (IAB) 13/2014, S. 3.
5 Mitbestimmung 7+8/2015, S. 16.

§ 3 Arbeitnehmerüberlassung und andere Formen des Fremdpersonaleinsatzes

6 **Fakt 3: Leiharbeitnehmer werden insbesondere in den Bereichen Verkehr, Reinigung, Logistik, Sicherheit und der Metallindustrie eingesetzt**

Von den 951.000 Leiharbeitnehmern sind ca. 31 % in den Tätigkeitsfeldern Verkehr, Reinigung, Logistik und Sicherheit tätig. Weitere 28 % werden in der Metall- und Elektroindustrie eingesetzt. Nur wenige Leiharbeitnehmer findet man hingegen im Tourismusbereich sowie bei kaufmännischen Dienstleistungen.

Leiharbeitnehmerinnen und Leiharbeitnehmer nach Tätigkeitsfeldern
Bestand (Anteil an Insgesamt); 31. Dezember 2015

Datenquelle: Statistik der Bundesagentur für Arbeit

7 **Fakt 4: Leiharbeitnehmer üben häufig einfache Tätigkeiten aus. Jeder Zweite verrichtet reine Helfertätigkeiten**

Leiharbeitnehmer werden überwiegend für einfache Tätigkeiten mit einem **niedrigen Anforderungsniveau** eingesetzt. Rund 53 % üben Tätigkeiten aus, die keine Ausbildung erfordern. Ca. 38 % werden als Fachkraft eingesetzt, während nur 9 % Spezialisten- oder Expertentätigkeiten ausüben.

8 **Fakt 5: Mehr als die Hälfte der Leiharbeitsverhältnisse endet nach weniger als drei Monaten**

Trotz der bekannten Tatsache, dass **mehr als 50 % der Leiharbeitsverhältnisse nicht länger als drei Monate** andauert, hat die große Koalition die bereits im Koalitionsvertrag vereinbarte Höchstüberlassungsdauer von 18 Monaten eingeführt. Nach der ständigen Erhöhung der Höchstüberlassungsdauer von im Jahr 1972 nur drei Monaten über sechs, neun, 12 bis auf 24 Monate, kehrt die Regierung nach der zwischenzeitlichen Öffnung für auch länger andauernde Überlassungen nunmehr zur Regelung einer konkreten Höchstüberlassungsdauer zurück. Woher die Koalition die Zahl „18" nimmt, ist bis heute nicht wirklich nachvollziehbar. Weder kommt die Zahl der in der Praxis durchschnittlichen Überlassungsdauer nahe[6] noch kann man sie aus anderen Gesetzen wie bspw. dem Befristungsrecht,[7] welches eine sachgrundlose Befristung bis zur Dauer von zwei Jahren zulässt (§ 14 Abs. 2 TzBfG), herleiten. Möglich erscheint, dass man sich an Art. L.1251–12 Code du travail orientiert hat, der für das französische Arbeitsrecht grundsätzlich eine Höchstüberlassungsdauer von 18 Monaten vorsieht.[8] Im weltweiten Vergleich zeigt sich, dass Begrenzungen der Höchstüberlassungsdauer eher untypisch sind. Gibt es zeitliche Obergrenzen, so sind diese regelmäßig weit höher angesetzt[9] (näheres zur Höchstüberlassungsdauer § 5 Rdn 57 ff.).

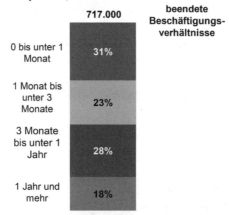

Fakt 6: Leiharbeitnehmer verdienen weniger

Unabhängig von der fortschreitenden Ersetzung von Stammarbeitnehmern durch Leiharbeitnehmer ist nachgewiesen, dass Leiharbeitnehmer durchschnittlich ein

---

6   Zur durchschnittlichen Beschäftigungsdauer von Leiharbeitnehmern auch *Haller/Jahn*, Kurzbericht des IAB 13/2014, S. 1.
7   So sind in Spanien Befristungsdauer und Höchstüberlassungsdauer gleichgeschaltet.
8   In Frankreich ist die Arbeitnehmerüberlassung aber anders als in Deutschland nur bei Vorliegen eines Sachgrundes bis zu 36 Monate bzw. im Fall der Vertretung unbegrenzt zulässig, vgl. *Bleck*, RdA 2015, 416, 419.
9   So sehen etwa die USA, Australien, Südafrika, Schweden, Österreich, die Schweiz, Irland, die Niederlande keine Höchstüberlassungsdauer vor; Griechenland, Italien, Japan und Norwegen hingegen eine Höchstfrist von 3–4 Jahren, vgl. *Grabell/Groeger*, Temp Worker Regulations Around the World, ProPublica, 24.2.2014, http://projects.propublica.org/graphics/temps-around-the-world; Quelle: OECD Studie.

§ 3 Arbeitnehmerüberlassung und andere Formen des Fremdpersonaleinsatzes

wesentlich geringeres Bruttoarbeitsentgelt erhalten. Während Vollzeitbeschäftige im Mittel ein Bruttoarbeitsentgelt von 3.024 EUR erhalten, verdienen Leiharbeitnehmer im Schnitt **rund 42 % weniger** (1.758 EUR). Allerdings kann daraus nicht geschlossen werden, dass Leiharbeitnehmern für die gleiche Tätigkeit ein um 42 % reduziertes Entgelt gezahlt werde. Der Differenzbetrag wird tatsächlich um einiges geringer ausfallen, da der Mittelwert die **unterschiedliche Beschäftigtenstruktur nicht berücksichtigt.** Denn in der Leiharbeit werden, wie sich bereits aus Fakt 4 ergibt, überwiegend Helfertätigkeiten ausgeübt, während hochqualifizierte und damit tendenziell auch höher bezahlte Einsätze in der Arbeitnehmerüberlassung einen eher geringen Anteil ausmachen. Während 16 % aller Erwerbstätigen eine akademische Ausbildung haben, sind dies unter den Leiharbeitnehmern derzeit nur 9 % bei allerdings steigender Tendenz. Auch bei einer Differenzierung nach Helfer-, Fachkraft-, Spezialisten- und Expertentätigkeiten verbleibt allerdings ein Unterschied hinsichtlich des Durchschnittgehalts.

Bruttoarbeitsentgelte in Euro insgesamt und von Leiharbeitnehmern (Median)
31. Dezember 2014

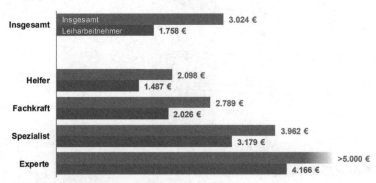

Datenquelle: Statistik der Bundesagentur für Arbeit

10 **Fakt 7: Zeitarbeit erhöht die Beschäftigung**

Tatsache ist aber auch, dass Zeitarbeit dort Beschäftigung fördert, wo ansonsten die Chancen der Aufnahme einer Beschäftigung gering wären. **68 %** der begonnenen Zeitarbeitsverhältnisse waren 2015 solche, bei denen die Zeitarbeitnehmer **zuvor beschäftigungslos** gewesen sind. Zwar erfolgen auch 15 Prozent der Zugänge in die Arbeitslosigkeit aus der Zeitarbeit. Der Prozentsatz der Arbeitnehmer, der durch die Zeitarbeitsbranche in Beschäftigung kommt, liegt aber mit 19 Prozent höher. Leiharbeit führt zwar nicht grundsätzlich zu einer Dauerbeschäftigung. Der überwiegende Teil der aus der Beschäftigungslosigkeit eingestellten Leiharbeitnehmer (60 %) ist aber auch nach 12 Monaten weiterhin sozialversicherungspflichtig beschäftigt.

A. Der Einsatz von Fremdpersonal – rechtstatsächliche Entwicklungen § 3

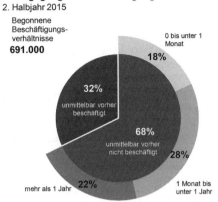

Begonnene Leiharbeitsverhältnisse nach dem vorangegangenen Beschäftigungsstatus
2. Halbjahr 2015

Datenquelle: Statistik der Bundesagentur für Arbeit

Fakt 8: Der Anteil von jungen, männlichen und ausländischen Erwerbstätigen ist tendenziell in der Leiharbeit höher als bei anderen Beschäftigungsformen 11

Die Arbeitsmarktberichterstattung hat sich auch mit der Beschäftigtenstruktur auseinandergesetzt. Sie differenziert hierbei neben den bereits erwähnten Faktoren Anforderungsniveau und Qualifikation auch nach Alter, Geschlecht und Nationalität. Im Vergleich zur Gesamtbeschäftigung ergibt sich dabei, dass **15 % mehr Ausländer** als Leiharbeitnehmer tätig werden. Außerdem sind diese **tendenziell jünger und männlich**.

2. Zahlen zum Fremdpersonaleinsatz durch Onsite-Werk- oder Dienstverträge

12 Zum Einsatz von Fremdpersonal im Betrieb durch den Abschluss von Werk- oder Dienstverträgen (auch bekannt unter dem Begriff „Onsite-Werkverträge") gibt es im Gegensatz zur Zeitarbeit bis heute **keine repräsentativen Zahlen**. Die Bundesagentur für Arbeit führt über die Anzahl der Werkvertragsvergaben keine Statistik. Dies liegt daran, dass die Kosten einer Auftragsvergabe per Werkvertrag überwiegend nicht als Personal-, sondern als Sachkosten eines Unternehmens gebucht werden. Im Gegensatz zum Einsatz von Leiharbeitnehmern besteht keine Meldepflicht bei der Bundesagentur für Arbeit, so dass diese über kein unmittelbar auswertbares Datenmaterial verfügt. Trotz der demnach fehlenden systematischen Erfassung werden immer wieder von Interessenvertretern sowie politischen Akteuren angeblich repräsentative Fakten ins Spiel gebracht.

Eine Erhebung der **Hans-Böckler-Stiftung**,[10] die für sich **keine Repräsentativität** in Anspruch nimmt und teilweise auch nur mit geschätzten Werten arbeitet, will den Abbau der Leiharbeit zugunsten von Werkverträgen aufzeigen.[11] Allein die statistischen Zahlen lassen aber bereits diese Schlussfolgerung nicht zu. So verzeichnen die nur geschätzten Zahlen zwar einen nominalen Anstieg von Werkverträgen und Solo-Selbstständigkeit, während die Leiharbeit angeblich seit 2003 leicht zurückgegangen sein soll. Unabhängig davon, dass sich die angeblichen Zahlen zur Leiharbeit nicht mit denen der Bundesagentur für Arbeit decken, bleibt der prozentuale Anteil der Werkverträge an der gesamten Erwerbstätigkeit konstant bei 6 %. Inwiefern hieraus ein Trend zu einer Ersetzung der Leiharbeit ableitbar sein soll, bleibt rätselhaft. Pikant ist zudem, dass vom BMAS im Jahre 2015 durchaus eine groß angelegte ökonomische Untersuchung in Auftrag gegeben wurde. Die **Reform** wurde aber verabschiedet, ohne das Ergebnis abzuwarten. Weshalb **ohne Kenntnis der Rechtstatsachen** eine Neuregelung auf den Weg gebracht wird, muss ebenfalls verwundern. Auch das Institut der deutschen Wirtschaft hat die gesetzgeberischen Aktivitäten aufgrund der fehlenden empirischen Grundlage scharf kritisiert. Die Annahme, dass Werkvertragsbeschäftigte grundsätzlich gegenüber Arbeitnehmern bzw. Leiharbeitnehmern benachteiligt würden, wird durch die bisher durchgeführten Studien jedenfalls nicht bestätigt.[12] Ausschließliche Befragungen der Betriebs-

---

10 Mitbestimmung 7+8/2015, S. 16.
11 Vgl. *Hertwig/Kirsch/Wirth*, Werkverträge im Betrieb. Eine empirische Untersuchung im Auftrag der Hans Böckler Stiftung, Düsseldorf, Oktober 2015; abrufbar unter http://www.boeckler.de/pdf/p_study_mbf_300.pdf.
12 *Schäfer*, Selbstständige als Auftragnehmer von Werkverträgen, Kurzstudie des Instituts der deutschen Wirtschaft 2015, S. 27.

räte[13] sind für seriöse wissenschaftliche Studien über tatsächliche Missbräuche in etwa so hilfreich wie Umfragen, die nur Arbeitgeber einbeziehen. Sie entsprechen nicht den sozialwissenschaftlichen Anforderungen an aussagekräftige Untersuchungen.

II. Unternehmensfeindlicher Reglementierungsdrang der Bundesregierung

Während die OECD ungeachtet der derzeitigen Stabilität unseres Arbeitsmarktes seit Jahren mehr Flexibilität für das deutsche Arbeitsrecht fordert, um den Herausforderungen der Zukunft gerecht zu werden, setzt die Bundesregierung unverändert auf **verstärkte Reglementierung** unseres ohnehin stark regulierten Arbeitsmarktes. Das ist schon deshalb fragwürdig, weil viele andere Länder ihr Arbeitsrecht inzwischen liberalisiert haben, während Deutschland die Regulierung vorantreibt. Diese gegenläufigen Entwicklungen sorgen dafür, dass – wie auch der Sachverständigenrat kritisiert – einer der **Wettbewerbsvorteile**, der zur Stärke des Industriestandorts Deutschland beiträgt, zunehmend **aufgezehrt** wird.

13

Zwar prangert auch die OECD den im Ländervergleich geringen Schutz von Leiharbeitnehmern in Deutschland sowie die durch prekäre Arbeitsverhältnisse bestehende „Zwei-Klassen-Gesellschaft" an.[14] Die Zeitarbeit sowie sonstige Abweichungen vom Normalarbeitsverhältnis müssen aber immer im **wirtschaftlichen Gesamtzusammenhang** unter Berücksichtigung des Kündigungsschutzes betrachtet werden. Die Bundesrepublik gehört gemäß einer Untersuchung der OECD (2014) zu den drei Ländern mit dem höchsten Schutzniveau im Kündigungsschutz von festangestellten Arbeitnehmern. Dieser Kündigungsschutz ist ein Kernelement des deutschen Arbeitsrechts und Garant für den sozialen Frieden in Deutschland. Als solcher steht er nicht zur Disposition, bedarf aber einer Flankierung durch Flexibilisierungselemente. Der Fremdpersonaleinsatz und insbesondere die Arbeitnehmerüberlassung ist aufgrund des hohen Bestandsschutzes bei unbefristeter Beschäftigung damit ebenfalls ein essentieller Bestandteil der deutschen Arbeitsrechtsordnung. Ohne Anpassungsmöglichkeiten an die konjunkturelle Entwicklung kommt keine dynamische Volkswirtschaft aus. Starre arbeitsrechtliche Regulierungen wirken als **Wachstumsbremse** und gehen letztlich, wie die hohen Arbeitslosenraten in einigen südeuropäischen Ländern zeigen, zu Lasten der Beschäftigungssuchenden. Zeitarbeit ist entgegen einem verbreiteten Vorurteil nicht Arbeit zweiter Klasse, sondern vielmehr ein notwendiges Instrument des Arbeitsmarktes,

---

13 Vgl. IG Metall Betriebsräte-Befragung 2015, basierend auf der Befragung von 307 Betriebsratsvorsitzenden aus dem Organisationsbereich der IG Metall im Bezirk Küste; abrufbar unter: https://www.cms.igmetall-kueste.de/files/D_a283804977.pdf.
14 OECD, Employment Outlook 2014 (summary), S. 2.

um Konjunkturschwankungen zu überbrücken und Wettbewerbsnachteile der deutschen Wirtschaft aufgrund des stark ausgeprägten Kündigungsschutzes auszugleichen.

B. Die rechtliche Abgrenzung der Arbeitnehmerüberlassung von anderen Formen des Fremdpersonaleinsatzes
Prof. Dr. Martin Henssler

I. Überblick über die Rechtsverhältnisse

14 Laut § 1 Abs. 1 S. 1 AÜG liegt Arbeitnehmerüberlassung vor, wenn Arbeitgeber als Verleiher Dritten (Entleihern) Arbeitnehmer (Leiharbeitnehmer) im Rahmen ihrer wirtschaftlichen Tätigkeit zur Arbeitsleistung überlassen. Die Arbeitnehmerüberlassung ist damit wie das Arbeitsverhältnis von anderen Vertragskonstruktionen, insbesondere dem Fremdpersonaleinsatz aufgrund von Onsite-Werk- oder Dienstverträgen, abzugrenzen. Die Abgrenzung erfolgt anhand einer Gesamtwürdigung im Einzelfall, wobei in den relevanten Drei-Personen-Verhältnissen auch bei einer Überlassung aufgrund eines Werk- bzw. Dienstvertrages ebenfalls unproblematisch ein Arbeitsverhältnis besteht, nämlich dasjenige zwischen Auftragnehmer und seinen als Erfüllungsgehilfen eingesetzten Mitarbeitern. **Zentrale Frage** ist daher hier nicht, ob der „Tätigwerdende" überhaupt Arbeitnehmer ist, sondern ausschließlich **welchem Arbeitgeber** er **zuzuordnen** ist.

Entscheidend ist dabei, wessen Weisungen das eingesetzte Personal tatsächlich unterliegt. Nur bei der Arbeitnehmerüberlassung enthält der Entleiher durch den Überlassungsvertrag das Recht, den Leiharbeitnehmer wie ein Arbeitgeber anzuweisen. Die Tätigkeit des Arbeitgebers (Verleihers) erschöpft sich bei dieser Form der Personalgestellung darin, seine Pflicht aus dem Überlassungsvertrag zu erfüllen, indem er dem Entleiher zur Förderung von dessen Betriebszwecken geeignete Arbeitnehmer zur Verfügung stellt.

Die Abgrenzungsschwierigkeiten entstehen dadurch, dass beide Formen der Personalgestellung in der Außendarstellung aufgrund des Drei-Personen-Verhältnisses große Ähnlichkeit aufweisen. Zudem erteilt der Auftraggeber auch beim Werk- oder Dienstvertrag durchaus Weisungen, nämlich solche, die sich auf das Werk bzw. die Dienstleistung beziehen (werkbezogene Weisungen).

B. Arbeitnehmerüberlassung und andere Formen des Fremdpersonaleinsatzes § 3

Onsite-Werk- oder Dienstvertrag
- Selbstständiger Unternehmer schuldet eine (nicht notwendig erfolgsbezogene) Dienstleistung
- Haftung für mangelhafte Leistung nach Werk- oder Dienstvertragsrecht
- Vergütung für die selbstverantwortete Dienstleistung

Arbeitnehmerüberlassung
- AÜG-Vertrag = Sonderfall eines Dienstverschaffungsvertrags
- Verleiher schuldet Auswahl eines geeigneten Arbeitnehmers **und**
- Überlassung zur Arbeitsleistung an den Entleiher (= Übertragung des arbeitsvertragl. Weisungsrechts des Verleihers)

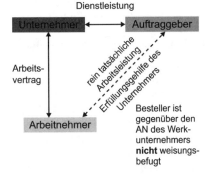

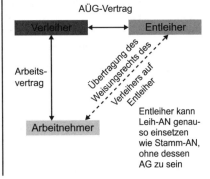

Im Folgenden wird zunächst auf die in der öffentlichen Diskussion im Vordergrund stehende Abgrenzung zum Fremdpersonaleinsatz aufgrund eines Werk- oder Dienstvertrages (siehe unter Rdn 15 ff.) eingegangen. Neben einer Auseinandersetzung mit der Bedeutung der Neuregelung in § 611a BGB bedarf es einer Klärung des Verhältnisses dieser Vorschrift zu der im Zuge der Reform des AÜG neu eingefügten Legaldefinition des Leiharbeitnehmers in § 1 AÜG (hierzu unter Rdn 18 ff.).

Abgrenzungsschwierigkeiten ergeben sich darüber hinaus bei sonstigen Vertragskonstruktionen und Einsatzszenarien, die keine Arbeitnehmerüberlassung darstellen. Verwiesen sei auf die Personalgestellung im Konzern und im öffentlichen Dienst. Hierzu finden sich gesonderte Stellungnahmen (zu den Auswirkungen der Reform auf die Überlassung innerhalb eines Konzerns sowie die Personalgestellung im öffentlichen Dienst siehe § 5 Rdn 6 f., 31 ff.).

II. Die Bedeutungslosigkeit der Grenzziehung zwischen Werk- und Dienstvertrag

Das BAG hatte in der Vergangenheit verschiedentlich Gelegenheit, sich mit der Abgrenzung zwischen dem Fremdpersonaleinsatz aufgrund eines Werkvertrages und der Arbeitnehmerüberlassung nach dem AÜG auseinanderzusetzen. Von gefestigten Rechtsprechungsgrundsätzen konnte freilich bislang nicht die Rede sein. 15

§ 3 Arbeitnehmerüberlassung und andere Formen des Fremdpersonaleinsatzes

Die Diskussion um die arbeitsrechtlich relevante Beurteilung eines Werkvertrages bzw. genauer einer Personalgestellung auf der Grundlage eines Werkvertrages wird häufig vermengt mit der insoweit völlig bedeutungslosen **zivilrechtlichen Abgrenzung** eines **Werkvertrages** von einem **Dienstvertrag**. BAG und BGH definieren die **Merkmale des Werkvertrages** übereinstimmend wie folgt: Durch einen Werkvertrag wird der Unternehmer zur Herstellung des versprochenen Werks und der Besteller zur Entrichtung der vereinbarten Vergütung verpflichtet (§ 631 Abs. 1 BGB). Gegenstand eines Werkvertrags kann sowohl die Herstellung oder Veränderung einer Sache als auch ein anderer durch Arbeit oder Dienstleistung herbeizuführender Erfolg sein (§ 631 Abs. 2 BGB). Für die Abgrenzung zum Dienstvertrag ist maßgebend, ob ein bestimmtes Arbeitsergebnis bzw. ein bestimmter Arbeitserfolg oder nur eine bestimmte Dienstleistung als solche geschuldet wird.[15]

Diese für zivilrechtliche Folgen, etwa die den Werkvertrag kennzeichnende Notwendigkeit einer Abnahme, bedeutsame **Grenzziehung** ist für das Arbeitsrecht ohne jede Relevanz. Die Beauftragung eines externen Dienstleisters kann ebenso gut auf der Grundlage eines Werkvertrages wie auf der Grundlage eines Dienstvertrages erfolgen. In beiden Fällen wird die vertraglich vereinbarte Leistung durch die Mitarbeiter des Auftragnehmers erbracht, die dieser als seine Erfüllungsgehilfen einsetzt. Aus der Sicht des Arbeitsrechts gilt es, diese Formen von der (verdeckten) Zeitarbeit abzugrenzen, bei der keine Dienstleistung vereinbart wird, der Verleiher sich vielmehr schlicht zur Überlassung von Personal unter Übertragung des Weisungsrechts auf den Entleiher verpflichtet. Ob die Parteien einen Dienst- oder Werkvertrag vereinbaren, steht ihnen völlig frei, einen Rechtsformzwang gibt es insoweit nicht.

16 In dem hier interessierenden Kontext des Fremdpersonaleinsatzes geht es auch – entgegen einem in der Praxis verbreiteten Missverständnis – nicht darum, den Werkvertrag vom Arbeitsvertrag abzugrenzen. Die arbeitsrechtlich interessante Frage ist allein, ob eine Arbeitnehmerüberlassung nach dem AÜG oder eine sonstige Form eines Fremdpersonaleinsatzes vorliegt. Entscheidend ist insoweit, ob die **Personalhoheit** auf den Auftraggeber, in dessen Betrieb der Personaleinsatz erfolgt, übertragen wird. Insofern gibt es bei der Abgrenzung Überschneidungen mit dem allgemeinen Arbeitnehmerbegriff, der primär für die Abgrenzung zwischen dem persönlich abhängigen Arbeitnehmer und dem Soloselbstständigen/freien Mitarbeiter gedacht ist.

Vereinfacht formuliert lässt sich feststellen: Der Auftraggeber darf den fremden Arbeitnehmer nur dann wie einen eigenen Arbeitnehmer behandeln, wenn er mit dem Auftragnehmer einen Arbeitnehmerüberlassungsvertrag nach dem AÜG abgeschlossen hat und die gesetzlichen Voraussetzungen für eine legale Arbeitnehmer-

---

[15] BAG v. 25.9.2013 – 10 AZR 282/12, NZA 2013, 1348 Rn 16; BGH v. 16.7.2002 – X ZR 27/01, BGHZ 151, 330 – zu II 1 der Gründe.

überlassung vorliegen. Bei dem Drittpersonaleinsatz auf der Grundlage eines Dienst- oder Werkvertrages erhält der Auftraggeber dagegen kein Weisungsrecht gegenüber dem Fremdpersonal. Dieses bleibt vielmehr ausschließlich gegenüber dem eigenen Arbeitgeber persönlich abhängig und weisungsgebunden. Beschäftigt der Auftraggeber trotz Vereinbarung eines Werk- oder Dienstvertrages die Arbeitnehmer des Dienstleisters faktisch wie eigene Arbeitnehmer, indem er ihnen gegenüber das Weisungsrecht ausübt, so entsteht nach altem wie nach neuem Recht ein Arbeitsverhältnis zum Auftraggeber. Es liegt ein Fall einer „verdeckten" **Leiharbeit** vor. Der Unterschied liegt lediglich darin, dass anders als nach altem Recht eine verdeckte Leiharbeit in jedem Fall zu einem Arbeitsverhältnis mit dem Entleiher führt und zwar selbst dann, wenn der Auftragnehmer des Dienst- oder Werkvertrages über eine Erlaubnis zur Arbeitnehmerüberlassung verfügt. Die sogenannte Vorratserlaubnis des Auftragnehmers bietet damit nach neuem Recht keine Lösung mehr (siehe hierzu § 5 Rdn 198 ff.).

III. Die Grenzziehung nach neuem Recht – das Ineinandergreifen von § 611a BGB und § 1 Abs. 1 S. 2 AÜG

Auch wenn die Neuregelung in § 611a BGB durch das Ziel der Bekämpfung von Missbräuchen beim Einsatz von Werkverträgen motiviert ist, gibt diese Regelung nur mittelbar etwas für die Abgrenzung der Personalgestellung aufgrund eines Werkvertrages von der Leiharbeit her. Die dort verankerte Definition des Arbeitnehmerbegriffs betrifft nämlich nur einen Teilaspekt der in diesem Kontext vorzunehmenden rechtlichen Beurteilung. Die Abgrenzung hat, wie die grafische Darstellung der **Dreiecksbeziehung** unter Rdn 14 verdeutlicht, in einem **zweistufigen Verfahren** zu erfolgen:

17

(1) Ausgangspunkt ist zunächst die **Vereinbarung zwischen dem Auftraggeber und dem Auftragnehmer.** Sie muss bei der Personalgestellung auf der Grundlage eines Dienst- oder Werkvertrages auf die Erbringung einer Dienstleistung gerichtet sein, wobei als Vertragstyp frei entweder ein Dienst- oder ein Werkvertrag gewählt werden kann. Das bedeutet zugleich, dass der Auftraggeber über eine gewisse Expertise auf dem Gebiet des Gegenstands der Dienstleistung verfügen muss. Je stärker schon der Vertragsinhalt darauf hindeutet, dass es nicht um eine zumindest allgemein umschriebene Sachleistung geht, sondern nur um die Überlassung von Personal, desto eher liegt schon nach den Vereinbarungen der Sache nach Zeitarbeit vor. Allerdings ist dabei den neuen Organisationsformen Rechnung zu tragen, wie sie insbesondere im Projektgeschäft eingesetzt werden.

(2) Auf der zweiten Stufe ist sodann danach zu fragen, wie der Werk- oder Dienstvertrag umgesetzt worden ist. Anders formuliert geht es bei diesem Schritt um die rechtliche Überprüfung, ob der Arbeitnehmer des Dienstleisters tatsächlich wie ein **Erfüllungsgehilfe oder aber wie ein Leiharbeitnehmer** eingesetzt wird. Bei der Personalgestellung aufgrund eines Dienst- oder Werkvertrages wird die **Personal-**

hoheit über die als Erfüllungsgehilfen eingesetzten Arbeitnehmer gerade nicht auf den Auftraggeber übertragen.

Auf dieser zweiten Stufe kommen zwar im Ergebnis sämtliche Kriterien des § 611a BGB zum Tragen. Systematisch korrekt verortet ist die Prüfung allerdings nicht im BGB, sondern im AÜG. Schließlich geht es nicht um die Frage, ob der eingesetzte Mitarbeiter überhaupt Arbeitnehmer ist, sondern ausschließlich um die Kontrolle, ob er nicht „verdeckt" als Zeitarbeitnehmer beschäftigt wird. Der Gesetzgeber hat diese systematische Zuordnung durchaus erkannt und dementsprechend in das AÜG eine parallele Neuregelung aufgenommen (dazu im Folgenden Rdn 18 ff.).

IV. Der Arbeitnehmerbegriff des § 1 Abs. 1 S. 2 AÜG

1. Die Kodifikation der Rechtsprechung

18 Parallel zur Neuregelung des Arbeitsvertrages in § 611a BGB wird mit dem Reformgesetz erstmals in das AÜG eine **Legaldefinition des Leiharbeitnehmers** aufgenommen. So heißt es in **§ 1 Abs. 1 S. 2 AÜG** nunmehr:

„Arbeitnehmer werden zur Arbeitsleistung überlassen, wenn sie in die Arbeitsorganisation des Entleihers eingegliedert sind und seinen Weisungen unterliegen."

Laut Gesetzesbegründung soll diese Legaldefinition lediglich die bisherige Rechtsprechung zu den Voraussetzungen, unter denen ein Arbeitnehmer überlassen wird, festschreiben.[16] Sie diene damit der Abgrenzung zwischen dem Einsatz eines Arbeitnehmers als Leiharbeitnehmer im Rahmen einer Arbeitnehmerüberlassung und dem Einsatz als Erfüllungsgehilfe im Rahmen eines Werk- beziehungsweise Dienstvertrages.

19 Anders als § 611a BGB hält sich diese Regelung indes nicht eng an den Wortlaut des BAG. Nach der bisherigen Rechtsprechung liegt Arbeitnehmerüberlassung vor,

*„wenn einem Entleiher Arbeitskräfte zur Verfügung gestellt werden, die in dessen Betrieb (**voll**) eingegliedert sind und ihre Arbeit **allein** nach Weisungen des Entleihers und in dessen Interesse ausführen."*[17]

Teilweise wird befürchtet, dass der Begriff des Leiharbeitnehmers durch den Wegfall der Präzisierungen „voll" eingegliedert und „allein" nach Weisungen, entgegen dem gesetzgeberischen Willen nunmehr ausgeweitet wird.[18]

---

16 BT-Drucks 18/9232, S. 17.
17 BAG v. 14.8.1985 – 5 AZR 225/84 Rn 20; v. 30.1.1991 – 7 AZR 497/89 Rn 43; v. 6.8.1997 – 7 AZR 663/96 Orientierungssatz; BAG 6.8.2003 – 7 AZR 180/03 Rn 38.
18 Stellungnahme des DAV durch den Ausschuss Arbeitsrecht zum Referentenentwurf eines Gesetzes zur Änderung des AÜG und anderer Gesetze, veröffentlicht in NZA 7/2016, S. VIII-X, RdA 2016, 173; *Tuengerthal/Andorfer*, BB 2016, 1909, 1911; *Siebert/Novak*, ArbRAktuell 2016, 391, 391.

B. Arbeitnehmerüberlassung und andere Formen des Fremdpersonaleinsatzes § 3

Allerdings nutzt die Rechtsprechung die Präzisierung „voll" in vielen jüngeren Entscheidungen nicht mehr,[19] ohne dass deshalb eine Rechtsprechungsänderung oder Tendenzverschiebung erkennbar wäre. Man wird daher davon ausgehen können, dass es aufgrund des Verzichts auf dieses Merkmal zu keiner Rechtsprechungskorrektur kommen wird, so dass es sich nur um eine **rein sprachliche Modifikation** handelt. Auch ohne den Zusatz stellt die gesetzliche Fassung hinreichend deutlich klar, dass eine nur partielle („halbe") Eingliederung nicht genügt.

Problematischer stellt sich der Verzicht auf das Wort „allein" dar, wurde mit ihm doch deutlich zum Ausdruck gebracht, dass dem Entleiher die umfassende Personalhoheit übertragen worden sein muss. Vereinzelte Weisungen, erst recht solche, die gar nicht arbeitsbezogen, sondern rein werkbezogen im Sinne von § 645 BGB sind, genügen dagegen nicht. Eine wörtliche Übernahme der BAG-Rechtsprechung wäre zur sicheren Vermeidung von Fehlinterpretationen wünschenswert gewesen.[20] Immerhin hat der Ausschuss Arbeit und Soziales auf entsprechende Bedenken von Seiten der angehörten Sachverständigen reagiert und in die Begründung der Beschlussempfehlung eine für die Praxis unmissverständliche **Klarstellung** aufgenommen. Dort heißt es: „Ferner wurde festgestellt, dass mit der Definition der Arbeitnehmerüberlassung in § 1 Abs. 1 S. 2 AÜG die derzeitige **Rechtslage nicht geändert** werden solle, etwa bei der Beauftragung von Beratungsunternehmen."[21] Damit steht fest, dass der Anwendungsbereich der Arbeitnehmerüberlassung durch den Wegfall des Begriffs „allein" nicht ausgeweitet wird, so dass eine Rechtsprechungskorrektur nicht gerechtfertigt wäre.

Die sehr knapp gehaltene **Definition des Leiharbeitnehmers** zieht damit bei richtigem Verständnis und der Berücksichtigung der Gesetzesmaterialien zwar keine neuen Auslegungsprobleme nach sich. Ihr Ziel, für mehr Rechtssicherheit zu sorgen erfüllt sie allerdings ebenfalls nicht. Wieso der Begriff des Leiharbeitnehmers im Gegensatz zur Definition in § 611a BGB mit einem einzigen Satz erklärt sein soll, obwohl es hier sogar um komplexere Rechtsbeziehungen in einem Dreiecksverhältnis geht, ist nicht nachvollziehbar. Unbefriedigend ist zudem, dass in § 1 Abs. 1 S. 2 AÜG die Eingliederung in den Betrieb als zentrales Merkmal hervorgehoben wird, während der Gesetzgeber in § 611a BGB auf dieses Merkmal vollständig verzichtet. Wenn der Gesetzgeber schon abweichend von § 611a BGB in § 1 Abs. 1 S. 2 AÜG die Eingliederung erwähnt, dann hätte er im Interesse der Rechtssicherheit zumindest klarstellen sollen, dass eine Eingliederung nur dann anzunehmen ist, wenn der Arbeitnehmer selbst als ausführende Person und eben nicht

20

---

19 So fehlt das Wort „voll" bei gleichbleibender Auslegung beispielsweise in BAG v. 13.8.2008 – 7 AZR 269/07 Rn 14; v. 20.1.2016 – 7 AZR 535/13, BB 2016, 1850 Rn 24; v. 15.4.2014 – 3 AZR 395/11, Rn 20; 18.1.2012 – 7 AZR 723/10, AP Nr. 10 zu § 9 AÜG Rn 26.
20 So auch *Henssler*, Stellungnahme als Sachverständiger für die Anhörung am 17.10.2016, Ausschussdrucksache 18(11)761, S. 40, 41.
21 BT-Drucks 18/10064, S. 13.

nur der Arbeitsprozess, in dem er eingesetzt wird, in den Betrieb des Auftraggebers eingegliedert ist. Bei der Leiharbeit muss der Entleiher die für ein Arbeitsverhältnis typischen Entscheidungen über deren Arbeitseinsatz auch nach Zeit und Ort treffen, er muss also die **Personalhoheit** über diese Person insgesamt bzw. zumindest überwiegend übernehmen.[22]

Sachgerecht erscheint es, die Kriterien des § 611a BGB auch in § 1 AÜG hineinzulesen. So bedarf es auch bei der Beurteilung, ob der Arbeitnehmer als Erfüllungsgehilfe oder als Zeitarbeitnehmer eingesetzt wird, einer Gesamtabwägung aller Umstände des Einzelfalles.

2. Offene Praxisfragen

21   Berücksichtigt man die demnach sehr begrenzte Funktion des § 1 Abs. 1 S. 2 AÜG, den Leiharbeitnehmer vom Onsite-Werkarbeitnehmer (Erfüllungsgehilfen des Werkunternehmers) abzugrenzen, so erweist sich diese Definition als wenig hilfreich. Der aus der Vorschrift zu ziehende Erkenntnisgewinn erschöpft sich in dem Hinweis, dass insoweit auch auf die Eingliederung in den Betrieb des Entleihers abzustellen ist. Im Grunde genommen handelt es sich damit um eine Verschärfung der Anforderungen gegenüber § 611a BGB. Die Übertragung des Weisungsrechts auf den Entleiher/Auftraggeber allein genügt nicht, vielmehr muss auch die Eingliederung in den Entleiherbetrieb als zusätzliches Kriterium hinzutreten.

Ungeklärt bleibt gleichwohl, wie Konstellationen zu beurteilen sind, in denen der Werkunternehmer und Auftragnehmer zwar überwiegend die Personalhoheit wahrnimmt, der Auftraggeber aber ebenfalls arbeitsrechtlich relevante Weisungen erteilt. Auf der Grundlage der bisherigen Rechtsprechung steht fest, dass Einzelweisungen unbeachtlich sind und die Fiktion eines Arbeitsverhältnisses mit dem Auftraggeber nur dann in Betracht kommt, wenn die **Weisungen** in einem **Fortsetzungszusammenhang** stehen. Denkbar sind aber Konstellationen, in denen der Auftraggeber in einem Teilbereich, etwa hinsichtlich der Arbeitszeit, fortgesetzt Weisungen erteilt, die Personalhoheit aber im Übrigen und zugleich überwiegend beim Auftragnehmer und damit bei dem Vertragsarbeitgeber des eingesetzten Arbeitnehmers verbleibt. Eine sachgerechte Grenzziehung ist insoweit nur möglich, wenn auf den **Schwerpunkt der Personalhoheit** abgestellt wird. Verbleibt dieser beim Vertragsarbeitgeber, so ist jede Zuordnung zu einem anderen Arbeitgeber verfehlt. Allein diese Lösung wird auch der bisherigen Rechtsprechung gerecht, die von einer (verdeckten) Zeitarbeit erst dann ausgeht, wenn der Entleiher „allein" das Weisungsrecht in Anspruch nimmt. Liegt dieses dagegen sogar „überwiegend" beim Vertragsarbeitgeber, scheidet danach jede Form der Zeitarbeit aus.

---

22   BAG v. 5.3.1991 – 1 ABR 39/90, BAGE 67, 290.

B. Arbeitnehmerüberlassung und andere Formen des Fremdpersonaleinsatzes §3

Keine Lösung bietet die Neuregelung auch für jene bislang höchstrichterlich nicht geklärten Fälle, in denen der als Erfüllungsgehilfe eingesetzte Arbeitnehmer des Werkunternehmers oder Dienstleisters bei mehreren Auftraggebern tätig wird und nur einer der Auftraggeber Weisungen erteilt. Selbst wenn diese Weisungen in einem Fortsetzungszusammenhang stehen sollten, kann dies nicht zur Fiktion eines Arbeitsverhältnisses mit dem betreffenden Auftraggeber führen. In Betracht käme allenfalls ein Teilzeitarbeitsverhältnis mit dem Auftraggeber, was aber der Interessenlage der Beteiligten, einschließlich derjenigen des Beschäftigten, nicht gerecht wird. Hier gilt als Grundsatz, dass bei einem Einsatz bei mehreren Auftraggebern die Fiktion eines Arbeitsverhältnisses ausscheidet. Beim Beschäftigten kann in solchen Fällen von vornherein keine schutzwürdige Erwartungshaltung entstehen, nun einem der Auftraggeber zugeordnet zu werden.

V. Sachgerechte Regelung: Rechtssicherheit durch „Positivkatalog"

1. Kriterienkatalog: Das Gegenmodell eines Positivkataloges

Bedauerlich ist, dass im Gesetzgebungsverfahren erneut nur das in der Vergangenheit bereits gescheiterte Konzept eines „Negativkatalogs" verfolgt wurde, bei dem ein Katalog von Kriterien zusammengestellt wird, die für den Status als Arbeitnehmer sprechen sollen. Dieses Konzept ist schon vom Ansatz her allenfalls für die Abgrenzung des Arbeitnehmers vom Soloselbstständigen diskutabel und hat sich auch dort in der Praxis als unbrauchbar erwiesen, wie der gescheiterte Versuch in § 7 Abs. 1 SGB IV in der Fassung des „Gesetzes zu Korrekturen in der Sozialversicherung und zur Sicherung von Arbeitnehmerrechten" vom 19.12.1998 zeigt. Für die anders gelagerte Frage der Abgrenzung des Drittpersonaleinsatzes auf der Grundlage von Werk- oder Dienstverträgen von der Zeitarbeit erweist sich ein solcher Katalog erst recht als unbrauchbar. 22

Hätte der Gesetzgeber konsequent das zentrale Ziel „Rechtssicherheit für die Praxis" umgesetzt, so hätte es sich angeboten, im Sinne des vom Verfasser schon in der Vergangenheit geforderten Positivkatalogs **Merkmale für unbedenkliche Werk- und Dienstverträge** zu definieren. Über einen solchen Positivkatalog könnte insbesondere der zweistufigen Prüfung Rechnung getragen werden, in deren Rahmen zum einen der Inhalt des Vertrages zwischen Auftraggeber und Dienstleister gewürdigt und zum zweiten die tatsächliche Durchführung des Drittpersonaleinsatzes im Betrieb des Auftraggebers als Korrektiv berücksichtigt wird.

2. Elemente eines Positivkataloges

Ein entsprechender Positivkatalog hätte in einen weiteren Absatz des § 1 AÜG aufgenommen werden sollen. Angeboten hätte sich etwa folgende Formulierung: 23

§ 3 Arbeitnehmerüberlassung und andere Formen des Fremdpersonaleinsatzes

„*Absatz 3: Keine Arbeitnehmerüberlassung, sondern eine unbedenkliche Form des Fremdpersonaleinsatzes auf der Grundlage von Werk- oder Dienstverträgen liegt ungeachtet einer Eingliederung in den Betrieb des Auftraggebers u.a. dann vor, wenn Beratungsleistungen im kreativen oder komplexen Projektgeschäft (Optimierungs-, Entwicklungs- und IT-Einführungsprojekte) erbracht werden und*

- *die Dienst- oder Werkleistung spezifisches Know-How erfordert, auf das sich der Vertragsarbeitgeber/ Dienstleister spezialisiert hat,*
- *die Personalhoheit ausschließlich beim Vertragsarbeitgeber/Dienstleister liegt,*
- *die Mitarbeiter des Vertragsarbeitgebers/Dienstleisters spezialisierte Experten in den Bereichen Ingenieurwesen, EDV-Technik, Digitalisierung, neue Medien, Industrie 4.0. sind,*
- *der Vertragsarbeitgeber seinen Beschäftigten ein Konzept der Mitarbeiterschulung und Personalentwicklung anbietet,*
- *der Vertragsarbeitgeber auch für andere Auftraggeber tätig wird, die einen vergleichbaren Beratungsbedarf haben,*
- *der Vertragsarbeitgeber überwiegend mit festangestelltem Personal arbeitet.*"

Ein derartiger Positivkatalog vermeidet die Schwächen eines Negativkataloges, weil er anders als jener lediglich das Ziel der Rechtssicherheit verfolgt, dagegen nicht den Versuch unternimmt, die Grenzlinie (hier: zwischen der Arbeitnehmerüberlassung und den sonstigen Formen des Drittpersonaleinsatzes) zu verschieben. Er dient lediglich dem Ziel, seriösen Werk- und Dienstleistern ein Dienstleistungsangebot zu ermöglichen, das auch von Seiten der Auftraggeber angenommen werden kann, ohne dem Risiko einer verdeckten Arbeitnehmerüberlassung mit ihren weit reichenden Folgen, insbesondere der Fiktion eines Arbeitsverhältnisses mit dem Auftraggeber, ausgesetzt zu sein.

C. Lösungsansätze zur praktischen Handhabung des Fremdpersonaleinsatzes

Prof. Dr. Martin Henssler/Christiane Pickenhahn

24 Die Regelung des § 611a BGB führt, wie bereits erörtert (siehe § 2 Rdn 14) zu keiner erhöhten Rechtssicherheit. Es bleibt also weiterhin Aufgabe der Unternehmen, die Arbeiten in Rahmen von Werk oder Dienstverträgen erledigt wissen wollen, die entsprechenden Vorkehrungen zu treffen und die Indizien, die für oder gegen eine Arbeitnehmerüberlassung sprechen, auf der Grundlage der bisherigen Rechtsprechung zu bewerten.

Die Kriterien für diese Abgrenzung sind entsprechend der dargestellten **zweistufigen Prüfung** zunächst anhand der Würdigung des Vertrages über die Dienstleistung (im Folgenden Rdn 25 ff.) und sodann aufgrund einer Gesamtwürdigung der tatsächlichen Beschäftigung unter Berücksichtigung der Kriterien von § 1 AÜG i.V.m. § 611a BGB (im Folgenden Rdn 28 ff.) zu gewinnen.

C. Lösungsansätze zur praktischen Handhabung des Fremdpersonaleinsatzes § 3

I. Allgemeine Anforderungen an die vertragliche Vereinbarung zwischen Auftraggeber und Auftragnehmer (Dienstleister)

1. Die Person des eingesetzten Arbeitnehmers

Mit Blick auf die Würdigung des Dienstleistungsvertrages ist zu beachten, dass sich ein zwischen Auftraggeber und Auftragnehmer vereinbarter Dienst- oder Werkvertrag regelmäßig dadurch auszeichnet, dass es dem Dienstleister überlassen bleibt, welchen seiner Arbeitnehmer und wie viele Personen er zur Vertragserfüllung einsetzt. Dies gilt jedenfalls bei einfachen, insbesondere bei handwerklichen Tätigkeiten, bei denen ein besonderes Know-How nicht erforderlich ist. So hat das LAG Hamm als Indiz für eine (verdeckte) Arbeitnehmerüberlassung den Umstand herangezogen, dass der für Reinigungsarbeiten vorgesehene Arbeitnehmer dem Auftraggeber bereits vor Vertragsschluss persönlich vorgestellt wurde.[23]

25

Anders ist die Situation beim Angebot von hoch spezialisierten Beratungsleistungen, wie sie etwa von IT-Unternehmen gegenüber Banken und Versicherungen erbracht werden. Hier kann es sein, dass einzelne Berater oder Beratungsteams sich einen besonders guten Ruf erarbeitet haben, etwa weil sie in ähnlicher Funktion (bei der Analyse vergleichbarer Risiken) bereits bei einem anderen Unternehmen tätig waren. Dann liegt es aus Sicht des Auftraggebers nur nahe, darauf zu drängen, dass eben diese Mitarbeiter auch in dem neuen Beratungsmandat eingesetzt werden. Das ist schon deshalb unbedenklich, weil diese Mitarbeiter die Expertise des Beratungsunternehmens und damit bis zu einem gewissen Grad auch das Beratungsunternehmen selbst und dessen immateriellen Geschäfts- oder Firmenwert verkörpern. Ein Indiz für eine bloße Überlassung von Personal ist der Wunsch nach namentlich bezeichneten Mitarbeitern in diesen Fällen nicht.

> *Praxishinweis*
> Gegen die Annahme eines Werk- oder Dienstvertrages kann es sprechen, wenn das **eingesetzte Personal personalisiert** ist und es dem Auftraggeber gerade auf das Tätigwerden konkreter Erfüllungsgehilfen des Auftragnehmers ankommt. Ein Werk- bzw. Dienstvertrag zeichnet sich regelmäßig dadurch aus, dass es dem Dienstleister überlassen bleibt, welchen seiner Mitarbeiter und wie viele er zur Erfüllung seiner vertraglichen Verpflichtungen einsetzt. Etwas Anderes gilt beim Einsatz von hochqualifizierten Fachleuten, auf deren Expertise der Auftraggeber besonderen Wert legt.

---

23 LAG Hamm v. 24.7.2013 – 3 Sa 1749/12 – juris, Rn 196.

2. Abgrenzbares, abnahmefähiges und dem Auftragnehmer als eigene Leistung zurechenbares Werk

26 Für die Abgrenzung der Leiharbeit vom Werk- oder Dienstvertrag soll nach der Rechtsprechung entscheidend sein, ob ein **abgrenzbares, abnahmefähiges und dem Auftragnehmer als eigene Leistung zurechenbares Werk** vertraglich vereinbart ist und dies auch der tatsächlichen Durchführung entspricht. Fehle es hieran, so komme ein Werkvertrag kaum in Betracht, weil der „Auftraggeber" durch weitere Weisungen den Gegenstand der vom „Auftragnehmer" zu erbringenden Leistung erst bestimmen und damit Arbeit und Einsatz erst bindend organisieren müsse.[24]

Diese Aussage ist zumindest missverständlich, weil – wie bereits eingehend dargelegt wurde – die Personalgestellung ebenso gut auf der Grundlage eines Dienstvertrages erfolgen kann. Richtig ist damit lediglich, dass der Umstand, dass die Parteien die zu erledigende Aufgabe und den Umfang der Arbeiten im Vertrag konkret festgelegt haben, für das Vorliegen eines Werkvertrags sprechen kann.[25] Muss der Auftraggeber erst durch weitere Weisungen den Gegenstand der vom Auftragnehmer zu erbringenden Leistung näher bestimmen und damit Arbeit und Einsatz bindend organisieren, spricht dies gegen einen Werkvertrag.[26] Auch kann die Übernahme von anderen als im Vertrag als Werkleistung vereinbarten Tätigkeiten während des Vertragslaufs gegen einen Personaleinsatz auf der Grundlage eines Werkvertrages sprechen.[27] Die arbeitsrechtliche Relevanz dieser Umstände ist indes begrenzt. Selbst wenn nach diesen Grundsätzen ein Werkvertrag ausscheidet, so liegt deshalb die Annahme von Arbeitnehmerüberlassung noch bei weitem nicht nahe. Das Ergebnis der rechtlichen Begutachtung kann ebenso gut sein, dass die Vereinbarung zwischen Auftraggeber und Auftragnehmer als Dienstvertrag zu qualifizieren ist. Der Umstand, dass ein abnahmefähiges Werk vereinbart worden ist, spricht anders gewendet zwar für einen Werkvertrag. Umgekehrt folgt aus dem Verzicht auf eine entsprechende Vereinbarung aber kein Indiz für eine Arbeitnehmerüberlassung. Dementsprechend kann auch dann, wenn lediglich eine Tätigkeit oder ein Berufsbild umrissen wird (Fahrtransport, Reinigungskraft, Regaleinräumer), durchaus noch ein unbedenklicher Personaleinsatz aufgrund eines Dienstvertrages und gerade keine Arbeitnehmerüberlassung vorliegen.

---

[24] BAG v. 9.11.1994 – 7 AZR 217/94 – zu III 2 b der Gründe, BAGE 78, 252.
[25] BAG v. 25.9.2013 – 10 AZR 282/12, NZA 2013, 1348 Rn 17; BGH 16.7.2002 – X ZR 27/01, BGHZ 151, 330 (unter II 1 der Gründe).
[26] BAG 9.11.1994 – 7 AZR 217/94, BAGE 78, 252 (unter III. 2. b.).
[27] LAG Hamm v. 24.7.2013 – 3 Sa 1749/12 – juris, Rn 194.

C. Lösungsansätze zur praktischen Handhabung des Fremdpersonaleinsatzes § 3

Praxishinweis
Je klarer der zu **leistende Erfolg/das Werk** im Vertrag definiert wird, desto eher kann rechtssicher auf einen Personaleinsatz aufgrund eines Werkvertrages geschlossen werden. Wird also ein bestimmter Erfolg definiert (z.B. wöchentliche Reinigung der Gebäude xy oder Lieferung von xx Motoren in der Automobilindustrie), so scheidet eine Arbeitnehmerüberlassung von vornherein aus.

Dagegen ist umgekehrt der Verzicht auf die Festlegung eines geschuldeten Erfolgs kein Indiz für eine Arbeitnehmerüberlassung. Möglich bleibt in solchen Fällen der Personaleinsatz aufgrund eines Dienstvertrages.

3. Haftung/Gewährleistung für Herstellung eines Erfolges

Die gleichen Vorbehalte richten sich auch gegen die Maßgeblichkeit der vereinbarten Gewährleistung des Auftragnehmers. In der Rechtsprechung wird teilweise als weiteres wesentliches **Indiz für einen Werkvertrag** die Haftungsverteilung herausgestellt. So soll eine vereinbarte umfassende Haftung des Auftragnehmers für den Eintritt des Erfolges gegen eine Arbeitnehmerüberlassung sprechen. Auch die vertraglich vereinbarte Pflicht, eine verkehrsübliche Haftpflichtversicherung abzuschließen, wird als Indiz gegen eine Arbeitnehmerüberlassung gewertet.[28] Im Sinne eines **positiven Kriteriums** verdient diese Rechtsprechung uneingeschränkte Zustimmung. In der Tat kommt in solchen Fällen eine Arbeitnehmerüberlassung von vornherein nicht in Betracht.

27

Auch insoweit muss allerdings zugleich hervorgehoben werden, dass diese Argumentation nicht umkehrbar ist. Der Verzicht auf eine Erfolgsverantwortung und eine entsprechende Einschränkung der Gewährleistung sind keinesfalls ein Indiz für eine Arbeitnehmerüberlassung. Vielmehr kann dieser Verzicht auch seine recht einfache Erklärung darin finden, dass die Parteien eben keinen Werkvertrag, sondern einen Dienstvertrag vereinbart haben und sich daher ebenfalls außerhalb des Anwendungsbereichs der Arbeitnehmerüberlassung bewegen.

Praxishinweis
Die **Haftung des Auftragnehmers** für den **Eintritt des Erfolges** spricht für einen Personaleinsatz auf der Grundlage eines Werkvertrages. Sofern dies den Interessen der Parteien gerecht wird, kann es sich daher empfehlen, zur Klarstellung eine Klausel in den Werkvertrag aufzunehmen, die auf die Gewährleistungsrechte der §§ 633–638 BGB verweist.

Dagegen ist umgekehrt der **Verzicht** auf eine Erfolgsverantwortung des Auftraggebers **kein Indiz** für das Vorliegen von Arbeitnehmerüberlassung.

---

28 BAG v. 18.1.2012 – 7 AZR 723/10, AP AÜG § 9 Nr. 10 Rn 37.

II. Anforderungen an die Ausgestaltung des Personaleinsatzes im Betrieb des Auftraggebers

1. Die Notwendigkeit einer Gesamtwürdigung (typologische Methode)

28 Führt die rechtliche Analyse der vertraglichen Vereinbarungen zwischen Auftraggeber und Auftragnehmer zur Annahme eines Werk- oder Dienstvertrages oder lässt sie zumindest Raum für eine entsprechende Auslegung, so ist in einem zweiten Schritt zu überprüfen, ob die tatsächliche Durchführung des Vertrages auch im Einklang mit diesen Vorgaben erfolgt. Wie bereits dargelegt, ist die tatsächliche Durchführung anhand der Kriterien der §§ 1 Abs. 1 S. 2 AÜG, 611a BGB daraufhin zu kontrollieren, ob der als Erfüllungsgehilfe eingesetzte Arbeitnehmer nicht faktisch wie ein Zeitarbeitnehmer behandelt worden ist. Hat der Auftraggeber das Fremdpersonal wie eigenes Personal eingesetzt, so liegt eine „verdeckte" Zeitarbeit vor, die zugleich nach § 9 Abs. 1 Nr. 1a i.V.m. § 10 Abs. 1 AÜG die Fiktion eines Arbeitsverhältnisses mit dem Auftraggeber auslöst.

Das entspricht im Wesentlichen der bisherigen Rechtsprechungslinie. Die Rechtsprechung grenzt die Personalgestellung auf der Grundlage eines Dienst- oder Werkvertrages von der Arbeitnehmerüberlassung schon bislang nach denselben Kriterien ab, die auch für die Abgrenzung des Arbeitnehmers vom Soloselbstständigen entwickelt wurden. Anhand einer der nunmehr auch von § 611a Abs. 1 S. 5 BGB verlangten **Gesamtwürdigung** aller maßgebenden Umstände des Einzelfalls ist danach zu ermitteln, welche Gestaltung von den Parteien tatsächlich gewollt und umgesetzt wird.

> *Praxishinweis*
> Weder kann aus einem **einzelnen Indiz**, wie z.B. dem Arbeiten mit fremden Arbeitsmitteln, auf Arbeitnehmerüberlassung geschlossen werden, noch rechtfertigt umgekehrt das Fehlen eines entsprechenden Indizes den Schluss auf einen Personaleinsatz auf der Grundlage eines Werk- oder Dienstvertrages. Pauschalisierungen, wie das Arbeiten mit fremden Arbeitsmitteln deute immer auf Arbeitnehmerüberlassung hin, sind unzutreffend.
>
> Sprechen einzelne Indizien für eine Arbeitnehmerüberlassung, müssen diese stets darauf überprüft werden, ob sie nur deswegen erfüllt sind, weil sich dies bereits aus der Natur bzw. den Umständen der Tätigkeit ergibt (Bsp.: Zeitungszusteller, der an ein morgendliches Zeitfenster der Auslieferung gebunden ist), ohne dass es einer entsprechenden Weisung überhaupt bedürfte.

2. Maßgeblichkeit der tatsächlichen Vertragsdurchführung (§ 611a Abs. 1 S. 6 BGB)

Gemäß § 611a Abs. 1 S. 6 BGB gilt ferner: Wird der als Erfüllungsgehilfe des Auftragnehmers entsandte Arbeitnehmer vom Auftraggeber faktisch wie ein eigener Arbeitnehmer behandelt, so überlagert dies die vertraglichen Vereinbarungen in der Dreiecksbeziehung zwischen Auftraggeber und Auftragnehmer. Damit ist auch insoweit eine Gesamtbetrachtung vorzunehmen. Die vertraglichen Vereinbarungen haben damit lediglich eine Indizfunktion, die aber durch die **tatsächliche Vertragsdurchführung** widerlegt werden kann.

29

> *Praxishinweis*
> Bei einer Tätigkeit aufgrund eines Werk- oder Dienstvertrages muss sichergestellt werden, dass nicht nur durch die Bezeichnung als Werk- bzw. Dienstvertrag und die entsprechenden vertraglichen Regelungen formal ein entsprechender Vertrag vorliegt, sondern dass auch bei der tatsächlichen Durchführung die den Erfüllungsgehilfen erteilten Weisungen grundsätzlich vom Auftragnehmer/Arbeitgeber, nicht aber vom Auftraggeber erfolgen. Weisungen des Auftraggebers müssen sich grundsätzlich auf die Dienstleistung beschränken.

3. Faktische Übertragung der Personalhoheit durch Überlassung des Weisungsrechts als Indiz für eine Arbeitnehmerüberlassung

Ob eine Personalgestellung aufgrund eines „echten" Werk- bzw. Dienstvertrages vorliegt oder aber eine verdeckte Arbeitnehmerüberlassung, entscheidet sich auch im Übrigen anhand der Kriterien des Arbeitnehmerbegriffs. Gemäß § 611a BGB ist maßgeblich, ob der im fremden Betrieb eingesetzte Arbeitnehmer gegenüber dem Auftraggeber in einem **Verhältnis der persönlichen Abhängigkeit** steht. Das ist dann zu bejahen, wenn der Auftraggeber ein **Weisungsrecht** hinsichtlich Inhalt, Durchführung, Zeit und Ort der Tätigkeit ausübt.

30

Im Einzelfall kann die Feststellung des arbeitsvertraglichen Weisungsrechts erhebliche Schwierigkeiten bereiten. Weisungen können ja auch beim Werkvertrag gem. § 645 Abs. 1 BGB und ebenso beim Dienstvertrag erteilt werden. Die in diesem Kontext oft empfohlene Unterscheidung zwischen werkbezogenen Weisungen und arbeits- bzw. personenbezogenen Weisungen (dazu bereits § 2 Rdn 5 und 14 ff.) hilft in der Praxis nur bedingt weiter.[29] Auch die Rechtsprechung nimmt diese Unterscheidung vor. So sollen Weisungen, die allein auf das zu erstellende Werk gerichtet sind, nach Ansicht der Rechtsprechung für einen Werkvertrag sprechen.[30]

---

29 So auch *Brauneisen/Ibes*, RdA 2014, 213, 219.
30 BGH v. 16.7.2002 – X ZR 27/01, BGHZ 151, 330 (zu II 1 der Gründe).

Diese Aussage hilft allerdings aufgrund ihrer fehlenden Praktikabilität kaum weiter.

Umgekehrt sollen Weisungen bezüglich des Arbeitsvorgangs und der Zeiteinteilung zumindest dann für eine Arbeitnehmerüberlassung sprechen, wenn dadurch eine eigenverantwortliche Organisation der Erstellung des vereinbarten „Werks" faktisch ausgeschlossen wird.[31]

Die Abgrenzung bleibt dennoch schwierig, da auch werkbezogene Weisungen zumindest mittelbar Vorgaben hinsichtlich Inhalt, Durchführung, Zeit und Ort der Tätigkeit enthalten können.

> *Praxishinweis*
> Die Differenzierung von werk- und arbeitsbezogenen Weisungen ist in der Praxis nur schwer durchführbar. Als vorteilhaft kann es sich daher erweisen, wenn bereits bei Abschluss des Werkvertrages das gewünschte „Werk" so weit wie möglich konkretisiert wird, so dass es keiner oder nur noch weniger zusätzlicher Vorgaben durch den Auftraggeber bedarf.

4. Eingliederung in die Betriebsorganisation

31 Obwohl von § 611a Abs. 1 BGB nicht aufgegriffen, muss mit der bisherigen Rechtsprechung weiterhin die Eingliederung in den Betrieb als Indiz für das Vorliegen eines Arbeitsverhältnisses gelten. Die Rechtsprechung hat die Eingliederung in den bestellerseitig organisierten Produktions- und Arbeitsprozess schon bislang auch im Kontext der hier interessierenden Abgrenzung als wichtiges Kriterium genannt.[32] Insofern kann sich auch die Neuregelung in § 1 Abs. 1 S. 2 AÜG durchaus auf die bisherige Entscheidungspraxis stützen. Gemeint ist nicht die rein **örtliche Eingliederung** in den Betrieb, sondern die Eingliederung in den Arbeitsprozess. **„Onsite-Werkverträge",** die gerade dadurch gekennzeichnet sind, dass die Werkleistung im Betrieb des Auftraggebers erfolgt, sind daher nicht schon deswegen als „Scheinwerkverträge" anzusehen, weil die Werkleistung in der fremden Betriebsorganisation erbracht wird. Allein dem Umstand, dass eine Leistung in den Räumen des Bestellers erbracht wird, kommt keinerlei Indizwirkung zu. Regelmäßig ergibt es sich aus der Natur der Sache, dass die Werkleistung nur in räumlicher Nähe zum Besteller erbracht werden kann. So kann der Maler die Renovierungsarbeiten nur innerhalb des Hauses des Bestellers vornehmen. Ebenso erfüllt die Gebäudereinigung nur ihren Sinn, wenn sie im fremden Betrieb vorgenommen wird.

Einer aktuellen Entscheidung zufolge ist die Eingliederung erst dann relevant, wenn der Beschäftigte derart in den fremden Betrieb eingegliedert ist, dass dessen „Inhaber die für ein Arbeitsverhältnis typischen Entscheidungen über den Arbeits-

---

31 BAG v. 25.9.2013 – 10 AZR 282/12, NZA 2013, 1348 Rn 17.
32 BAG v. 25.9.2013 – 10 AZR 282/12, NZA 2013, 1348 Rn 17.

einsatz des Fremdpersonals trifft".[33] Drittpersonal, das aufgrund eines Dienst- oder Werkvertrags seines Vertragsarbeitgebers auf dem Betriebsgelände eines anderen Arbeitgebers tätig wird, ist danach – ohne entsprechende Weisungsbefugnisse – noch nicht einmal dann in relevanter Weise eingegliedert, wenn die zu erbringende Dienst- oder Werkleistung hinsichtlich Art, Umfang, Güte, Zeit und Ort in den betrieblichen Arbeitsprozess des Auftraggebers eingeplant ist.[34]

Maßgeblich ist damit eine Trennung zwischen solchen Eingliederungen, die die Eigenart des zu erstellenden Werkes oder der Dienstleistung von Natur aus mit sich bringt, und jenen Fällen einer **Eingliederung**, die eben nicht **zwingende Folge des Vertragsgegenstands** sind. Erfolgt etwa eine Eingliederung des fremden Arbeitnehmers in die Gesamtbelegschaft durch Einplanung in Dienst- und Urlaubspläne, so lässt dies den Schluss auf eine Arbeitnehmerüberlassung zu.

Diese Grundsätze liegen auch der Neuregelung in § 1 Abs. 1 S. 2 AÜG zu Grunde. So heißt es in der Begründung der Beschlussempfehlung des Ausschusses Arbeit und Soziales[35] unter Berufung auf die bisherige Rechtsprechung des BAG[36] ausdrücklich:

„Eine für die Tätigkeit eines Beraters typische Bindung hinsichtlich des Arbeitsorts an eine Tätigkeit im Betrieb des beratenen Unternehmens (begründet) allein regelmäßig keine persönliche Abhängigkeit gegenüber letzterem."

Praxishinweis
Nicht jede Form der Eingliederung in die Arbeitsorganisation eines fremden Betriebes rechtfertigt die Vermutung eines Arbeitsverhältnisses zum Betriebsinhaber. Vielmehr ist die Auslagerung einzelner Arbeitsschritte auch dann zulässig, wenn diese im Betrieb des Auftraggebers mit anderen Arbeitsschritten eng verzahnt werden (z.B. Transportaufgaben, die Sicherheitskontrolle am Flughafen[37] oder die im Betrieb des beratenen Unternehmens erbrachte Beratungstätigkeit).

Wird das eingesetzte Personal allerdings auch personell in die fremde Betriebsorganisation eingegliedert (Schichtpläne, Urlaubspläne), spricht dies für eine Personalgestellung nach dem AÜG.

---

33 BAG v. 13.5.2014 –1 ABR 50/12, NZA 2014, 1149, Rn 21; ähnlich schon BAG v. 5.3.1991 –1 ABR 39/90, NZA 1991, 686 Gründe zu B. II.; stärker auf die Eingliederung abstellend dagegen BAG v. 6.5.1998 –5 AZR 247/97, NZA 1998, 205 und BAG 25.9.2013 –10 AZR 282/12, NZA 2013, 1348.
34 BAG v. 13.5.2014 –1 ABR 50/12, NZA 2014, 1149, Rn 21.
35 BT-Drucks 18/10064, S. 13 f.
36 Verwiesen wird auf BAG v. 11.8.2015 – 9 AZR 98/14.
37 BAG v. 18.1. 2012 – 7 AZR 723/10, NZA-RR 2012, 455.

5. Nutzung fremder Arbeitsmittel

32 Ein auf den ersten Blick einleuchtendes und scheinbar einfach handhabbares Indiz für eine Arbeitnehmerüberlassung ist die regelmäßige Nutzung fremder Arbeitsmittel. Während die Eigentumsverhältnisse der Arbeitsmittel einfach feststellbar sind und die Abgrenzung hier in der Praxis nicht allzu schwerfällt, wird dem missbrauchsanfälligen Indiz vorschnell ein zu hohes Gewicht beigemessen. So würde wohl keiner einem Arbeitnehmer seine persönliche Abhängigkeit absprechen, wenn der Arbeitgeber ihn anweist, künftig sein eigenes Handy und seinen eigenen Laptop für die Arbeit zu nutzen. Ebenfalls wird der regelmäßig im Home-Office arbeitende Arbeitnehmer, der dort eigene Arbeitsmittel benutzt, nicht dadurch zum Selbstständigen. So bewertet das BAG die **Bereithaltung von Arbeitsmitteln** durch den Auftraggeber als Indiz für ein Arbeitsverhältnis, das Indiz verliert aber deutlich an Gewicht, soweit die Arbeitsmittel für den Auftragnehmer bzw. seine Erfüllungsgehilfen nicht **ständig zugänglich** sind oder ohne größeren Aufwand selbst hätten beschafft werden können.[38] Das BAG hat bereits früh hervorgehoben, dass die indizielle Wirkung der Verwendung fremder Arbeitsmittel abhängig von der Art der Tätigkeit ist. Während bei höherwertigen Arbeitsleistungen und solchen Tätigkeiten, die hauptsächlich mit digitalen Alltagsmitteln (PC, Handy) vorgenommen werden, eine Indizwirkung eher nicht angebracht sei, könne dem Bereitstellen von Arbeitsmitteln bzw. Arbeitswerkzeugen durch den Auftraggeber bei einfacheren handwerklichen Tätigkeiten ein gewisses Gewicht zukommen.[39]

> *Praxishinweis*
> Bei **einfacheren, insbesondere handwerklichen Tätigkeiten** kommt der **Nutzung fremder Betriebsmittel** eine begrenzte indizielle Wirkung zu. Grundsätzlich ist dieses Kriterium aber nur von untergeordneter Bedeutung.

6. Dauer und Intensität der Zusammenarbeit

33 Das BAG hat der Vermutung, dass eine über Jahre andauernde Zusammenarbeit für ein Arbeitsverhältnis bzw. beim Einsatz von Fremdpersonal für Arbeitnehmerüberlassung spreche, schon in den 1990ern eine Absage erteilt. Ständig wiederkehrende Wartungsarbeiten an Einrichtungen und Geräten, die der Erfüllung des Betriebszwecks zu dienen bestimmt sind, können durchaus über Jahre an denselben Fremdunternehmer vergeben werden, ohne dass allein aus der **Dauer der Geschäftsbeziehungen** zu schließen wäre, es handele sich um Arbeitnehmerüberlassung.[40] Umgekehrt wird – wie die Statistik der Bundesagentur für Arbeit belegt (dazu unter

---

38 BAG v. 31.5.1989 – 5 AZR 173/88, Rn 67.
39 BAG v. 22.6.1994 – 7 AZR 506/93, Rn 27.
40 BAG v. 13.5.1992 – 7 AZR 284/91, NZA 1993, 357 (Gründe unter I 5. b); v. 30.1.1991 – 7 AZR 497/89, NZA 1992, 19 (unter III.2.b).

Rdn 8) – die Arbeitnehmerüberlassung sogar typischerweise nur für einen sehr kurzen Zeitraum bzw. für eine einmalige Zusammenarbeit vereinbart.

Praxishinweis
Die Dauer der Geschäftsbeziehungen gibt **keinen Hinweis** darauf, um welche Vertragsart es sich handelt. Wiederkehrende Arbeiten können auch über Jahre hinweg auf Grundlage eines Werkvertrages durch dasselbe Fremdunternehmen erbracht werden.

III. Prüfung der vorliegenden Umstände nach ihrer Indizwirkung (Bewertungstabelle)
Christiane Pickenhahn

Für die Prüfung sollten dem Rechtsanwender die bisherigen Abgrenzungskriterien der **Bundesagentur für Arbeit**[41] bekannt sein, die voraussichtlich auch nach der Neuregelung in § 611a BGB weiterhin angewendet werden. So sieht die **Geschäftsanweisung** folgende Kriterien vor:

- Vereinbarung und Erstellung eines konkret bestimmten Werkergebnisses bzw. Veränderung einer Sache;
- eigenverantwortliche Organisation aller sich aus der Übernahmeverpflichtung ergebenden Handlungen durch den Werkunternehmer (unternehmerische Dispositionsfreiheit, auch in zeitlicher Hinsicht; keine Einflussnahme des Bestellers auf Anzahl und Qualifikation der am Werkvertrag beteiligten Arbeitnehmer; in der Regel eigene Arbeitsmittel);
- Weisungsrecht des Werkunternehmers gegenüber seinen im Betrieb des Bestellers tätigen Arbeitnehmern; keine Eingliederung in die Arbeitsabläufe oder in den Produktionsprozess des Bestellerbetriebes;
- Tragen des Unternehmerrisikos durch den Werkunternehmer, insbesondere Gewährleistung für Mängel des Werkes, Erlöschen der Zahlungspflicht des Bestellers bei zufälligem Untergang des Werkes;
- ergebnisbezogene Vergütung, grundsätzlich keine Abrechnung nach Zeiteinheiten.

Die Geschäftsanweisung der Bundesagentur für Arbeit enthält zwar wesentliche Abgrenzungskriterien, es fehlt aber an einer **umfassenden Bewertung der einzelnen Kriterien**. Die Praxis muss sich daher selbst behelfen und einen Katalog von Kriterien entwickeln. Um sicher zu gehen, dass man sich im Rahmen eines zulässigen Drittpersonaleinsatzes auf der Grundlage von Werk- oder Dienstverträgen bewegt, sollte jeder Vertrag mit Externen auf die folgenden Indizien hin „abgeklopft" werden:

---

41 Geschäftsanweisung 20.7.2015, S. 13ff., Merkblatt AÜG 10.

§ 3 Arbeitnehmerüberlassung und andere Formen des Fremdpersonaleinsatzes

Kriterien-Tabelle zur Abgrenzung von Arbeitnehmerüberlassung und anderweitiger Personalgestellung:

Indiz	AÜ	Indizstärke für Arbeitnehmerüberlassung	WV/ DV	Indizstärke für Personalgestellung durch DV/WV
I. Vertragsinhalt (Vertrag zwischen Auftraggeber und Auftragnehmer)				
Vertragsbezeichnung und Leistungsinhalt				
Bezeichnung des Vertrages als Überlassungsvertrag	+	Starkes Indiz	-	Gegenindiz
Bezeichnung des Vertrages als Werkvertrag/freie Mitarbeit	-	Kein Indiz	+	Schwach, grds. nur sekundäres Indiz
Inhalt der Leistung ist im Vertrag konkret festgelegt und abgrenzbar, abnahmefähig und dem Auftragnehmer als eigene Leistung zurechenbar	-	Kein Indiz	+	Hoch, soweit tatsächliche Durchführung nicht abweicht
Inhalt der Leistung im Vertrag nicht klar bestimmt; Leistung richtet sich nach Bedarf des Auftraggebers	+	Mittel	-	Indiz gegen Werkvertrag (ggf. aber Projektgeschäft auf Dienstvertragsbasis)
Vereinbarte Abrechnungsweise				
Vereinbarte Abrechnung auf Stundenbasis/nach Zeitabschnitten	+/-	Schwach	+/-	Kein Indiz
Erfolgsabhängige Inrechnungstellung	-	Kein Indiz	+	Indiz für Werkvertrag
Vereinbarung zur Person des Leistenden				
Persönliche Leistungspflicht § 613 BGB	+	Mittel (auch bei Dienstvertrag denkbar)	-	Indiz gegen Werkvertrag (nicht aber gegen Dienstvertrag)
Leistung kann nach Maßgabe des Vertrages auch durch Dritte erbracht werden/ kein Einfluss des Auftraggebers auf Anzahl und Qualifikation der am Werk beteiligten Personen	-	Gegenindiz	+	Hoch

C. Lösungsansätze zur praktischen Handhabung des Fremdpersonaleinsatzes §3

Vereinbarte (Erfolgs-)Haftung				
Haftung des Auftragnehmers für den Eintritt des Erfolges	-	Gegenindiz	+	Hoch
Keine Erfolgshaftung des Auftragnehmers	+/-	Schwach (kann auch auf Dienstvertrag hinweisen)	+/-	Gegenindiz nur hinsichtlich eines Werkvertrages
Dauer der Zusammenarbeit				
Über Jahre andauernde Vertragsbeziehungen	+/-	Kein Indiz	+/-	Kein Indiz
II. Ausgestaltung des Personaleinsatzes im Betrieb				
Weisungen und Eingliederung				
Personenbezogene Weisungen unmittelbar durch den Auftraggeber an die eingesetzten Arbeiter	+	Hoch	-	Gegenindiz
Weisungen bzgl. der täglichen Zeiteinteilung, Pausen und Arbeitsvorgang nach billigem Ermessen des Auftraggebers	+	Hoch	-	Gegenindiz
Vorgaben hinsichtlich des Werkes, die die eigenständige Organisation und den Arbeitsvorgang nicht tangieren	+/-	Kein Indiz	+	Schwach
Vorgaben von Zeitrahmen, die durch äußere Einflüsse (Betriebsöffnungszeiten) oder der Eigenart der Tätigkeit bedingt sind	+/-	Kein Indiz	+/-	Kein Indiz
Eingliederung in den alltäglichen betrieblichen Arbeitsprozess inklusive Dienst- und Urlaubspläne (Gleichstellung mit Stammarbeitnehmern)	+	Hoch	-	Gegenindiz
Tätigkeit auf dem Betriebsgelände des Auftraggebers	+/-	Kein Indiz	+/-	Kein Indiz

§ 3 Arbeitnehmerüberlassung und andere Formen des Fremdpersonaleinsatzes

Arbeitsmittel				
Nutzung der Arbeitsgeräte des Auftraggebers	+	Mittel (stark bei einfachen/handwerklichen Tätigkeiten, kein Indiz bei „Wissensarbeit")	-	Schwaches Gegenindiz
Nutzung eigener Arbeitsmittel des Auftragnehmers, deren Beschädigung von ihm selbst getragen wird	+/-	Kein Indiz	+	Mittel
Haftung/wirtschaftliches Risiko für Schäden des eingesetzten Personals				
Volle Haftung des Auftragnehmers für durch sein eingesetztes Personal verübte Schäden	-	Gegenindiz	+	Hoch
Haftung nur nach den Grundsätzen der beschränkten Arbeitnehmerhaftung bzw. des Auftragnehmers nur für die ordnungsgemäße Auswahl des eingesetzten Personals	+	Mittel	-	Gegenindiz
Person, die Sozialversicherung und Steuerbeiträge abführt				
Auftragnehmer führt Beiträge an Krankenkasse/Finanzamt ab	+/-	Schwach	+/-	Kein Indiz; vielmehr Rechtsfolge der Qualifizierung
Auftragnehmer nimmt Lohnsteuerabzug vor	+/-	Schwach	+/-	Kein Indiz, vielmehr Rechtsfolge der Qualifizierung

AÜ = Arbeitnehmerüberlassung; WV = Werkvertrag; DV = Dienstvertrag

Der Kriterienkatalog soll nicht nur einen zusammenfassenden Überblick schaffen, sondern ebenso aufzeigen, dass eine **einseitige Sichtweise** auf die jeweiligen Kriterien der Problematik der Abgrenzung nicht gerecht wird. So haben bestimmte Merkmale negativ formuliert nur eine schwache Indizwirkung, während ihnen positiv formuliert für die andere Vertragsform eine viel gewichtigere Bedeutung zukommt. So weist das Tätigwerden für mehrere Auftraggeber eine hohe Indizwirkung für einen Werkvertrag auf, während bei Tätigkeit für nur wenige bzw. einen Auftraggeber nicht unmittelbar auf das Vorliegen eines Arbeitsvertrages geschlossen werden kann. Ebenso ist es beim Vorliegen einer Abrechnung nach Zeitabschnitten, die nicht zwingend auf einen Arbeitsvertrag schließen lässt, während die Abrechnung erst nach Fertigstellung des Werkes bzw. Herbeiführung des Erfolges sehr stark auf einen Werkvertrag schließen lässt. Der Status als Arbeitnehmer darf damit nicht nur aus dem Vorliegen von Positivkriterien geschlossen werden.

IV. Checkliste für die rechtssichere Handhabung

Die obigen Ausführungen sowie die Kriterientabelle zur Abgrenzung von Arbeitnehmerüberlassung von anderen Formen des Fremdpersonaleinsatzes macht deutlich, dass die Arbeitnehmerüberlassung vom Fremdpersonaleinsatz durch Werkvertrag durch vertragliche Gestaltung deutlicher und ggf. einfacher abgegrenzt werden kann als der Fremdpersonaleinsatz durch einen freien Dienstvertrag. Dies erklärt auch die zunehmende Tendenz von Unternehmen den Einsatz von Externen durch Werkverträge anstatt durch Dienstverträge zu regeln.   36

Für den **Fremdpersonaleinsatz auf Werkvertragsbasis** kann folgende Checkliste unterstützend herangezogen werden.   37

- ☐ Inhalt der Leistung (Werk) ist im Vertrag konkret festgelegt und von sonstigen Arbeitsprozessen abgrenzbar, abnahmefähig und dem Auftragnehmer als eigene Leistung zurechenbar
- ☐ Leistung erschöpft sich in Werkerstellung
- ☐ Auftragnehmer organisiert die für die Erreichung eines wirtschaftlichen Erfolges notwendigen Handlungen nach eigenen betrieblichen Voraussetzungen
- ☐ Leistung kann nach Maßgabe des Vertrages auch durch Dritte erbracht werden
- ☐ Haftung des Auftragnehmers für den Eintritt des Erfolges (ggf. branchenspezifische Haftpflichtversicherung)
- ☐ Einbringen eigener Arbeitsmittel, von speziellem Know-How
- ☐ Tätigkeit für mehrere Auftraggeber mit gleichem Beratungs- bzw. Leistungsbedarf

Im **3-Personen-Verhältnis** (zusätzlich):
- ☐ Haftung des Auftragnehmers für durch sein eingesetztes Personal verschuldete Schäden
- ☐ Kein Einfluss des Auftraggebers auf Anzahl und Qualifikation der am Werk beteiligten Personen
- ☐ Weiterbildung/ Schulung des eingesetzten Personals durch Auftragnehmer

| **§ 3** | **Arbeitnehmerüberlassung und andere Formen des Fremdpersonaleinsatzes** |

38 Für die **Abgrenzung zum Fremdpersonaleinsatz auf Dienstvertragsbasis** können hingegen nur wenige dieser Indizien herangezogen werden:

> ☐ Einbringen eigener Arbeitsmittel, speziellem Know-How
> ☐ Tätigkeit für mehrere Auftraggeber mit gleichem Beratungs- bzw. Leistungsbedarf
>
> Im **3-Personen-Verhältnis** (zusätzlich):
> ☐ Haftung des Auftragnehmers für durch sein eingesetztes Personal verschuldete Schäden
> ☐ Weiterbildung/ Schulung des eingesetzten Personals durch Auftragnehmer

Hier wird es schwerpunktmäßig auf das spezielle Know-How des Dienstleisters ankommen (siehe auch den Positivkatalog unter Rdn 23).

D. Sonderfall: Die Personalgestellung im Projektgeschäft

I. Die unverzichtbare Klarstellung in der Begründung der Beschlussempfehlung

Prof. Dr. Martin Henssler

39 Während des Gesetzgebungsverfahrens sah es lange Zeit so aus, als würde die geplante Neuregelung die tatsächlichen Probleme, die in der Praxis bei der Durchführung **unbedenklicher Werkverträge** durchaus bestehen, vollständig ignorieren.[42] Die aktuelle Rechtsprechung, die – wie unter Rdn 26 ff. dargelegt wurde – verlangt, dass bei einem Werkvertrag vorab das „Werk" detailliert und abgrenzbar umschrieben wird, wird den zukunftsträchtigen Formen der Zusammenarbeit, wie sie in der IT-Branche und laut einer von der Deutschen Gesellschaft für Projektmanagement und der Hochschule Koblenz verfassten Studie darüber hinaus bei jedem vierten Projekt auch außerhalb der IT angewendet werden,[43] nicht gerecht. Bei dem innovativen Organisationsmodell des agilen **Projektmanagements** geht es um neuartige Formen der Führung und Zusammenarbeit, die auf flache Hierarchien und ausgeprägte Partizipation der Mitarbeiter setzen. Das traditionelle Modell, bei dem der Auftraggeber seine Wünsche artikuliert, sodann umfangreiche Konzepte erstellt werden, die schließlich zeitaufwändig Schritt für Schritt abgearbeitet werden, um Ergebnisse zu liefern, die bereits teilweise überholt sind, hat sich insbesondere in schnelllebigen Bereichen als viel zu schwerfällig erwiesen. Bei den innovativen Organisationsmodellen werden statt fixer Pläne im Sinne der Rechtsprechung nur sehr allgemeine Wünsche artikuliert, die sodann im Team unter enger Zusammen-

---

42 Zum Folgenden bereits *Henssler*, RdA 2016, 18, 21 ff.
43 Vgl. dazu den aktuellen Bericht in Wirtschaftswoche Heft 41/2016 v. 30.9.2016, S. 111 f.

D. Sonderfall: Die Personalgestellung im Projektgeschäft §3

arbeit der Mitarbeiter des Auftraggebers und der Mitarbeiter des externen Beraters präzisiert und laufend angepasst werden. An die Stelle von Kontrolle, Bürokratie und Hierarchie treten Selbstverantwortung, Austausch und Transparenz.

So wird in der Automobilbranche bei der Einschaltung von **IT-Beratern** häufig nur ein allgemeiner Aktivitäten- und Fristenplan vereinbart, kombiniert mit konkreten Mitwirkungspflichten des Auftraggebers. Effektiv ist die Beratung in all diesen Konzepten nur dann, wenn Mitarbeiter des Auftraggebers und die Mitarbeiter des IT-Beraters aufs Engste zusammenarbeiten und sich ständig zur Prozessoptimierung abstimmen. Das gilt insbesondere für die „**Agile Softwareentwicklung**" („Scrum"). Müssen Auftraggeber und Projektleiter in der stetigen Sorge leben, dass Anfragen und Hinweise als arbeitsrechtliche Weisungen interpretiert werden, kann dieses Modell nicht umgesetzt werden.

Ziel der Neuregelung musste es sein, diese zukunftsträchtigen Formen der Zusammenarbeit zu fördern und den mittelständischen Beratern und Dienstleistern eine rechtssichere Basis zu geben. Gerade wenn die deutsche Wirtschaft – wie von der Bundesregierung gewünscht – auf dem Gebiet der Digitalisierung und im Bereich von Industrie 4.0 eine Führungsrolle übernehmen soll, muss dies angesichts der Bedeutung dieser Branchen für den Arbeitsmarkt sogar ein vorrangiges Ziel des Gesetzgebers im Arbeitsrecht sein. Zu befürchten war, dass das Gesetz, wäre es in der Fassung des Regierungsentwurfs verabschiedet worden, diese Berater, wenn sie Rechtssicherheit erhalten wollen, künstlich in die Zeitarbeit gezwungen hätte. Das wäre schon deshalb völlig unpraktikabel gewesen, weil diese Projekte häufig nicht innerhalb der geplanten Höchstüberlassungsdauer von 18 Monaten abgewickelt werden können. Außerdem wird der Status als Zeitarbeitnehmer dem Selbstverständnis der hochqualifizierten IT-Experten, die ihrem Arbeitgeber, dem Beratungsunternehmen, eng verbunden sind, nicht gerecht. Es bestand damit die Gefahr, dass das unverzichtbare Know-How der (mittelständischen) Beratungsbranche künftig der Wirtschaft nicht mehr mit der notwendigen Flexibilität zur Verfügung gestanden hätte.

40

In diesem **schwierigen Grenzbereich** stellt die Neuregelung des AÜG die Praxis sogar vor zusätzliche Probleme, weil die bislang herrschende Rechtsunsicherheit zusätzlich dadurch verschärft wird, dass den IT-Dienstleistern und sonstigen Beratungsunternehmen die praxisnahe Auffanglösung über eine Vorratserlaubnis zur Arbeitnehmerüberlassung verwehrt wird. § 1 Abs. 1 S. 5 AÜG und § 9 Abs. 1 Nr. 1a AÜG sehen eine Kennzeichnungspflicht und die Fiktion eines Arbeitsverhältnisses mit dem Entleiher bei nicht offen dokumentierter Arbeitnehmerüberlassung vor. Der Gesetzgeber unterstellt mit der pauschalen Gleichstellung von unzulässiger und verdeckter Arbeitnehmerüberlassung, dass auch jede nicht offen deklarierte Leiharbeit bewusst mit missbräuchlicher Umgehungsabsicht erfolge. Tatsächlich kann es auch um das durchaus anerkennenswerte Bemühen gehen, sich in einem rechtlich unklaren Bereich in jedem Fall rechtstreu zu verhalten. Unternehmen wer-

§ 3 Arbeitnehmerüberlassung und andere Formen des Fremdpersonaleinsatzes

den aufgrund der neuen Kennzeichnungs- und Konkretisierungspflicht dazu angehalten, auch zulässige Werkverträge falsch als Arbeitnehmerüberlassung zu deklarieren, wenn sie Rechtssicherheit erreichen wollen. Warum die Qualifizierung als (Leih-)Arbeitnehmer für den „Beschäftigten" immer die bessere Wahl sein soll, bleibt ebenso unklar wie die sachliche Rechtfertigung der **Risikoverschiebung zu Lasten** der beteiligten **Unternehmen**.

41 Wünschenswert wäre es gewesen, wenn die gebotene Klarstellung für die mittelständische Beratungswirtschaft unmittelbar in § 1 Abs. 1 S. 2 AÜG verankert worden wäre. Da absehbar war, dass die Koalitionsparteien, die sich in einem schwierigen und langfristigen Abstimmungsprozess auf den vorgelegten Kompromiss verständigt hatten, kaum die Kraft haben würden, sich auf eine entsprechende Änderung zu einigen, hatte der Verfasser im Rahmen seiner Stellungnahme als Sachverständiger vorgeschlagen, dass der Ausschuss Arbeit und Soziales zumindest in der Begründung seiner Beschlussempfehlung die notwendige Klarstellung durch Aufnahme des folgenden Passus vornimmt:

> *„Die Neuregelung steht dem sachgerechten Einsatz von Werk- oder Dienstverträgen in den zeitgemäßen Formen des kreativen oder komplexen Projektgeschäfts nicht entgegen, wie sie z.B. in der Unternehmensberatungs- oder IT-Branche in Optimierungs-, Entwicklungs- und IT-Einführungsprojekten anzutreffen sind. Optimale Lösungen können erst erarbeitet werden, wenn die spezialisierten und qualifizierten Arbeitnehmer des Auftragnehmers eng in die Betriebsorganisation des Auftraggebers integriert sind und von diesem detaillierte vertragsbezogene Weisungen in Bezug auf das Arbeitsergebnis (z.B. die gewünschte Organisationsentwicklung) erhalten. Arbeitnehmerüberlassung liegt in diesen Fällen nicht vor."*[44]

Erfreulicherweise ist diese Anregung von der Ausschussmehrheit aufgegriffen worden. So heißt es in der **Begründung der Beschlussempfehlung** wörtlich:

> *„Ferner wurde festgestellt(e), dass mit der Definition der Arbeitnehmerüberlassung in § 1 Absatz 1 Satz 2 AÜG die derzeitige Rechtslage nicht geändert werden solle, etwa bei der Beauftragung von Beratungsunternehmen. Das Gesetz ziele nicht darauf ab, die unternehmerische Tätigkeit beispielsweise von Beratungsunternehmen einzuschränken. Die Neuregelung solle dem sachgerechten Einsatz von Werk- und Dienstverträgen in den zeitgemäßen Formen des kreativen oder komplexen Projektgeschäfts nicht entgegenstehen, wie sie zum Beispiel in der Unternehmensberatungs- oder IT-Branche in Optimierungs-, Entwicklungs- und IT-Einführungsprojekten anzutreffen seien. Auch für solche Einsätze und für die Tätigkeit von Beratern sollen die allgemeinen Grundsätze zur Abgrenzung zwischen Dienst- und Werkleistungen auf der einen und Arbeitnehmerüberlassung auf der anderen Seite weiterhin zur Anwendung kommen.*

---

44 Vgl. *Henssler*, Ausschussdrucksache 18(11)761, S. 40, 44.

D. Sonderfall: Die Personalgestellung im Projektgeschäft § 3

Dabei solle zum Beispiel eine für die Tätigkeit eines Beraters typische Bindung hinsichtlich des Arbeitsorts an eine Tätigkeit im Betrieb des beratenen Unternehmens allein regelmäßig keine persönliche Abhängigkeit gegenüber letzterem begründen (vgl. Bundesarbeitsgericht, 11.8.2015 – 9 AZR 98/14). Vielmehr solle nach dem Verständnis der Ausschussmehrheit entsprechend der bisherigen Praxis eine wertende Gesamtbetrachtung vorgenommen werden, ob unter Berücksichtigung aller maßgebenden Umstände des Einzelfalls eine Eingliederung in den Betrieb des Auftraggebers erfolge. Dies habe man auch in der Gesetzesbegründung ausdrücklich aufgegriffen."

Damit ist für die mittelständische Beratungswirtschaft und für alle im Projektgeschäft tätigen Dienstleister die dringend gebotene Klarstellung erreicht worden.

II. Die Folgerungen für die Praxis

Wichtig erscheint, dass diejenigen Unternehmen, die in dem Bereich des geschilderten Projektgeschäfts tätig sind, die mit der Klarstellung verbundenen Vorteile auch effektiv nutzen. Dabei ist zwischen den beiden Ebenen: 42

(1) der **Ausgestaltung des Vertrages** zwischen Auftraggeber und Berater/IT-Dienstleister und

(2) der **praktischen Umsetzung** der vertraglichen Vereinbarungen im Betrieb des Auftraggebers

zu unterscheiden.

1. Anforderungen an die Ausgestaltung des Vertrages über die Dienstleistung

Praxishinweis 43
- Auf der Ebene des Vertrages zwischen Auftraggeber und Dienstleister sollte zunächst klargestellt werden, dass es sich um ein Projektgeschäft im Sinne der Gesetzesbegründung handelt.
- Die Dienstleistung sollte so konkret wie möglich umschrieben und zugleich deutlich gemacht werden, dass keine bloße Überlassung von Personal geschuldet ist.
- Vertraglich vereinbart werden sollte ferner, dass die Dienstleistung durch Arbeitnehmer des Beratungsunternehmens erbracht wird, die als Erfüllungsgehilfen eingesetzt werden.
- Des Weiteren sollte klargestellt werden, dass die Erfüllung des Auftrages aufgrund der notwendig engen Zusammenarbeit während des Projektes eine Eingliederung in den Betrieb des Auftraggebers mit sich bringt, dass aber gleichwohl beide Vertragsparteien gemäß der Rechtsprechung des BAG davon ausgehen, dass diese Eingliederung nicht zu einer Arbeitnehmerüberlassung führt. Vielmehr werde eine Ausgestaltung der Dienstleistung ange-

strebt, die den entsprechenden Anforderungen der Rechtsprechung gerecht wird. Das gilt insbesondere für die Behandlung von Zweifelsfragen, die erst während der Vertragsdurchführung auftreten.

- Ausdrücklich hervorgehoben werden sollte, dass die Personalhoheit auch während des Einsatzes ausschließlich beim Beratungsunternehmen verbleibt und dass dem Auftraggeber zwar Weisungen hinsichtlich der zu erbringenden Beratungsleistung, jedoch keine arbeitsbezogenen Weisungen gegenüber den einzelnen als Erfüllungsgehilfen eingesetzten Arbeitnehmern des Beratungsunternehmens erlaubt sind.

44 Die vertragliche Vereinbarung sollte verdeutlichen, dass es sich um eine Tätigkeit in dem vom Gesetzgeber bewusst ausgenommenen Bereich handelt und dass außerdem nach dem gemeinsamen Verständnis der Vertragsparteien keine Arbeitnehmerüberlassung im Sinne des § 1 Abs. 1 S. 2 AÜG vereinbart werden soll. Es empfiehlt sich, die in den folgenden Formulierungsvorschlägen angesprochenen Aspekte bei der Vertragsgestaltung zu berücksichtigen:

Formulierungsvorschlag
(1) Die Parteien sind sich einig, dass die vereinbarte Dienstleistung (z.B. Optimierungs-, Entwicklungs- und IT-Einführungsprojekt) auf der Grundlage eines Werkvertrages (oder Dienstvertrages, je nach Ausgestaltung im Einzelfall) als Projektgeschäft gemäß der Klarstellung in der Gesetzesbegründung des Gesetzes zur Änderung des Arbeitnehmerüberlassungsgesetzes und anderer Gesetze (BT-Drucksache 18/10064 S. 13) erbracht wird.
(2) Die Parteien sind sich einig, dass Gegenstand der Leistungspflicht des Auftragnehmers keine bloße Überlassung von Personal ist. Sie umfasst vielmehr folgende Tätigkeiten: [*Es folgt eine möglichst präzise Beschreibung der Leistungspflichten*].
(3) Die Durchführung des Projektes bedingt es, dass die von dem Auftragnehmer eingesetzten Mitarbeiter während des Projektes in den Betrieb des Auftragnehmers eingegliedert sind. Die Vertragspartner gehen davon aus, dass diese Eingliederung entsprechend der Rechtsprechung des Bundesarbeitsgerichts (vgl. Bundesarbeitsgericht, 11.08.2015 – 9 AZR 98/14) nichts daran ändert, dass die eingesetzten Mitarbeiter ausschließlich Arbeitnehmer des Auftragnehmers sind.
(4) Die Personalhoheit des Auftragnehmers über die von ihm eingesetzten Mitarbeiter bleibt auch während der Durchführung des Projektes ausschließlich ihm zugeordnet. Der Auftraggeber wird während des Einsatzes der Mitarbeiter des Auftragnehmers in seinen Betrieben diesen Mitarbeitern keine arbeitsrechtlichen Weisungen erteilen. Die uneingeschränkte Zulässigkeit von Weisungen, die sich auf die vereinbarte Dienstleistung beziehen, bleibt davon unberührt.

D. Sonderfall: Die Personalgestellung im Projektgeschäft §3

2. Die Erfüllung des Beratungsauftrages im Betrieb des Auftraggebers

Nach der durch die Neuregelung (§ 12 Abs. 1 S. 1 AÜG) bestätigten Rechtsprechung des BAG ist auch zukünftig entscheidend, dass die tatsächliche Vertragsdurchführung den vertraglichen Absprachen entspricht. Daraus folgt:

- Allen in die Durchführung des Projektes eingeschalteten Mitarbeitern muss deutlich gemacht werden, dass der Vertrag eng entsprechend der vertraglichen Vereinbarung erfüllt werden muss.

- Der oder die Projektleiter des Beratungsunternehmens/IT-Dienstleisters haben darauf zu achten, dass auch während der Durchführung des Projektes die Personalhoheit nach Möglichkeit ausschließlich von ihnen wahrgenommen wird. Das bedeutet, dass ausschließlich sie entscheiden, welche Arbeitnehmer eingesetzt werden. Ist ein Mitarbeiter, etwa krankheitsbedingt verhindert, entscheiden sie, wer als Vertreter eingesetzt wird. Über die Lage der Arbeitszeit entscheidet ebenfalls der Projektleiter, nur er ist außerdem befugt, Überstunden anzuordnen.

- Diese Grundsätze sind gegenüber den eigenen Mitarbeitern deutlich zu kommunizieren. Zugleich sollte auch gegenüber den Mitarbeitern klargestellt werden, dass von Seiten des Auftraggebers nur eine Konkretisierung der vertraglich vereinbarten Dienstleistung erfolgen darf, dass dagegen arbeitsbezogene Weisungen von Arbeitnehmern/Führungskräften des Auftraggebers nicht verbindlich sind und daher nicht beachtet werden müssen.

- Dies bedingt, dass jedem eingesetzten Mitarbeiter ein oder mehrere Projektverantwortliche des Auftragnehmers benannt werden sollten, die während des Projektes die Personalhoheit wahrnehmen und die damit auch ausschließlich in arbeitsrechtlicher Hinsicht weisungsbefugt sind.

- Insoweit sollte jede Unsicherheit für die Mitarbeiter vermieden werden. Jede Unklarheit geht zwangsläufig zu Lasten des Auftragnehmers und kann den Vorwurf der verdeckten Leiharbeit nach sich ziehen. Im Grundsatz gilt: Nicht der Arbeitnehmer ist verpflichtet, bei unklarer Sachlage für Aufklärung zu sorgen. Es ist vielmehr die Aufgabe von Auftraggeber und Berater/IT-Dienstleister, dem in den Betrieb des Auftraggebers entsandten Mitarbeiter klare Verhältnisse zu präsentieren.

45

§ 4 Solo-Selbstständige

Literatur:

Bayreuther/Deinert, Der Einbezug arbeitnehmerloser Betriebe in gemeinsame Einrichtungen der Tarifvertragsparteien, RdA 2015, 129; *Becker*, Scheinwerkverträge und Scheinselbstständigkeit – Externe Dienstleistungen im Spannungsfeld zwischen Rechtssicherheit und Lebenswirklichkeit, DB 2015, 2267; *Becker*, Scheinwerkverträge und Scheinselbstständigkeit – Externe Dienstleistungen im Spannungsfeld zwischen Rechtssicherheit und Lebenswirklichkeit, DB 2015, 2267; *Becker/Tuengerthal*, Auch ohne Blick in die Ferne: Externe – ein Leitfaden für den Einsatz von Fremdpersonal im eigenen Unternehmen, BB 2016, 2229; *Bissels/Falter*, Reform des Fremdpersonaleinsatzes: Ein neuer Versuch aus dem BMAS, DB 2016, 534; *Brors/Schüren*, Neue gesetzliche Rahmenbedingungen für den Fremdpersonaleinsatz, NZA 2014, 569; *Diepenbrock*, Selbstständigkeit und Arbeitnehmereigenschaft im Sozialrecht, NZS 2016, 127; *Dilenge*, Beschäftigung von Interim Managern, DB 2015, 2271; *Freckmann*, Freie Mitarbeiter wieder im Trend, DB 2013, 459; *Freudenberg*, Der aktuelle Bericht: Trainer in Sportvereinen – Versicherungspflicht, Statusfeststellung, Betriebsprüfung, B+P 2015, 197; *Gaul/Hahne*, Der Versuch des Gesetzgebers zur Kennzeichnung von Arbeitnehmern, Leiharbeitnehmern und sonstigem Fremdpersonal durch § 611a BGB, BB 2016, 58; *Gravenhorst*, Rückzahlung überhöhter Vergütung aus verdecktem Arbeitsverhältnis, jurisPR-ArbR 24/2005 Anm. 2; *Griebeling*, Die Merkmale des Arbeitsverhältnisses, NZA 1998, 1137; *Haake*, Die Reform des Werkvertragsrechts – Konsequenzen für die Consultingwirtschaft?, BDU-Newsletter 01/2016; *Heldmann*, Lohnsteuernachforderungen des Finanzamtes und ihr Ausgleich im Arbeitsverhältnis. NZA 1992, 489; *Henssler*, Überregulierung statt Rechtssicherheit – der Referentenentwurf des BMAS zur Reglementierung von Leiharbeit und Werkverträgen, RdA 2016, 18; *ders.*, 1. Deutscher Arbeitsrechtstag – Generalbericht, NZA Beilage 2014, 95; *Hohmeister*, Zeugnisanspruch für freie Mitarbeiter, NZA 1998, 571; *Jacobi/Reufels*, Die strafrechtliche Haftung des Arbeitgebers für den Arbeitnehmeranteil an den Sozialversicherungsbeiträgen, BB 2000, 771; *Klebe*, Crowdwork: Faire Arbeit im Netz?, AuR 2016, 277; *Kunz/Kunz*, Freie Mitarbeiter, Scheinselbstständige, Arbeitnehmerähnliche Selbstständige, Berlin 2000; *dies.*, Die Tücken des neuen Anfrageverfahrens zur Statusklärung, – Die Beantwortung des sog. „Antrags auf Feststellung des sozialversicherungsrechtlichen Status" -, DB 2000, 518; *dies.*, Der freie Mitarbeiter im neuen Sozialversicherungsrecht – Die neue Rechtslage in SGB IV und SGB VI, BuW 1999, 235; *dies.*, Der freie Mitarbeiter als Freiberufler im Fokus der Sozialversicherungsträger? – Besonderheiten bei Berufsgruppen mit Versorgungswerken, DB 1999, 583; *dies.*, Typische Abgrenzungsfälle von (Schein-) Selbstständigkeit im Lichte der Rechtsprechung, – Besonderheiten bestimmter Berufsgruppen, Teil 1, BuW 1995, 407; Teil 2, BuW 1995, 447; *dies.*, Freie-Mitarbeiter-Verträge als Alternative zu Festanstellung? – Arbeits-, steuer- und sozialversicherungsrechtliche Folgen einer falschen Handhabung, DB 1993, 326; *Lanzinner/Nath*, Beitragsrechtliche Folgen der verdeckten Überlassung von Scheinselbstständigen, NZA 2015, 210 (Teil 1), 251 (Teil 2); *Lunk*, Macht der Diskussionsentwurf zum Arbeitnehmerüberlassungsgesetz GmBH-Geschäftsführer (ungewollt) zu Arbeitnehmern?, NZA 2015, 1480; *Müller*, Handwerksrechtsnovelle von 2003. Was waren die Ergebnisse?, GewArch 2016, 2; *Reinecke*, in: FS Dieterich 1999, S. 464 ff.; *Rittweger*, Beitragsprüfung, Prüfbescheid und Bestandschutz in der Sozialversicherung, DB 2011, 2147; *Schüren*, BB-Forum: Beweislastumkehr zur Bekämpfung von Scheinwerkverträgen, BB 2014, 2613; *Schüren/Fasholz*, Inhouse-Outsourcing und der Diskussionsentwurf zum AÜG – Ein Diskussionsbeitrag, NZA 2015, 1473; *Schulz*, Die Strafbarkeit des Arbeitgebers nach § 266a StGB bei der Beschäftigung von Scheinselbständigen, NJW 2006, 183; *Spatscheck/Talaska*, Strafrechtliche Gefahren des freien Mitarbeiters, AnwBl. 2010, 203; *Tuengerthal/Geißer*, Fremdpersonaleinsatz: Man merkt die Absicht, und man ist verstimmt, BB 2014, 1845; *Thüsing*, Von der Quadratur einer gesetzlichen Arbeitnehmerdefinition zur Zwangssolidarisierung der Leiharbeitnehmer, NZA 2015, 1478;*Thüsing/Schmidt*, Rechtssicherheit zur effektiven Bekämpfung von missbräuchlichem Fremdpersonaleinsatz, ZIP 2016, 54; *Uffmann*, Interim Management, 2015; *dies.*, § 611a BGB-E – Besser, aber immer noch nicht gut!, NZA 2016, Editorial Heft 5; *dies.*, Beschäftigte versus Selbständige – Bindung staatlicher Schutzmechanismen an den Beschäftigtenbegriff – Deutsches Arbeitsrecht, NZA Beilage 2016, Nr. 1, 5; *Wiesenecker*, Die De-

§ 4 Solo-Selbstständige

finition des Arbeitnehmer-Begriffs in § 611a BGB-RefE und die Solo-Selbstständigkeit, ArbRB 2016, 115; *Ziemann*, Der arbeitsgerichtliche Statusprozeß, MDR 1999, 513; *Zumkeller*, Die Abgrenzung von Werkverträgen zu Arbeitsverträgen ist erneut ein Stückchen klarer, Anm. zu LArbG Baden-Württemberg v. 1.8.2013 – 2 Sa 6/13 -, BB 2013, 2816.

A. Definition/Begriff des Solo-Selbstständigen im Arbeits-, Steuer- und Sozialversicherungsrecht

1   Der **Begriff des Solo-Selbstständigen** ist in keinem Gesetz definiert. Dies gilt gleichermaßen für das Arbeitsrecht wie für das Steuer- und Sozialversicherungsrecht und das ebenfalls zu beachtende Strafrecht. Einigkeit besteht, dass von Solo-Selbstständigkeit gesprochen wird, wenn einzelne Personen (**Unternehmer**), die **keine eigenen Mitarbeiter** beschäftigen, ihre Werk- und Dienstleistung selbstständig, d.h. weisungsunabhängig und nicht in persönlicher Abhängigkeit, erbringen. Kennzeichnend sind die zwei Merkmale **allein** und **selbstständig**.

Die **Abgrenzung** der Solo-Selbstständigen erfolgt im Arbeitsrecht **zum Arbeitnehmer** und ist **im Einzelfall schwierig**, zumal zahlreiche Tätigkeiten sowohl im Rahmen von Arbeitsverhältnissen als auch im Rahmen von anderen Vertragsverhältnissen erbracht werden.[1] Je nach Lage des einzelnen Falles kann nach sorgfältiger Prüfung des Sachverhaltes und genauer rechtlicher Würdigung im Ergebnis sowohl echte Selbstständigkeit als auch Arbeitnehmerschaft vorliegen. Die Grenze zur **Scheinselbstständigkeit** ist fließend. Dabei geht es vielfach nicht darum, ob überhaupt eine persönliche Abhängigkeit (deutlicher: rechtliche Abhängigkeit),[2] Weisungsrechte und eine Eingliederung in die fremde Arbeitsorganisation zu bejahen sind, sondern um das **Ausmaß** bzw. **den Grad der Abhängigkeit**.[3] Dabei kann der Grad der persönlichen Abhängigkeit sich abhängig vom ausgeübten Beruf und Berufsbild unterschiedlich stark ausprägen.[4] Eine wirtschaftliche Abhängigkeit ist weder erforderlich noch ausreichend.[5] Welches Rechtsverhältnis vorliegt, ist anhand einer Gesamtwürdigung aller maßgeblichen Umstände des Einzelfalls zu ermitteln.[6]

---

1   BAG v. 13.3.2008 – 2 AZR 1037/06; NZA 2008, 878 = DB 2008, 1575; BAG v. 26.5.1999, DB 1999, 1704 = NZA 1999, 983.
2   *Griebeling*, NZA 1998, 1137, 1139.
3   BAG v. 21.11.2013 – 6 AZR 23/12; BAG v. 25.9.2013 – 10 AZR 282/12; BAG v. 17.4.2013 – 10 AZR 272/12; BAG v. 15.2.2012 – 10 AZR 301/10, NZA 2012, 731; BAG v. 20.1.2010, NZA 2010, 840 = DB 2010, 964; BAG v. 27.6.2001, NZA 2002, 742 = BB 2001, 2220; *Reinecke*, in: FS Dieterich 1999, S. 464 ff., 467.
4   LAG Rheinland-Pfalz v. 28.11.2011 – 11 Ta 237/11.
5   Vgl. zur *wirtschaftlichen Abhängigkeit* als dem zentralen Wesensmerkmal der arbeitnehmerähnlichen Person, BAG v. 21.2.2007 – 5 AZB 52/06, NZA 2007, 699 = DB 2007, 919; BAG v. 26.9.2007, NZA 2007, 1422 = DB 2007, 2600.
6   BAG v. 25.9.2013 – 10 AZR 282/12.

A. Definition/Begriff des Solo-Selbstständigen § 4

Der zum 1.4.2017 **neu in das Gesetz eingefügte § 611a BGB** vermag die Abgrenzungsthematik im Arbeitsrecht nicht voranzubringen oder gar zu lösen. Das bloße „Abschreiben" der Rechtsprechung des BAG im neuen § 611a BGB ist dazu völlig unzureichend (s. *im Einzelnen oben § 2*). Es löst nicht einmal die arbeitsrechtliche Thematik.[7] Neben der daher – auch in Zukunft – unverändert **fortbestehenden ungelösten arbeitsrechtlichen Abgrenzungsproblematik** zwischen echter Selbstständigkeit und Scheinselbstständigkeit bei den Solo-Selbstständigen ist an dem neuen Gesetz **besonders zu kritisieren**, dass dieses **nur für das Arbeitsrecht** gilt. Während im 1. – bereits missglückten[8] – Referentenentwurf vom 16.11.2015 das BMAS mit einem wenn auch halbherzigen Schritt in § 611a Abs. 3 BGB der Entwurfsfassung versucht hatte, zumindest eine gewisse Angleichung des Sozialversicherungsrechts mit dem Arbeitsrecht herbeizuführen (allerdings bedauerlicherweise unter Ausklammerung des Steuerrechts), hat das BMAS im überarbeiteten 2. Referentenentwurf darauf bewusst vollständig verzichtet.[9] Damit hat der Gesetzgeber eine Chance für Rechtssicherheit und Rechtsklarheit für alle Beteiligten nicht genutzt. Damit kann keiner zufrieden sein. Der Gesetzgeber hat es im Ergebnis wiederum nicht geschafft, einen einheitlichen Arbeitnehmer-Begriff für alle betroffenen Rechtsgebiete (Arbeits-, Steuer- und Sozialversicherungsrecht) zu schaffen. Dies ist umso bedauerlicher, als die Problematik seit Jahrzehnten bekannt ist.[10] Wegen der fehlenden Abstimmung entstehen in der Praxis immense Kostenrisiken und Rechtsunsicherheit, weil die Gerichtszweige untereinander in ein und demselben Sachverhalt keinerlei Bindungswirkung unterliegen.[11]

2

So „erinnert" beispielsweise der **BFH** in ständiger Rechtsprechung regelmäßig daran, dass es bei dem Grundsatz bleibe, dass sich der sozialversicherungsrechtliche und der arbeitsrechtliche Arbeitnehmerbegriff von dem einkommensteuerrechtlichen Arbeitnehmerbegriff des § 19 EStG unterscheide und jedenfalls nicht deckungsgleich sein müsse.[12] Und das **BSG** führt aus, dass der steuerrechtliche Begriff des Arbeitnehmers sich nicht immer zwingend mit den in anderen Rechtsgebieten verwandten Begriffen decke,[13] wobei nach Auffassung der Rentenversicherungsträger bei der mitunter schwierigen Abwägung sogar nicht aus-

---

7 Ebenso *Bissels/Falter*, DB 2016, 534.
8 *Henssler*, RdA 2016, 18 ff.
9 Ebenso *Wiesenecker*, ArbRB 2016, 115 FN 17.
10 Vgl. grundlegend *Kunz/Kunz*, DB 1993, 326.
11 *Henssler*, NZA Beilage 3/2014, 95, 98.
12 BFH v. 9.7.2012 – VI B 38/12; BFH/NV 2012,1968; dieser Rspr. folgend FG Rheinland-Pfalz v. 23.1.2014 – 6 K 2294/11, n. rkr., Az. beim BFH VIII R 9/14; BFH v. 24.10.2006, BFH/NV 2007, 446 m.w.N., vgl. ferner *Freckmann*, DB 2013, 459, 462.
13 So schon BSG, 21.4.1993 – 11 RAr 67/92, NJW 1994, 341 = AP Nr. 67 zu § 611 BGB Abhängigkeit.

zuschließen ist, das die sozialgerichtlichen Bewertungen sich im Einzelfall selbst von den arbeitsgerichtlichen unterscheiden.[14] Auch das **BAG** sieht die sozial- und steuerrechtliche Einordnung nicht als ausschlaggebend für die arbeitsrechtliche Beurteilung der Arbeitnehmereigenschaft an.[15]

Selbst der **Arbeitgeberbegriff** ist in den betroffenen Rechtsgebieten **nicht einheitlich**. Dies verkompliziert die Sache zusätzlich. Im Steuerrecht gilt ein eigenständiger, vom Arbeitsrecht abweichender Arbeitgeberbegriff.[16] Diese weitere Problematik zeigt sich gerade in den **Fällen drittbezogener Tätigkeit**, da § 10 Abs. 1 AÜG,[17] der den Entleiher bei unerlaubter Arbeitnehmerüberlassung als Arbeitgeber der Leiharbeitnehmer bestimmt, im Steuerrecht gerade nicht maßgebend ist. Dort bleibt der Verleiher der Arbeitgeber.[18]

So unbefriedigend die rechtliche Situation daher nach der Reform bleibt, die **zögerliche Haltung des Gesetzgebers** nach einer grundlegenden und vereinheitlichenden Reform **erklärt sich zum Teil mit der unterschiedlichen gesetzlichen Intention**, die die Reformbereitschaft bremst. Das fiskalische Interesse an Steuereinnahmen ist ein anderes als das der Sozialversicherungsträger an Beitragseinnahmen zur Finanzierung der Sozialversicherungssysteme, und beide sind ein anderes als das auf den Arbeitnehmerschutz zielende Interesse des Arbeitsrechtes. Dabei arbeiten die unterschiedlichen Zweige auch mit finanziellen Zielvorgaben zur Stabilisierung der Haushalte. Jährlich fordern beispielsweise die Rentenversicherungsträger weit über eine halbe Milliarde EUR an Beiträgen aufgrund von Betriebsprüfungen nach.[19]

> *Praxishinweis*
> Wegen der zum Teil großen Schwierigkeit in der Praxis bei der Abgrenzung hat sich zu dieser Thematik eine **umfassende Rechtsprechung sowohl der Arbeits- als auch der Finanz- und Sozialgerichtsbarkeit** gebildet.[20]

Auch zukünftig bleibt es bei einer **ungelösten, uneinheitlichen und widersprüchlichen Rechtslage** für das Arbeitsrecht, Steuerrecht und Sozialversicherungsrecht. Während für das **Arbeitsrecht** ab 1.4.2017 – letztlich ohne Neuerungen – § 611a BGB gilt, bildet für das **Sozialversicherungsrecht** unverändert § 7 Abs. 1 SGB IV

---

14 Diepenbrock, Leiter des Betriebsprüfdienstes der Deutschen Rentenversicherung Westfalen, NZS 2016, 127, 128 m.w.N.
15 BAG, 26.5.1999 – 5 AZR 469/89.
16 *Boemke/Lembke*, AÜG, § 10 Rn 87; Schmidt/*Krüger*, EStG, § 19 Rn 32 u.§ 38 Rn 2.
17 Paragraphen des AÜG ohne Angabe des Gesetzesstandes bzw. des Zusatzes „a.F." verweisen auf die Neufassung des AÜG ab 1.4.2017.
18 Vgl. Bundesministerium der Finanzen, Amtliches Lohnsteuerhandbuch, H 42d.2.
19 *Rittweger*, DB 2011, 2147.
20 *Kunz* in Berscheid/Kunz/Brand/Nebeling, Praxis des Arbeitsrechts, § 16 Rn 913 – 1191 *Berufsgruppenlexikon von A – Z*.

die gesetzliche Grundlage und im **Steuerrecht** gelten weiterhin § 2 Abs. 2 Nr. 1 UStG; § 1 Abs. 3 i.V.m. § 1 Abs. 2 S. 1 und 2 LStDV, die sich alle schon auf den ersten Blick vom Wortlaut her deutlich unterscheiden (s. im Einzelnen unten Rdn 9 ff.). Wünschenswert bleibt es unverändert, wenn der Gesetzgeber eine für alle drei tangierten Rechtsgebiete identische und möglichst eindeutige Definition des (Solo-) Selbstständigen bzw. eine Definition der Abgrenzung zwischen selbstständiger und nichtselbstständiger Arbeit vorgeben oder zumindest einheitliche Begriffe verwenden würde. Der Gesetzgeber bleibt aufgerufen, hier endlich Abhilfe zu schaffen.

> *Praxishinweis* 3
> In der **Praxis** schafft das **komplexe Nebeneinander** der betroffenen **unterschiedlichen Rechts-Systeme** auch nach der Reform häufig **Rechtsunsicherheit**.
>
> Vielen **Solo-Selbstständigen**, gerade in den unteren Einkommensklassen, ist die **Komplexität** ihrer Tätigkeit in den verschiedenen Rechtsgebieten völlig **unbekannt**.
>
> Gleichwohl sind alle Vertragsbeteiligten gut beraten, bei der **Abgrenzung in den verschiedenen Rechtsgebieten** über genau die gleiche Tätigkeit besondere Sorgfalt zwecks **Vermeidung des Risikos** erheblicher arbeits-, steuer- und sozialversicherungsrechtlicher Konsequenzen anzuwenden.
>
> Das **Clearingstellenverfahren gem. § 7a SGB IV** kann, auch wenn die Vermutungsregel in § 613a Abs. 3 BGB des ersten Referentenentwurfs im zweiten Referentenentwurf wieder gestrichen wurde, zumindest teilweise Rechtssicherheit bringen.

B. Bezeichnung als Solo-Selbstständiger

Vielfach wird nicht die Bezeichnung Solo-Selbstständiger oder Solounternehmer,[21] sondern die Bezeichnung Freier-Mitarbeiter, gerade in Verträgen, verwandt. Auch der Begriff Freelancer ist weit verbreitet. Rechtlich macht dies keinen Unterschied. 4

Freie-Mitarbeiter-Verträge kommen schon begrifflich nur dann in Betracht, wenn es sich um eine selbstständige Tätigkeit handelt. Die Schwierigkeit in der Praxis liegt – unbeschadet von der Bezeichnung – in der genauen **Abgrenzung der selbstständigen von der unselbstständigen Beschäftigung**. Diese Problematik stellt sich, wie oben ausgeführt, gleichermaßen im Arbeitsrecht wie im Steuerrecht und Sozialversicherungsrecht.

Entscheidend sind dabei nicht die Bezeichnung als Solo-Selbstständiger oder Freier Mitarbeiter, Interim Manager oder andere Bezeichnungen. Der jeweilige Ver-

---

21 LAG Baden-Württemberg v. 1.8.2013 – 2 Sa 6/13 Rn 104.

tragstypus ergibt sich aus dem **wirklichen Geschäftsinhalt**.[22] Nicht der Wortlaut einer Bezeichnung als Freier Mitarbeiter im Vertrag ist ausschlaggebend,[23] sondern vielmehr die tatsächliche Durchführung entscheidet über die rechtliche Qualifizierung, wenn die Wirklichkeit nicht mit dem Vertragsinhalt übereinstimmt. Die praktische Handhabung lässt Rückschlüsse darauf zu, von welchen Rechten und Pflichten die Parteien ausgegangen sind.[24] Widersprechen sich Vereinbarung und tatsächliche Durchführung, ist das Letztere maßgebend.[25] Diese Rechtsprechung des BAG greift nunmehr der Gesetzgeber in § 611a BGB mit Wirkung zum 1.4.2017 auf.

C. Motive für Solo-Selbstständige und Auftraggeber

5 Verträge mit Solo-Selbstständigen, sei es als Werkverträge oder als Dienstverträge, sind sehr weit verbreitet. Dies gilt sowohl in Zweipersonen- wie in Dreipersonen-Vertragsverhältnissen. Bei vielen Unternehmen erfreuen sie sich großer Beliebtheit, z.T. drängen aber auch Solo-Selbstständige auf den Abschluss eines Freien-Mitarbeiter-Vertrages.

Die Motivlage, der zwar keine rechtliche Bedeutung zukommt, die aber viel erklärt, stellt sich wie folgt dar:

Checkliste – Motive des Auftraggebers:
- Größere Flexibilität, auf entsprechende Auftragslagen, insb. Auftragsspitzen, reagieren zu können;
- Kostendruck;
- Kalkulationssicherheit, Planbarkeit;
- Eingehen auf die Interessenlage des Solo-Selbstständigen;
- Erforderliches Spezial-Know-How zum Teil nur selbstständig „einkaufbar";
- Berücksichtigung der Veränderung der Arbeitswelt;
- neue Arbeitsmodelle;
- Wegfall der Pflicht zur Erstellung eines Anstellungsvertrages in schriftlicher Form nach dem NachwG;

---

22 BAG v. 17.4.2013 – 10 AZR 272/12, NZA 2013, 903; BAG v. 20.1.2010 – 5 AZR 106/09, NZA 2010, 840 = DB 2010, 964 m.w.N.
23 LAG Schleswig-Holstein v. 8.4.2005, NZA 2006, 288.
24 BAG v. 26.5.1999 – 5 AZR 469/98, DB 1999, 1704 = NZA 1999, 983; BAG v. 16.6.1998 – 5 AZN 154/98, BB 1998, 1590 = NZA 1998, 839; BAG v. 12.9.1996, DB 1997, 47 = BB 1996, 2690; BAG v. 13.11.1991, BAGE 69, 62 = NZA 1992, 1125; BGH v. 21.10.1998, DB 1999, 151 = NZA 1999, 110; BGH, 4.11.1998 – VIII ZB 12/98, NZA 1999, 53 = BB 1999, 11.
25 BAG v. 25.9.2013 – 10 AZR 282/12, NZA 2013, 1348 = DB 2013, 2626; BAG v 17.4.2013 – 10 AZR 272/12; BAG v. 29.8.2012 – 10 AZR 499/11, NZA 2012, 1433 = DB 2013, 404; BAG v. 15.2.2012 – 10 AZR 301/10, NZA 2012, 731; BAG v. 20.5.2009, NZA-RR 2010, 172; BAG v. 13.3.2008, NZA 2008, 878 = DB 2008, 1575 m.w.N.

C. Motive für Solo-Selbstständige und Auftraggeber § 4

- Wegfall der Anwendung der Normen des ggf. anzuwendenden Tarifvertrages;
- Kürzere Kündigungsfristen gem. § 621 BGB, da die Kündigungsfristen für Arbeitnehmer des § 622 BGB keine Anwendung finden;
- Wegfall des arbeitsrechtlichen Kündigungsschutzes, da das KSchG nur für Arbeitnehmer gilt, d.h. keine Abfindungen;
- Wegfall der Entgeltfortzahlung im Krankheitsfall und an Feiertagen nach dem EFZG bzw. bei sonstiger Verhinderung nach § 616 BGB;
- Wegfall des besonderen Kündigungsschutzes bei Schwangerschaft, nach der Geburt, in der Elternzeit und bei Schwerbehinderung;
- Wegfall des Mindesturlaubes nach dem BUrlG;
- Wegfall von Elterngeld und Elternzeit nach dem BEEG;
- Wegfall von Lohnnebenkosten, keine Arbeitgeberanteile zur Altersversorgung, Krankenversicherung, Pflegeversicherung, Arbeitslosenversicherung;
- Wegfall der Kosten für Lohnbuchhaltung, Begleichung nur von Honorarrechnungen;
- Wegfall betrieblicher Mitbestimmungsrechte;
- Wegfall des Mindestlohngesetzes (MiLoG);
- Übertragbarkeit von Haftungsrisiken auf freie Mitarbeiter anstelle der eingeschränkten Haftung für Arbeitnehmer;
- keine Anwendung des AÜG bei echten Freelancern;
- Möglichkeit karenzentschädigungsfreier nachvertraglicher Konkurrenzschutzklauseln; anders aber für „wirtschaftlich abhängige" freie Mitarbeiter;[26]
- Wegfall des Überschreitens von Schwellenwerten nach den KSchG, BetrVG u.a.;
- Pflicht zur Zeugniserteilung allenfalls bei einem „dauerhaften" Dienstverhältnis.[27]

Ursprünglich tendierte die Rechtsprechung zu der Linie, dass trotz dieser Motive viele **Aufgaben in einem Unternehmen** so angelegt seien, dass aufgrund der Art der Erledigung, der Bedeutung der Tätigkeit für das Unternehmen oder aus anderen Gründen eine so starke Einbindung und Eingliederung des Mitarbeiters in das Unternehmen erforderlich ist, dass bei rechtlicher und tatsächlicher Würdigung die Beschäftigung eines (selbstständigen) freien Mitarbeiters/Solo-Selbstständigen für viele Aufgaben nicht oder nur eingeschränkt in Betracht komme.[28] Heute hat sich das Bild gewandelt. Nach ständiger Rechtsprechung können zahlreiche Tätigkeiten sowohl im Rahmen von Arbeitsverhältnissen als auch im Rahmen von anderen Ver-

---

26 BAG v. 21.1.1997 – 9 AZR 778/95, NZA 1997, 1284 = DB 1997, 1979; LAG Köln v. 2.6.1999, NZA-RR 2000, 19; OLG Düsseldorf v., 9.9.2004 – 6 U 38/04.
27 *Hohmeister*, NZA 1998, 571 sowie LAG Hamm v. 9.9.1999, NZA-RR 2000, 575.
28 BAG v. 30.11.1994 – 5 AZR 704/93, NZA 1995, 622 = DB 1995, 1767.

§ 4 Solo-Selbstständige

tragsverhältnissen erbracht werden.[29] Es ist daher möglich, dass **ein und derselbe Beruf** – je nach konkreter Ausgestaltung der vertraglichen Grundlagen in ihrer gelebten Praxis – **entweder** in Form der **abhängigen** Beschäftigung **oder** als **selbstständige** Tätigkeit erbracht wird.[30] Da es stets auf die konkreten Umstände des individuellen Sachverhalts ankommt, und die Abgrenzung im Einzelfall schwierig ist, ist in der Praxis eine **sorgfältige Prüfung bzw. Gestaltung dringend anzuraten.**

6 Für den **Solo-Selbstständigen** gibt es ebenfalls eine Reihe von **Motiven**, die für eine **selbstständige Beschäftigung** sprechen:

Checkliste – Motive des Solo-Selbstständigen:
- Eigenes unternehmerisches Risiko mit freien Entfaltungsmöglichkeiten;
- selbstbestimmtes Arbeiten in z.T. neuen Arbeitsformen, wie z.B. Interim-Management;
- bewusste Entscheidung für diese Form des Lebens- und Arbeitsmodells;
- selbstständige Vermarktung des persönlichen Wissens;
- Einbringung speziellen Know-How/des eigenen USP in ausgewählte Projekte;
- keine fremdbestimmte, weisungsabhängige Tätigkeit;
- größere Flexibilität als ein Arbeitnehmer;
- freie Wahl des Ortes und der Zeit der Arbeitsleistung;
- Chance zu mehr Einkommen;
- Möglichkeit, für mehrere Auftraggeber tätig zu sein;
- keine arbeitsvertragliche Bindung an einen bestimmten Arbeitgeber, sondern leichte Trennungsmöglichkeit;
- Betriebsausgabenabzug statt Werbungskosten;
- Möglichkeit, den bisherigen Privat-Pkw in den eigenen Betrieb einzubringen und i.R.d. steuerlichen Möglichkeiten steuerlich geltend zu machen;
- Möglichkeit der Geltendmachung von Bewirtungsaufwendungen und Geschenken für Geschäftsfreunde im steuerlichen Rahmen;
- Möglichkeit des Vorsteuerabzuges;
- Keine Beiträge zur Arbeitslosenversicherung;
- soweit es die Einkünfte zulassen, bessere (private) Altersvorsorge; günstigeres Verhältnis zwischen Aufwand und Ertrag durch Wegfall der Pflicht zur Einzahlung in die gesetzliche Altersversorgung.(Anm.: Beachte aber § 2 Ziff.9 SGB VI und die Pläne der Bundesregierung für eine generelle gesetzliche Versicherungspflicht für Solo-Selbstständige, nachfolgend Rdn 7);

---

29 St. Rspr., vgl. u.a. BAG v. 11.8.2015 – 9 AZR 98/14; BAG v. 21.7.2015 – 9 AZR 484/14; BAG v. 13.3.2008 – 2 AZR 1037/06; LSG Baden-Württemberg v. 14.2.2012 – L 11 KR 3007/11 Leitsatz 1.
30 BSG v. 24.3.2016 – B 12 KR 20/14 R.

D. Zahlen zu Solo-Selbstständigen u. Selbstständigen – Weißbuch Arbeiten 4.0 § 4

- kein Zwang zur gesetzlichen Krankenversicherung bei Unterschreiten der Beitragsbemessungsgrenze, ggf. geringere Beiträge und bessere Leistungen in der privaten Krankenversicherung.

D. Zahl und Bedeutung der Solo-Selbstständigen – Anteil an den Selbstständigen – Weißbuch Arbeiten 4.0

Im Auftrag des **Bundesministeriums für Arbeit und Soziales** hat das Consulting Unternehmen ECON des DIW Berlin die Solo-Selbstständigen in Deutschland hinsichtlich Strukturen und Erwerbsverläufen untersucht. Der **aktuelle Forschungsbericht** liegt seit April 2016 vor. Danach zeigt sich unter den Solo-Selbstständigen in vielerlei Hinsicht eine starke Streuung. Zum einen gilt dies für die Vielzahl der von Solo-Selbstständigen ausgeübten Berufe. Solo-Selbstständige kommen in fast allen Berufen vor, und zwar sowohl in solchen mit hoher Qualifikation, die üblicherweise eine akademische Ausbildung voraussetzen, als auch in eher einfachen Jobs. Zum anderen besteht eine enorme Streuung bei den Einkommen. Nur ein eher kleiner Teil der Solo-Selbstständigen erreicht hohe Einkünfte, zum Teil sind die Einkommen so gering, dass sie kaum zum Leben reichen können; selbst in Berufen mit hohen Anforderungen an die Qualifikation der Erwerbstätigen kommen Solo-Selbstständige nicht selten nur auf niedrige Einkünfte. Nicht einmal die Hälfte sorgt entsprechend für das Alter vor (keine Altersvorsorge).

7

In einer auf der Internetseite des Bundesministeriums für Arbeit und Soziales veröffentlichten Meldung vom 30.5.2016 zu der DIW/ECON- Studie kritisiert **Bundesministerin** Andrea Nahles die Nichtvorsorge für das Alter. *„Wenn die Hälfte der Solo-Selbstständigen nicht für das Alter vorsorgt, birgt das ein neues Risiko von Altersarmut und damit nicht zuletzt eine Belastung für die Allgemeinheit, die wir der Gesellschaft nicht abverlangen können. Diesen Fragen gehen wir im Dialogprozess unter dem Motto „Arbeiten 4.0" nach. Hierzu werde ich im November diesen Jahres ein Weißbuch mit konkreten Lösungsoptionen vorlegen."*

Am 29.11.2016 hat Frau Nahles das angekündigte **Weißbuch** vorgestellt. In Kapitel 4.7, Seite 166 ff., 172 ist – die vorgenannte Meldung vom 30.5.2016 inhaltlich aufgreifend – ausgeführt, dass es sachgerecht und angemessen sei, Selbstständige ebenso zur Altersvorsorge **zu** verpflichten wie abhängig Beschäftigte. Der geeignete Weg hierfür sei die **Einbeziehung in die gesetzliche Rentenversicherung**. Gleichwohl seien einige Besonderheiten angebracht und gerechtfertigt, insbesondere um das **Vertrauen** der bereits Selbständigen in die von ihnen getroffenen Vorsorgeentscheidungen zu schützen. Deshalb solle die Versicherungspflicht in der gesetzlichen Rentenversicherung **vor allem für jüngere Selbstständige** gelten, die nach Inkrafttreten der Versicherungspflicht ihre selbständige Tätigkeit aufnehmen. Auch sollen die Möglichkeiten, Beitragslasten in Zeiten der Existenzgründung sowie in Phasen mit geringem Einkommen zu mindern, erweitert werden. Au-

§ 4 Solo-Selbstständige

ßerdem soll es mit Blick auf die Absicherung durch berufsständige Versorgungswerke für **Landwirte und Freiberufler** entsprechende Befreiungsrechte geben. Die Einführung einer verpflichtenden Altersvorsoge müsse einhergehen mit einer **Überprüfung** der nicht einkommensbezogenen Mindestbeiträge in der **gesetzlichen Krankenversicherung** für Selbstständige, da die vergleichsweise hohe Beitragsbelastung niedriger Einkünfte oder in der Gründungsphase auch mitursächlich für die hohen Beitragsrückstände in der gesetzlichen Krankenversicherung bei diesem Personenkreis sei und bei einer zusätzlichen Altersvorsorgepflicht für alle Selbstständigen mit zu einer **finanziellen Überforderung** beitrage.[31]

Zur **Verbesserung der Einkommenssituation** sind nach dem Weißbuch[32] nicht die zum Teil geforderten gesetzlichen Gebühren- und Honorarordnungen für Selbstständige wegen europarechtlicher Bedenken der EU-Kommission ins Auge gefasst. Vielmehr ist der Blick auf den bereits bestehenden, aber zu wenig bekannten bzw. genutzten § 12a TVG und damit auf den Begriff der **arbeitnehmerähnlichen Person** gerichtet. Aktuell sind im Tarifregister 44 Tarifverträge mit Regelungen für arbeitnehmerähnliche Personen registriert, wobei allerdings allein 40 Abschlüsse Firmentarife beim Rundfunk und Fernsehen betreffen. Nur vier weitere Tarifverträge sind klassische Verbandstarifverträge. Das Ziel geht daher in die Richtung der **Stärkung des Abschlusses von Tarifverträgen**. Das BMAS wird in einem ersten Schritt die Selbstständigen besser über die Möglichkeiten informieren, die Tarifverträge ihnen bieten können, d.h. den Chancen eine besseren kollektiven Aushandlung von Arbeitsbedingungen und Einkommen. Darüber hinaus müsse angesichts **neuer Geschäftsmodelle** in der Grauzone zwischen selbständiger Tätigkeit und abhängiger Beschäftigung genau beobachtet werden, ob der Begriff der „arbeitnehmerähnlichen Personen" neu justiert werden müsse.

Eher zurückhaltend beobachtend zeigt sich das Weißbuch zu den **neuen Formen der Arbeit**. In Kapitel 2.2 werden die digitalen Plattformen behandelt.[33] Von besonderer Relevanz sind hier die **Crowdworking-Plattformen**, die als IT-gestützte Vermittler digitaler Arbeit klar definierte Arbeitspakete in Form offener Aufrufe zur Bearbeitung anbieten. Ob plattformvermittelte Erwerbstätige eine selbstständige Tätigkeit ausüben, kann nur im Einzelfall beurteilt werden. Die statusrechtliche Einordnung des Crowdworking wird kontrovers diskutiert. Die Plattformen(-Betreiber) verstehen sich regelmäßig nicht als Arbeitgeber. In USA, Großbritannien oder beispielsweise Österreich sind diese neuen Geschäftsmodelle mit Solo-Selbstständigen (sog. **Crowdworkern**) unter großen Umsatzzuwächsen stark auf dem Vormarsch.[34] Vielfach wird damit gerechnet, dass die Plattformökonomie zu einem

---

31 Vgl. Weißbuch, S. 173, 174.
32 Vgl. Weißbuch, S. 174.
33 Vgl. Weißbuch, S. 55 ff.
34 *Klebe*, AuR 2016, 277, 278.

erheblichen Zuwachs bei den selbständig Erwerbstätigen, insb. bei den Solo-Selbstständigen, führt. Das Softwareunternehmen „Intuit" prognostiziert für den amerikanischen Arbeitsmarkt im Jahr 2020 einen Freelancer-Anteil von ungefähr 40%(!). In Deutschland ist nach der ECON-Erhebung (Tabelle 3.1) der **Anteil der Solo-Selbstständigen** an allen Erwerbstätigen mit **rd. 10 %** (Anteil der Erwerbpersonen an der Bevölkerung im Jahr 2014 i.H.v. 60,4 %; Anteil der Solo-Selbstständigen an allen Erwerbstätigen 5,9 %) **recht beachtlich**. Innerhalb der Gruppe der Selbstständigen beträgt der Anteil der Solo-Selbstständigen 57 % (Tabelle 5.2). Insgesamt reden wir bei **Solo-Selbstständigen** über etwa **2,3 Millionen** Haupterwerbstätige. Diese Zahl könnte in Zukunft durch die Plattformökonomie auch in Deutschland, deutlich zunehmen. Dann müssten, so das, vor allem auf arbeitnehmerähnliche Selbstständige zugeschnittene neue Schutzkonzepte entwickelt werden.[35] Dazu wäre so etwas wie das **Heimarbeitsgesetz** ein vergleichbarer Ansatz.

Praxishinweis
Das Weißbuch Arbeiten 4.0 enthält ein klares positives Statement für die Solo-Selbstständigen.

An zwei Stellen kommt dies besonders deutlich zum Ausdruck: So lautet es auf Seite 171: *„Gründer und Selbstständige gehen persönliche Risiken ein, nicht nur für sich, sondern oft auch für das Wohl der Gesellschaft. Darum sollten sie unterstützt werden.* Seite 176: *„Die Förderung von Selbstständigkeit und Start Ups ist in Deutschland eine wichtige wirtschaftspolitische Aufgabe."*

Bei der Unterstützung und Förderung sollte der Gesetzgeber auch berücksichtigen, dass sich im Zuge der Veränderung der Arbeitswelt viele Solo-Selbstständige bewusst für diese Form des selbstständigen Unternehmertums entschieden haben, um in einer selbstbestimmten Form und Aufteilung ihrer Zeit größere Flexibilität mit größeren Chancen zu entfalten. Das zeigen beispielsweise die Zuwächse bei Interim Managern.[36]

Aufgrund der Ankündigung des BMAS sind neue gesetzliche Regelungen zu Solo-Selbstständigen zu erwarten. Dies gilt für die Einbeziehung der Solo-Selbstständigen in die gesetzliche Rentenversicherung. In allen anderen Punkten soll erst einmal informiert bzw. die weitere Entwicklung abgewartet werden. Ein „Arbeiten-4.0-Gesetz" will Frau Nahles nicht vorlegen.

E. Solo-Selbstständige in Tarifverträgen

Auf den ersten Blick ist die Beurteilung eindeutig: Solo-Selbstständige und Tarifverträge passen nicht zueinander. Denn üblicherweise **knüpfen die Rechtsnormen**

8

---

35 Vgl. Weißbuch Seite 175.
36 *Dilenge*, DB 2015, 2271; grundlegend *Uffmann*, Interim Management, 2015.

§ 4 Solo-Selbstständige

eines Tarifvertrages an **Arbeitsverhältnisse**, d.h. an den Arbeitgeberstatus einerseits und den Arbeitnehmerstatus andererseits an. Da Solo-Selbstständige Unternehmer sind, die gerade keinen Arbeitnehmer beschäftigen, drängt sich die Anwendung tarifvertraglicher Normen nicht auf. Das Thema wurde auch kaum diskutiert. Dies hat sich seit jüngster Zeit verändert:[37]

Das **LAG Berlin-Brandenburg** ist zu dem Ergebnis gekommen, dass über die **Allgemeinverbindlichkeitserklärung eines Tarifvertrages** (*Bau*) Solo-Selbstständige, die keine gewerblichen Arbeitnehmer beschäftigen, zur Zahlung eines **Beitrages für die Berufsausbildung** in Höhe von 900 EUR pro Jahr verpflichtet seien.[38] Der Rechtsstreit ging zum einen um die Frage der Wirksamkeit der Allgemeinverbindlichkeitserklärung(en) und zum anderen um die Einbeziehung der Solo-Selbstständigen. Das LAG sah die Allgemeinverbindlichkeitserklärungen von insgesamt vier Tarifverträgen des Baugewerbes auf der Grundlage von § 5 TVG n.F. als wirksam an. Von den Allgemeinverbindlichkeitserklärungen wurden zum einen auch bislang nicht tarifgebundene Bauunternehmen erfasst, und – bzgl. der Pflicht zur Zahlung eines Beitrages für die Berufsausbildung – zum anderen auch Betriebe/Solo-Selbstständige, die keinen gewerblichen Arbeitnehmer beschäftigen. Das LAG ließ allerding die **Rechtsbeschwerde zum BAG** zu.

Anders urteilte in drei vergleichbaren Fällen die 1. Kammer des **Arbeitsgerichts Siegburg**, und stellte sich damit sowohl gegen die 3. Kammer des Arbeitsgerichts Siegburg[39] als auch gegen die 9. Kammer des LAG Köln.[40] Danach können Solo-Selbstständige, da sie keine Arbeitgeber sind, nicht auf der Grundlage eines für allgemeinverbindlich erklärten Tarifvertrages (*Schornsteinfeger*) zur Zahlung von Beiträgen an eine gemeinsame Einrichtung von Tarifvertragsparteien verpflichtet werden.[41] Der Rechtsansicht des Arbeitsgerichts Siegburg (entgegen LAG Baden-Württemberg) und der ausführlichen Begründung ist zuzustimmen. Im Rahmen der Gesamtbetrachtung der divergierenden Entscheidungen ist auch zu berücksichtigen, dass einerseits der Ausbildungspflichtbeitrag für viele Solo-Selbstständige, die kaum über die Runden kommen, recht hoch ist, und andererseits mehr als die Hälfte der Solo-Selbstständigen nach dem aktuellen Forschungsbericht des DIW/ECON keine Beiträge für ihre eigene Altersvorsorge aufbringen können.

---

37 Vgl. grundsätzlich *Bayreuther/Deinert*, RdA 2015, 129.
38 LAG Berlin-Brandenburg v. 21.7.2016 – 14 BVL 5007/15, BB 2016, 1844, *AVE vom 6.7.2015 des Tarifvertrages über das Sozialkassenverfahren im Baugewerbe (VTV) vom 3.5.2013*).
39 ArbG Siegburg v. 06.03.2015 – 3 Ca 2047/14; ebenso nachfolgend LAG Köln v. 23.10.2015 – 9 Sa 395/15, Rev. eingelegt, Az. beim BAG 10 AZR 60/16.
40 LAG Köln v. 18.03.2016 – 9 Sa 392/15, Rev. eingelegt; LAG Köln v. 23.10.2015 – 9 Sa 395/15, Rev. eingelegt, Az. beim BAG 10 AZR 60/16.
41 ArbG Siegburg v. 05.07.2016 – 1 Ca 1504/16; ArbG Siegburg v. 28.4.2016 – 1 Ca 525/16, ArbRB 2016, 258, *Schornsteinfeger mit 800,-EUR Mindestbeitrag/Jahr*; ArbG Siegburg v. 26.02.2015 – 1 Ca 2445/14, a.A. Berufungsinstanz LAG Köln v. 18.03.2016 – 9 Sa 392/15, Rev. eingelegt.

> *Praxishinweis*
> Durch Allgemeinverbindlichkeitserklärung können **Solo-Selbstständige in Tarifverträge** einbezogen werden und ggf. – dies ist allerdings noch nicht höchstrichterlich entschieden – verpflichtet sein, **Pflichtbeiträge für Ausbildung** zu leisten.

F. Solo-Selbstständige ohne Arbeitnehmerüberlassung (Zweier – Beziehung)

I. Abgrenzung der Solo-Selbstständigen zum Arbeitnehmer

Bei der detaillierten Abgrenzung der Solo-Selbstständigkeit in allen tangierten Rechtsgebieten (Arbeits-, Sozialversicherungs- und Steuerrecht) zeigt sich deutlich, dass es dem Gesetzgeber auch mit dem neuen Gesetz nicht geglückt ist, eine einheitliche Definition für genau die gleiche Tätigkeit im Arbeits-, Sozialversicherungs- und Steuerrecht zu finden: 9

1. Arbeitsrechtliche Abgrenzung

Die arbeitsrechtliche Abgrenzung des Solo-Selbstständigen, ob es sich um echte Selbstständigkeit oder Scheinselbstständigkeit handelt, erfolgt ab 1.4.2017 über den **Arbeitnehmerbegriff in § 611a BGB n.F.** (s. dazu im Einzelnen oben ausführlich § 2 Rdn 1 ff.): 10

§ 611a BGB Arbeitsvertrag (ab 1.4.2017)

(1) Durch den Arbeitsvertrag wird der Arbeitnehmer im Dienste eines anderen zur Leistung weisungsgebundener, fremdbestimmter Arbeit in persönlicher Abhängigkeit verpflichtet. Das Weisungsrecht kann Inhalt, Durchführung, Zeit und Ort der Tätigkeit betreffen. Weisungsgebunden ist, wer nicht im Wesentlichen frei seine Tätigkeit gestalten und seine Arbeitszeit bestimmen kann. Der Grad der persönlichen Abhängigkeit hängt dabei auch von der Eigenart der jeweiligen Tätigkeit ab. Für die Feststellung, ob ein Arbeitsvertrag vorliegt, ist eine Gesamtbetrachtung aller Umstände vorzunehmen. Zeigt die tatsächliche Durchführung des Vertragsverhältnisses, dass es sich um ein Arbeitsverhältnis handelt, kommt es auf die Bezeichnung im Vertrag nicht an.

(2) Der Arbeitgeber ist zur Zahlung der vereinbarten Vergütung verpflichtet.

> *Praxishinweis*
> Das **BAG** billigt in seiner jüngsten Rechtsprechung den **Tatsacheninstanzen** bei der Prüfung des Arbeitnehmerstatus einen **weiten Beurteilungsspielraum** zu.[42]

---

[42] BAG v. 21.7.2015 – 9 AZR 484/14; BAG v. 11.8.2015 – 9 AZR 98/14.

2. Sozialversicherungsrechtliche Abgrenzung

a) Gesetz

11 Die sozialversicherungsrechtliche Abgrenzung des Solo-Selbstständigen, ob es sich um echte Selbstständigkeit oder Scheinselbstständigkeit handelt, erfolgt über den **Beschäftigtenbegriff in § 7 Abs. 1 SGB IV**:

> Beschäftigung ist danach die nichtselbstständige Arbeit, insbesondere in einem Arbeitsverhältnis. **Anhaltspunkte** für eine Beschäftigung sind eine Tätigkeit nach **Weisungen** und eine **Eingliederung** in die Arbeitsorganisation des Weisungsgebers.

Dabei soll es sich, wie ausdrücklich im Gesetzeswortlaut wiedergegeben, um Anhaltspunkte, also nicht um eine abschließende Bewertung handeln.[43]

b) Rechtsprechung

12 Entscheidend für die sozialversicherungsrechtliche Abgrenzung sind damit im Ergebnis die von der Rechtsprechung der SGe entwickelten Kriterien. **Arbeitnehmer i.S.d. Sozialversicherungsrechtes** ist danach, wer von einem Arbeitgeber persönlich abhängig ist.[44] Persönliche Abhängigkeit erfordert Eingliederung in den Betrieb und Unterordnung unter das Weisungsrecht des Arbeitgebers in Bezug auf Zeit, Dauer, Ort und Art der Arbeitsausführung.[45] Stellt der Auftraggeber die wesentlichen Arbeitsmittel, ohne die die Tätigkeit nicht erbracht werden kann, liegt grundsätzlich abhängige Beschäftigung vor.[46] Bei Diensten höherer Art kann es ausreichen, dass der Mitarbeiter funktionsgerecht dienend am Arbeitsprozess des Arbeitgebers teilhat – sog. „zur funktionsgerecht dienenden Teilhabe am Arbeitsprozess verfeinertes Weisungsrecht". Dies kann selbst dann gelten und damit zur Sozialversicherungspflicht führen, wenn Steuerberatertätigkeiten zu Hause für Mandanten einer Steuerkanzlei erledigt werden.[47] Eine arbeitszeitorientierte Vergütung ist i.d.R. und insb. dann ein Indiz für eine abhängige Beschäftigung, wenn sich die Tätigkeit nahtlos an ein bisher unstreitig abhängig ausgeübtes Beschäftigungsverhältnis anschließt.[48]

---

43 BT-Drucks 14/1855, S. 10.
44 St. Rspr. des BSG, vgl. BSG v. 24.3.2016 – B 12 KR 20/14 R; BSG v. 18.11.2015 – B 12 KR 16/13 R; BSG v. 31.3.2015 – B 12 KR 17/13 R.
45 BSG v. 28.9.2011 – B 12 R 17/09 R, nicht amtlich veröffentlichte Entscheidung; BSG v. 22.6.2005 – B 12 KR 28/03, NZS 2006, 318 = GmbHR 2005, R 275; BSG v. 25.1.2006, GmbHR 2006, 1607; LSG Hessen v. 17.12.2009 – L 8 KR 130/07, *Berater im Entwicklungsdienst*; LSG Hessen v. 17.12.2009 – L 8 KR 245/07, *Betontransport*.
46 Bayerisches LSG v., 18.11.2014 – L 5 R 1071/12 *Bau-Handwerker ohne Gerüste, Bagger oder Betonmischer*; Bayerisches LSG v. 11.9.2009 – L 5 R 210/09 *Physiotherapeut ohne eigene Betriebsstätte und ohne Arbeitsgeräte/-materialien*; LSG NRW v. 11.11.2005 – L 13 R 112/05 *Kranführer ohne Kran*; LSG v. Baden Württemberg, 23.1.2004 – L 4 KR 3083/02 *Busfahrer ohne Bus*.
47 SG München v. 22.2.2007 – S 17 R 5582/04.
48 LSG NRW v. 16.1.2007 – L 11 [16] KR 16/04, LNR 2007, 11085.

F. Solo-Selbstständige ohne Arbeitnehmerüberlassung (Zweier – Beziehung) § 4

Dagegen ist die **selbstständige Tätigkeit** dadurch gekennzeichnet, dass der Tätige über seine eigene Arbeitskraft und die Arbeitszeit verfügt und dabei das Unternehmerrisiko trägt.[49] Merkmale für eine selbstständige Tätigkeit sind das Vorhandensein einer eigenen Betriebsstätte, die Verfügungsmöglichkeit über die eigene Arbeitskraft und die im Wesentlichen frei gestaltete Tätigkeit und Arbeitszeit.[50] Die Abgrenzung hängt letztendlich davon ab, welche Merkmale überwiegen.[51]

13

Rechtlicher **Ausgangspunkt** für die Würdigung des **Gesamtbildes** der Tätigkeit ist zunächst die bestehende **Vertragslage**.[52] Allerdings darf es sich nicht um einen bloßen „Etikettenschwindel" handeln.[53] Es ist die Ernsthaftigkeit der dokumentierten Vereinbarungen zu prüfen. Maßgeblich sind die tatsächlichen Verhältnisse, soweit diese von der Darstellung im Vertrag abweichen.[54]

14

c) Sozialversicherungsträger

Für die Praxis sind die jeweils aktuellen **Rundschreiben der Spitzenverbände der Sozialversicherungsträger** von zentraler Bedeutung. Diese decken sich allerdings nicht immer mit der Rechtsprechung des BSG. Dies ist nicht unproblematisch, da dadurch unterschiedliche Entscheidungen erst nach zum Teil jahrelangen Verfahren erfolgen. Die maßgeblichen aktuellen Rundschreiben sind v. 13.4.2010 mit der Bezeichnung „**Statusfeststellung von Erwerbstätigen**" (nebst Anlagen, die fortlaufend aktualisiert werden, vgl. insb. die Anlage 5 mit dem *Katalog bestimmter Berufsgruppen*, sowie die **V00 28** – Stand 27.10.2015 – mit den Erläuterungen zum *Antrag auf Feststellung des sozialversicherungsrechtlichen Status* (derzeit im Internet abrufbar unter www.deutsche-rentenversicherung-bund.de).

15

> *Praxishinweis*
> *Keine Bindung der Sozialgerichte an die Rundschreiben der Sozialversicherungsträger*
> Die Rundschreiben mit den Besprechungsergebnissen der Spitzenverbände der Sozialversicherung sind **für die Rechtsprechung nicht verbindlich**.[55]

---

49 BSG v. 18.11.2015 – B 12 KR 16/13 R; LSG NRW v. 6.9.2007 – L 16 [14] R 102/05, LNR 2007, 48388; LSG NRW v. 2.2.2006 – L 16 KR 253/04, n.v.
50 LSG Nds.-Bremen, 30.11.2005 – L 4 KR 7/04, LNR 2005, 25577.
51 BSG v. 30.10.2013 – B 12 KR 17/11 R; BSG v. 29.8.2012 – B 12 KR 25/10 R; BSG, 25.1.2006 – B 12 KR 30/04 R, GmbHR 2006, 645; BSG v. 28.1.1999, BB 1999, 1662; BSG v. 21.4.1993, NJW 1994, 341 = AP Nr. 67 zu § 611 BGB Abhängigkeit.
52 BSG v. 31.3.2015 – B 12 KR 17/13 R.
53 BSG v. 24.3.2016 – B 12 KR 20/14 R; BSG v. 18.11.2015 – B 12 KR 16/13 R.
54 BSG v. 29.8.2012 – B 12 KR 25/10 R; vgl. zu Grenzfällen und Rahmenverträgen *Kunz* in: Berscheid/Kunz/Brand/Nebeling, Praxis des Arbeitsrechts, § 16 Rn 772, 773.
55 LSG Baden-Württemberg, 30.7.2014 – L 5 R 4091/11.

> Dies gilt insbesondere, wenn die in den Rundschreiben niedergelegte Auffassung der Spitzenverbände von der Rechtsprechung des BSG abweicht.[56]

3. Steuerrechtliche Abgrenzung

a) UStG und LStDV

16 Die steuerrechtliche Abgrenzung des Solo-Selbstständigen, ob es sich um echte Selbstständigkeit oder Scheinselbstständigkeit handelt, erfolgt über den **Unternehmerbegriff in § 2 UStG** und den **Arbeitnehmerbegriff in § 1 LStDV**. Dies hat der Gesetzgeber auch bei dieser Reform nicht geändert.

§ 2 Abs. 2 Nr. 1 UStG enthält eine Negativ-Definition, wann jemand nicht selbstständig ist. Danach wird „*die berufliche Tätigkeit nichtselbstständig ausgeübt, soweit natürliche Personen, einzeln oder zusammengeschlossen, einem Unternehmen so eingegliedert sind, dass sie den Weisungen des Unternehmers zu folgen verpflichtet sind*". Daneben definiert § 1 Abs. 3 LStDV, dass derjenige, „*wer ... sonstige Leistungen innerhalb der von ihm selbstständig ausgeübten gewerblichen oder beruflichen Tätigkeit ... gegen Entgelt ausführt, ...*" kein Arbeitnehmer ist und verweist somit auf den Arbeitnehmerbegriff. Arbeitnehmer sind nach § 1 Abs. 1 LStDV „*Personen, die in öffentlichem oder privatem Dienst angestellt oder beschäftigt sind oder waren und die aus diesem Dienstverhältnis oder einem früheren Dienstverhältnis Arbeitslohn beziehen. Arbeitnehmer sind auch die Rechtsnachfolger dieser Personen, soweit sie Arbeitslohn aus dem früheren Dienstverhältnis ihres Rechtsvorgängers beziehen*". Nach § 1 Abs. 2 Satz 1 und 2 LStDV liegt ein solches **lohnsteuerpflichtiges Dienstverhältnis** (= Einkünfte aus nichtselbstständiger Arbeit) dann vor, „wenn der Angestellte (Beschäftige) dem Arbeitgeber (öffentliche Körperschaft, Unternehmer, Haushaltsvorstand) seine Arbeitskraft schuldet. Dies ist der Fall, wenn die tätige Person in der Betätigung ihres geschäftlichen Willens unter der Leitung des Arbeitgebers steht oder im geschäftlichen Organismus des Arbeitgebers dessen Weisungen zu folgen verpflichtet ist.

17 Nach der **ständigen Rechtsprechung des BFH** legt § 1 Abs. 2 Satz 1 und 2 LStDV den Arbeitnehmerbegriff zutreffend aus. Dies bedeutet, dass die Abgrenzung zwischen selbstständiger und unselbstständiger Tätigkeit für das Steuerrecht über den Arbeitnehmerbegriff i.S.d. § 1 Abs. 2 Satz 1 u. 2 LStDV erfolgt. § 1 Abs. 2 Satz 1 und 2 LStDV beschreiben die Merkmale, anhand derer zu entscheiden ist, ob Arbeit

---

56 Vgl. *Freudenberg*, B+P 2015, 197, 202.

F. Solo-Selbstständige ohne Arbeitnehmerüberlassung (Zweier – Beziehung) § 4

nichtselbstständig (§ 19 Abs. 1 EStG), d.h. von einem Arbeitnehmer erbracht, oder selbstständig geleistet wird.[57]
Für eine nichtselbstständige Tätigkeit können bspw. insbesondere persönliche Abhängigkeit, Weisungsgebundenheit, feste Arbeitszeiten und Bezüge, Anspruch auf Urlaub und auf sonstige Sozialleistungen, Überstundenvergütung sowie Fortzahlung der Bezüge im Krankheitsfall sprechen.

Für persönliche Selbstständigkeit hingegen sprechen Selbstständigkeit in der Organisation und der Durchführung der Tätigkeit, Unternehmerinitiative, Bindung nur für bestimmte Tage an den Betrieb, geschäftliche Beziehungen zu mehreren Vertragspartnern sowie Handeln auf eigene Rechnung und Eigenverantwortung.[58]

Dabei lässt sich der steuerrechtliche Arbeitnehmerbegriff nicht durch Aufzählung feststehender Merkmale abschließend bestimmen. Das Gesetz bedient sich nicht eines tatbestandlich scharf umrissenen Begriffes. Es handelt sich vielmehr um einen **offenen Typusbegriff**, der nur durch eine größere und unbestimmte Zahl von Merkmalen beschrieben werden kann. Die Frage, ob jemand eine Tätigkeit selbstständig oder nichtselbstständig ausübt, ist deshalb an einer Vielzahl in Betracht kommender Merkmale nach dem **Gesamtbild der Verhältnisse** zu beurteilen.[59] Hierzu hat der BFH zahlreiche Kriterien (Indizien) beispielhaft aufgeführt, die für die bezeichnete Abgrenzung Bedeutung haben können. Diese Merkmale sind im konkreten Fall jeweils zu gewichten und gegeneinander abzuwägen.[60] Maßgeblich sind die tatsächlichen Verhältnisse, d.h. die getroffenen Vereinbarungen müssen ernsthaft gewollt sein und auch tatsächlich durchgeführt werden.[61] Vereinbarungen, die als Werkverträge bezeichnet sind, können zwar als Indiz für die steuerrechtliche Bewertung einer Leistungserbringung herangezogen werden, in erster Linie ist aber auf die tatsächliche Durchführung abzustellen.[62] Besonderes Gewicht misst die

---

57 Vgl. BFH in ständiger Rspr., BFH v. 18.6.2015 – VI R 77/12; BFH v. 25.6.2009 – V R 37/08; BFH, 20.11.2008 – VI R 4/06, NZA 2009, 250 = DStR 2009, 263; BFH v. 22.7.2008, DB 2008, 2230; BFH v. 29.5.2008, DB 2008, 1952 = BB 2008, 1759; BFH v. 6.3.2008, BFH/NV 2008, 957, jeweils m.w.N.; vgl. ferner das *Grundsatzurteil* des BFH v. 14.6.1985 – VI R 150/82, DB 1985, 2489 = BStBl II 1985, S. 661 Werbedamen.
58 BFH v. 20.10.2010 – VIII R 34/08, NZA 2011, 502 = GmbHR 2011, 313.
59 BFH v. 18.6.2015 – VI R 77/12; BFH v. 20.10.2010 – VIII R 34/08, NZA 2011, 502 = GmbHR 2011, 313; BFH v. 20.11.2008, NZA 2009, 250 = DStR 2009, 263.
60 BFH v. 20.11.2008, BFH/NV 2009, 467 = NZA 2009, 250; BFH v. 22.7.2008, DB 2008, 2230; BFH v. 29.5.2008, DB 2008, 1952; BFH v. 6.3.2008, BFH/NV 2008, 957; BFH v. 2.7.2008, LNR 2008, 17855.
61 BFH v. 24.7.1992 – VI R 126/88, DB 1993, 208 = BStBl II 1993, S. 155.
62 FG Düsseldorf, 21.10.2009 – 7 K 3109/07 H(L), NWB 2010, 3092.

Rechtsprechung des BFH in einer Reihe von Fällen dem Merkmal des Unternehmerrisikos i.S. eines Vergütungsrisikos bei.[63]

Nicht ausschlaggebend ist nach der ständigen Rechtsprechung des BFH die **sozial- und arbeitsrechtliche Einordnung der Tätigkeit** als selbstständig oder unselbstständig. Zwar könne es i.R.d. steuerrechtlichen Beurteilung als **Indiz** gewertet werden, wenn das Arbeitsrecht bzw. das Sozialversicherungsrecht ein nichtselbstständiges Beschäftigungsverhältnis annehme. Es bestehe jedoch in dieser Frage keine Bindung zwischen Arbeits- und Sozialversicherungsrecht einerseits und Steuerrecht andererseits.[64] Allerdings sind Entscheidungen des zuständigen Sozialversicherungsträgers über die Sozialversicherungspflicht eines Arbeitnehmers im Besteuerungsverfahren zu beachten, soweit sie nicht offensichtlich rechtswidrig sind.[65]

> *Praxishinweis*
> Eine **Änderung dieser Rechtsprechung des BFH** in die Richtung, dass ab 1.4.2017 anstelle der steuerlichen Abgrenzungsnormen die **neue arbeitsrechtliche Norm des § 611a BGB** auch bei der steuerlichen Abgrenzung zulässiger Selbstständigkeit Anwendung finden könnte, ist **nicht zu erwarten**.
> Es bleibt bei der ständigen **Rechtsprechung des BFH**, wonach Selbstständigkeit und Unselbstständigkeit im Steuerrecht trotz vieler Gemeinsamkeiten zum Arbeits- und Sozialversicherungsrecht einen eigenen Weg geht.

In **Grenzfällen**, in denen sowohl eine Selbstständigkeit wie eine Nichtselbstständigkeit nach den Merkmalen ihrer Betätigung in Betracht kommt, kann der diesbezügliche Wille der Vertragsparteien ausschlaggebend sein.[66] Voraussetzung ist, dass tatsächlich ein Grenzfall gegeben ist und sich nicht die Selbstständigkeit oder Nichtselbstständigkeit bereits eindeutig aus den Merkmalen der Betätigung ergibt. Die Vereinbarung darüber, dass das Rechtsverhältnis nicht den Bestimmungen des Sozialversicherungsrechtes unterstellt werden solle, ist nach der Rechtsprechung des BFH im Rundfunkermittler-Fall, in dem die Vertragspartner ein Arbeitsverhältnis ausdrücklich und übereinstimmend nicht gewollt hatten, ein Indiz gegen den Abschluss eines Arbeitsverhältnisses.[67]

---

63 BFH v. 25.6.2009 – V R 37/08 *Journalist*; BFH v. 14.6.2007 – VI R 5/06, DB 2007, 2120 – *Ausländische Fotomodelle*; BFH v. 10.2.2005, BFH/NV 05, 1058; BFH v. 2.12.1998, DB 1999, 1044, 1045 = BB 1999, 1477.
64 BFH v. 9.7.2012 – VI B 38/12; BFH v.14.4.2011, BFH/NV 2011, 1138; BFH v. 20.10.2010, NZA 2011, 502 = GmbHR 2011, 313; vgl. ebenso FG Rheinland-Pfalz v. 23.1.2014 – 6 K 2294/11 Leitsatz 1: *der steuerliche Arbeitnehmerbegriff ist eigenständiger Natur*; FG Hamburg v. 2.8.2013 – 5 K 52/10.
65 BFH, 21.1.2010 – VI R 52/08, NZA 2010, 752 = DB 2010, 1099.
66 BFH v. 24.7.1992 – VI R 126/88, DB 1993, 208 = BStBl II 1993, S. 155 m.w.N.
67 BFH v. 2.12.1998 – X R 83/96, DB 1999, 1044 = BB 1999, 1477.

F. Solo-Selbstständige ohne Arbeitnehmerüberlassung (Zweier – Beziehung) § 4

Innerhalb des Steuerrechtes ist die Frage der Selbstständigkeit natürlicher Personen für die **Umsatz-, Einkommen-** und **Gewerbesteuer** nach denselben Grundsätzen zu beurteilen.[68] § 1 LStDV bildet die Klammer zwischen den Steuerrechtsgebieten, die dazu führt, dass bei richtiger Rechtsanwendung wegen der Verzahnung der drei Steuerrechtsgebiete grds. eine unterschiedliche Beurteilung ausgeschlossen ist.[69]

18

b) Checkliste des BFH

Für die **Abgrenzung** zulässiger Solo-Selbstständigkeit im Einzelfall hat der BFH bereits im Jahr 1985 eine grundlegende Checkliste entwickelt, wonach insb. die in der Liste aufgeführten Merkmale (Kriterien/Indizien) für eine steuerliche Arbeitnehmereigenschaft (Nichtselbstständigkeit) sprechen können.[70] Auf dieses *Werbedamen-Urteil* nimmt der BFH bis heute stets Bezug.[71] Besonders ist darauf hinzuweisen, dass die von der Rechtsprechung des BAG, BGH und BSG besonders betonten Merkmale der **persönlichen Abhängigkeit und Weisungsgebundenheit** an der Spitze der BFH-Checkliste aufgeführt sind.

19

Checkliste Steuerrecht (Steuerliche Abgrenzung nach BFH):
- Persönliche Abhängigkeit;
- Weisungsgebundenheit hinsichtlich Ort, Zeit und Inhalt der Tätigkeit;
- feste Arbeitszeiten;
- Ausübung der Tätigkeit gleichbleibend an einem bestimmten Ort;
- feste Bezüge;
- Urlaubsanspruch;
- Anspruch auf sonstige Sozialleistungen;
- Fortzahlung der Bezüge im Krankheitsfall;
- Überstundenvergütung;
- zeitlicher Umfang der Dienstleistungen;
- Unselbstständigkeit in Organisation und Durchführung der Tätigkeit;
- kein Unternehmerrisiko;
- keine Unternehmerinitiative;
- kein Kapitaleinsatz;
- keine Pflicht zur Beschaffung von Arbeitsmitteln;
- Notwendigkeit der engen ständigen Zusammenarbeit mit anderen Mitarbeitern;
- Eingliederung in den Betrieb;
- Schulden der Arbeitskraft und nicht eines Arbeitserfolges;

---

68 BFH v. 20.10.2010 – VIII R 34/08, NZA 2011, 502 = GmbHR 2011, 313; BFH v. 25.6.2009, NZA 2009, 1081 = DB 2009, 2024; FG Hamburg v. 2.8.2013 – 5 K 52/10.
69 BFH v. 2.12.1998 – X R 83/96, DB 1999, 1044 = BB 1999, 1477; BFH v. 27.7.1972 – V R 136/71, BStBl II 1972, S. 810, 812 = DB 1972, 1856.
70 BFH v. 14.6.1985 – VI R 150/82, DB 1985, 2489 = BStBl II 1985, S. 661 *Werbedamen.*
71 Vgl. u.a. BFH v. 18.6.2015 – VI R 77/12.

§ 4 Solo-Selbstständige

> ■ Ausführung von einfachen Tätigkeiten, bei denen eine Weisungsabhängigkeit die Regel ist.

c) Auseinanderfallen von steuer- und sozialversicherungsrechtlicher Beurteilung der Tätigkeit – gesetzlich ungeregelt

20 Es gibt immer wieder Fälle, in denen ein Solo-Selbstständiger bzw. Freier Mitarbeiter vom Finanzamt als Selbstständiger behandelt wird, von den Sozialversicherungsträgern aber als abhängig Beschäftigter angesehen wird, oder auch umgekehrt, dass ein Freier Mitarbeiter vom Finanzamt als Nichtselbstständiger angesehen wird, die Sozialversicherungsträger dies aber anders sehen. Selbst im Fall der Tätigkeit als Freier Mitarbeiter bei dem Besuchsdienst des Deutschen Bundestages hat das SG Berlin entschieden, dass ein abhängiges sozialversicherungspflichtiges Beschäftigungsverhältnis vorliege, während das FG Berlin-Brandenburg auf eine selbstständige Tätigkeit für das Umsatzsteuerrecht in gleicher Sache entschieden hat.[72] Erst in der Berufungsinstanz kam es dann zum Gleichklang, als die Honorarkräfte vom LSG Berlin-Brandenburg als Selbstständige angesehen wurden.[73]

Diese **unterschiedliche Beurteilung von ein und derselben Tätigkeit** durch die **Finanzbehörden und Sozialversicherungsträger** liegt zum einen daran, dass es aufgrund der unterschiedlichen gesetzlichen Intention (s. oben Rdn 2) keine einheitliche Definition für die selbstständige bzw. abhängige Beschäftigung in den unterschiedlichen Rechtsgebieten gibt. Zum anderen stellt die Rechtsprechung in allen Rechtsgebieten (Steuerrecht, Sozialversicherungsrecht, Arbeitsrecht) auf die Beurteilung des Gesamtbildes der tatsächlichen Verhältnisse im Einzelfall ab. Diese kann unterschiedlich ausfallen. Denn die Beurteilung beinhaltet neben der rechtlichen auch eine tatsächliche Würdigung, die durchaus von verschiedenen Stellen unterschiedlich beurteilt werden kann. Wegen der bestehenden Unabhängigkeit zwischen Finanzbehörden und Sozialversicherungsträgern, aber auch der Gerichte, besteht keine Bindungswirkung.[74] In der Praxis kann dies zu grotesken Situationen führen.[75] Abhilfe im Sinne von Rechtssicherheit und Rechtsklarheit kann nur der Gesetzgeber schaffen, der dies bei der jetzigen Reform erneut versäumt hat.

---

72 SG Berlin v. 2.6.2009 – S 36 KR 2382/07, AuR 2010, 133; FG Berlin Brandenburg v. 19.1.2011 – 7 K 7122/08, EFG 2011, 1747.
73 LSG Berlin-Brandenburg v. 15.7.2011 – L 1 KR 206/09.
74 BFH in st. Rspr. v. 9.7.2012 – VI B 38/12 m.w.N.; FG Rheinland-Pfalz v. 23.1.2014 – 6 K 2294/11.
75 Vgl. zu den möglichen Fallkonstellationen im Einzelnen *Kunz/Kunz*, Freie Mitarbeiter, Scheinselbstständige, Arbeitnehmerähnliche Selbstständige, Rn 267 ff.

II. Konsequenzen falscher Handhabung

1. Konsequenzen einer falschen Handhabung im Arbeitsrecht

a) Individualarbeitsrecht

aa) Arbeitnehmerstatus

Am häufigsten werden die arbeitsrechtlichen Konsequenzen sichtbar, wenn ein fälschlich als Solo-Selbstständiger Beschäftigter sich ggü. dem Arbeitgeber auf **Schutzrechte** beruft, die nur einem **Arbeitnehmer** zustehen. Wichtigster Fall ist die **Kündigung**, wenn das Arbeitsverhältnis zu einem solchen Mitarbeiter ohne Vorliegen eines Kündigungsgrundes nach § 1 KSchG gekündigt wird. Eine solche Kündigung kann von dem Mitarbeiter mit Erfolg beim ArbG angegriffen werden, wenn nicht die Kündigung aus anderen Gründen zu Recht ausgesprochen wurde. In Betrieben, in denen ein Betriebsrat existiert, wird die Kündigung regelmäßig bereits wegen Verstoßes gegen die Anhörungspflicht gem. § 102 BetrVG unwirksam sein. Denn die Einstufung als freier Mitarbeiter führt zwangsläufig dazu, dass die Anhörung des Betriebsrates vor Ausspruch einer Kündigung als nicht notwendig angesehen wird. Ferner steht dem Arbeitnehmer im Fall eines **Betriebsüberganges** das Widerspruchsrecht gem. § 613a Abs. 6 BGB zu, während für freie Mitarbeiter § 613a BGB keine Anwendung findet.[76] Ebenso können das Interesse einer schwangeren Mitarbeiterin an Leistungen des Arbeitgebers nach dem **MuSchG** oder von Mitarbeitern nach **Entgeltfortzahlung im Krankheitsfall** oder dem **MiLoG** sowie zahlreiche weitere Gründe dazu führen, dass Solo-Selbstständige oder vermeintliche „Solo-Selbstständige" „freie Mitarbeiter" oder „Werk- oder Subunternehmer" ihren Arbeitnehmer-Status arbeitsgerichtlich überprüfen lassen. Die weitreichende Folge ist, dass dem Mitarbeiter im Fall des Obsiegens alle entsprechenden Arbeitnehmerrechte und -schutzvorschriften zugutekommen.[77]

21

Für den Arbeitgeber ist zu beachten, dass die Veränderung des Status des freien Mitarbeiters zum Arbeitnehmer ggf. zu einem Überschreiten der **Schwellenwerte**, bspw. bei § 17 KSchG (Massenentlassung) bzw. § 23 KSchG (Kleinbetriebsklausel) führen kann.[78] Nicht nur der betroffene „freie Mitarbeiter", sondern alle Mitarbeiter des Betriebes unterfallen bei Überschreiten des Schwellenwertes gem. § 23 KSchG dem Kündigungsschutz gem. § 1 KSchG.

22

Für den Fall der Leiharbeit stellt nunmehr **§ 14 AÜG n.F.** klar, dass Leiharbeiter mit Ausnahme des § 112a BetrVG bei den betriebsverfassungsrechtlichen und den für die Unternehmensmitbestimmung geltenden Schwellenwerten auch im Entleih-

23

---

76 BAG, 13.2.2003 – 8 AZR 59/02, NZA 2003, 854 = NJW 2003, 2930.
77 *Gaul/Hahne*, BB 2016, 58; LAG Hamm v. 5.12.1989, DB 1990, 2027; LAG Hamm v. 13.10.1989, DB 1990, 2028; *Kunz/Kunz*, DB 1993, 326, 328.
78 Vgl. ferner BAG v. 24.1.2013 – 2 AZR 140/12, wonach auch *Leiharbeitnehmer* bei der Bestimmung der Betriebsgröße i.S.v. § 23 Abs. 1 S. 3 KSchG zu berücksichtigen sind, wenn ihr Einsatz auf einem „in der Regel" vorhandenen Personalbedarf beruht.

betrieb mitzählen. Damit **zählen** die **Leiharbeitnehmer doppelt**, d.h. im Verleiher- und Entleiherbetrieb.

bb) Zukünftige Lohnhöhe

24 Von besonderer Praxisrelevanz ist die Frage, **welchen Lohn** der Arbeitgeber dem vermeintlichen freien Mitarbeiter/Solo-Selbstständigem **in Zukunft** nach (gerichtlicher) Klärung, dass dieser in Wirklichkeit ein Arbeitnehmer ist, zahlen muss.

25 In einer Entscheidung betreffend eine Sprecherin und Aufnahmeleiterin in einer **öffentlich-rechtlichen Rundfunkanstalt** ist das **BAG** zu dem Ergebnis gekommen, dass sich mangels Vereinbarung über die Höhe der Vergütung im Fall des Bestehens eines Anstellungsverhältnisses der Anspruch auf die **übliche Vergütung gem. § 612 Abs. 2 BGB** richte. Denn aus der bloßen Zahlung der Honorare für freie Mitarbeit sei nicht zu schließen, dass diese Honorarvergütung auch für den Fall vereinbart sei, dass der Mitarbeiter eine rechtskräftige gerichtliche Feststellung erreicht, der zufolge er nicht freier Mitarbeiter, sondern Arbeitnehmer ist. Die übliche Vergütung sei nicht ohne weiteres identisch mit der tarifvertraglichen Vergütung, sie könne je nach den Umständen höher, in besonderen Fällen auch niedriger liegen. Bei öffentlich-rechtlichen Rundfunkanstalten werden die Gehälter aus den für Arbeitsverhältnisse abgeschlossenen Gehalts- oder Lohntarifverträgen gezahlt.[79]

Dies bedeutet, dass **im öffentlichen Dienst** für die Zukunft die **tarifliche Vergütung** regelmäßig als die **übliche Vergütung** i.S.v. **§ 612 Abs. 2 BGB** angesehen werden kann. Unter- oder übertarifliche Vergütung ist auf Ausnahmefälle beschränkt. Denn bestehen, wie etwa im öffentlichen Dienst, unterschiedliche Vergütungsordnungen für Arbeitnehmer und freie Mitarbeiter, ist regelmäßig anzunehmen, dass die Parteien die Vergütung der ihrer Auffassung nach zutreffenden Vergütungsordnung entnehmen wollen. Es fehlt dann an einer Vergütungsvereinbarung für das in Wahrheit vorliegende Rechtsverhältnis; die Vergütung richtet sich nach § 612 Abs. 2 BGB.[80] Sofern also nicht eine tarifliche Vergütungsregelung unmittelbar gilt, wird die übliche Vergütung geschuldet.[81]

26 *Praxishinweis*
Nach der Rechtsprechung des BAG ist nach der Statuskorrektur bei der **Ermittlung der zutreffenden Lohnhöhe** zwischen Privatunternehmen und öffentlichem Dienst zu differenzieren.

---

[79] BAG v. 21.1.1998 – 5 AZR 50/97, DB 1998, 886 = BB 1998, 796; vgl. ferner insb. *Reinecke*, DB 1998, 1282.
[80] BAG v. 12.1.2005 – 5 AZR 144/04, NZA 2005, 1432; BAG v. 21.11.2001, II 1c bb der Gründe, NZA 2002, 624 – Volkshochschullehrerin; BAG v. 21.1.1998 – 5 AZR 50/97, DB 1998, 886 = BB 1998, 796.
[81] BAG v. 20.1.2010 – 5 AZR 106/09, NZA 2010, 840 = DB 2010, 964.

F. Solo-Selbstständige ohne Arbeitnehmerüberlassung (Zweier – Beziehung) § 4

Außerhalb des öffentlichen Diensts, also **bei privaten Unternehmen**, hält das BAG die gem. **§ 611 BGB** für das fälschlich angenommene Selbstständigen-Verhältnis **vereinbarte Vergütung** auch für das Arbeitsverhältnis für **maßgeblich**, und zwar unabhängig von der zuvor erfolgten unrichtigen rechtlichen Qualifizierung des Vertragsverhältnisses sowohl **für die Vergangenheit** als auch **für die Zukunft**.[82] Die jeweilige Parteivereinbarung solle gem. § 611 Abs. 1 BGB insb. dann maßgeblich bleiben, wenn der Arbeitgeber Tagespauschalen nur in der Höhe nach abhängig von der rechtlichen Behandlung als Selbstständiger oder Arbeitnehmer zahlt.[83] Finden im Betrieb keine Tarifverträge Anwendung und trifft der Arbeitgeber individuelle Vereinbarungen, spricht dies dafür, dass eine Pauschalvergütung gerade auf die konkrete Arbeitsleistung des Verpflichteten abstellt und im Hinblick auf den angenommenen Status nur (teilweise) die „Ersparnis" der Arbeitgeberanteile berücksichtigt. Die Vergütungsvereinbarung sei auch nicht wegen Störung der Geschäftsgrundlage gem. § 313 BGB anzupassen.[84]

27

cc) Auswirkungen auf die Vergangenheit

Vielfach beginnen Streitigkeiten über die Arbeitnehmereigenschaft damit, dass der vermeintliche oder echte freie Mitarbeiter **Feststellungsklage** erhebt, dass zwischen den Parteien ab einem bestimmten Zeitpunkt ein **Arbeitsverhältnis** bestehe, welches nicht durch Kündigung oder Befristung beendet sei, und das beklagte Unternehmen **(Hilfs-/Eventual-) Widerklage mit Rückforderungsansprüchen** wegen Überzahlungen in der Vergangenheit für den Fall des Obsiegens des Klägers erhebt.

28

Für **Arbeitgeberansprüche wegen Überzahlung** in der Vergangenheit hatte das BAG ursprünglich in seiner Entscheidung v. 9.7.1986[85] für den Fall, dass sich die Parteien in einem beiderseitigen Rechtsirrtum über den Freien-Mitarbeiter-Vertrag

29

---

82 Vgl. den ergänzenden Orientierungssatz der Richter des [5. Senats] BAG v. 21.11.2001 – 5 AZR 87/00, DB 2002, 537.
83 BAG v. 29.5.2002 – 5 AZR 680/00, NZA 2002, 1328 = DB 2002, 2330; BAG v. 21.11.2001, NZA 2002 = DB 2002, 537.
84 Vgl. BAG v. 12.1.2005 – 5 AZR 144/04, NZA 2005, 1432 *zu einem Rückforderungsanspruch des Arbeitgebers wegen „Überzahlung"*; zu Recht krit.: Gravenhorst, jurisPR-ArbR 24/2005 Anm. 2, in der zutreffend darauf hingewiesen wird, dass ein für eine freigewerblich-unternehmerische Dienstleistung vereinbarter Vergütungssatz nicht unverändert als Bruttogehalt gelten könne, wenn sich das Dienstverhältnis als Arbeitsverhältnis herausstellt, es müsse wie im öffentlichen Dienst die Vergütung aus § 612 Abs. 2 BGB abgeleitet werden.
85 BAG v. 9.7.1986, DB 1986, 2676 = AP Nr. 7 zu § 242 BGB Geschäftsgrundlage m. Anm. *Mayer-Maly*.

befunden haben, entschieden, dass grds. eine Rückabwicklung nicht in Betracht komme. Die Rückforderung überzahlter Vergütung durch den Arbeitgeber nach Bereicherungsrecht sei in diesem Fall nicht möglich.[86] In dem Fall des BAG ging es um einen Anspruch eines Arbeitgebers gegen den Arbeitnehmer auf Zahlung der Differenz der zwischen der unter der Annahme eines Freien-Mitarbeiter-Verhältnisses gezahlten Vergütung und derjenigen Vergütung, die aufgrund eines Arbeitsverhältnisses zu zahlen gewesen wäre. Andererseits hatte das BAG angedeutet, dass im Einzelfall Veranlassung bestehen könnte, ausnahmsweise von dem Grundsatz der nur zukünftigen Vertragsänderung und -anpassung abzuweichen. Dies könne bspw. sein, wenn das Vertragsverhältnis noch bestehe und die Anpassung an veränderte Verhältnisse zwangsläufig auch in die Vergangenheit zurückwirkt.[87]

Inzwischen entspricht es der **gefestigten Rechtsprechung des BAG**, dass ein Arbeitgeber die **Rückzahlung überzahlter Honorare** verlangen kann, wenn der Arbeitnehmerstatus eines vermeintlichen Solo-Selbstständigen rückwirkend festgestellt wird. Denn mit der Feststellung stehe zugleich fest, dass der Dienstverpflichtete als Arbeitnehmer zu vergüten war und ein Rechtsgrund für die Honorarzahlungen nicht bestand, wenn unterschiedliche Vergütungsordnungen für freie Mitarbeiter und Arbeitnehmer bestanden. Der **Rückzahlungsanspruch** folge aus **§ 812 Abs. 1 S. 1, 1. Alt. BGB**.[88] Mit Urt. v. 14.3.2001 hatte zuvor der 4. Senat des BAG ebenfalls festgehalten: Die rückwirkende Feststellung eines Arbeitsverhältnisses führe dazu, dass anstelle von Honorar nur Arbeitsentgelt geschuldet sei. Die Zahlung des Honorars habe dann einen bereicherungsrechtlichen Anspruch des Arbeitgebers gem. § 812 Abs. 1, § 818 Abs. 3 BGB wegen Überzahlungen, soweit die dem Arbeitnehmer zustehenden Entgeltansprüche geringer sind als die ihm gezahlten Honorare.[89] Zuständig sind die Arbeitsgerichte. Ist streitig, ob der zur Dienstleistung Verpflichtete als selbstständiger Handelsvertreter oder als unselbstständiger Angestellter tätig geworden ist, und damit, ob eine Zuständigkeit der Arbeitsgerichte oder der ordentlichen Gerichte eröffnet ist, ist das Gesamtbild der vertraglichen Gestaltung und der tatsächlichen Handhabung entscheidend.[90]

Die **Höhe des Rückforderungsanspruches** umfasst nicht sämtliche geleisteten Honorarzahlungen, sondern (nur) die **Summendifferenz** zwischen sämtlichen Honorarteilen und sämtlichen Vergütungsansprüchen; i.Ü. ist der Arbeitnehmer nicht

---

86 Vgl. auch LAG Niedersachsen v. 21.2.1995 – 6 Sa 810/94, n.v., wonach eine Rückforderung von Honorarzahlungen und Ersatz des Arbeitnehmeranteils zur Sozialversicherung bei nicht schuldhaft unterbliebenem Beitragsabzug nicht in Betracht komme; a.A. LAG Köln v. 10.9.1998 – 5 Sa 834/98, n.v., wonach Bereicherungsansprüche dem Grunde nach möglich sein sollen; zust. *Hochrathner*, NZA 1999, 1016, 1018 f.; differenzierend *Hohmeister*, NZA 1999, 1009, 1011 ff.
87 BAG v. 9.7.1986, DB 1986, 2676.
88 Vgl. [5. Senat] BAG v. 9.2.2005, NZA 2005, 814.
89 BAG v. 14.3.2001 – 4 AZR 152/00, V 2 der Gründe, NZA 2002, 155 = DB 2002, 326.
90 OLG München v. 20.3.2014 – 7 W 315/14.

F. Solo-Selbstständige ohne Arbeitnehmerüberlassung (Zweier – Beziehung) § 4

ohne Rechtsgrund bereichert.[91] In die vorzunehmende Berechnung ist auch ein etwaiger tariflicher Abfindungsanspruch einzubeziehen.[92]

Praxishinweis
1. **Arbeitgeber** (zuvor Auftraggeber) können grundsätzlich etwaige in der Vergangenheit geleistete **Honorar-Überzahlungen** grundsätzlich **zurückfordern**.
2. **Zu prüfen** ist, ob der Rückforderung ein **Vertrauenstatbestand** entgegensteht.

Zu **berücksichtigen** ist, dass durch die Vereinbarung und Behandlung des Rechtsverhältnisses als freie Mitarbeit beim Dienstverpflichteten ein entsprechender **Vertrauenstatbestand** geschaffen wird. Erweist sich die Zusammenarbeit später als Arbeitsverhältnis, ist das Vertrauen des Arbeitnehmers schützenswert. Die Berufung auf die Arbeitnehmereigenschaft ist grds. **nicht rechtsmissbräuchlich**,[93] es sei denn, dem Dienstverpflichteten sei ein Arbeitsvertrag angeboten worden, den dieser abgelehnt habe.[94] Gleichwohl kann der Dienstverpflichtete dem Bereicherungsanspruch des Arbeitgebers nicht § 814 BGB entgegenhalten, da dieser positive Kenntnis davon gehabt haben müsste, dass er zur Leistung nicht verpflichtet war. Das ist nur der Fall, wenn er aus den ihm bekannten Tatsachen auch eine im Ergebnis zutreffende rechtliche Schlussfolgerung zieht, wobei allerdings eine entsprechende „Parallelwertung in der Laiensphäre" genügt.[95] Beruht die Unkenntnis auf grober Fahrlässigkeit, wie vielfach, schließt das den Rückforderungsanspruch nicht aus.[96]

30

Jedoch braucht der Dienstverpflichtete nur mit einer **Rückabwicklung** für solche **Zeiträume** zu rechnen, für die er ein Arbeitsverhältnis geltend macht. Mit der zwingend gebotenen **Festlegung auf einen bestimmten Zeitraum** ist umgekehrt der Verzicht des Mitarbeiters auf eine Geltendmachung der Arbeitnehmereigenschaft für weiter zurückliegende Zeiträume verbunden.[97]

31

Für den Arbeitnehmer kommt die Berufung auf den **Wegfall der Bereicherung** gem. § 818 Abs. 3 BGB in Betracht. Den Wegfall der Bereicherung muss der Arbeitnehmer beweisen, da es sich um eine rechtsvernichtende Einwendung handelt. Hierzu hat er im Fall einer Überzahlung darzulegen und zu beweisen, dass sich sein Vermögensstand infolge der Gehaltsüberzahlung nicht verbessert hat. Dabei kommen dem Arbeitnehmer Erleichterungen bei der Darlegungs- und Beweislast zugu-

---

91 BAG v. 9.2.2005 – 5 AZR 175/04, NZA 2005, 814.
92 BAG v. 29.5.2002 – 5 AZR 680/00, NZA 2002, 1328 = DB 2002, 2330.
93 BAG v. 17.4.2013 – 10 AZR 272/12.
94 BAG v. 8.11.2006 – 5 AZR 706/05, NZA 2007, 321 unter Bezug auf BAG v. 11.12.1996, NZA 1997, 818 = DB 1997, 1778.
95 BAG v. 9.5.2005, NZA 2005, 814; BAG v. 1.2.2006, NZA 2006, 1064 = DB 2006.
96 BAG v. 8.11.2006 – 5 AZR 706/05, NZA 2007, 321 = DB 2007, 577.
97 BAG v. 8.11.2006 – 5 AZR 706/05, NZA 2007, 321 = DB 2007, 577.

te, wenn es sich um kleinere oder mittlere Arbeitseinkommen und eine gleichbleibende geringe Überzahlung des laufenden Arbeitsentgeltes handelt. Dann besteht die Möglichkeit des Beweises des ersten Anscheins für den Wegfall der Bereicherung. Ein konkreter Nachweis, um solche Nachforderungen nicht mehr bereichert zu sein, ist danach entbehrlich.[98]

Der Lauf einer **Verfallfrist** für den Anspruch des Arbeitgebers auf Rückzahlung der Überzahlungen beginnt erst, wenn feststeht, dass das Vertragsverhältnis kein freier Dienstvertrag, sondern ein Arbeitsverhältnis ist, sei es durch eine rechtskräftige gerichtliche Feststellung oder sei es durch eine entsprechende ggü. dem Arbeitnehmer abgegebene Erklärung; eine etwaige tarifliche Ausschlussfrist tritt dahinter zurück.[99]

32 **Ansprüche des Arbeitnehmers** gegen den Arbeitgeber für die Vergangenheit bestehen in der Behandlung wie vergleichbare Arbeitnehmer. Der vermeintliche Selbstständige (jetzt Arbeitnehmer) kann daher in einem solchen Fall **alle Leistungen** (Haupt- und Nebenleistungen) auf z.B. Lohn(-differenz), Gratifikationen, Sonderzuwendungen, Entgeltfortzahlung, Zusage einer betrieblichen Altersversorgung und sonstige Leistungen, die der Arbeitgeber den **vergleichbaren Arbeitnehmern** in der zurückliegenden Zeit gewährt hat, beanspruchen.[100] Der **Gleichbehandlungsgrundsatz** ist zu berücksichtigen.

dd) Rechtsmissbrauch/Verwirkung/Treu und Glauben

33 Die Geltendmachung des Arbeitnehmerstatus durch den Solo-Selbstständigen kann an **Treu und Glauben** scheitern. In der Praxis wird dies vielfach zu wenig berücksichtigt.[101] Ein Dienstnehmer handelt rechtsmissbräuchlich (§ 242 BGB), wenn er sich nachträglich darauf beruft, Arbeitnehmer gewesen zu sein, obwohl er als freier Mitarbeiter tätig sein wollte und sich jahrelang allen Versuchen des Dienstgebers widersetzt hat, zu ihm in ein Arbeitsverhältnis zu treten.[102] Eine freie Mitarbeiterin verhält sich jedoch nicht widersprüchlich, wenn sie die Beschäftigung so angenommen hat, wie sie von der Beklagten angeboten wurde. Dann liegt kein treuwidriges Verhalten vor.[103] Nimmt ein Rundfunkmitarbeiter eine Statusklage zurück, stellt es i.d.R. eine **unzulässige Rechtsausübung** dar, wenn er sich später zur Begründung

---

98 BAG v. 9.2.2005 – 5 AZR 175/04, NZA 2005, 814 *Rundfunksprecher*; BAG v. 8.11.2006, NZA 2007, 321 = DB 2007, 577 *Rundfunkmitarbeiter*.
99 BAG v. 8.11.2006 – 5 AZR 706/05, NZA 2007, 321 = DB 2007, 577; BAG v. 9.2.2005, NZA 2005, 814.
100 *Hohmeister*, NZA 1999, 1009, 1011 f.
101 *Reinecke*, DB 1998, 1282, 1284.
102 BAG v. 11.12.1996, BB 1997, 1850 = NZA 1997, 818.
103 BAG v. 17.4.2013 – 10 AZR 272/12 *Cutterin*.

der Voraussetzungen tariflicher Unkündbarkeit darauf beruft, er sei durchgehend Arbeitnehmer gewesen.[104]

Das Recht, den Arbeitnehmerstatus geltend zu machen, kann auch verwirken. Eine **Verwirkung** kann angenommen werden, wenn seit der Beendigung des als Selbstständigkeit behandelten Dauerschuldverhältnisses bis zur Erhebung der Statusklage über 8 Monate vergangen sind.[105] Das Klagebegehren ist immer dann verwirkt, wenn der Anspruchsteller die Klage erst nach Ablauf eines längeren Zeitraums erhebt (**Zeitmoment**) und dadurch ein **Vertrauenstatbestand** beim Anspruchsgegner geschaffen wird, er werde nicht mehr gerichtlich in Anspruch genommen.[106] Das Recht, sich auf die Unwirksamkeit einer Kündigung nach § 102 BetrVG zu berufen, ist nach Ablauf von 13 Monaten seit Ausspruch der Kündigung verwirkt.[107] Erklärt ein Arbeitnehmer nach rechtskräftigem Obsiegen in einem Statusverfahren, er wolle wegen der höheren Honorare in Zukunft weiter als freier Mitarbeiter/Solo-Selbstständiger und nicht als Arbeitnehmer behandelt werden, verbieten es ihm Treu und Glauben, nach weiterer zehnjähriger Abrechnung der Leistungen auf Honorarbasis, sich für die Vergangenheit auf den Arbeitnehmerstatus und damit auf den Schutz des KSchG zu berufen. Für die Zukunft ist die Berufung auf den Arbeitnehmerstatus im Zweifel möglich.[108]

34

Schließt ein Dienstnehmer, dessen Vertragsverhältnis bisher als Solo-Selbstständigkeit behandelt wurde, auf seinen Wunsch hin mit seinem Dienstgeber ohne Vorbehalt einen Arbeitsvertrag, nach dessen Inhalt ein Arbeitsverhältnis erst begründet werden soll – und zwar ex nunc (Neueinstellungsvertrag mit Probezeit, Beginn der „Betriebszugehörigkeit" ab Einstellungstermin) –, vereinbart er damit grds. auch, dass die in Selbstständigkeit zurückgelegte Zeit nicht als Arbeitsverhältnis gewertet werden soll – auch soweit die Entstehung oder Anwachsung von Rechten aus der betrieblichen Altersversorgung davon abhängig sein sollte. Eine solche Vereinbarung für zurückliegende Zeit ist grds. zulässig; § 4 Abs. 4 TVG steht dem nicht entgegen.[109]

Auch der Anspruch auf Erteilung eines qualifizierten **Zeugnisses** unterliegt, wie jeder schuldrechtliche Anspruch, bei widersprüchlichem Verhalten der **Verwirkung**. Hat der Kläger zunächst nach Beendigung des Vertragsverhältnisses etwa über ein Jahr lang nichts von sich hören lassen, dann in einem Schreiben mit der Behauptung, Arbeitnehmer gewesen zu sein, für den „Beiträge zu den Sozialversicherun-

---

104 BAG v. 12.8.1999 – 2 AZR 632/98, NZA 2000, 106 = AP Nr. 41 zu § 242 BGB – unzulässige Rechtsausübung.
105 LAG Köln v. 6.8.1999 – 11 Sa 336/99, DB 2000, 98.
106 BAG, 20.5.1988 – 2 AZR 711/87, DB 1988, 2156.
107 LAG Köln, 25.8.1999 – 2 Sa 611/99, DB 1999, 2648.
108 LAG Köln v. 30.8.1995 – 2 Sa 578/95, Revision zurückgewiesen durch BAG v. 11.12.1996 – 5 AZR 855/95, NZA 1997, 817.
109 LAG Köln v. 19.5.2000 – 11 Sa 190/00.

gen zu entrichten sind", unter ausdrücklichem Vorbehalt „eine Klage zum zuständigen Arbeitsgericht und Sozialgericht" zu erheben, außergerichtlich restliche Zahlungsansprüche geltend gemacht, diese dann aber gleichwohl vor den Zivilgerichten einklagt, setzt sich zu seinem vorangegangenen Tun in Widerspruch, wenn er sich plötzlich auf den Standpunkt stellt, nicht Subunternehmer, sondern Arbeitnehmer gewesen zu sein und deshalb einen Zeugnisanspruch zu haben, nachdem er zuvor vor den Zivilgerichten eine deutlich höhere Subunternehmervergütung erzielt hat.[110]

ee) Statusklage

35 Soweit ein Solo-Selbstständiger im Rechtsweg den Status eines Arbeitnehmers geltend macht, ist **Statusklage** zu erheben. Darin muss sich der Mitarbeiter abschließend erklären, **für welche** Zeit er von einem Arbeitsverhältnis ausgeht. Dabei kommt es weder darauf an, ob er die Arbeitnehmereigenschaft für einen bestimmten Zeitraum zum Streitgegenstand erhebt, noch ob er überhaupt eine selbstständige Statusklage betreibt. Maßgebend ist, welche Vorteile er nachträglich aus seiner Arbeitnehmerstellung ziehen will.[111]

Für einen Antrag, festzustellen, dass der Kläger in einem Arbeitsverhältnis zum Beklagten steht (sog. **gegenwartsbezogene Feststellungsklage**), ist das **Feststellungsinteresse** nicht schon deshalb zu verneinen, weil sich der Antrag auf diese Statusfrage beschränkt und strittige Einzelfragen aus dem Arbeitsverhältnis ungeklärt bleiben. Aus dem Grundsatz der Prozessökonomie folgt nicht, dass nur solche Feststellungsanträge den Anforderungen des § 256 Abs. 1 ZPO genügen, die (möglichst) alle unter den Parteien strittigen Fragen klären. Aus demselben Grundsatz folgt auch die Zulässigkeit von Feststellungsanträgen, die die zentrale Streitfrage der Parteien klären.[112] Bei einer solchen gegenwartsbezogenen Formulierung des Feststellungsantrages können sich allerdings Auslegungsfragen stellen. Denn von der Abfassung der Klageschrift bzw. der Rechtshängigkeit der Klage bis zur rechtskräftigen Entscheidung vergeht in aller Regel viel Zeit. Das BAG hat in seiner Entscheidung v. 12.9.1996 einen solchen Antrag einmal so verstanden, dass er sich (nur) auf den Zeitpunkt der letzten mündlichen Verhandlung vor dem LAG beziehe.[113]

---

110 LAG Hamm v. 9.9.1999, NZA-RR 2000, 575 [Ls. 3].
111 BAG v. 8.11.2006 – 5 AZR 706/05, NZA 2007, 321 = DB 2007, 577.
112 St. Rspr., vgl. BAG v. 20.7.1994 – 5 AZR 169/93, NZA 1995, 190 = DB 1995, 834; vgl. auch *Ziemann*, MDR 1999, 513, 519.
113 BAG v. 12.9.1996, DB 1997, 1037 = NZA 1997, 600; vgl. aber auch BAG v. 12.9.1996 – 5 AZR 1066/94, DB 1997, 47 = NZA 1997, 194.

F. Solo-Selbstständige ohne Arbeitnehmerüberlassung (Zweier – Beziehung) § 4

Praxishinweis
Von besonderer Wichtigkeit ist es, im Klageantrag genau zu bestimmen, **für welche Zeit** der Mitarbeiter von einem **Arbeitsverhältnis** ausgeht.

Das BAG sah auch in dem Fall den verlangten Gegenwartsbezug und das erforderliche Feststellungsinteresse bei einem Feststellungsantrag als gegeben an, wonach das beklagte Unternehmen verpflichtet sei, für genannte Zeiträume eine Vergütung nach bestimmten Stufen zu zahlen. Der Gegenwartsbezug werde dadurch hergestellt, dass die Klägerin die Erfüllung konkreter, auf ein höheres Entgelt gerichteter Ansprüche aus einem in der Vergangenheit liegenden Zeitraum und damit gegenwärtige Vorteile erstrebe. Das Feststellungsinteresse bestehe, da mit dem angestrebten Feststellungsurteil die Stufenzuordnung der Klägerin und mit ihr die Berechnung der Vergütung auch zukunftsbezogen dem Streit der Parteien entzogen werde.[114]

Bei der **Wahl des Zeitraumes** ist zu berücksichtigen, dass sich ein ursprüngliches Selbstständigkeits-Verhältnis möglicherweise erst **im Laufe der Zeit zu einem Arbeitsverhältnis gewandelt hat** oder dass sich möglicherweise nach einem Obsiegen des vermeintlich Selbstständigen im Statusprozess **Rückforderungsansprüche des Arbeitgebers** für den Zeitraum ergeben, für den der Arbeitnehmerstatus erstritten worden ist.[115]

Wird das Bestehen eines in der Vergangenheit **bereits beendeten Rechtsverhältnisses (sog. vergangenheitsbezogene Feststellungsklage)** begehrt (... *Es wird festgestellt, dass zwischen den Parteien von ... bis ... ein Arbeitsverhältnis bestanden hat ...*), besteht ein Interesse an der alsbaldigen Feststellung des Rechtsverhältnisses nur, wenn sich aus ihm **Folgen für die Gegenwart oder Zukunft** ergeben.

36

Das Feststellungsinteresse für eine Klage, mit der das Bestehen eines Arbeitsverhältnisses in einem bereits abgeschlossenen Zeitraum festgestellt werden soll, lässt sich nicht mit der Erklärung eines Sozialversicherungsträgers begründen, er werde das Ergebnis der arbeitsgerichtlichen Entscheidung bei der Prüfung der sozialrechtlichen Versicherungspflicht übernehmen.[116] Die Klage auf Feststellung, dass ein einen Paketauslieferungsdienst betreffendes und als Subunternehmerverhältnis bezeichnetes Vertragsverhältnis in Wirklichkeit ein Arbeitsverhältnis gewesen ist, ist als vergangenheitsbezogener Statusprozess bei den Gerichten für Arbeitssachen unzulässig, wenn es dem Kläger nach Beendigung des Vertragsverhältnisses nur um die Feststellung der Sozialversicherungspflichtigkeit seiner früheren Tätigkeit geht

---

114 BAG v. 21.11.2013 – 6 AZR 23/12.
115 *Reinecke*, DB 1998, 1282, 1283.
116 BAG v. 21.6.2000 – 5 AZR 782/98, DB 2001, 52.

und die zuständige AOK bereits ein sozialversicherungspflichtiges Beschäftigungsverhältnis verneint hat.[117]

Die bloße Möglichkeit, dass dem Kläger, wenn er Arbeitnehmer war, Ansprüche auf eine **betriebliche Altersversorgung** zustehen, reicht zur Bejahung des **Feststellungsinteresses nicht** aus.[118] Die Prozessökonomie spricht für die **Erforderlichkeit einer Leistungsklage.**[119] Auch reicht der Hinweis nicht aus, als Arbeitnehmer habe er Aussicht auf eine **höhere Erwerbsunfähigkeitsrente** oder möglicherweise **Versorgungsansprüche** gegen den oder die Arbeitgeber. Das BAG entschied im Fall einer Propagandistin, die sowohl das Kaufhaus als auch den Hersteller von Küchengerätschaften verklagte, dass eine (positive) Sachentscheidung weder den Rentenversicherungsträger binden, noch das Bestehen zweier Ansprüche gegen einen oder beide als Arbeitgeber in Anspruch genommene Beklagten klären würde. Eine Befriedungswirkung könne durch ein Sachurteil nicht erreicht werden. Eine entsprechende Leistungsklage oder eine auf Bestehen der Schadensersatzpflicht gerichtete Feststellungsklage habe Vorrang vor der Statusklage.[120]

Ebenso entfällt i.d.R. das Feststellungsinteresse bei einem beendeten Vertragsverhältnis, wenn **nur noch einzelne Leistungsansprüche** zwischen den Parteien strittig sind. Insb. reicht es nicht aus, wenn zwischen den Parteien nur noch strittig ist, ob der eine Vertragspartner wegen der Nichtabführung von Sozialversicherungsbeiträgen dem anderen Schadensersatz für eine eingetretene Rentenverkürzung schulde.[121]

Ein **rechtliches Interesse** an der Feststellung kann auch dann **nicht bejaht** werden, wenn die Klägerin zum Zeitpunkt der mündlichen Verhandlung fast zwei Jahre für die Beklagte nicht mehr tätig geworden ist und sie seit fast einem Jahr kein einziges Mal ihre Mitarbeit angeboten hat und sie auch nach dem Revisionsurteil nicht erklärt hat, sie wolle wieder arbeiten.[122]

Nach Auffassung des LAG Niedersachsen soll jedoch eine Statusklage bezogen auf ein **vergangenes Rechtsverhältnis** zulässig sein, wenn der Kläger Arbeitslosen-

---

117 LAG Hamm v. 9.9.1999, NZA-RR 2000, 575 im Anschluss an LAG Köln v. 25.3.1998, NZA-RR 1999, 327.
118 BAG v. 3.3.1999 – 5 AZR 275/98, DB 1999, 1224 = NZA 1999, 669, Weiterführung von BAG v. 23.4.1997, DB 1997, 2032 = NZA 1997, 1246.
119 Ziemann, MDR 1999, 513, 518 m.w.N. aus der Rspr. des BAG.
120 BAG v. 23.4.1997 – 5 AZR 727/95, DB 1997, 2032 = NZA 1997, 1246; vgl. ferner *Reinecke*, DB 1998, 1282.
121 LAG Köln v. 30.6.1995, LAGE § 611 BGB Arbeitnehmerbegriff Nr. 29 = AP Nr. 80 zu § 611 BGB Abhängigkeit.
122 LAG Baden-Württemberg v. 7.12.1994 – 3 Sa 78/94, n.v.

F. Solo-Selbstständige ohne Arbeitnehmerüberlassung (Zweier – Beziehung) § 4

geld und/oder Nachversicherung in der Rentenversicherung verfolgt und dadurch seine Sozialversicherungspflicht als Vorfrage geklärt wird.[123]

ff) Rechtsweg

Der Rechtsweg zu den **ArbG** ist gem. § 2 Abs. 1 Nr. 3a ArbGG eröffnet, wenn sich der geltend gemachte Anspruch **nur aus einem als Arbeitsverhältnis zu qualifizierenden Rechtsverhältnis** ergeben kann.[124] Für die Entscheidung über den Antrag „festzustellen, dass zwischen den Parteien ein Arbeitsverhältnis seit dem ... bestanden hat" (Status-Klage), ist der Rechtsweg zu den ArbG gem. § 2 Abs. 1 Nr. 3b ArbGG auch dann gegeben, wenn der Kläger seine Rechtsbehauptung nicht hinreichend substantiiert oder diese sich als falsch herausstellt.[125] Es reicht die bloße Rechtsansicht des Klägers, er sei Arbeitnehmer, zur Bejahung der arbeitsgerichtlichen Zuständigkeit aus, wenn die vor dem ArbG in einer bürgerlich-rechtlichen Streitigkeit erhobene Klage nur dann Erfolg haben kann, wenn der Kläger Arbeitnehmer ist.[126] In diesen Fällen sind die **Tatsachenbehauptungen „doppelrelevant"**, nämlich sowohl für die Rechtswegzuständigkeit als auch für die Begründetheit der Klage maßgebend.[127]

37

Kommen als Anspruchsgrundlage eines **Vergütungsanspruchs** sowohl die Tätigkeit als Solo-Selbstständiger/Freier Mitarbeiter als auch ein Arbeitsverhältnis in Betracht (aut-aut-Fall), hat das Gericht i.R.d. Rechtswegzuständigkeit zu prüfen, ob die tatsächlichen Voraussetzungen einer Arbeitnehmereigenschaft oder zumindest die Voraussetzungen der Zuordnung zur Gruppe der arbeitnehmerähnlichen Personen vorliegen; die **Darlegungs- und Beweislast** für die Annahme der Arbeitnehmereigenschaft oder die Einordnung als arbeitnehmerähnliche Person (§ 5 Abs. 1 S. 2 ArbGG) trifft dabei den Anspruchsteller.[128] Ggf. ist über die bestrittenen entscheidungserheblichen Tatsachen Beweis zu erheben.[129] Allerdings reicht für die **schlüssige Darstellung** der Arbeitnehmerstellung die pauschale Aufzählung von Kriterien, die generell geeignet sind, die Arbeitnehmereigenschaft zu begründen, nicht aus.[130]

38

---

123 LAG Niedersachsen v. 21.2.1995 – 6 Sa 810/94, n.v.
124 LAG Rheinland-Pfalz v. 28.11.2011 – 11 Ta 237/11 *Rechtsstreitigkeit aus dem Arbeitsverhältnis.*
125 LAG Köln v. 3.1.1996 – 13 Ta 179/95, NZA 1996, 1344 = MDR 1996, 721; BAG v. 21.5.1996 – 5 AZB 36/94, n.v. *Rechtsstreitigkeit über das Bestehen oder Nichtbestehen eines Arbeitsverhältnisses.*
126 BAG v. 11.6.2003 – 5 AZB 43/02.
127 Sog. sic-non-Fall; vgl. LAG Köln v. 23.3.1995 – 4 Ta 19/95, NZA 1996, 557; vgl. BAG v. 23.8.2001, DB 2001, 2660; vgl. ferner ausführlich zu den Fallgruppen **sic-non**, **et-et** und **aut-aut** BAG v. 24.4.1996 – 5 AZB 25/95, DB 1996, 1578 = NJW 1996, 2948, sowie BAG v. 23.7.1997 – 7 AZB 29/96, n.v.
128 Vgl. LAG Rheinland-Pfalz, 28.11.2011 – 11 Ta 237/11.
129 BGH v. 27.10.2009, NZA-RR 2010, 99; BAG v. 30.8.1993, NZA 1994, 141.
130 LAG Hamm, 7.2.2011 – 2 Ta 505/10.

> *Praxishinweis*
> Die Rechtsprechung des BAG zu den **Anforderungen** an den **Vortrag des Klägers** für die Rechtswegbestimmung setzt voraus, dass die **tatsächlichen Grundlagen** für die Beurteilung des Arbeitnehmerstatus überhaupt **im Streit** sind.
>
> **Anderenfalls** kommt es auf die Frage, ob ein **sic-non-Fall** vorliegt, für die Bestimmung des zuständigen Gerichtes **nicht an**. Denn wenn die rechtswegbestimmenden Tatsachen unstreitig sind, hat das angerufene Gericht sie rechtlich zu bewerten. Stellt sich dabei heraus, dass der Kläger **Arbeitnehmer** und **nicht Solo-Selbstständiger** ist, und handelt es sich um eine bürgerlich-rechtliche Streitigkeit, ist die Zuständigkeit der Gerichte für Arbeitssachen begründet.
>
> Ergibt sich, dass der Kläger **kein Arbeitnehmer** ist, ist ggf. an das Gericht des zulässigen Rechtsweges zu verweisen.[131]

39 Daher ist die **arbeitsgerichtliche Zuständigkeit** immer dann **gegeben**, wenn sich der Kläger gegen die ordentliche Kündigung des Rechtsverhältnisses wendet, das er selbst für ein Arbeitsverhältnis, der Beklagte dagegen für ein freies Dienstverhältnis hält, und der Kläger **nur Unwirksamkeitsgründe geltend macht, die seine Arbeitnehmerstellung voraussetzen**, z.B. die Kündigung sei mangels sozialer Rechtfertigung nach **§ 1 KSchG** unwirksam.[132] In solchen Fällen bedarf es zur Bestimmung des Rechtswegs keiner **Aufklärung** oder **Beweisaufnahme** über die Tatsachen, aus denen die Arbeitnehmereigenschaft folgt.[133] Ist der Kläger nicht Arbeitnehmer, ist die Klage als unbegründet abzuweisen. Eine Verweisung des Rechtsstreites an das Gericht eines anderen Rechtsweges kommt in diesem Fall nicht in Betracht,[134] es sei denn, der hilfsweise gestellte **Verweisungsantrag** an das LG hat einen anderen Streitgegenstand.[135] Ist der Rechtsweg zu den Gerichten für Arbeitssachen als sog. sic-non-Fall[136] für eine Kündigungsschutzklage gegeben, so ist nach § 2 Abs. 3 ArbGG auch der Rechtsweg zu den Gerichten für Arbeitssachen für sonstige Ansprüche aus dem Rechtsverhältnis der Parteien gegeben, die die Partei im Wege der Klagehäufung geltend macht.[137]

---

131 BAG v. 17.6.1999 – 5 AZB 23/98, DB 1999, 2172 = NZA 1999, 1175.
132 BAG v. 24.4.1996 – 5 AZB 25/95, DB 1996, 1578 = NJW 1996, 2948.
133 BAG v. 9.10.1996 – 5 AZB 18/96, DB 1996, 2448 = NZA 1997, 175; a.A. LAG Hamburg v. 15.11.1995, BB 1997, 998.
134 BAG v. 24.4.1996 – 5 AZB 25/95, DB 1996, 1578 = NJW 1996, 2948; bestätigt durch BAG v. 9.10.1996, NZA 1997, 175 = DB 1996, 2448.
135 BAG, 21.5.1996 – 5 AZB 36/94, n.v.
136 Vgl. BAG v. 24.4.1996 – 5 AZB 25/95, DB 1996, 1578.
137 LAG München v. 26.2.1998 – 3 Ta 1/98, MDR 1998, 784; ausführlich *Ziemann*, MDR 1999, 513.

F. Solo-Selbstständige ohne Arbeitnehmerüberlassung (Zweier – Beziehung) § 4

Jedoch dann, wenn für die Begründung des Rechtsweges zu den ArbG die reine Rechtsbehauptung, es liege ein Arbeitsverhältnis vor, ausreicht, ist einer **Erschleichung des Rechtsweges** für andere Ansprüche über die **Zusammenhangszuständigkeit** nach § 2 Abs. 3 ArbGG mit dem auch im Prozessrecht geltenden Grundsatz von **Treu und Glauben** zu begegnen.[138] Ebenso kommt eine einschränkende Auslegung des § 2 Abs. 3 ArbGG dahin gehend in Betracht, dass diese Norm in Fällen einer nur unterstellten Zuständigkeit keine Anwendung findet. Darauf weist auch das BAG in seiner Stellungnahme an das BVerfG hin.[139] Das BVerfG sieht aus verfassungsrechtlicher Sicht keine Präferenz für eine der genannten Lösungen. Fest stehe jedoch, dass die Gefahr einer Manipulation hinsichtlich der Auswahl des zuständigen Gerichtes durch die klagende Partei dann nicht von der Hand zu weisen sei, wenn diese im Wege der Zusammenhangsklage (§ 2 Abs. 3 ArbGG) mit einem sic-non-Fall weitere Streitgegenstände verbindet. Eine solche Umgehungsmöglichkeit, die dem Kläger de facto die Wahl des Rechtsweges überlasse, sei mit Art. 101 Abs. 1 Satz 2 GG nicht vereinbar. Einer solchen Rechtswegerschleichung sei zu begegnen.[140] Dem ist das BAG gefolgt. Danach kann ein sic-non-Antrag für Zusammenhangsklagen nicht die Zuständigkeit der Gerichte für Arbeitssachen begründen. Andernfalls könnten im Zusammenhang mit einer Statusklage, die nur erhoben wird, um den Rechtsstreit vor die ArbG zu bringen, Streitgegenstände vor die Gerichte für Arbeitssachen gelangen, für die andere Gerichte sachlich zuständig sind.[141]

Trägt der Kläger in einem Kündigungsschutzverfahren **zwei Sachverhaltsvarianten** vor, von denen eine ergibt, dass er nicht Arbeitnehmer der beklagten Arbeitgeberin ist, ist die Klage schon aus diesem Grund abzuweisen. Den für das Vorliegen der persönlichen Voraussetzungen des KSchG und damit für die Arbeitnehmereigenschaft darlegungs- und beweispflichtigen Kläger treffen die Nachteile aus einem **widersprüchlichen Vortrag**.[142] 40

> *Praxishinweis*
> Der Rechtsweg zu den Gerichten für Arbeitssachen ist auch dann eröffnet, wenn der Kläger **entweder Arbeitnehmer** oder **arbeitnehmerähnliche Person/Solo-Selbstständiger** ist.
>
> Es handelt sich um eine auch bei der Rechtswegzuständigkeit zulässige **Wahlfeststellung**.

---

138 LAG Köln v. 5.3.1997 – 4 Ta 253/96, BB 1997, 1212 = MDR 1997, 752 für den Subunternehmer eines Paketdienst-Systems mit 18 selbst ausgewählten Arbeitnehmern und eigenen Fahrzeugen; vgl. ferner LAG Düsseldorf v. 18.12.1997 – 15 Ta 298/97, n.v.
139 BVerfG v. 31.8.1999, DB 1999, 1234, 1235.
140 BVerfG v. 31.8.1999, DB 1999, 1234.
141 Vgl. BAG v. 15.2.2005 – 5 AZB 13/04, NZA 2005, 487 = DB 2005, 728; BAG v. 11.6.2003, NZA 2003, 1163 = DB 2004, 824; LAG Rheinland-Pfalz v. 28.11.2011 – 11 Ta 237/11.
142 BAG v. 8.9.1997 – 5 AZB 3/97, NJW 1998, 701; BAG v. 14.1.1997, NJW 1997, 1724.

§ 4 Solo-Selbstständige

> Im Fall der Wahlfeststellung **reicht** allerdings die **bloße Behauptung**, Arbeitnehmer zu sein, **nicht** aus.[143]

41 Ein Auftragnehmer kann sich zu zwei konzernmäßig verbundenen Auftraggebern zugleich in der **Stellung einer arbeitnehmerähnlichen Person** i.S.d. § 5 Abs. 1 S. 2 ArbGG mit der Folge befinden, dass der Rechtsweg zum ArbG eröffnet ist.[144] Hingegen ist die Tätigkeit eines Rechtsanwalts in einem freien Mandatsverhältnis mit der sozialen Typik eines Arbeitnehmers nicht vergleichbar und kann daher auch nicht als arbeitnehmerähnlich i.S.d. § 5 Abs. 1 S. 2 ArbGG angesehen werden.[145]

42 Hat das LG über die Zulässigkeit des Rechtsweges trotz entsprechender **Rüge** des Beklagten entgegen § 17a Abs. 3 S. 2 GVG nicht vorab, sondern erst im Urteil entschieden und darin die Zulässigkeit des Rechtsweges bejaht, so hat das OLG als **Beschwerdegericht**, wenn es stattdessen den Rechtsweg zu den ArbG für gegeben hält, das erstinstanzliche Urteil durch Beschluss aufzuheben und den Rechtsstreit an das zuständige ArbG zu **verweisen**.[146]

43 Für Klagen auf Zahlung des Arbeitgeberzuschusses **zur gesetzlichen Kranken- und Pflegeversicherung** sind die Gerichte für Arbeitssachen nicht zuständig.[147]

b) Kollektivarbeitsrecht

aa) Neuwahl des Betriebsrates

44 Die **Erhöhung der Zahl** der im Betrieb i.d.R. **beschäftigten Arbeitnehmer** um die Solo-Selbstständigen kann z.B. dazu führen, dass die Arbeitnehmer erstmals die Wahl eines Betriebsrates/Betriebsobmanns oder die Erhöhung der Zahl der Betriebsratsmitglieder verlangen, weil die Zahl von fünf bzw. 21, 51 usw. wahlberechtigten Arbeitnehmern gem. § 9 BetrVG erreicht wird, d.h. die entsprechenden **Schwellenwerte** überschritten werden. Das Überschreiten von i.d.R. mehr als 100 ständig beschäftigten Arbeitnehmern bedeutet, dass ein Wirtschaftsausschuss gem. § 106 BetrVG zu bilden ist. Soweit der Betrieb jetzt i.d.R. mehr als 20 wahlberechtigte Arbeitnehmer hat, gelten bei Betriebsänderungen die §§ 111 ff. BetrVG. Stellt sich heraus, dass durch eine **unrichtige Beurteilung** eines Arbeitnehmers **als Solo-Selbstständiger**, Freier Mitarbeiter o.ä. bei einer **Betriebsratswahl** gegen das aktive oder passive Wahlrecht einzelner Arbeitnehmer gem. §§ 7, 8 BetrVG oder gegen die Zahl der gem. § 9 BetrVG zu wählenden Betriebs-

---

143 BAG v. 16.7.1997 – 5 AZB 29/96, DB 1997, 2127 = NZA 1997, 1126.
144 LAG Berlin v. 31.8.2010, NZA 2011, 174 = DB 2010, 2229.
145 LAG Köln v. 3.2.2011, NZA-RR 2011, 211.
146 BGH v. 4.3.1998, DB 1998, 1460 = NJW 1998, 2057.
147 BAG v. 1.6.1999 – 5 AZB 34/98, DB 1999, 2120, im Anschluss an den GmS OGB, Beschl. v. 4.6.1974, DB 1975, 216.

bb) Zustimmungspflichtige Einstellung

Eine Besonderheit besteht bei der **Einstellung** von **Solo-Selbstständigen**/Freien Mitarbeitern in Bezug auf die Mitbestimmungsrechte des Betriebsrates gem. **§ 99 BetrVG**. Grds. bezieht sich das Mitbestimmungsrecht des Betriebsrats (nur) auf die Einstellung von Arbeitnehmern und nicht auf die Beschäftigung eines freien Mitarbeiters.[149] Nach der ständigen Rechtsprechung des BAG liegt jedoch eine **zustimmungspflichtige Einstellung** bereits dann vor, wenn Personen in den Betrieb eingegliedert werden, um zusammen mit den dort schon beschäftigten Arbeitnehmern den arbeitstechnischen Zweck des Betriebes durch weisungsgebundene Tätigkeit zu verwirklichen. Auf das Rechtsverhältnis, in dem diese Personen zum Arbeitgeber als Betriebsinhaber stehen, kommt es nicht an.[150] Damit kann im Einzelfall das **Mitbestimmungsrecht** des Betriebsrates auch für die eventuelle **Einstellung von Solo-Selbstständigen/** Freien Mitarbeiter **gelten**. Begründet wird dies damit, dass i.R.d. § 99 BetrVG der Grund für die Mitbestimmungspflicht nicht die vom Betriebsrat zu wahrenden Interessen der freien Mitarbeiter sind, sondern die Interessen der Belegschaft. Allerdings sind die Voraussetzungen der **Eingliederung** streng. Dem Arbeitgeber des Beschäftigungsbetriebes muss wenigstens ein Teil des Weisungsrechtes zustehen, kraft dessen er für ein Arbeitsverhältnis typische Entscheidungen über den Arbeitseinsatz zu treffen hat. Nach BAG[151] sind bei der Beschäftigung eines freien Mitarbeiters oder eines freien Handelsvertreters diese Voraussetzungen regelmäßig nicht gegeben. Eine Einstellung i.S.v. § 99 BetrVG komme nur bei **atypischen Fallgestaltungen** in Betracht.[152]

cc) Unterrichtung des Betriebsrates

Nach **§ 80 Abs. 2 BetrVG** hat der Betriebsrat **Anspruch auf Unterrichtung** hinsichtlich der Beschäftigung von **Personen, die nicht in einem Arbeitsverhältnis zum Arbeitgeber stehen,** also **auch bezüglich der Solo-Selbstständigen**. Der Arbeitgeber schuldet insoweit diejenigen Angaben, die der Betriebsrat benötigt, um

---

148 BAG v. 30.10.1991 – 7 ABR 19/91, DB 1992, 742 = NZA 1992, 407; BAG v. 29.5.1991, DB 1992, 46 = NZA 1992, 36; LAG Frankfurt am Main v. 10.12.1985 – 15/5 TaBV 50/85, n.v.; *Kunz/Kunz*, DB 1993, 326, 328 Fn 19 m.w.N.
149 Ebenso *Hromadka*, Anm. zu BAG v. 27.7.1993, SAE 1994, 133.
150 BAG v. 18.10.1994 – 1 ABR 9/94, BB 1995, 518 = SAE 1996, 157; BAG v. 30.8.1994, NZA 1995, 649 = SAE 1995, 289; BAG v. 27.7.1993, NZA 1994, 92 = SAE 1994, 129.
151 BAG v. 30.8.1994 – 1 ABR 3/94, NZA 1995, 649.
152 Vgl. auch für den Einsatz von Fremdpersonal BAG v. 18.10.1994 – 1 ABR 9/94, BB 1995, 518.; BAG v. 5.5.1992, DB 1992, 1936 = NZA 1992, 1044; BAG v. 9.7.1991, DB 1992, 327 = NZA 1992, 275 sowie zur Einstellung von Fremdtrainern BAG v. 23.4.1991 – 1 ABR 47/90, n.v.

§ 4 Solo-Selbstständige

beurteilen zu können, ob und inwieweit Mitbestimmungsrechte in Betracht kommen.

Praxishinweis
Mit **Wirkung zum 1.4.2017** hat der Gesetzgeber in § 80 Abs. 2 BetrVG n.F. und § 92 Abs. 1 Satz 1 BetrVG n.F. den **Inhalt** des bereits bestehenden Informationsrechtes des Betriebsrates über den **Einsatz** von **Personen, die nicht im Arbeitsverhältnis zum Arbeitgeber des** Betriebes stehen, gesetzlich **klargestellt.**[153]

In **§ 80 Abs. 2 S. 1 und 3 BetrVG n.F.** (*Allgemeine Aufgaben des Betriebsrates*) **präzisiert** der Gesetzgeber die **erforderlichen Angaben** durch Ergänzungen des Gesetzestextes. Danach umfasst die Unterrichtungspflicht durch den Arbeitgeber in **§ 80 Abs. 2 S. 1 BetrVG n.F.** insbesondere den zeitlichen Umfang des Einsatzes, den Einsatzort und die Arbeitsaufgaben dieser Personen. Nach dem neu in das Gesetz eingefügten **§ 80 Abs. 2 S. 3 BetrVG n.F.** gehören zu den **erforderlichen Unterlagen**, die dem Betriebsrat auf Verlangen zur Verfügung zu stellen sind, **auch die Verträge**, die der Beschäftigung der in Satz 1 genannten Personen zugrunde liegen. Der Betriebsrat muss sein Auskunftsbegehren nach Art und Umfang konkretisieren. Ist dies wegen der großen Zahl Solo-Selbstständiger und der Vielfalt von Beschäftigungsmodalitäten unmöglich, kann er zunächst eine Gesamtübersicht zu einem von ihm bestimmten Stichtag verlangen.[154]

In **§ 92 Abs. 1 S. 1 BetrVG n.F.** (*Personalplanung*) hat der Gesetzgeber die Pflicht zur rechtzeitigen und umfassenden Unterrichtung des Betriebsrates insoweit klargestellt, als er ... *einschließlich der geplanten Beschäftigung von Personen, die nicht in einem Arbeitsverhältnis zum Arbeitgeber stehen* ... eingefügt hat.

dd) Innerbetriebliche Stellenausschreibungen

47 Nach der Rechtsprechung des BAG kann auch im Fall **einer innerbetrieblichen Stellenausschreibung** (§ 93 BetrVG) der mit dem Mitbestimmungsrecht des § 93 BetrVG verfolgte Schutzzweck es rechtfertigen, dass die Arbeitsplätze auch der selbstständigen Mitarbeiter einzubeziehen sind.[155]

2. Konsequenzen einer falschen Handhabung im Sozialversicherungsrecht

48 Die unrichtige Behandlung von Arbeitnehmern als Selbstständige führt dazu, dass der Arbeitgeber keine Sozialversicherungsbeiträge, d.h. weder Arbeitgeber- noch Arbeitnehmeranteile zur Renten-, Kranken-, Pflege- und Arbeitslosenversicherung

---

153 Vgl. BT-Drucks 18/9232, Begründung A II, S. 16.
154 BAG v. 25.12.1998, DB 1999, 910 = NZA 1999, 722.
155 BAG v. 27.7.1993 – 1 ABR 7/93, NZA 1994, 92 = SAE 1994.

abführt. Gleiches gilt für die Beiträge zur gesetzlichen Unfallversicherung, die der Arbeitgeber allerdings allein zu tragen hat. Da der Arbeitgeber gem. § 28e Abs. 1 SGB IV der Schuldner der **gesamten Sozialversicherungsbeiträge** einschließlich des Arbeitnehmeranteiles ist, führt dies dazu, dass bei einer „Entdeckung" eines versicherungspflichtigen Arbeitsverhältnisses der **Arbeitgeber** sämtliche Sozialversicherungsbeiträge **rückwirkend** ab Beginn des Beschäftigungsverhältnisses i.R.d. Verjährungsregelung (§ 25 SGB IV) **nachzuzahlen** hat.

Dabei können sich die Rentenversicherungsträger auf **Ermittlungsergebnisse** der **Hauptzollämter** stützen.[156] Eigene Ermittlungen der Rentenversicherungsträger im Hinblick auf die Beitragsfestsetzung sind indes geboten, wenn aus den Ermittlungen des Hauptzollamtes bspw. ersichtlich wäre, dass namentlich bekannte, ohne größeren Verwaltungsaufwand befragbare Personen als Arbeitnehmer in Frage kommen könnten und wenn für diese Personen dennoch Beiträge in Form eines Beitragssummenbescheides festgesetzt worden wären. In derartigen oder sonstigen weiteren Fällen sind eigene Ermittlungen erforderlich.[157]

> *Praxishinweis*
> Entdeckt werden kann die unzutreffende Einordnung des Beschäftigten als Selbstständiger im Wesentlichen durch **fünf** Wege:
> - Der Mitarbeiter leitet ein **Antragsverfahren** auf Statusfeststellung ein.
> - Der Arbeitgeber erhält eine **Betriebsprüfung** nach § 28p SGB IV.
> - Betriebsprüfungen **außerhalb des vierjährigen Prüfungszeitraums** werden sehr häufig **auf Veranlassung** der bei den **Hauptzollämtern** angesiedelten Finanzkontrolle Schwarzarbeit durchgeführt; sehr häufig geht es um den Tatbestand der **Scheinselbstständigkeit**.[158]
> - Informationen nach einer **Lohnsteueraußenprüfung** durch Übersenden von Lohnsteueraußenprüfungsberichten an die Träger der gesetzlichen Rentenversicherung im Rahmen von § 31 Abs. 2 AO.
> - Der ehemalige Mitarbeiter beantragt **Arbeitslosengeld** (s. *Fall Lenroxx/ Deutsche Telekom*), und die Deutsche Rentenversicherung ermittelt **von Amts wegen** gem. § 20 Abs. 1 S. 1 SGB X, ob ein sozialversicherungspflichtiges Beschäftigungsverhältnis während der Beschäftigung vorlag oder nicht.

---

156 Vgl. LSG Chemnitz v. 22.4.2016 – L 1 KR 228/11, Leitsatz 1.
157 Vgl. LSG Chemnitz v. 22.4.2016 – L 1 KR 228/11; LSG Schleswig v.7.9.2015 – L 5 KR 147/15 B ER; LSG München v. 31.7.2015 – L 7 R 506/15 B ER; LSG Dresden v. 4.12.2014 – L 1 KR 161/14 B ER; *weitergehend im Sinne eines anderen Maßstabs* LSG München v. 21.3.2013 – L 5 R 605/13 B ER.
158 Vgl. *Diepenbrock*, NZA 2016, 127.

§ 4 Solo-Selbstständige

Nach dem „Gesetz zur Förderung der Selbstständigkeit"[159] ist seit dem 1.1.1999 hinsichtlich der Behandlung von Beitragsrückständen zu unterscheiden, ob ein Versicherungsträger im Rahmen eines rechtzeitigen Anfrageverfahrens nach § 7a SGB IV das Vorliegen einer versicherungspflichtigen Beschäftigung feststellt oder außerhalb eines rechtzeitigen Anfrageverfahrens, z.b. anlässlich einer Betriebsprüfung durch die Krankenkasse ein Beschäftigungsverhältnis aufgedeckt wird.

a) Bei rechtzeitigem Anfrageverfahren

49 Haben Auftragnehmer und/oder Auftraggeber rechtzeitig ein sog. Anfrageverfahren zur Statusklärung gem. § 7a SGB IV bei der Deutschen Rentenversicherung eingeleitet, tritt die **Versicherungspflicht** unter den besonderen Voraussetzungen des § 7a Abs. 6 SGB IV **mit der Bekanntgabe der Entscheidung der Deutschen Rentenversicherung über das Vorliegen eines versicherungspflichtigen Beschäftigungsverhältnisses** ein.

b) Außerhalb eines rechtzeitigen Anfrageverfahrens

aa) Abschaffung des § 7b SGB VI

50 Wird das Vorliegen eines abhängigen Beschäftigungsverhältnisses beispielsweise i.R.d. Betriebsprüfung nach § 28p Abs. 1 S. 5 SGB IV oder durch die Deutsche Rentenversicherung bei verspätet beantragtem Anfrageverfahren festgestellt, **war** die Zahlung von Beitragsrückständen ursprünglich vom Vorliegen bzw. Nichtvorliegen der Voraussetzungen des § 7b SGB IV abhängig. Waren der Beschäftigte und sein Arbeitgeber danach weder vorsätzlich noch grob fahrlässig von einer selbstständigen Tätigkeit ausgegangen, und lag eine anderweitige sozialversicherungsrechtliche Absicherung vor, fand keine rückwirkende Erhebung von Beiträgen statt. Mit dem Gesetz zur Änderung des SGB IV und anderer Gesetze v. 19.12.2007[160] hat der Gesetzgeber – fast unbemerkt – § 7b SGB IV abgeschafft. Dies bedeutet eine **erhebliche Verschärfung** des Risikos für Auftraggeber, weil damit sozialversicherungsrechtliche **Nachzahlungen für die Vergangenheit** verstärkt drohen.

> *Praxishinweis*
> Der Wegfall der Haftungserleichterung durch § 7b SGB VI a.F. bedeutet eine **erhebliche Risiko-Erhöhung für den Auftraggeber**, auf Zahlung von Sozialversicherungsbeiträgen (Nachforderungen) für die Vergangenheit in Anspruch genommen zu werden.
>
> Im Zweifel ist jeder Auftraggeber gut beraten, zur Risikominimierung das **Antragsverfahren zur Statusfeststellung** rechtzeitig einzuleiten.

---

[159] BGBl I 2000, S. 2.
[160] BGBl I, S. 3024.

bb) Nachentrichtung der gesamten Sozialversicherungsbeiträge/Säumniszuschläge

Die Sozialversicherungspflicht tritt seitdem grds. **rückwirkend mit dem Tag des Eintrittes in das Beschäftigungsverhältnis** ein, auch wenn dieser Zeitpunkt Monate oder Jahre zurückliegt. **Schuldner** der gesamten Sozialversicherungsbeiträge einschließlich des Arbeitnehmeranteiles ist nach § 28e Abs. 1 SGB IV der **Arbeitgeber**.

51

Dies gilt auch, wenn der vermeintliche selbstständige Mitarbeiter als **Freiberufler** Beiträge in sein berufsständisches **Versorgungswerk** eingezahlt hatte. Denn die Befreiung von der gesetzlichen Rentenversicherungspflicht zugunsten eines berufsständischen Versorgungswerkes setzt, wenn der Mitarbeiter nicht Selbstständiger i.S.d. Sozialversicherungsrechts ist, einen Befreiungsantrag gem. § 6 Abs. 1 Nr. 1 SGB VI voraus. Einen solchen Befreiungsantrag hatte der freie Mitarbeiter jedoch in aller Regel nicht gestellt, da er ja gerade von echter Selbstständigkeit ausging.[161]

Die **Höhe der nachzuentrichtenden Sozialversicherungsbeiträge** richtet sich nach den vom Arbeitgeber zu erbringenden Beitragsnachweisen. Kommt der Arbeitgeber seiner Pflicht zur Mitteilung der Bezüge seines Arbeitnehmers nicht gem. § 28f Abs. 3 Satz 1 SGB IV nach, ist es zulässig, die Beiträge durch Schätzung festzulegen.[162]

52

Die z.T. horrenden **Nachforderungen** der Rentenversicherungsträger stoßen vielfach auf **Unverständnis**. Dies gilt insbesondere dann, wenn trotz jahrelang unbemängelter Praxis anlässlich einer Betriebsprüfung Beiträge weit in die Vergangenheit nachgefordert werden, obwohl bei mehreren Prüfungen zuvor keine Beanstandung erfolgte. Die Rechtsprechung der Sozialgerichtsbarkeit begründet dies damit, dass Beitragsprüfbescheide aus der Vergangenheit keinen Bestandsschutz genießen, weil sie nicht der Entlastung der Arbeitgeber dienen.

Umso mehr ist zu begrüßen, dass mit detaillierter Begründung auch eine **kritische Stimme aus der Sozialgerichtsbarkeit** zu vernehmen ist.[163] Dieser richtungsweisende Ansatz ist die Anwendung des § 31 SGB X auf jeden Beitragsprüfungsabschluss und in der Folge die Gewährung des Vertrauensschutzes aus § 45 SGB X für die Rücknahme bereits ergangener Prüfbescheide. Das Bayerische LSG hatte in diesem Sinn in zwei Entscheidungen klargestellt, dass bei einer Betriebsprüfung nach § 28p SGB IV **keine Sachverhalte aufgegriffen werden können**, die **im Prüfungszeitpunkt einer bereits abgeschlossenen Prüfung** liegen.[164] Die Spitzen-

---

161 Vgl. zu der Sonderproblematik der freien Mitarbeiter als Freiberufler mit Versorgungswerken ausführlich *Kunz/Kunz*, DB 1999, 583.
162 LSG Hamburg, 19.4.2006 – L 1 KR 35/05.
163 Vgl. Vors. Richter am Bayerischen LSG *Stephan Rittweger*, DB 2011, 2147.
164 LSG Bayern v 18.1.2011 – L 5 R 752/08; LSG Bayern v 7.10.2011 – L 5 R 613/11 B ER; vgl. ferner *Brand*, NZS 2013, 641 ff., 644.

verbände der Sozialversicherung sahen hingegen in den vorgenannten Entscheidungen keine über den Einzelfall hinausgehende Bedeutung, da die Prüfungen der Rentenversicherungsträger sich nur auf Stichproben beschränken würden.[165]

Das LSG Rheinland-Pfalz griff in seiner Entscheidung vom 16.4.2014 ebenfalls den Weg des **Vertrauensschutzes aus § 45 SGB X** auf. Wurde bereits eine Betriebsprüfung durchgeführt und ein Prüfungsbescheid erlassen, so sei dieser erst nach § 45 SGB X zurückzunehmen, bevor zum selben Prüfungszeitraum eine weitere Beitragsnachforderung erhoben werden darf.[166]

Das **BSG** hat nunmehr diese Debatte zumindest vorläufig unter Aufhebung des vorgenannten Urteils des LSG Rheinland Pfalz beendet, indem es erneut die **Zulässigkeit des Eingriffs in abgeschlossene Prüfungszeiträume bestätigt** hat.[167] Eine frühere „beanstandungsfrei" verlaufene Betriebsprüfung mit Schlussbesprechung und ein darauf ergangener Bescheid entfalte keine Bindungswirkung und vermittele keinen „Bestandsschutz". Für die gegenteilige Auffassung gäbe es keine Rechtsgrundlage. Das Sozialversicherungsrecht enthalte gerade keine Vorschrift, die mit der Änderungssperre nach § 173 Abs. 2 S. 1 AO für Steuerbescheide, die aufgrund einer steuerlichen Außenprüfung ergangen sind, vergleichbar ist.

Dieser **Linie des BSG** ist unter dem Aspekt des Vertrauensschutzes in geprüfte Zeiträume **nicht zuzustimmen**. Die Stichproben-Theorie, die es ermöglicht, die Beteiligten **beliebig** und ohne Rechtssicherheit über viele Jahre rückwirkend in Anspruch zu nehmen, widerspricht rechtsstaatlichen Grundsätzen. Es wäre im Interesse der Rechtssicherheit für die geprüften Unternehmen zu begrüßen, wenn das BSG generell die Zulässigkeit des Aufgreifens von Sachverhalten in geprüften Zeiträumen auf krasse Missbrauchsfälle begrenzen würde. Damit würde auch dem in der Praxis häufigen Streit über die zutreffende Dokumentation des Umfangs einer Jahre zurückliegenden Prüfung begegnet.

> *Praxishinweis*
> **Solo-Selbstständige** und insbes. **ihre Auftraggeber** (als Schuldner der gesamten Sozialversicherungsbeiträge) müssen nach der bestätigten Rechtsprechung des BSG damit leben, dass geprüfte und nicht beanstandete Zeiträume Jahre später erneut geprüft werden und **beträchtliche Nachforderungen** erhoben werden. Das ist ein sehr großes Risiko in der Praxis, da die Abgrenzung im Einzelfall bekanntermaßen recht schwierig sein kann, und selbst Gerichte über den gleichen Fall unterschiedlich urteilen.

---

165 Vgl. Besprechung der Spitzenverbände www.bkk.de/Arbeitgeber/Angebote für Arbeitgeber/Informationen der Spitzenorganisationen.
166 LSG Rheinland-Pfalz v. 16.4.2014 – L 4 R 448/12 aufgehoben vom BSG v. 18.11.2015, s. Az.: B 12 R 7/14 R; Bayerisches LSG v. 8.10.2013 – L 5 R 554/13.
167 BSG v. 18.11.2015 – B 12 R 7/14 R; BSG, 30.10.2013 – B 12 AL 2/11 R; vgl. ferner *Neidert/Scheer*, DB 2014, 2471.

F. Solo-Selbstständige ohne Arbeitnehmerüberlassung (Zweier – Beziehung) § 4

Das BSG begründet seine Auffassung im Kern damit, dass es im Sozialversicherungsrecht keine Änderungssperre wie im Steuerrecht gäbe. Auch wenn man der Auffassung des BSG mit guten Gründen entgegentreten kann, unterstreicht dies den Ruf nach dem Gesetzgeber, endlich ein einheitliches System über alle betroffenen Rechtsgebiete zu schafften, damit dieser Begründung der Boden entzogen wird.

Zu den Nachforderungen können **Säumniszuschläge gem. §§ 23, 24 SGB IV** i.H.v. **1 % pro Monat** ab dem drittletztem Bankarbeitstag des Beschäftigungsverhältnisses hinzukommen. Das sind **12 %/Jahr!** Wird eine Beitragsforderung durch Bescheid mit Wirkung für die Vergangenheit festgestellt, ist gem. § 24 Abs. 2 SGB IV ein darauf entfallender Säumniszuschlag **nicht** zu erheben, soweit der Beitragsschuldner glaubhaft macht, dass er **unverschuldet** keine Kenntnis von der Zahlungspflicht hatte. Im Fall eines eingeführten Speditionsinhabers entschied das LSG Bayern, dass dieser objektiv und subjektiv in der Lage gewesen sei, zu erkennen, dass zwischen den von ihm angestellten Fahrern und dem von ihm als selbstständig behandelten Fahrer keine wesentliche Unterscheidung getroffen werden konnte, daher wurden Säumniszuschläge fällig.[168] Dabei ist zu berücksichtigen, dass der Verzicht auf einen Antrag nach § 7a Abs. 1 S. 1 SGB IV vorwerfbar sein kann.[169]

53

Praxishinweis
Die **Säumniszuschläge** nach § 24 Abs. 1 SGB IV i.Hv. **12 % pro Jahr ! (1 % pro Monat)** sollen **Sanktionscharakter** haben und der **Abschreckung** dienen. Es sind keine Zinsen. Gleichwohl bedeuten beispielsweise Säumniszuschläge über drei Jahre 36 % und bei vier Jahren 48 %. Bei der Gesetzesreform hat dies keine Rolle gespielt.

Für die Beteiligten sind daher nicht nur die ggf. in Rede stehenden sozialversicherungsrechtlichen Nachforderungen, sondern auch die Säumniszuschläge große und zum Teil existenzgefährdende Beträge. Mit dem **Statusverfahren nach § 7a SGB IV** kann das Risiko reduziert werden. Ansonsten hilft nur § 24 Abs. 2 SGB IV. Der Beitragsschuldner muss glaubhaft machen, dass er unverschuldet keine Kenntnis von der Zahlungspflicht hatte. Der Gesetzgeber bleibt auch insoweit aufgerufen, das System über die drei tangierten Rechtsgebiete des Arbeits-, Sozialversicherungs- und Steuerrecht zu vereinheitlichen und so zu vereinfachen, dass die Fälle einer falschen Handhabung auf ein Minimum reduziert werden.

---

168 LSG Bayern v. 9.5.2012 – L 5 R 23/12.
169 BSG v. 9.11.2011 – B 12 R 18/09 R, DStR 2012, 662 = SGb 2012, 26.

cc) Verjährungsfristen

54 **Verjährt** sind die Nachentrichtungsansprüche gem. § 25 Abs. 1 S. 1 SGB IV in **4 Jahren** nach Ablauf des Kalenderjahres, in dem sie fällig geworden sind.[170] Allerdings gilt die vierjährige Verjährungsfrist dann nicht, wenn der Arbeitgeber die **Beiträge vorsätzlich hinterzogen** hat. Dann beträgt die Verjährungsfrist gem. § 25 Abs. 1 S. 2 SGB IV **30 Jahre**.[171] Für die Verlängerung der Verjährungsfrist auf 30 Jahre genügt bedingt vorsätzliches Handeln.[172] Dies bedeutet ein hohes Risiko, da es für die Annahme der 30-jährigen Verjährungsfrist ausreicht, wenn der Beitragspflichtige seine Beitragspflicht für möglich gehalten hat, die Nichtabführung der Beiträge aber billigend in Kauf genommen hat.[173]

Der Sozialversicherungsträger muss grds. den **Vorsatz** für die 30-jährige Verjährung **nachweisen**. Die Feststellungslast (**Beweislast**) für den subjektiven Tatbestand trifft im Zweifel den Versicherungsträger, der sich auf die für ihn günstige lange Verjährungsfrist beruft. Dabei kann zu berücksichtigen sein, dass Fehler bei der Beitragsentrichtung, insb. bei wenig verbreiteten Nebenleistungen, bei denen die Steuer- und die Beitragspflicht in komplizierten Verfahren geregelt sind und nicht voll übereinstimmen, nicht selten nur auf fahrlässiger Rechtsunkenntnis beruhen, zumal wenn es sich um kleine Betriebe handelt, bei denen der Arbeitgeber die Beitragsberechnung ohne Fachpersonal selbst vornimmt.[174]

Der Vorsatz muss weder von Beginn an noch während der gesamten Verjährungsfrist vorliegen. Ausreichend ist, dass der Betroffene **zu irgendeinem Zeitpunkt** innerhalb der vierjährigen Verjährungsfrist zumindest mit **bedingtem Vorsatz** die Beiträge vorenthalten hat. Dementsprechend hat das BSG entschieden, dass es für die lange Verjährungsfrist genüge, wenn der Vorsatz des Beitragsschuldners spätestens bis zum Ablauf der vierjährigen Verjährungsfrist vorliege.[175] In Ausnahmefällen kann, wenn keine Verjährung eingetreten ist, das Institut der Verwirkung (§ 242 BGB) der Beitragsnachforderung entgegenstehen.[176]

Mit dem 4. Euro-Einführungsgesetz v. 21.12.2000[177] hat der Gesetzgeber in § 25 Abs. 2 SGB IV eine **spezielle Verjährungshemmung** für den Bereich der **Betriebsprüfung** geschaffen. Mit der Neuregelung wird die Verjährung der Beitragsforderung für die Dauer der Betriebsprüfung gem. § 25 Abs. 2 S. 2 SGB IV gehemmt.

---

170 BSG v. 27.4.2010 – B 5 R 8/08 R, NZS 2011, 307.
171 BSG v. 24.3.1983, DAngVers 1983, 339.
172 BSG v. 9.11.2011 – B 12 R 18/09 R, DStR 2012, 662 ff., 666 = SGb 2012, 26.
173 BSG v 30.3.2000 – B 12 KR 14/99 R, NZA 2000, 876 = NZS 2000, 515; BSG, 21.6.1990 – 12 RK 13/89, Die Beiträge 1991, 112 = DB 1992, 2090.
174 BSG v. 30.3.2000 – B 12 KR 14/99 R, NZA 2000, 876 = NZS 2000, 515; Bay. LSG v. 5.12.2006 – L 5 KR 63/06, n.v.; Bay. LSG v. 24.2.2000 – L 4 KR 84/99, DB 2002, 904 – *Architekt*.
175 BSG v. 30.3.2000, NZA 2000, 876 = BuW 2001, 702 sowie BGH v. 20.3.2003, NJW-RR 2003, 966.
176 LSG Hessen v. 21.8.2006 – L 1 KR 366/02, AuA 2007, 57; BSG v. 14.7.2004, NZS 2005, 538.
177 BGBl I, S. 1983 ff.

F. Solo-Selbstständige ohne Arbeitnehmerüberlassung (Zweier – Beziehung) § 4

> *Praxishinweis zum sozialversicherungsrechtlichen Risiko:*
> Die 30-jährige Verjährungsfrist des § 25 Abs. 1 S. 2 SGB IV ist unter dem **Aspekt des bedingten Vorsatzes** besonders zu gewichten. Das Für-Möglich-Halten einer Beitragspflicht bei der gleichzeitigen billigenden Inkaufnahme der Nichtabführung von Beiträgen ist von der (nur) **fahrlässigen Rechtsunkenntnis** sorgsam abzugrenzen.
> Es **empfiehlt** sich daher unbedingt – heute mehr denn je –, **rechtzeitig ein Statusverfahren** durchzuführen.

dd) Erstattung der Arbeitnehmeranteile

Erstattung i.H.d. **Arbeitnehmeranteile**, also der Hälfte der Beiträge, kann der Arbeitgeber zwar im Prinzip von dem Beschäftigten verlangen, soweit nicht ausnahmsweise eine Nettolohnabrede vereinbart sein sollte. Der Anspruch kann allerdings nur durch **Abzug vom Arbeitsentgelt** geltend gemacht werden, und auch nur, 55

- wenn der unterbliebene Abzug **bei den drei nächsten Lohn- und Gehaltszahlungen nachgeholt** wird (§ 28g S. 3 Hs. 1 SGB IV),
- danach nur, wenn der Abzug „**ohne Verschulden**" des Arbeitgebers unterblieben ist (§ 28g S. 3 Hs. 2 SGB IV).

> *Beispiel:*
> Wenn im April 2017 der Abzug unterbleibt, kann dies i.d.R. nur im Mai, Juni, und Juli 2017 nachgeholt werden.

Voraussetzung in beiden Fällen des § 28g S. 3 SGB IV ist danach, dass das **Beschäftigungsverhältnis** in dem Zeitpunkt, in dem der Arbeitgeber den unterbliebenen Abzug der Arbeitnehmeranteile zur Sozialversicherung nachholen möchte, **noch besteht**. Dem liegt der Gedanke des Sozialversicherungsrechts zugrunde, wonach der Arbeitgeber vom Arbeitnehmer grds. nur im Wege des Lohnabzuges Erstattung der Arbeitnehmeranteile verlangen kann (§ 28g S. 2 SGB IV).

Eine **Ausnahme** von diesem Grundsatz der Erforderlichkeit des noch bestehenden Beschäftigungsverhältnisses besteht nach der Rechtsprechung des BAG dann, wenn der Arbeitnehmer das Beschäftigungsverhältnis bewusst und nur aus dem Grunde kündigt, um sich dem Lohnabzug zu entziehen. In diesem Fall kann es sich um eine vorsätzliche **sittenwidrige Schädigung i.S.v. § 826 BGB** mit der Folge eines entsprechenden Schadensersatzanspruches handeln.[178] In der Praxis wird sich der Nachweis, dass der Mitarbeiter ausschließlich wegen der Lohnabzüge des Arbeitgebers die Kündigung erklärt hat, nur schwer seitens des Arbeitgebers erbringen lassen.[179]

---

178 BAG v. 14.1.1988, BB 1988, 1673.
179 Ebenso *Hohmeister*, NZA 1999, 1009, 1015.

Eine **weitere Ausnahme** gilt gem. § 28g S. 4 SGB IV, wenn der Beschäftigte seinen Pflichten nach § 280 Abs. 1 S. 1 SGB IV (*Angaben zur Durchführung des Meldeverfahrens und der Beitragszahlung*) vorsätzlich oder grob fahrlässig nicht nachkommt. Regelmäßig werden diese Voraussetzungen jedoch nicht erfüllt sein. Denn der Arbeitgeber unterlässt den Beitragsabzug nicht deswegen, weil ihm das **Versicherungsnachweisheft** des Mitarbeiters während der beitragspflichtigen Beschäftigung des Arbeitnehmers nicht vorlag, sondern weil er **irrig** von einer **versicherungsfreien Tätigkeit** des Mitarbeiters ausging. Insofern erfolgte keine Aufforderung an den Mitarbeiter, sein Versicherungsnachweisheft vorzulegen.[180]

56 Soweit bei einem noch bestehenden und weiter fortgeführten Beschäftigungsverhältnis die bei den drei nächsten Lohn- und Gehaltszahlungen anstehenden Beträge, maximal i.H.d. Pfändungsgrenzen, das Volumen der nicht abgeführten Arbeitnehmerbeiträge nicht abdecken, kommt es für den Arbeitgeber entscheidend auf das **Merkmal „ohne Verschulden"** an. Schon zur alten Rechtslage legte die Rechtsprechung an die Verschuldensfrage einen sehr strengen Maßstab an. Verschulden lag danach schon dann vor, wodurch der Rückgriff des Arbeitgebers auf den Beschäftigten ausgeschlossen war, wenn der Arbeitgeber nicht bei der zuständigen Krankenkasse als Einzugsstelle eine Klärung herbeigeführt hatte. Mit der Einführung des **Anfrageverfahrens nach § 7a SGB IV** durch das „Gesetz zur Förderung der Selbstständigkeit"[181] ist von einem Verschulden i.S.d. § 28g S. 3 Hs. 2 SGB IV bereits dann auszugehen, wenn bei Vorliegen von Anhaltspunkten für ein Beschäftigungsverhältnis das Anfrageverfahren nach § 7a SGB IV nicht durchgeführt wurde. Dies bedeutet, dass ein Rückgriff des Arbeitgebers auf den Arbeitnehmer i.d.R. ausgeschlossen ist. Gleichwohl sind Fälle denkbar, in denen der Abzug ohne Verschulden des Arbeitgebers unterblieben ist. Dann kann der unterbliebene Abzug nicht nur bei den drei nächsten Lohn- oder Gehaltszahlungen, sondern auch später noch nachgeholt werden. In diesen Fällen ergibt sich die zeitliche Grenze, wie lange der Abzug später noch nachgeholt werden darf, aus den Grundsätzen der Verjährung. Dafür gilt § 25 SGB IV. Denn unter den Ansprüchen auf Beiträge i.S.d. § 25 SGB IV sind auch die Ansprüche der Arbeitgeber gegen die Arbeitnehmer auf die Arbeitnehmeranteile an den Beiträgen zu verstehen.[182]

> *Praxishinweis zur faktisch ausgeschlossenen Erstattung von Arbeitnehmeranteilen:*
> Ist das **Beschäftigungsverhältnis bereits beendet**, besteht für den Arbeitgeber keine Möglichkeit des Regresses ggü. dem ehemaligen Mitarbeiter auf Erstattung der Arbeitnehmeranteile.

---

180 LAG Niedersachsen.v. 8.5.1995 – 6 Sa 810/94, n.v.
181 BGBl I 2000, S. 2.
182 BSG v. 25.10.1990 12 RK 27/89, NZA 1991, 493.

F. Solo-Selbstständige ohne Arbeitnehmerüberlassung (Zweier – Beziehung) § 4

Ist das **Beschäftigungsverhältnis noch nicht beendet**, kann der Arbeitnehmeranteil vom Arbeitgeber in aller Regel nur durch Abzug bei den drei nächsten Lohn- oder Gehaltszahlungen erfolgen, d.h. auch in diesem Fall trägt regelmäßig der Arbeitgeber de facto praktisch das gesamte wirtschaftliche Risiko. **Vereinbarungen**, nach denen in einem Nachentrichtungsfall der Mitarbeiter verpflichtet ist, dem Arbeitgeber die Arbeitnehmerbeiträge zu erstatten, sind **nach § 32 SGB I nichtig.**

Im Ergebnis wird daher der Arbeitgeber, der einem Solo-Selbstständigen eine durch die vermeintliche Ersparnis ggf. höhere Vergütung als vergleichbaren Arbeitnehmern bezahlt, vielfach auch noch zusätzlich die Arbeitgeber- und Arbeitnehmerbeiträge zur Sozialversicherung nachzahlen müssen. Das sozialversicherungsrechtliche Risiko bei einer falschen Handhabung ist für den Arbeitgeber sehr hoch, zumal ein Rückgriff des Arbeitgebers gegen den Arbeitnehmer wegen der Arbeitgeberanteile schon von vornherein ausscheidet, da diese Anteile nach dem Sozialversicherungsrecht ohnehin nicht von dem Beschäftigten zu tragen sind.[183] Die **nachzuentrichtenden Sozialabgaben** sind allerdings steuerlich abzugsfähige **Betriebsausgaben.**

Haben sich die Parteien in einem Rechtsstreit **vergleichsweise** darauf geeinigt, ein ursprünglich von ihnen vereinbartes „Freies-Mitarbeiter-Verhältnis" abzuwickeln und insb. die sozialversicherungsrechtlichen Vorschriften zu beachten, kann der Arbeitgeber eine Erstattung oder Verrechnung von seinen nachzuentrichtenden Arbeitnehmerbeiträgen nur bei Vorliegen der Voraussetzungen des § 28g SGB IV durchsetzen.[184]

Wird der Arbeitgeber nach einer Prüfung auf Zahlung in Anspruch genommen, so liegt darin i.H.d. **Arbeitnehmeranteile** ein zusätzlicher **geldwerter Vorteil des Arbeitgebers** an seinen Arbeitnehmer, der dem Lohnsteuerabzug unterliegt.[185]

Macht ein Arbeitgeber geltend, er habe Arbeitnehmeranteile an Beiträgen nicht einbehalten, weil er aufgrund eines Vermerkes des Betriebsprüfers „Student" von der **Versicherungsfreiheit** des Beschäftigten **als Werksstudent** ausgegangen sei und kann er nach bindend gewordener Nachforderung von Beiträgen die Arbeitnehmeranteile vom Beschäftigten nicht mehr erhalten, hat er keinen sozialrechtlichen Anspruch auf Ersatz durch die Einzugsstelle.[186]

---

183 *Moll/Reufels*, in: GmbH-Handbuch, Teil IV Rn 81.
184 LAG Köln v. 25.1.1996, LAGE § 28g SGB IV Nr. 5 = ARST 1996, 165.
185 BFH v. 13.9.2007 – VI R 54/03, NZA 2007, 1348 = DB 2007, 2568; BFH v. 21.2.1992, DB 1992, 2603 = BStBl II 1992, S. 443.
186 BSG v. 27.1.2000 – B 12 KR 10/99 R, DStR 2000, 1530 = AuA 2000, 448.

ee) Konsequenzen in strafrechtlicher Hinsicht

57 Im Einzelfall kann die fehlerhafte Behandlung den Straftatbestand der **Hinterziehung von Sozialversicherungsbeiträgen** gem. **§ 266a StGB** erfüllen. § 266a StGB ist ein Sonderdelikt. **Täter kann nur der Arbeitgeber sein.** Den Scheinselbstständigen trifft das Strafverfahren nie.[187]

Strafbar ist gem. § 266a Abs. 1 StGB das Vorenthalten der Arbeitnehmeranteile zur Sozialversicherung. Dies bedeutet, dass bei der Beschäftigung von Scheinselbstständigen nicht nur sozialversicherungs-, arbeits- und steuerrechtliche, sondern auch strafrechtliche Konsequenzen in Rede stehen können.[188] Dies gilt auch dann, wenn der Arbeitgeber sich einlässt, er sei trotz Wissens aller Umstände gleichwohl davon ausgegangen, keine Arbeitgeberstellung ggü. den Arbeitnehmern eingegangen. Denn ein solcher Irrtum würde einen den Vorsatz nicht berührenden Subsumptionsirrtum darstellen, der allenfalls geeignet wäre, einen – i.d.R. durch Einleitung eines Statusverfahrens nach § 7a Abs. 1 SGB IV vermeidbaren – Verbotsirrtum zu begründen.[189] Die Gegenansicht, wonach die Vorstellung des Arbeitgebers (Täters), der von ihm beschäftigte Geschädigte sei selbstständig tätig, sei ein den Vorsatz ausschließender Tatbestandsirrtum gem. § 16 Abs. 1 StGB, hat sich nicht durchgesetzt.[190] Das Vorenthalten der Arbeitgeberanteile zur Sozialversicherung ist nicht strafbar. § 266a StGB ist zugleich Schutzgesetz i.S.d. § 823 Abs. 2 BGB.[191]

3. Konsequenzen einer falschen Handhabung im Steuerrecht

a) Lohn-/Einkommensteuer

58 Die Behandlung eines Beschäftigten als Selbstständiger, der nach den tatsächlichen Gegebenheiten als Arbeitnehmer anzusehen ist, führt zwangsläufig zur Nichtbeachtung der Grundsätze des Lohnsteuerabzugsverfahrens und damit zur Nichtabführung von Lohnsteuer. Bei der **Nachholung der Lohnversteuerung** stellt sich die Frage, ob von einer Netto- oder von einer Bruttolohnvereinbarung auszugehen ist. Der BFH steht auf dem Standpunkt, dass dann, wenn der Lohnsteuerabzug unterblieben ist, weil die Beteiligten irrtümlich von Selbstständigkeit ausgegangen sind, **(nur) die zugeflossenen Einnahmen (Barlohn und Sachbezüge) als Arbeitslohn zu erfassen** sind und nicht ein hochgerechneter Bruttolohn, der sich ergäbe, wenn den zugeflossenen Beträgen die auf sie entfallenden Lohnsteuerbeträge zugerechnet würden.[192] Soweit die Besteuerungsgrundlagen nicht ermittelt oder berechnet

---

187 *Spatscheck/Talaska*, AnwBl. 2010, 203.
188 *Schulz*, NJW 2006, 183.
189 BGH v. 7.10.2009, NJW-Spezial 2010, 57 = BFH/NV 2010, 154.
190 LG Ravensburg v. 26.9.2006, Stv 2007, 412.
191 *Jacobi/Reufels*, BB 2000, 771.
192 BFH v. 23.4.1997 – VI R 12/96, BFH/NV 1997, 656.

F. Solo-Selbstständige ohne Arbeitnehmerüberlassung (Zweier-Beziehung) § 4

werden können, hat sie die Finanzbehörde nach § 162 AO bzw. das Finanzgericht nach § 96 Abs. 1, 2. Hs. FGO i.V.m. § 162 AO zu schätzen. Die Schätzergebnisse müssen schlüssig, wirtschaftlich möglich und vernünftig sein.[193]

> *Praxishinweis*
> Kommt es zu einer **Schätzung durch das Finanzgericht**, muss die finanzgerichtliche Entscheidung in einer für die Revisionsinstanz nachprüfbaren Weise erkennen lassen, dass die finanzgerichtliche Schätzung den Anforderungen an eine möglichst **wirklichkeitsnahe Schätzung** entspricht.

Schuldner der Lohnsteuer ist gem. § 38 Abs. 2 EStG der **Arbeitnehmer**. Neben ihm haftet aber der Arbeitgeber dafür, dass die Lohnsteuer richtig einbehalten und abgeführt wird (§ 42d Abs. 1 Nr. 1 EStG). Soweit die **Haftung** des **Arbeitgebers** reicht, sind Arbeitnehmer und Arbeitgeber gem. § 42d Abs. 3 S. 1 EStG **Gesamtschuldner**. Das Finanzamt kann von jedem Gesamtschuldner die ganze Lohnsteuer fordern; die Leistung des einen befreit auch den anderen Schuldner. Es steht nach § 42d Abs. 3 S. 2 EStG im pflichtgemäßen Ermessen des Betriebsstättenfinanzamtes, welchen Gesamtschuldner es heranziehen will.[194] I.R.d. Ermessensprüfung kommt eine Haftung des Arbeitgebers dann nicht in Betracht, wenn die Steuer ebenso schnell und einfach beim Arbeitnehmer beigetrieben werden kann[195] oder die Steuer beim Arbeitnehmer deshalb nicht nachgefordert werden kann, weil seine Veranlagung zur Einkommensteuer bereits bestandskräftig ist und die für eine Änderung des Steuerbescheides erforderlichen Voraussetzungen nicht vorliegen.[196]

59

Die **Inanspruchnahme** des **Arbeitgebers**[197] ist aber zur Vereinfachung des Verfahrens **regelmäßig zulässig**, wenn z.B. nach einer Lohnsteueraußenprüfung viele Lohnsteuerbeträge aufgrund im Wesentlichen **gleichliegender Sachverhalte** nachzuerheben sind.[198] Anderenfalls wäre das vom Gesetzgeber gewollte vereinfachte Verfahren der Lohnsteuererhebung an der Quelle erheblich beeinträchtigt.[199] Bei einer **Vielzahl von nachzufordernden Lohnsteuerbeträgen** kann es das Finanzamt regelmäßig für zweckmäßig erachten, den Arbeitgeber als Haftungsschuldner in Anspruch zu nehmen, statt die Steuer von den einzelnen Arbeitnehmern nachzufordern.[200] Dieser Grundsatz kann in einzelnen Fällen dahingehend einge-

---

193 BFH v. 18.6.2015 – VI R 77/12, BFH 29.5.2008 VI R 11/07.
194 FG München v. 14.12.2007 – 8 K 849/05, EFG 2008, 687.
195 BFH v 12.1.1968 – VI R 117/66, DB 1968, 878 = BStBl II 1968, S. 324; BFH v. 30.11.1966, DB 1967, 844 = BStBl III 1967, S. 331.
196 BFH v. 9.10.1992 – VI R 47/91, DB 1993, 209 unter Änderung der Rspr. im Urt. v. 26.7.1974 – VI R 24/69, DB 1975, 31 = BStBl II 1974, S. 756.
197 Vgl. R 42d.1 LStR 2015.
198 St. Rspr., vgl. BFH v. 18.8.2005 – VI R 32/03, NZA 2005, 1344 = DB 2005, 2330.
199 BFH v. 24.1.1992 – VI R 177/88, DB 1992, 2011 = BStBl II 1992, S. 696, BFH v. 6.3.1980, DB 1980, 1147 = BStBl II 1980, S. 289.
200 BFH v 29.5.2008 – VI R 11/07, DB 2008, 1952.

schränkt sein, dass bei Arbeitnehmern, die ohnehin zu veranlagen sind, das Finanzamt gehalten sein kann, zunächst über Kontrollmitteilungen zu versuchen, die Lohnsteuer bei den Arbeitnehmern zu erheben. Dazu ist aber erforderlich, dass der Arbeitgeber konkrete Angaben zu den steuerlichen Verhältnissen der betreffenden Arbeitnehmer macht, wozu die Bezeichnung der für die einzelnen Arbeitnehmer zuständigen Finanzämter gehört sowie die Darlegung, dass die Jahressteuerfestsetzungen der Arbeitnehmer noch bevorstehen.[201] Letzteres dürfte jedoch nicht der Regelfall sein.[202] Sind Arbeitnehmer bereits aus dem Arbeitsverhältnis ausgeschieden, kann die Inanspruchnahme des Arbeitgebers ebenfalls ermessensfehlerhaft sein.[203] Hierbei ist jedoch zu beachten, dass der Arbeitgeber trotzdem in Anspruch genommen werden kann, wenn der Versuch des Finanzamtes, die Lohnsteuer nachzuerheben, erfolglos geblieben ist.[204]

> *Praxishinweis*
> Ein **Haftungsbescheid** auf der Grundlage des § 42d Abs. 1 Nr. 1 EStG (Haftung des Arbeitgebers für einzubehaltende und abzuführende Lohnsteuer) ist nicht hinreichend begründet und damit **rechtswidrig**, wenn das Finanzamt im Haftungsbescheid zur **Begründung angekreuzt** hat, dass der Arbeitgeber die Lohnsteuer in unzutreffender Höhe einbehalten und abgeführt habe. Diese „Begründung" wiederholt lediglich den Tatbestand des § 42d Abs. 1 Nr. 1 EStG, **enthält** aber **keine Ermessenserwägungen**, die für die Inanspruchnahme des Arbeitgebers als Haftender gem. § 42d Abs. 3 S. 2 EStG i.V.m. § 191 AO auszuüben sind.[205]

60 Die Haftungsinanspruchnahme des Arbeitgebers wirft die Frage auf, ob dieser nach Erfüllung seiner Haftungsschuld vom Arbeitnehmer Ersatz verlangen kann. Die Rechtsprechung bejaht grds. einen **Rückerstattungsanspruch** des Arbeitgebers gegen den Arbeitnehmer. Begründet wird dies in früheren Entscheidungen mit einem gesetzlichen Auftragsverhältnis analog § 670 BGB,[206] zunehmend mit der Redlichkeitspflicht des Arbeitnehmers, die auf ihn entfallenden Steuern auch zu tragen.[207] Voraussetzung ist, dass die vom Arbeitgeber geschuldete Vergütung als Bruttovergütung gewollt ist.[208] Anders wäre der Rückforderungsanspruch zu beurteilen, wenn die Auslegung des Parteiwillens ergäbe, dass eine Nettolohnvereinbarung beabsichtigt war.

---

201 BFH v. 24.1.1992 – VI R 177/88, DB 1992, 2011 = BStBl II 1992, S. 696.
202 BFH v. 29.5.2008 – VI R 11/07, DB 2008, 1952 – *Telefoninterviewer*.
203 BFH v. 14.4.1967 – VI R 23/66, DB 1967, 1298 = BStBl III 1967, S. 469 m.w.N.
204 BFH v. 18.7.1958, DB 1958, 1090 = BStBl III 1958, S. 384.
205 FG Brandenburg v. 26.6.1996 – 2 K 1162/94 H (L), EFG 1997, 78.
206 BAG v. 24.10.1958 – 4 AZR 114/56, DB 1959, 322 = AP Nr. 7 zu § 670 BGB.
207 BAG v 14.6.1974 – 3 AZR 456/73, DB 1974, 2210 = AP Nr. 20 zu § 670 BGB; vgl. auch *Heldmann*, NZA 1992, 489, der auf § 42d Abs. 1 EStG i.V.m. § 426 BGB als Anspruchsgrundlage verweist.
208 BAG v. 17.3.1960 – 5 AZR 395/58, DB 1960, 642 = AP Nr. 8 zu § 670 BGB.

F. Solo-Selbstständige ohne Arbeitnehmerüberlassung (Zweier – Beziehung) § 4

Praxishinweis
Netto-Vergütung heißt nicht, dass der Arbeitgeber nicht mehr als die vereinbarte Vergütung (also z.b. 2.500,00 EUR) zahlen wollte, sondern würde bedeuten, dass er zugesagt hätte, auch alle Steuern, die zusätzlich zu der vereinbarten Vergütung zu zahlen wären, zu übernehmen.

Eine solche Vereinbarung, durch die der Arbeitgeber die Steuerschuld übernimmt, muss aber den dahin gehenden Willen klar erkennen lassen. Der Arbeitnehmer trägt insoweit **die Darlegungs- und Beweislast**.[209] Schließlich ist zu berücksichtigen, dass es häufig schwierig ist, ehemalige Mitarbeiter aufzufinden und dass es unter Umständen ein langwieriger Weg ist, einen Titel gegen den ehemaligen Arbeitnehmer zu erlangen und durchzusetzen.

Verzichtet der Arbeitgeber, nachdem er die Lohnsteuer bezahlt bzw. nachentrichtet hat, **freiwillig** auf die Erstattung ggü. dem Arbeitnehmer, ohne dass die Rechtslage schwierig oder die Durchsetzung des Anspruches zweifelhaft ist, liegt im Zeitpunkt des endgültigen Regressverzichts die Zuwendung eines **geldwerten Vorteiles** vor, der als zusätzlicher Arbeitslohn zu versteuern ist.[210] Im Jahr 2000 hat der BFH erneut seine Auffassung zur Lohnsteuernachzahlung als steuerpflichtigem Arbeitslohn bestätigt. Führt der Arbeitgeber für zunächst als steuerfrei behandelten Arbeitslohn nachträglich Lohnsteuer an das Finanzamt ab, so fließt dem Arbeitnehmer hierdurch zusätzlicher steuerpflichtiger Arbeitslohn zu. Da der Arbeitgeber die Lohnsteuer für den Arbeitnehmer übernimmt, liegt erst im Zeitpunkt der Übernahme (Zahlung) durch den Arbeitgeber der geldwerte Vorteil vor.[211]

Für den zum Arbeitnehmer umqualifizierten ehemaligen Solo-Selbstständigen/Freien Mitarbeiter können sich nach der Umqualifizierung seiner Einkünfte und dem Erlass geänderter Einkommensteuerbescheide weitere **Nachzahlungen** ergeben. Als Arbeitnehmer kann der Mitarbeiter **keine Betriebsausgaben**, sondern stattdessen **Werbungskosten** geltend machen. Betriebsausgaben und Werbungskosten sind jedoch nicht in vollem Umfang gleichzusetzen. Die bisher von dem Betroffenen in seiner Gewinn- und Verlustrechnung bzw. seiner Einnahmen-Überschussrechnung fälschlicherweise ausgewiesenen Betriebsausgaben sind genau dahingehend zu überprüfen, ob sie als Werbungskosten anzusetzen sind. Kürzungen erfolgen regelmäßig bei sog. Repräsentations- und Bewirtungsaufwendungen und den Pkw-Kosten. Letztere sind bei Arbeitnehmern nur eingeschränkt i.R.d. Entfernungspauschale gem. § 9 Abs. 1 Nr. 4 EStG oder der Pauschale für Dienstreisen als Werbungskosten abzugsfähig. Positiv kann sich demgegenüber die Gewährung des

---

209 BFH v. 18.5.1972 – IV R 168/68, DB 1972, 1901 = BStBl II 1972, S. 816.
210 BFH v. 24.4.1961 – VI 219/60 U, DB 1961, 902 = BStBl III 1961, S. 285; vgl. auch zur Höhe der Inanspruchnahme des Arbeitgebers im Lohnsteuerhaftungsverfahren, wenn noch nicht feststeht, ob der Arbeitgeber tatsächlich auf seinen Regress verzichten wird, BFH v. 29.10.1993 – VI R 26/92, DB 1994, 610 = BStBl II 1994, S. 197.
211 BFH v. 29.11.2000 – I R 102/99, DB 2001, 846 = DStR 2001, 483.

§ 4 Solo-Selbstständige

Arbeitnehmer-Pauschbetrages von 1.000 EUR (bis VZ 2010 920 EUR) auswirken (§ 9a Abs. 1a EStG). Nicht zu unterschätzen ist auch die **Verzinsung** der **Steuernachforderungen** gem. § 233a AO.

> *Praxishinweis*
> In Zweifelsfällen können sich die Vertragsparteien **vor Abschluss** des Freien-Mitarbeiter-Vertrages Rechtssicherheit in steuerlicher Hinsicht durch Einholung einer **steuerlichen Anrufungsauskunft** gem. § 42e EStG beim zuständigen Finanzamt verschaffen.
>
> Zusammen mit der Möglichkeit, ein **sozialversicherungsrechtliches Anfrageverfahren** nach § 7a SGB IV durchführen zu können, lässt sich in steuerlicher und sozialversicherungsrechtlicher Sicht ein wesentlicher Schritt in Richtung Rechtssicherheit erzielen.

b) Umsatzsteuer

62 Umsatzsteuerrechtliche Konsequenzen ergeben sich für den **Arbeitgeber** hinsichtlich der Berechtigung zum Vorsteuerabzug, soweit bei der Beurteilung des Gesamtbildes[212] eine unselbstständige Tätigkeit festgestellt wird. Denn der Arbeitgeber ist nur dann zum **Vorsteuerabzug** gem. § 15 Abs. 1 Nr. 1 UStG berechtigt, wenn die Umsatzsteuer von einem Unternehmer gesondert in Rechnung gestellt worden ist. Zweifel an der Unternehmereigenschaft des „freien Mitarbeiters" gehen zulasten des Arbeitgebers als Leistungsempfänger. Dieser trägt die objektive Beweislast.[213] Gelingt dem Arbeitgeber nicht der Nachweis, ist er nicht berechtigt, die von dem „freien Mitarbeiter" in Rechnung gestellte Umsatzsteuer als Vorsteuer abzuziehen.

> *Beispiel 1:*
> Bei **fünf scheinselbstständigen Solo-Selbstständigen** mit einem Honorar von jeweils 2.000 EUR/Monat plus derzeit 19 % USt = 380 EUR errechnet sich ein Gesamthonorar von 120.000 EUR/Jahr plus 22.800 EUR USt/Jahr. Bei einem **Prüfungszeitraum von bspw. 3 Jahren** ergeben sich bereits **68.400 EUR Vorsteuerkürzung** für den Arbeitgeber **plus Nachzahlungszinsen** gem. § 233a AO.

> *Beispiel 2:*
> Bei **Beschäftigung eines vermeintlich Solo-Selbstständigen** zu einem Honorar von z.B. 3.000 EUR plus 570 EUR USt/Monat × 12 = 6.840 EUR USt/Jahr, bei zwei vermeintlich freien Mitarbeitern 13.680 EUR USt/Jahr; bei einem Prüfungszeitraum von **z.B. 3 Jahren** im Rahmen einer Betriebsprüfung wird also bereits über **41.040 EUR nur für die Umsatzsteuer** verhandelt.

---

[212] Vgl. zum Gesamtbild für die Umsatzsteuer insb. BFH v. 16.5.1995, BFH/NV 1995, 1103.
[213] BFH v. 19.10.1978 – V R 39/75, DB 1979, 1210 = BStBl II 1979, S. 345.

F. Solo-Selbstständige ohne Arbeitnehmerüberlassung (Zweier – Beziehung) § 4

Gleichwohl schuldet der Arbeitnehmer, der seinem Arbeitgeber Rechnungen mit gesondertem Umsatzsteuerausweis ausgestellt hat, ohne Unternehmer zu sein, dem Finanzamt die in seinen Rechnungen ausgewiesene Umsatzsteuer gem. § 14c Abs. 2 UStG. Damit die **Finanzbehörde** in diesem Fall die in Rechnung gestellte Umsatzsteuer nicht doppelt beanspruchen kann, besteht gem. § 14c Abs. 2 S. 3 bis 5 UStG die Möglichkeit der **Berichtigung des geschuldeten Steuerbetrages**, soweit die Gefährdung des Steueraufkommens beseitigt ist. Die Gefährdung des Steueraufkommens ist beseitigt, wenn ein Vorsteuerabzug beim Empfänger der Rechnung nicht durchgeführt oder die geltend gemachte Vorsteuer an das Finanzamt zurückgezahlt worden ist.

Praxishinweis
Das Verfahren läuft wie folgt ab:
- Zunächst muss der Arbeitnehmer, der die Rechnung ausgestellt hat, den unberechtigten Steuerausweis ggü. dem Belegempfänger, d.h. ggü. dem Arbeitgeber, **für ungültig erklären**.[214]
- Danach hat der Rechnungsaussteller die **Berichtigung** des geschuldeten Steuerbetrages bei dem für seine Besteuerung **zuständigen Finanzamtes gesondert schriftlich zu beantragen**.
- Das **Finanzamt hat** durch Einholung einer Auskunft beim Finanzamt des Rechnungsempfängers **zu ermitteln, in welcher Höhe und wann** ein unberechtigt in Anspruch genommener **Vorsteuerabzug** durch den Rechnungsempfänger zurückgezahlt wurde.
- Nach Einholung dieser Auskunft teilt das Finanzamt des Schuldners des unberechtigt ausgewiesenen Betrages diesem mit, für welchen Besteuerungszeitraum und in welcher Höhe die Berichtigung des geschuldeten Steuerbetrages vorgenommen werden kann. Die **Berichtigung des geschuldeten Steuerbetrages** ist in entsprechender Anwendung des § 17 Abs. 1 UStG für den Besteuerungszeitraum vorzunehmen, in dem die Gefährdung des Steueraufkommens beseitigt worden ist.[215]

Ebenso liegt der Fall, wenn der Mitarbeiter nicht selbst eine Rechnung ausstellt, sondern der Arbeitgeber/Auftraggeber ihm eine **Gutschrift** i.S.d. **§ 14 Abs. 2 S. 2 UStG** ausstellt. Der **Unterschied** zwischen einer **Rechnung** und einer **Gutschrift** liegt darin, dass nicht der Leistende, sondern der Leistungsempfänger über die Leistung abrechnet. Eine Gutschrift wird auch nicht dadurch zu einer Rechnung, dass der Leistungsempfänger (hier: Auftraggeber) sich die Gutschrift vom Leistenden (hier: Auftragnehmer/Mitarbeiter) unterschreiben lässt.[216] Hat der Arbeitgeber (Leistungsempfänger) dem Arbeitnehmer eine Gutschrift erteilt, die nach § 14

---

[214] Vgl. UStAE Abschn. 14c.1.
[215] § 14c Abs. 2 S. 5 UStG, vgl. auch UStAE Abschn. 14c.1.
[216] BFH v. 27.9.1979, DB 1980, 1626 = BStBl II 1980, S. 228.

Abs. 2 S. 2 UStG die Wirkung einer Rechnung hat, schuldet auch in diesem Fall der Empfänger der Gutschrift, d.h. der Arbeitnehmer die zu Unrecht ausgewiesene Umsatzsteuer.[217] Auch in diesem Fall ist eine Berichtigung des Steuerbetrages i.S.v. § 14c Abs. 2 S. 3 UStG erforderlich.

63 Zum **Vorsteuerabzug** ist der **Arbeitnehmer** nicht berechtigt, weil dieser gem. § 15 UStG nur einem Unternehmer zusteht und er dies gerade nicht ist, d.h. er muss sämtliche erhaltene Vorsteuer seinerseits an das Finanzamt in voller Höhe zurückzahlen.

64 Soweit **Solo-Selbstständige** in Übereinstimmung mit den tatsächlichen Verhältnissen zulässigerweise als freie Mitarbeiter von ihren Auftraggebern statt einer Kostenerstattung auf km-Basis einen **Pkw kostenfrei** zur ausschließlichen Durchführung von **Fahrten im betrieblichen Interesse** des Auftraggebers **erhalten**, stellt dies keine Leistung des Auftraggebers und somit kein (zusätzliches) Entgelt für die Tätigkeit des freien Mitarbeiters dar. Es handelt sich vielmehr um eine **nicht steuerbare Beistellung**. Die Nutzung des Fahrzeugs für andere Zwecke muss durch klare und eindeutige Vereinbarungen verboten werden, die auch tatsächlich beachtet, überwacht und durchgesetzt werden.[218] Ist der Solo-Selbstständige berechtigt, das Fahrzeug auch für **private Fahrten** zu benutzen, liegt ein tauschähnlicher Umsatz vor gem. § 3 Abs. 12 S. 2 UStG.[219]

c) Gewerbesteuer

65 Gerade der Abschluss eines Freien-Mitarbeiter-Vertrages suggeriert dem Beschäftigten z.T., dass er, insb. wenn sein Auftraggeber – z.B. als Architekt oder Ingenieur – Freiberufler ist, auch **freiberuflich i.S.d.** § 18 EStG tätig sei und damit nicht der Gewerbesteuer unterliege. Für die Einstufung einer freiberuflichen Tätigkeit in diesem Sinne ist aber nicht die Person des Auftraggebers, sondern allein die **berufliche Qualifikation** zum Freiberufler und zusätzlich die **konkrete Tätigkeit** des freien Mitarbeiters maßgebend.

> *Beispiel 1:*
> Hat der freie Mitarbeiter, der z.B. eine Tätigkeit als **Bauleiter** ausübt, keinen Architektenstatus oder einen aufgrund seiner Berufsausübung und -ausbildung dem Architekten ähnlichen Status, weil ihm die dafür erforderliche Qualifikation und Berufsausbildung zur gestalterischen, technischen und wirtschaftlichen Planung von Bauwerken fehlt, so unterliegt er der Gewerbesteuer.

---

217 Vgl. auch BMF-Schreiben v. 29.1.2004, BStBl I 2004, S. 258, Rn 7.
218 BFH v. 12.5.2009, BStBl II 2010, S. 854.
219 BFH v. 12.5.2009, BStBl II 2010, S. 854; Vfg. OFD Karlsruhe v. 5.4.2011 – S 7100; vgl. ferner zum Vorsteuerabzug und Umsatzbesteuerung bei (teil-)unternehmerisch verwendeten Fahrzeugen, BMF-Schreiben v. 5.6.2014, BStBl I 2014, 896.

> *Beispiel 2:*
> Stellen ein **Kameramann** und ein **Tontechniker** als Gesellschafter einer Personengesellschaft für Fernsehanstalten mit Originalton unterlegtes Filmmaterial über aktuelle Ereignisse her, sind sie als Bildberichterstatter freiberuflich i.S.d. § 18 Abs. 1 Nr. 1 EStG tätig. Geben sie teilweise Aufträge an andere Kameramänner und Tontechniker weiter, ohne insoweit auf die Gestaltung des Filmmateriales Einfluss zu nehmen, sind sie mangels ausschließlich eigenverantwortlicher Tätigkeit insgesamt gewerblich tätig.[220]

Stellt sich jedoch heraus, dass die Beschäftigten zu Unrecht als freie Mitarbeiter behandelt wurden und tatsächlich Arbeitnehmer sind, hat dies zur Folge, dass eine Gewerbesteuerpflicht nicht besteht. Bereits ergangene Gewerbesteuermessbescheide sind aufzuheben, und eventuell gezahlte Gewerbesteuer ist zu erstatten.

d) Verjährung bei Einkommens-/Lohn-, Umsatz- und Gewerbesteuer

Die Verjährung von Ansprüchen des Finanzamtes richtet sich nach § 169 AO i.V.m. § 170 Abs. 2 AO. Eine Änderung von Steuerbescheiden aufgrund neuer Tatsachen (§ 173 AO), die dem Finanzamt z.b. durch eine **Außenprüfung** erst bekannt werden, ist noch **bis zu 4 Jahre** nach Ablauf des Kalenderjahres, in dem die Steuererklärung abgegeben wurde, möglich. Bei **leichtfertiger Steuerverkürzung** beträgt die Festsetzungsfrist **5 Jahre** (§ 169 Abs. 2 S. 2 Hs. 2 AO). Leichtfertigkeit bedeutet einen erhöhten Grad von Fahrlässigkeit. Bewusste Fahrlässigkeit ist nicht erforderlich. Bei **Steuerhinterziehung** beträgt die Festsetzungsfrist **10 Jahre** (§ 169 Abs. 2 S. 2 Hs. 1 AO).

e) Straf- und bußgeldrechtliche Auswirkungen

Im Einzelfall kann die fehlerhafte steuerliche Behandlung den Tatbestand der vorsätzlichen **Hinterziehung von Steuern** (§ 370 AO) oder leichtfertigen **Verkürzung von Steuern** (§ 378 AO) erfüllen.

G. Solo-Selbstständige in der Arbeitnehmerüberlassung (Dreier – Beziehung)

I. Praxisrelevanz – Renaissance der Freien – Mitarbeiter – Verträge?

Arbeitnehmerüberlassung ist eine **etablierte Form** des **flexiblen Personaleinsatzes**. Sie bietet Unternehmen Möglichkeiten zur **Abdeckung von Auftragsspitzen** und **kurzfristigen Personalbedarfen**. Ebenso kommt ihr eine arbeitsmarktpoliti-

---

220 BFH v. 20.12.2000 – XI R 8/00, BB 2001, 866.

§ 4 Solo-Selbstständige

sche Bedeutung zu.[221] Gleichwohl ist Arbeitnehmerüberlassung im Rahmen wirtschaftlicher Tätigkeit grundsätzlich verboten, es sei denn, der Verleiher verfügt über eine entsprechende Erlaubnis (**präventives Verbot mit Erlaubnisvorbehalt**[222]) und kennzeichnet nach der neuen Rechtslage zum 1.4.2017 die Arbeitnehmerüberlassung als solche.

69 Die Arbeitnehmerüberlassung wird **innerhalb eines Dreipersonenverhältnisses** abgewickelt, an dem Verleiher, Entleiher und der verleihende Arbeitnehmer beteiligt sind. Zwischen Verleiher und Entleiher wird der Arbeitnehmerüberlassungsvertrag geschlossen, mit dem sich der Verleiher verpflichtet, dem Entleiher vorübergehend einen geeigneten Arbeitnehmer zur Arbeitsleistung zu verschaffen (Gattungsschuld). **Arbeitgeber** des Leiharbeitnehmers ist der Verleiher, so bleibt es auch während der Überlassungszeit. Arbeitnehmerüberlassung kommt daher schon begrifflich nur in Betracht, wenn **Arbeitnehmer** überlassen werden. **Leiharbeitnehmer** kann jeder sein, der auch Arbeitnehmer sein kann.

Solo-Selbstständige sind begrifflich Selbstständige und grundsätzlich **gerade keine Arbeitnehmer**. Dies gilt aber dann nicht, wenn es sich um **Scheinselbstständigkeit** handelt. Danach sind Arbeitnehmer im Sinne des Arbeits-, Sozialversicherungs- und Steuerrechts auch Personen, die formal wie Selbstständige auftreten, tatsächlich aber abhängig Beschäftigte sind (Scheinselbstständige, s. im Einzelnen oben Rdn 10 ff.).

Der Arbeitgeber/Verleiher hat die Pflicht zu prüfen, ob ein Auftragnehmer als Arbeitnehmer bei ihm abhängig beschäftigt oder selbstständig als Solo-Selbstständiger tätig ist. Die Bezeichnung ist für die rechtliche Bewertung nicht entscheidend. Werden so genannte „freie Mitarbeiter" zur Arbeitsleistung überlassen und beim Entleiher als Arbeitnehmer eingesetzt, liegt **Arbeitnehmerüberlassung** vor.[223]

Liegt nach sorgfältiger Prüfung **echte Selbstständigkeit** im Verhältnis des Solo-Selbstständigen zu seinem Auftraggeber vor, **scheiden** die Rechtsfolgen unerlaubter **Arbeitnehmerüberlassung** grundsätzlich **aus**.

Dies könnte zu einer Renaissance bzw. zu einem Anstieg der Freien-Mitarbeiter-Verträge in Form von Dienst- und Werkverträgen zwischen Solo-Selbstständigen und ihren Auftraggebern führen (s. nachfolgend zu den Chancen und Risiken Rdn 70 ff.).

> *Praxishinweis*
> Die **Abgrenzung**, ob bei dem Solo-Selbstständigen im Einzelfall echte Selbstständigkeit oder Unselbstständigkeit (Scheinselbstständigkeit) vorliegt, ist im Dreipersonenverhältnis nicht minder schwierig als im Zweipersonenverhältnis.

---

221 BT-Drucks 18/9232 v. 20.7.2016, Gesetzentwurf der Bundesregierung, A S. 1.
222 Vgl. 1.1 Abs. 1 S. 2 GA AÜG 2016 der Bundesagentur für Arbeit GR22 – 7160.4(1).
223 Vgl. 1.1.2 Abs. 9 S. 3 GA AÜG 2016.

G. Solo-Selbstständige in der Arbeitnehmerüberlassung (Dreier – Beziehung) § 4

Erforderlich ist zunächst die Abgrenzung des Dienst- oder Werkvertrages des Solo-Selbstständigen mit seinem Vertragspartner im Verhältnis zum Arbeitsvertrag.

Hilfreich kann die Hinzuziehung einer umfassenden **Auswertung der Rechtsprechung für über 100 Berufsgruppen** sein.[224]

Bei echter Selbstständigkeit des Solo-Selbstständigen scheiden die Rechtsfolgen unerlaubter Arbeitnehmerüberlassung grundsätzlich aus.

Es gibt allerdings viele **Fallstricke** und zum Teil **ungeklärte Rechtsfragen**.

II. Einordnung in Fallgruppen

Aufgrund der **zahlreichen Begriffe**, die in diesem Zusammenhang verwandt werden, erscheint es vorab sinnvoll, – ohne Anspruch auf Vollständigkeit – einen gewissen **Überblick** über einige in der Praxis gebräuchliche Begriffe zu geben: 70

---

224 Vgl. *Kunz* in: Berscheid/Kunz/Brand/Nebeling, Praxis des Arbeitsrechts, Kapitel 16 Rn 913 ff. *Berufsgruppenlexikon.*

1. Fallgruppe 1: Überlassung eines echten Solo-Selbstständigen/Freien Mitarbeiters aufgrund eines echten Dienst-/Werkvertrages an einen Dritten

71

Solo-Selbstständiger ---*echter*--- Dienstleister ---*echter*--- Dritter
Dienst-/Werkvertrag   *Dienst-/Werkvertrag*

a) Arbeitsrecht – Nichtanwendbarkeit des AÜG

72 Nach ganz überwiegender Meinung scheidet Arbeitnehmerüberlassung i.S.v. § 1 AÜG von vornherein aus, wenn der **Überlassene kein Arbeitnehmer** ist. Die Voraussetzung des § 1 Abs. 1 S. 1 AÜG – Arbeitnehmereigenschaft des Überlassenen – ist dann nicht gegeben. **Selbstständige** können **nicht** als **Leiharbeitnehmer** an Entleiher überlassen werden.[225] Der Erlaubnispflicht unterliegt nicht die Zurverfügungstellung Selbstständiger.[226] Die Rechtsfolge des § 10 Abs. 1 S. 1 AÜG kann nicht entsprechend auf den Fall eines freien aber wirtschaftlich abhängigen Mitarbeiters angewendet werden.[227]

Die **Neufassung** des § 1 AÜG hält dementsprechend im neu eingefügten **§ 1 Abs. 1 S. 3 AÜG** klarstellend fest:

> Die Überlassung und das Tätigwerden von Arbeitnehmern ist nur zulässig, soweit zwischen dem Verleiher und dem Leiharbeitnehmer ein Arbeitsverhältnis besteht.

Ist indes die Selbstständigkeit gegeben, kommt es für die Prüfung/Gestaltung der Rechtsbeziehungen und Vertragsverhältnisse im Grundsatz weder darauf an, ob der Verleiher eine Erlaubnis zur Arbeitnehmerüberlassung hat und seiner Kennzeichnungspflicht nach der neuen Rechtslage gem. § 1 Abs. 1 S. 5 u. 6 AÜG nachgekommen ist, **noch** um **welches Rechtsverhältnis** es sich letztlich zwischen dem Dienstleistungs-/Beratungsunternehmen und dem Drittunternehmen (Kunden) handelt. Selbstständigen-Überlassung kann grundsätzlich keine Arbeitnehmer-Überlassung sein. Das widerspricht sich.

73 Im **ersten Schritt** ist daher zunächst stets das **Rechtsverhältnis** zwischen dem **Mitarbeiter** (Arbeitnehmer oder Freelancer/Solo-Selbstständiger) und dem **Beratungs- oder Dienstleistungsunternehmen** zu betrachten.

---

225 BAG v 9.11.1994 – 7 AZR 217/94; LAG Düsseldorf v. 21.7.2015 – 3 Sa 6/15, n.rkr., Az. beim BAG 9 AZR 403/15.
226 *Klumpp/Engelbrecht* in Berscheid/Kunz/Brand/Nebeling, Praxis des Arbeitsrechts, § 16 Rn 1551.
227 LAG Düsseldorf v. 21.7.2015 – 3 Sa 6/15 Leitsatz 3, Verfahren beendet durch Vergleich beim BAG am 15.11.2016, Az. 9 AZR 403/15.

G. Solo-Selbstständige in der Arbeitnehmerüberlassung (Dreier – Beziehung) § 4

Haben die Parteien ein Arbeitsverhältnis vereinbart, ist dieses regelmäßig als solches einzuordnen.[228] Eine weitere Prüfung des ersten Schritts ist dann nicht erforderlich.

Ansonsten ist für die rechtliche Einordnung des Rechtsverhältnisses des Solo-Selbstständigen zu seinem Auftraggeber die Abgrenzung zum arbeitsrechtlichen Arbeitnehmerbegriff nach § 611a BGB n.F. mit den oben aufgeführten Abgrenzungsschwierigkeiten maßgeblich (s. oben Rdn 1 und 9 ff.). Entscheidend ist eine **sorgfältige** und an der tatsächlichen Durchführung der Vertragsbeziehung festgemachte **Abgrenzung** zwischen **Dienst- oder Werkvertrag** einerseits und **Arbeitsverhältnis** andererseits (s. im Einzelnen zur Abgrenzung ausführlich oben § 3 Rdn 15 ff.).

Dabei ist die Vertragstypenwahl von nicht unbeachtlicher Relevanz. Dies hat das BAG in seiner Entscheidung vom 9.6.2010[229] ausdrücklich klargestellt. Wenn die vereinbarte Tätigkeit typologisch sowohl in einem Arbeitsverhältnis als auch selbstständig erbracht werden kann, sei die **Entscheidung der Vertragsparteien für einen bestimmten Vertragstypus** im Rahmen der bei jeder **Statusbeurteilung** erforderlichen **Gesamtabwägung** aller Umstände des Einzelfalls **zu berücksichtigen.**[230] Das LAG Düsseldorf geht noch einen Schritt weiter: In diesem Fall müssten sich die Parteien grundsätzlich an dem von ihnen gewählten Vertragstypus festhalten lassen, wenn die tatsächliche Handhabung der Vertragsbeziehung nicht zwingend für ein Arbeitsverhältnis spreche.[231]

Beispiel:
Ein Consulting-Unternehmen schließt einen **Unternehmensberatungsvertrag** mit einem Telekommunikations-Unternehmen und wickelt diesen Dienst- (oder Werkvertrag) mit hochqualifizierten IT-Spezialisten (Solo-Selbstständigen) auf Basis eines mit diesen abgeschlossenen **Freien Mitarbeiter-Vertrages** in der Form eines Dienstvertrages ab.

IT-Spezialist --------- **Consulting GmbH** --------- **Tele AG**

Diese **Gestaltung außerhalb des AÜG** ist bei Einhaltung der Abgrenzungskriterien des § 611a BGB n.F. in Zusammenhang mit der Beachtung der einschlägigen Rechtsprechung des BAG grundsätzlich **zulässig.** Es darf allerdings nicht nur auf dem Papier so sein, das Vertragsverhältnis muss auch tatsächlich so gelebt werden.

---

228 BAG v. 13.2.2003 – 8 AZR 59/02, vgl. ferner *Thüsing*, NZA 2015, 1478.
229 Az. 5 AZR 332/09.
230 BAG v. 9.6.2015 – AZR 332/09.
231 LAG Düsseldorf v. 21.7.2015 – 3 Sa 6/15, Leitsatz 2, Verfahren beendet durch Vergleich beim BAG am 15.11.2016, Az. 9 AZR 403/15.

Nach alter wie nach neuer Rechtslage ist und bleibt als entscheidender Punkt für die rechtliche Einordnung die Beachtung der **Abgrenzungskriterien** nach der **Rechtsprechung des BAG.** Denn das Ziel des Gesetzgebers, mit der gesetzlichen Niederlegung der von der Rechtsprechung entwickelten Abgrenzung von abhängiger zu selbstständiger Tätigkeit der Rechtssicherheit und Rechtsklarheit bei der Anwendung des geltenden Rechts zu dienen,[232] wird mit dieser Reform nicht erreicht; es bleibt ein Wunschdenken. Der zum 1.4.2017 neu in das Gesetz eingefügte § 611a BGB vermag die Abgrenzungsthematik im Arbeitsrecht nicht voranzubringen oder gar zu lösen. Das bloße „Abschreiben" der Rechtsprechung des BAG im neuen § 611a BGB ist dazu völlig unzureichend (s. dazu insgesamt § 3 Rdn 1 ff.).

Ferner berücksichtigt der Gesetzgeber weder mit der Neufassung von § 1 Abs. 1 AÜG noch mit der Einfügung von § 611a BGB die Besonderheiten im Dreipersonen-Verhältnis, insbesondere auch in Bezug auf Solo-Selbstständige. Es fehlen klare Konturen. Zu Recht hat daher in der Sachverständigen-Anhörung *Prof. Dr. Martin Henssler* gefordert, die im Gesetzesentwurf der Bundesregierung vom 20.7.2016 vorgesehene Definition des Arbeitnehmerbegriffs in § 611a BGB-E und die Regelungen in § 106 GewO sowie § 1 Abs. 1 AÜG-E besser aufeinander abzustimmen, und § 611a BGB-E neu zu fassen.[233] Dies wurde in der Beschlussempfehlung vom 19.10.2016 aufgegriffen, der „große Wurf" zur Lösung der gesamten Problematik ist gleichwohl erwartungsgemäß ausgeblieben.

> *Praxishinweis*
> Auch nach der Gesetzesreform **bleibt** im Einzelfall die **Abgrenzung** zwischen echter Selbstständigkeit und Scheinselbstständigkeit, wie im Beispielsfall zwischen dem IT-Spezialisten und der Consulting GmbH, unverändert **schwierig**, da
> - zum einen § 611a BGB n.F. keine Neuerung oder Hilfestellung zur Abgrenzungsthematik bringt und
> - zum anderen zumindest im Einzelfall die vorzunehmende Abgrenzung in der gegebenen Dreierbeziehung sowohl in rechtlicher als auch tatsächlicher Hinsicht schwierig bleibt.

b) Sozialversicherungs- und Steuerrecht

74 Bei rechtlich und tatsächlich korrekt durchgeführter Solo-Selbstständigkeit besteht kein Anlass für eine etwaige Haftung oder Schuldnerschaft des überlassenden Dienstleistungsunternehmens und/oder des Einsatzunternehmens für etwaige sozialversicherungsrechtliche oder steuerliche (Nach-) Forderungen. Für **Sozialversicherung** und **Steuern** gelten die **gleichen Grundsätze wie im 2-Personen-Verhältnis** (s. oben Rdn 9 ff.). Alle Zahlungsflüsse und Abgaben werden entsprechend

---

[232] BT-Drucks 18/9232, Begründung A II, S. 16.
[233] BT-Drucks 18/10064, Öffentliche Anhörung von Sachverständigen III, S. 11.

G. Solo-Selbstständige in der Arbeitnehmerüberlassung (Dreier – Beziehung) § 4

der vertraglichen Beziehungen abgewickelt. Der Solo-Selbstständige wird von seinem Auftraggeber, dem Dienstleistungsunternehmen, vergütet. Er erhält **Honorar** und stellt **Rechnungen**. **Für seine Steuern ist er selbst verantwortlich.** Da kein sozialversicherungsrechtliches Beschäftigungsverhältnis im Sinne von § 7 SGB IV vorliegt, fallen **keine Sozialversicherungsbeiträge** an. Daher hat weder das Dienstleistungsunternehmen noch das Einsatzunternehmen/Drittunternehmen Sozialversicherungsbeiträge abzuführen.

Soweit der Solo-Selbstständige, der typischerweise keinen sozialversicherungspflichtigen Beschäftigten beschäftigt (Voraussetzung 1), auf Dauer und im Wesentlichen nur für einen Auftraggeber tätig ist (Voraussetzung 2), hat er allerdings seine **Rentenversicherungspflicht gem. § 2 Ziff. 9 SGB VI** zu beachten. Für die Abführung der Beiträge ist er selbst verantwortlich.

Praxishinweis
Jüngst hat das LSG Baden-Württemberg die **Solo-Selbstständigkeit eines SAP-Beraters** im Drei-Personen-Verhältnis erfreulich klar bestätigt.[234] Der SAP-Berater unterlag weder seitens seines Auftraggebers noch seitens der Endkundin einem Weisungsrecht.

Eine Eingliederung in die Arbeitsorganisation bestehe auch nicht bereits dann, wenn sich der Auftragnehmer mit dem Auftraggeber wegen der weiteren Durchführung des Auftrages abstimmen muss.

Die **Bundesagentur für Arbeit** hat zur **Abgrenzung** zwischen Arbeitnehmerüberlassung *und* Entsendung von Arbeitnehmern im Rahmen von Werk- und selbstständigen Dienstverträgen sowie anderen **Formen drittbezogenen Personaleinsatzes** ein **Merkblatt** veröffentlicht. Darin sind die Arbeitnehmerüberlassung, der Werkvertrag, der selbstständige Dienstvertrag und der Dienstverschaffungsvertrag beschrieben.[235] Dies gibt einen groben Überblick über die Vertragstypen.

Im Ergebnis liegt bei dieser Konstellation **weder ein Arbeits- oder Beschäftigungsverhältnis** im **arbeits-, sozialversicherungs- oder steuerlichen Sinn** zwischen dem Solo-Selbstständigen und dem Dienstleistungsunternehmen **noch ein Arbeitnehmerüberlassungsverhältnis** zwischen dem Dienstleistungsunternehmen und dem Dritten/ Einsatzunternehmen noch ein **Arbeits- oder Beschäftigungsverhältnis** zwischen dem Solo-Selbstständigen und dem Dritten/Einsatzunternehmen vor.

---

234 LSG Baden-Württemberg v.10.6.2016 – L 4 R 3072/15.
235 Vgl. BA AÜG 10 – 12/2011.

2. Fallgruppe 2: Überlassung eines echten Solo-Selbstständigen/Freien Mitarbeiters mit weisungsgebundener Eingliederung bei einem Dritten

75

```
                              Wegen Eingliederung:
          An sich echter              (un-)echter
Solo-Selbstständiger  ----------  Dienstleister  ----------  Dritter
          Dienst-/Werkvertrag         Dienst-/Werkvertrag
                    ↑                        |
                    Schlägt Eingliederung beim Dritten ←┘
                    „automatisch" durch?
```

a) Arbeitsrecht

76 Ist die Selbstständigkeit des Soloselbstständigen im Verhältnis zu seinem Auftraggeber an sich geklärt (s. zuvor Fallgruppe 1), empfiehlt es sich trotzdem, in einem zusätzlichen **zweiten Schritt** gleichwohl zu prüfen bzw. bei der **Gestaltung** zu berücksichtigen, ob im Beispielsfall (s. zuvor Fallgruppe 1) trotz eines zwischen dem IT-Spezialisten und der Consulting GmbH in rechtlicher und tatsächlicher Hinsicht wirksam geschlossenen Freien-Mitarbeiter-Verhältnisses, wonach Arbeitnehmerüberlassung mangels Arbeitnehmereigenschaft an sich ausgeschlossen ist, nicht doch – aus anderen Gründen – ein Arbeitsverhältnis zu seinem Auftraggeber bestehen könnte mit der Folge, dass **im Wege unerlaubter Arbeitnehmerüberlassung ein Arbeitsverhältnis** zwischen dem IT-Spezialisten und der Tele AG ent- bzw. bestehen könnte. Die Frage stellt sich, wenn eine faktische **Eingliederung des Solo-Selbstständigen beim Drittunternehmen** erfolgt. Dann empfiehlt sich ein **zusätzlicher Compliance-Check** mit der Prüfung, ob die dortige Eingliederung auf das Rechtsverhältnis zwischen Dienstleistungsunternehmen und Solo-Selbstständigem im Sinne eines ungeplanten Arbeitsverhältnisses **durchschlagen** könnte.

77 Anlass gibt eine Entscheidung des **LAG Baden Württemberg**.[236] Die 2. Kammer hatte sich mit der Frage zu beschäftigen, wie Freie Mitarbeiter eines IT-Dienstleistungsunternehmens, die bei einem Kundenunternehmen eingesetzt waren, rechtlich einzuordnen waren. Im Ergebnis wurde ein Arbeitsverhältnis mit dem Kundenunternehmen bejaht. Der Dienstleister verfügte nicht über eine Arbeitnehmerüberlassungserlaubnis. Daher wandte das LAG die gesetzliche Fiktion des § 10 Abs. 1 S. 1 i.V.m. § 9 Nr. 1 AÜG a.F. an. Das Verfahren ging in die Revision, wurde allerdings in der Revisionsinstanz auf Basis eines Vergleichsvorschlages des 9. Senats des BAG beendet.[237]

---

[236] LAG Baden-Württemberg v. 1.8.2013 – 2 Sa 6/13.
[237] Vgl. BAG-Pressemitteilung Nr. 55/14.

G. Solo-Selbstständige in der Arbeitnehmerüberlassung (Dreier – Beziehung) § 4

Unbeschadet der tatsächlichen und rechtlichen Würdigung des LAG Baden-Württemberg zur Eingliederung des Freien Mitarbeiters (des IT-Dienstleisters) beim Kundenunternehmen, könnte der Entscheidung nur dann zugestimmt werden, wenn das LAG zuvor dezidiert geprüft hätte und feststehen würde, dass mit dem IT-Spezialisten ein Arbeitnehmer und nicht ein Freier Mitarbeiter des IT-Dienstleisters eingesetzt wurde (Erster Schritt der Prüfung). Davon geht das LAG indes (nur) im Rückschluss aus. Es verzichtet auf die Prüfung des Vertragsverhältnisses zwischen dem IT-Spezialisten und dem IT-Dienstleistungsunternehmen (Verzicht auf den ersten erforderlichen Schritt der Prüfung). Das LAG Baden-Württemberg argumentiert nicht mit dem in Rede stehenden Vertragsverhältnis zwischen dem IT-Spezialisten und dem IT-Dienstleistungsunternehmen, sondern dem Vertragsverhältnis zwischen dem IT-Dienstleistungsunternehmen und dem Kunden (Einsatzunternehmen). Es stellt ausschließlich auf die tatsächlichen Verhältnisse beim Einsatzunternehmen ab.[238] Aus der Eingliederung beim Kunden folgt das LAG auf die Arbeitnehmerstellung des Solo-Selbstständigen bei seinem Auftraggeber. Schon nach den Vertragsgrundlagen zwischen dem zwischengeschalteten IT-Dienstleister und dem Kundenunternehmen, so das LAG Baden-Württemberg, stehe fest, dass die IT-Spezialisten bei dem Kundenunternehmen nicht als Freie Mitarbeiter, sondern als Arbeitnehmer eingesetzt worden seien. Auch tatsächlich seien die IT-Spezialisten nicht als freie Mitarbeiter bei dem Kundenunternehmen tätig geworden. Es stehe außer Zweifel, dass die IT-Spezialisten ihre Arbeitszeit und Tätigkeit nicht frei bestimmen konnten, in das Kundenunternehmen eingegliedert waren und von Arbeitnehmern des Kundenunternehmens Weisungen erhielten. Damit zäumt das LAG das Pferd von hinten auf. Richtigerweise hätte zunächst das Rechtsverhältnis zwischen dem IT-Spezialisten und seinem unmittelbaren Vertragspartner geklärt sein müssen. Es mag zwar sein, dass Rückschlüsse aufgrund der Eingliederung beim Kunden im Rahmen der Gesamtwürdigung eine Rolle spielen können, dies macht aber nicht die sorgfältige Prüfung des in Rede stehenden Vertragsverhältnisses überflüssig. Selbst wenn nach Prüfung des Vertragsverhältnisses zwischen dem Solo-Selbstständigen und seinem Auftraggeber ein Arbeitsverhältnis herauskäme und damit das gleiche Ergebnis wie in der LAG-Entscheidung gefunden würde, so gibt es keine gesetzliche Rechtsgrundlage dafür, dass durch die Eingliederung beim Kunden/Einsatzbetrieb zugleich – quasi automatisch und ohne individuelle Prüfung des Einzelfalls – eine Arbeitnehmerstellung des IT-Dienstleisters zum IT-Dienstleistungsunternehmen gilt oder begründet wird. Letztlich wäre dies eine Fiktion, die nur über den Gesetzgeber erfolgen könnte. Daher ist die Entscheidung abzulehnen.

---

238 Kritisch ebenso *Lanzinner/Nath*, NZA, 2015, 251, 253; *Zumkeller*, BB 2013, 2816.

§ 4 Solo-Selbstständige

Beispiel nach LAG Baden-Württemberg (1.8.2013 – 2 Sa 6/13):

Arbeitnehmer?
oder
Solo-Selbstständiger/
Freier Mitarbeiter?

Keine Prüfung ---- Dienstleister ---- *Prüfung* ---- Kunde (Eingliederung)

Die Entscheidung des LAG Baden Württemberg widerspricht auch der – wenn auch älteren – **Rechtsprechung des BAG**,[239] wonach die **Anwendung des AÜG** zunächst einmal **voraussetzt**, dass ein **Arbeitsverhältnis** im Verhältnis **zum Dienstleistungsunternehmen** besteht. Es findet sich kein Hinweis, wonach dies gerade umgekehrt gelten soll, nämlich als Schlussfolgerung, wenn eine Eingliederung beim Einsatzunternehmen angenommen wird.

Der **Amtliche Leitsatz 1** der BAG-Entscheidung[240] lautet:

Die Anwendbarkeit des AÜG bei „freien Mitarbeitern" setzt zunächst voraus, dass ihre Tätigkeit im Verhältnis zu ihrem Vertragspartner die eines Arbeitnehmers ist.

Die Entscheidung des LAG Baden Württemberg übernimmt vielmehr, allerdings ohne dies ausdrücklich zu erwähnen, das Verständnis des Sozialversicherungsrechts in das Arbeitsrecht, und zwar konkret die **Sicht der Bundesagentur für Arbeit**, also die Sicht eines **Sozialversicherungsträgers**.[241] Ob diese Sicht für das Sozialversicherungsrecht überhaupt zutreffend ist und im Einklang mit § 7 Abs. 1 SGB IV steht, kann dahinstehen. Jedenfalls ist das Sozialversicherungsrecht nicht für das Arbeitsrecht maßgeblich, auch wenn es Deckungsgleichheit bei vielen Abgrenzungskriterien gibt. Für die Abgrenzung zwischen selbstständiger und unselbstständiger Beschäftigung im **Sozialversicherungsrecht gilt** § 7 Abs. 1 SGB IV und **nicht** der für die Arbeitnehmerüberlassungsthematik relevante **Arbeitnehmerbegriff des Arbeitsrechts** (ab 1.4.2017 § 611a BGB). Die Unterschiedlichkeit der Begriffe in den beiden Rechtsgebieten drängt sich nicht nur aufgrund der unterschiedlichen Definitionen in den verschiedenen Gesetzen auf, sondern verdeutlicht wird dies auch durch die unzähligen unterschiedlichen Interpretationen der Rechtsprechung[242] und ferner auch aus der Sicht des Gesetzgebers. Denn mit dem neu eingefügten § 611a BGB n.F. hat der Gesetzgeber – wie zuvor – bewusst darauf verzichtet, einen Gleichklang der Begriffe/Definitionen im Arbeits- und Sozialversicherungsrecht (und Steuerrecht) herbeizuführen. Dies zeigt sich zunächst bei der

---

239 BAG v. 9.11.1994 – 7 AZR 217/94; vgl. ferner ebenso LAG Düsseldorf v. 21.7.2015 – 3 Sa 6/15 Leitsatz 1 S. 2, Verfahren beendet durch Vergleich beim BAG am 15.11.2016, Az. 9 AZR 403/15.
240 BAG v. 9.11.1994 – 7 AZR 217/94.
241 Vgl. 1.1.2 Abs. 9 S. 2 GA AÜG 2016.
242 S.o. Rdn 1 ff.; vgl. ferner *Berscheid/Kunz/Brand/Nebeling*, Praxis des Arbeitsrechts, § 16 Rn 904 ff.

im Fall des LAG Baden-Württemberg[243] besonders praxisrelevanten Thematik der „Eingliederung", die in § 7 Abs. 1 S. 2 SGB IV normiert ist. Zu Recht weist *Uffman* darauf hin, dass die im ersten Entwurf zu § 611a BGB enthaltene „Eingliederung" im zweiten Entwurf zu § 611a BGB, der Gesetz geworden ist, weggefallen ist.[244] Der Gesetzgeber hat also ganz bewusst auf den Gleichklang zwischen Arbeitsrecht und Sozialversicherungsrecht verzichtet.

Noch deutlicher wird die völlige Abkehr des Gesetzgebers von den Überlegungen zu einem rechtsübergreifenden Status-Verständnis durch einen Blick in die **Gesetzesbegründung zu § 611a BGB**, in der folgendes wörtlich zu finden ist:

„**Soweit andere Rechtsvorschriften** eine **abweichende Definition des Arbeitnehmers**, des Arbeitsvertrages oder des Arbeitsverhältnisses **vorsehen**, um einen engeren oder weiteren Geltungsbereich dieser Rechtsvorschriften festzulegen, **bleiben** diese **unberührt**."[245]

Praxishinweis
Der 9. Senat des **BAG** hätte am 15.11.2016 – in dem Revisionsverfahren LAG Düsseldorf[246]- erneut Gelegenheit gehabt, sich grundsätzlich zu der vom LAG Baden Württemberg aufgeworfenen Thematik der *Konsequenzen einer Eingliederung beim Endkunden* und zu der älteren Rechtsprechung des 7.Senats des BAG vom 09.11.1994 zu äußern. Dazu ist es indes nicht gekommen. Denn das Revisionsverfahren LAG Düsseldorf wurde, wie zuvor das Revisionsverfahren LAG Baden-Württemberg, vor dem 9. Senat wiederum durch Vergleich beendet.

Grundsätzlich bleibt es dabei, dass **rechtlich** und **tatsächlich korrekt durchgeführte Dienst-/Werkverträge** (Doppel-Dienst- und/oder Werkverträge) zwischen einem Solo-Selbstständigen (beispielsweise als Subunternehmer) und seinem Auftraggeber einerseits und seinem Auftraggeber als Auftragnehmer eines Kunden andererseits zulässig sind und **keine (unzulässige) Arbeitnehmerüberlassung** bedeuten.

Die **Eingliederung** eines im Verhältnis zu seinem Auftraggeber rechtlich und tatsächlich echten Solo-Selbstständigen bei einem Dritten führt nicht automatisch zu einem Arbeitsverhältnis des Soloselbstständigem zu seinem Auftraggeber.

Vor der **Prüfung** einer etwaigen Eingliederung und Weisungsgebundenheit **beim Dritten/Kunden** ist stets in einem ersten Schritt das **Vertragsverhältnis**

---

243 LAG Baden-Württemberg v. 1.8.2013 – 2 Sa 6/13.
244 *Uffmann*, NZA 2016, Editorial Heft 5.
245 Vgl. BR-Drucks 294/16 v. 2.6.2016, S. 28 zu Art. 2 (Änderung des Bürgerlichen Gesetzbuches); Hervorhebungen des Verfassers.
246 LAG Düsseldorf v.21.7.2015 – 3 Sa 6/15, Verfahren beendet durch Vergleich beim BAG am 15.11.2016., Az. beim BAG 9 AZR 403/15.

zwischen dem **Solo-Selbstständigen** und **seinem Auftraggeber** zu prüfen.[247] Ergibt dies, dass es sich dabei um echte Selbstständigkeit des Solo-Selbstständigen zu seinem Auftraggeber handelt, scheidet Arbeitnehmerüberlassung mangels Arbeitnehmer-Eigenschaft des Solo-Selbstständigen nach § 1 Abs. 1 S. 3 AÜG n.F. aus.

Losgelöst von den Fragen des AÜG kann aufgrund der Weisungsabhängigkeit und Eingliederung beim Dritten/Einsatzunternehmen ein Arbeitsverhältnis nach allgemeinen Grundsätzen bzw. auf Basis des § 611a BGB n.F. (ab 1.4.2017) zwischen dem Solo-Selbstständigen und dem Einsatzunternehmen entstanden sein.

b) Sozialversicherungs- und Steuerrecht

79   Der sozialversicherungsrechtliche Beschäftigtenbegriff deckt sich, wie ausgeführt, trotz vielfältiger Übereinstimmung nicht hundertprozentig mit dem des Arbeitsrechts (s. ausführlich zu den Unterschieden oben Rdn 1 und 9 ff.). Daher ist eine **eigenständige Prüfung am Maßstab des § 7 Abs. 1 SGB IV** unter Berücksichtigung der **Rechtsprechung des BSG** erforderlich. Der Beschäftigtenbegriff in § 7 Abs. 1 SGB IV setzt voraus, dass ein Arbeitnehmer von einem Arbeitgeber persönlich abhängig ist (s. zur Abgrenzung im Einzelnen oben Rdn 11 ff.). Ist danach das Drittunternehmen/Einsatzunternehmen aufgrund der Eingliederung und Weisungsgebundenheit des Solo-Selbstständigen als dessen sozialversicherungsrechtlicher Arbeitgeber anzusehen, hat nur dieses (= das Einsatzunternehmen) gemäß § 28e Abs. 1 S. 1 SGB den Gesamtsozialversicherungsbeitrag zu zahlen. Das zwischengeschaltete Dienstleistungsunternehmen haftet nicht, es sei denn, es kommt ausnahmsweise deliktische Haftung gem. § 823 Abs. 2 BGB i.V.m. § 266a StGB in Betracht.[248]

80   In der Praxis spielt allerdings die **Geschäftsanweisung der Bundesagentur**[249] eine entscheidende Rolle. Danach ist davon auszugehen, dass die Bundesagentur aufgrund der Eingliederung und Weisungsgebundenheit des Solo-Selbstständigen beim Einsatzunternehmen **ohne weitere Prüfung** des Vertragsverhältnisses zwischen dem Solo-Selbstständigen und seinem Auftraggeber von illegaler Arbeitnehmerüberlassung ausgehen wird.[250] Dann würden **Verleiher** und **Entleiher** gemäß § 28e Abs. 2 S. 3 u. 4 SGB IV als **Gesamtschuldner** für den Gesamtsozialversicherungsbeitrag des Solo-Selbstständigen haften.

---

247 BAG v. 9.11.1994 – 7 AZR 217/94; vgl. ferner LAG Düsseldorf v. 21.7.2015 – 3 Sa 6/15 Leitsatz 1 S. 2, Verfahren beendet durch Vergleich beim BAG am 15.11.2016., Az. 9 AZR 403/15.
248 *Lanzinner/Nath*, NZS 2016, 251, 254.
249 GA AÜG, Stand 20.1.2016.
250 Vgl. 1.1.2 Abs. 9 S. 2 GA AÜG 2016.

G. Solo-Selbstständige in der Arbeitnehmerüberlassung (Dreier – Beziehung) § 4

Die **Höhe** bemisst sich nach § 14 SGB IV. Damit stellt sich die Frage nach der Bemessungsgrundlage, denn das Drittunternehmen hat unmittelbar keine Vergütung an den Solo-Selbstständigen gezahlt. Daher ist Grundlage für die Bemessung der Gesamtsozialversicherungsbetrages das vom Dienstleistungsunternehmen (Verleiher) an den Solo-Selbstständigen **gezahlte Honorar (Bruttolohn)**, ohne Umsatzsteuer, weil die abgeführt wurde. Eine wichtige **Ausnahme** gilt nach § 14 Abs. 2 S. 2 SGB IV in Fällen eines illegalen Beschäftigungsverhältnisses dann, wenn dem Drittunternehmen die tatsächlichen Umstände bekannt waren. § 14 Abs. 2 S. 2 SGB IV fingiert das gezahlte Honorar als Vereinbarung eines Nettoarbeitsentgelts, was auf ein fiktives Brutto hochgerechnet werden muss. 81

Zusammen mit den regelmäßig anfallenden **Säumniszuschlägen** gemäß § 24 Abs. 1 SGB IV handelt es sich um sehr hohe Nachforderungen. Die Säumniszuschläge, die als Sanktion dienen sollen, betragen 1 % pro Monat! (= 12 % pro Jahr), s. im Einzelnen oben Rdn 51.

Die **steuerliche Einordnung** deckt sich, wie dargestellt, nicht unbedingt mit der des Arbeits- und Sozialversicherungsrechts. Es hat eine **eigenständige Prüfung** gemessen an den **Kriterien des Steuerrechts** zu erfolgen (s. zur Checkliste des BFH oben Rdn 19), zumal im Steuerrecht ein auch eigenständiger, vom Arbeitsrecht abweichender Arbeitgeberbegriff gilt.[251] Bei der Prüfung der Frage, ob Arbeitnehmerüberlassung vorliegt, ist zwar die Auffassung der Bundesagentur für Arbeit zu berücksichtigen, indes ist entscheidend zu der rechtlichen Würdigung eines Sachverhalts mit drittbezogener Tätigkeit als Arbeitnehmerüberlassung und ihre Abgrenzung insbesondere ggü. einem Werkvertrag das Gesamtbild der Tätigkeit.[252] Die Prüfung kann ergeben, dass – abweichend vom Arbeits- und/oder Sozialversicherungsrecht – **steuerliche Selbstständigkeit des Solo-Selbstständigen** festgestellt wird. Dann stellt sich das Thema Haftung für nicht abgeführte Lohnsteuer nicht.

Wird eine **nichtselbstständige Tätigkeit** im Sinne des Steuerrechts zwischen dem Solo-Selbstständigen und dem Einsatzunternehmen **festgestellt**, gilt Folgendes: Schuldner der Lohnsteuer ist gemäß § 38 Abs. 2 S. 1 EStG der Solo-Selbstständige als steuerlich Nichtselbstständiger. Zum Lohnsteuerabzug ist sein Arbeitgeber gemäß § 38 Abs. 1 EStG verpflichtet (§ 42d Abs. 1 Nr. 1 EStG). Steuerlicher Arbeitgeber ist grundsätzlich – auch bei unerlaubter Arbeitnehmerüberlassung – der Verleiher, da § 10 Abs. 1 AÜG, der den Entleiher arbeitsrechtlich bei unerlaubter Arbeitnehmerüberlassung als Arbeitgeber bestimmt, steuerlich nicht maßgebend ist.[253] Daneben kommt (subsidiär) eine gesamtschuldnerische Ausfallhaftung mit 82

---

251 *Boemke/Lembke* AÜG, § 10 Rn 87.
252 Vgl. Bundesministerium der Finanzen, Amtliches Lohnsteuerhandbuch, R § 42d.2 Abs. 3 S. 1 u. 4.
253 Vgl. Bundesministerium der Finanzen, Amtliches Lohnsteuerhandbuch, H 42d.2.

dem Entleiher gem. § 42d Abs. VI EStG in Betracht.[254] Soweit die Haftung des Arbeitgebers reicht, sind Arbeitnehmer und Arbeitgeber gem. § 42d Abs. 3 S. 1 EStG Gesamtschuldner (s. im Einzelnen oben Rdn 59).

3. Fallgruppe 3: Überlassung eines scheinselbstständigen Solo-Selbstständigen/Freien Mitarbeiters ohne Eingliederung bei einem Dritten

83   Solo-Selbstständiger   *An sich echter*   Dienstleister/Consulting AG   *echter*   Dritter
                             ----------   ----------
                             Dienst-/Werkvertrag   Dienst-/Werkvertrag
                             (Scheinselbstständigkeit)   (Keine Eingliederung)

a) Arbeitsrecht (Solo-Selbstständiger als Scheinselbstständiger seines Auftraggebers)

84 In der **Praxis** ist es kein seltener Fall, dass **Solo-Selbstständige** oder Freelancer, die vertraglich aufgrund eines Dienst- oder Werkvertrages für einen Auftraggeber, beispielsweise für ein Beratungsunternehmen, bei einem Dritten/Einsatzunternehmen tätig werden (ohne dort weisungsgebunden eingegliedert zu sein), unter Berücksichtigung der **gelebten Praxis** und der **tatsächlichen Verhältnisse** als **Arbeitnehmer ihres Auftraggebers** anzusehen sind.

In diesem Fall liegt **keine Arbeitnehmerüberlassung** vor. Es handelt sich um ein „**normales**" **Arbeitsverhältnis** zwischen dem Solo-Selbstständigen (jetzt Arbeitnehmer) und dem Auftraggeber (jetzt Arbeitgeber). Die arbeitsrechtliche Abgrenzung/Einordnung erfolgt ab 1.4.2017 nach § 611a BGB n.F., letztlich aber unverändert nach der Rechtsprechung des BAG, da das Gesetz lediglich die höchstrichterliche Rechtsprechung – ohne jede tiefergehende Hilfestellung oder Lösung abschreibt (s. im Einzelnen ausführlich zur Abgrenzung oben § 3 Rdn 1 ff.).

Aufgrund der **arbeitsrechtlich falschen Einordnung** durch die Vertragsparteien gelten alle (s. oben Rdn 21 ff.) beschriebenen **arbeitsrechtlichen Konsequenzen** der **falschen Handhabung** im Individual- und Kollektivarbeitsrecht wie im Zwei-Personen-Verhältnis.

> *Praxishinweis*
> Für die **fortwährend schwierige Abgrenzungsfrage**, ob ein (vermeintlicher) Solo-Selbstständiger als echter Selbstständiger oder als Arbeitnehmer seines Auftraggebers, hier der Consulting AG, anzusehen ist, ist neben der nationalen

---

254 *Schmidt/Krüger*, EStG, § 42d Rn 73; *Boemke/Lembke* AÜG, § 10 Rn 88.

Rechtsprechung auch die **Entwicklung in der Rechtsprechung des EuGH zum Arbeitnehmerbegriff** im Blick zu halten.[255]

b) Sozialversicherungs- und Steuerrecht

Ferner greifen, soweit gleichzeitig auch Beschäftigung im sozialversicherungsrechtlichen Sinn und Unselbstständigkeit im steuerrechtlichen Sinn gegeben ist, die **sozialversicherungsrechtlichen Konsequenzen** der **falschen Handhabung** (s. oben Rdn 48 ff. *und* die **steuerlichen Konsequenzen** der **falschen Handhabung** ein (s. oben Rdn 58 ff.).

85

Es gelten die gleichen Grundsätze falscher Handhabung wie im Zwei-Personen-Verhältnis. D.h. es haftet grundsätzlich (nur) das zwischengeschaltete Dienstleistungs-/Beratungsunternehmen für die nicht abgeführten Sozialversicherungsbeiträge und Steuern.

Eine Haftung des Einsatzunternehmens scheidet mangels Eingliederung aus. Eine Ausnahme ist allenfalls deliktisch denkbar, wenn das Einsatzunternehmen auf das zwischengeschaltete Dienstleistungs-/Beratungsunternehmen zwecks Hinterziehung von Sozialversicherungsbeiträgen eingewirkt hätte.[256]

4. Fallgruppe 4: Überlassung eines scheinselbstständigen Solo-Selbstständigen/Freien Mitarbeiters mit weisungsgebundener Eingliederung bei einem Dritten („Doppel-Fehler")

	(un-)echter		*(un-)echter*	
Solo-Selbstständiger	‑‑‑‑‑‑‑‑‑‑	Dienstleister	‑‑‑‑‑‑‑‑‑‑	Dritter
	Dienst-/Werkvertrag		*Dienst-/Werkvertrag*	
	(Scheinselbstständigkeit)		(Eingliederung)	

86

a) Arbeitsrecht

Scheinselbstständige Arbeitnehmer, die formal als Selbstständige ihres Auftraggebers gehandhabt wurden, in Wirklichkeit aber dessen Arbeitnehmer sind und bei dem Kunden/Drittunternehmen **weisungsgebunden** und **eingegliedert** arbeiten, sind **Arbeitnehmer des Drittunternehmens**.

87

Die Abgrenzung und Gesamtwürdigung in rechtlicher und tatsächlicher Hinsicht vermag häufig von Schwierigkeiten begleitet zu sein, wozu auch die Aufspaltung der Arbeitgeberfunktion beiträgt. Bei der Einordnung sind die Besonderheiten des Drei-Personenverhältnisses zu berücksichtigen, wonach zwei Unternehmen, sowohl das zwischengeschaltete Dienstleistungs-/Beratungsunternehmen als auch das Ein-

---

255 EuGH v. 9.7.2015 – C-229/14; EuGH v. 26.3.2015 – C-316/13; EuGH, 11.11.2010 – C-232/09.
256 *Lanzinner/Nath*, NZA 2016, 251, 258.

§ 4 Solo-Selbstständige

satzunternehmen/Drittunternehmen – wenn auch unterschiedliche – Arbeitgeberfunktionen ausüben. Leider hat der Gesetzgeber von einer Klarstellung bzw. einer sinnvollen Synchronisierung zwischen dem „normalen" Arbeitnehmerbegriff (jetzt § 611a BGB n.F.) und dem Arbeitnehmerbegriff des AÜG abgesehen.

Liegen die Voraussetzungen nach Prüfung vor, kommt es **stets** zur **unerlaubten Arbeitnehmerüberlassung**, da der **Vorratserlaubnis** keine Bedeutung mehr zukommt (s. unten § 5 Rdn 216 ff. zur Unbeachtlichkeit der Vorratserlaubnis nach neuer Rechtslage). Dies bedeutet, dass die Solo-Selbstständigen aufgrund der gesetzlichen Fiktion des § 10 Abs. 1 S. 1 i.V.m. § 9 AÜG n.F. Arbeitnehmer des Kunden/Drittunternehmens werden. Damit gelten alle individual- und kollektivrechtlichen Konsequenzen des Arbeitsrechts (s. oben Rdn 21 ff.)

> *Praxishinweis für Unternehmens- und IT-Berater:*
> Eine vermeintlich **„doppelte Sicherheit"** durch zwei hintereinander geschaltete Dienstverträge kann sich auch nach der Gesetzesreform unter Würdigung der Lebenswirklichkeit und der tatsächlichen Umstände gerade in schwierigen Abgrenzungsfällen letztlich als **trügerisch** erweisen. **Hilfreich** zur Vermeidung können in diesem Zusammenhang die Ausführungen des federführenden **Ausschusses für Arbeit und Soziales** sein. Danach ziele die Gesetzesreform nicht darauf ab, die unternehmerische Tätigkeit beispielsweise von **Beratungsunternehmen** einzuschränken. Zum Beispiel solle – unter Hinweis auf BAG, 11.8.2015 – 9 AZR 98/14 – eine für die Tätigkeit eines Beraters typische **Bindung hinsichtlich des Arbeitsorts** an eine Tätigkeit im Betrieb des beratenden Unternehmens **allein** regelmäßig **keine persönliche Abhängigkeit** begründen.[257]

b) Sozialversicherungs- und Steuerrecht

88 Aufgrund des „Doppel-Fehlers" in beiden Vertragsverhältnissen hat weder das Drittunternehmen/Einsatzunternehmen (jetzt Entleiher) noch das zwischengeschaltete Dienstleistungsunternehmen (jetzt Verleiher) Sozialversicherungsbeiträge und/oder Lohnsteuern abgeführt.

Da das Dienstleistungs-/Beratungsunternehmen (jetzt Verleiher) das vereinbarte Arbeitsentgelt an den Solo-Selbstständigen (jetzt Leiharbeitnehmer) zahlt, hat der Verleiher den hierauf anfallenden Gesamtsozialversicherungsbeitrag gemäß § 28e Abs. 2 S. 3 SGB IV zu zahlen. Der Verleiher gilt neben dem Entleiher als Arbeitgeber (vgl. § 28e Abs. 2 S. 4 Hs. 1 SGB IV). Beide, **Entleiher und Verleiher**, haften insoweit als **Gesamtschuldner** (§ 28e Abs. 2 S. 2 Hs. 2 SGB IV). Der **Solo-Selbstständige haftet** ggü. den Sozialversicherungsträgern **nicht**. Er trägt das geringste Risiko (s. oben Rdn 55 f.) zu einem allerdings – eher theoretischen – (Mi-

---

[257] Vgl. BT-Drucks 18/10064 v. 19.10.2016, Beschlussempfehlung und Bericht des Ausschusses für Arbeit und Soziales S. 13/14.

G. Solo-Selbstständige in der Arbeitnehmerüberlassung (Dreier – Beziehung) § 4

nimal-)Regress des Arbeitgebers ggü. dem Solo-Selbstständigen bzgl. der Arbeitnehmer-Anteile zur Sozialversicherung.

Schuldner der **Lohnsteuer** ist gemäß § 38 Abs. 2 S. 1 EStG der Arbeitnehmer. Zum Lohnsteuerabzug ist sein Arbeitgeber, d.h. das Dienstleistungs-Beratungsunternehmen (Verleiher) gemäß § 42d Abs. 1 Nr. 1 EStG verpflichtet, und haftet dafür. Das Einsatzunternehmen (Entleiher) haftet subsidiär neben dem Verleiher für die nicht einbehaltene und abgeführte Lohnsteuer gemäß § 42d Abs. 6 EStG (gesamtschuldnerische Ausfallhaftung).

Dies ergibt sich aus Folgendem: Im **Ausgangspunkt** ist wie für das Arbeitsrecht auch im Steuerrecht maßgeblich, **wer Arbeitgeber ist**. Der Arbeitgeber-Begriff des Steuerrechts deckt sich allerdings nicht mit dem Arbeitgeber-Begriff des Arbeitsrechts in § 10 Abs. 1 AÜG. Gemäß der Hinweise im Amtlichen BMF-Lohnsteuer-Handbuch ist der Verleiher grundsätzlich auch bei unerlaubter Arbeitnehmerüberlassung Arbeitgeber der Leiharbeitnehmer, da § 10 Abs. 1 AÜG, der den Entleiher bei unerlaubter Arbeitnehmerüberlassung arbeitsrechtlich als Arbeitgeber bestimmt, steuerrechtlich nicht maßgebend ist.[258]

> *Praxishinweis*
> Der **steuerrechtliche Arbeitgeber-Begriff** deckt sich nicht mit dem arbeitsrechtlichen Arbeitgeber-Begriff in § 10 Abs. 1 AÜG.

---

[258] Vgl. Amtliches BMF-Lohnsteuer-Handbuch H 42d.2 *steuerrechtlicher Arbeitgeber*.

§ 5 Die Reform des AÜG

A. Überblick über die Neuregelungen im AÜG

Dr. Timon Grau/Dr. Ulrich Sittard

Literatur:

Baeck/Winzer/Hies, Neuere Entwicklungen im Arbeitsrecht, NZG 2016, 415; *Bauer/Haußmann*, Arbeiten verboten! – Das neue Streikbrecherverbot für Leiharbeitnehmer, NZA 2016, 803; *DAV*, Stellungnahme des Deutschen Anwaltsvereins durch den Ausschuss Arbeitsrecht zum Referentenentwurf eines Gesetzes zur Änderung des Arbeitnehmerüberlassungsgesetzes und anderer Gesetze, RdA 2016, 173; *Giesen*, Reform der Leiharbeit, ZRP 2016, 130; *Hamann*, Entwurf eines Gesetzes zur Änderung des AÜG und anderer Gesetze vom 17.2.2016, ArbuR 2016, 136; *Neighbour/Schröder*, Die Reform des Arbeitnehmerüberlassungsgesetzes – Was ändert sich zum 1.4.2017?, BB 2016, 2869; *Siebert/Novak*, Neue gesetzliche Regelungen zu AÜG und Werkvertrag – Update 2017, ArbRAktuell 2016, 391; *Thüsing*, Von der Quadratur einer gesetzlichen Arbeitnehmerdefinition zur Zwangssolidarisierung der Leiharbeitnehmer, NZA 2015, 1478; *Thüsing/Schmidt*, Rechtssicherheit zur effektiveren Bekämpfung von missbräuchlichem Fremdpersonaleinsatz, ZIP 2016, 54; *Tuengerthal/Andorfer*, Neue Abgrenzung von Arbeitnehmerüberlassung und Werkvertrag?, BB 2016, 1909; *Willemsen/Mehrens*, Beabsichtigte Neuregelung des Fremdpersonaleinsatzes – Mehr Bürokratie wagen?, NZA 2015, 897; *Zimmermann*, Der Referentenentwurf zur AÜG-Reform 2017, BB 2016, 53.

I. Einleitung

Das folgende Kapitel soll einen kurzen einführenden **Überblick** über die im AÜG im Zuge der aktuellen Novelle erfolgten Neuregelungen bieten. Für eine ausführliche Darstellung der einzelnen Änderungen und die praktischen Folgen sei auf die nachfolgenden Kapitel verwiesen. Die Gesetzeshistorie wird in § 1 dargestellt. Die Neuregelungen im AÜG treten am 1.4.2017 in Kraft; zu Übergangsregelungen sei auf Rdn 387 ff. verwiesen. Ob die mit der aktuellen Neuregelung des AÜG verfolgten gesetzgeberischen Ziele – insbesondere die Verhinderung des missbräuchlichen Einsatzes der Leiharbeit bei gleichzeitiger Bewahrung von Flexibilität und mehr Rechtssicherheit für die Unternehmen[1] – erreicht worden sind, soll eine in § 20 AÜG n.F. vorgesehene Evaluation im Jahr 2020 zeigen.

II. Wesentliche Neuerungen im Kurzüberblick

1. Legaldefinition der Arbeitnehmerüberlassung

Bereits nach bisheriger Rechtslage war der Begriff des Leiharbeitnehmers in § 1 Abs. 1 AÜG legaldefiniert, wenn auch ohne klarstellenden Hinweis auf den Begriff der Arbeitnehmerüberlassung. Durch eine Änderung in **§ 1 Abs. 1 S. 1 AÜG**

---

[1] Vgl. die Gesetzesbegründung, BT-Drucks 18/9232, 1, 12.

soll die Legaldefinition der Arbeitnehmerüberlassung jetzt deutlicher gefasst sein.[2] Die Vorschrift lautet nunmehr:

> Arbeitgeber, die als Verleiher Dritten (Entleihern) Arbeitnehmer (Leiharbeitnehmer) im Rahmen ihrer wirtschaftlichen Tätigkeit zur Arbeitsleistung überlassen (Arbeitnehmerüberlassung) wollen, bedürfen der Erlaubnis.

3   Die Ergänzung der Vorschrift hat ausweislich der Gesetzesbegründung lediglich einen **Klarstellungszweck**.[3] Der Gesetzgeber wollte nicht den bisherigen Anwendungsbereich des AÜG oder die Reichweite der Erlaubnispflicht verändern, sondern die zu dieser Thematik gefestigte Rechtsprechung lediglich gesetzlich abbilden.[4] Dies soll im Rechtsverkehr die Abgrenzung zwischen Leiharbeitnehmern, die im Rahmen einer Arbeitnehmerüberlassung eingesetzt werden, und Erfüllungsgehilfen, die auf der Grundlage eines Werk- bzw. Dienstvertrages arbeiten, erleichtern.[5] Ergänzend wurde § 1 Abs. 1 S. 2 AÜG neu gefasst, der nunmehr wie folgt lautet:

> Arbeitnehmer werden zur Arbeitsleistung überlassen, wenn sie in die Arbeitsorganisation des Entleihers eingegliedert sind und seinen Weisungen unterliegen.

4   Auch die Rechtsprechung und die überwiegende Meinung im Schrifttum gehen bekanntermaßen nach bisheriger Rechtslage im Falle eines Fremdpersonaleinsatzes von einer Arbeitnehmerüberlassung aus, wenn Leiharbeitnehmer in die **Arbeitsorganisation des Entleihers eingegliedert** wurden und dessen Ausübung des Direktionsrechts unterliegen.[6] Wie § 12 Abs. 1 S. 2 AÜG klar stellt, kommt es dabei im Zweifel auf die **tatsächliche Vertragsdurchführung** und nicht auf den Vertragsinhalt an. Insofern wurde durch die Neuregelung lediglich geltendes Recht kodifiziert, ohne eine inhaltliche Neuausrichtung vorzunehmen. Für Weiteres siehe Rdn 24 ff.

> *Praxishinweis*
> Das bedeutet auch, dass sich für die Praxis an den mitunter schwierigen und knappen Abgrenzungsfragen zwischen (verdeckter) Arbeitnehmerüberlassung und Fremdpersonaleinsatz, etwa im Rahmen von Werkverträgen, nichts ändert.

---

2   BT-Drucks 18/9232, 7.
3   BT-Drucks 18/9232, 19; *DAV*, RdA 2016, 173.
4   Hierzu kritisch *Thüsing/Schmidt*, ZIP 2016, 54, 55 ff.; *Tuengerthal/Andorfer*, BB 2016, 1909, 1911.
5   BT-Drucks 18/9232, 19.
6   St. Rspr., s. nur BAG v. 25.10.2000 – 7 AZR 487/99, NJW 2001, 1516 = BAGE 96, 150; BAG v. 10.2.1977 – 2 ABR 80/76, NJW 1977, 1413 = BAGE 29, 7; aus der Lit. statt vieler HWK/*Kalb*, § 1 AÜG Rn 13; ErfK/*Wank*, § 1 AÜG Rn 12 ff.; Schüren/Hamann/*Hamann*, § 1 AÜG Rn 145 f.

A. Überblick über die Neuregelungen im AÜG §5

2. Neuerungen beim Anwendungsbereich des AÜG

a) Bereichsausnahmen für den öffentlichen Dienst

Eine zentrale, wenngleich in der öffentlichen Diskussion um die Regulierung der Leiharbeit wenig beachtete Neuregelung im AÜG, betrifft Fremdpersonaleinsätze innerhalb des öffentlichen Dienstes sowie der Kirchen. Nach bisheriger Rechtslage war äußerst **umstritten**, ob und unter welchen Voraussetzungen Drittpersonaleinsätze im öffentlichen Dienst (vor allem die Personalgestellung nach § 4 Abs. 3 TVöD/TV-L) als Arbeitnehmerüberlassung einzustufen sind.[7] Hierauf hat der Gesetzgeber reagiert, indem er in § 1 Abs. 3 Nr. 2b und 2c AÜG **großzügige Bereichsausnahmeregelungen für den öffentlichen Dienst** vorgesehen hat. Danach ist vor allem für tarifliche Personalgestellungen, wie sie die Tarifverträge für den öffentlichen Dienst vorsehen, der Anwendungsbereich des AÜG nicht eröffnet. Zudem findet sich in den Vorschriften eine Ausnahmeregelung für öffentliche tarifgebundene Arbeitgeber, die an das für private Arbeitgeber geltende Konzernprivileg (§ 1 Abs. 3 Nr. 2 AÜG) angelehnt ist. Die Einzelheiten sind unter Rdn 31 ff. dargestellt.

5

b) Keine Änderungen beim sog. Konzernprivileg und weiteren Ausnahmetatbeständen

Keine **inhaltlichen Änderungen** ergeben sich durch die AÜG-Novelle im Hinblick auf die schon bislang in § 1 Abs. 3 AÜG vorgesehenen Ausnahmetatbestände, auf welche das Gesetz grundsätzlich keine Anwendung findet.[8] Das betrifft wie bisher folgende Fälle:[9]

6

- Überlassungen zwischen Arbeitgebern desselben Wirtschaftszweiges zur Vermeidung von Kurzarbeit oder Entlassungen, wenn ein für den Entleiher und Verleiher geltender Tarifvertrag dies vorsieht (§ 1 Abs. 3 Nr. 1 AÜG);
- Überlassungen zwischen Konzernunternehmen im Sinne des § 18 des AktG, wenn der Arbeitnehmer nicht zum Zweck der Überlassung eingestellt und beschäftigt wird (§ 1 Abs. 3 Nr. 2 AÜG);
- Überlassungen zwischen Arbeitgebern, wenn die Überlassung nur gelegentlich erfolgt und der Arbeitnehmer nicht zum Zweck der Überlassung eingestellt und beschäftigt wird (§ 1 Abs. 3 Nr. 2a AÜG);
- Überlassungen in das Ausland, wenn der Leiharbeitnehmer in ein auf der Grundlage zwischenstaatlicher Vereinbarungen begründetes deutsch-auslän-

---

7 Vgl. BT-Drucks 18/9232, 22; zu Einzelheiten und weiteren Nachweisen siehe die Darstellung unter Rdn 31 ff.
8 Zu einzelnen anwendbaren Vorschriften vgl. § 1 Abs. 3 AÜG Eingangssatz, in dem im Vergleich zur bisherigen Rechtslage nur redaktionelle Anpassungen vorgenommen wurden.
9 Zur Reichweite der einzelnen Ausnahmetatbestände siehe statt vieler Thüsing/*Waas*, § 1 AÜG Rn 156 ff.; *Urban-Crell/Germakowski/Bissels/Hurst*, § 1 AÜG Rn 204 ff.; Schüren/Hamann/*Hamann*, § 1 AÜG Rn 427 ff.

disches Gemeinschaftsunternehmen verliehen wird, an dem der Verleiher beteiligt ist (§ 1 Abs. 3 Nr. 3 AÜG).

7 *Praxishinweis*
Damit bleibt insbesondere die Möglichkeit unverändert bestehen, Arbeitnehmer zwischen verbundenen Konzernunternehmen zu verleihen, soweit der Arbeitnehmer nicht zum Zwecke der Überlassung eingestellt und beschäftigt wird (sog. **Konzernprivileg**).[10]

3. Ausschluss von Ketten- oder Zwischenverleihkonstruktionen

8 Nach bisheriger Gesetzeslage war umstritten, ob der **Weiterverleih** eines Arbeitnehmers durch den Entleiher an einen Dritten zulässig ist.[11] Die wohl h.M. lehnte dies ab und ging schon bisher davon aus, dass entsprechende Konstruktionen mit dem AÜG unvereinbar sind.[12]

9 Nunmehr regelt § 1 Abs. 1 S. 3 AÜG ausdrücklich, dass eine Arbeitnehmerüberlassung nur zulässig ist, wenn **zwischen Verleiher und Leiharbeitnehmer ein Arbeitsverhältnis** besteht. Hierdurch will das Gesetz zum Ausdruck bringen, dass jede Form des Ketten-, Zwischen- oder Weiterverleihs von Arbeitnehmern untersagt ist.[13] Lediglich dem Vertragsarbeitgeber ist es daher gestattet, Leiharbeitnehmer unter den weiteren im AÜG geregelten Voraussetzungen an einen Dritten (Entleiher) zu überlassen. Ein Verstoß gegen das Kettenverleihverbot kann als Ordnungswidrigkeit mit einem Bußgeld bis 30.000 EUR verfolgt werden. Nicht bereits der Verstoß gegen das Kettenverleihverbot selbst, aber die Verletzung der Verpflichtungen nach § 1 Abs. 1 S. 1, 5 und 6 sowie Abs. 1b AÜG durch den Zwischenverleiher führt zudem, sofern der Leiharbeitnehmer nicht widerspricht (vgl. dazu Rdn 214 ff.), zur Entstehung eines Arbeitsverhältnisses mit dem „Letzt-Entleiher" nach § 10a AÜG i.V.m. §§ 9, 10 AÜG.[14] Zu weiteren Einzelheiten siehe auch Rdn 24 ff.

---

10 Hierzu ausführlich u.a. *Urban-Crell/Germakowski/Bissels/Hurst*, § 1 AÜG Rn 217 ff.; *Ulber*, § 1 AÜG Rn 349 ff.; Schüren/Hamann/*Hamann*, § 1 AÜG Rn 485 ff.
11 Schüren/Hamann/*Schüren*, AÜG Einleitung Rn 331; DAV, RdA 2016, 173, 174.
12 BeckOK-ArbR/*Kock*, § 1 AÜG Rn 31; *Ulber*, § 1 AÜG Rn 24; a.A. Schüren/Hamann/*Schüren*, § 1 AÜG Rn 331; wohl auch *Urban-Crell/Germakowski/Bissels/Hurst*, § 1 AÜG Rn 22; die BA ging zwischenzeitlich von einer Unzulässigkeit des Kettenverleihs aus, vgl. GR22 – 7160.4(1) v. 20.1.2016, 8 f.
13 Vgl. BT-Drucks 18/9232, 19; *Baeck/Winzer/Hies*, NZG 2016, 415, 417.
14 *Hamann*, ArbuR 2016, 136, 139; *Siebert/Novak*, ArbRAktuell 2016, 391, 393; a.A. offenbar *Baeck/Winzer/Hies*, NZG 2016, 415, 417.

4. Kennzeichnungs- und Konkretisierungspflichten: Ausschluss von Vorratserlaubnissen

Vor dem Hintergrund der oftmals schwierigen Abgrenzung von (verdeckter) Arbeitnehmerüberlassung und Werkverträgen oder Projektarbeit und der bisweilen schwer zu prognostizierenden Einschätzung durch die Gerichte war das Vorhalten einer Arbeitnehmerüberlassungserlaubnis auf Seiten des Dienstleisters oder Werkunternehmers in der Praxis ein mögliches (wenngleich rechtlich nicht unumstrittenes[15]) „**Sicherheitsnetz**", um die gravierenden Folgen einer potentiellen Einstufung als Arbeitnehmerüberlassung zu vermeiden.

Diese Möglichkeit der Absicherung über eine „Vorratserlaubnis" ist durch die AÜG-Reform entfallen. Denn § 1 Abs. 1 S. 5 AÜG bestimmt nunmehr, dass jede Arbeitnehmerüberlassung im Vertrag zwischen Verleiher und Entleiher auch als solche bezeichnet sein muss (**Kennzeichnungspflicht**). Ferner muss der jeweilige Leiharbeitnehmer gem. § 1 Abs. 1 S. 6 AÜG unter Bezugnahme auf den Überlassungsvertrag konkretisiert werden (**Konkretisierungspflicht**). Die Neuregelungen zielen darauf ab, den vermeintlichen Werkunternehmer und seinen Auftraggeber mit Geschäftspartnern gleichzustellen, die unerlaubte Arbeitnehmerüberlassung betreiben. Im Falle eines Verstoßes kann sich der Leiharbeitnehmer auf ein Arbeitsverhältnis mit dem Entleiher berufen (§ 10 Abs. 1 AÜG). Siehe zu den neuen Transparenzpflichten ausführlich Rdn 196 ff.

Praxishinweis
Durch die Verschärfung der Rechtslage tragen „Verleiher" und „Entleiher" das Beurteilungs- und Prognoserisiko hinsichtlich der in den Grenzbereichen schwierigen Einordnung von Gestaltungen als Arbeitnehmerüberlassung. Dies ist in der Praxis umso problematischer, weil sich der Charakter eines Fremdpersonaleinsatzes im Laufe seiner tatsächlichen Durchführung ändern kann. Dem kann nur durch eine sorgfältige anfängliche Prüfung der rechtlichen Einordnung des beabsichtigten Drittpersonaleinsatzes sowie das Aufstellen und die Einhaltung klarer Kriterien für die Vertragsdurchführung, einschließlich entsprechender nachgelagerter Kontrollen, begegnet werden.

5. Begrenzung der zulässigen Überlassungsdauer auf 18 Monate

Eine der **wichtigsten Neuerungen** betrifft die (Wieder-)Einführung einer gesetzlichen Höchstüberlassungsdauer. Nachdem die Überlassungshöchstdauer von früher zwölf Monaten im Rahmen der sogenannten „Hartz-Reformen"[16] abgeschafft worden war, sieht die neue Rechtslage eine ähnliche Beschränkung wieder vor.[17] Bis-

---
15 S. dazu BAG v. 12.7.2016 – 9 AZR 352/15, BB 2016, 2686 f.
16 BGBl I 2002, 4607.
17 *Neighbour/Schröder*, BB 2016, 2869 ff.; *Giesen*, ZRP 2016, 130, 131.

her war dem AÜG hinsichtlich des zeitlichen Umfangs zulässiger Arbeitnehmerüberlassung lediglich zu entnehmen, dass diese nur **vorübergehend**, mithin nicht dauerhaft, erfolgen dürfe. Sowohl die Auslegung des Merkmals „vorübergehend", als auch die Folgen einer nicht mehr als vorübergehend anzusehenden Überlassung, waren bisher außerordentlich streitig. Auf eine bestimmte Höchstdauer der Beschäftigung beim Entleiher hatte sich die Rechtsprechung bisher nicht festgelegt.[18] Für die Rechtspraxis führte dies einerseits zu Unsicherheit hinsichtlich der erlaubten Grenzen der Arbeitnehmerüberlassung, wenngleich es andererseits an speziell gesetzlich angeordneten Sanktionen bei Vorliegen einer „Dauerüberlassung" fehlte.

14 Das AÜG sieht in § 1 Abs. 1b AÜG nunmehr im Grundsatz eine auf den einzelnen Leiharbeitnehmer und denselben Entleiher bezogene **maximale Überlassungsdauer von 18 Monaten** vor. Abweichungen hiervon sind durch oder aufgrund eines **Tarifvertrags der Einsatzbranche** mit Einschränkungen möglich. Nach der gesetzlichen Regelung sind für die Ermittlung der Überlassungshöchstdauer Zeiträume vorheriger Überlassungen des jeweiligen Leiharbeitnehmers durch denselben oder einen anderen Verleiher an denselben Entleiher einzurechnen, wenn zwischen den Einsätzen jeweils nicht mehr als drei Monate liegen.

15 Als spezielle **Rechtsfolgen** einer Überschreitung der zulässigen Überlassungsdauer sieht das Gesetz nunmehr in § 9 Abs. 1 Nr. 1b AÜG die Unwirksamkeit des Arbeitsvertrages zwischen Verleiher und Leiharbeitnehmer sowie die Fiktion eines Arbeitsverhältnisses zum Entleiher vor (§ 10 Abs. 1 S. 1 AÜG). Zudem besteht die Möglichkeit der Ahndung gegenüber dem Verleiher nach § 16 Abs. 1 Nr. 1e, Abs. 2 AÜG (Geldbuße bis zu 30.000 EUR). Unabhängig davon kann der Betriebsrat die Zustimmung zur Einstellung gemäß § 99 Abs. 2 BetrVG verweigern, wenn der Leiharbeitnehmer für einen längeren Zeitraum als nach § 1 Abs. 1b AÜG zugelassen beim Entleiher eingestellt werden soll.[19] Zu weiteren **Einzelheiten** im Zusammenhang mit der Neuregelung zur Höchstüberlassungsdauer siehe Rdn 57 ff.

6. Verschärfungen beim Equal Pay Grundsatz

16 Ein weiterer **zentraler Aspekt der AÜG-Reform** betrifft die neuen Regelungen zum sog. Equal Pay Grundsatz. Nach bisheriger Rechtslage bestanden erhebliche Abweichungsmöglichkeiten, speziell im Zusammenhang mit tariflichen Gestaltungen, vom grundsätzlichen Gleichstellungsgebot bei den Arbeitsbedingungen der Leiharbeitnehmer mit denjenigen für vergleichbare Stammarbeitnehmer des Entleihers. Dies war immer wieder Gegenstand der politischen Diskussion.

---

18 Vgl. BAG v. 30.9.2014 – 1 ABR 79/12, NZA 2015, 240; BAG v. 10.7.2013 – 7 ABR 91/11, NJW 2014, 331; BAG v. 10.7.2013 – 7 ABR 91/11, NZA 2013, 1296; LAG Düsseldorf v. 2.10.2012 – 17 TaBV 48/12, NZA 2012, 1378.
19 BAG v. 30.9.2014 – 1 ABR 79/12, NZA 2015, 240, 241; BAG v. 10.7.2013 – 7 ABR 91/11, NJW 2014, 331, 332 ff.; LAG Schleswig-Holstein v. 10.5.2016 – 1 TaBV 59/15, BeckRS 2016, 71847.

In § 8 AÜG findet sich nunmehr eine **umfassende Regelung des Grundsatzes der Gleichstellung.** Die Neuregelung beinhaltet sowohl Vorschriften, die bisher schon an anderer Stelle im Gesetz verankert waren (z.B. § 10 Abs. 4 S. 1 bis 3 AÜG oder die sog. „Drehtürklausel" des vormaligen § 3 Abs. 1 Nr. 3 S. 4 AÜG), als auch Verschärfungen der Rechtslage durch die weitere Beschränkung von Abweichungsmöglichkeiten.[20] Gemäß § 8 Abs. 4 S. 1 AÜG sollen Leiharbeitnehmer jetzt spätestens grds. nach neun Monaten hinsichtlich des Arbeitsentgelts den Stammbeschäftigten gleichgestellt werden. Zwar sieht § 8 Abs. 4 AÜG weiterhin gewisse Abweichungsmöglichkeiten hiervon durch oder aufgrund von branchenspezifischen Tarifverträgen vor. Ein gleichwertiges Arbeitsentgelt muss allerdings auch innerhalb des Geltungsbereichs derartiger Tarifverträge aufgrund von schrittweisen Angleichungen spätestens nach einer 15-monatigen Einsatzdauer erreicht werden.[21] Zur **Durchsetzung des Gleichstellungsgrundsatzes** sieht das Gesetz u.a. eine Bußgeldandrohung von bis zu 500.000 EUR vor (§ 16 Abs. 1 Nr. 7a, Abs. 2 AÜG). Nähere **Einzelheiten** zum Gesamtkomplex Gleichstellungsgrundsatz sind unter Rdn 140 ff. dargestellt.

17

7. Fiktion eines Arbeitsverhältnisses mit dem Entleiher und Widerspruchsmöglichkeit des Leiharbeitnehmers (sog. Festhaltenserklärung)

Nach bisheriger Rechtslage führen bestimmte Verstöße gegen das AÜG, namentlich die illegale Arbeitnehmerüberlassung bei fehlender Überlassungserlaubnis, ipso iure zur **Entstehung eines Arbeitsverhältnisses mit dem Entleiher** (§ 10 Abs. 1 AÜG a.F.).

18

Die gesetzliche Neufassung sieht nunmehr noch **zwei weitere Fälle** der Unwirksamkeit des Arbeitsvertrages zwischen Leiharbeitnehmer und Verleiher vor (§ 9 Abs. 1 Nr. 1a und 1b AÜG), welche zur Fiktion eines Arbeitsverhältnisses mit dem Entleiher führen. Zum einen ist der Arbeitsvertrag mit dem Verleiher auch dann unwirksam, wenn die Arbeitnehmerüberlassung nicht gemäß § 1 Abs. 1 S. 5 und S. 6 AÜG als solche bezeichnet und die Person des Leiharbeitnehmers nicht konkretisiert wurde. Zum anderen führt auch das Überschreiten der Überlassungshöchstdauer nach § 1 Abs. 1 S. 3, Abs. 1b AÜG zur Unwirksamkeit des Vertrages.

19

Die Rechtsfolge der in den Fällen des § 9 Abs. 1 Nr. 1, 1a und 1b AÜG eintretenden Unwirksamkeit des Arbeitsvertrages mit dem Verleiher und die automatische Begründung eines Arbeitsverhältnisses mit dem Entleiher sind jedoch für den **Leiharbeitnehmer** nunmehr überall **abdingbar ausgestaltet**, indem dieser innerhalb

20

---

20 Vgl. *Neighbour/Schröder*, BB 2016, 2869, 2872.
21 BT-Drucks 18/9232, 15.

einer bestimmten Frist erklären kann, an dem Arbeitsvertrag mit dem Verleiher festhalten zu wollen (**Festhaltenserklärung**). Das Gesetz gewährt dem Leiharbeitnehmer in derartigen Fällen also nach neuer Rechtslage ein **Wahlrecht**, ob er sein Arbeitsverhältnis mit dem Verleiher oder lieber mit dem Entleiher fortsetzen möchte. In Ergänzung dazu enthält § 9 Abs. 2, 3 AÜG bestimmte – allerdings äußerst sperrig ausgestaltete – Vorgaben für die Festhaltenserklärung, die Missbräuche vermeiden soll.[22] Die Details hierzu werden unter Rdn 214 ff. dargestellt.

8. Untersagung des Einsatzes von Leiharbeitnehmern als „Streikbrecher"

21 Schon nach bisheriger Rechtslage waren Leiharbeitnehmer berechtigt, die Arbeitsleistung zu verweigern, sofern und solange der jeweilige Entleiher von Arbeitskampfmaßnahmen unmittelbar betroffen ist (§ 11 Abs. 5 S. 1, 2 AÜG a.F.). Gemäß § 11 Abs. 5 AÜG soll es darüber hinaus dem Entleiher nunmehr **gesetzlich untersagt** sein, Leiharbeitskräfte einzusetzen, wenn der Betrieb unmittelbar von einem Arbeitskampf betroffen ist. Dieses Verbot gilt unabhängig davon, ob der Leiharbeitnehmer dem Einsatz als Streikbrecher zugestimmt hat oder nicht.[23] Damit soll eine bessere Durchsetzung des Leistungsverweigerungsrechts des Leiharbeitnehmers erreicht werden.[24] Verstöße gegen die Regelung können als Ordnungswidrigkeit mit einem Bußgeld bis zu 500.000 EUR belegt werden (§ 16 Abs. 1 Nr. 8a, Abs. 2 AÜG). Zu der Neuregelung, gegen die im Übrigen erhebliche verfassungsrechtliche Bedenken bestehen, siehe ausführlich unter Rdn 227 ff.

9. Beteiligungsrechte des Betriebsrats

22 Im Wesentlichen nur gesetzliche Klarstellungen sind im Bereich der Beteiligungsrechte des Betriebsrats im Zusammenhang mit dem Einsatz von Fremdpersonal erfolgt. Bereits nach bisheriger Rechtslage verfügten Betriebsräte bei Einsatz von Leiharbeitnehmern im Betrieb über **Unterrichtungs- und Beteiligungsrechte** nach §§ 80, 87 sowie §§ 92 ff. BetrVG. Dies war jedoch nicht gesetzlich normiert und beruhte im Wesentlichen auf gerichtlichen Entscheidungen. Hierzu finden sich nunmehr in § 80 Abs. 2 BetrVG und § 92 Abs. 1 S. 1 BetrVG ausdrückliche Regelungen im Zusammenhang mit den dortigen gesetzlichen Informationsrechten des Betriebsrats, die unter Rdn 300 f. noch näher erläutert werden.

---

22 Vgl. BT-Drucks 18/10064,15.
23 *Willemsen/Mehrens*, NZA 2015, 897, 901; *Zimmermann*, BB 2016, 53, 56; *Bauer/Haußmann*, NZA 2016, 803, 805; *Giesen*, ZRP 2016, 130, 133; *Thüsing*, NZA 2015, 1478, 1479.
24 BT-Drucks 18/9232, 28.

10. Schwellenwerte

Schließlich wurde das AÜG um eine allgemeine Regelung zur Berücksichtigung von Leiharbeitnehmern für bestimmte **gesetzliche Schwellenwerte** erweitert, von denen etwa die Beteiligung im BetrVG oder die Anwendbarkeit von Mitbestimmungsvorschriften auf Aufsichtsratsebene abhängt (siehe § 14 Abs. 2 S. 4–6 AÜG), ergänzt (dazu Rdn 334 ff.).

23

B. Der Begriff des Leiharbeitnehmers und das Verbot des Kettenverleihs

Christiane Pickenhahn

Literatur:

Brors/Schüren, Neue gesetzliche Rahmenbedingungen für den Fremdpersonaleinsatz, NZA 2014, 569; *Francken,* Neuregelung der Darlegungs- und Beweislast in Verfahren nach §§ 9, 10 AÜG, NZA 2014, 1064; *Hamann,* Entleiherstellung bei der Kettenleihe, jurisPR-ArbR 15/2016 Anm. 3 zu LAG Berlin-Brandenburg 15.12.2015 – 7 Sa 387/15; *Hamann/Rudnik,* Vermeidung von Branchenzuschlägen in der Zeitarbeit durch Zwischenschaltung eines Industriedienstleisters? NZA 2016, 455; *Siebert/Novak,* Neue gesetzliche Regelungen zu AÜG und Werkvertrag – Update 2017, ArbRAktuell 2016, 391; *Tuengerthal/Andorfer,* Neue Abgrenzung von Arbeitnehmerüberlassung und Werkvertrag?, BB 2016, 1909.

§ 1 Abs. 1 AÜG wurde durch die Reform grundlegend neugefasst:

24

Arbeitgeber, die als Verleiher Dritten (Entleihern) Arbeitnehmer (Leiharbeitnehmer) im Rahmen ihrer wirtschaftlichen Tätigkeit zur Arbeitsleistung überlassen (Arbeitnehmerüberlassung) wollen, bedürfen der Erlaubnis. Arbeitnehmer werden zur Arbeitsleistung überlassen, wenn sie in die Arbeitsorganisation des Entleihers eingegliedert sind und seinen Weisungen unterliegen. Die Überlassung und das Tätigwerdenlassen von Arbeitnehmern als Leiharbeitnehmer ist nur zulässig, soweit zwischen dem Verleiher und dem Leiharbeitnehmer ein Arbeitsverhältnis besteht. Die Überlassung von Arbeitnehmern ist vorübergehend bis zu einer Überlassungshöchstdauer nach Absatz 1b zulässig. Verleiher und Entleiher haben die Überlassung von Leiharbeitnehmern in ihrem Vertrag ausdrücklich als Arbeitnehmerüberlassung zu bezeichnen, bevor sie den Leiharbeitnehmer überlassen oder tätig werden lassen. Vor der Überlassung haben sie die Person des Leiharbeitnehmers unter Bezugnahme auf diesen Vertrag zu konkretisieren.

Unverändert wird in § 1 Abs. S. 1 AÜG die Erlaubnispflicht geregelt. Der Klammerzusatz „Arbeitnehmerüberlassung" soll die bereits festgeschriebene **Definition der Arbeitnehmerüberlassung** lediglich hervorheben. Eine Veränderung des bisherigen Anwendungsbereichs des AÜG oder der Reichweite der Erlaubnispflicht tritt hierdurch nicht ein.[25] Die weiteren Sätze 2 bis 6 wurden hingegen vollständig neugefasst.

Nunmehr regelt § 1 Abs. 1 AÜG neben der Erlaubnispflicht

---

25 BT-Drucks 18/9232, S. 17.

- in Satz 2 den Begriff des Leiharbeitnehmers (dazu Rdn 25 f.)
- in Satz 3 das Verbot des Kettenverleihs (dazu unter Rdn 27 ff.)
- in Satz 4 den Verweis auf die Höchstüberlassungsdauer des Abs. 1b (dazu unter Rdn 57 ff.) sowie
- in den Sätzen 4 und 5 die neue Kennzeichnungs- und Konkretisierungspflicht (dazu unter Rdn 196 ff.)

I. Definition des Leiharbeitnehmers

1. Legaldefinition

25 Neben der Kodifizierung des Begriffs des Arbeitnehmers im neuen § 611a BGB wurde in § 1 Abs. 1 S. 2 AÜG der Begriff des Leiharbeitnehmers festgeschrieben:

> Arbeitnehmer werden zur Arbeitsleistung überlassen, wenn sie in die Arbeitsorganisation des Entleihers eingegliedert sind und seinen Weisungen unterliegen.

Nach der Gesetzesbegründung soll mit der neuen Legaldefinition des Leiharbeitnehmers lediglich die bisherige Rechtsprechung zur Abgrenzung zwischen dem Einsatz eines Arbeitnehmers als Leiharbeitnehmer und dem Einsatz als Erfüllungsgehilfe im Rahmen eines Werk- bzw. Dienstvertrages kodifiziert werden. Bedauerlicherweise wurden die bisherigen Rechtsprechungsgrundsätze aber auch im Rahmen des § 1 Abs. 1 S. 2 AÜG nicht exakt übernommen.

Nach der bisherigen BAG-Rechtsprechung liegt Arbeitnehmerüberlassung nämlich vor,

> „wenn einem Entleiher Arbeitskräfte zur Verfügung gestellt werden, die in dessen Betrieb (**voll**) eingegliedert sind und ihre Arbeit **allein** nach Weisungen des Entleihers und in dessen Interesse ausführen."[26]

Entgegen teilweiser vertretener Auffassung[27] führt die Nichtaufnahme der Begriffe „voll" und „allein" aber zu keiner Verschiebung der Grenzziehung zwischen Arbeitnehmerüberlassung und anderweitigem Drittpersonaleinsatz (hierzu bereits ausführlich unter § 3 Rdn 19). Unabhängig vom dem klar verfehlten Ziel der Schaffung von mehr Rechtssicherheit für die Praxis, bleiben damit die Rechtsprechungsgrundsätze anwendbar.

---

26 BAG v. 14.8.1985 – 5 AZR 225/84 Rn 20; BAG v. 30.1.1991 – 7 AZR 497/89 Rn 43; BAG v. 6.8.1997 – 7 AZR 663/96 Orientierungssatz; BAG v. 6.8.2003 – 7 AZR 180/03 Rn 38.
27 Stellungnahme des DAV durch den Ausschuss Arbeitsrecht zum Referentenentwurf eines Gesetzes zur Änderung des AÜG und anderer Gesetze, veröffentlicht in NZA 7/2016, S. VIII-X, RdA 2016, 173; *Tuengerthal/Andorfer*, BB 2016, 1909, 1911; *Siebert/Novak*, ArbRAktuell 2016, 391, 391.

2. Gleichbleibende Beweislast

Die neue Legaldefinition enthält ebenso wie die endgültige Fassung des § 611a BGB – entgegen anderer Vorschläge[28] – keine Verschiebung der Darlegungs- und Beweislast. Diese bleibt damit unverändert. Weiterhin muss der Arbeitnehmer Tatsachen vortragen, die eine Würdigung rechtfertigen, wonach der Arbeitnehmer einem Entleiher zur Arbeitsleistung überlassen ist. Es ist dann Aufgabe des „Entleihers", die Tatsachen darzulegen, die dagegensprechen. Er genügt seiner Darlegungslast, wenn er die eine werkvertragliche Vereinbarung begründenden Tatsachen vorträgt. In diesem Fall ist es nunmehr Sache des Arbeitnehmers, die Kenntnis der auf Seiten der beteiligten Arbeitgeber handelnden und zum Vertragsabschluss berechtigten Personen von der tatsächlichen Vertragsdurchführung vorzutragen.[29]

II. Verbot des Kettenverleihs § 1 Abs. 1 S. 3 AÜG

1. Definition und bisherige Rechtslage

Kettenverleih (oder auch Weiterverleih genannt[30]) liegt vor, wenn ein Entleiher die ihm von einem Verleiher überlassenen Leiharbeitnehmer nicht selbst einsetzt, sondern an andere Entleiher zur Arbeitsleistung weiterverleiht.

In der Praxis kann einerseits die **Einschaltung von Subunternehmern** dazu führen, dass der ursprüngliche Auftragnehmer zum Zwischenverleiher wird, wenn eine verdeckte oder missbräuchliche Arbeitnehmerüberlassung zwischen Subunternehmer und ursprünglichem Auftragnehmer erfolgt. Teilweise wird umgekehrt aber auch von Seiten des Entleihers ein sog. **Industrie-Dienstleister** als Weiterverleiher zwischen geschaltet, um tarifvertraglichen Branchenzuschlägen zu vermeiden.[31]

Kettenverleih

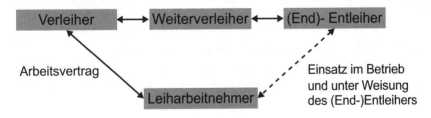

---

28 *Brors/Schüren*, NZA 2014, 569, 572; *Francken* NZA 2014, 1064, 1065.
29 BAG v. 15.4.2014 – 3 AZR 395/11, AP BetrAVG § 1 Nr. 71, Rn 22.
30 Die Terminologie ist hier uneinheitlich, es wird in dem Rahmen auch von Zwischen- oder Weiterverleih gesprochen.
31 Dazu auch *Hamann/Rudnik*, NZA 2016, 455.

§ 5 Die Reform des AÜG

28 Die Frage der **Gesetzeskonformität** des Kettenverleihs war **bisher umstritten.** Nach Auffassung der Bundesagentur für Arbeit[32] sowie des LAG Berlin-Brandenburg[33] war der Kettenverleih bereits vor der Reform unzulässig. Der Weiterverleiher könne nicht Arbeitgeber des Leiharbeitnehmers sein. Er kann daher auch nicht die Weisungsbefugnis auf den (End-)Entleiher übertragen. Nur der Vertragsarbeitgeber des Leiharbeitnehmers ist rechtlich und tatsächlich in der Lage, die für das Leiharbeitsverhältnis kennzeichnende Übertragung der Weisungsbefugnis an den Entleiher vorzunehmen.[34] Während Verleiher nur der Vertragsarbeitgeber des Leiharbeitnehmers sein könne, könne als Entleiher allein derjenige anzusehen sein, bei dem der Arbeitnehmer tatsächlich eingesetzt wird. Die Fiktionswirkung der §§ 9, 10 AÜG a.F. waren nach dieser Auffassung damit nur im Verhältnis Verleiher und (End-)Entleiher relevant. Nach anderer Ansicht war der Kettenverleih bis zur Reform zulässig, da § 1 Abs. 1 AÜG a.F. bisher nicht die Zwischenschaltung von weiteren Beteiligten ausschloss.[35] Der (End-)Entleiher musste eine Fiktion eines Arbeitsverhältnisses gem. §§ 9, 10 AÜG a.F. nur befürchten, wenn weder Verleiher noch Weiterverleiher über eine Arbeitnehmerüberlassungserlaubnis verfügten,[36] da der Kettenverleih wie zwei hintereinandergeschalteten Arbeitnehmerüberlassungen zu behandeln sei und damit nur bei doppelter illegaler Arbeitnehmerüberlassung bis zum (End-)Entleiher durchgriff.

Dies führte zu folgenden **Fallkonstellationen**:

a) **Verleiher und Entleiher verfügen über eine AÜ-Erlaubnis:**

Nach beiden Auffassungen war aufgrund der Legalität der Arbeitnehmerüberlassung das Arbeitsverhältnis zum Erst-Verleiher wirksam und blieb trotz Kettenverleih bestehen. Darauf, ob man von zwei hintereinandergeschalteten Überlassungen ausging oder nicht, kam es in diesem Fall nicht an.

b) **Der Verleiher verfügt über eine AÜ-Erlaubnis, der Weiterverleiher nicht:**

Auch in diesem Fall blieb das Arbeitsverhältnis zum Verleiher wirksam. Die zweite Ansicht begründete dies trotz zweiter illegaler Überlassung damit, dass dem Leiharbeitnehmer bereits ein zuverlässiger Arbeitgeber zur Verfügung stehe.

c) **Nur der Weiterverleiher verfügt über eine AÜ-Erlaubnis:**

Nach Auffassung der Bundesagentur für Arbeit sowie des LAG Berlin-Brandenburg spielte die Erlaubnis des Weiterverleihers keine Rolle. Aufgrund der fehlen-

---

32 Vgl. GA AÜG der Bundesagentur für Arbeit, Stand Juli 2015, 1.1.2 Abs. 11.
33 LAG Berlin-Brandenburg v. 15.12.2015 – 7 Sa 387/15.
34 Vgl. auch LAG Berlin-Brandenburg v. 15.12.2015 – 7 Sa 387/15 Rn 54.
35 *Boemke/Lembke*, AÜG, § 1 Rn 12 ff.; *Schüren/Hamann*, § 1 AÜG Rn 57.
36 *Hamann*, jurisPR-ArbR 15/2016 Anm. 3, S. *Hamann/Rudnik*, NZA 2016, 455, 458.

den Erlaubnis des Vertragsarbeitgebers wurde ein Arbeitsverhältnis zum (End-)Entleiher fingiert.[37]

Bei der Annahme von zwei hintereinandergeschalteten Arbeitnehmerüberlassungen war die erste Überlassung zwischen Verleiher und Weiterverleiher unwirksam, weswegen die Fiktion eines Arbeitsverhältnisses zum Weiterverleiher eintrat. Ein Arbeitsverhältnis zum (End-)Entleiher kam wegen der AÜ-Erlaubnis aber nicht in Frage.[38]

d) Verleiher und Weiterverleiher verfügen über keine AÜ-Erlaubnis:

Nach erster Ansicht wurde bereits aufgrund der fehlenden AÜ-Erlaubnis des Verleihers ein Arbeitsverhältnis zum (End-)Entleiher begründet, nach zweiter Auffassung führte die doppelte illegale Arbeitnehmerüberlassung zum gleichen Ergebnis.

Die Ansichten führten damit zu unterschiedlichen Ergebnissen, wenn nur der Weiterverleiher über eine Arbeitnehmerüberlassung verfügt. Höchstrichterliche Rechtsprechung hierzu gab es allerdings bisher keine. Unbestritten war aber bereits vor der Reform, dass das Gesetz an den Kettenverleih selbst ohne eine illegale Arbeitnehmerüberlassung keine unmittelbaren Sanktionen nach §§ 9, 10 AÜG knüpfte.

2. Neue Rechtslage

Durch § 1 Abs. 1 S. 3 AÜG wird der Kettenverleih nunmehr **ausdrücklich verboten**:

29

> Die Überlassung und das Tätigwerdenlassen von Arbeitnehmern als Leiharbeitnehmer ist nur zulässig, soweit zwischen dem Verleiher und dem Leiharbeitnehmer ein Arbeitsverhältnis besteht.

Nunmehr ist im Gesetz klargestellt, dass der **Kettenverleih unzulässig** ist. Mit dem neu eingefügten § 10a AÜG will der Gesetzgeber sicherstellen, dass die in §§ 9, 10 AÜG geregelten **Sanktionen auch im Mehrpersonenverhältnis greifen**.

Ein **Arbeitsverhältnis zum (End-)Entleiher** wird auch dann **fingiert**, wenn zwar der Verleiher über eine Erlaubnis verfügt, der Weiterverleiher aber entweder über keine AÜ-Erlaubnis verfügt, die Höchstüberlassungsdauer überschreitet oder gegen Kennzeichnungs- und Konkretisierungspflichten verstößt (§ 9 Abs. 1 Nr. 1 bis 1b AÜG). Damit ändert sich bei den unter Rdn 28 genannten Fallkonstellationen Fall b). Zudem kommen zu den Fällen der illegalen Arbeitnehmerüberlassungen die Verstöße gegen die Höchstüberlassungsdauer sowie die Kennzeichnungs- und Konkretisierungspflichten (verdeckte Arbeitnehmerüberlassung) jeweils durch Verleiher oder Weiterverleiher hinzu, so dass bei jeglichen Verstößen ein Arbeitsverhältnis zum (End-)Entleiher fingiert wird.

---

37 Vgl. auch LAG Berlin-Brandenburg v. 15.12.2015 – 7 Sa 387/15 Rn. 57.
38 *Hamann*, jurisPR-ArbR 15/2016 Anm. 3.

§ 5 Die Reform des AÜG

Der Ansicht, es handele sich um zwei hintereinandergeschaltete Arbeitnehmerüberlassungen, die jeweils selbstständig beurteilt werden müssen, hat der Gesetzgeber eine Absage erteilt. Die Fiktionswirkung der §§ 9, 10 AÜG führt immer zur Fiktion des Arbeitsverhältnisses zum End-Entleiher und nicht wie in Fallkonstellation c) von bisher teilweise vertretener Ansicht zum Arbeitsverhältnis zum Weiterverleiher. Eine Festhaltenserklärung des Leiharbeitnehmers führt immer zum Festhalten des Arbeitsverhältnisses zum Erst-Verleiher.[39]

Allerdings führt ein singulärer Verstoß gegen den Kettenverleih auch nach neuer Rechtslage für sich genommen nicht zur Fiktion des Arbeitsverhältnisses zum (End-)Entleiher. Für diesen Verstoß ist (nur) eine **Ordnungswidrigkeit** vorgesehen worden (Bußgeld für die beteiligten Arbeitgeber bis zur Höhe von 30.000 EUR, § 16 Abs. 1 Nr. 1b AÜG). Weiterhin möglich bleibt aber auch eine Ahndung nach § 3 Abs. 1 Nr. 1 AÜG (Widerruf, Versagung der Erlaubnis wegen Unzuverlässigkeit).

Der DGB fordert eine Fiktion des Arbeitsverhältnisses zum (End-)Entleiher auch für den missbräuchlichen Kettenverleih ohne Erfüllung einer der Tatbestände des § 9 Abs. 1 Nr. 1 bis 1b AÜG. Diese Forderung ist abzulehnen. Regelmäßig wird im Fall des missbräuchlichen Kettenverleihs auch ein Verstoß gegen die Kennzeichnungs- und Konkretisierungspflicht und damit eine verdeckte Arbeitnehmerüberlassung vorliegen. Es ist dem (End-)Entleiher nicht zumutbar, die Folgen des Kettenverleihs auch dann zu tragen, wenn die Arbeitnehmerüberlassung ansonsten legal erfolgt. Die Fälle der bewussten Gesetzesumgehung durch den (End-)Entleiher sind hingegen unter dem Gesichtspunkt des institutionellen Rechtsmissbrauchs gem. § 242 BGB interessengerecht zu lösen.

> *Praxishinweis*
> Die Zwischenschaltung Dritter bei der Arbeitnehmerüberlassung (sog. **Kettenverleih**) ist nunmehr **ausdrücklich verboten**. Ausreichend ist, dass entweder der Verleiher oder der Weiterverleiher über keine Überlassungserlaubnis verfügen, Kennzeichnungs- und Konkretisierungspflichten nicht erfüllen oder die Höchstüberlassungsdauer überschreiten, damit **die Gefahr der Begründung eines Arbeitsverhältnisses zum (End-)Entleiher besteht**.
> Der Kettenverleih selbst führt bei sonstiger Einhaltung des AÜG zu keiner Fiktion, kann allerdings Bußgelder bis zu 30.000 EUR sowie Ahndungen nach § 3 Nr. 1 AÜG mit sich bringen.

---

39 BT-Drucks 17/9232, S. 25.

3. Kein Kettenverleih (abzugrenzende Konstellationen)

Von dem Verbot des Kettenverleihs nicht erfasst ist die rotierende Überlassung eines Leiharbeitnehmers an verschiedene Entleiher („**Entleiherrondell**") sowie die Entleihe verschiedener Leiharbeitnehmer über die 18 Monate hinaus (zur personenbezogenen Höchstüberlassungsdauer siehe auch Rdn 57 ff.). 30

> *Praxishinweis*
> Vom Verbot des Kettenverleihs nicht erfasst sind sog. Entleiherrondelle (rotierende Überlassung eines Leiharbeitnehmers an verschiedene Entleiher) sowie eine Rotation von Leiharbeitnehmern auf einem Arbeitsplatz („**Leiharbeitnehmerrotation**").

Entleiherrondell

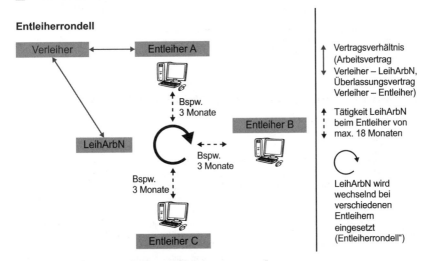

→ **Entleiherrondell** weiterhin zulässig; Nach § 1 Abs. 1b S. 2 AÜG n.F. müssen zwischen der wiederholten Überlassung an gleichen Entleiher nur noch mehr als 3 Monate (nicht mehr 6 Monate) liegen

Leiharbeitnehmerrotation

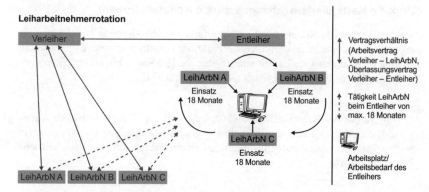

Verbot des Kettenverleihs bezieht sich nicht auf den Einsatz von verschiedenen Leiharbeitnehmern auf dem gleichen Arbeitsplatz des Entleihers
→ Deckung des gleichen Arbeitsbedarfes durch Einsatz von Fremdpersonal auch weiterhin länger als 18 Monate zulässig

C. Bereichsausnahme für den öffentlichen Dienst
Dr. Timon Grau/Dr. Ulrich Sittard

Literatur:

Augustin, Vorübergehend unklar – zur Anwendung des Arbeitnehmerüberlassungsgesetzes im öffentlichen Dienst, ZTR 2014, 319; *Baeck/Winzer/Hies*, Neuere Entwicklungen im Arbeitsrecht, NZG 2016, 415; *Bauer*, Vorhaben der „GroKo" zu Leiharbeit und Werkverträgen: Befürchtungen aus Arbeitgebersicht!, DB 2014, 60; *Bauschke*, Aktuelle Rechtsfragen des Arbeitnehmerüberlassungsgesetzes, insbesondere seine Anwendung im öffentlichen Dienst, öAT 2014, 181; *Bepler/Böhle/Meerkamp/Russ*, Beck'scher Online-Kommentar TVöD, 39. Edition 2016 (zitiert: BeckOK-TVöD/*Bearbeiter*); *Bepler/Böhle/Meerkamp/Russ*, Beck'scher Online-Kommentar TV-L, 34. Edition 2016 (zitiert: BeckOK-TV-L/*Bearbeiter*); *Breier/Dassau/Kiefer/Lang/Langenbrinck*, TVöD-Kommentar, Ordner 1, 88. Aktualisierung, Stand 8/2016 (zitiert: *Breier u.a.*); *Burger*, TVöD/TV-L, Tarifverträge für den öffentlichen Dienst, 3. Auflage 2016 (zitiert: Burger/*Bearbeiter*); *DAV*, Stellungnahme des Deutschen Anwaltsvereins durch den Ausschuss Arbeitsrecht zum Referentenentwurf eines Gesetzes zur Änderung des Arbeitnehmerüberlassungsgesetzes und anderer Gesetze, RdA 2016, 173; *Ebert*, Das Ende ist nah: Oder gibt es eine Zukunft für die tarifliche Personalgestellung?, ArbRB 2016, 125; *Fieberg*, Die Personalgestellung nach TVöD – kein Fall für das AÜG!, NZA 2014, 187; *Gaenslen*, Personalgestellung, Zuweisung und Abordnung nach § 4 TVöD als erlaubnispflichtige Arbeitnehmerüberlassung?, öAT 2015, 181; *Groeger*, Arbeitsrecht im öffentlichen Dienst, 2. Auflage 2014 (Groeger/*Bearbeiter*, Arbeitsrecht im öffentlichen Dienst); *Lembke/Ludwig*, Die Leiharbeit im Wechselspiel europäischer und nationaler Regulierung, NJW 2014, 1329; *Löwisch/Domisch*, Zur Anwendbarkeit des Arbeitnehmerüberlassungsgesetzes auf Personalgestellungen durch juristische Personen des öffentlichen Rechts, BB 2012, 1408; *Oberthür*, Aktuelles zu Arbeitnehmerüberlassung und Werkverträgen, ArbRB 2016, 109; *Pawlak/Prasetyo*, Mitbestimmungs- und Beteiligungsrechte im Rahmen der Personalgestellung nach § 4 III TVöD/TV-L, öAT 2015, 161; *Plander*, Die Personalgestellung zum Erwerber beim Betriebsübergang als Reaktion auf den Widerspruch von Arbeitnehmern – Am Beispiel kommunaler Privatisierungen, NZA 2002, 69; *Preis/Greiner*, Die Personalgestellung nach § 4 Abs. 3 TVöD – eine innovative Stärkung der Binnenflexibilität im Arbeitsverhältnis, ZTR 2006, 290; *Reichold*, Zur Genehmigungspflicht von Personalgestellungen in der verfassten Kirche nach AÜG, ZTR 2013, 600; *Ruge/*

von *Tiling*, Die tarifliche Personalgestellung im öffentlichen Dienst nach der Reform des AÜG, ZTR 2012, 263; *Schäfer*, Dauerhafte Personalgestellung gemäß § 4 III TVöD unzulässig, öAT 2013, 146; *Seel*, Neue Spielregeln für die Arbeitnehmerüberlassung – Eine Analyse des Referentenentwurf des AÜG, öAT 2016, 27; *Seel*, Personalgestellung gemäß § 4 III TVöD – eine unzulässige „dauerhafte" Arbeitnehmerüberlassung, öAT 2016, 102; *Stähle*, Personalgestellung bald gesichert, Der Personalrat 2/2016, 38; *Thüsing/Thieken*, Der Begriff der „wirtschaftlichen Tätigkeit" im neuen AÜG, DB 2012, 347; *Thüsing/Schorn*, Aufgabennachfolge und Betriebsübergang im öffentlichen Dienst, ZTR 2008, 651; *Ulber*, Der Referentenentwurf des BMAS sowie der Gesetzentwurf des Bundesrates zur Änderung des AÜG und anderer Gesetze, Gutachten vom 8.1.2016, abrufbar unter www.bund-verlag.de (zitiert: *Ulber*, Gutachten zum Referentenentwurf v. 8.1.2016).

I. Überblick über die Neuregelung

Das AÜG sieht in § 1 Abs. 3 AÜG neben den bereits vorhandenen Ausnahmetatbeständen (wie etwa dem Konzernprivileg) eine **neue Bereichsausnahme in zwei Varianten** für den öffentlichen Dienst vor.[40] Gemäß § 1 Abs. 3 Nr. 2b AÜG ist das Gesetz mit Ausnahme des § 1b S. 1, 16 Abs. 1 Nr. 1f und Abs. 2 bis 5 AÜG sowie der §§ 17 und 18 AÜG nicht anzuwenden auf die Arbeitnehmerüberlassung zwischen Arbeitgebern, wenn Aufgaben eines Arbeitnehmers von dem bisherigen zu dem anderen Arbeitgeber verlagert werden und aufgrund eines Tarifvertrages des öffentlichen Dienstes das Arbeitsverhältnis mit dem bisherigen Arbeitgeber weiter besteht und die Arbeitsleistung zukünftig bei dem anderen Arbeitgeber erbracht wird. Hiernach soll insbesondere die **in Tarifverträgen des öffentlichen Dienstes vorgesehene Personalgestellung** aus dem Anwendungsbereich des AÜG ausgeklammert bleiben.[41] Entsprechendes gilt gemäß § 1 Abs. 3 Nr. 2c AÜG für Überlassungen zwischen Arbeitgebern, wenn diese juristische Personen des öffentlichen Rechts sind und Tarifverträge des öffentlichen Dienstes oder Regelungen der öffentlich-rechtlichen Religionsgemeinschaften anwenden. Damit sind **öffentlich-rechtlich organisierte Arbeitgeber**, bei denen jeweils Tarifverträge des öffentlichen Dienstes und damit Arbeitsbedingungen auf vergleichbarem Niveau gelten, von den Vorgaben des AÜG bei der Überlassung von Beschäftigten weitgehend befreit. Die Ausnahmeregelung soll in ihrer Funktion dem für die Privatwirtschaft zugänglichen **Konzernprivileg** des § 1 Abs. 3 Nr. 2 AÜG ähneln.[42]

31

Die Neuregelung ist für Arbeitgeber des öffentlichen Dienstes sowie für die als öffentlich-rechtliche Körperschaften verfassten Religionsgemeinschaften von erheblicher Bedeutung. Bisher konnten z.b. im Rahmen von **Strukturreformen** der Verwaltung, die mit der Übertragung von Aufgaben auf einen neuen Rechtsträger und beabsichtigtem künftigen Einsatz der Beschäftigten bei diesem verbunden sind

32

---

40 Dazu auch *Baeck/Winzer/Hies*, NZG 2016, 415; *Ebert*, ArbRB 2016, 125; *Gaenslen*, öAT 2015, 181; *Oberthür*, ArbRB 2016, 109; *Pawlak/Prasetyo*, öAT 2015, 161; *Seel*, öAT 2016, 27; *Stähle*, Personalrat 2/2016, 38.
41 BT-Drucks 18/9232, 22.
42 BT-Drucks 18/9232, 22.

(nach dem Grundsatz **„Personal folgt der Aufgabe"**), erhebliche Unklarheiten in Bezug auf die Anwendung des AÜG entstehen.

II. Entstehungsgeschichte und Hintergrund

33 Ausgangspunkt der Neuregelung einer Bereichsausnahme für den öffentlichen Dienst war eine **Gesetzesinitiative der Bundesländer** Rheinland-Pfalz, Nordrhein-Westfalen und Schleswig-Holstein, die Ende Oktober 2013 einen entsprechenden Entschließungsantrag in den Bundesrat einbrachten.[43] Der vom Bundesrat angenommene Antrag zielte darauf ab, die Personalgestellung im öffentlichen Dienst generell aus dem Anwendungsbereich des AÜG auszunehmen oder zumindest für öffentlich-rechtliche Gebietskörperschaften ein vereinfachtes und kostenfreies Verfahren für die Erteilung einer Erlaubnis zur Arbeitnehmerüberlassung einzurichten.[44] Mit dem Referentenentwurf des BMAS vom 16.11.2015 fand der Vorstoß in abgewandelter Form Eingang in das Gesetzgebungsverfahren zur Änderung des Arbeitnehmerüberlassungsgesetzes.[45] Im weiteren Verlauf wurde der Vorschlag ohne größere Änderungen in den Gesetzesentwurf der Bundesregierung übernommen.[46] Nicht berücksichtigt wurde ein Ersuchen des Bundesrates,[47] die Personalgestellung zwischen schulischen Einrichtungen und ihren außerschulischen Kooperationspartnern aufgrund der Verfolgung rein ideeller Ziele vollständig aus dem Anwendungsbereich des AÜG herauszunehmen, so dass hier keine gesetzlichen Besonderheiten gelten.

34 Die Aufnahme einer Bereichsausnahme in das AÜG war aus Sicht der Bundesländer notwendig geworden, nachdem mit dem AÜG-Änderungsgesetz aus dem Jahr 2011 das Merkmal der gewerbsmäßigen Überlassung als Voraussetzung für die Anwendbarkeit des Gesetzes aufgegeben wurde.[48] Seither bestimmt § 1 Abs. 1 S. 1 AÜG, dass das Gesetz auf Überlassungen von Verleihern im Rahmen ihrer **wirtschaftlichen Tätigkeit** Anwendung findet. Der Begriff der wirtschaftlichen Tätigkeit i.S.d. Leiharbeitsrichtlinie 2008/104/EG wird in Anlehnung an das vom EuGH im Wettbewerbsrecht entwickelte Verständnis weit ausgelegt.[49] Erfasst ist

---

43 Vgl. BR-Drucks 745/13; hierzu *Fieberg*, NZA 2014, 187; *Augustin*, ZTR 2014, 319, 322 f.
44 Vgl. BR-Drucks 745/13, 2 f.; *Augustin*, ZTR 2014, 319, 322 f.
45 *Ebert*, ArbRB 2016, 125, 126 f.; *Oberthür*, ArbRB 2016, 109, 110.
46 BT-Drucks 17/9232.
47 BR-Drucks 294/16.
48 Vgl. BR-Drucks 745/13, 1 f.
49 Vgl. EuGH v. 1.7.2008 – C-49/07, EuZW 2008, 605, 607 ff. (*MOTOE / Elliniko Dimosio*); EuGH v. 10.1.2006 – C-222/04, EuZW 2006, 306, 310 ff. (*Ministero dell'Economia e delle Finanze / Cassa di Risparmio di Firenze SpA u.a.*); EuGH v. 12.12.2000 – C-180/98 bis C-184/98, Slg. 2000, 6451 (*Pavlov u.a.*); EuGH v. 18.6.1998 – C-35/96, EuZW 1999, 93 (*Kommission / Italien*); siehe auch ErfK/*Wank*, § 1 AÜG Rn 31; *Breier u.a.*, § 4 TVöD Rn 19; BeckOK-ArbR/*Kock*, § 1 AÜG Rn 44 f.; *Thüsing/Thieken*, DB 2012, 347 ff.

hiernach praktisch jede Teilnahme am Wirtschaftsverkehr, unabhängig davon, ob Erwerbszwecke verfolgt werden, so dass prinzipiell auch die öffentliche Hand hiervon betroffen ist. Dies gilt nicht im Falle der Ausübung hoheitlicher Tätigkeiten, die nach ständiger Rechtsprechung des EuGH keine wirtschaftliche Tätigkeit darstellen und entsprechend hiervon abzugrenzen sind.[50] Für Letztere gilt das AÜG unstreitig nicht.[51] Allerdings vertritt der EuGH ein enges Verständnis der hoheitlichen Tätigkeit.[52]

Auf Basis des weiten Begriffsverständnisses der wirtschaftlichen Tätigkeit entwickelte sich die – allerdings inhaltlich nicht überzeugende – Auffassung, dass vorübergehende wie dauerhafte Formen der Personalüberlassung im öffentlichen Dienst dem Anwendungsbereich des AÜG unterfallen.[53] Die Bundesagentur für Arbeit geht bislang von einer **Erlaubnispflicht** der Personalgestellung sowie von Abordnungen i.S.d. § 4 Abs. 1, 3 TVöD/TV-L aus.[54] Da die Personalgestellung zudem in der Regel eine dauerhafte Verlagerung der Aufgaben und dementsprechend einen unbefristeten Einsatz bei dem neuen Aufgabenträger beinhaltet, wäre diese wegen Verstoßes gegen das Gebot der lediglich vorübergehenden Überlassung von Arbeitnehmern nicht nur erlaubnispflichtig, sondern zudem grds. unzulässig.[55] Auf dieser Basis stufte etwa das LAG Baden-Württemberg die Personalgestellung als unzulässige und damit verbotene Form einer **dauerhaften Arbeitnehmerüberlassung** ein.[56] Die Bundesagentur für Arbeit hat dieser Einschätzung folgend vorgegeben, dass öffentlichen Arbeitgebern nur eine befristete Erlaubnis zur Personalgestellung erteilt werden darf.[57] Allerdings gibt es in der Rechtsprechung auch Gegenstimmen, die sich gegen eine Anwendbarkeit des AÜG aussprechen.[58] Die hierdurch

35

---

50 Zur mitunter diffizilen Abgrenzung von wirtschaftlichen und hoheitlichen Tätigkeiten siehe u.a. EuGH v. 6.9.2011 – C-108/10, NZA 2011, 1077, 1080 (*Scattolon*); EuGH v. 26.3.2009 – C-113/07 P, Slg. 2009, I-2207 (*SELEX / Kommission*); EuGH v. 1.7.2008 – C-49/07, Slg. 2008, I-4863 (*MOTOE / Elliniko Dimosio*).
51 Statt vieler HWK/*Kalb*, § 1 AÜG Rn 32; BeckOK-ArbR/*Kock*, § 1 AÜG Rn 46; Schaub/*Koch*, § 120 Rn 12a.
52 Siehe etwa EuGH v. 26.9.2000 – C-175/99, NZA 2000, 1327 (*Mayeur*); EuGH v. 25.1.2001 – C-172/99, NZA 2001, 249 (*Liikenne*).
53 *Gerdom*, öAT 2011, 150, 151; Hinrichs/Wenzel/*Knoll*, ZTR 2014, 68, 69 ff.; *Kock*, NJW 2014, 2607; *Augustin*, ZTR 2014, 319; a.A. etwa Burger/*Howald*, § 4 TVöD/TV-L Rn 27; *Ruge/von Tilling*, ZTR 2012, 263 ff.; *Fieberg*, NZA 2014, 187, 188 m.w.N.
54 GA AÜG, Januar 2016, GR22 – 7160.4(1), 13; ferner BMI-Rundschreiben v. 21.9.2011 – D5–220.110/7.
55 Vgl. BeckOK-TV-L/*Kuner*, § 4 TV-L Rn 18e.
56 LAG BW v. 11.2.2016 – 3 TaBV 2/14, öAT 2016, 102 mit Anm. *Schäfer*, öAT 2016, 102; LAG BW v. 17.4.2013 – 4 TaBV 7/12, öAT 2013, 146 mit Anm. *Schäfer*, öAT 2013, 146.
57 Vgl. GA AÜG, Januar 2016, GR22 – 7160.4(1), 13.
58 OVG Münster v. 19.9.2014 – 20 A 281/13, BeckRS 2014, 57502; ebenso VGH Mannheim v. 4.3.2016 – PL 15 S 408/15, BeckRS 2016, 45079; offengelassen von BVerwG v. 22.9.2015 – 5 P 12/14, NZA-RR 2016, 106, 109.

für öffentlich-rechtliche Arbeitgeber in Bund, Ländern und Kommunen infolge divergierender Entscheidungen und Verwaltungsanweisungen geschaffene unsichere Rechtslage führte aufgrund der vorsorglich bei der Bundesagentur für Arbeit eingereichten Erlaubnisanträge zu einem erheblichem Zeit- und Kostenaufwand.[59] Die höchstrichterliche Rechtsprechung hat sich bislang zum Anwendungsbereich des AÜG im öffentlichen Dienst nicht abschließend geäußert. Der 6. Senat des BAG ließ jedoch durchblicken, dass er bei der tariflichen Personalgestellung grundsätzlich von einer Überlassung i.S.d. AÜG ausging.[60]

36 Mit der Gesetzesänderung im AÜG soll insoweit sichergestellt werden, dass der Erlaubnisvorbehalt, die Sanktionsvorschriften sowie das Verbot dauerhafter Arbeitnehmerüberlassung auf öffentlich-rechtliche Gestaltungsformen wie Personalgestellung und Abordnung **keine Anwendung finden**, sofern diese **im Anwendungsbereich der Tarifverträge des öffentlichen Dienstes** und damit vor allem innerhalb der öffentlichen Verwaltung zum Einsatz kommen.[61] Arbeitgeber des öffentlichen Dienstes sowie Arbeitgeber in Branchen, welche Tarifverträge des öffentlichen Dienstes zur Anwendung bringen, sollen hierdurch **privilegiert** und aus dem Anwendungsbereich des AÜG herausgenommen werden.[62]

37 Gegen die bisherigen Bestrebungen, bspw. Personalgestellungen im öffentlichen Dienst unter das AÜG zu subsumieren und damit auch für die jetzige Lösung des Gesetzgebers, sprechen u.a. **Schutzzweckerwägungen**.[63] Insbesondere widerspricht die Anwendung des AÜG auf die Personalgestellung dem Sinn und Zweck des AÜG, dessen Zielsetzung und Schutzrichtung bei der Auslegung der tatbestandlichen Reichweite zu berücksichtigen sind.[64] Die Personalgestellung dient gerade dem Schutz des Arbeitnehmers und soll dessen Bestand an Arbeits- und Tarifbedingungen schützen, obwohl der Arbeitsplatz bei dem bisherigen Arbeitgeber aufgrund der Aufgabenverlagerung entfallen ist. Sie weicht in ihrem Erscheinungsbild und ihren Auswirkungen auf die Beschäftigten erheblich vom Leitbild der Leiharbeit ab, welches dem AÜG zugrunde liegt. Angesichts der unterschiedlichen Interessenlage und des Schutzbedürfnisses von Leiharbeitnehmern einerseits und Tarifbeschäftigten des öffentlichen Dienstes im Drittpersonaleinsatz andererseits ist es überzeugend, den Drittpersonaleinsatz im Bereich des öffentlichen Dienstes nicht ohne jegliche Differenzierung denselben Restriktionen zu unterwerfen, wie

---

59 BR-Drucks 745/13, 2 f.; vgl. auch GA AÜG, Januar 2016, GR 22 – 7160.4(1), 13.
60 BAG v. 24.5.2012 – 6 AZR 648/10, AP § 22, 23 BAT Zulagen Nr. 51.
61 Vgl. BT-Drucks 18/9232, 20; BeckOK-ArbR/*Kock*, § 1 AÜG Rn 45; *Seel*, öAT 2016, 27, 28.
62 Kritisch *DAV*, RdA 2016, 173, 174; *Seel*, öAT 2016, 27, 28.
63 Gegen die Anwendbarkeit des AÜG bislang schon u.a. Burger/*Howald*, § 4 TVöD/TV-L Rn 27; *Bauschke*, öAT 2014, 181, 183 ff.; *Fieberg*, NZA 2014, 187, 188 ff.; *Ruge*/von Tiling, ZTR 2012, 263 ff.; ferner OVG Münster v. 19.9.2014 – 20 A 281/13, BeckRS 2014, 57502; VGH Mannheim v. 4.3.2016 – PL 15 S 408/15, BeckRS 2016, 45029.
64 *Augustin*, ZTR 2014, 319, 320 ff.; *Fieberg*, NZA 2014, 187, 188.

sie das AÜG für die „echte" Leiharbeit vorsieht.[65] Aus diesem Grunde liegt in der gesetzlichen Privilegierung von Überlassungen innerhalb des öffentlich-rechtlichen Bereichs auch **kein Verstoß gegen den Gleichheitssatz des Art. 3 Abs. 1 GG.**[66]

III. Inhalt der Neuregelung

1. Regelungsstruktur und Abgrenzungsfragen

Die Vorschrift des § 1 Abs. 3 AÜG, welche Ausnahmen vom Anwendungsbereich des Gesetzes regelt, lautet auszugsweise wie folgt: 38

(3) Dieses Gesetz ist mit Ausnahme des § 1b Satz 1, des § 16 Absatz 1 Nummer 1f und Absatz 2 bis 5 sowie der §§ 17 und 18 nicht anzuwenden auf die Arbeitnehmerüberlassung [...]

2b. zwischen Arbeitgebern, wenn Aufgaben eines Arbeitnehmers von dem bisherigen zu dem anderen Arbeitgeber verlagert werden und aufgrund eines Tarifvertrages des öffentlichen Dienstes

a) das Arbeitsverhältnis mit dem bisherigen Arbeitgeber weiter besteht und

b) die Arbeitsleistung zukünftig bei dem anderen Arbeitgeber erbracht wird,

2c. zwischen Arbeitgebern, wenn diese juristische Personen des öffentlichen Rechts sind und Tarifverträge des öffentlichen Dienstes oder Regelungen der öffentlich-rechtlichen Religionsgesellschaften anwenden, oder [...]

Das Gesetz sieht damit **zwei unterschiedliche Tatbestandsalternativen** vor, bei deren Erfüllung das AÜG nicht anzuwenden ist, auch wenn begrifflich ein an sich als Arbeitnehmerüberlassung zu qualifizierender Drittpersonaleinsatz anzunehmen wäre.[67] Einer trennscharfen Abgrenzung der beiden Alternativen bedarf es nicht; vielmehr können sich diese in ihrem Anwendungsbereich teilweise **überschneiden**.[68] Gemeinsames Merkmal beider Regelungen ist die Geltung der Tarifverträge des öffentlichen Dienstes (bei Nr. 2c auch der Regelungen der öffentlich-rechtlichen Religionsgemeinschaften) für die von der Überlassung betroffenen Beschäftigungsverhältnisse und die hierdurch sichergestellte Vergleichbarkeit der einschlägigen tariflichen Arbeitsbedingungen.[69] Im Übrigen haben beide Bereichsausnahmen jedoch unterschiedliche Voraussetzungen und dienen der Lösung teilweise unterschiedlicher Konstellationen. Die Vorschriften sind dabei nicht von 39

---

65 Vgl. auch Groeger/*Vogel*, Arbeitsrecht im öffentliche Dienst, Teil 14 F Rn 220; *Fieberg*, NZA 2014, 187, 188.
66 Kritisch etwa Stellungnahme des Arbeitsrechtsausschusses im *DAV*, RdA 2016, 173, 175; *Seel*, öAT 2016, 27.
67 Vgl. BT-Drucks 18/9232, 8, 22.
68 Vgl. *Oberthür*, ArbRB 2016, 109, 110; *Ebert*, ArbRB 2016, 125, 127.
69 *Seel*, öAT 2016, 27, 28; *Oberthür*, ArbRB 2016, 109, 110.

vornherein auf bestimmte typologische **Gestaltungsformen** des drittbezogenen Personaleinsatzes im öffentlichen Dienst begrenzt.[70]

40 Ausweislich der Gesetzesbegründung finden die Neuregelung sowie das AÜG insgesamt **keine Anwendung auf spezialgesetzlich angeordnete Personalüberlassungen** von einer juristischen Person des öffentlichen Rechts zu einer anderen juristischen Person.[71] Dies betrifft neben bundesrechtlichen Regelungen insbesondere Personalgestellungs-gesetze der Länder, die z.B. im Rahmen von Neuorganisationen zwischen der Landes- und der Kommunalebene häufig große Bedeutung haben. Bereits in der Vergangenheit ging die Rechtsprechung davon aus, dass das **AÜG auf gesetzlich angeordnete Personalgestellungen nicht anwendbar** ist.[72] Hieran ist im Einklang mit der aktuellen Gesetzesbegründung auch nach zwischenzeitlichem Wegfall des Ausschlusskriteriums der fehlenden Gewerbsmäßigkeit in § 1 Abs. 1 S. 1 AÜG festzuhalten. Der Gesetzgeber kann daher außerhalb des AÜG auch dauerhafte Personalgestellungen auf der Grundlage eines dessen Bestimmungen vorgehenden Spezialgesetzes anordnen.[73] Eines Rückgriffs auf die in § 1 Abs. 3 Nr. 2b und 2c AÜG vorgesehenen Bereichsausnahmen bedarf es insoweit nicht (auch wenn die Ausnahmebestimmungen inhaltlich in derartigen Fällen häufig ebenfalls einschlägig sein dürften).

> *Praxishinweis*
> Beispiele für derartige **spezialgesetzliche Anordnungen** finden sich etwa in § 5 Abs. 4 AsylG, § 26 Abs. 4 BAPostG sowie § 44g SGB II.[74] Daneben existieren Vorschriften über eine gesetzlich angeordnete Personalgestellung vielfach auch auf landesgesetzlicher Ebene. Die Bundesländer sind zur gesetzlichen Regelung von Personalgestellungen für die Landes- und Kommunalbeschäftigten des öffentlichen Dienstes **gesetzgebungsbefugt**, da der Bundesgesetzgeber insoweit weder mit dem AÜG noch mit § 613 S. 2 BGB von seiner konkurrierenden Gesetzgebungskompetenz nach Art. 74 Abs. 1 Nr. 12 GG abschließend Gebrauch gemacht hat.[75] Dies wird durch die Gesetzesbegründung für die aktuelle Rechtslage noch einmal ausdrücklich bestätigt.[76]

---

70 Zu den diversen Gestaltungsformen und ihrer Abgrenzung siehe u.a. Burger/*Howald*, § 4 TVöD Rn 5 ff. m.w.N.
71 Vgl. BT-Drucks 18/9232, 8, 22.
72 BAG v. 5.3.1997 – 7 AZR 357/96, NZA 1997, 1165, 1166; offen gelassen von BAG v. 14.7.2010 – 10 AZR 182/09, AP GG Art. 12 Nr. 143.
73 Vgl. BAG v. 14.7.2010 – 10 AZR 182/09, AP Art. 12 GG Nr. 143; BAG v. 25.8.2010 – 10 AZR 146/09, NJOZ 2011, 264; BAG v. 23.3.2011 – 10 AZR 374/09, AP Art. 12 GG Nr. 144; *Breier et al.*, § 4 TVöD Rn 20; *Löwisch/Domisch*, BB 2012, 1408, 1410; *Reichold*, ZTR 2013, 600.
74 BT-Drucks 18/9232, 22; *Preis/Greiner*, ZTR 2006, 290.
75 BAG v. 14.7.2010 – 10 AZR 182/09, AP Art. 12 GG Nr. 143 Rn 48 ff.; vgl. auch BAG v. 23.3.2011 – 10 AZR 374/09, AP Art. 12 GG Nr. 144 Rn 44 ff.; LAG Sachsen v. 13.8.2010 – 3 Sa 73/10, BeckRS 2011, 67434; *Fieberg*, NZA 2014, 187, 190.
76 BT-Drucks 18/9232, 22.

Die Regelungen in § 1 Abs. 3 Nr. 2b und 2c AÜG betreffen auch nicht die „echte" Überleitung von Arbeitsverhältnissen bei gesetzlich angeordneten Personalübergängen im Zusammenhang mit Umstrukturierungen der öffentlichen Hand, bei denen ein **Arbeitgeberwechsel** vorgesehen ist. Entsprechendes gilt für § 613a BGB, der – wie auch die Gesetzesbegründung klarstellt[77] – unberührt bleibt. Ob in der tariflichen Personalgestellung der Hauptbelegschaft bei personalintensiven, nichthoheitlichen (Verwaltungs-)Einheiten ein Betriebsübergangsindiz gesehen werden kann, ist noch nicht abschließend geklärt.[78] Im Übrigen sind Personalgestellungen bei Umstrukturierungsvorhaben der öffentlichen Hand, die mit einem Betriebsübergang verbunden sind, gerade auch als „Auffanglösung" von praktischer Bedeutung, falls Beschäftigte dem Übergang ihres Arbeitsverhältnisses nach § 613a Abs. 6 BGB widersprechen.[79]

41

2. Bereichsausnahme in § 1 Abs. 3 Nr. 2b AÜG

Die Vorschrift betrifft solche Konstellationen, bei denen die **Arbeitsaufgaben** eines Tarifbeschäftigten von einem Arbeitgeber zu einem anderen Arbeitgeber **verlagert werden** und der Beschäftigte unter **Fortbestand des Arbeitsverhältnisses** mit dem bisherigen Arbeitgeber dem neuen **Aufgabenträger zwecks Erbringung der Arbeitsleistung zur Verfügung** gestellt wird. Vorausgesetzt wird von § 1 Abs. 3 Nr. 2b AÜG, dass diese Konstellation – also die Erbringung der Tätigkeit bei einem anderen als dem Vertragsarbeitgeber nach Übertragung der Aufgaben des Arbeitnehmers dorthin – **durch einen Tarifvertrag des öffentlichen Dienstes geregelt** ist. Insbesondere die tarifliche Personalgestellung im Zusammenhang mit Aufgabenverlagerungen soll hierdurch umfassend ermöglicht und Rechtsunsicherheiten insoweit ausgeräumt werden.[80]

42

Praxishinweis
Als Musterbeispiel für den Anwendungsbereich nennt die Gesetzesbegründung ausdrücklich § 4 Abs. 3 TVöD,[81] der folgenden Wortlaut hat:

Werden Aufgaben der Beschäftigten zu einem Dritten verlagert, ist auf Verlangen des Arbeitgebers bei weiter bestehendem Arbeitsverhältnis die arbeitsvertraglich geschuldete Arbeitsleistung bei einem Dritten zu erbringen (Personalgestellung). § 613a BGB sowie gesetzliche Kündigungsrechte bleiben unberührt.

43

---

77 BT-Drucks 18/9232, 22.
78 BT-Drucks 18/9232, 22.
79 Dazu *Plander*, NZA 2002, 69 ff.
80 Vgl. BT-Drucks 18/9232, 22.
81 BT-Drucks 18/9232, 22.

Eine inhaltsgleiche Tarifvorschrift findet sich in § 4 Abs. 3 TV-L.[82] Die tariflichen Vorschriften dienen dem Schutz der Arbeitnehmer bei der Aufgabenverlagerung auf Dritte und bezwecken den Erhalt des „Status quo" an Arbeitsbedingungen beim Stammarbeitgeber.[83] Nach neuer Rechtslage unter Berücksichtigung der Bereichsausnahme ist damit die tarifliche Personalgestellung gemäß § 4 Abs. 3 TVöD/TV-L nicht als Arbeitnehmerüberlassung i.S.d. des AÜG anzusehen.[84] Anwendbar ist § 1 Abs. 3 Nr. 2b AÜG auch auf sonstige Tarifverträge des öffentlichen Dienstes, soweit diese entsprechende Regelungen vorsehen. Dazu dürften auch von einem öffentlich-rechtlichen Rechtsträger abgeschlossene Haus- oder Spartentarifverträge wie der TV-Ärzte VKA/TdL zählen.[85]

44 Unerheblich für das Eingreifen von § 1 Abs. 3 Nr. 2b AÜG ist, ob die Aufgaben **dauerhaft** oder nur **vorübergehend** auf den anderen Arbeitgeber verlagert werden. Zwar erwähnt die Gesetzesbegründung ausdrücklich die Personalgestellung gem. § 4 Abs. 3 TVöD als Beispiel, wobei laut der dazugehörigen Protokollerklärung der Tarifparteien diese durch die *auf Dauer angelegte* Beschäftigung bei einem Dritten unter Fortsetzung des bestehenden Arbeitsverhältnisses gekennzeichnet ist. Jedoch lässt sich dem Wortlaut von § 1 Abs. 3 Nr. 2b AÜG nicht entnehmen, dass die Personalüberlassung dauerhaft oder endgültig sein muss. Dies wäre auch wertungswidersprüchlich, weil dann die deutlich weiter vom gesetzlichen Leitbild des AÜG entfernte dauerhafte Überlassung privilegiert wäre, während vorübergehende Gestaltungen ggf. der Anwendung des AÜG unterfallen könnten. Folglich lassen sich auch Konstellationen einer **vorübergehenden Gestellung oder Abordnung** unter § 1 Abs. 3 Nr. 2b AÜG fassen, sofern diese jeweils im Zusammenhang mit einer Aufgabenverlagerung auf der Grundlage eines Tarifvertrages des öffentlichen Dienstes erfolgt.[86] Auf bloße **Versetzungen** (also die Zuweisung eines neuen Arbeitsplatzes innerhalb desselben Rechtsträgers) findet die Vorschrift hingegen keine Anwendung; hier kommt auch die Anwendung des AÜG nicht in Betracht.

45 Nach dem Wortlaut von § 1 Abs. 3 Nr. 2b AÜG findet die Bereichsausnahme Anwendung, wenn *„Aufgaben eines Arbeitnehmers"* zu einem anderen Arbeitgeber verlagert werden. Insofern stellt sich die Frage, ob die von dem Beschäftigten wahrgenommenen Aufgaben mit den verlagerten Aufgaben vollkommen **deckungsgleich** sein müssen. Zu § 4 Abs. 3 TVöD wird vertreten, dass sich die bisher beim

---

82 Näher zu den Merkmalen der Personalgestellung u.a. BeckOK-TV-L/*Kuner*, § 4 TV-L Rn 18; BeckOK-TVöD/*Stier*, § 4 TVöD-AT Rn 25 f.
83 *Augustin*, ZTR 2014, 319, 320 f.; *Fieberg*, NZA 2014, 187, 190.
84 *Ebert*, ArbRB 2016, 125, 127; *Oberthür*, ArbRB 2016, 109, 110.
85 Vgl. Huster/*Lambrecht*/*Vollmöller*, Krankenhausrecht, § 14 Rn 73 f.
86 Dieses Ergebnis entspricht auch der Ausgangsforderung des Bundesrates zu Beginn des Reformvorhabens, welcher die tarifliche Abordnung ausdrücklich einbezog, vgl. BR-Drucks 745/13, 1, 3 ff.; *Fieberg*, NZA 2014, 187.

C. Bereichsausnahme für den öffentlichen Dienst   § 5

Arbeitgeber zu verrichtenden Aufgaben mit den verlagerten und nunmehr durch den Beschäftigten bei dem neuen Aufgabenträger zu verrichtenden Aufgaben in ihrem wesentlichen Charakter decken müssen.[87] Daraus folgt richtigerweise allerdings nicht, dass die dienstlichen Aufgaben infolge der Verlagerung für den Beschäftigten unverändert bleiben müssen.[88] Dies dürfte auf das Verständnis von § 1 Abs. 3 Nr. 2b AÜG übertragbar sein, zumal der Gesetzgeber, wie geschildert, bei der Einführung der Norm das Beispiel des TVöD vor Augen hatte. Zu eng erscheint die Auffassung, dass § 4 Abs. 3 TVöD nicht einschlägig sein soll, wenn der Beschäftigte neben den übergeleiteten Aufgaben auch **originäre Aufgaben des Dritten** übernimmt.[89] Entsprechendes dürfte auch für die Bereichsausnahme des § 1 Abs. 3 Nr. 2b AÜG gelten. Denn zu berücksichtigen ist, dass der Gesetzgeber neben der funktionalen Erleichterung von Aufgabenverlagerungen bei Umstrukturierungsvorhaben der öffentlichen Hand auch das Bestandsschutzinteresse der von der Aufgabenverlagerung betroffenen Arbeitnehmer im Blick hatte.[90] Diese Zielsetzungen könnten erheblich beeinträchtigt werden, wenn bereits die Wahrnehmung eines weiteren Aufgabenanteils, der nicht von dem bisherigen Arbeitgeber verlagert wurde, die Anwendung der Regelung ausschließen würde.

Der Verlagerung der Aufgaben liegt typischerweise eine entsprechende **Organisationsentscheidung** des Arbeitgebers zugrunde (bspw. Privatisierung oder Umstrukturierung der öffentlichen Verwaltung). Auf die **Rechtsform** der beteiligten Arbeitgeber kommt es bei § 1 Abs. 3 Nr. 2b AÜG nicht an, wie auch der Umkehrschluss aus § 1 Abs. 3 Nr. 2c AÜG zeigt, der nach seinem Wortlaut nur auf juristische Personen des öffentlichen Rechts Anwendung findet. Damit wird grundsätzlich auch die Aufgabenverlagerung auf juristische Personen des Privatrechts von der Bereichsausnahme in § 1 Abs. 3 Nr. 2b AÜG erfasst, sofern dem eine entsprechende Tarifbestimmung des öffentlichen Dienstes zugrunde liegt.[91]

46

> *Praxishinweis*
> § 1 Abs. 3 Nr. 2b AÜG setzt nach seinem Wortlaut keine Vereinbarung zwischen den Beteiligten Arbeitgebern über die Modalitäten der Personalgestellung voraus. Ein entsprechendes Erfordernis kann sich aber ggf. aus den zugrundeliegenden Tarifvorschriften ergeben. Bspw. sind nach den Protokollerklärungen zu § 4 Abs. 3 TVöD/TV-L die Modalitäten der Personalgestellung zwischen dem Arbeitgeber und dem neuen Aufgabenträger vertraglich zu regeln. Das Fehlen einer solchen **Personalgestellungsvereinbarung** dürfte auf die Anwendbarkeit

---

87 LAG Düsseldorf v. 23.9.2009 – 12 Sa 357/09, BeckRS 2009, 74989; Burger/*Howald*, § 4 TVöD Rn 26; *Thüsing/Schorn*, ZTR 2008, 651, 653.
88 Vgl. zu § 4 Abs. 3 TVöD etwa LAG Düsseldorf v. 23.9.2009 – 12 Sa 357/09, BeckRS 2009, 74989.
89 So jedoch Burger/*Howald*, § 4 TVöD Rn 26; a.A. *Preis/Greiner*, ZTR 2006, 290, 292.
90 Vgl. BT-Drucks 18/9232, 22.
91 *Ebert*, ArbRB 2016, 125, 127.

der Bereichsausnahme des § 1 Abs. 3 Nr. 2b AÜG aber keine Auswirkungen haben.

47 Die Bereichsausnahme des § 1 Abs. 3 Nr. 2b AÜG greift nur, wenn der die Gestellung bei Aufgabenverlagerung ermöglichende Tarifvertrag des öffentlichen Dienstes auf das Arbeitsverhältnis des betroffenen Beschäftigten Anwendung findet. Dies muss nicht notwendig kraft beidseitiger Tarifbindung im Arbeitsverhältnis des betroffenen Beschäftigten der Fall sein, sondern ist auch aufgrund einer **vertraglichen Bezugnahmeklausel** möglich. Nicht erforderlich für die Anwendbarkeit der gesetzlichen Ausnahmeregelung des § 1 Abs. 3 Nr. 2b AÜG dürfte sein, dass neben dem Vertragsarbeitgeber auch der **andere Arbeitgeber**, auf den die Aufgaben verlagert werden, an die **Tarifverträge des öffentlichen Dienstes** gebunden ist.[92] Denn der Fortbestand des Arbeitsverhältnisses mit dem bisherigen Arbeitgeber unter Erweiterung des Direktionsrechts zur Erbringung der geschuldeten Tätigkeit bei einem Dritten muss notwendigerweise in dem Tarifvertrag vorgesehen werden, welcher zwischen Arbeitgeber und dem Tarifbeschäftigten Anwendung findet. Auch kann aus der zweiten Bereichsausnahme in § 1 Abs. 3 Nr. 2c AÜG, die ihrerseits gerade die Anwendung von Tarifverträgen des öffentlichen Dienstes bei beiden Arbeitgebern voraussetzt, im Umkehrschluss gefolgert werden, dass der Gesetzgeber die beidseitige Bindung bei § 1 Abs. 3 Nr. 2b AÜG gerade nicht zur Voraussetzung machen wollte.

48 *Praxishinweis*
Unabhängig von der mit der Bereichsausnahme geklärten Vereinbarkeit der tariflichen Personalgestellung im öffentlichen Dienst mit dem AÜG besteht die Frage der **individualrechtlichen Zulässigkeit**. Insofern setzt die Personalgestellung grundsätzlich eine entsprechende Direktionsrechtserweiterung voraus, die auf gesetzlicher, tariflicher oder vertraglicher Grundlage beruhen kann.[93] Eine solche Grundlage liegt auch dann vor, wenn der Arbeitsvertrag auf einen Tarifvertrag des öffentlichen Dienstes verweist, welcher die Möglichkeit der Arbeitsleistung bei einem Dritten vorsieht, also z.B. im Falle einer pauschalen Bezugnahme auf den TVöD.[94]

---

92 Vgl. zum Begriff des „Dritten" bei § 4 TVöD etwa Burger/*Howald*, § 4 TVöD Rn 28; für § 4 Abs. 3 TVöD ist, anders als für § 4 Abs. 2 TVöD, unerheblich, ob der „Dritte" an den TVöD/TV-L gebunden ist, oder nicht; a.A. wohl *Preis/Greiner*, ZTR 2006, 290, 291, die die Personalgestellung insoweit der Abordnung gleichstellen.
93 Siehe BAG v. 14.7.2010 – 10 AZR 182/09, AP Art. 12 GG Nr. 143 Rn 35 f. m.w.N.; ferner *Preis/Greiner*, ZTR 2006, 290, 292 f.
94 LAG Hamm v. 26.3.2009 – 11 Sa 1616/08, BeckRS 2009, 72894.

C. Bereichsausnahme für den öffentlichen Dienst § 5

3. Bereichsausnahme in § 1 Abs. 3 Nr. 2c AÜG

Die neue Vorschrift des § 1 Abs. 3 Nr. 2c AÜG nimmt Personalüberlassungen zwischen juristischen Personen des öffentlichen Rechts von der Geltung des AÜG aus, wenn diese Tarifverträge des öffentlichen Dienstes anwenden. Die Vorschrift betrifft damit sämtliche potentiell als Arbeitnehmerüberlassung einzuordnenden **Konstellationen des Drittpersonaleinsatzes** von Tarifbeschäftigten im öffentlichen Dienst, die **zwischen juristischen Personen des öffentlichen Rechts** erfolgen, sofern diese **Tarifverträge des öffentlichen Dienstes** (insbesondere TVöD/TV-L) oder Regelungen der öffentlich-rechtlichen Religionsgemeinschaften **anwenden**.[95]

49

> *Praxishinweis*
> Die **Bereichsausnahme nach § 1 Abs. 3 Nr. 2c AÜG** findet Anwendung bei organisatorischen Änderungen innerhalb des öffentlichen Dienstes, in deren Folge Beschäftigte einem anderen öffentlich-rechtlich organisierten Aufgabenträger zur Arbeitsleistung zur Verfügung gestellt werden sollen. Im Unterschied zu § 1 Abs. 3 Nr. 2b AÜG greift die Vorschrift damit bei **Privatisierungsfällen nicht ein**.

Schon aus dem Vergleich des Gesetzeswortlauts von § 1 Abs. 3 Nr. 2b und Nr. 2c AÜG wird deutlich, dass die letztgenannte Regelung **keinen Zusammenhang** des Drittpersonaleinsatzes mit einer **Aufgabenverlagerung** erfordert. Der mögliche Anwendungsbereich ist damit aufgrund der notwendigen Beteiligung juristischer Personen des öffentlichen Rechts einerseits enger, andererseits aufgrund der im Übrigen – abgesehen von der Tarifanwendung – bestehenden Voraussetzungslosigkeit der Ausnahmebestimmung des § 1 Abs. 3 Nr. 2c AÜG **denkbar weit**. Nach der Gesetzesbegründung rechtfertigt sich dies u.a. durch den Umstand, dass durch die sowohl auf Entleiher- wie auch auf Verleiherseite vorausgesetzte Beteiligung juristischer Personen des öffentlichen Rechts eine in besonderem Maße bestehende Bindung der Beteiligten an Recht und Gesetz gegeben ist, als auch aufgrund der ihnen zukommenden besonderen verfassungsrechtlichen Stellung.[96]

50

> *Beispiel*
> Aufgrund eines vorübergehend erhöhten Personalbedarfs werden Verwaltungsangestellte eines Landratsamtes für einige Monate zum nahegelegenen Jobcenter der Bundesagentur abgeordnet. Nach Ablauf der Frist kehren sie wieder an ihren bisherigen Arbeitsplatz zurück. Da in dem Fall keine Aufgabenverlagerung vorliegt, ist die Ausnahmevorschrift des § 1 Abs. 3 Nr. 2b AÜG nicht einschlägig. Allerdings findet das AÜG aufgrund der Bereichsausnahme in § 1 Abs. 3 Nr. 2c AÜG keine Anwendung.

---

95 *Ebert*, ArbRB 2016, 125, 126 f.
96 BT-Drucks 18/9232, 22.

§ 5   Die Reform des AÜG

51 Wie auch die Gesetzesbegründung betont, ähnelt die Ausnahmeregelung in ihrer Funktion dem für die Privatwirtschaft zugänglichen **Konzernprivileg** des § 1 Abs. 3 Nr. 2 AÜG.[97] Letzteres hat neben der Konzernverbundenheit der beteiligten Unternehmen allerdings als zusätzliche Voraussetzung, dass der betreffende Arbeitnehmer nicht zum Zwecke der Überlassung eingestellt und beschäftigt wird. Diese Voraussetzung fehlt in § 1 Abs. 3 Nr. 2c AÜG. Eine analoge Anwendbarkeit der Einschränkung des § 1 Abs. 3 Nr. 2 Hs. 2 AÜG erscheint fraglich, da sich der Gesetzgeber trotz der gesehenen Parallelen offenbar bewusst gegen eine Nachmodellierung dieser Regelung entschieden hat, was allerdings aus Gleichbehandlungserwägungen nahegelegen hätte.

52 Voraussetzung für die Anwendbarkeit der Ausnahmeregelung des § 1 Abs. 3 Nr. 2c AÜG ist, dass **beide** an der Personalüberlassung beteiligten juristischen Personen des öffentlichen Rechts jeweils **Tarifverträge des öffentlichen Dienstes** bzw. Regelungen des kirchlichen Arbeitsrechts anwenden. Der Gesetzgeber geht davon aus, dass in dem Falle Arbeitsbedingungen auf vergleichbarem Niveau gelten.[98] Hiermit würde es sich nicht vertragen, wenn auf Seiten eines beteiligten Arbeitgebers lediglich einzelne punktuelle Arbeitsbedingungen tariflich geregelt wären. Allerdings wird nicht vorausgesetzt, dass auf beiden Seiten der Arbeitnehmerüberlassung ein einheitliches Tarifwerk zur Anwendung kommt, so dass § 1 Abs. 3 Nr. 2c AÜG auch beim Vorliegen jeweils unterschiedlicher „Tarifregime" des öffentlichen Dienstes zur Anwendung kommen kann.[99]

53 Wie aus dem Wortlaut des § 1 Abs. 3 Nr. 2c AÜG, der lediglich von der Anwendung von Tarifverträgen des öffentlichen Dienstes bei den beteiligten öffentlich-rechtlichen Rechtsträgern spricht, folgt, hängt die Geltung der Vorschrift nicht von der individuellen **Tarifgebundenheit des überlassenen Arbeitnehmers** an diese Tarifverträge ab. Auch eine vertragliche Inbezugnahme der bei dem Arbeitgeber angewendeten Tarifverträge, wie sie das Gesetz z.B. in § 9 Abs. 1 Nr. 2 AÜG i.V.m. § 8 Abs. 2 AÜG kennt, wird hier nicht vorausgesetzt. § 1 Abs. 3 Nr. 2c AÜG dürfte damit auch im Falle der einseitigen Tarifbindung der an der Überlassung beteiligten öffentlich-rechtlichen Rechtsträger in Betracht kommen, da die Vorschrift ihrem Wortlaut nach lediglich voraussetzt, dass die beiden Arbeitgeber entsprechende Tarifverträge „anwenden" und vor diesem Hintergrund ein zumindest vergleichbares Niveau an tariflich geregelten Arbeitsbedingungen auf beiden Seiten unterstellt.[100]

> *Praxishinweis*
> Im ursprünglichen Referentenentwurf des BMAS war noch vorgesehen, dass die Ausnahme vom Anwendungsbereich des AÜG nur dann gelten soll, wenn

---

97 BT-Drucks 18/9232, 22.
98 BT-Drucks 18/9232, 22.
99 Siehe die Gesetzesbegründung, BT-Drucks 18/9232, 22.
100 Vgl. BT-Drucks 18/9232, 22.

Tarifverträge des öffentlichen Dienstes oder Regelungen der öffentlich-rechtlichen Religionsgemeinschaften gerade dies vorsehen.[101] Indessen hat der Gesetzgeber in der verabschiedeten Gesetzesfassung darauf verzichtet, dass der Tarifvertrag seinerseits eine Bestimmung zu der Geltungsausnahme treffen muss. Insofern entsteht durch die verabschiedete Gesetzesfassung auch kein tariflicher Gestaltungs- oder Anpassungsbedarf.

4. Richtlinienkonformität der Bereichsausnahme

Gewisse Fragezeichen bestehen hinsichtlich der **Konformität** der in § 1 Abs. 3 Nr. 2b und 2c AÜG vorgesehenen Bereichsausnahmen für den öffentlichen Dienst mit der **Leiharbeitsrichtlinie 2008/104/EG**. Im arbeitsrechtlichen Schrifttum wird teilweise bezweifelt, dass die AÜG-Novelle aufgrund der umfassenden Einschränkung des Anwendungsbereichs des AÜG für den Bereich des öffentlichen Dienstes den durch die Rechtsprechung des EuGH konkretisierten Vorgaben der EU-Richtlinie gerecht wird.[102] So wird vertreten, dass die Bereichsausnahme **eine unzulässige Privilegierung** des öffentlichen Dienstes darstelle, welche die Vorgaben der Leiharbeitsrichtlinie nicht einhalte.[103] Sowohl die Personalgestellung, als auch Gestaltungsformen wie die Abordnung, dürften nach Wortlaut und Systematik der Richtlinie nicht anders behandelt werden, als andere Formen der Überlassung von Arbeitnehmern. Die Ausnahmeregelung des Art. 1 Abs. 3 der Richtlinie sei nicht einschlägig. Die Richtlinie erfasse nicht nur gewerbliches Handeln, sondern auch wirtschaftliche Tätigkeiten aller Art, mithin auch diejenigen öffentlicher Arbeitgeber.[104] Auch erfasse die Richtlinie nicht nur „unechte Leiharbeit", d.h. Konstellationen, bei denen Arbeitnehmer bereits planmäßig zum Zwecke der späteren Verleihung eingestellt wurden, sondern auch „echte Leiharbeit", bei der die Verleihung nicht bereits bei Abschluss des Arbeitsverhältnisses vorgesehen war.[105] Zur letztgenannten Fallgruppe gehören auch Drittpersonaleinsätze wie Abordnung, Zuweisung und Personalgestellung.

54

Es spricht allerdings einiges dafür, dass jedenfalls die „klassischen" Formen von Drittpersonaleinsätzen im öffentlichen Dienst, insbesondere die Personalgestellung, nicht vom **Anwendungsbereich** der Leiharbeitsrichtlinie erfasst werden bzw.

55

---

101 Vgl. die Referentenentwürfe betreffend das Gesetz zur Änderung des Arbeitnehmerüberlassungsgesetzes und anderer Gesetze vom 16.11.2015, 17.2.2016 sowie 14.4.2016; dazu noch *Baeck/Winzer/Hies*, NZG 2016, 415, 418; *Ebert*, ArbRB 2016, 125, 126 f.; *Oberthür*, ArbRB 2016, 109, 110.
102 Vgl. *Lembke*, BB 2014, 1333, 1340; *Lembke/Ludwig*, NJW 2014, 1329 ff.; *Bauer*, DB 2014, 60, 61; *Ulber*, Gutachten zum Referentenentwurf v. 8.1.2016, S. 3 f.
103 Vgl. *Lembke*, BB 2014, 1333, 1340; *Lembke/Ludwig*, NJW 2014, 1329, 1334; a.A. *Fieberg*, NZA 2014, 187, 189.
104 *Lembke/Ludwig*, NJW 2014, 1329, 1334.
105 *Lembke*, BB 2014, 1333, 1340; *Lembke/Ludwig*, NJW 2014, 1329, 1334; a.A. BT-Drucks 17/4804, 8; BR-Drucks 745/13, 3; Preis/Sagan/*Sansone*, Europäisches Arbeitsrecht, § 8 Rn 78.

mit dieser vereinbar sind.[106] Diese Problematik stellt sich von vornherein nicht, soweit es um die Personalüberlassung für die Ausübung **hoheitlicher Aufgaben** geht, da die Leiharbeitsrichtlinie hier entsprechend der Rechtsprechung des EuGH mangels Vorliegens einer wirtschaftlichen Tätigkeit i.S.v. Art. 1 Abs. 2 RL-LA unanwendbar ist.[107] Aber auch außerhalb der Wahrnehmung hoheitlicher Aufgaben gilt bspw. im Hinblick auf die Personalgestellung (wie in § 4 Abs. 3 TVöD/TV-L), dass die Richtlinie nur **vorübergehende**, daher zeitlich befristete Überlassungen von Arbeitnehmern im Blick haben dürfte, jedoch nicht dauerhafte Überlassungen aufgrund einer dauerhaften Aufgabenübertragung.[108] Unabhängig von der geplanten Überlassungsdauer ist ferner zu berücksichtigen, dass die Leiharbeitsrichtlinie nach Art. 3 Abs. 1 lit. b 2008/1004/EG für **Leiharbeitsunternehmen** gilt, d.h. für natürliche oder juristische Personen, die mit Leiharbeitnehmern nach einzelstaatlichem Recht Arbeitsverträge schließen oder Beschäftigungsverhältnisse eingehen, um sie entleihenden Unternehmen zu überlassen, damit sie unter deren Leitung und Aufsicht vorübergehend arbeiten. Dies sind allerdings typischerweise nicht die Konstellationen, welche der nationale Gesetzgeber in **§ 1 Abs. 3 Nr. 2b und 2c AÜG** vor Augen hat. Denn eine Anstellung zum Zwecke der Überlassung dürfte zumindest bei der Verwendung der üblichen (tariflichen) Gestaltungsinstrumente wie Personalgestellung, Abordnung und Zuweisung regelmäßig nicht vorliegen.[109] Denn mit diesen Mitteln reagieren öffentliche Arbeitgeber üblicherweise auf sich erst nachträglich, d.h. bei schon bestehendem Arbeitsverhältnis, ergebende Strukturveränderungen der Verwaltung, die unter Wahrung des Arbeitsverhältnisses mit dem öffentlich-rechtlichen Rechtsträger bewältigt werden sollen.[110] Schlussendlich sollten hier auch Schutzzwecküberlegungen berücksichtigt werden.[111] Die Leiharbeitsrichtlinie zielt, ebenso wie das AÜG, darauf ab, einen Missbrauch der Leiharbeit durch Umgehung von Sozialschutz- und Beschäftigungsstandards zu verhindern und Beschäftigte vor prekären Arbeitsverhältnissen zu schützen.[112] Eine Schlechterstellung der Leiharbeitskräfte gegenüber der Stammbelegschaft des Entleihers soll vermieden werden. Wie aufgezeigt, bezwecken die genannten Mittel jedoch typischerweise nicht die kostengünstige Bereitstellung von Beschäftigungskapazitäten für einen Dritten, sondern dienen gerade der Aufrechterhaltung der Sozial- und Schutzstandards einschließlich der Tarifbedingungen des öffentlichen

---

106 So auch BR-Drucks 745/13, 3.
107 HWK/*Kalb*, § 1 AÜG Rn 32.; BeckOK-ArbR/*Kock*, § 1 AÜG Rn 46; ebenso *Ulber*, Gutachten zum Referentenentwurf v. 8.1.2016, S. 2 f.; *Löwisch/Domisch*, BB 2012, 1408, 1410.
108 Vgl. auch *Gerdom*, öAT 2011, 150, 152.
109 *Boemke/Lembke*, § 1 AÜG Rn 18; vgl. auch BR-Drucks 745/13, 3.
110 Vgl. *Fieberg*, NZA 2014, 181, 189.
111 Siehe auch Erwägungsgrund Nr. 18 der Leiharbeitsrichtlinie; vgl. *Thüsing/Stiebert*, DB 2012, 632, 633.
112 Vgl. BR-Drucks 745/13, 3.

Dienstes.[113] Insofern ist der Gesetzgeber offenbar davon ausgegangen, dass in den von den Ausnahmebestimmungen des § 1 Abs. 3 Nr. 2b und 2c AÜG erfassten Konstellationen üblicherweise auch keine „leiharbeitstypische" Gefährdungslage gegeben ist. Ob diese Einschätzung in gleicher Weise für die jedenfalls nach ihrem Wortlaut sehr weit gefasste Bereichsausnahme in § 1 Abs. 3 Nr. 2c AÜG zutrifft, ist hingegen nicht völlig klar.

IV. Bewertung für die Praxis

Die nunmehr in § 1 Abs. 3 Nr. 2b und 2c AÜG gesetzlich verankerten Bereichsausnahmen sind für die Beschäftigung im öffentlichen Dienst **von großer praktischer Bedeutung**. Die Neuregelung schafft mehr Rechtssicherheit bei der Anwendung tariflicher Gestaltungsmittel für den Drittpersonaleinsatz, vor allem bei dem bisher im Hinblick auf die (Nicht-)Anwendbarkeit des AÜG besonders umstrittenen Mittel der Personalgestellung. Wie durch § 1 Abs. 3 Nr. 2b AÜG klargestellt wird, handelt es sich hierbei weder um erlaubnispflichtige Arbeitnehmerüberlassung, noch stellt die Dauerhaftigkeit einer Personalgestellung einen Verstoß gegen das grundsätzliche Verbot der dauerhaften Überlassung nach § 1 Abs. 1 S. 4 AÜG dar. Daneben sieht das Gesetz mit § 1 Abs. 3 Nr. 2c AÜG zudem eine in ihrer Reichweite sehr weitgehende und ebenfalls praxisbedeutsame neue Vereinfachung von Personalüberlassungen zwischen öffentlichen tarifgebundenen Arbeitgebern vor. Eine letzte Unsicherheit dürfte für die Praxis insoweit bestehen bleiben, als möglicherweise der **EuGH das letzte Wort** haben wird, ob die vorgesehenen Ausnahmetatbestände vom AÜG – insbesondere § 1 Abs. 3 Nr. 2c AÜG – in vollem Umfang mit der Leiharbeitsrichtlinie konform sind.

56

D. Die Regelung der Höchstüberlassungsdauer
Dr. Christian Mehrens

Literatur:

Baeck/Deutsch, Aktuelle Problemstellungen im Bereich der Arbeitnehmerüberlassung, NZG 2013, 251; *Bartl/Romanowski*, Keine Leiharbeit auf Dauerarbeitsplätzen!, NZA 2012, 845; *Bauer/Heimann*, Leiharbeit und Werkvertrag – Achse des Bösen?, NJW 2013, 3287; *Bayreuther*, Die Stellung von Leiharbeitnehmern im Einsatzbetrieb nach den jüngsten Tarifabschlüssen in der Zeitarbeitsbranche und der M- und E-Industrie, NZA-Beil. 2012, 115; *ders.*, Nachwirkung von Zeitarbeitstarifverträgen im Kontext des Equal Pay/Treatment Gebots des AÜG, BB 2010, 309; *Brors*, Zur Methodik der Auslegung von Richtlinien am Beispiel des Merkmals „vorübergehend" aus Art. 1 Abs. 1 der Richtlinie 2008/04/EG (Leiharbeitsrichtlinie), ArbuR 2013, 108; *Brors/Schüren*, Neue gesetzliche Rahmenbedingungen für den Fremdpersonaleinsatz, NZA 2014, 569; *Fischer*, Zeitarbeit zwischen allen (Tarif-)Stühlen? – oder: Gewerkschaften in den Untiefen der Tarifzuständigkeit, RdA 2013, 326; *Franzen*, Tarifdispositive Gestaltung einer Höchstüberlassungsdauer nach AÜG, ZfA 2016, 25; *Giesen*, Tarifvertragliche Erweiterung von Betriebsratsrech-

---

113 Vgl. *Fieberg*, NZA 2014, 181, 189.

ten beim Leiharbeitseinsatz, ZfA 2012, 143; *Grimm/Heppner*, Höchstüberlassungsdauer für die Leiharbeit – 18, 24 Monate und ein Ende, ArbRB 2016, 112; *Hamann*, „Entwurf eines Gesetzes zur Änderung des AÜG und anderer Gesetze" vom 17.2.2016, ArbuR 2016, 136; *ders.*, Umsetzung der Vorgabe „vorübergehend" in der Leiharbeitsrichtlinie -Regulierungsempfehlungen an den nationalen Gesetzgeber, NZA 2015, 904; *ders.*, Die Reform des AÜG im Jahr 2011, RdA 2011, 322; *Happ/van der Most*, Die Höchstüberlassungsdauer im AÜG – eine „vorübergehende" Idee?, BB 2015, 565; *Henssler*, Überregulierung statt Rechtssicherheit – der Referentenentwurf des BMAS zur Reglementierung von Leiharbeit und Werkverträgen, RdA 2016, 18; *Krause*, Neue tarifvertragliche Regeln für die Leiharbeit in der Metallindustrie, NZA 2012, 830; *Lembke*, Der Einsatz von Fremdpersonal im Rahmen von freier Mitarbeit, Werkverträgen und Leiharbeit – Die Sicht eines unternehmensberatenden Anwalts, NZA 2013, 1312; *ders.*, Die geplanten Änderungen im Recht der Arbeitnehmerüberlassung, DB 2011, 415; *Müller-Bonanni/Mehrens*, Auswirkungen von Umstrukturierungen auf die Tarifsituation, ZIP 2012, 1217; *Nielebock*, Arbeitsrechtliche Neuregelungen nach dem Koalitionsvertrag, ArbuR 2014 2014, 63; *Nießen/Fabritius*, Was ist vorübergehende Arbeitnehmerüberlassung – Das Rätsel weiter ungelöst?, NJW 2014, 263; *Rieble*, Tariflose Zeitarbeit?, BB 2012, 2177; *Preis/Vielmeier*, Umsetzungsdefizite der Leiharbeitsrichtlinie, EuZA 2011, 474; *Schüren/Fasholz*, Inhouse-Outsourcing und der Diskussionsentwurf zum AÜG – Ein Diskussionsbeitrag, NZA 2015, 1473; *Seel*, Neue Spielregeln für die Arbeitnehmerüberlassung – Eine Analyse des Referentenwurf des AÜG, öAT 2016, 27; *Steinmeyer*, Was bedeutet „vorübergehend"? – Die neue Grundsatzfrage des deutschen Arbeitsrechts, DB 2013, 2740; *Thüsing*, Zur Vorbereitung auf die AÜG-Reform, DB 2016, 2663; *ders.*, Equal pay bei Leiharbeit – Zur Reichweite der Gleichbehandlungspflicht nach dem AÜG, DB 2003, 449; *Thüsing/Stiebert*, Zum Begriff „vorübergehend" in § 1 Abs. 1 Satz 2 AÜG, DB 2012, 632; *Willemsen/Mehrens*, Beabsichtigte Neuregelung des Fremdpersonaleinsatzes – Mehr Bürokratie wagen?, NZA 2015, 897; *Zimmermann*, Der Referentenentwurf zur AÜG-Reform 2016, BB 2016, 53.

I. Grundlagen

1. Entwicklung der gesetzlichen Regelung der zulässigen Überlassungsdauer

a) Höchstüberlassungsdauer im Wandel der Zeit

57 Die zulässige Dauer einer erlaubnispflichtigen Arbeitnehmerüberlassung unterliegt einem stetigen Wandel. Bei Inkrafttreten des AÜG am 12.10.1972 galt eine Höchstüberlassungsdauer von drei Monaten. Nach § 3 Abs. 1 Nr. 6 AÜG a.F. war die Arbeitnehmerüberlassungserlaubnis oder ihre Verlängerung zu versagen, wenn Tatsachen die Annahme rechtfertigten, dass der Verleiher dem Entleiher Leiharbeitnehmer länger als drei aufeinanderfolgende Monate überließ, wobei der Zeitraum einer unmittelbar vorangehenden Überlassung durch einen anderen Verleiher an denselben Entleiher anzurechnen war. Im Zuge der Beschäftigungsförderungspolitik in den 1980er und 1990er Jahren wurde die Höchstüberlassungsdauer sodann sukzessive auf sechs, neun, zwölf und zuletzt 24 Monate verlängert.[114] Schließlich

---

114 Beschäftigungsförderungsgesetz v. 26.4.1985, BGBl I 710; Erstes Gesetz zur Umsetzung des Spar-, Konsolidierungs- und Wachstumsprogramms v. 21.12.1993, BGBl I 2353; Arbeitsförderungs-Reform-Gesetz v. 24.3.1997, BGBl I 594; Gesetz zur Reform der arbeitsmarktpolitischen Instrumente – Job-AQTIV-Gesetz – v. 10.12.2001, BGBl I 3443.

D. Die Regelung der Höchstüberlassungsdauer §5

wurde die Höchstüberlassungsdauer infolge der „Hartz-Gesetze" mit Wirkung zum 1.1.2003 wieder aufgehoben.[115]

Flankiert wurde die Höchstüberlassungsdauer durch § 1 Abs. 2 AÜG a.F., nach dem vermutet wurde, dass der Verleiher bei einer Überschreitung der jeweils geltenden Höchstüberlassungsdauer Arbeitsvermittlung betrieb. Diese **gesetzliche Vermutung einer Arbeitsvermittlung** war für den Bereich der gewerbsmäßigen Arbeitnehmerüberlassung nicht widerlegbar.[116] Demgegenüber konnte die Vermutung der Arbeitsvermittlung bei einer nicht gewerbsmäßigen Arbeitnehmerüberlassung widerlegt werden, wenn der Schwerpunkt des Arbeitsverhältnisses trotz Überschreitung der Höchstüberlassungsdauer weiterhin im Verhältnis zum überlassenden Arbeitgeber lag.[117]

58

Die arbeitsrechtlichen Folgen einer gemäß § 1 Abs. 2 AÜG a.F. vermuteten unerlaubten Arbeitsvermittlung waren **bis zum 31.3.1997 in § 13 AÜG a.F.** geregelt. Diese Vorschrift bestimmte, dass bei einem Arbeitsverhältnis, das auf einer unerlaubten Arbeitsvermittlung beruhte, die arbeitsrechtlichen Ansprüche des Arbeitnehmers gegen den Arbeitgeber dieses Arbeitsverhältnisses nicht durch Vereinbarung ausgeschlossen werden konnten. Hieraus leitete die Rechtsprechung ab, dass bei einer als unerlaubte Arbeitsvermittlung anzusehenden Überlassung ein Arbeitsverhältnis zum Entleiher fingiert werde, wobei sich die Modalitäten dieses fingierten Arbeitsverhältnisses in **analoger Anwendung von § 10 Abs. 1 AÜG** bestimmen sollten.[118] Die Fiktion des Arbeitsverhältnisses zum Entleiher führte indes – anders als bei einer unerlaubten Arbeitnehmerüberlassung nach § 9 Nr. 1 AÜG – nicht automatisch zur Beendigung des Arbeitsverhältnisses mit dem Verleiher. Das Arbeitsverhältnis zum Verleiher bestand neben dem gesetzlich fingierten Arbeitsverhältnis zum Entleiher fort (sog. **Doppelarbeitsverhältnis**).[119] Mit der Aufhebung von § 13 AÜG a.F. mit Wirkung zum 1.4.1997 entfiel die gesetzliche Grundlage für die Fiktion eines Arbeitsverhältnisses bei Überschreiten der Höchstüberlassungsdauer. Demgemäß ging die Rechtsprechung fortan davon aus, dass bei einer Überschreitung der Höchstüberlassungsdauer **nach dem 31.3.1997** kein zusätzliches Arbeitsverhältnis zum Entleiher mehr fingiert werde.[120]

59

---

115 Erstes Gesetz für moderne Dienstleistungen am Arbeitsmarkt v. 23.12.2002, BGBl I 2002, 4618.
116 BAG v. 23.11.1988 – 7 AZR 34/88, NZA 1989, 812; einschränkend für den Fall einer Konzernleihe nach § 1 Abs. 3 Nr. 2 AÜG a.F. BAG v. 21.3.1990 – 7 AZR 198/89, NZA 1991, 269.
117 Vgl. hierzu BAG v. 21.3.1990 – 7 AZR 198/89, NZA 1991, 269.
118 Grundlegend BAG v. 10.2.1977 – 2 ABR 80/76, NJW 1977, 1413; vgl. auch BAG v. 19.3.2002 – 7 AZR 267/02, AP Nr. 4 zu § 13 AÜG m.w.N.
119 Vgl. für die gewerbsmäßige Arbeitnehmerüberlassung BAG v. 19.3.2002 – 7 AZR 267/02, AP Nr. 4 zu § 13 AÜG, und für die nicht gewerbsmäßige Arbeitnehmerüberlassung BAG v. 15.4.1999 – 7 AZR 437/97, NZA 2000, 102.
120 BAG v. 28.6.2000 – 7 AZR 100/99, NZA 2000, 1160.

b) Beschränkung der erlaubnispflichtigen auf „vorübergehende" Überlassungen

60 Im Zuge der Umsetzung der Leiharbeitsrichtlinie 2008/104/EG („Leiharbeitsrichtlinie") wurde das AÜG **mit Wirkung zum 1.12.2011** ein weiteres Mal grundlegend geändert.[121] Im Hinblick auf die Überlassungsdauer fügte der Gesetzgeber in § 1 Abs. 1 S. 2 AÜG eine Regelung ein, wonach die Überlassung von Leiharbeitnehmern „vorübergehend" erfolgt. Hiermit sollte klargestellt werden, dass das deutsche Modell der Arbeitnehmerüberlassung den europäischen Vorgaben in Art. 1 Abs. 1, 3 Abs. 1 lit. e der Leiharbeitsrichtlinie entspricht.[122] Auf eine bestimmte Höchstüberlassungsdauer hat der Gesetzgeber im Sinne einer flexiblen Regelung seinerzeit bewusst verzichtet.

61 Nach Art. 1 Abs. 1 der Leiharbeitsrichtlinie findet die Richtlinie auf Arbeitsverhältnisse Anwendung, bei denen der Leiharbeitnehmer von seinem Arbeitgeber dem Entleiher zur Verfügung gestellt wird, um vorübergehend unter Aufsicht und Leitung des Entleihers zu arbeiten. Vor diesem Hintergrund wurde in der Literatur teilweise die Ansicht vertreten, dass die dauerhafte Arbeitnehmerüberlassung nicht unter den Anwendungsbereich der Leiharbeitsrichtlinie falle[123] und daher ohne weiteres zulässig sei. Der Regelung in § 1 Abs. 1 S. 2 AÜG komme insoweit keine inhaltliche Bedeutung zu und sei als „bloßer Programmsatz" zu verstehen.[124] Dem folgte das BAG indes nicht und stellte fest, dass § 1 Abs. 1 S. 2 AÜG die nicht vorübergehende Arbeitnehmerüberlassung verbiete (sog. **Verbot der Dauerüberlassung**).[125] Ob die Leiharbeitsrichtlinie ein derartiges Verständnis gebiete, ließ das BAG offen und beschränkte sich auf die Feststellung, dass die Leiharbeitsrichtlinie einer solchen Auslegung von § 1 Abs. 1 S. 2 AÜG zumindest nicht entgegenstehe.

62 Die Abgrenzung einer zulässigen vorübergehenden Überlassung von einer unzulässigen Dauerüberlassung führte in der Praxis zu einer erheblichen Rechtsunsicherheit. In der Instanzrechtsprechung und in der Literatur war heftig umstritten, nach welchen Kriterien sich die Abgrenzung richten sollte, wobei eine kaum überschaubare Vielzahl an Ansichten vertreten wurde.[126] Insoweit stellte sich insbesondere die Frage, ob der Begriff „vorübergehend" **arbeitnehmer- oder arbeitsplatzbezogen** zu verstehen sei, d.h. ob sich die vorübergehende Überlassung darauf bezog,

---

121 Erstes Gesetz zur Änderung des Arbeitnehmerüberlassungsgesetzes – Verhinderung von Missbrauch der Arbeitnehmerüberlassung v. 28.4.2011, BGBl I 2011, 642.
122 Vgl. BT-Drucks 17/4804, 8.
123 Zumindest insofern tendenziell zustimmend BAG v. 30.9.2014 – 1 ABR 79/12, NZA 2015, 240, 244.
124 *Thüsing/Stiebert*, DB 2012, 632, 633. So i.E. auch *Bauer/Heimann*, NJW 2013, 3287 f.; *Lembke*, DB 2011, 415; *Rieble/Vielmeier*, EuZA 2011, 489.
125 BAG v. 30.9.2014 – 1 ABR 79/12, NZA 2015, 240; BAG v. 10.7.2013 – 7 ABR 91/11, NZA 2013, 1296.
126 Vgl. ausführlich zum Meinungsstand *Fitting u.a.*, § 99 Rn 192a ff. m.w.N.

D. Die Regelung der Höchstüberlassungsdauer §5

dass der Einsatz des Leiharbeitnehmers beim Entleiher zeitlich begrenzt war, oder ob beim Entleiher nur ein vorübergehender Beschäftigungsbedarf bestehen durfte.[127] Das BAG ließ diese Frage offen und beschränkte sich auf die Aussage, dass jedenfalls die Beschäftigung eines Leiharbeitnehmers ohne jegliche zeitliche Begrenzung auf einem Stammarbeitsplatz nicht mehr vorübergehend i.S.d. § 1 Abs. 1 S. 2 AÜG sei.[128] Eine darüber hinausgehende Konkretisierung war in den höchstrichterlich entschiedenen Fällen nicht erforderlich.

Zu einem gewissen Grad wurden die Abgrenzungsschwierigkeiten dadurch entschärft, dass das AÜG **keine individualrechtliche Sanktion** für einen Verstoß gegen § 1 Abs. 1 S. 2 AÜG vorsah. Das BAG[129] lehnte die Fiktion eines Arbeitsverhältnisses mit dem Entleiher in entsprechender Anwendung des § 10 Abs. 1 S. 1 AÜG trotz gegenteiliger Stimmen in der Instanzrechtsprechung[130] und Literatur[131] ab. Auch ein entsprechender Ordnungswidrigkeitentatbestand war in § 16 AÜG nicht enthalten. Es blieb lediglich die Möglichkeit des Entleiherbetriebsrats, bei einer beabsichtigten mehr als vorübergehenden Überlassung nach § 14 Abs. 3 S. 1 AÜG, § 99 Abs. 2 Nr. 1 AÜG die Zustimmung zum Einsatz des Leiharbeitnehmers zu verweigern.[132] Hierdurch wurde die Frage der zulässigen Überlassungsdauer in der Praxis häufig in das betriebsverfassungsrechtliche Zustimmungsverfahren verlagert. Um diesbezügliche Rechtsstreitigkeiten zu vermeiden, wurden daher in größeren Betrieben nicht selten betriebliche Regelungen geschaffen, die den Einsatz von Leiharbeitnehmern im Betrieb näher ausgestalteten. Zudem wurde der Einsatz von Leiharbeiternehmern auch in den Tarifverträgen der Entleiherbranche geregelt. Prominentestes Beispiel ist der Tarifvertrag Leih-/Zeitarbeit für die Metall- und Elektroindustrie (TV LeiZ).[133]

63

---

127 Vgl. hierzu ausführlich *Nießen/Fabritius*, NJW 2014, 263 m.w.N.
128 BAG v. 10.7.2013 – 7 ABR 91/11, NZA 2013, 1296.
129 BAG v. 10.12.2013 – 9 AZR 51/13, NZA 2014, 196.
130 LAG Baden-Württemberg v. 31.7.2013 – 4 Sa 18/13, LAGE § 10 AÜG Nr. 10a = BeckRS 2013, 71078; LAG Baden-Württemberg v. 22.11.2012 – 11 Sa 84/12, BeckRS 2013, 67254; LAG Berlin-Brandenburg v. 9.1.2013 – 15 Sa 1635/12, NZA-RR 2013, 234.
131 Vgl. *Brors*, ArbuR 2013, 108; *Bartl/Romanowski*, NZA 2012, 845, 846; ErfK/*Wank*, § 1 AÜG Rn 37d; Schaub/*Koch*, § 120 Rn 12c.
132 BAG v. 10.7.2013 – 7 ABR 91/11, NZA 2013, 1296 Rn 48 ff.
133 Vgl. Tarifvertrag Leih-/Zeitarbeit für die Metall- und Elektroindustrie Baden-Württemberg v. 19.5.2012, in Kraft seit dem 20.5.2012 (TV LeiZ), der als Pilot-Tarifvertrag auch für die anderen IG Metall-Bezirke übernommen wurde.

2. (Wieder-)Einführung einer Höchstüberlassungsdauer von 18 Monaten

a) Überblick über die gesetzliche Neuregelung

64 Mit der Regelung in § 1 Abs. 1 S. 4, Abs. 1b AÜG ist der Gesetzgeber nunmehr wieder zu einer ausdrücklichen Regelung einer Höchstüberlassungsdauer zurückgekehrt. Mit der Regelung soll ausweislich der Gesetzesmaterialien das Kriterium der vorübergehenden Arbeitnehmerüberlassung **konkretisiert** und so Rechtssicherheit geschaffen werden.[134]

65 Nach § 1 Abs. 1 S. 4, Abs. 1b S. 1 AÜG darf ein Leiharbeitnehmer **nicht länger als 18 aufeinander folgende Monate an denselben Entleiher** überlassen werden. Ein Folgeeinsatz ist gem. § 1 Abs. 1b S. 2 AÜG erst nach einer **dreimonatigen Karenzzeit** möglich. Mit der Frist von 18 Monaten sollten ausweislich der Gesetzesmaterialien die bereits vor der Neuregelung bestehenden tarifvertraglichen Vereinbarungen aus der Praxis aufgenommen werden, die die maximal zulässige Einsatzdauer und/oder Übernahmeansprüche gegenüber dem Entleiher nach einer bestimmten Einsatzdauer regeln.[135] Die Regelung soll einerseits einer dauerhaften Substitution der Stammbelegschaft entgegenwirken, andererseits jedoch weiterhin flexible Einsatzmöglichkeiten für die Unternehmen erhalten.[136]

66 Die Höchstüberlassungsdauer ist **tarifdispositiv** ausgestaltet. Von ihr kann gemäß § 1 Abs. 1b S. 3, 5 AÜG durch Tarifvertrag der Einsatzbranche oder auf der Grundlage eines solchen Tarifvertrags durch Dienst- oder Betriebsvereinbarung abgewichen werden. Entsprechendes gilt nach § 1 Abs. 1b S. 8 AÜG für kirchliche Arbeitsrechtsregelungen. Nicht tarifgebundene Entleiher können gemäß § 1 Abs. 1b S. 4 AÜG die Regelungen eines einschlägigen Tarifvertrags durch Betriebs- oder Dienstvereinbarung inhaltsgleich übernehmen. Bei mehreren einschlägigen Tarifverträgen ist insoweit gemäß § 1 Abs. 1b S. 7 AÜG auf den repräsentativsten Tarifvertrag abzustellen. Sofern der einschlägige Tarifvertrag eine Öffnungsklausel enthält, können nicht tarifgebundene Entleiher hiervon nach § 1 Abs. 1b S. 6 AÜG allerdings nur bis zu einer Obergrenze von 24 Monaten Gebrauch machen.

67 Für das Eingreifen der Höchstüberlassungsdauer gilt eine **Übergangsfrist**. § 19 Abs. 2 AÜG sieht vor, dass für die Berechnung der Höchstüberlassungsdauer Überlassungszeiten vor dem 1.4.2017 nicht berücksichtigt werden. Hierdurch soll es den Unternehmen und insbesondere auch den Tarifvertragsparteien ermöglicht werden, sich auf die Neuregelung einzustellen (vgl. hierzu auch Rdn 394 ff.).

---

134 Vgl. BT-Drucks 18/9232, 19.
135 Vgl. BT-Drucks 18/9232, 19.
136 Vgl. BT-Drucks 18/9232, 19.

b) Europarechtskonformität einer Höchstüberlassungsdauer

Ob die Einführung einer gesetzlichen Höchstüberlassungsdauer europarechtlich zulässig ist, ist bislang weitgehend ungeklärt. Der **EuGH** hat in der Rechtssache *AKT*[137] offen gelassen, unter welchen Voraussetzungen Beschränkungen der Arbeitnehmerüberlassung zulässig sind. Er hat allerdings zugleich klargestellt, dass die Mitgliedstaaten bei der Regelung der Arbeitnehmerüberlassung nicht völlig frei sind, sondern den in Art. 4 Abs. 1 der Leiharbeitsrichtlinie festgelegten Rahmen zu beachten haben, wonach Verbote oder Einschränkungen des Einsatzes von Leiharbeit nur aus Gründen des Allgemeininteresses gerechtfertigt sind. Dies gilt insbesondere vor dem Hintergrund, dass die **EU-Kommission**[138] – entgegen der h.M. in der Literatur[139] – der Leiharbeitsrichtlinie keine zeitliche Beschränkung der Arbeitnehmerüberlassung entnimmt. Auch **Generalanwalt** *Szpunar* hat in seiner Stellungnahme ausdrücklich den bipolaren Regelungszweck der Richtlinie betont.[140] Diese solle einerseits die Leiharbeitnehmer vor missbräuchlichen Gestaltungen schützen, andererseits aber auch ungerechtfertigte Hemmnisse der Leiharbeit beseitigen, um den flexiblen Einsatz von Leiharbeitnehmern zu fördern. Bei der Abwägung dieser gegenläufigen Interessen räumt der Generalanwalt den Mitgliedstaaten allerdings einen „bedeutenden Wertungsspielraum" ein. Angesichts dieses weiten gesetzgeberischen Ermessens dürften gegen die Einführung der Höchstüberlassungsdauer als solche keine europarechtlichen Bedenken bestehen.[141] Auch wenn man durchaus an der Sinnhaftigkeit einer gesetzlichen Höchstüberlassungsdauer zweifeln kann,[142] wird zumindest durch die Tariföffnungsklausel den Sozialpartnern die notwendige Flexibilität ermöglicht, um die betrieblichen Gegebenheiten zu berücksichtigen (vgl. hierzu Rdn 90 ff.). Die gegen die Tariföffnungsklausel vorgebrachten europarechtlichen Bedenken[143] verfangen nicht. Selbst wenn man der Leiharbeitsrichtlinie eine Beschränkung der Dauer der Arbeit-

---

137 EuGH v. 17.3.2015 – C-533/13, NZA 2015, 423 – AKT.
138 Stellungnahme der EU-Kommission im Rahmen ihrer Vorprüfung für ein Vertragsverletzungsverfahren gegen die Bundesrepublik Deutschland (Az. CHAP(2015)00716).
139 S. nur Preis/Sagan/*Sansone*, Europäisches Arbeitsrecht, 2015, § 8 Rn 23 m.w.N.
140 GA *Szpunar* v. 20.11.2014 – C-533/13, BeckRS 2014, 82404.
141 *Hamann*, NZA 2015, 904; Preis/Sagan/*Sansone*, § 8 Rn 25; *Willemsen/Mehrens*, NZA 2015, 897, 898. Vgl. auch die Stellungnahme des Deutschen Anwaltvereins durch den Ausschuss Arbeitsrecht zum Referentenentwurf eines Gesetzes zur Änderung des Arbeitnehmerüberlassungsgesetzes und anderer Gesetze, RdA 2016, 173, 174. A.A. *Rieble/Vielmeier*, EuZA 2011, 474, 490; *Thüsing*, DB 2016, 2663, 2666; *Thüsing/Stiebert*, DB 2012, 632 ff. Kritisch *Happ/van der Most*, BB 2015, 565, sowie *Brors*, ArbuR 2013, 108, 112, der zufolge die Leiharbeitsrichtlinie Überlassungen nur für begrenzten Zeitraum erlaubt, es eine starre zeitliche Größe aber nicht gebe.
142 Vgl. hierzu auch *Willemsen/Mehrens*, NZA 2015, 897, 898 f.
143 Vgl. *Nielebock*, ArbuR 2014, 63, 65.

nehmerüberlassung entnimmt, ist es europarechtlich unbedenklich, wenn der Gesetzgeber den Sozialpartnern Abweichungsmöglichkeiten einräumt.[144]

c) Die Neuregelung im internationalen Vergleich

69 Eine gesetzliche Regelung einer Höchstüberlassungsdauer ist im internationalen Vergleich **nicht unüblich**. Die maximal zulässige Überlassungsdauer ist in den Mitgliedstaaten unterschiedlich geregelt. In einigen Mitgliedstaaten, wie z.B. dem Vereinigten Königreich und den Niederlanden, ist die Arbeitnehmerüberlassung zeitlich unbegrenzt möglich. So ist es bspw. in den Niederlanden in Konzernen nicht unüblich, die Arbeitnehmer bei einer Personalführungsgesellschaft anzustellen, die als zentraler Arbeitgeber des Konzerns fungiert und die Arbeitnehmer an die jeweiligen Konzerngesellschaften überlässt.[145] In anderen Mitgliedstaaten finden sich hingegen Regelungen, die die Überlassungsdauer einschränken und der nunmehrigen Neuregelung nicht unähnlich sind. So ist in Frankreich der Einsatz von Leiharbeitnehmern nur in gesetzlich ausdrücklich geregelten Fällen (z.b. als Vertretung eines Stammbeschäftigten oder zum Ausgleich zeitweiliger Schwankungen im Arbeitsanfall) zulässig und zudem auf maximal 18 Monate beschränkt. Vergleichbar differenziert die zulässige Höchstüberlassungsdauer in anderen Mitgliedstaaten, wie z.b. Portugal oder Polen, nach dem Grund für den Einsatz des Leiharbeitnehmers (z.b. gilt bei zeitlich begrenztem außergewöhnlichem Mehrbedarf eine längere Höchstüberlassungsdauer als bei Ersatz eines ausgeschiedenen Mitarbeiters).

II. Berechnung der Höchstüberlassungsdauer

1. Überlassung von bis zu 18 Monaten an denselben Entleiher

a) Konkretisierung des Merkmals „vorübergehend"

70 Nach § 1 Abs. 1 S. 4 AÜG ist die Arbeitnehmerüberlassung vorübergehend bis zur Höchstüberlassungsdauer nach § 1 Abs. 1b AÜG zulässig. Diese Formulierung wirft die Frage auf, ob dem Merkmal „vorübergehend" auch bei einer Einhaltung der Höchstüberlassungsdauer weiterhin eine zusätzliche zeitliche Beschränkung der Überlassungsdauer entnommen werden kann. Der Gesetzeswortlaut („vorübergehend bis zu") ließe sich auch dergestalt auslegen, dass eine Überlassung nicht automatisch „vorübergehend" ist, nur weil sie innerhalb der gesetzlichen Höchstüberlassungsdauer erfolgt. Bei einer derartigen Auslegung käme der bislang umstrittenen und nicht abschließend geklärten Frage, wann eine Überlassung vorüber-

---

144 *Hamann*, NZA 2015, 904, 906. Vgl. zur vergleichbaren Problematik bei § 14 Abs. 2 S. 3 TzBfG auch BAG v. 18.3.2015 – 7 AZR 272/13, NZA 2015, 821, 823 Rn 26.
145 Vgl. den der *Albron*-Entscheidung des *EuGH* zugrunde liegenden Sachverhalt: EuGH v. 21.10.2010 – C-242/09, NZA 2010, 1225 – Albron.

gehend ist, weiterhin Bedeutung zu. Eine derartige Auslegung von § 1 Abs. 1 S. 4 AÜG lässt sich den Gesetzesmaterialien jedoch nicht entnehmen. Im Gegenteil soll das Kriterium der vorübergehenden Arbeitnehmerüberlassung mit der Einführung der Höchstüberlassungsdauer konkretisiert und so Rechtssicherheit geschaffen werden.[146] Diesem Anliegen liefe ein Verständnis, dass eine Überlassung auch innerhalb der Überlassungsdauer zusätzlich anhand des Kriteriums „vorübergehend" zu prüfen wäre, zuwider. Daher ist davon auszugehen, dass jede Überlassung **innerhalb der Höchstüberlassungsdauer** nach § 1 Abs. 1b AÜG *ipso jure* „**vorübergehend**" ist und keinen weiteren zeitlichen Schranken unterliegt.

b) Arbeitnehmerbezug der Höchstüberlassungsdauer

Vor der Einführung der Höchstüberlassungsdauer war umstritten, ob die zulässige Überlassungsdauer arbeitnehmer- oder arbeitsplatzbezogen zu bestimmen war (vgl. hierzu oben Rdn 62). Mit der Regelung in § 1 Abs. 1b S. 1 AÜG hat sich der Gesetzgeber für eine **arbeitnehmerbezogene Betrachtung** entschieden. Es kommt auf den Zeitraum an, den der Verleiher „denselben Leiharbeitnehmer" überlässt. Hiermit orientiert sich der Gesetzgeber an der Rechtsprechung zu § 3 Abs. 1 Nr. 6 AÜG a.F. (hierzu oben Rdn 57), die ebenfalls eine arbeitnehmerbezogene Betrachtung vornahm.[147] Für die Praxis bedeutet dies, dass der Arbeitsplatz nach Ablauf der Höchstüberlassungsdauer mit einem anderen Leiharbeitnehmer besetzt werden kann. Dies ermöglicht es dem Arbeitgeber **einen Arbeitsplatz dauerhaft mit wechselnden Leiharbeitnehmern zu besetzen**, solange die Höchstüberlassungsdauer in Bezug auf die jeweils eingesetzten Leiharbeitnehmer nicht überschritten wird. Angesichts des eindeutigen Gesetzeswortlautes liegt hierin **kein Missbrauch** der Arbeitnehmerüberlassung. Auf der anderen Seite kann ein Leiharbeitnehmer nach Überschreiten der Höchstüberlassungsdauer nicht weiter an denselben Entleiher (zum Begriff des Entleihers unten Rdn 73 ff.) überlassen werden, auch wenn er auf einem anderen Arbeitsplatz tätig wird. Ferner kann die Höchstüberlassungsdauer nicht dadurch umgangen werden, dass der Leiharbeitnehmer seinen Arbeitgeber wechselt, so dass die Überlassung durch einen anderen Verleiher erfolgt. Nach § 1 Abs. 1b S. 1 Hs. 2 AÜG darf der Entleiher den Leiharbeitnehmer, unabhängig von welchem Verleiher er überlassen wird, nicht länger als 18 aufeinander folgende Monate tätig werden lassen. Ein „**Verleiherkarussell**" ist damit **nicht möglich**.

71

---

146 Vgl. BT-Drucks 18/9232, 19.
147 Vgl. BAG v. 12.11.2002 – 1 ABR 1/02, NZA 2003, 513.

72 Ob eine solche arbeitnehmerbezogene Bestimmung der Höchstüberlassungsdauer **europarechtskonform** ist, ist noch nicht abschließend geklärt.[148] Das BAG hat sich zu dieser Frage bislang nicht geäußert, scheint jedoch in der Vergangenheit keine europarechtlichen Bedenken an einer arbeitnehmerbezogenen Höchstüberlassungsdauer gehabt zu haben.[149] Letztlich dürfte auch der Leiharbeitsrichtlinie ein arbeitnehmerbezogenes Verständnis zugrunde liegen. Der Begriff „vorübergehend" wird in Art. 1 Abs. 1 und 3 Abs. 1 der Leiharbeitsrichtlinie stets im Zusammenhang mit der Tätigkeit des jeweiligen Leiharbeitnehmers beim Entleiher gebraucht. Ein Bezug zum Arbeitskräftebedarf beim Entleiher wird gerade nicht hergestellt. Aus diesem Grund steht auch Art. 5 Abs. 5 S. 1 der Leiharbeitsrichtlinie, der eine missbräuchliche Kettenüberlassung verhindern will, einer arbeitnehmerbezogenen Betrachtung nicht entgegen. Das Missbrauchsverbot bezieht sich auf eine missbräuchliche Kettenüberlassung des Leiharbeitnehmers, nicht jedoch auf die mehrfache Besetzung eines Arbeitsplatzes mit verschiedenen Leiharbeitnehmern.[150]

c) Begriff des Entleihers

73 Nach § 1 Abs. 1b S. 1 AÜG kommt es für die Berechnung der Höchstüberlassungsdauer auf den Einsatz bei **„demselben Entleiher"** an. Überlassungen an andere Konzernunternehmen sind somit bei der Berechnung der Höchstüberlassungsdauer bereits begrifflich nicht zu berücksichtigen. Dem Gesetzeswortlaut lässt sich hingegen nicht eindeutig entnehmen, ob der Begriff des „Entleihers" **unternehmens- oder betriebsbezogen** zu verstehen ist. Bei einer unternehmensbezogenen Betrachtung würden bei der Berechnung der Höchstüberlassungsdauer auch Einsatzzeiten in anderen Betrieben desselben Unternehmens berücksichtigt.

74 *Beispiel:*
Das Unternehmen U hat Werke in Recklinghausen und Herne. Der Leiharbeitnehmer L wird zunächst für zehn Monate im Werk in Recklinghausen und im unmittelbaren Anschluss für zwölf Monate im Werk in Herne eingesetzt. Eine tarifliche oder betriebliche Regelung zur Höchstüberlassungsdauer besteht nicht.

---

148 Für Richtlinienkonformität: *Bauer/Heimann*, NJW 2013, 3287, 3288; BeckOK/*Kock*, § 1 AÜG Rn 53; *Baeck/Winzer*, NZG 2013, 251, 253; *Boemke/Lembke*, § 1 AÜG Rn 110, 113; LAG Berlin-Brandenburg v. 22.5.2014 – 14 TaBV 184/14, BeckRS 2014, 72456; LAG Hamburg v. 4.9.2013 – 5 TaBV 6/13, LAGE § 1 AÜG Nr. 11= BeckRS 2013, 75020; *Steinmeyer*, DB 2013, 2740, 2741 f.; *Thüsing/Stiebert*, DB 2012, 632, 633. Für Richtlinienwidrigkeit: *Brors/Schüren*, NZA 2014, 569, 570; *Hamann*, NZA 2015, 904, 905; LAG Berlin-Brandenburg v. 16.4.2013 – 3 TaBV 1983/12, 3 TaBV 1987/12, NZA-RR 2013, 621; LAG Hamburg v. 23.9.2014 – 2 TaBV 6/14, LAGE § 1 AÜG Nr. 15 = BeckRS 2015, 65468; LAG Niedersachsen v. 19.9.2012 – 17 TaBV 124/11, BeckRS 2012, 74786; LAG Schleswig-Holstein v. 8.1.2014 – 3 TaBV 43/13, LAGE § 1 AÜG Nr. 14 = BeckRS 2014, 65321.
149 Vgl. BAG v. 24.1.2013 – 2 AZR 140/12, NZA 2013, 726 Rn 17.
150 Vgl. *Willemsen/Mehrens*, NZA 2015, 897, 898; a.A. *Brors*, ArbuR 2013, 108, 112.

D. Die Regelung der Höchstüberlassungsdauer § 5

Stellt man für den Begriff des Entleihers auf den Rechtsträger ab, wie dies die Rechtsprechung z.b. im Rahmen des „Vorbeschäftigungsverbots" des § 14 Abs. 2 S. 2 TzBfG tut,[151] würde im vorstehenden Beispiel gegen die Höchstüberlassungsdauer verstoßen, weil die Überlassungen an denselben Rechtsträger erfolgten. Gegen eine derartige Sichtweise spricht jedoch, dass nach der bestehenden **Verwaltungspraxis der Bundesagentur für Arbeit** als Entleiher der Betrieb anzusehen ist, in den der Leiharbeitnehmer überlassen wird.[152] Auch die Definition der Arbeitnehmerüberlassung in § 1 Abs. 1 S. 2 AÜG knüpft an die Eingliederung in die „Arbeitsorganisation" an, was auf eine betriebsbezogene Sichtweise hindeutet. Zudem soll ausweislich der Gesetzesmaterialien mit der Regelung der Höchstüberlassungsdauer an die bestehenden **tarifvertraglichen Vereinbarungen aus der betrieblichen Praxis** angeknüpft werden, die die Einsatzdauer von Leiharbeitnehmern begrenzen bzw. einen Übernahmeanspruch nach einer bestimmten Einsatzdauer vorsehen.[153] Diese Tarifverträge stellen hingegen – wie z.b. der TV LeiZ[154] – bei der Berechnung der maßgeblichen Zeiträume ausdrücklich auf den **jeweiligen Einsatzbetrieb** ab und lassen Einsatzzeiten in anderen Betrieben desselben Unternehmens unberücksichtigt. Hätte eine hiervon abweichende Regelung getroffen werden sollen, hätte es nahe gelegen, dies ausdrücklich hervorzuheben, zumal sich der Gesetzgeber auch bei der dreimonatigen Karenzzeit offensichtlich an den maßgeblichen Tarifverträgen orientiert hat (hierzu unten Rdn 81 ff.). Ein betriebsbezogener Entleiherbegriff deckt sich im Übrigen mit der herrschenden Meinung zur Höchstüberlassungsdauer nach § 3 Abs. 1 Nr. 6 AÜG a.F. Auch insoweit war anerkannt, dass es auf die Einsatzzeit im jeweiligen Entleiherbetrieb ankam.[155] Vor diesem Hintergrund dürfte **davon auszugehen** sein, **dass es für die Berechnung der Höchstüberlassungsdauer ausschließlich auf die Einsatzzeiten im jeweiligen Einsatzbetrieb ankommt.**

75

Praxishinweis
Der Arbeitnehmerbezug der Höchstüberlassungsdauer erfordert künftig eine sorgfältige Dokumentation des Einsatzes der eingesetzten Leiharbeitnehmer (einschließlich etwaiger vorheriger Überlassungszeiten). Dem hiermit verbundenen administrativen Mehraufwand kann der Entleiher nur dann entgehen, wenn er den Verleiher im Überlassungsvertrag verpflichtet, dass der Verleiher

76

---

151 Vgl. etwa BAG v. 18.10.2006 – 7 AZR 145/06, NZA 2007, 443.
152 BA GA Ziff. 1.1.2 (4).
153 Vgl. BT-Drucks 18/9232, 19.
154 Vgl. etwa § 4 Nr. 1 TV LeiZ sowie S. 27 der Erläuterungen zum TV LeiZ, METALL NRW (Stand: September 2012).
155 Vgl. etwa *Becker/Wulfgramm*, AÜG, 3. Aufl. 1985, Art. 1 § 3 Rn 58.

für die Einhaltung der zulässigen Höchstüberlassungsdauer (einschließlich etwaiger anrechenbarer vorheriger Überlassungen) verantwortlich ist. Ob die Verleiherbranche zu einer derartigen Risikoverteilung bereits sein wird, wird sich zeigen müssen.

d) Ununterbrochener Einsatz bei demselben Entleiher

aa) Berechnung der Überlassungsdauer

77 Für die Höchstüberlassungsdauer kommt es nach § 1 Abs. 1b S. 1 AÜG auf einen **ununterbrochenen Einsatz** des Leiharbeitnehmers bei demselben Entleiher an („aufeinander folgende Monate"). Bei einem betriebsbezogenen Verständnis des Entleiherbegriffs spricht viel dafür, dass im Falle eines **Betriebs(teil)übergangs nach § 613a BGB** der Lauf der Höchstüberlassungsdauer jedenfalls dann nicht unterbrochen wird, wenn der Betriebs(teil)erwerber den Einsatz des Leiharbeitnehmers fortsetzt und den erworbenen Betrieb(steil) als betriebsverfassungsrechtlich selbstständige Einheit fortführt. Etwas anderes dürfte hingegen gelten, wenn infolge organisatorischer Maßnahmen im Zusammenhang mit dem Inhaberwechsel die betriebsverfassungsrechtliche Identität des übertragenen Betriebs(teils) verloren geht, z.B. weil der übernommene Betrieb(steil) derart in einen bereits vorhandenen Erwerberbetrieb organisatorisch eingegliedert wird, dass er in diesem aufgeht, oder er mit einem solchen Betrieb organisatorisch zu einem neuen Betrieb zusammengefasst wird.[156] In derartigen Fällen handelt es sich nicht mehr um denselben Entleiherbetrieb, so dass die Höchstüberlassungsdauer von Neuem zu laufen beginnen dürfte. Entsteht durch die organisatorische Maßnahme ein neuer Betrieb, ließe sich auch vertreten, dass für die bislang beim Erwerber eingesetzten Leiharbeitnehmer die Höchstüberlassungsdauer neu zu laufen beginne. Mangels einer ausdrücklichen Regelung wäre es für den Erwerber jedoch angesichts der Folgen eines Verstoßes gegen die Höchstüberlassungsdauer bis zu einer höchstrichterlichen Klärung mit erheblichen Rechtsrisiken verbunden, sich auf einen derartigen Standpunkt zustellen.

78 Die Höchstüberlassungsdauer beginnt **mit dem Zeitpunkt der Überlassung** zu laufen. Dieser ist **rein tatsächlich** zu verstehen, wie sich auch aus § 1 Abs. 1b S. 1 Hs. 2 AÜG ergibt, der auf Entleiherseite auf das „tätig werden lassen" abstellt.[157] Der im Überlassungsvertrag festgelegte Überlassungszeitraum ist daher nur dann maßgeblich, wenn er mit dem tatsächlichen Einsatzbeginn bzw. -ende übereinstimmt.

---

156 Vgl. zum Verlust der betriebsverfassungsrechtlichen Identität etwa BAG v. 7.6.2011 – 1 ABR 110/09, NZA 2012, 110.
157 Vgl. auch LAG Baden-Württemberg v. 9.4.2015 – 3 Sa 53/14, NZA-RR 2015, 456.

D. Die Regelung der Höchstüberlassungsdauer § 5

Beispiel: 79
Der Verleiher V und das Unternehmen U schließen einen Überlassungsvertrag über den Einsatz des Leiharbeitnehmers L für Januar bis einschließlich Juni des Folgejahres. Da in den ersten beiden Monaten kein Beschäftigungsbedarf besteht, wird L nicht bei U tätig. Stattdessen wird die ursprünglich vorgesehene Überlassungsdauer um zwei Monate verlängert. Ein Verstoß gegen die gesetzliche Höchstüberlassungsdauer liegt hierin nicht. Zwar besteht der Überlassungsvertrag zwischen dem Verleiher und dem Entleiher für einen Zeitraum von 20 Monaten, L wird jedoch nur für 18 Monate überlassen.

Für die **Fristberechnung** gelten die allgemeinen zivilrechtlichen Regeln. Der Fristbeginn bestimmt sich nach § 187 Abs. 2 BGB. Hiernach ist der erste Arbeitstag des Leiharbeitnehmers mitzuzählen. Nicht eindeutig ist, wann die Höchstüberlassungsdauer endet. Begreift man die Höchstüberlassungsdauer als zusammenhängenden Zeitraum, wofür der Wortlaut des § 1 Abs. 1b S. 1 AÜG spricht („aufeinander folgende Monate"), endet die Frist nach § 188 Abs. 2 BGB mit dem Ablauf desjenigen Tages des achtzehnten Monats, welcher dem Tag vorhergeht, der durch seine Benennung oder seine Zahl dem Anfangstag der Frist entspricht. Fehlt bei einem Monat der für ihren Ablauf maßgebende Tag, so endet die Frist nach § 188 Abs. 3 BGB mit dem Ablauf des letzten Tages dieses Monats. Bei einem Einsatzbeginn am 1. Juli endet somit die Achtzehnmonatsfrist mit Ablauf des 31. Dezember des Folgejahres. Aufgrund der etwaigen Anrechnung von Vorüberlassungszeiten könnte man die Höchstüberlassungsdauer indes auch als Frist im Sinne des § 191 BGB verstehen. In diesem Fall würden für einen Monat 30 Tage angesetzt, so dass die Höchstüberlassungsdauer 540 Tage betragen würde. 80

Praxishinweis
Da die beiden Berechnungsmöglichkeiten zu unterschiedlichen Ergebnissen kommen können, erscheint es bis zu einer abschließenden Klärung dieser Frage ratsam, die im konkreten Fall vorsichtigere Berechnungsalternative zu wählen.

bb) Anrechnung vorheriger Überlassungszeiten

Um eine Umgehung der Höchstüberlassungsdauer durch eine bloß kurzfristige Unterbrechung der Überlassung zu vermeiden, ist ein erneuter Einsatz nach Erreichen der Höchstüberlassungsdauer erst nach Ablauf einer **dreimonatigen Karenzfrist** möglich.[158] Nach **§ 1 Abs. 1b S. 2 AÜG** wird der Zeitraum vorheriger Überlassungen durch denselben oder einen anderen Verleiher an denselben Entleiher vollständig angerechnet, wenn zwischen den Einsätzen nicht **mehr als drei Monate** liegen. Unterbrechungszeiten von *mehr* als drei Monaten (eine dreimonatige Unterbrechung genügt also nicht) führen dazu, dass die für die Berechnung der Höchstüberlassungsdauer maßgeblichen Einsatzzeiten beim Einsatz in demselben Betrieb neu 81

---
158 Vgl. BT-Drucks 18/9232, 19.

zu laufen beginnen. Mit dieser Regelung knüpft der Gesetzgeber an die bestehenden tarifvertraglichen Regelungen auf Verleiher- und Entleiherebene an. So sehen z.B. der § 4 TV LeiZ oder § 2 Abs. 2 TV BZ ME eine vergleichbare Regelung vor, wobei insoweit allerdings eine dreimonatige Unterbrechung genügt, um eine Anrechnung vorheriger Überlassungszeiten zu vermeiden.

82 *Beispiel:*
Der Leiharbeitnehmer wird für die Dauer von 18 Monaten bis zum 31. März im Betrieb des Unternehmens U eingesetzt. In den Monaten April bis Juni wird er im Betrieb eines anderen Unternehmens eingesetzt und wird ab dem 15. Juli erneut für die Dauer von sechs Monaten an den Betrieb des Unternehmens U überlassen. Ein Verstoß gegen die gesetzliche Höchstüberlassungsdauer liegt nicht vor. Da die Unterbrechung mehr als drei Monate beträgt, beginnt die Höchstüberlassungsdauer von Neuem zu laufen.

83 Da die Höchstüberlassungsdauer arbeitnehmerbezogen ausgestaltet ist, kommt es **nicht darauf an, ob** der Leiharbeitnehmer **dieselbe Tätigkeit** wie im Rahmen seiner ersten Überlassung **ausübt**. Dies hat zur Folge, dass auch im Falle eines Tätigkeitswechsels die Einsatzzeiten des Leiharbeitnehmers zu addieren sind, wenn zwischen den Einsätzen nicht mehr als drei Monate liegen. Die Höchstüberlassungsdauer lässt sich daher nicht dadurch umgehen, dass zwei auf verschiedenen Arbeitsplätzen im Betrieb eingesetzte Leiharbeitnehmer getauscht werden. Ebenso unerheblich ist, ob der Leiharbeitnehmer bei einem Folgeeinsatz von demselben Verleiher überlassen wird. Es kommt nach dem Gesetzeswortlaut ausschließlich auf den Einsatz bei demselben Entleiher an („durch denselben oder einen anderen Verleiher an denselben Entleiher"). Die Höchstüberlassungsdauer kann somit nicht durch einen **Arbeitgeberwechsel** des Leiharbeitnehmers umgangen werden.

84 *Praxishinweis*
Da auch Überlassungen von einem früheren Arbeitgeber auf die Höchstüberlassungsdauer anzurechnen sein können, sollte der Verleiher den Leiharbeitnehmer mit Abschluss des Leiharbeitsvertrags verpflichten, ihm vorherige Überlassungen von anderen Arbeitgebern mitzuteilen. Eine ähnliche Auskunftspflicht ist bereits derzeit häufig in Bezug auf die nunmehr in § 8 Abs. 3 AÜG geregelte sog. Drehtürklausel in den Leiharbeitsverträgen geregelt.

85 Bei Unterbrechungszeiten von **drei Monaten oder weniger** werden demgegenüber die Einsatzzeiten bei demselben Entleiher addiert. Allerdings kommt es auch insoweit auf den tatsächlichen Einsatz an und nicht die bloße Einsatzmöglichkeit, d.h. der Leiharbeitnehmer muss **tatsächlich für den Entleiher tätig werden** (hierzu bereits oben Rdn 78). Danach ist es für die Höchstüberlassungsdauer nicht relevant, wenn zwar zwischen dem Verleiher und dem Entleiher ein Überlassungsvertrag be-

steht, der Leiharbeitnehmer jedoch nicht beim Entleiher eingesetzt wird.[159] Dies ist auch vor dem Hintergrund des Schutzzwecks der Höchstüberlassungsdauer, einer Substitution von Stammbeschäftigten entgegenzuwirken, sachgerecht, weil eine derartige Gefahr erst bei einem tatsächlichen Einsatz besteht.

Beispiel: 86
Der Verleiher V und das Unternehmen U schließen einen Überlassungsvertrag über den Einsatz des Leiharbeitnehmers L für Mai bis November. Da in den ersten zwei Monaten kein Beschäftigungsbedarf besteht, wird L nicht bei U tätig und V und U beenden den Überlassungsvertrag mit Wirkung zum Ende Juni einvernehmlich. Mit Wirkung ab September wird L auf der Grundlage eines neuen Überlassungsvertrags tatsächlich für U tätig. Die einsatzlosen Überlassungszeiten im Mai und Juni werden nicht auf die spätere Überlassung angerechnet.

cc) Unterbrechungen der Überlassung

Die Regelung in § 1 Abs. 1b S. 2 AÜG verhält sich ausschließlich dazu, ob bei einer Unterbrechung vorherige Überlassungszeiten anzurechnen sind. Dem Gesetz lässt sich hingegen keine Aussage dazu entnehmen, wann von einer **Unterbrechung der Überlassung** auszugehen ist. Aus der Gesetzessystematik ergibt sich zunächst, dass sämtliche Unterbrechungszeiten, die die Dauer von drei Monate am Stück überschreiten, unabhängig von ihrem Grund zu einem Neubeginn der Fristberechnung führen.[160] Darüber hinaus liegt unzweifelhaft eine Unterbrechung vor, wenn die Überlassung endet und der Leiharbeitnehmer für einen anderen Entleiher(betrieb) tätig wird oder vom Verleiher für eine Übergangszeit nicht eingesetzt wird. Zwar sind in einem solchen Fall bei einer erneuten Überlassung innerhalb des Drei-Monats-Zeitraums die Zeiten der vorherigen Überlassung auf die Höchstüberlassungsdauer anzurechnen, die Unterbrechungszeiten als solche sind jedoch für die Berechnung der Höchstüberlassungsdauer nicht maßgeblich. Ob auch Abwesenheitszeiten wegen Urlaub oder Krankheit, wenn sie nicht mit einer Beendigung des Einsatzes verbunden sind, als Unterbrechungen der Überlassung anzusehen sind mit der Folge, dass sie nicht auf die Höchstüberlassungsdauer anzurechnen sind und sich so die tatsächliche Einsatzzeit entsprechend verlängert, ist unklar. 87

Beispiel: 88
Der Verleiher V und das Unternehmen U schließen einen Überlassungsvertrag über den Einsatz des Leiharbeitnehmers L für 18 Monate. Während des Überlassungszeitraums ist L für die Dauer von einem Monat am Stück arbeitsunfähig krank und nimmt insgesamt zwei Monate Urlaub. Es stellt sich die Frage, ob die ursprünglich 18-monatige Überlassungsdauer ohne Verstoß gegen die gesetzli-

---

159 Siehe zur vergleichbaren Problematik bei § 2 Abs. 2 TV BZ Chemie LAG Hessen v. 15.4.2015 – 3 Sa 537/14, BeckRS 2016, 65552.
160 Vgl. ArbG Hildesheim v. 23.4.2015 – 3 Ca 352/14, BeckRS 2016, 67513 zu § 2 Abs. 2 TV BZ ME.

che Höchstüberlassungsdauer um die dreimonatige Abwesenheit des L wegen Urlaub und Krankheit verlängert werden kann.

Für eine **Unterbrechung der Überlassung durch Urlaubs- oder Krankheitszeiten** spricht, dass die Überlassung rein tatsächlich zu verstehen ist (hierzu oben Rdn 78).[161] Aus Gründen der Rechtssicherheit sollte bei derartigen Fällen die Überlassung jedoch tatsächlich beendet werden und die Beendigung durch den Verleiher bestätigt werden.

e) Keine Anwendung der Höchstüberlassungsdauer innerhalb des Konzernprivilegs

90 Für die Praxis von erheblicher Bedeutung ist, dass die Höchstüberlassungsdauer **im Anwendungsbereich des Konzernprivilegs** des § 1 Abs. 3 Nr. 2 AÜG **nicht gilt**. § 1 Abs. 3 AÜG nimmt auf die Regelungen zur Höchstüberlassungsdauer in § 1 Abs. 1 S. 4, Abs. 1b S. 1 AÜG nicht Bezug. Danach können innerhalb eines Konzerns im Sinne des § 18 AktG Arbeitnehmer, die nicht zum Zwecke der Überlassung eingestellt und beschäftigt sind, weiterhin **zeitlich unbeschränkt** überlassen werden. Danach ist es beispielsweise zulässig, wenn (Führungs-)Mitarbeiter projektbezogen oder zur zeitlich befristeten Übernahme von Leitungsfunktionen länger als 18 Monate in andere in- und ausländische Konzernunternehmen entsandt werden. Etwas anderes gilt hingegen für **konzerninterne Personalüberlassungsgesellschaften**. Diese fallen nicht unter den Anwendungsbereich des Konzernprivilegs und unterliegen daher den Beschränkungen des AÜG und somit auch der Höchstüberlassungsdauer.[162]

III. Abweichungsmöglichkeit durch oder aufgrund der Tarifverträge der Einsatzbranche

1. Zuständigkeit der Tarifparteien der Einsatzbranche

90 Die Höchstüberlassungsdauer ist nach § 1 Abs. 1b S. 3–7 AÜG tarifdispositiv ausgestaltet. Gemäß § 1 Abs. 1b S. 3 AÜG kann durch oder aufgrund eines **Tarifvertrags der Einsatzbranche** eine von § 1 Abs. 1b S. 1 AÜG abweichende Höchstüberlassungsdauer festgelegt werden. Bei einer solchen Regelung handelt es sich um eine Betriebsnorm im Sinne der §§ 3 Abs. 2, 4 Abs. 1 S. 2 TVG.[163] Die Abweichung von der gesetzlichen Höchstüberlassungsdauer wird für alle in den Betrieben der Entleiherbranchen eingesetzten Leiharbeitnehmer unabhängig von der Tarifbin-

---

161 Vgl. auch § 2 Abs. 2 TV BZ ME.
162 Vgl. HWK/*Kalb*, § 1 AÜG Rn 53; vgl. zur Kritik an der Herausnahme von Personalführungsgesellschaften aus dem Anwendungsbereich des Konzernprivilegs *Willemsen/Mehrens*, NZA 2015, 897, 898 ff.
163 So auch *Hamann*, ArbuR 2016, 136, 138; kritisch *Franzen*, ZfA 2016, 25.

D. Die Regelung der Höchstüberlassungsdauer § 5

dung der Leiharbeitnehmer einheitlich geregelt. Damit wählt der Gesetzgeber einen anderen Weg als bei der Tarifdispositivität des Gleichstellungsgrundsatzes nach § 8 AÜG, bei dem die Tarifparteien der Zeitarbeitsbranche für etwaige Abweichungen zuständig sind (hierzu Rdn 159 ff.). In der Folge können in den Zeitarbeitstarifverträgen der Verleiherbranche keine Abweichungen von der gesetzlichen Höchstüberlassungsdauer vereinbart werden, selbst wenn die Tarifvertragsparteien der Einsatzbranche keine diesbezügliche Regelung getroffen haben. Dies wird von Teilen der Literatur als **„Tarifentmündigung"** der Verleiherbranche und unzulässiger Eingriff in die nach Art. 9 Abs. 3 GG geschützte Tarifautonomie angesehen.[164] Hiergegen wird eingewandt, dass durch einen von der gesetzlichen Höchstüberlassungsdauer abweichenden Tarifvertrag der Einsatzbranche nicht die Arbeitsbedingungen der Leiharbeitnehmer geregelt würden, sondern sich die Höchstüberlassungsdauer nach § 1 Abs. 1b S. 3 AÜG sowohl an den Verleiher wie auch den Entleiher richte und abweichende tarifliche Regelungen sich lediglich reflexartig auf das Arbeitsverhältnis der Leiharbeitnehmer auswirkten.[165] Letztlich wird diese Frage das Bundesverfassungsgericht zu entscheiden haben.

> *Praxishinweis* 91
> Da es für die Abweichung von der Höchstüberlassungsdauer auf die tariflichen und/oder betrieblichen Regelungen im Einsatzbetrieb ankommt, sollte der Verleiher eine entsprechende Mitteilungspflicht des Entleihers in den Überlassungsvertrag aufnehmen.

Durch die Zuständigkeit der Tarifparteien der Einsatzbranche wird bei der Abweichungsmöglichkeit von der Höchstüberlassungsdauer das Problem der **Tarifzuständigkeit** abgemildert. Es ist nach wie vor nicht abschließend geklärt, ob und inwieweit die DGB-Gewerkschaften nach ihren jeweiligen Satzungen für die Zeitarbeitsbranche tarifzuständig sind.[166] Diese Frage stellt sich sowohl für die Zeitarbeitstarifverträge der DGB-Tarifgemeinschaft wie auch für die Branchenzuschlagstarifverträge der einzelnen DGB-Gewerkschaften. Demgegenüber dürften an der Tarifzuständigkeit der DGB-Gewerkschaften für den Abschluss von entleiherbezogenen Regelungen zum Einsatz von Leiharbeitnehmern mit den Tarifpartnern der Entleiherbranche keine Zweifel bestehen. Die Herausforderung für die Tarifpartner wird eher darin liegen, den Geltungsbereich etwaiger tarifvertraglicher Regelungen so bestimmt zu fassen, dass Abgrenzungsschwierigkeiten wie bei den Branchenzuschlagstarifverträgen nach Möglichkeit vermieden werden.[167]

92

---

164 Vgl. z.B. *Henssler*, RdA 2016, 18, 23; *Schüren/Fasholz*, NZA 2015, 1473, 1474; *Zimmermann*, BB 2016, 53, 54.
165 *Hamann*, NZA 2015, 904, 907.
166 Vgl. LAG Hessen v. 4.9.2014 – 9 TaBV 91/14, BeckRS 2015, 68348, Rechtsbeschwerde anhängig 1 ABR 62/14; *Fischer*, RdA 2013, 326; *Rieble*, BB 2012, 2177.
167 Vgl. zum Geltungsbereich der Branchenzuschlagstarifverträge BeckOK/*Motz*, § 10 AÜG Rn 56 ff.

2. Abweichungen durch Tarifvertrag

a) Inhaltliche Anforderungen an eine tarifvertragliche Regelung

93 Die Tarifvertragsparteien der Einsatzbranche können nach § 1 Abs. 1b S. 3 AÜG eine von § 1 Abs. 1b S. 1 AÜG abweichende Höchstüberlassungsdauer festlegen. Dies ermöglicht eine **Verlängerung** und eine **Verkürzung** der gesetzlichen Höchstüberlassungsdauer. Die Regelungsbefugnis der Tarifvertragsparteien ist nach dem Gesetzeswortlaut nicht eingeschränkt. In den Gesetzesmaterialien ist lediglich klargestellt, dass bei einer Verlängerung der Höchstüberlassungsdauer eine **zeitlich bestimmte Obergrenze** sichergestellt sein müsse, um den vorübergehenden Charakter der Arbeitnehmerüberlassung zu gewährleisten.[168] Eine zeitlich unbeschränkte Überlassungsmöglichkeit wäre damit nicht zulässig. Eine darüber hinausgehende Beschränkung der Regelungsbefugnis der Tarifvertragsparteien lässt sich den Gesetzesmaterialien nicht entnehmen und würde auch dem Anliegen widersprechen, möglichst flexible, auf die jeweilige Einsatzbranche zugeschnittene Regelungen zu treffen. Von daher ist den Tarifpartnern ein **weiter Regelungsspielraum** zuzugestehen. Allenfalls wenn durch eine tarifvertragliche Regelung das gesetzgeberische Konzept einer Höchstüberlassungsdauer völlig konterkariert würde, könnte hierin eine Überschreitung der Regelungsbefugnis gesehen werden.[169]

94 In der Praxis dürfte der **Verlängerung der Höchstüberlassungsdauer** eine größere Bedeutung zukommen als einer Verkürzung. Eine Verlängerung kann **pauschal** für alle im Betrieb eingesetzten Leiharbeitnehmer erfolgen oder es kann eine **nach bestimmten Einsatzzwecken und/oder -gebieten differenzierende Regelung** getroffen werden. Letzteres ist insbesondere **bei projektbezogenen Tätigkeiten** zweckmäßig, bei denen der Personalbedarf einen Zeitraum von 18 Monate übersteigt und ein Wechsel des überlassenen Mitarbeiters innerhalb des laufenden Projekts nicht zweckmäßig ist. Bei derartigen projektbezogenen Tätigkeiten erscheint auch eine deutliche Überschreitung der gesetzlichen Höchstüberlassungsdauer möglich. Darüber hinaus kann die Verlängerung der Höchstüberlassungsdauer, vergleichbar mit § 14 TzBfG, auch an **das Vorliegen bestimmter Sachgründe** (z.B. Elternzeitvertretung) gekoppelt werden. Sofern eine Abweichung von der Höchstüberlassungsdauer an Sachgründe gekoppelt ist, erscheint es auch nicht ausgeschlossen, die Überlassung nicht zusätzlich an eine zeitliche Obergrenze zu knüpfen. Zwar ist der Wortlaut von § 1 Abs. 1b S. 3 AÜG insoweit nicht eindeutig und könnte auch dahingehend ausgelegt werden, dass die abweichend geregelte Höchstüberlassungsdauer an einen zeitlich bestimmten Zeitraum anknüpfen muss. Allerdings ergibt sich die „zeitliche Bestimmtheit" bei einer Anknüpfung an das Vorliegen eines bestimmten Sachgrundes bereits aus dem Sachgrund selbst. Es wäre auch kein überzeugender Grund ersichtlich, den Tarifvertragsparteien eine

---

168 Vgl. BT-Drucks 18/9232, 20.
169 Vgl. zu § 14 Abs. 2 S. 3 TzBfG BAG v. 18.3.2015 – 7 AZR 272/13, NZA 2015, 821.

derartige Gestaltungsmöglichkeit zu verwehren. Der Wille des Gesetzgebers, den vorübergehenden Charakter der Arbeitnehmerüberlassung abzusichern, wird auch bei einer sachgrundbezogenen Verlängerung der Höchstüberlassungsdauer erreicht.

Neben einer reinen Verlängerung der Höchstüberlassungsdauer soll nach den Gesetzesmaterialien auch eine **Verknüpfung mit Höchstquoten** für den Einsatz von Leiharbeitnehmern im Betrieb und/oder mit **Regelungen zur Übernahme** von Leiharbeitnehmern möglich sein, wie sie bereits derzeit im TV LeiZ geregelt sind.[170] Darüber hinaus können auch die Beteiligungsrechte des Betriebsrats beim Einsatz von Leiharbeitnehmern näher ausgestaltet werden.[171]

95

b) Tarifbindung des Entleihers

aa) Entleiher als Partei des Tarifvertrags

Eine Abweichung von der Höchstüberlassungsdauer durch Tarifvertrag setzt lediglich die Tarifbindung des Entleihers voraus. Bei einer Abweichungen von der Höchstüberlassungsdauer dürfte es sich um eine Betriebsnorm im Sinne des §§ 3 Abs. 2, 4 Abs. 1 S. 2 TVG handeln, so dass es auf die **Tarifbindung des Leiharbeitnehmers nicht ankommt**. Eine arbeitsvertragliche Bezugnahmeklausel im Arbeitsvertrag zwischen Leiharbeitnehmer und Verleiher kann daher die Tarifbindung des Entleihers nicht ersetzen. Ebenso ist es nicht ausreichend, dass in einem Tarifvertrag, an den der Verleiher gebunden ist, eine von der Höchstüberlassungsdauer abweichende Regelung getroffen worden ist.

96

Soweit § 1 Abs. 1b S. 3 AÜG auf einen „Tarifvertrag der Tarifvertragsparteien der Einsatzbranche" abstellt, könnte dies dahingehend verstanden werden, dass nur durch einen **Verbands- bzw. Branchentarifvertrag** von der Höchstüberlassungsdauer abgewichen werden kann. Ein derartiges Verständnis würde jedoch den Gesetzeswortlaut überstrapazieren und wäre auch unter dem Gesichtspunkt der individuellen Koalitionsfreiheit des Entleihers problematisch.[172] Es ist kein Grund ersichtlich, warum nicht auch durch einen **Firmentarifvertrag** von der Höchstüberlassungsdauer abgewichen werden darf.[173] Durch die Tariföffnungsklausel soll gerade den betrieblichen Besonderheiten Rechnung getragen werden.[174] Darüber hinaus genießt ein Firmentarifvertrag dieselbe Richtigkeitsgewähr wie ein Verbandstarifvertrag.[175]

97

---

170 BT-Drucks 18/9232, 20; vgl. zu Problemen der Regelungsbefugnis der Tarifvertragsparteien *Bayreuther*, NZA-Beil. 2012, 115; *Giesen*, ZfA 2012, 143; *Krause*, NZA 2012, 830.
171 Vgl. hierzu *Giesen*, ZfA 2012, 143.
172 Vgl. zur individuellen Koalitionsfreiheit auch BAG v. 10.12.2002 – 1 AZR 96/02, NZA 2003, 734.
173 So auch *Grimm/Heppner*, ArbRB 2016, 112.
174 BT-Drucks 18/9232, 20.
175 Vgl. BAG v. 26.4.2006 – 5 AZR 403/05, NZA 2006, 845 Rn 13.

bb) Nachwirkung einer tarifvertraglichen Regelung

98 Die Tariföffnungsklausel in § 1 Abs. 1b S. 3 AÜG differenziert nicht zwischen normativ geltenden und lediglich **nachwirkenden Tarifverträgen**. Grundsätzlich wirken auch Betriebsnormen, wie sie Abweichungen von der Höchstüberlassungsdauer darstellen (hierzu oben Rdn 90), gemäß § 4 Abs. 5 TVG nach.[176] Ob und unter welchen Voraussetzungen sich die Nachwirkung auch auf Tarifnormen erstreckt, die von tarifdispositivem Gesetzesrecht abweichen, ist hingegen noch nicht abschließend geklärt. Die wohl herrschende Meinung im tarifrechtlichen Schrifttum geht davon aus, dass auch nachwirkende Tarifverträge dispositives Gesetzesrecht verdrängen.[177] Dies entspricht auch der überwiegenden Auffassung in der Literatur zur Tarifdispositivität des Equal Pay Grundsatzes.[178] Unter Zugrundelegung dieser herrschenden Meinung kann auch ein nachwirkender Tarifvertrag eine Abweichung von der Höchstüberlassungsdauer rechtfertigen. Voraussetzung ist allerdings, dass der Entleiher **vor Eintritt der Nachwirkung** normativ an den Tarifvertrag gebunden war. Nachwirkende Betriebsnormen erfassen nur solche Betriebe, die während der Laufzeit des Tarifvertrags von der Tarifgeltung erfasst worden sind.[179] Es genügt daher nicht, wenn der Entleiher erst nach Eintritt des Nachwirkungsstadiums in den tarifschließenden Arbeitgeberverband eintritt.

99 *Beispiel:*
Das Unternehmen U1 ist an die einschlägigen Verbandstarifverträge gebunden. In einem Leiharbeitstarifvertrag sind Regelungen zu einer Verlängerung der Höchstüberlassungsdauer sowie Quoten für den Einsatz von Leiharbeitnehmern vorgesehen. Der Leiharbeitstarifvertrag läuft zum 31.12. aus, ohne dass eine neue tarifliche Regelung getroffen wird. Das Unternehmen U2 war bislang nicht tarifgebunden und tritt dem tarifschließenden Arbeitgeberverband erst mit Wirkung zum 31.3. des Folgejahres bei.

Das Unternehmen U1 kann für die Dauer der Nachwirkung des Leiharbeitstarifvertrags weiter von der gesetzlichen Höchstüberlassungsdauer abweichen. Auf das Unternehmen U2 findet der nachwirkende Tarifvertrag hingegen keine Anwendung, so dass die gesetzlichen Regelungen zur Höchstüberlassungsdauer gelten.

---

[176] Vgl. zur Nachwirkung von Betriebsnormen ErfK/*Franzen*, § 4 TVG Rn 55; HWK/*Henssler*, § 4 TVG Rn 10; für eine Begrenzung der Nachwirkung zu Recht *Löwisch/Rieble*, § 4 Rn 674, 698.
[177] Vgl. ErfK/*Franzen*, § 4 TVG Rn 55; Däubler/*Bepler*, TVG § 4 Rn 920; Henssler u.a./*Höpfner*, Teil 9 Rn 43; a.A. Schaub/*Treber*, § 208 Rn 22.
[178] *Boemke/Lembke*, § 9 AÜG Rn 400; HWK/*Kalb*, § 3 Rn 37; Schüren/Hamann/*Schüren*, § 9 Rn 177; *Thüsing*, DB 2003, 449; differenzierend Däubler/*Bepler*, TVG § 4 Rn 901; *Bayreuther*, BB 2010, 309; a.A. Schaub/*Koch*, § 120 Rn 56; *Ulber*, § 9 Rn 267.
[179] Vgl. *Löwisch/Rieble*, § 4 Rn 716.

D. Die Regelung der Höchstüberlassungsdauer § 5

Insbesondere wenn der Tarifvertrag neben der Abweichungsmöglichkeit von der Höchstüberlassungsdauer auch weitergehende Regelungen, wie z.B. Einsatzquoten im vorstehenden Beispiel, enthält, kann sich aus Entleihersicht das Bedürfnis ergeben, auch ohne eine tarifliche Neuregelung von dem nachwirkenden Leiharbeitstarifvertrag abzuweichen. § 1 Abs. 1b S. 3 AÜG gestattet jedoch lediglich eine Abweichung durch oder aufgrund eines Tarifvertrags, so dass einer Ablösung der nachwirkenden Tarifnormen durch Betriebsvereinbarung die fehlende Regelungskompetenz des Betriebsrats entgegenstehen dürfte. In Betracht käme daher allenfalls eine Betriebsvereinbarung, mit der eine **Rückkehr zum gesetzlichen „Normalzustand"** geregelt würde.[180] Erzwingbar wäre eine solche Regelung aber wohl nicht, so dass der Entleiher auf die Mitwirkung des Betriebsrats angewiesen wäre. Vor diesem Hintergrund stellt sich die Frage, ob die Nachwirkung eines Tarifvertrags im Sinne des § 1 Abs. 1b S. 3 AÜG nicht **zeitlich begrenzt** sein muss, um eine Endlosbindung zu vermeiden. Im Zusammenhang der Tarifdispositivität des Gleichstellungsgrundsatzes vertreten die Bundesagentur für Arbeit[181] und Teile des Schrifttums[182] die Auffassung, dass die Nachwirkung ende, sobald der Abschluss eines neuen Tarifvertrages nicht mehr in Aussicht stehe, wofür der Ablauf eines Jahres ein Indiz darstelle. Letztlich findet sich für eine derartige Begrenzung der Nachwirkung jedoch kein Anhaltspunkt im Gesetzeswortlaut. Vor diesem Hintergrund tun die Tarifvertragsparteien gut daran, die Frage der Nachwirkung des Tarifvertrags ausdrücklich zu regeln, um Streitigkeiten in diesem Zusammenhang zu vermeiden.

100

cc) Besonderheiten bei Umstrukturierungsmaßnahmen

Die Fortgeltung eines Tarifvertrags im Sinne des § 1 Abs. 1b S. 3 AÜG bei einem **Betriebs(teil)übergang nach § 613a BGB** richtet sich nach allgemeinen Grundsätzen.[183] Hiernach gelten **Verbandstarifverträge** nach einem Betriebsinhaberwechsel unverändert kollektivrechtlich fort, wenn der Erwerber kraft Mitgliedschaft im tarifschließenden Arbeitgeberverband (§ 3 Abs. 1 TVG) oder kraft Allgemeinverbindlichkeit (§ 5 TVG) tarifgebunden ist und der übertragene Betrieb(steil) auch nach dem Inhaberwechsel dem (insbesondere fachlichen) Geltungsbereich des Tarifvertrags unterfällt.[184] **Firmentarifverträge** gelten nach einem Betriebsinhaberwechsel grundsätzlich nicht kollektivrechtlich fort, es sei denn, der Erwerber ver-

101

---

180 Vgl. zu dieser Möglichkeit im Zusammenhang mit der Ablösung von Strukturtarifverträgen im Sinne des § 3 Abs. 1 TVG Däubler/*Bepler*, TVG § 4 Rn 951; Löwisch/*Rieble*, § 4 Rn 742.
181 Ziff. 3.1.6 Abs. 5 GA-AÜG (Stand: Januar 2016).
182 *Boemke/Lembke*, § 9 AÜG Rn 400; *Bayreuther*, BB 2010, 309.
183 Hierzu ausführlich Willemsen u.a./*Hohenstatt*, E Rn 92 ff.; *Müller-Bonanni/Mehrens*, ZIP 2012, 1217.
184 BAG v. 5.2.1991 – 1 ABR 32/90, NZA 1991, 639; HWK/*Willemsen/Müller-Bonanni*, § 613a BGB Rn 262.

einbart mit der zuständigen Gewerkschaft eine Vertragsübernahme oder schließt mit dieser einen neuen inhaltsgleichen Firmentarifvertrag ab.[185] Anderes gilt bei einer umwandlungsgesetzlichen Verschmelzung (§ 2 UmwG) und, wenn der Spaltungs- und Übernahmevertrag eine entsprechende Übertragung auf den aufnehmenden Rechtsträger vorsieht, bei einer umwandlungsgesetzlichen Spaltung (§ 123 UmwG). In diesen Fällen gilt auch ein Firmentarifvertrag kollektivrechtlich fort.

102 Sofern nach den vorstehenden Grundsätzen ein Tarifvertrag im Sinne des § 1 Abs. 1b S. 3 AÜG **kollektivrechtlich** fortgilt, ergeben sich für den Erwerber keine Besonderheiten. Die Abweichungsmöglichkeit von der Höchstüberlassungsdauer bleibt bestehen. Scheidet hingegen eine kollektivrechtliche Fortgeltung aus, richtet sich die Fortgeltung des Tarifvertrags nach **§ 613a Abs. 1 S. 2 bis 4 BGB**. Hiernach werden die durch Rechtsnormen eines Tarifvertrags geregelten Rechte und Pflichten zum „Inhalt des Arbeitsverhältnisses". Die Fortgeltungsanordnung bezieht sich also nur auf Rechtsnormen, die Rechte und Pflichte aus dem bestehenden Arbeitsverhältnis betreffen. Dies gilt auch für Betriebsnormen. Diese gelten nur fort, wenn sie zugleich den Inhalt der Arbeitsverhältnisse gestalten.[186] Vor diesem Hintergrund ist zweifelhaft, ob tarifliche Regelungen zum Einsatz von Leiharbeitnehmern von der Fortgeltungsanordnung des § 613a Abs. 1 S. 2 BGB erfasst werden. Durch einen solchen Tarifvertrag werden nicht die Arbeitsbedingungen der vom Betriebs(teil)übergang erfassten Arbeitnehmer, sondern lediglich die Bedingungen für den Einsatz von Leiharbeitnehmern im übertragenen Betrieb(steil) geregelt. Die im übertragenen Betrieb(steil) eingesetzten Leiharbeitnehmer werden jedoch vom Betriebs(teil)übergang nicht erfasst.[187] Eine Fortsetzung des Einsatzes der Leiharbeitnehmer beim Erwerber bedarf entweder einer Übertragung des Überlassungsvertrags auf den Erwerber oder eines Neuabschlusses des Überlassungsvertrags mit dem Erwerber.

103 *Praxishinweis*
Bei Betriebsübergängen sollte aus Erwerbersicht sorgfältig geprüft werden, ob ein beim Veräußerer angewandter Tarifvertrag im Sinne des § 1 Abs. 1b S. 3 AÜG kollektivrechtlich beim Erwerber fortgilt. Ist dies nicht der Fall und besteht auch keine anderweitige tarifliche Regelung beim Erwerber, ist eine Regelung durch Betriebs- oder Dienstvereinbarung zu erwägen (hierzu unten Rdn 104 ff., 116 ff.).

---

185 BAG v. 20.6.2001 – 4 AZR 295/00, NZA 2002, 517; HWK/*Willemsen/Müller-Bonanni*, § 613a BGB Rn 262.
186 ErfK/*Preis*, § 613a BGB Rn 118; MüKo-BGB/*Müller-Glöge*, § 613a Rn 135; vgl. zur fehlenden Fortgeltung von betriebsverfassungsrechtlichen Normen i.S.d. §§ 1 Abs. 1 TVG, 3 BetrVG auch HWK/*Willemsen/Müller-Bonanni*, § 613a BGB Rn 264.
187 Vgl. HWK/*Willemsen/Müller-Bonanni*, § 613a BGB Rn 225, auch zur Entscheidung des EuGH in der Rs. *Albron Catering*, EuGH v. 21.10.2010 – C-242/09, NZA 2010, 1225.

c) Nachzeichnung des Tarifvertrags durch Betriebs- oder Dienstvereinbarung

aa) Fehlende Tarifbindung des Entleihers

§ 1 Abs. 1b S. 4 AÜG räumt **nicht tarifgebundenen Entleihern** im Geltungsbereich eines Tarifvertrags der Einsatzbranche die Möglichkeit ein, abweichende tarifvertragliche Regelungen zur Höchstüberlassungsdauer in einer Betriebs- oder Dienstvereinbarung zu übernehmen.[188] An der Tarifgebundenheit des Arbeitgebers fehlt es, wenn der Entleiher weder kraft Mitgliedschaft im tarifschließenden Arbeitgeberverband (§ 3 Abs. 1 TVG) oder Allgemeinverbindlichkeit (§ 5 TVG) an einen Verbandstarifvertrag gebunden ist noch selbst Partei eines Firmentarifvertrags ist. Ob ein Entleiher, der ausschließlich an einen Firmentarifvertrag gebunden ist, der keine Regelungen zur Abweichung von der Höchstüberlassungsdauer enthält, kraft Betriebsvereinbarung die Regelungen des einschlägigen Verbandstarifvertrags übernehmen kann, ist fraglich. In derartigen Fällen dürfte es sich aus Gründen der Rechtssicherheit empfehlen, in dem Firmentarifvertrag entweder auf die diesbezüglichen Regelungen des Verbandstarifvertrags zu verweisen oder eine eigenständige Regelung zu treffen (z.B. in Form einer Öffnungsklausel).

104

bb) Nachzeichnung nur im Geltungsbereich des Tarifvertrags

Die Übernahme einer tariflichen Regelung durch Betriebsvereinbarung setzt voraus, dass der Betrieb des Entleihers vom **räumlichen, betrieblichen und fachlichen Geltungsbereich** des Tarifvertrags erfasst wird, aus dem die von der gesetzlichen Höchstüberlassungsdauer abweichenden Regelungen übernommen werden sollen. Damit scheidet die Übernahme einer tarifvertraglichen Regelung aus einem anderen Bezirk aus. Erkennt man eine Nachwirkung des Tarifvertrags an (hierzu oben Rdn 98 ff.), stellt sich die Frage, ob auch eine **Übernahme nachwirkender Tarifverträge** möglich ist. § 1 Abs. 1b S. 4 AÜG lässt die Übernahme eines Tarifvertrags nur „im Geltungsbereich eines Tarifvertrags" zu. Hierzu soll nach den Gesetzesmaterialien auch der zeitliche Geltungsbereich gehören.[189] Insoweit dürfte zu differenzieren sein: Gegen die Übernahme eines bereits im Nachwirkungsstadium befindlichen Tarifvertrags spricht, dass auch der Tarifvertrag bei einem Beitritt in den Arbeitgeberverband während des Nachwirkungsstadiums keine Anwendung fände (hierzu oben Rdn 98). Die Nachzeichnungsmöglichkeit kann jedoch nicht über die Möglichkeit einer Abweichung kraft Tarifbindung hinausgehen. Wenn demgegenüber der Tarifvertrag bereits während seiner normativen Geltung übernommen wurde, ist nicht ersichtlich, warum die Regelungen der Betriebsverein-

105

---

188 Im Folgenden wird aus Gründen der besseren Lesbarkeit lediglich auf Betriebsvereinbarungen abgestellt. Die Ausführungen gelten für Dienstvereinbarungen entsprechend, soweit sich nicht aus den jeweils maßgeblichen Personalvertretungsgesetzen Besonderheiten ergeben.
189 Vgl. BT-Drucks 18/9232, 19.

barung mit dem Eintritt der Nachwirkung des Tarifvertrags außer Kraft treten sollten. Hierin läge eine Benachteiligung nicht tarifgebundener Entleiher, die mit dem Grundsatz der negativen Koalitionsfreiheit (Art. 9 Abs. 3 GG) nicht vereinbar wäre. Vielmehr dürfte insoweit von einem Gleichlauf auszugehen sein, so dass die **Übernahme des Tarifvertrags wirksam** bleibt, *bis die Nachwirkung endet* (vgl. auch unten Rdn 117).[190]

106 Fällt der Betrieb des Entleihers unter den Geltungsbereich **mehrerer einschlägiger Tarifverträge** ist gemäß § 1 Abs. 1b S. 7 AÜG auf den für seine **Branche repräsentativen Tarifvertrag** abzustellen. Nach den Gesetzesmaterialien soll bei der Feststellung der Repräsentativität vorrangig auf die Zahl der tarifgebundenen Unternehmen und die Zahl der tarifgebundenen Arbeitnehmer abgestellt werden.[191] In den allermeisten Fällen dürfte sich der danach einschlägige Tarifvertrag in der Praxis ohne Probleme ermitteln lassen. Letztlich läuft die Regelung auf eine Anwendung des jeweils räumlich, betrieblich und fachlich einschlägigen Verbandstarifvertrags der DGB-Gewerkschaften hinaus. In Einzelfällen kann es allerdings zu Abgrenzungsschwierigkeiten kommen, wenn sich zum Beispiel der Betrieb des Entleihers nicht eindeutig einer „Branche" zuordnen lässt.

cc) Regelungstechnische Anforderungen an die Nachzeichnung

107 Die tarifvertraglichen Regelungen können grundsätzlich nur so übernommen werden, wie sie im Tarifvertrag vereinbart sind. § 1 Abs. 1b S. 3 AÜG verlangt eine **inhaltsgleiche Übernahme**.[192] Die Betriebsparteien müssen allerdings nicht zwingend den gesamten Tarifvertrag übernehmen, sondern können sich nach dem Gesetzeswortlaut auf die von der gesetzlichen Höchstüberlassungsdauer abweichende Regelungen beschränken. Sind in dem Tarifvertrag auch noch andere Regelungen enthalten, die in keinem Zusammenhang mit der Höchstüberlassungsdauer stehen (z.B. zur Arbeitszeit oder zum Urlaub), müssen diese nicht übernommen werden.[193] Etwas anderes gilt jedoch für Regelungen, die mit der Abweichung von der Höchstüberlassungsdauer **in einem untrennbaren Zusammenhang** stehen, z.B. wenn die Regelungen zur Höchstüberlassungsdauer mit Regelungen zur Übernahme von Leiharbeitnehmern verknüpft sind. In einem solchen Fall muss sich die Übernahme auf den gesamten Regelungskomplex erstrecken. Ob ein untrennbarer Zusammenhang besteht, ist durch eine Auslegung des jeweils einschlägigen Tarifvertrags zu bestimmen. Die Gesetzesmaterialien gehen davon aus, dass die Rege-

---

190 Vgl. zur ähnlich gelagerten Frage der Fortgeltung einer Betriebsvereinbarung bei einer tariflichen Öffnungsklausel eines im Nachwirkungsstadium befindlichen Tarifvertrags *Fitting u.a.*, § 77 Rn 123 m.w.N.
191 Vgl. BT-Drucks 18/9232, 19.
192 Vgl. BT-Drucks 18/9232, 19.
193 Eine Übernahme anderer Regelungsgegenstände dürfte auch oftmals an der Regelungssperre des § 77 Abs. 3 BetrVG scheitern.

D. Die Regelung der Höchstüberlassungsdauer § 5

lungen zum Einsatz von Leiharbeitnehmern im Einsatzbetrieb im Zweifel eine nicht teilbare Einheit darstellen, die nur im Ganzen ohne Änderungen übernommen werden kann.[194]

§ 1 Abs. 1b S. 4 AÜG sieht eine Nachzeichnung des einschlägigen Tarifvertrags durch **Betriebsvereinbarung** vor. Eine (formlose) Regelungs- oder Betriebsabsprache genügt somit nicht.[195] Aus der Betriebsvereinbarung sollten die zugelassenen Abweichungen von der gesetzlichen Höchstüberlassungsdauer **eindeutig ersichtlich** sein. Dies kann durch eine wörtliche Übernahme der tariflichen Regelungen oder eine konkrete Bezugnahme erfolgen (vgl. zu dynamischen Bezugnahmeklauseln unten Rdn 112). Ob eine Betriebsvereinbarung über die **Einigungsstelle** erzwungen werden kann, ist zweifelhaft. Bei § 7 Abs. 3 S. 1 ArbZG, der ebenfalls eine Übernahmemöglichkeit durch Betriebsvereinbarung vorsieht, geht die herrschende Meinung davon aus, dass eine Übernahme nur freiwillig erfolgen und nicht durch die Einigungsstelle erzwungen werden kann.[196] In der Folge würde eine Betriebsvereinbarung auch **nicht nachwirken**. Den Betriebsparteien steht es jedoch frei, ein freiwilliges Einigungsstellenverfahren (§ 76 Abs. 6 BetrVG) oder eine Nachwirkung zu regeln.

108

Eine Nachzeichnung des einschlägigen Tarifvertrags ist für nicht tarifgebundene Entleiher ausschließlich durch Betriebsvereinbarung möglich. Anders etwa als nach § 7 Abs. 3 S. 1 ArbZG fehlt eine Auffanglösung für betriebsratslose Betriebe. Für nicht tarifgebundene Entleiher **ohne Betriebsrat** besteht somit **keine Abweichungsmöglichkeit**.[197] Dies kann insbesondere bei projektbezogenen Einsätzen, die nicht selten einen längeren Einsatz als 18 Monate erfordern, zu Problemen führen.

109

dd) Besonderheiten bei Umstrukturierungsmaßnahmen

Im Falle eines **Betriebs(teil)übergangs** nach § 613a BGB kommt ein Fortbestand der betrieblichen Regelung von vorherein nur in Betracht, wenn die Voraussetzungen einer **kollektivrechtlichen Fortgeltung** der Betriebsvereinbarung vorliegen, weil die Fortgeltungsanordnung nach § 613a Abs. 1 S. 2 BGB nicht greift (hierzu oben Rdn 102). Dies hängt davon ab, ob die betriebsverfassungsrechtliche Identität

110

---

194 Vgl. BT-Drucks 18/9232, 19.
195 Vgl. zum Begriff „durch Betriebsvereinbarung" auch BAG v. 18.12.1997 – 2 AZR 709/96, NZA 1998, 304.
196 Vgl. LAG Hamburg v. 17.12.2008 – 5 TaBV 8/08, LAGE § 7 ArbZG Nr. 3 = BeckRS 2009, 51877; ErfK/Wank, § 7 ArbZG Rn 19, jeweils m.w.N.
197 Kritisch hierzu die Stellungnahme des Deutschen Anwaltvereins durch den Ausschuss Arbeitsrecht zum Referentenentwurf eines Gesetzes zur Änderung des Arbeitnehmerüberlassungsgesetzes und anderer Gesetze, RdA 2016, 173, 174; a.A. *Hamann*, NZA 2015, 904, 906 („rechtlich unbedenklich").

des übertragenen Betriebs(teils) bestehen bleibt.[198] Wird der übertragene Betrieb(steil) in den Betrieb des Erwerbers derart **eingegliedert**, dass er in diesem aufgeht, gelten die Betriebsvereinbarungen des übertragenen Betriebs(teils) nicht kollektivrechtlich fort.[199] Eine Betriebsvereinbarung im Sinne des § 1 Abs. 1b S. 4 AÜG verliert in diesem Fall ihre Wirkung. Es kommt dann darauf an, ob in dem aufnehmenden Betrieb eine betriebliche Regelung nach § 1 Abs. 1b S. 4, 6 AÜG besteht. Unklar ist hingegen die Rechtslage, wenn der Erwerber den erworbenen Betrieb(steil) mit einem bereits bestehenden Betrieb(steil) organisatorisch **zu einem neuen Betrieb zusammenfasst**. Insoweit ist noch nicht abschließend geklärt, welche Folgen eine Zusammenlegung mehrerer Betriebe oder Betriebsteile auf die jeweils geltenden Betriebsvereinbarungen hat.[200] In derartigen Fällen sollte aus Gründen der Rechtssicherheit für den neu entstandenen Betrieb eine neue Betriebsvereinbarung geschlossen werden.

111 Wahrt der übertragene Betrieb(steil) seine betriebsverfassungsrechtliche Identität, hängt die Fortgeltung der Betriebsvereinbarung von der Tarifbindung des Erwerbers ab. Ist auch der **Erwerber nicht tarifgebunden**, gilt die Betriebsvereinbarung fort, wenn der übertragene Betriebs(teil) weiterhin dem (insbesondere fachlichen) **Geltungsbereich des nachgezeichneten Tarifvertrags** unterfällt. Kommt es hingegen zu einem Tarifwechsel, liegen die Voraussetzungen des § 1 Abs. 1b S. 4 AÜG nicht mehr vor, weil dieser nur die Übernahme des einschlägigen Tarifvertrags zulässt. Die Übernahme der tariflichen Regelungen verliert daher grundsätzlich ihre Wirkung. Eine Fortgeltung der Betriebsvereinbarung kommt bei einem Tarifwechsel ausnahmsweise dann in Betracht, wenn der Erwerber unter den Geltungsbereich eines anderen Tarifvertrags im Sinne des § 1 Abs. 1b S. 3 AÜG fällt und dieser eine Öffnungsklausel enthält, der die geschlossene betriebliche Regelung weiterhin deckt (hierzu unten Rdn 113). Dies setzt allerdings voraus, dass die Betriebsparteien die Übernahme der tariflichen Regelung nicht daran knüpfen wollten, dass der Betrieb unter den Geltungsbereich des nachgezeichneten Tarifvertrags fällt.[201] Dies ist im Wege der Auslegung der Betriebsvereinbarung zu ermitteln. Scheidet hiernach eine Fortgeltung der Betriebsvereinbarung aus, bedarf es der Nachzeichnung des nunmehr einschlägigen Tarifvertrags (falls es einen solchen gibt).

112 *Praxishinweis*
Der vorstehenden geschilderten Problematik der Fortgeltung von Betriebsvereinbarungen bei einem Tarifwechsel lässt sich nicht dadurch vermeiden, dass in der Betriebsvereinbarung auf die jeweils einschlägigen tariflichen Regelungen

---

198 Vgl. hierzu Willemsen u.a./*Hohenstatt*, E Rn 2 ff.
199 Vgl. HWK/*Willemsen/Müller-Bonanni*, § 613a BGB Rn 255 m.w.N.
200 Vgl. *Fitting u.a.*, § 77 Rn 164 m.w.N.
201 Vgl. zur „Fortschreibung" von tariflichen Öffnungsklauseln auch GK-BetrVG/*Kreutz*, § 77 Rn 176 m.w.N.

D. Die Regelung der Höchstüberlassungsdauer § 5

Bezug genommen wird (sog. „Tarifwechselklausel"). Nach der Rechtsprechung sind derartige **dynamische Bezugnahmeklauseln bzw. Blankettverweisungen** auf Tarifverträge in Betriebsvereinbarungen **unzulässig**.[202]

Ist der **Erwerber** demgegenüber **tarifgebunden** kann lediglich durch einen Tarifvertrag im Sinne des § 1 Abs. 1b S. 3 AÜG von der Höchstüberlassungsdauer abgewichen werden. Eine Nachzeichnung ist nur dann möglich, wenn keine Tarifbindung besteht (hierzu bereits oben Rdn 104). Eine bestehende betriebliche Regelung verliert somit trotz ihrer kollektivrechtlichen Fortgeltung grundsätzlich ihre Wirkung, sei es weil die übernommene tarifliche Regelung nunmehr normativ gilt oder im Falle eines Tarifwechsels der nunmehr geltende Tarifvertrag keine oder eine abweichende Regelung zur Höchstüberlassungsdauer enthält. Eine Fortgeltung einer Betriebsvereinbarung kommt aber auch insoweit in Betracht, wenn im Falle eines Tarifwechsels der anwendbare Tarifvertrag eine Öffnungsklausel enthält, der die betriebliche Regelung weiterhin deckt und sich der betrieblichen Regelung im Wege der Auslegung entnehmen lässt, dass diese an den Geltungsbereich des ursprünglich nachgezeichneten Tarifvertrags geknüpft ist (hierzu oben Rdn 111).

113

Die obigen Ausführungen zur Fortgeltung von Betriebsvereinbarungen bei Betriebs(teil)übergängen gelten entsprechend, wenn Betriebe infolge **unternehmensinterner Umstrukturierungen** gespalten oder zusammengelegt werden.

114

d) Übersicht: Abweichung durch Tarifvertrag

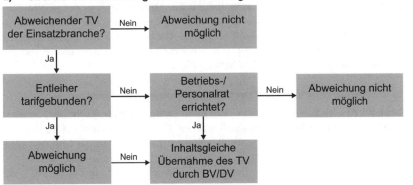

115

3. Abweichung durch Betriebs- oder Dienstvereinbarung
a) Bestehen einer tariflichen Öffnungsklausel

Die Tarifvertragsparteien brauchen abweichende Regelungen nicht selbst zu treffen. Nach § 1 Abs. 1b S. 5 AÜG können sie auch vereinbaren, dass Abweichungen

116

---

202 BAG v. 23.6.1992 – 1 ABR 9/92, NZA 1993, 229; BAG v. 22.8.2006 – 3 AZR 319/05, NZA 2007, 1187.

von der gesetzlichen Höchstüberlassungsdauer von den Betriebsparteien in einer Betriebs- oder Dienstvereinbarung[203] – nicht jedoch einer Regelungsabsprache (hierzu oben Rdn 108) – geregelt werden. Die Tarifvertragsparteien können die Abweichungsmöglichkeiten **vollständig** auf die Betriebsparteien **delegieren oder bestimmte Eckpunkte** für die betrieblichen Regelungen **vorgeben**. Der Umfang der Abweichungsmöglichkeit sollte insoweit klar und eindeutig im Tarifvertrag geregelt werden, um Auslegungsschwierigkeiten zu vermeiden. Die Tarifvertragsparteien können allerdings nicht mehr Abweichungsmöglichkeiten delegieren, als ihnen selbst zustehen. Auch Betriebsvereinbarungen aufgrund einer tariflichen Öffnungsklausel haben daher eine **Obergrenze** für die Überlassungsdauer vorzusehen (hierzu oben Rdn 93 f.). Eine **zeitliche Beschränkung** der Abweichungsmöglichkeit besteht hingegen **nur für tarifungebundene Entleiher** (hierzu unten Rdn 118).

117 Wie bei Betriebsvereinbarungen im Sinne des § 1 Abs. 1b S. 4 AÜG dürfte auch bei Bestehen einer tariflichen Öffnungsklausel zweifelhaft sein, ob eine Betriebsvereinbarung über die **Einigungsstelle** erzwungen werden kann (hierzu oben Rdn 108). Hinsichtlich des zeitlichen Geltungsbereichs gelten zunächst die allgemeinen Grundsätze, d.h. die Betriebsvereinbarungen enden durch Kündigung oder Zeitablauf. Da die Betriebsvereinbarung nur aufgrund eines Tarifvertrags abweichende Regelungen vorsehen kann, **treten** die abweichenden Regelungen darüber hinaus **außer Kraft**, wenn der **zugrunde liegende Tarifvertrag endet und nicht nachwirkt** (vgl. zur Frage der Nachwirkung oben Rdn 105).[204] In einem solchen Fall enden grundsätzlich auch alle mit der Abweichung von der Höchstüberlassungsdauer im Zusammenhang stehenden Regelungen (z.B. Einsatzquoten, Übernahmeregelungen etc.), wenn sich nicht klar und eindeutig ergibt, dass die sonstigen Regelungen unabhängig von den Regelungen zur Abweichung von der Höchstüberlassungsdauer Bestand haben sollen.

b) Zeitliche Beschränkung bei tarifungebundenen Entleihern

118 Nach § 1 Abs. 1b S. 6 AÜG können auch **nicht tarifgebundene Entleiher** von einer tariflichen Öffnungsklausel Gebrauch machen. Sie sind also nicht auf die inhaltsgleiche Übernahme der tariflichen Regelungen nach § 1 Abs. 1b S. 4 AÜG beschränkt, sondern können ebenfalls im Rahmen der tariflichen Öffnungsklausel abweichende Regelungen durch Betriebsvereinbarung treffen. Insoweit gelten im Grundsatz dieselben Anforderungen wie für die Abweichungsmöglichkeit tarifgebundener Entleiher. Im Unterschied zu tarifgebundenen Entleihern ist die Verlängerung der Überlassungsdauer allerdings **auf 24 Monate beschränkt**, wenn der Tarifvertrag keine abweichende Regelung zur Abweichung von der gesetzlichen

---

[203] Im Folgenden wird aus Gründen der besseren Lesbarkeit lediglich auf Betriebsvereinbarungen abgestellt. Die Ausführungen gelten für Dienstvereinbarungen entsprechend, soweit sich nicht aus den jeweils maßgeblichen Personalvertretungsgesetzen Besonderheiten ergeben.

[204] Vgl. zur vergleichbaren Frage bei § 7 ArbZG *Baeck/Deutsch*, § 7 Rn 42.

D. Die Regelung der Höchstüberlassungsdauer § 5

Höchstüberlassungsdauer für Betriebsvereinbarungen festlegt. Durch diese zeitliche Beschränkung der Abweichungsmöglichkeit für tarifungebundene Entleiher soll nach den Gesetzesmaterialien ein „Anreiz zur Tarifbindung gesetzt" werden.[205] Ob eine derartige Schlechterstellung nicht tarifgebundener Entleiher unter dem Gesichtspunkt der negativen Koalitionsfreiheit zulässig ist, ist zweifelhaft und wird letztlich das Bundesverfassungsgericht zu entscheiden haben.[206]

c) **Übersicht: Abweichung durch Betriebs- oder Dienstvereinbarung**

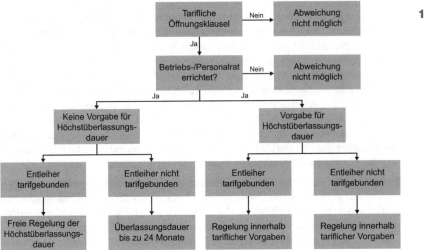

119

4. Kirchen und öffentlich-rechtliche Religionsgemeinschaften

Nach § 1 Abs. 1b S. 8 AÜG können auch die Kirchen und die öffentlich-rechtlichen Religionsgemeinschaften von der gesetzlichen Höchstüberlassungsdauer abweichen. Hierdurch werden die **kirchlichen Arbeitsrechtsregelungen** den Tarifverträgen gleichgestellt. Dieses Recht steht nicht nur der verfassten Kirche, sondern allen der Kirche zugeordneten karitativen und erzieherischen Einrichtungen ohne Rücksicht auf ihre Rechtsform zu, wenn sie dazu berufen sind, einen Teil des kirchlichen Auftrags zu erfüllen.[207] Damit wird dem in Art. 140 GG i.V.m. Art. 137 Abs. 3 WRV verfassungsmäßig garantierten Selbstbestimmungsrecht der Kirchen und öffentlich-rechtlichen Religionsgemeinschaften entsprochen. Voraussetzung für die Wirksamkeit der abweichenden Regelung ist indes, dass sie in einem kirchenrecht-

120

---

205 Vgl. BT-Drucks 18/9232, 19.
206 So auch *Hamann*, ArbuR 2016, 136, 139.
207 Vgl. BAG v. 16.3.2004 – 9 AZR 93/03, NZA 2004, 927; BT-Drucks 18/9232, 20.

lich legitimierten Arbeitsrechtsregelungsverfahren ergangen ist.[208] Derartige Regelungen sind z.B. die auf der Grundlage des sog. **„Dritten Weges"** zustande gekommenen AVR Caritas oder die AVR Diakonie.

IV. Rechtsfolgen bei Überschreitung der Höchstüberlassungsdauer

1. Unwirksamkeit des Leiharbeitsvertrags mit dem Verleiher

121 Nach § 9 Abs. 1 Nr. 1b AÜG wird das Arbeitsverhältnis zwischen dem Verleiher und dem Leiharbeitnehmer **mit Überschreiten der Höchstüberlassungsdauer unwirksam,** wenn der Leiharbeitnehmer nicht bis zum Ablauf eines Monats nach Überschreiten der zulässigen Höchstüberlassungsdauer schriftlich gegenüber dem Verleiher oder dem Entleiher erklärt, an dem Arbeitsvertrag mit dem Verleiher festzuhalten (zur Festhaltenserklärung Rdn 214 ff.). Dies gilt sowohl bei der Überschreitung der gesetzlichen Höchstüberlassungsdauer von 18 Monaten als auch bei der Überschreitung einer nach § 1 Abs. 1b S. 3 bis 8 AÜG abweichend festgelegten Höchstüberlassungsdauer. Die Unwirksamkeit des Leiharbeitsvertrags tritt **mit Wirkung für die Zukunft** (*ex nunc*) ein. Für die Vergangenheit hat die Überschreitung der Höchstüberlassungsdauer somit keine Rechtsfolgen.

122 Soweit der Leiharbeitsvertrag trotz Eintritt der Unwirksamkeit **weiter vollzogen** worden ist, gelten zwischen Verleiher und Leiharbeitnehmer die **Grundsätze des faktischen Arbeitsverhältnisses.**[209] Der unwirksam gewordene Leiharbeitsvertrag ist für die Dauer des Vollzugs als wirksam zu behandeln (zur gesamtschuldnerischen Haftung hinsichtlich sonstiger Teile des Arbeitsentgelts unten Rdn 128). Das faktische Arbeitsverhältnis kann jedoch jederzeit beiderseits **für die Zukunft** mit einer **einseitigen Erklärung beendet** werden. Das Recht, die Unwirksamkeit des Leiharbeitsvertrags geltend zu machen, kann nicht verwirken (vgl. auch unten Rdn 126). Allerdings kann in einer **fortgesetzten Durchführung** des Leiharbeitsverhältnisses ein **konkludenter Neuabschluss des Leiharbeitsvertrags** zu sehen sein.

123 *Beispiel:*
Der Verleiher V hat den Leiharbeitnehmer L für einen ununterbrochenen Zeitraum von 24 Monaten an das Unternehmen U 1 überlassen. Eine abweichende tarifliche oder betriebliche Regelung zur Höchstüberlassungsdauer besteht

---

208 Vgl. BAG v. 16.3.2004 – 9 AZR 93/03, NZA 2004, 927.
209 So die wohl h.M. zu § 9 Nr. 1 AÜG; vgl. etwa ErfK/*Wank*, § 9 AÜG Rn 5; HWK/*Gotthardt/Roloff*, § 9 AÜG Rn 9; Schüren/Hamann/*Schüren*, § 9 Rn 28; Thüsing/*Mengel*, § 9 Rn 18 ff.; in diese Richtung auch BAG v. 26.7.1984 – 2 AZR 471/83, EzAÜG § 1 AÜG Gewerbsmäßige Arbeitnehmerüberlassung Nr. 18; offen gelassen von BAG v. 20.4.2005 – 7 ABR 20/04, NZA 2005, 1006; a.A. BGH v. 18.7.2000 – X ZR 62/98, NJW 2000, 3492; *Boemke/Lembke*, § 9 AÜG Rn 66.

nicht. Nach Beendigung der Überlassung überlässt V den L für sechs Monaten an das Unternehmens U 2. L widerspricht dem nicht. In dieser Fortsetzung des Leiharbeitsverhältnisses mit V ist mangels gegenteiliger Anhaltspunkte ein konkludenter Neuabschluss des Leiharbeitsvertrags zu sehen.[210]

2. Folgen für den Überlassungsvertrag zwischen Verleiher und Entleiher

§ 9 Abs. 1 Nr. 1b AÜG sieht – anders als bei einer unerlaubten Arbeitnehmerüberlassung – **nicht** vor, dass mit dem Überschreiten der Höchstüberlassungsdauer auch der **Überlassungsvertrag unwirksam** wird. Eine Unwirksamkeit des Überlassungsvertrags wegen eines Verstoßes gegen die Höchstüberlassungsdauer käme daher nur dann in Betracht, wenn die Regelungen zur Höchstüberlassungsdauer in § 1 Abs. 1 S. 4, Abs. 1b AÜG ein Verbotsgesetz im Sinne des § 134 BGB darstellen würden. Vor der gesetzlichen Neuregelung war umstritten, ob das vom BAG aus § 1 Abs. 1 S. 2 AÜG hergeleitete Verbot der Dauerüberlassung (hierzu oben Rdn 61) ein Verbotsgesetz im Sinne des § 134 BGB darstellte, welches auch die Nichtigkeit des Überlassungsvertrags nach sich zog.[211] Mit der nunmehrigen Regelung der Rechtsfolgen eines Verstoßes gegen die Höchstüberlassungsdauer in § 9 Abs. 1 Nr. 1b AÜG dürfte ein **ergänzender Rückgriff auf § 134 BGB indes nicht mehr möglich** sein. § 9 AÜG enthält Sonderregeln, neben denen für die Anwendung des § 134 BGB kein Raum mehr ist.[212] Eine Unwirksamkeit des Überlassungsvertrags ist auch nicht zum Schutz des Leiharbeitnehmers erforderlich. Seinem Interesse wird vielmehr bereits durch die Fiktion eines Arbeitsverhältnisses mit dem Entleiher nach § 10 Abs. 1 S. 1 AÜG Rechnung getragen.

124

Bleibt der Überlassungsvertrag wirksam, stellt sich die Frage, wie sich der Verstoß gegen die Höchstüberlassungsdauer auf die **Vergütungsansprüche des Verleihers** auswirkt. Insoweit spricht einiges dafür, dass der Entleiher für die Zeit nach Überschreiten der Höchstüberlassungsdauer geleistete Überlassungsentgelte vom Verleiher nach §§ 326 Abs. 4, 346 Abs. 1 BGB zurückverlangen kann. Mit dem Überschreiten der Höchstüberlassungsdauer ist die Pflicht zur Fortführung der Überlassung des Leiharbeitnehmers rechtlich unmöglich geworden, so dass der Anspruch des Entleihers auf Zahlung des Überlassungsentgelts entfällt (§§ 275 Abs. 1, 326 Abs. 1 S. 1 BGB). Hat der Verleiher Leistungen in Erfüllung des unwirksamen Leiharbeitsvertrags erbracht, kann er sie vom Entleiher zurückverlangen. Der Rückgriffsanspruch des Verleihers dürfte allerdings auf die tatsächlich geleisteten

125

---

210 Vgl. für den Fall einer Fortsetzung des Leiharbeitsverhältnisses nach Erteilung der Verleiherlaubnis HWK/*Gotthardt/Roloff*, § 9 AÜG Rn 11.
211 Gegen Nichtigkeit: MüKo-BGB/*Armbrüster*, § 134 Rn 81; *Lembke*, NZA 2013, 1312, 1316; für Nichtigkeit: *Hamann*, RdA 2011, 322, 327.
212 Erman/*Arnold*, § 134 BGB Rn 27.

(vermeintlichen) Lohnzahlungen und gesetzlichen Abgaben beschränkt sein und nicht auch die Gewinnmarge erfassen.[213] Neben den vorgenannten Rückabwicklungsansprüchen können des Weiteren Schadensersatzansprüche bestehen, wenn eine Partei die Überschreitung der Höchstüberlassungsdauer zu vertreten hat und der anderen Partei hierdurch ein Schaden entsteht.

3. Fiktion eines Arbeitsverhältnisses mit dem Entleiher
a) Wirkungen der gesetzlichen Fiktion

126 **Zentrale Rechtsfolge** einer Überschreitung der Höchstüberlassungsdauer ist, dass gleichzeitig mit dem Unwirksamwerden des Leiharbeitsvertrags nach § 9 Abs. 1 Nr. 1b AÜG gemäß **§ 10 Abs. 1 S. 1 AÜG ein Arbeitsverhältnis mit dem Entleiher fingiert** wird (vgl. zur Arbeitnehmerüberlassung ins Ausland Rdn 415 ff.). Die Fiktion tritt unabhängig vom Willen oder der Kenntnis der Beteiligten ein und kann als zwingende Arbeitnehmerschutznorm nicht abbedungen werden.[214] Lediglich der Leiharbeitnehmer kann die Fiktion durch eine Festhaltenserklärung nach § 9 Abs. 1 Nr. 1b, Abs. 2 AÜG verhindern (Rdn 121). Das Recht eines nicht mehr im Betrieb des Entleihers eingesetzten Leiharbeitnehmers, den Bestand des gesetzlich fingierten Arbeitsverhältnisses klageweise geltend zu machen, kann jedoch verwirken (sog. **Prozessverwirkung**).[215] Zudem kann die Berufung auf das fingierte Arbeitsverhältnis **rechtsmissbräuchlich** sein.[216] Dies kommt insbesondere dann in Betracht, wenn das Leiharbeitsverhältnis mit dem Verleiher fortgesetzt wird und der Leiharbeitnehmer nach der Beendigung des unter Verstoß gegen die Höchstüberlassungsdauer erfolgenden Einsatzes bei einem anderen Entleiher eingesetzt wird (hierzu auch oben Rdn 122 f.). Endet das fingierte Arbeitsverhältnis in derartigen Fällen nicht bereits nach § 10 Abs. 1 S. 2 AÜG (vgl. Rdn 129), bleibt es grundsätzlich bestehen. Eine **konkludente Aufhebung** des fingierten Arbeitsverhältnisses ist nach herrschender Meinung aufgrund des Schriftformerfordernisses des § 623 BGB **nicht möglich**.[217]

---

213 Die Rechtsgrundlage eines derartigen Rückforderungsanspruchs ist umstritten. Nach h.M. kann der Verleiher das gezahlte Entgelt nach Bereicherungsrecht vom Entleiher herausverlangen (vgl. ErfK/*Wank*, § 9 Rn 5; BGH v. 17.2.2000 – III ZR 78/99, NJW 2000, 1557). Zum Teil wird Hinblick auf das faktische Arbeitsverhältnis mit dem Verleiher auch ein Gesamtschuldnerausgleich zwischen Verleiher und Entleiher nach § 426 Abs. 1 BGB angenommen (vgl. Schüren/Hamann/*Schüren*, § 9 Rn 47).
214 Vgl. HWK/*Gotthardt/Roloff*, § 10 AÜG Rn 3 m.w.N.
215 BAG v. 24.5.2006 – 7 AZR 365/05, EzAÜG § 10 AÜG Fiktion Nr. 114 = BeckRS 2009, 67935; HWK/*Gotthardt/Roloff*, § 10 AÜG Rn 3.
216 BAG v. 24.5.2006 – 7 AZR 365/05, EzAÜG § 10 AÜG Fiktion Nr. 114 = BeckRS 2009, 67935; HWK/*Gotthardt/Roloff*, § 10 AÜG Rn 3.
217 Vgl. LAG Schleswig-Holstein v. 6.4.1984 – 3 (4) Sa 597/82, EzAÜG Nr. 35 zu § 10 AÜG Fiktion; in diese Richtung auch BAG v. 24.5.2006 – 7 AZR 365/05, EzAÜG § 10 AÜG Fiktion Nr. 114 = BeckRS 2009, 67935; HWK/*Gotthardt/Roloff*, § 10 AÜG Rn 7; a.A: Schüren/Hamann/*Schüren*, § 10 Rn 124.

b) Inhalt des fingierten Arbeitsverhältnisses

Für den **Inhalt des fingierten Arbeitsverhältnisses** mit dem Entleiher gelten die allgemeinen Grundsätze.²¹⁸ Nach § 10 Abs. 1 S. 3 AÜG gilt die zwischen Verleiher und Entleiher vereinbarte Arbeitszeit als vereinbart. Im Übrigen bestimmen sich Inhalt und Dauer des Arbeitsverhältnisses gemäß § 10 Abs. 1 S. 4 AÜG nach den für den Betrieb des Entleihers geltenden Vorschriften und sonstigen Regelungen. Nach § 10 Abs. 1 S. 5 AÜG hat der Leiharbeitnehmer mindestens Anspruch auf das mit dem Verleiher vereinbarte Entgelt. Wird das fingierte Arbeitsverhältnis jedoch von einem beim Entleiher geltenden Tarifvertrag erfasst, gelten nach § 10 Abs. 1 S. 4 AÜG die für den Betrieb des Entleihers geltenden Vorschriften. Zahlt der Entleiher übertarifliche Löhne an die „Stammarbeitnehmer", hat der Leiharbeitnehmer nach dem arbeitsrechtlichen Gleichbehandlungsgrundsatz einen Anspruch auf den gleichen Lohn. Vor diesem Hintergrund kann auch dann ein Entgeltzahlungsanspruch gegen den Entleiher bestehen, wenn der Verleiher das ursprünglich aus dem Leiharbeitsvertrag geschuldete Arbeitsentgelt an den Leiharbeitnehmer gezahlt hat.

127

Wie bei der unerlaubten Arbeitnehmerüberlassung gilt auch bei einer Überschreitung der zulässigen Höchstüberlassungsdauer mit dem Eintritt der Fiktionswirkung eine **gesamtschuldnerische Haftung von Verleiher und Entleiher**.²¹⁹ Zahlt der Verleiher das vereinbarte Arbeitsentgelt ganz oder teilweise an den Leiharbeitnehmer, haftet er nach § 10 Abs. 3 AÜG neben dem Entleiher als Gesamtschuldner auch für sonstige Teile des Arbeitsentgelts, die bei einem wirksamen Arbeitsvertrag für den Leiharbeitnehmer an einen Anderen zu zahlen gewesen wären. Hierzu gehören insbesondere die Sozialversicherungsbeiträge und die Einkommensteuer.²²⁰ Zur Abführung der Lohnsteuer ist der Verleiher bereits durch § 42d Abs. 6 EStG verpflichtet. Die Pflicht zur Abführung des Gesamtsozialversicherungsbeitrags ist in § 28e Abs. 2 S. 3 und 4 SGB IV speziell festgelegt. Der Gesetzgeber hat die Regelung in § 28e Abs. 2 S. 3 SGB IV ausdrücklich auf den Fall einer Unwirksamkeit des Leiharbeitsvertrags nach § 9 Abs. 1 Nr. 1b AÜG erstreckt.

128

c) Beendigung des fingierten Arbeitsverhältnisses

Die **Dauer des Arbeitsverhältnisses** bestimmt sich grundsätzlich nach den für den Entleiherbetrieb geltenden Vorschriften und sonstigen Regelungen. Eine Ausnahme hiervon bildet die Fiktion des **§ 10 AÜG Abs. 1 S. 2 AÜG**, nach der das fingierte Arbeitsverhältnis als befristet gilt, wenn die Tätigkeit beim Entleiher nur befristet vorgesehen war und für das Arbeitsverhältnis ein die Befristung sachlich rechtfer-

129

---

218 Vgl. allgemein ErfK/*Wank*, § 10 AÜG Rn 9 ff.; HWK/*Gotthardt/Roloff*, § 10 AÜG Rn 3 ff.; *Boemke/Lembke*, § 10 AÜG Rn 45 ff.
219 Hierzu ausführlich BeckOK-ArbR/*Motz*, § 10 AÜG Rn 27 ff.; Schüren/Hamann/*Schüren*, § 10 Rn 227 ff.; Thüsing/*Mengel*, § 10 Rn 65.
220 Vgl. HWK/*Gotthardt/Roloff*, § 10 AÜG Rn 24.

tigender Grund vorlag. Ein sachlicher Grund liegt vor, wenn bei einem hypothetisch unterstellten vertraglichen Zustandekommen des Arbeitsverhältnisses die Befristungsabrede zwischen Entleiher und Leiharbeitnehmer durch einen sachlichen Grund gerechtfertigt wäre.[221] Die Prüfung des sachlichen Grundes richtet sich nach herrschender Meinung nach § 14 Abs. 1 TzBfG.[222] Ob sich ein solcher sachlicher Grund bei einer Überschreitung der Höchstüberlassungsdauer darlegen lässt, ist eine Frage des Einzelfalls. Eine **ordentliche Kündigung** eines fingierten befristeten Arbeitsverhältnisses vor Ablauf der Befristung ist gemäß § 15 Abs. 3 TzBfG ausgeschlossen. Fehlt es an einem sachlichen Grund im Sinne des § 10 Abs. 1 S. 2 AÜG, kommt ein unbefristetes Arbeitsverhältnis zwischen Leiharbeitnehmer und Entleiher zustande. Die Unwirksamkeit der Befristung hat der Leiharbeitnehmer in einem solchen Fall allerdings innerhalb von drei Wochen nach Fristablauf beim Arbeitsgericht geltend zu machen (§ 17 S. 1 TzBfG).[223]

130 *Beispiel:*
Der Leiharbeitnehmer L wird für ein Jahr an den Betrieb des Unternehmens U zur Elternzeitvertretung der Arbeitnehmerin A überlassen. Nach dem Ende der Überlassung und einer zweimonatigen Unterbrechung wird L erneut für ein Jahr an denselben Betrieb von U, diesmal zur Elternzeitvertretung der Arbeitnehmerin B überlassen. Die Überlassung ist von vornherein auf ein Jahr befristet. Durch die erneute Überlassung wird die gesetzliche Höchstüberlassungsdauer überschritten, weil die erste Überlassung nach § 1 Abs. 1b S. 2 AÜG den nachfolgenden Überlassungszeiten hinzuzurechnen ist. Folglich wird mit dem Überschreiten der Höchstüberlassungsdauer, d.h. nach Ablauf von sechs Monaten der zweiten Überlassung, ein Arbeitsverhältnis mit dem Entleiher U fingiert. Da allerdings mit der Elternzeitvertretung ein sachlicher Grund bestand, endet das fingierte Arbeitsverhältnis nach § 10 Abs. 1 S. 2 AÜG mit dem Ende der vorgesehenen Überlassungsdauer.[224]

131 Liegen die Voraussetzungen des § 10 Abs. 1 S. 2 AÜG nicht vor, wird das Arbeitsverhältnis zum Entleiher unbefristet fingiert und kann nach den beim Entleiher bestehenden Regelungen ordentlich gekündigt werden. Für das Eingreifen des allgemeinen Kündigungsschutzes muss die **sechsmonatige Wartezeit** erfüllt sein. Zeiten als Leiharbeitnehmer bis zum Eintritt der Fiktion, d.h. hier dem Überschreiten der Höchstüberlassungsdauer, sind bei der Berechnung der Wartezeit nicht an-

---

221 Vgl. hierzu ausführlich *Boemke/Lembke*, § 10 AÜG Rn 50 ff. m.w.N.
222 Vgl. HWK/*Gotthardt/Roloff*, § 10 AÜG Rn 9; Thüsing/*Mengel*, § 10 Rn 43.
223 Vgl. Thüsing/*Mengel*, § 10 Rn 51 m.w.N.
224 Wird der Einsatz des Leiharbeitnehmers über den im Überlassungsvertrag angegebenen Zeitraum fortgesetzt, gilt das fingierte Arbeitsverhältnis zwischen Entleiher und Leiharbeitnehmer gemäß § 15 Abs. 5 TzBfG als auf unbestimmte Zeit abgeschlossen; vgl. HWK/*Gotthardt/Roloff*, § 10 AÜG Rn 10.

zurechnen.[225] Der Entleiher kann daher ein unbefristetes fingiertes Arbeitsverhältnis innerhalb der ersten sechs Monate nach dem Überschreiten der Höchstüberlassungsdauer ordentlich kündigen, ohne an die Restriktionen des allgemeinen Kündigungsschutzes gebunden zu sein. Gibt der Leiharbeitnehmer keine Festhaltenserklärung nach § 9 Abs. 1 Nr. 1b, Abs. 2 AÜG ab, kann die Fiktionswirkung daher durchaus zu seinem Nachteil wirken.

4. Schadensersatzanspruch des Leiharbeitnehmers gegen den Verleiher

Wird der Leiharbeitsvertrag nach § 9 Abs. 1 Nr. 1b AÜG wegen Überschreitens der Höchstüberlassungsdauer unwirksam, kann ein **Schadensersatzanspruch** des Leiharbeitnehmers gegen den Verleiher bestehen. Nach § 10 Abs. 2 S. 1 AÜG kann der Leiharbeitnehmer vom Verleiher Ersatz des Schadens verlangen, den er dadurch erleidet, dass er auf die Gültigkeit des Vertrags vertraut. Da die Unwirksamkeit des Leiharbeitsvertrags erst mit Überschreiten der Höchstüberlassungsdauer eintritt, kann ein Anspruch auf Schadensersatz erst in dem Zeitpunkt entstehen, in dem die Höchstüberlassungsdauer überschritten wird. Erfasst werden Schäden, die der Leiharbeitnehmer dadurch erleidet, dass der Entleiher seinen Verpflichtungen aus dem nach § 10 Abs. 1 AÜG fingierten Arbeitsverhältnis nicht nachkommt.[226] Ferner sind dem Leiharbeitnehmer Schäden zu ersetzen, die ihm dadurch entstehen, dass sein Leiharbeitsverhältnis kraft Gesetzes endet. Ob auch Vermögenseinbußen aufgrund eines fehlenden Bestandsschutzes im fingierten Arbeitsverhältnis mit dem Entleiher ersatzfähig sind, ist umstritten.[227] Eine Ersatzpflicht ist jedoch gemäß § 10 Abs. 2 S. 2 AÜG ausgeschlossen, wenn der Leiharbeitnehmer den **Unwirksamkeitsgrund kannte.**

132

Praxishinweis
Um einen etwaigen Schadensersatzanspruch des Leiharbeitnehmers zu vermeiden, kann es sich aus Verleihersicht unter Umständen anbieten, den Leiharbeitnehmer in der Mitteilung nach § 11 Abs. 2 AÜG (hierzu ausführlich Rdn 209 ff.) auf die gesetzliche Höchstüberlassungsdauer sowie etwaige hiervon abweichende tarifliche oder betriebliche Regelungen für den Einsatzbetrieb hinzuweisen.

133

5. Zustimmungsverweigerungsrecht des Betriebsrats des Entleihers

Beim Einsatz eines Leiharbeitnehmers im Entleiherbetrieb handelt es sich unabhängig von der Überlassungsdauer um eine nach § 99 Abs. 1 BetrVG, § 14 Abs. 3

134

---

225 Vgl. BAG v. 20.2.2014 – 2 AZR 859/11, NZA 2014, 1083.
226 Vgl. ErfK/*Wank*, § 10 AÜG Rn 24; HWK/*Gotthardt/Roloff*, § 10 AÜG Rn 24; a.A. *Boemke/Lembke*, § 10 AÜG Rn 113.
227 Dafür BA GA Ziff. 10.1 Abs. 3; BeckOK-ArbR/*Motz*, § 10 AÜG Rn 24; dagegen Schüren/Hamann/ *Schüren*, § 10 Rn 208.

AÜG **mitbestimmungspflichtige Einstellung**.[228] Dies gilt auch, wenn mehrere befristete Überlassungen nacheinander erfolgen oder die ursprünglich vorgesehene Überlassungsdauer verlängert wird.[229] Der Betriebsrat ist in derartigen Fällen jeweils gesondert um Zustimmung zu ersuchen. Die Rechtsprechung hat bereits vor der Gesetzesreform angenommen, dass ein Verstoß gegen das Verbot der Dauerüberlassung zur **Zustimmungsverweigerung nach § 99 Abs. 2 Nr. 1 BetrVG** berechtige, weil durch dieses einer Spaltung der Stammbelegschaft entgegengewirkt werden solle und die kollektiven Interessen der Belegschaft des Entleiherbetriebs gewahrt werden sollten (vgl. bereits oben Rdn 63).[230] Es liegt nahe, dass die Rechtsprechung diese Begründung auch auf die nunmehr geregelte Höchstüberlassungsdauer übertragen wird, zumal bereits in der Rechtsprechung zu § 3 Abs. 1 Nr. 6 AÜG a.F. anerkannt war, dass ein Verstoß gegen die Höchstüberlassungsdauer ein Zustimmungsverweigerungsrecht des Betriebsrats auslöste.[231] Der Fiktion eines Arbeitsverhältnisses mit dem Entleiher misst die Rechtsprechung insoweit keine Bedeutung zu, weil das Zustimmungsverweigerungsrecht des Betriebsrats und die Fiktion eines Arbeitsverhältnisses mit dem Entleiher unterschiedlichen Schutzzwecken dienten.[232] Während das Zustimmungsverweigerungsrecht vornehmlich den Interessen der Belegschaft des Einsatzbetriebs zu dienen bestimmt sei, werde durch das fingierte Arbeitsverhältnis der Leiharbeitnehmer geschützt.

135

> *Praxishinweis*
> Im Rahmen des Zustimmungsverfahrens nach § 99 BetrVG dürften künftig sowohl die geplante Überlassungsdauer wie auch in der Vergangenheit liegende Überlassungen (sofern diese auf die zulässige Höchstüberlassungsdauer anzurechnen sind) mitzuteilen sein. Insbesondere bei kurzfristigen Einsätzen von Leiharbeitnehmern kann der hierin liegende bürokratische Aufwand allerdings zu Problemen führen.

6. Ordnungswidrigkeit für den Verleiher

136 Der vorsätzliche oder fahrlässige Verstoß gegen die Höchstüberlassungsdauer stellt für den **Verleiher** eine **Ordnungswidrigkeit** dar, die mit einem Bußgeld von bis zu 30.000 EUR geahndet werden kann (§ 16 Abs. 1 Nr. 1e, Abs. 2 AÜG). Der Geset-

---

228 BAG v. 9.3.2011 – 7 ABR 137/09, NZA 2011, 871. Vgl. auch LAG Hessen v. 3.11.2011 – 5 TaBV 70/11, BeckRS 2012, 68853, wonach selbst bei Bestehen einer Quotenregelung die Zustimmung des Entleiherbetriebsrates erforderlich sein soll.
229 BAG v. 9.3.2011 – 7 ABR 137/09, NZA 2011, 871; vgl. auch *Fitting u.a.*, § 99 Rn 58 m.w.N.
230 Vgl. BAG v. 30.9.2014 – 1 ABR 79/12, NZA 2015, 240; BAG v. 10.7.2013 – 7 ABR 91/11, NZA 1296.
231 BAG v. 28.9.1988 – 1 ABR 85/87, NZA 1989, 358. A.A. *Seel*, öAT 2016, 27, 30, der eine Einordnung als Verbotsgesetz wegen des Widerspruchsrechts des Leiharbeitnehmers ablehnt.
232 BAG v. 10.7.2013 – 7 ABR 91/11, NZA 1296 Rn 51; vgl. auch zu § 3 Abs. 1 Nr. 6 AÜG a.F. auch BAG v. 28.9.1988 – 1 ABR 85/87, NZA 1989, 358.

zeswortlaut stellt insoweit ausschließlich auf den Verstoß gegen die Höchstüberlassungsdauer ab. Ob der Leiharbeitnehmer eine Festhaltenserklärung nach § 9 Abs. 1 Nr. 1b, Abs. 2 AÜG abgibt, ist für die Verwirklichung des Ordnungswidrigkeitentatbestands unerheblich. Für die Verfolgung und Ahndung von Ordnungswidrigkeiten nach § 16 Abs. 1 Nr. 1e AÜG ist die **Bundesagentur für Arbeit** zuständig (§ 16 Abs. 3 AÜG).

> *Praxishinweis* 137
> Da für Abweichungen von der gesetzlichen Höchstüberlassungsdauer die beim Entleiher geltenden tariflichen und/oder betrieblichen Regelungen maßgeblich sind, müssen diese dem Verleiher nicht zwingend bekannt sein. Um dem Vorwurf der Fahrlässigkeit zu entgehen, sollte sich der Verleiher vom Entleiher bestätigen lassen, ob und ggf. welche Abweichungen von der gesetzlichen Höchstüberlassungsdauer für den Entleiherbetrieb gelten.

Für den **Entleiher** ist der Verstoß gegen die Höchstüberlassungsdauer **nicht bußgeldbewehrt**, solange sich die Mitwirkung auf ein bloßes Tätigwerden lassen des Leiharbeitnehmers beschränkt.[233] 138

7. Versagung bzw. Nichtverlängerung der Überlassungserlaubnis

Neben der Ahndung mit einem Bußgeld kann der Verstoß gegen die zulässige Höchstüberlassungsdauer für den Verleiher auch gewerberechtliche Konsequenzen haben. Der Gesetzgeber hat in **§ 3 Abs. 1 Nr. 1 AÜG** die Überschreitung der Höchstüberlassungsdauer als ein **Regelbeispiel für die fehlende Zuverlässigkeit** des Verleihers eingefügt. Daher kann die Nichteinhaltung der zulässigen Höchstüberlassungsdauer einen Grund für einen Widerruf der Überlassungserlaubnis bzw. die Versagung ihrer Verlängerung gemäß § 5 Abs. 1 Nr. 3 AÜG bzw. § 3 Abs. 1 Nr. 1 AÜG darstellen. Insoweit bedarf es allerdings einer Gesamtwürdigung aller Umstände, die den Grundsatz der Verhältnismäßigkeit zu beachten hat.[234] Eine geringfügige Überschreitung der Höchstüberlassungsdauer in Einzelfällen begründet daher regelmäßig noch nicht die Unzuverlässigkeit des Verleihers im Sinne des § 3 Abs. 1.[235] 139

---

233 Vgl. zur sog. notwendigen Beteiligung Schüren/Hamann/*Stracke*, § 16 Rn 27 m.w.N.
234 Vgl. auch BA GA Ziff. 10.1.
235 Vgl. BT-Drucks 18/9232, 21.

E. Der Gleichstellungsgrundsatz

Dr. Robert Bauer/Dr. Oliver Bertram

Literatur:

Bauer/Krets, „Gesetze für moderne Dienstleistungen am Arbeitsmarkt", NJW 2003, 537; *Thüsing*, „Europäische Impulse im Recht der Arbeitnehmerüberlassung", DB 2002, 2218.

I. Grundlagen

1. Allgemeines

140 Die **Europäische Zeitarbeitsrichtlinie**[236] sieht in Artikel 5 vor, dass Zeitarbeitnehmern für die Dauer der Überlassung an einen Entleiher mindestens die „wesentlichen Arbeits- und Beschäftigungsbedingungen" zu gewähren sind, die gelten würden, wenn sie von dem Entleiher für den gleichen Arbeitsplatz eingestellt worden wären. Dieses unter dem Begriff des Equal Treatment bekannte Prinzip umfasst nach der Definition aus Artikel 3 der Richtlinie die Arbeits- und Beschäftigungsbedingungen, die durch Gesetz, Verordnung, Verwaltungsvorschrift, Tarifvertrag und/oder sonstige verbindliche Bestimmungen allgemeiner Art, die im entleihenden Unternehmen gelten, festgelegt sind und sich auf folgende Punkt beziehen:

- Dauer der Arbeitszeit, Überstunden, Pausen, Ruhezeiten, Nachtarbeit, Urlaub, arbeitsfreie Tage,
- Arbeitsentgelt.

Gleichzeitig regelt die Richtlinie in Artikel 3, dass etwaige nationale Definitionen des Begriffs des „Arbeitsentgeltes" durch die Richtlinie unberührt bleiben. Eine praxistaugliche Definition des Equal Treatment kann somit bereits aus systematischen Gründen nicht von der Richtlinie erwartet werden.

Der nationale Gesetzgeber verwendet im AÜG den **Begriff der „wesentlichen Arbeitsbedingungen einschließlich des Arbeitsentgeltes" eines „vergleichbaren Arbeitnehmers des Entleihers"**. Ein höheres Maß an praxistauglicher Verständlichkeit ist jedoch auch durch die geänderte Formulierung nicht erreicht. Rechtlich mögliche Konkretisierungen der verwendeten Begriffe sind nicht erfolgt. Zum Verständnis der folgenden Ausführungen zum Umgang der neuen Gesetzeslage mit dem Gleichstellungsgrundsatz ist es erforderlich, die tatsächliche Bedeutung des Gleichstellungsgrundsatzes zu verdeutlichen. Hierzu soll zunächst dargestellt werden, in welcher Art und Weise der „vergleichbare Arbeitnehmer" definiert ist, an den die gesamte Definition der „wesentlichen Arbeitsbedingungen einschließlich des Arbeitsentgelts" anknüpft. Sodann wird aufgezeigt werden, welche Arbeits- und Beschäftigungsbedingungen tatsächlich unter den Begriff des Equal Treatment zu fassen sind.

---

[236] 2008/104/EG.

2. Der vergleichbare Arbeitnehmer

Der Grundsatz der Gleichbehandlung – egal in welcher Ausprägung – setzt denknotwendig voraus, dass der Bezugspunkt definiert wird, gegenüber welchem die Gleichbehandlung erreicht werden muss. Das Gesetz knüpft hier an den „vergleichbaren Arbeitnehmer des Entleihers"[237] an.

141

Die **Vergleichbarkeit** ist dabei **tätigkeitsbezogen** zu bestimmen. Entscheidend ist, welche Tätigkeiten der Leiharbeitnehmer bei dem Entleiher ausübt.[238] Auf etwaige Qualifikationen des Leiharbeitnehmers, die für die tatsächlich ausgeübte Tätigkeit nicht erforderlich sind, kommt es zunächst nicht an.[239] Zudem ist der „vergleichbare Arbeitnehmer des Entleihers" durchaus eine natürliche Person. Soweit der Leiharbeitnehmer also Tätigkeiten ausübt, welche der Entleiher auch durch eigene Arbeitnehmer erbringen lässt, kann und muss somit **auf einen tatsächlich vorhandenen vergleichbaren Arbeitnehmer abgestellt** werden. Eine fiktive Eingruppierung des Leiharbeitnehmers in ein etwaiges Vergütungssystem des Entleihers ist in diesem Fall nicht vorzunehmen.

Beschäftigt der Entleiher mehrere eigene Arbeitnehmer mit den Tätigkeiten, die auch von dem Leiharbeitnehmer übernommen werden, so existieren **ggf. mehrere vergleichbare Arbeitnehmer**. Sofern die Arbeitsbedingungen der einzelnen Arbeitnehmer hierbei voneinander abweichen, muss lediglich auf den **vergleichbaren Arbeitnehmer mit den „schlechtesten" Arbeitsbedingungen** abgestellt werden. Die entsprechenden Vorschriften aus dem AÜG sollen verhindern, dass Leiharbeitnehmer im Kundeneinsatz schlechter gestellt werden als die eigenen vergleichbaren Arbeitnehmer des Entleihers. Eine Besserstellung gegenüber vergleichbaren Arbeitnehmern des Entleihers ist jedoch nicht das Ziel des Gesetzes.[240] Aus diesem Grund muss bei mehreren vergleichbaren Arbeitnehmern nicht auf die besten oder auf die durchschnittlichen Arbeitsbedingungen abgestellt werden, sondern tatsächlich nur auf den vergleichbaren Arbeitnehmer, der die „schlechtesten" Arbeitsbedingungen erhält.[241]

142

Vor allem **Entgeltunterschiede** innerhalb der Gruppe der vergleichbaren Arbeitnehmer dürften regelmäßig insbesondere dann auftreten, wenn die vergleichbaren Arbeitnehmer des Entleihers im Laufe ihrer Betriebszugehörigkeit eine Entgeltentwicklung durchlebt haben, so dass die tatsächliche Höhe der Vergütung in unmittelbarem **Zusammenhang mit der Betriebszugehörigkeit** steht. Es stellt sich somit die Frage, auf welche Entgelthöhe in einer solchen Situation abzustellen ist, wenn die vergleichbaren Arbeitnehmer zwar unterschiedlich lange, jedoch beispielsweise

143

---

237 Vgl. § 8 Abs. 1 S. 1 AÜG.
238 Vgl. BAG v. 21.10.2015, Az.: 5 AZR 604/14.
239 Vgl. BAG v. 21.10.2015, Az.: 5 AZR 504/14 Rn 26.
240 Vgl. LSG v. Niedersachsen-Bremen v. 15.6.2016, Az.: L 2 R 148/15.
241 HWK/*Kalb*, § 3 AÜG Rn 34; *Bauer/Krets*, NJW 2003, 537; *Thüsing*, DB 2002, 2218.

jeweils bereits 15 oder 20 Jahre betriebszugehörig sind. Offensichtlich würde in einem solchen Fall die Vergütung eines neu hinzukommenden Arbeitnehmers des Entleihers geringer ausfallen, als die Vergütung der konkret vorhandenen vergleichbaren Arbeitnehmer. Hypothetische Betrachtungen sind jedoch nur zulässig, wenn es tatsächlich an einem vergleichbaren Arbeitnehmer fehlt.

144 Fraglich ist jedoch, ob ein Arbeitnehmer mit einer erheblich längeren Betriebszugehörigkeit als der entsprechende Leiharbeitnehmer überhaupt als „vergleichbar" angesehen werden muss. Wäre die Dauer der Betriebszugehörigkeit ein maßgebliches Merkmal, so könnte daran die Vergleichbarkeit scheitern mit der Konsequenz, dass – mangels Alternative – auf eine hypothetische Vergleichbarkeit abgestellt werden könnte, zu welcher sogleich noch ausgeführt werden wird. Gegen die Dauer der Betriebszugehörigkeit als Merkmal zur Bestimmung der Vergleichbarkeit spricht jedoch die **Rechtsprechung des BAG**, wonach die Vergleichbarkeit tätigkeitsbezogen zu bestimmen ist und persönliche Merkmale und Eigenschaften demgegenüber grundsätzlich zurücktreten müssen, sofern der Entleiher die Vergütung der eigenen Arbeitnehmer nicht auch hiervon abhängig macht.[242]

145 Wird demnach tatsächlich die gleiche Tätigkeit ausgeübt und hat sich die Vergütung der einzelnen Arbeitnehmer des Entleihers lediglich jährlich erhöht, so handelt es sich um vergleichbare Arbeitnehmer im Sinne des AÜG und ein Anspruch auf Equal Treatment müsste sich an deren Arbeitsbedingungen ausrichten. Der vom BAG aufgestellte Grundsatz, wonach die persönlichen Eigenschaften – zu denen auch die Betriebszugehörigkeit bzw. Berufserfahrung gehören kann – nur dann zu berücksichtigen sind, wenn diese auch vom Entleiher für die Frage der Vergütung der eigenen Arbeitnehmer relevant sind, käme in der vorstehend geschilderten Konstellation nur dann zum Tragen, wenn der Entleiher bei seinen eigenen Arbeitnehmern auch in fremden Betrieben erlangte Berufserfahrung voll anrechnen und finanziell berücksichtigen würde. Wenn sich also die Vergütung der eigenen Arbeitnehmer des Entleihers nach deren Berufserfahrung richtet, unabhängig davon, wo diese Erfahrung erworben wurde, dann wäre diese Berufserfahrung ein Merkmal, an dem die „Vergleichbarkeit" des Leiharbeitnehmers mit den Stammarbeitnehmern scheitern könnte. Wird lediglich die Zugehörigkeit zum eigenen Unternehmen durch Lohnsteigerungen honoriert, handelt es sich nach dem soeben dargestellten Grundsatz hingegen konsequenter Weise nicht um ein Merkmal, welches als abgrenzungsrelevantes Merkmal für die Frage der Vergleichbarkeit berücksichtigt werden kann.

146 Die bereits angesprochene **hypothetische Eingruppierung** ist vorzunehmen, wenn tatsächlich **kein vergleichbarer Arbeitnehmer im Entleiherbetrieb** existiert. Nach Ansicht des BAG wäre es mit dem Gesetzeszweck nicht zu vereinbaren, wenn der vorgesehene Schutz der Leiharbeitnehmer dadurch unterlaufen werden

---

242 Vgl. BAG v. 21.10.2015, Az.: 5 AZR 604/14, Rn 26.

könnte, dass der Entleiher eine ganze Abteilung durch Leiharbeitnehmer ersetzt und aus diesem Grund kein vergleichbarer Arbeitnehmer (mehr) vorhanden wäre.[243] In einem solchen Fall soll demnach anhand einer hypothetischen Betrachtung ermittelt werden, welche Arbeitsbedingungen für den Leiharbeitnehmer anwendbar gewesen wären, wenn er von dem Entleiher unmittelbar als eigener Arbeitnehmer angestellt worden wäre.[244] Nachdem das BAG diesen Ansatz zunächst nur ausdrücklich für Entleiher mit einem „allgemeinen Entgeltschema" anwendete,[245] wurde in einer Entscheidung aus Oktober 2015 klargestellt, dass für Entleiher ohne „allgemeines Entgeltschema" nichts anderes gilt.[246] Selbst wenn der Entleiher demnach die Arbeitsbedingungen mit jedem einzelnen Arbeitnehmer individuell aushandelt, muss für die Ermittlung der Equal Treatment Bedingungen – sofern kein vergleichbarer Arbeitnehmer vorhanden ist – auf hypothetischer Grundlage ermittelt werden, welche Arbeitsbedingungen der Entleiher mit dem konkreten Leiharbeitnehmer vereinbart hätte. Natürlich ist die entsprechende Auskunft des Entleihers äußerst schwer zu überprüfen, wenn keine gleichförmigen Arbeitsbedingungen und insbesondere kein festes Entgeltschema Anwendung findet. Dies ändert jedoch nichts daran, dass der entsprechende Ansatz gleichwohl anzuwenden ist.

Praxishinweis
Die Anwendung des Equal Treatment Grundsatzes lässt sich somit nicht mit dem Argument vermeiden, dass der Entleiher keine vergleichbaren Arbeitnehmer beschäftige. Die in diesem Fall anzuwendende hypothetische Eingruppierung des Leiharbeitnehmers in die beim Entleiher geltenden Systeme kann zudem nicht wirksam damit abgewandt werden, dass keine abstrakt bestimmbaren Vergütungssysteme beim Entleiher existierten. Sofern das Gesetz demnach eine Vergütung nach dem Equal Treatment Grundsatz vorschreibt, so ist dies einzuhalten, unabhängig davon, wie schwer die Ermittlung der entsprechend anzuwendenden Arbeitsbedingungen auch sein mag.

3. Umfang des Equal Treatment

Zwar haben Leiharbeitseinsätze, welche tatsächlich auf Basis des Equal Treatment Grundsatzes abgewickelt werden, in der Praxis Seltenheitswert. Die Entscheidung des BAG aus Dezember 2010,[247] mit welcher die fehlende Tariffähigkeit der „Tarifgemeinschaft Christlicher Gewerkschaften für Leiharbeit und Personalservice-

---

243 Vgl. BAG v. 19.2.2014, Az.: 5 AZR 1047/12, Rn 34.
244 Vgl. BAG v. 13.3.2013, Az.: 5 AZR 294/12; BAG v. 19.2.2014, Az.: 5AZR 1047/12; BAG v. 21.10.2015, Az.: 5 AZR 604/14.
245 Vgl. BAG v. 19.2.2014, Az.: 5 AZR 1047/12.
246 Vgl. BAG v. 21.10.2015, Az.: 5 AZR 604/14.
247 BAG v. 14.12.2010, Az.: 1 ABR 19/10.

Agenturen (CGZP)" festgestellt wurde, hat jedoch zu einer Reihe höchstrichterlicher Entscheidungen zu dieser Thematik geführt. Als Konsequenz der **Unwirksamkeit der entsprechenden Tarifverträge der CGZP** hatten die betroffenen Leiharbeitnehmer gegen ihre Arbeitgeber rückwirkend einen Anspruch auf Vergütung nach dem entsprechenden Equal Treatment Grundsatz.

148 Bezogen auf das Arbeitsentgelt lautet die in diesem Zusammenhang stets wiederholte – wenngleich noch nicht sehr praxistaugliche – Aussage des BAG, dass der Begriff des Arbeitsentgelts in § 10 Abs. 4 AÜG a.F. national zu bestimmen und weit auszulegen sei.[248] Hierunter falle nicht nur das laufende Arbeitsentgelt, sondern **jede Vergütung, die aus Anlass des Arbeitsverhältnisses gewährt werde bzw. aufgrund gesetzlicher Entgeltfortzahlungstatbestände gewährt werden müsse.**[249] Konkret entschieden wurde sodann beispielsweise, dass ein 13. Monatsgehalt, tarifliche Sonderzahlungen, Urlaubsvergütung, Entgeltfortzahlung im Krankheitsfalle und an Feiertagen Bestandteil des Equal Treatment sind.[250]

149 Vergütet der Entleiher zudem seine eigenen Arbeitnehmer auf Basis eines monatlichen Gehaltes, so richtet sich der Equal Treatment Anspruch ebenfalls auf eine Gehaltszahlung. Eine Umrechnung in einen Stundenlohn ist nicht zulässig.[251] Liegt die vereinbarte Arbeitszeit des Leiharbeitnehmers über der für die Stammarbeitnehmer geltenden Arbeitszeit, so sind die zusätzlich erbrachten Stunden als Mehrarbeit entsprechend der beim Entleiher geltenden Regelungen zu vergüten.[252]

150 Das BAG differenziert zudem zwischen „Arbeitsbedingungen" und „Vertragsbedingungen".[253] Diese Unterscheidung wurde im Zusammenhang mit der Frage, ob Ausschlussfristen des Entleihers bei einem Einsatz unter Anwendung des Equal Treatment Grundsatzes ebenfalls übernommen werden müssten, eingeführt. Dies verneinte das BAG.[254] Zum einen spreche der Wortlaut des Gesetzes davon, dass Arbeitsbedingungen „gewährt" werden müssten. Hieran werde deutlich, dass *nur Leistungen* des Arbeitgebers erfasst sein sollten. Eine Ausschlussfrist sei demgegenüber keine Leistung. Besonderes Gewicht legte das BAG jedoch auf den Begriff der „Arbeitsbedingung". **Arbeitsbedingungen** bezeichnen nach Ansicht des BAG solche Bedingungen, die im Verhältnis des Entleihers zu seinen Stammarbeitnehmern gelten.[255] Demgegenüber seien **Vertragsbedingungen** die Regelungen im Verhältnis des Verleihers zum Leiharbeitnehmer.[256]

---

248 Vgl. BAG v. 13.3.2013, Az.: 5 AZR 294/12.
249 Vgl. BAG v. 13.3.2013, Az.: 5 AZR 294/12.
250 Vgl. BAG v. 13.3.2013, Az.: 5 AZR 294/12.
251 Vgl. BAG v. 19.2.2014, Az.: 5 AZR 1047/12.
252 Vgl. BAG v. 19.2.2014, Az.: 5 AZR 1047/12.
253 Vgl. BAG v. 23.3.2011, Az.: 5 AZR 7/10.
254 Vgl. BAG v. 23.3.2011, Az.: 5 AZR 7/10.
255 Vgl. BAG v. 23.3.2011, Az.: 5 AZR 7/10, Rn 20.
256 Vgl. BAG v. 23.3.2011, Az.: 5 AZR 7/10, Rn 18.

Informativ sind diese Aussagen des BAG insbesondere deshalb, da das BAG aus seinen Ausführungen die Konsequenz zieht, dass für die Bestimmung des Inhalts eines Equal Treatment Anspruchs nicht auf die Aufzählung des Nachweisgesetzes[257] zurückgegriffen werden könne. Dort seien lediglich die Vertragsbedingungen im Verhältnis vom Verleiher zum Leiharbeitnehmer aufgezählt. Da sich der Equal Treatment-Anspruch jedoch auf die Arbeitsbedingungen beziehe, sei eine Anknüpfung nicht möglich.[258]

Grundsätzlich kann eine Verpflichtung zur Gewährung von Equal Treatment nicht dazu führen, dass das arbeitsvertraglich oder tarifvertraglich zugesagte Niveau der Arbeitsbedingungen abgesenkt wird. Eine **Gleichbehandlung zum Nachteil** des Leiharbeitnehmers **kommt nicht in Betracht**.[259] Fraglich ist somit, auf welchem Maßstab der Günstigkeitsvergleich durchzuführen ist und ob „unterm Strich" günstigere Arbeitsbedingungen des Verleihers es rechtfertigen können, dass der Leiharbeitnehmer in einzelnen Bereichen auch weniger günstig gestellt ist, als die vergleichbaren Arbeitnehmer des Entleihers. **151**

Das BAG hat in einer Entscheidung aus 2011 ausgeführt, dass ein „**Gesamtvergleich der Entgelte im Überlassungszeitraum anzustellen**" sei.[260] In den Gesamtvergleich seien in dem entschiedenen Fall auch sämtliche Sonderzahlungen, Prämien und gar Mietzuschüsse einzustellen. Allerdings ist hierbei zu berücksichtigen, dass sich die Entscheidung auf Nachzahlungen des Verleihers für abgeschlossene Zeiträume aus der Vergangenheit bezog. Auf laufende Überlassungsverhältnisse werden sich diese Grundsätze bereits deshalb nur schwer übertragen lassen, da die Berücksichtigung von Einmalzahlungen in einem Gesamtvergleich nur für definierte Zeiträume erfolgen kann. Ob bspw. das beim Entleiher gezahlte Weihnachtsgeld durch den leicht höheren Stundenlohn des Verleihers ausgeglichen werden kann, lässt sich nicht vorhersagen, solange man die genaue Dauer der Überlassung nicht kennt. **152**

Um zu angemessenen Ergebnissen zu gelangen wird demnach davon auszugehen sein, dass der **Vergleich jeweils sachgruppenbezogen** zu erfolgen hat.[261] Grundsätzlich ist der Günstigkeitsvergleich zwischen den Equal Treatment Arbeitsbedingungen und den arbeitsvertraglichen Arbeitsbedingungen beim Verleiher somit bezogen auf die einzelnen Regelungsgegenstände vorzunehmen. Es kommt also durchaus zu einem „Rosinenpicken" von Seiten des Leiharbeitnehmers, für den die jeweils besseren Arbeitsbedingungen, bezogen auf die einzelnen Regelungsbereiche, gelten. Allerdings zeigt sich die Sachgruppenbezogenheit des Vergleiches wie- **153**

---

257 Vgl. § 2 Abs. 1 NachwG.
258 Vgl. BAG v. 23.3.2011, Az.: 5 AZR 7/10, Rn 21.
259 Vgl. *Bauer/Krets*, NJW 2003, 537, 538.
260 Vgl. BAG v. 23.3.2011, Az.: 5 AZR 7/10.
261 Vgl. HWK/*Kalb*, § 3 AÜG Rn 35.

der darin, dass bspw. das Urlaubsgeld und die Urlaubsdauer eine Einheit bilden, welche nicht dergestalt getrennt werden darf, dass die längere Urlaubsdauer mit dem höheren Urlaubsgeld kombiniert wird.[262] Allerdings wirft dies auch bei einem Auseinanderfallen der jeweils „besseren" Regelung die Frage auf, ob mehr Urlaubstage mit geringerem Urlaubsgeld oder weniger Urlaubstage mit höherem Urlaubsgeld die besseren Arbeitsbedingungen sind. Eine für alle Arbeitnehmer gültige Antwort auf diese Frage gibt es nicht, was einmal mehr die Schwierigkeiten des Konzepts des Equal Treatment verdeutlicht.

154 **Ansprüche auf Urlaubsabgeltung** gehören nicht zum Equal Treatment.[263] Ein Anspruch auf Urlaubsabgeltung setzt notwendigerweise eine Beendigung des Arbeitsverhältnisses voraus. Mit der Beendigung des Arbeitsverhältnisses endet jedoch (spätestens) auch die Überlassung des Leiharbeitnehmers und damit der Anspruch auf eine Gleichbehandlung. Die Urlaubsabgeltung ist demnach allein nach den für den Verleiher geltenden Grundsätzen zu berechnen. Durch das Referenzlohnprinzip[264] wird sich ein vorheriger Equal Treatment Einsatz zwar regelmäßig rein faktisch auf die Höhe der Urlaubsabgeltung auswirken. Dies ist jedoch lediglich ein tatsächlicher Effekt. Eine rechtliche Anknüpfung an die beim Entleiher geltenden Arbeitsbedingungen erfolgt nicht.

155 Derzeit noch in Diskussion ist der Umgang mit **Ansprüchen auf Aufwendungsersatz**. Das BAG hatte in einer Entscheidung vom 13.3.2013[265] hierzu ausgeführt, dass danach differenziert werden müsse, ob der Aufwendungsersatz – ggf. auch pauschaliert – tatsächlich entstandenen Aufwand des Leiharbeitnehmer kompensieren soll oder ob die Leistung Entgeltcharakter habe, so dass es sich um „verschleiertes Arbeitsentgelt" handele. „Echter" Aufwendungsersatz sei nicht in den Gesamtvergleich der Arbeitsbedingungen einzustellen. Das BAG orientiert sich dabei im Ergebnis an der Bewertung aus dem Steuerrecht, so dass lediglich steuerpflichtiger Aufwendungsersatz Equal Treatment-relevant sein könne.

Dem stellte sich jüngst das LSG Niedersachsen-Bremen entgegen.[266] Das LSG betont die tatsächliche wirtschaftliche Bedeutung von Aufwendungsersatz für den Arbeitnehmer – unabhängig davon, ob dieser steuerfrei gewährt werden könne oder nicht. Müsse ein Arbeitnehmer eine Tätigkeit ausüben, welche weit von seinem Wohnort entfernt ist, so spiele es eine ganz erhebliche Rolle, ob er die Fahrt- und Übernachtungskosten ersetzt bekomme oder selbst zu tragen habe. Da durch den Equal Treatment Grundsatz eine Gleichstellung, nicht jedoch eine Besserstellung erreicht werden solle, sei es erforderlich, unterschiedliche Handhabungen von Auf-

---

262 Vgl. HWK/*Kalb*, § 3 AÜG Rn 35.
263 Vgl. BAG v. 19.2.2014, Az.: 5 AZR 700/12.
264 Vgl. § 11 Abs. 1 BUrlG.
265 BAG v. 13.3.2013, Az.: 5 AZR 294/12.
266 Vgl. LSG Niedersachsen-Bremen v. 15.6.2016, Az.: L 2 R 148/15.

wendungsersatz bei einem anzustellenden Gesamtvergleich zu berücksichtigen. Parallelen zur steuerrechtlichen Beurteilung lehnt das LSG ausdrücklich ab und beruft sich auf die Ausführungen des Gesetzgebers in der Gesetzesbegründung, wonach ausdrücklich auch betriebliche Sozialleistungen dem Equal Treatment Grundsatz unterfallen sollen,[267] obgleich solche vielfach steuerfrei gewährt werden können. Ein Gleichlauf der steuerrechtlichen Bewertung mit den dem Equal Treatment Grundsatz unterfallenden Entgeltbestandteilen könne demnach offensichtlich nicht vorgesehen sein.

Bei der Auswertung der entsprechenden Entscheidungen ist zu berücksichtigen, dass jeweils vergangenheitsbezogene Sachverhalte zur Entscheidung anstanden. Sowohl das BAG, als auch das LSG Niedersachsen-Bremen, hatten über die Frage zu befinden, ob für abgeschlossene Zeiträume bei einer Gesamtbetrachtung eine finanzielle Differenz der dem Leiharbeitnehmer gewährten Arbeitsbedingungen im Vergleich zu den ihm zustehenden „Equal"-Arbeitsbedingungen bestand. Entsprechende Aussagen lassen sich nicht in jedem Fall uneingeschränkt auf die Frage übertragen, wie ein laufendes Arbeitsverhältnis abzuwickeln ist. Insbesondere die vom LSG vorgenommene Verrechnung eines geringeren Stundenlohnes mit gewährtem Aufwendungsersatz ließe sich im laufenden Arbeitsverhältnis nur rechtfertigen, wenn man Stundenlohn und Aufwendungsersatz der gleichen Sachgruppe zuordnen würde und somit nur in Gesamtschau in die Gegenüberstellung der Arbeitsbedingungen einstellen würde. Eine entsprechende Zusammenfassung dürfte meiner Ansicht nach jedoch zu weitgehend sein. Im laufenden Arbeitsverhältnis würde dies demnach dazu führen, dass bei einem geringeren Stundenlohn des Leiharbeitnehmers dieser für einen Equal Treatment Einsatz auf das Stundenlohnniveau des Entleihers angehoben werden müsste, und *zusätzlich* ein zugesagter Aufwendungsersatz gezahlt werden müsste.

156

Für laufende Überlassungen ist demnach – entgegen des ersten Eindruckes – der Ansatz des BAG vorzuziehen, wonach „echter" Aufwendungsersatz keine wesentliche Arbeitsbedingung im Sinne des Equal Treatment Grundsatzes darstellt. Da sich der Stunden- oder Monatslohn und entsprechende Aufwendungsersatzansprüche nicht derselben Sachgruppe zuordnen lassen werden, führen die Grundsätze des LSG im Ergebnis lediglich dazu, dass etwaige höhere Aufwendungsersatzleistungen des Entleihers übernommen werden müssten, ohne dass eigene Aufwendungsersatzleistungen mit sonstigen Arbeitsbedingungen verrechnet werden könnten. Da für Vergütungsfragen im laufenden Arbeitsverhältnis das BAG das deutlich sachnähere Gericht ist, dürfte es ohnehin gut vertretbar – wenn nicht gar zwingend – sein, in dieser Frage dessen Rechtsprechung zu folgen und Aufwendungsersatz im Equal Treatment unberücksichtigt zu lassen.

157

---

267 Vgl. BT-Drucks 15/25 S. 38.

4. Praktische Handhabbarkeit / Zwischenfazit

158 Für **Leiharbeitsunternehmen** stellen sich im Zusammenhang mit der Abwicklung eines Arbeitsverhältnisses auf Grundlage von Equal Treatment demnach **zwei wesentliche Probleme**:

Zum einen ist der abstrakte Begriff der wesentlichen Arbeitsbedingungen nach wie vor nicht in einer rechtssicheren, verallgemeinerungsfähigen und praxistauglichen Art und Weise definiert. Zum anderen stellt sich in jedem Fall das Problem, dass die Entgeltabrechnung für die Leiharbeitnehmer für jeden einzelnen Einsatz völlig neu gestaltet werden müsste. Bei häufigem Einsatzwechsel müssten gar für einen einzigen Monat auf unterschiedlichen Systemen abgerechnet werden. Stellt man sich bspw. eine Konstellation vor, bei der ein Leiharbeitnehmer die ersten zwei Wochen eines Monats bei einem Entleiher eingesetzt wird, welcher mit seinen Stammarbeitnehmern eine 40-Stunden Woche vereinbart hat und auf Stundenlohnbasis vergütet, in der zweiten Monatshälfte jedoch bei einem Entleiher, bei welchem eine 35-Stunden Woche gilt und der seinen Mitarbeitern ab der 152. Arbeitsstunde im Monat Überstundenzuschläge zahlt, so lässt sich ungefähr erahnen, welche tatsächlichen Schwierigkeiten die Entgeltabrechnung eines solchen Mitarbeiters verursachen kann. Dabei ist noch nicht berücksichtigt, dass ein Abrechnungsprogramm benötigt wird, welches eine entsprechende Flexibilität erlaubt. Ebenso ist nicht berücksichtigt, dass sich nicht jedes denkbare Vergütungssystem erschöpfend in zwei Sätzen beschreiben lässt. Selbst wenn die rechtliche Definition des Equal Treatment eindeutig wäre, bliebe das faktische Risiko, dass der Entleiherbetrieb unvollständige Angaben über sein Vergütungssystem gemacht hat oder sich bei der Übernahme des Vergütungssystems in die eigene Abrechnungssoftware Fehler eingeschlichen haben.

Es ist demnach derzeit weder für einen beratenden Juristen möglich, den Umfang und die Reichweite des Equal Treatment verbindlich und abschließend zu definieren, noch könnte ein betroffenes Leiharbeitsunternehmen – aufgrund der soeben geschilderten praktischen Umsetzungsschwierigkeiten – mit einer solchen Definition tatsächlich arbeiten.

II. Tarifliche Abweichungsmöglichkeiten (9 Monatsfrist)

159 Auch nach der Reform besteht der vom Gesetzgeber vorgesehene Normalfall weiterhin darin, dass Leiharbeitnehmer ab dem ersten Tag der Überlassung an einen Entleiher nach dem Equal Treatment Grundsatz vergütet werden müssen.[268] Die hiermit verbundenen rechtlichen und tatsächlichen Schwierigkeiten wurden bereits ausführlich dargestellt. Die Reform hat daher von der alten Rechtslage die **Möglichkeit** übernommen, **durch die Anwendung eines leiharbeitsspezifischen Ta-**

---

[268] Vgl. § 8 Abs. 1 AÜG.

rifvertrages vom Equal Treatment Grundsatz abweichen zu dürfen.[269] Sofern ein entsprechender Tarifvertrag demnach vollumfänglich in Bezug genommen wird, hat er Leiharbeitnehmer lediglich noch Anspruch auf die tarifliche Vergütung. Der Equal Treatment Anspruch wird vollständig verdrängt.

Dabei ist zu betonen, dass sich diese Abweichungsmöglichkeit tatsächlich keineswegs immer zu Lasten des Leiharbeitnehmers auswirkt. Das in den Leiharbeitstarifverträgen vorgesehene Entgeltniveau liegt selbst auf der untersten Entgeltstufe deutlich über dem allgemeinen Mindestlohn.[270] Es ist durchaus keine Seltenheit, dass die tarifvertraglich vorgesehene Vergütung über der Equal Treatment Vergütung des Entleihers liegt. Zudem würde die Equal Treatment Vergütung nur während der Dauer des Einsatzes geschuldet, wohingegen das tarifvertraglich vorgesehene Entgelt auch in einsatzfreien Zeiten gezahlt werden muss. Des Weiteren führt eine Equal Treatment Vergütung bei Einsatzwechseltätigkeiten zwangsläufig dazu, dass die tatsächliche Vergütung des Leiharbeitnehmers ständig wechselt und erheblichen Schwankungen unterliegt. Durch eine Vergütung auf Grundlage eines entsprechenden Leiharbeitstarifvertrages wird für den Leiharbeitnehmer demnach eine kalkulierbare Einkommenssituation geschaffen. Weder einsatzfreie Zeiten, noch „ungünstige" Einsatzwechsel können zu erheblichen Vergütungseinbußen führen. Durch die 2012 eingeführten Branchenzuschlagstarifverträge werden diese Vorteile zwar ein Stück weit abgeschwächt, für den Leiharbeitnehmer bleibt jedoch das tarifvertragliche Vergütungsniveau als verlässliche Kalkulationsgrundlage erhalten.

160

Die Anwendung entsprechender Tarifverträge zur Abweichung vom Equal Treatment Grundsatz steht auch solchen Unternehmen offen, bei denen die Arbeitnehmerüberlassung nur einen geringen Teil der Geschäftstätigkeit ausmacht (*sog. Mischbetriebe*).[271] Dies war lange Zeit umstritten. Insbesondere die Agentur für Arbeit als für die Inhaber eine Verleiherlaubnis zuständige Prüfbehörde vertrat lange Zeit die Auffassung, dass ein Betrieb überwiegend Arbeitnehmerüberlassung betreiben müsse, um wirksam entsprechende Tarifverträge in Bezug nehmen zu können. Sofern die Arbeitnehmerüberlassung demnach nicht der alleinige Geschäftszweck war und weniger als 50 % der gesamten erbrachten Arbeitszeit umfasste, war nach Auffassung der Agentur für Arbeit eine Abweichung vom Equal Treatment Grundsatz durch Tarifvertrag nur dann möglich, wenn zuvor eine eigenständige Betriebsabteilung gegründet wurde, deren Geschäftszweck überwiegend die Arbeitnehmerüberlassung war.

161

---

269 Vgl. § 8 Abs. 2 AÜG.
270 Entgeltgruppe E1 in Westdeutschland lag bis 31.12.2012 bei 9 EUR pro Stunde.
271 Vgl. BSG v. 12.10.2016, Az.: B 11 AL 6/15 R.

In seiner Entscheidung vom 12.10.2016 hat das **BSG** jedoch jüngst entschieden, dass diese Auffassung der Agentur für Arbeit falsch war.[272] Die Frage, ob entsprechende Tarifverträge auch von Unternehmen bzw. Betrieben in Bezug genommen werden könne, die nicht überwiegend Arbeitnehmerüberlassung betreiben, hänge allein vom von den Tarifvertragsparteien festgelegten Anwendungsbereich des Tarifvertrages ab. Wenn dieser nicht auf Unternehmen oder Betriebe mit dem alleinigen oder überwiegenden Geschäftszweck der Arbeitnehmerüberlassung festgelegt sei, komme eine entsprechende Einschränkung nicht in Betracht.[273] Es ist davon auszugehen, dass die Agentur für Arbeit ihre Verwaltungspraxis nunmehr entsprechend anpassen wird und auch Mischbetrieben zukünftig die Abweichung vom Equal Treatment Grundsatz ermöglicht wird, ohne dass hierfür zunächst eine eigenständige Betriebsabteilung gegründet werden muss.

> *Praxishinweis*
> Nach dem bislang Geschilderten überrascht es nicht, dass in der Leiharbeitsbranche nahezu flächendeckend Tarifverträge angewandt werden. Die Reform des AÜG wird hieran nichts ändern, führt jedoch die Einschränkung ein, dass die bedingungslose Abweichung vom Equal Treatment Grundsatz nur für maximal neun Monate zulässig sein soll.[274] Nach diesem Zeitpunkt muss der Leiharbeitnehmer hinsichtlich des Arbeitsentgelts gleichgestellt werden, was regelmäßig als „Equal Pay" bezeichnet wird. Der Equal Treatment Grundsatz wird somit grundsätzlich weiterhin durch die Tarifanwendung ersetzt, lediglich hinsichtlich der Vergütung muss die Gleichstellung vorgenommen werden. Zwar sind auch mit dem Begriff des „Equal Pay" eine Vielzahl von rechtlichen und tatsächlichen Problemen verbunden, wie sogleich ausgeführt werden wird, gleichwohl müssen zumindest nicht bspw. die komplizierten Urlaubs- oder Arbeitszeitregelungen an die Regelungen des Entleihers angepasst werden.

162 Auch weiterhin ist eine **Abweichung vom Equal Treatment Grundsatz** dann **ausgeschlossen**, wenn der Leiharbeitnehmer innerhalb der letzten sechs Monate vor Beginn der Überlassung aus einem Arbeitsverhältnis mit dem Entleiher oder einem mit dem Entleiher konzernrechtlich verbundenen Unternehmen ausgeschieden ist.[275] Hierdurch soll verhindert werden, dass Stammarbeitnehmer gekündigt werden und sodann als Leiharbeitnehmer die gleiche Tätigkeit zu schlechteren Arbeitsbedingungen weiterhin ausüben müssen. Zwar ist es nicht verboten, Leiharbeitnehmer an ihren ehemaligen Arbeitgeber zu überlassen. Für die betroffenen Leiharbeitnehmer wird durch den zwingend anzuwendenden Equal Treatment

---

[272] Vgl. BSG v. 12.10.2016, Az.: B 11 AL 6/15 R.
[273] Die zitierte Entscheidung des BSG hat dies für die Tarifverträge des BAP bejaht. Für die iGZ-Tarifverträge existiert bislang keine ausdrückliche Entscheidung.
[274] Vgl. § 8 Abs. 4 AÜG.
[275] Vgl. § 8 Abs. 3 AÜG.

Grundsatz jedoch sichergestellt, dass hiermit keine Nachteile im Vergleich zur vorherigen Festanstellung verbunden sind.

Unklar ist der Anknüpfungspunkt der **Berechnung der Neun-Monats-Frist**. Das Gesetz spricht von der Dauer der Überlassung, nicht von der Einsatzdauer.[276] Nimmt man den Wortlaut ernst, ist somit die Laufzeit des Überlassungsvertrages relevant, nicht die tatsächliche Anwesenheit im Entleiherbetrieb. Damit wäre auch die Frage beantwortet, wie es zu bewerten ist, wenn sich der Leiharbeitnehmer nicht an fünf Tagen pro Woche beim Kunden im Einsatz befindet. Sofern der Vertrag ununterbrochen durchläuft, gilt nach dem Wortlaut des Gesetzes auch bei einer „Teilzeitüberlassung" ein Gleichlauf der Einsatzmonate mit den Kalendermonaten. Etwas anderes könnte nur dann gelten, wenn für jeden tatsächlichen Einsatz ein neuer Überlassungsvertrag geschlossen werden würde. Eine solche Konstruktion dürfte jedoch nur dann als nicht rechtsmissbräuchlich bewertet werden, wenn tatsächlich bei der Beendigung des Überlassungsvertrages noch nicht absehbar ist, ob und wann es zu einer neuen Überlassung kommt. Wird hingegen für einen Leiharbeitnehmer, welcher auf absehbare Zeit bspw. jeden Montag und Mittwoch bei einem Kunden tätig werden soll, jeweils nur ein Überlassungsvertrag für einen einzigen Tag geschlossen, um auf diese Weise die neun Einsatzmonate erst nach 270 tatsächlichen Einsatztagen zu erreichen, dürfte eine entsprechende Konstruktion als rechtsmissbräuchlich angesehen werden. Gestützt werden könnte dies auf den Rechtsgedanken, der in § 4 Abs. 1 TzBfG zum Ausdruck kommt. Eine entsprechende Konstruktion würde einen Leiharbeitnehmer, der nur in „Teilzeit" beim jeweiligen Entleiher tätig wird, gegenüber einem „Vollzeit"-Leiharbeitnehmer benachteiligen, da er erst deutlich später in den Genuss der Equal Pay Vergütung gelangen würde.

163

III. Der weite Equal Pay Begriff/gesetzliche Vermutung/Berechnungsprobleme

Auch wenn durch die Anwendung entsprechender Leiharbeitstarifverträge der Equal Treatment Grundsatz abbedungen wird, so sieht das Gesetz in § 8 Abs. 4 AÜG vor, dass hinsichtlich des Arbeitsentgeltes **nur für die ersten neun Einsatzmonate vom Gleichstellungsgrundsatz abgewichen** werden kann. Nach neun Monaten im selben Einsatz hat der Leiharbeitnehmer somit Anspruch auf „Equal Pay" – also Gleichbehandlung, allerdings ausschließlich bezogen auf das Arbeitsentgelt.

164

Die punktuelle Gleichbehandlung, welche der Equal Pay Grundsatz vorsieht, stammt nicht aus der Richtlinie und war auch der alten Gesetzeslage nicht bekannt. Gleichwohl handelt es sich hierbei um den wesentlichen Teil des Equal Treatment,

165

---

276   Vgl. § 8 Abs. 4 S. 1 AÜG.

welcher insbesondere auch für die Leiharbeitnehmer regelmäßig die größte Bedeutung hat. Dass nach neun Monaten auf Equal Pay und nicht Equal Treatment abgestellt wird, dürfte in erster Linie ein Versuch sein, die Regelung für die Praxis handhabbar zu halten. Anhand der bereits getätigten Ausführungen zum vergleichbaren Arbeitnehmer und zum Inhalt des Equal Treatment lässt sich jedoch unschwer erkennen, dass die meisten Probleme auch dann unverändert bestehen bleiben, wenn man den Equal Treatment Anspruch auf ein Equal Pay reduziert.

166 Ein weiterer – im Ergebnis untauglicher – Versuch, die entsprechende Regelung praxistauglich zu gestalten, ist die Vorschrift des § 8 Abs. 1 S. 2 AÜG. Dort wird geregelt, dass bei einer Vergütung des Leiharbeitnehmers entsprechend der für einen vergleichbaren Arbeitnehmer geltenden tarifvertraglichen Regelungen vermutet wird, dass es sich hierbei um Equal Pay handelt. Ist für die vergleichbaren Arbeitnehmer kein Tarifvertrag anwendbar, so kann stattdessen auf das für die jeweilige Einsatzbranche geltende tarifvertragliche Entgelt abgestellt werden.

167 Dabei ist jedoch zu beachten, dass es sich hierbei ausdrücklich nur um eine **Vermutungsregelung** handelt, welche selbstverständlich widerlegt werden kann. Vor entsprechenden Vergütungsklagen des Leiharbeitnehmers wird die entsprechende Vermutung kaum jemals schützen können. Eine Klage auf (zusätzliche) Vergütung wird ein Leiharbeitnehmer regelmäßig nur dann anstrengen, wenn ihm Informationen darüber vorliegen, dass die vergleichbaren Arbeitnehmer tatsächlich eine höhere Vergütung erhalten. Sofern jedoch entsprechende konkrete Informationen vorgetragen werden, ist die Berufung auf eine entsprechende gesetzliche Vermutung hinfällig.

168 Als hilfreich könnte sich die entsprechende Vermutungsregelung ggf. im Rahmen von Prüfungen durch die Agentur für Arbeit bzw. die Deutsche Rentenversicherung erweisen. Wenn in diesem Zusammenhang ein Überlassungsverhältnis überprüft wird, welches länger als neun Monate andauerte, so kann durch den Nachweis der tarifgerechten Vergütung zumindest der allgemeine Verdacht entkräftet werden, dass die gezahlte Vergütung nicht dem Equal Pay Niveau entspreche. Doch auch hier ist die gesetzliche Vermutung selbstverständlich widerleglich. Hat der Betriebsprüfer demnach – bspw. aufgrund früherer Prüfungen – Kenntnis davon, dass vergleichbare Arbeitnehmer in dem entsprechenden Einsatzbetrieb übertariflich vergütet werden, so ist die entsprechende Vermutung hinfällig und schützt weder vor Beitragsnachforderungen, noch vor Bußgeldern.

> *Praxishinweis*
> Im Ergebnis führt dies dazu, dass man eine über neun Monate hinausgehende Arbeitnehmerüberlassung nicht ohne erhebliches Risiko auf Basis einer Vergütung nach den für den Entleiher einschlägigen Tarifverträgen abrechnen kann. Trotz der entsprechenden Regelung muss der Verleiher demnach umfassende Informationen über die tatsächliche Vergütungsstruktur und das tatsächliche Vergütungsniveau im Entleiherbetrieb einholen und eine entsprechende

Dokumentation erstellen. Die gesetzliche Vermutungsregelung erweckt demnach lediglich den trügerischen Schein einer rechtssicheren Ausweichlösung.

Ebenfalls ein Zugeständnis an die praktische Handhabbarkeit der geforderten Equal Pay Vergütung ist die Regelung in § 8 Abs. 1 S. 3 AÜG. Dort ist festgelegt, dass für **Sachbezüge** des Entleihers ein Wertausgleich in Euro erfolgen kann. Stellt der Entleiher seinen Stammarbeitnehmern demnach zum Beispiel einen Dienstwagen zur Verfügung, so muss der dort eingesetzte Leiharbeitnehmer nicht ebenfalls einen Dienstwagen zur Verfügung gestellt bekommen, sondern kann stattdessen den wirtschaftlichen Wert des Dienstwagens in Geld ausgezahlt bekommen. Wie bereits an der Beschränkung der Gleichbehandlung auf den Equal Pay Anspruch wird auch hieran deutlich, dass der Gesetzgeber die wirtschaftliche Gleichbehandlung als den wesentlichen Aspekt des Equal Treatment Grundsatzes ansieht. Solange eine **wirtschaftliche Gleichwertigkeit** gegeben ist, legt der Gesetzgeber keinen großen Wert auf tatsächlich identische Arbeitsbedingungen.

169

Auch wenn es sich bei dem nach neun Monaten geforderten Equal Pay nur um einen Ausschnitt von dem im Grundsatz ab dem ersten Tag zu gewährenden Equal Treatment handelt, so bleiben die faktischen Umsetzungsschwierigkeiten nahezu vollständig erhalten. Es dürfte demnach zu erwarten sein, dass sich in solchen Branchen, in denen keine leiharbeitsspezifischen Zuschlagstarifverträge abgeschlossen werden, die Neun-Monats-Grenze als faktische Höchstüberlassungsgrenze herausstellt. Die **erhebliche Rechtsunsicherheit** und die **tatsächlichen Abrechnungsschwierigkeiten**, die mit der Pflicht zur Vergütung des Leiharbeitnehmers nach dem Equal Pay Grundsatz einhergehen, werden nur die wenigsten Personaldienstleister bereit sein, auf sich zu nehmen. Praktikabel dürfte dies – wenn überhaupt – nur für solche Leiharbeitsunternehmen sein, welche ausschließlich einige wenige Kunden betreuen, so dass der Aufwand zur Abbildung der entsprechenden Vergütungssysteme im eigenen Abrechnungssystem überschaubar und insbesondere nur einmalig erforderlich ist. Für Leiharbeitsunternehmen, die jedoch mehr als eine Handvoll Kunden betreuen, dürfte sehr schnell der Punkt erreicht sein, an dem der notwendige Aufwand nicht mehr wirtschaftlich umsetzbar ist und das rechtliche Risiko durch die zwangsläufig weniger enge Beziehung zum Entleiher überproportional anwächst.

170

IV. Erweiterte Abweichungsmöglichkeiten für Branchenzuschlagstarifverträge

Auch für die Verpflichtung, nach neun Monaten Einsatzdauer den Leiharbeitnehmer nach dem Equal Pay Grundsatz zu vergüten, besteht jedoch eine Abweichungsmöglichkeit. So sieht die Neuregelung des AÜG vor, dass auch über neun Monate hinaus eine tarifvertragliche Vergütung an Stelle der Equal Pay Vergütung gewährt werden kann, sofern der Tarifvertrag nach spätestens 15 Monaten ein Vergütungsniveau erreicht, welches von den Tarifvertragsparteien als gleichwertig mit dem ta-

171

rifvertraglichen Arbeitsentgelt vergleichbarer Arbeitnehmer in der Einsatzbranche festgelegt ist. Zudem muss spätestens nach sechs Wochen eine stufenweise Heranführung an dieses Arbeitsentgelt beginnen.[277]

172 Das hierbei vom Gesetzgeber zugrunde gelegte Konzept entspricht den seit 2012 bestehenden **Branchenzuschlagstarifverträgen**, welche von den Arbeitgeberverbänden iGZ und BAP mit den DGB-Gewerkschaften ausgehandelt wurde. Hintergrund für den seinerzeit vorgenommenen Tarifabschluss war das Bestreben der Arbeitgeberverbände, ein vom Gesetzgeber geplantes gesetzliches Equal Pay zu verhindern. Entsprechende Tarifverträge wurden für zuletzt insgesamt zwölf Branchen[278] abgeschlossen und führten grundsätzlich dazu, dass sich das Arbeitsentgelt der Leiharbeitnehmer für die Einsatzdauer in einem einer entsprechenden Branche angehörigen Entleiherbetrieb stufenweise erhöhte. Systematisch wurde dabei lediglich eine prozentuale Erhöhung der tarifvertraglich geschuldeten Vergütung festgelegt.[279] Zudem bestand für den Entleiher die Möglichkeit, eine Deckelung der dem Leiharbeitnehmer aufgrund der Branchenzuschlagstarifverträge geschuldeten Vergütung auf das Niveau der tatsächlichen Vergütung der vergleichbaren Stammarbeitnehmer zu beantragen.[280] Auch eine Deckelung auf 90 % der tatsächlichen Vergütung der vergleichbaren Stammarbeitnehmer auf entsprechenden Wunsch des Entleihers sahen die Tarifverträge vor.[281] Anknüpfungspunkt war zudem nur das „regelmäßig gezahlte Stundenentgelt" der vergleichbaren Stammarbeitnehmer. Es mussten demnach für die Deckelungsmöglichkeit weder Zulagen, Zuschläge oder sonstige von der Lage oder der Qualität der geleisteten Arbeit abhängigen Vergütungsbestandteile berücksichtigt werden.

173 Auch wenn somit grundsätzlich bereits ein tarifvertragliches System existiert, welches die vom Gesetzgeber geforderte stufenweise Heranführung der tarifvertraglichen Vergütung an die Vergütung der vergleichbaren Stammarbeitnehmer abbildet, so dürften gleichwohl die **Anforderungen des Gesetzgebers durch die vorhandenen Branchenzuschlagstarifverträge nicht erfüllt** werden. Bereits die Anknüpfung ausschließlich an das „regelmäßig gezahlte Stundenentgelt",[282] insbesondere aber die Möglichkeit, die Vergütung des Leiharbeitnehmers auf 90 % der Vergütung des vergleichbaren Arbeitnehmers zu begrenzen, widerspricht der geforderten defi-

---

277 Vgl. § 8 Abs. 4 S. 2 Nr. 2 AÜG.
278 Stand November 2016: Chemische Industrie; Gewerbliche Mitarbeiter in den Druckindustrie; Schienenverkehr; Holz und Kunststoff verarbeitende Industrie; Kali- und Steinsalzbergbau; Kautschuk verarbeitende Industrie; Kunststoff verarbeitende Industrie; Metall und Elektroindustrie; Gewerbliche Arbeitnehmer in der Papier erzeugenden Industrie; Papier, Pappe und Kunststoffe verarbeitende Industrie; Tapetenindustrie; Textil- und Bekleidungsindustrie.
279 Regelmäßig in § 2 Abs. 3 der entsprechenden Branchenzuschlagstarifverträge geregelt.
280 Regelmäßig in § 2 Abs. 4 der entsprechenden Branchenzuschlagstarifverträge geregelt.
281 Regelmäßig in § 2 Abs. 4 der entsprechenden Branchenzuschlagstarifverträge geregelt.
282 Regelmäßig in § 2 Abs. 4 der entsprechenden Branchenzuschlagstarifverträge erwähnt.

nierten Gleichwertigkeit der Vergütungen.[283] Die vorhandenen Branchenzuschlagstarifverträge werden demnach angepasst werden müssen, sofern durch sie vom gesetzlichen Anspruch auf Equal Pay abgewichen werden soll.

Anders als bisher müsste dabei zukünftig nicht mehr zwingend der tatsächlich vorhandene oder fiktive vergleichbare Mitarbeiter des Entleihers der Anknüpfungspunkt sein. Das Gesetz sieht ausdrücklich vor, dass **auf das tarifvertraglich geregelte Vergütungsniveau der Einsatzbranche abzustellen** ist.[284] Dies bedeutet zum einen, dass bei einem übertariflich zahlenden Entleiher keine höheren Zuschläge zu zahlen sind, zum anderen aber auch, dass ein tarifungebundener Entleiher mit untertariflicher Vergütung nicht auf „günstigere" Leiharbeitnehmer zurückgreifen kann. Zwar mag dieses System – insbesondere für die Leiharbeitnehmer – gerechter und vorhersehbarer sein. Es kann und wird jedoch dazu führen, dass Leiharbeitnehmer in bestimmten Einsätzen eine höhere Vergütung erhalten, als die Stammarbeitnehmer des Entleihers. Weder für den innerbetrieblichen Frieden beim Entleiher, noch für die politisch gewünschte Übernahme der Leiharbeitnehmer in die Stammbelegschaft durch den Entleiher dürfte dies hilfreich sein.

174

Der Wortlaut des Gesetzes legt zudem nahe, dass es nicht darauf ankommt, dass die Vergütung nach spätestens 15 Monaten tatsächlich das tarifliche Lohniveau der Entleiherbranche erreicht, sondern dass es ausreichen soll, wenn ein Vergütungsniveau erreicht wird, welches die Tarifvertragsparteien als gleichwertig definiert haben.[285] Der Wortlaut der entsprechenden Klausel in § 8 Abs. 4 S. 2 Nr. 1 AÜG lautet:

175

> Eine längere Abweichung durch Tarifvertrag ist nur zulässig, wenn nach spätestens 15 Monaten einer Überlassung an einen Entleiher mindestens ein Arbeitsentgelt erreicht wird, das in dem Tarifvertrag als gleichwertig mit dem tarifvertraglichen Arbeitsentgelt vergleichbarer Arbeitnehmer in der Einsatzbranche festgelegt ist, und [...].

Es ist jedoch durchaus fraglich, ob hierdurch den Tarifvertragsparteien tatsächlich eine unbeschränkte Definitionsbefugnis zugesprochen werden sollte oder vielmehr eine gewisse objektive Vergleichbarkeit gerichtlich überprüft werden kann. Nach den bitteren Erfahrungen mit den vermeintlichen Tarifverträgen der CGZP dürfte blindes Vertrauen in tarifvertragliche Regelungen nicht angebracht sein. Ein Tarifvertrag, der bspw. pauschal festlegen würde, dass die festgelegte Grundvergütung der vergleichbaren Vergütung einer jeden denkbaren Branche entspricht, dürfte recht offensichtlich nicht der Intention des Gesetzgebers gerecht werden. Im Rahmen der Diskussion über den Umgang mit der Reform wurden entsprechende Ideen bereits hinter vorgehaltener Hand diskutiert. Es wird sich jedoch zunächst zeigen müssen, ob sich tatsächlich eine Gewerkschaft findet, die entsprechende Ansätze

---

283 Eine solche wird jedoch in § 8 Abs. 4 Satz 2 Nr. 1 AÜG gefordert.
284 Vgl. § 8 Abs. 4 S. 2 Nr. 1 AÜG.
285 Vgl. § 8 Abs. 4 S. 2 Nr. 1 AÜG.

umsetzt. Empfehlenswert dürfte dies jedoch nicht sein und die Wahrscheinlichkeit, dass entsprechende Tarifverträge aufgrund des eklatanten Widerspruchs zum Sinn und Zweck der gesetzlichen Ermächtigung die Befugnis zur Ablösung des Equal Pay Anspruchs abgesprochen wird, dürfte ausgesprochen hoch sein.

176 Aus vergleichbaren Gründen scheitert auch eine Berufung auf für einzelne Branchen bereits existierende – und über das AEntG zwingend zu beachtende – **Mindestlohntarifverträge** als Tarifvertrag im Sinne des § 8 Abs. 4 AÜG. Zwar greift bei den entsprechenden Tarifverträgen eine etwaige „Entgeltanpassung" bereits ab dem ersten Tag, so dass die fristbezogenen Anforderungen erfüllt wären. Allerdings haben die entsprechenden Mindestlohntarifverträge ausdrücklich nicht den Anspruch, die tatsächliche Vergütung vergleichbarer Arbeitnehmer in der entsprechenden Branche abzubilden. Vielmehr stellen die Mindestlohntarife ausschließlich das Mindestmaß dessen dar, was in der entsprechenden Branche verdient werden muss. Eine Gleichwertigkeit des Mindestlohns mit der in entsprechenden Flächentarifverträgen festgelegten Vergütungshöhe wird weder behauptet, noch wäre eine solche glaubhaft. Die Anwendung eines branchenspezifischen Mindestlohns rechtfertigt demnach keine dauerhafte Abweichung vom Equal Pay Grundsatz.

177 Für die Frage der **Berechnung** der vom Gesetzgeber genannten **sechs Wochen bzw. 15 Monate** stellt sich zudem erneut die Frage, worin der jeweilige Anknüpfungspunkt zu sehen ist. Der Wortlaut spricht von der Dauer der Überlassung, so dass im Zweifel die Laufzeit des Überlassungsvertrages allein entscheidend sein dürfte. Demgegenüber stellen die derzeit vorhandenen Branchenzuschlagstarifverträge jeweils auf die „Einsatzdauer" ab, also die Dauer der tatsächlichen Tätigkeit beim Entleiher. Tatsächlich können beide Werte durchaus auseinanderfallen. So ist es denkbar und in bestimmten Bereichen durchaus üblich, Überlassungsverträge abzuschließen, die Arbeitsleistung der überlassenen Leiharbeitnehmer jedoch nur bei Bedarf in Anspruch zu nehmen. Fraglich ist, ob in einem solchen Fall nach spätestens 15 Kalendermonaten die vergleichbare Vergütungshöhe erreicht sein muss, auch wenn der Leiharbeitnehmer in diesen 15 Monaten insgesamt nur für wenige Wochen tatsächlich beim Entleiher eingesetzt wurde.

178 Eine ausdrückliche Regelung hierzu findet sich nicht im Gesetz. Der Umgang mit Unterbrechungszeiten ist nur dann festgelegt, wenn die **Überlassung unterbrochen** wurde, eine reine **Unterbrechung des Einsatzes** ist demnach voraussichtlich unerheblich.

> *Praxishinweis*
> Soweit möglich, sollten die einzelnen Überlassungen demnach hinsichtlich der Laufzeit an den tatsächlichen Bedarf angepasst werden. Fällt der Bedarf des Entleihers früher als gedacht weg, so sollten bestehende Überlassungsverträge gekündigt werden, damit im Falle einer neuen Überlassung die Unterbrechungszeiten nicht mitgerechnet werden müssen.

E. Der Gleichstellungsgrundsatz § 5

> Für Leiharbeitnehmer, welche bei einem Entleiher nicht in Vollzeit, sondern nur an einigen Tagen pro Woche eingesetzt werden, sollte jedoch darauf verzichtet werden, für jeden einzelnen Einsatztag einen eigenen Überlassungsvertrag abzuschließen. Hierin könnte – zumindest in analoger Anwendung – ein Verstoß gegen § 4 Abs. 1 TzBfG gesehen werden, da der betroffene Leiharbeitnehmer aufgrund seiner „Teilzeittätigkeit" erst zu einem späteren Zeitpunkt in den Genuss einer angepassten Vergütung käme, als ein „Vollleiharbeitnehmer".

Durch die Anknüpfung an die jeweilige Tarifvergütung der Entleiherbranche ist davon auszugehen, dass die zur dauerhaften Abweichung vom Equal Pay abgeschlossenen Tarifverträge sich – wie bereits die Branchenzuschlagstarifverträge – jeweils auf eine bestimmte Branche beschränken werden. Verleiher werden also weiterhin von jedem Entleiher Auskünfte über dessen Branchenzugehörigkeit einholen müssen, um zu entscheiden, welcher der vorhandenen Tarifverträge der für den jeweiligen Einsatz anwendbare ist. Sofern das im Zusammenhang mit den Branchenzuschlagstarifverträgen eingeführte System nicht grundlegend modifiziert wird, richtet sich der Anwendungsbereich der einzelnen Tarifverträge weiterhin nach den überwiegend im Entleiherbetrieb ausgeübten Tätigkeiten. Insbesondere bei Entleihern mit mehreren Betrieben entspricht die **Branchenzuordnung** der einzelnen Betriebe nicht immer dem Selbstverständnis des Entleihers, bzw. nicht der Branchenzugehörigkeit, die sich bei einer unternehmensweiten Betrachtungsweise ergeben würde. Da zudem nicht jeder Entleiher die tarifvertragliche Systematik durchschaut, auf welcher die Fragen des Verleihers zur Branchenzugehörigkeit beruhen, waren Diskussionen über die korrekte Einordnung nicht unüblich.

179

> *Praxishinweis*
> Sofern keine einvernehmliche Branchenzuordnung erfolgen konnte, bestand bislang als **rechtssichere „Notlösung"** die Möglichkeit, den **Branchenzuschlagstarifvertrag für die Metall und Elektroindustrie** anzuwenden. Da dieser Branchenzuschlagstarifvertrag die höchsten Zuschläge vorsah,[286] konnte hierdurch sichergestellt werden, dass die eingesetzten Leiharbeitnehmer zumindest keine zu geringe Vergütung erhalten. Durch die freiwillige Wahl der wirtschaftlich „ungünstigsten" Lösung konnte somit in unklaren Fällen Rechtssicherheit erkauft werden.
> **Diese Möglichkeit werden Verleihunternehmen zukünftig nicht mehr haben.** Es wird für jeden einzelnen Fall vollständig aufgeklärt werden müssen, welcher Branche der jeweilige Entleiher angehört und ob für diese Branche ein Tarifvertrag vorhanden ist, der den Anforderungen des § 8 AÜG entspricht. In Zweifelsfällen wird es nicht mehr möglich sein, den „teuersten" der vorhandenen Tarifverträge anzuwenden, da immer auch die Alternative besteht, dass

---

286 Der maximale Zuschlag beträgt hier bis zu 50 %.

kein einschlägiger Tarifvertrag vorhanden ist und demnach nach dem Equal Pay Grundsatz vergütet werden muss. Abstrakt und allgemeingültig lässt sich demnach nicht mehr ermitteln, welche der möglichen Varianten für den Leiharbeitnehmer am wirtschaftlich günstigsten ist.

V. Abweichungsmöglichkeiten für tarifungebundene Verleiher

180 Hinsichtlich der gesetzlich vorgeschriebenen Gleichbehandlung bzw. der Abweichungsmöglichkeiten hiervon, werden nicht tarifgebundenen Verleihern die gleichen Möglichkeiten eigeräumt wie tarifgebundenen Verleihern. Sowohl hinsichtlich der allgemeinen Abweichung vom Equal Treatment Grundsatz durch Tarifvertrag, als auch **bezüglich der Anwendung branchenspezifischer Zuschlagstarifverträge** zur Abweichung vom Equal Pay Grundsatz nach neun Monaten ist neben einer tarifrechtlichen Bindung an die entsprechenden Tarifverträge ausdrücklich auch eine **vertragliche Inbezugnahme ausreichend**.[287] Hierdurch wird die bisherige Rechtslage aufrecht erhalten. Aufgrund des sehr geringen Organisationsgrades der Leiharbeitnehmer wäre es andernfalls kaum möglich, für eine nennenswerte Anzahl an Arbeitsverhältnissen von der eingeräumten Abweichungsmöglichkeit Gebrauch zu machen.

181 Dabei ist jedoch zu beachten, dass das BAG in seiner Entscheidung vom 13.3.2013 konkret am Beispiel der Leiharbeitsbranche **Anforderungen an die Klarheit entsprechender Inbezugnahmeklauseln** aufgestellt hat.[288] So muss dann, wenn ein mehrgliedriges Tarifvertragswerk in Bezug genommen wird, in der Klausel eine Klarstellung erfolgen, welcher der mehreren in Bezug genommenen Tarifverträge im Falle einer Regelungskollision Vorrang genießen soll. Ob die einzelnen mehrgliedrigen Tarifverträge dabei tatsächlich einen abweichenden Inhalt aufweisen, ist unerheblich. Das theoretische Risiko eines abweichenden Inhaltes genügt, um eine Inbezugnahmeklausel ohne entsprechende Kollisionsregelung als unwirksam anzusehen.

182 Zu beachten ist zudem, dass die entsprechenden Tarifverträge vollumfänglich in Bezug genommen werden müssen.[289] Es ist also nicht zulässig, lediglich bezüglich der Vergütung auf die Tarifverträge zu verweisen, ohne auch die sonstigen Regelungen bspw. zum Erholungsurlaub, zum Arbeitszeitkonto oder zu den Kündigungsfristen anzuwenden. Abweichungen zugunsten der Leiharbeitnehmer sind jedoch selbstverständlich möglich, da durch Tarifverträge jeweils nur Mindestbedingungen vorgegeben sind.

---

287 Vgl. § 8 Abs. 2 S. 3 und § 8 Abs. 4 S. 3.
288 Vgl. BAG v. 13.3.2013, Az.: 5 AZR 954/11.
289 Vgl. Schüren/Hamann/*Schüren* AÜG § 9 Rn 167.

Praxishinweis
Im Zusammenhang mit den Folgen der Tarifunfähigkeit der CGZP hat sich gezeigt, dass es Ratsam ist, sich bezüglich der vereinbarten Ausschlussfristen nicht lediglich auf die im Tarifvertrag enthaltenen Ausschlussfristen zu verlassen, sondern – unabhängig hiervon – **einzelvertragliche Ausschlussfristen** zu vereinbaren. Andernfalls fällt im Falle einer Unwirksamkeit der angewandten Tarifverträge nicht nur rückwirkend die Möglichkeit weg, von den eigentlich geschuldeten Equal Treatment Arbeitsbedingungen abzuweichen. Gleichzeitig entfiele in diesem Fall die Möglichkeit, etwaigen Entgeltnachforderungen der Leiharbeitnehmer zumindest die Ausschlussfristen entgegen halten zu können.

Bei solchen einzelvertraglichen Ausschlussfristen, welche ausdrücklich unabhängig von den in Bezug genommenen Tarifverträgen wirksam sein müssen, ist darauf zu achten, hinsichtlich keines Aspektes für den Mitarbeiter nachteilig von der tarifvertraglichen Regelung abzuweichen. Andernfalls könnte dies als nicht vollständige Inbezugnahme der tarifvertraglichen Regelungen ausgelegt werden, mit der Folge, dass der Equal Treatment Grundsatz nicht wirksam abbedungen ist.

VI. Übergangsrecht

In § 19 Abs. 2 AÜG sind die Übergangsregelungen im Zusammenhang mit der Reform festgehalten. Bezüglich des Gleichstellungsgrundsatzes ist dort geregelt, dass bei der Berechnung der Überlassungszeit nach § 8 Abs. 4 S. 1 AÜG **Überlassungszeiten vor dem 1.4.2017 nicht berücksichtigt** werden. In § 8 Abs. 4 S. 1 AÜG ist geregelt, dass durch einen „einfachen" Tarifvertrag „nur" für die ersten neun Monate einer Überlassung vom Equal Pay Grundsatz abgewichen werden darf. Die Übergangsregelung hat somit zur Folge, dass bei Überlassungen ohne einen branchenspezifischen Tarifvertrag frühestens ab dem 1.1.2018 die Equal Pay Vergütung geschuldet wird. Den betroffenen Verleihunternehmen soll hierdurch ein längerer Zeitraum eingeräumt werden, sich auf die neue Regelung einzustellen, ohne jedoch das Inkrafttreten der Reform weiter nach hinten zu verschieben.

183

Fraglich ist jedoch, wie sich der spezifische Verweis ausschließlich auf § 8 Abs. 4 S. 1 AÜG auf solche Überlassungen auswirkt, für welche **aufgrund eines branchenspezifischen Tarifvertrages auch über den neunten Monat der Überlassung hinaus vom Equal Pay Grundsatz abgewichen** werden soll. Die Voraussetzungen, unter denen eine längere Abweichung möglich sein soll, sind in Satz 2 der entsprechenden Regelung niedergelegt und knüpfen ebenfalls an die Überlassungszeit an. Da die Übergangsregelung sich jedoch auf diese Regelung nicht bezieht, stellt sich die Frage, welche Konsequenz hieraus folgen soll.

184

Nach dem im Wortlaut des Gesetzes zum Ausdruck gekommenen Wille des Gesetzgebers darf für die Frage, ob die Voraussetzungen für eine Abweichung vom Equal

185

Pay Grundsatz über den neunten Einsatzmonat hinaus vorliegen, nicht nur der Zeitraum ab dem 1.4.2017 betrachtet werden. Wenn also gefordert wird, dass spätestens nach 15 Monaten einer Überlassung an einen Entleiher ein Entgelt erreicht wird, das in dem Tarifvertrag als gleichwertig mit dem tarifvertraglichen Entgelt der vergleichbaren Stammarbeitnehmer bezeichnet wird, so wird man hierfür auf den tatsächlichen Beginn der Überlassung abstellen müssen, auch wenn dieser vor dem 1.4.2017 liegt.

186 Sofern demnach absehbar ist, dass ein derzeit bereits laufender Einsatz über den 1.1.2018 hinaus fortgesetzt werden soll und auch nach diesem Zeitpunkt von der (erweiterten) Abweichungsmöglichkeit vom Equal Pay Grundsatz Gebrauch gemacht werden soll, so sollte vorsorglich sichergestellt werden, dass spätestens nach dem 15. tatsächlichen Einsatzmonat eine Vergütung erreicht wurde, welche in einem entsprechenden branchenspezifischen Tarifvertrag als gleichwertig mit der tarifvertraglichen Vergütung der vergleichbaren Stammarbeitnehmer des Entleihers definiert wird.

187 Natürlich stellt sich hierbei die Problematik, dass zum Zeitpunkt der Erstellung dieses Buches noch keinerlei branchenspezifische Tarifverträge existieren, auf welche sich bezüglich der geforderten Definition der Höhe der Vergütung bezogen werden könnte. Sofern entsprechende Tarifverträge jedoch abgeschlossen werden, bevor der fragliche Einsatz länger als 15 Monate dauerte, bleibt die Erfüllung des genannten Kriteriums prinzipiell weiterhin möglich.

188 Problematischer ist die zweite Anforderung an eine „dauerhafte" Abweichung vom Equal Pay Grundsatz, wonach spätestens nach sechs Wochen die stufenweise Heranführung der Vergütung an das tarifvertraglich definierte vergleichbare Niveau beginnen muss. Da zum jetzigen Zeitpunkt noch keine einschlägigen branchenbezogenen Tarifverträge existieren, kann auch keine entsprechende Anpassung vorgenommen werden. Zwar ergibt sich aus dem Wortlaut der Regelung nicht, dass die stufenweise Anpassung auf einer tarifvertraglichen Systematik beruhen muss. Es wäre demnach denkbar, eine einzelvertragliche Regelung zur Erhöhung der Vergütung nach sechs Wochen zu treffen und diese als erste Stufe der Vergütungsangleichung zu definieren, um auf diese Weise auch die zweite Anforderung an eine über den neunten Einsatzmonat hinausgehende Abweichung vom Equal Pay Grundsatz zu erfüllen. Aus meiner Sicht ergibt sich aus der Systematik der gesetzlichen Regelung jedoch, dass sich beide Anforderungen auf den Inhalt der tarifvertraglichen Norm beziehen. Eine entsprechende vertragliche Vereinbarung dürfte demnach nicht ausreichend sein.

189 Im Ergebnis bedeutet dies, dass nur für solche Überlassungen länger als neun Monate bzw. über den 1.1.2018 hinaus, vom Equal Pay Grundsatz abgewichen werden kann, welche bei Abschluss des einschlägigen Branchenzuschlagstarifvertrages noch keine sechs Wochen bestanden. Eine Übergangsregelung für die verlängerte

Abweichungsmöglichkeit besteht demnach faktisch nicht und sämtliche bei Inkrafttreten der Reform bereits laufenden Überlassungen werden ab dem 1.1.2018 nach dem Equal Pay Grundsatz vergütet werden müssen – selbst wenn in der Zwischenzeit ein einschlägiger branchenbezogener Tarifvertrag erlassen worden sein sollte.

VII. Folge von Verstößen gegen den Gleichstellungsgrundsatz

Grundsätzlich sieht das AÜG **zwei unterschiedliche Rechtsfolgen** im Zusammenhang mit Verstößen gegen die Vorschriften zum Gleichstellungsgrundsatz vor, welche allein oder gemeinsam eintreten können. So ist zum einen die Unwirksamkeit der Vereinbarung, aus welcher sich der Verstoß gegen den Gleichstellungsgrundsatz ergibt, möglich. Zum anderen kann ein entsprechender Verstoß als Ordnungswidrigkeit gemäß § 16 Abs. 1 Nr. 7a AÜG mit einem Bußgeld von bis zu 500.000 EUR geahndet werden. 190

So ist in § 9 Abs. 1 Nr. 2 AÜG geregelt, dass eine **Vereinbarung unwirksam** ist, welche für den Leiharbeitnehmer schlechtere Arbeitsbedingungen vorsieht, als ihm nach § 8 AÜG zustehen. Entsprechende Vereinbarung entfallen demnach ersatzlos, so dass der gesetzliche Normalfall des Equal Treatment zum Tragen kommt. Eine Reduzierung auf das gerade noch zulässige Maß ist erwartungsgemäß nicht vorgesehen. Eine Überraschung stellt die Regelung nicht dar. 191

Entsprechende Unwirksamkeitsregelungen sind jedoch auch auf Ebene der tarifvertraglichen Regelungen vorgesehen. So wird in § 8 Abs. 2 AÜG die grundsätzliche Erlaubnis geregelt, durch Tarifvertrag vom Equal Treatment Grundsatz abzuweichen. Gleichzeitig wird jedoch auch festgelegt, dass die entsprechenden Tarifverträge keine Vergütung unterhalb des in einer Rechtsverordnung nach § 3a Abs. 2 AÜG festgelegten Mindeststundenentgelts vorsehen dürfen. Ist dies gleichwohl der Fall, so ist nicht etwa das Mindeststundenentgelt geschuldet, sondern für jede Arbeitsstunde das Entgelt, dass der Entleiher seinen vergleichbaren Stammarbeitnehmern für eine Arbeitsstunde zahlt. 192

Interessant hierbei ist, dass keine Vergütung nach dem Equal Pay Grundsatz geschuldet wird, sondern lediglich eine auf die einzelne Arbeitsstunde bezogene finanzielle Gleichbehandlung. Es handelt sich somit um einen Unterfall des Equal Pay, welcher weniger weitgehend ist und mit dem Vergleichsentgelt, wie es in den Branchenzuschlagstarifverträgen auf Grundlage der alten Gesetzeslage definiert war, vergleichbar ist. Die entsprechenden Branchenzuschlagstarifverträge haben die Vergütung der vergleichbaren Stammmitarbeiter auf die „Grundvergütung" pro Arbeitsstunde heruntergebrochen, also den Vergütungsteil, den jeder vergleichbare Arbeitnehmer pro Stunde erhält, unabhängig von der zeitlichen Lage oder der Qualität der tatsächlich geleisteten Arbeit. Es handelt sich hierbei demnach um eine Art kleinsten gemeinsamer Nenner, welcher – je nach Zuschlagslastigkeit der Ver- 193 gütungsstruktur des jeweiligen Entleihers – jedoch die tatsächlichen Vergütungsverhältnisse nur sehr ungenügend abbildet. So ist es bspw. im Krankenpflegebereich üblich, dass Zulagen und Zuschläge einen erheblichen Anteil an der pro Monat erzielten Vergütung ausmachen. Dass diese Tatsache in der „alten" Branchenzuschlagstarifsystematik unberücksichtigt blieb, war ein Grund dafür, dass für diese Branchen bis zuletzt keine entsprechenden Zuschlagstarifverträge abgeschlossen worden waren.

Der Wortlaut des § 8 Abs. 2 S. 4 AÜG legt dabei nahe, dass eben dieser Ansatz zur Ermittlung des Vergleichsentgelts übernommen wurde. Es wird ausdrücklich auf die Vergütung abgestellt, die an einen vergleichbaren Arbeitnehmer „für eine Arbeitsstunde" und nicht „für die jeweilige Arbeitsstunde" zu zahlen ist. Das Gesetz bietet demnach keinen Ansatzpunkt für die Berücksichtigung etwaiger im konkreten Fall ggf. einschlägiger Nacht-, Überstunden- oder sonstiger Zuschläge, sondern stellt offensichtlich allein auf die für jede einzelne Stunde garantierte „Mindestvergütung" des Entleihers ab.

194 Auch wenn dieser Ansatz bei einer rein wirtschaftlichen Betrachtung hinter einem vollständigen Equal Pay oder gar Equal Treatment zurückbleibt, so stellen sich eine Vielzahl der Berechnungsprobleme und faktischen Umsetzungsschwierigkeiten gleichwohl. Der Anwendungsbereich der Norm dürfte indes äußerst gering sein. So muss zunächst ein einschlägiger Tarifvertrag vorliegen, dieser jedoch sodann eine „unzulässig niedrige" Vergütung vorsehen. Mit den derzeit in der Branche aktiven Tarifvertragsparteien dürfte eine solche Situation kaum denkbar sein.

195 Die **bußgeldbewährte Ordnungswidrigkeit** des § 16 Abs. 1 Nr. 7a AÜG stellt rein auf das tatsächliche „nicht gewähren" einer dem Leiharbeitnehmer zustehenden Arbeitsbedingung ab und kann demnach auch dann verhängt werden, wenn die arbeitsvertraglichen Regelungen nicht zu beanstanden sind, der Leiharbeitnehmer die ihm zustehende Vergütung bzw. die ihm zu gewährenden Arbeitsbedingungen jedoch tatsächlich nicht (vollständig) erhält. Durch die erhebliche Höhe des angedrohten Bußgeldes (**bis zu 500.000 EUR**) wird deutlich, dass der Gesetzgeber der Gewährung der korrekten Arbeitsbedingungen in der Leiharbeitsbranche eine erhebliche Bedeutung beimisst.

F. Die Offenlegungs-, Konkretisierungs- und Informationspflicht

Dr. Alexander Bissels

Literatur:

Bauer, Das neue AÜG (Stand: Juni 2016) – Eine Gesamtbetrachtung, BD 2016, 10; *Bertram*, AÜG-Reform – Beschränkung der Zeitarbeit und restriktive Abgrenzung von Dienst- und Werkverträgen, AIP

12/2015, 6; *Besgen*, Fremdpersonaleinsatz: Was kommt? Was bleibt?, B+P 2016, 380; *Bissels*, Verdeckte Arbeitnehmerüberlassung bei Scheinwerkvertrag – Fallschirm, BB 2015, 960; *ders.*, Kein fingiertes Arbeitsverhältnis zum Entleiherbetrieb bei verdeckter Arbeitnehmerüberlassung, jurisPR-ArbR 32/2015 Anm. 2; *Bissels/Falter*, In Stuttgart steht es 2:1 für die „Fallschirmlösung", DB 2015, 1842; *Böhm*, Fiktiver (Leih)Arbeitnehmerschutz (§§ 9, 10 AÜG-E)?!, NZA 2016, 530; *Brose*, Die Wirkung einer vorsorglichen Verleiherlaubnis im AÜG, DB 2014, 1739; *Hamann*, Zustandekommen eines Arbeitsverhältnisses mit dem Auftraggeber beim Scheinwerkvertrag?, jurisPR-ArbR 14/2015 Anm. 1; *Hamann/Rudnik*, Scheinwerkvertrag mit Überlassungserlaubnis – Ein probates Mittel zur Vermeidung illegaler Arbeitnehmerüberlassung?, NZA 2015, 449; *Henssler*, Überregulierung statt Rechtssicherheit – der Referentenentwurf des BMAS zur Reglementierung von Leiharbeit und Werkverträgen, RdA 2016, 23; *Seel*, Neue Spielregeln für die Arbeitnehmerüberlassung – Eine Analyse des Referentenentwurfs des AÜG, öAT 2016, 27; *Seier*, Zur Wirksamkeit einer vorsorglichen Verleihererlaubnis im AÜG, DB 2015, 494; *Siebert/Novak*, Neue gesetzliche Regelungen zu AÜG und Werkvertrag – Update 2017, ArbR 2016, 393; *Zimmermann*, Der Referentenentwurf zur AÜG-Reform 2017, BB 2016, 55.

I. Rechtslage bis 1.4.2017

In der Praxis war vor dem 1.4.2017 die sog. Fallschirmlösung ein gängiges Modell, um sich vor den unerwünschten Rechtsfolgen einer (illegalen) Arbeitnehmerüberlassung zu schützen, wenn sich der an sich abgeschlossene Werk-/Dienstvertrag von vornherein nicht als solcher, sondern vielmehr als Arbeitnehmerüberlassung dargestellt hat, oder der ursprünglich „echte" Werk-/Dienstvertrag im Laufe der Zeit durch die „Verschleifung" der betriebsorganisatorischen Prozesse von Fremd- und Eigenpersonal sowie der „Vermengung" des ursprünglich getrennten Weisungsgeflechts in eine Arbeitnehmerüberlassung „kippte".

196

Gerade in einem „Graubereich", in dem – auch aufgrund der inzwischen recht unübersichtlichen Judikatur – nicht hinreichend sicher prognostizierbar war, ob noch ein „echter" Werk-/Dienstvertrag oder schon eine Arbeitnehmerüberlassung vorlag, z.B. bei langfristigen IT-Projekten, die in gemischten Teams vor Ort bei dem Auftraggeber durchgeführt wurden, entsprach es in der Vergangenheit einer „best practice", dass das beauftragte Werkunternehmen/der beauftragte Dienstleister (vorsorglich) über eine Arbeitnehmerüberlassungserlaubnis nach § 1 AÜG verfügte oder sich vor Aufnahme der Tätigkeiten eine solche beschaffte, um die Fiktion eines Arbeitsverhältnisses zwischen dem eingesetzten Mitarbeiter und dem Auftraggeber auszuschließen, wenn tatsächlich kein Werk-/Dienstvertrag, sondern eine insoweit nicht mehr illegale, sondern „nur" verdeckte Arbeitnehmerüberlassung durchgeführt worden ist. Das BAG[290] hat inzwischen mit der herrschenden Mei-

---

[290] BAG v. 12.7.2016 – 9 AZR 352/15, BB 2016, 1715; BAG, 12.7.2015 – 9 AZR 51/15, juris; BAG, 12.7.2015 – 9 AZR 359/15, juris; BAG, 12.7.2015 – 9 AZR 537/15, juris; BAG, 12.7.2015 – 9 AZR 595/15, juris.

§ 5 Die Reform des AÜG

nung[291] entschieden, dass über eine entsprechende **Vorratserlaubnis** tatsächlich ausgeschlossen werden kann, dass zwischen dem de facto-Leiharbeitnehmer und dem de facto-Entleiher ein Arbeitsverhältnis fingiert wird. Der 9. Senat[292] führt dazu wörtlich aus:" § 10 Abs. 1 S. 1 AÜG fingiert i.V.m. § 9 Nr. 1 AÜG das Zustandekommen eines Arbeitsverhältnisses ausschließlich bei fehlender Arbeitnehmerüberlassungserlaubnis des Verleihers. Für eine analoge Anwendung dieser Vorschrift bei verdeckter Arbeitnehmerüberlassung fehlt es an einer planwidrigen Regelungslücke. Der Gesetzgeber hat für eine solche nicht offene Arbeitnehmerüberlassung bewusst nicht die Rechtsfolge der Begründung eines Arbeitsverhältnisses mit dem Entleiher angeordnet."

Vor diesem Hintergrund diente die vorsorglich eingeholte Arbeitnehmerüberlassungserlaubnis wie ein „Rettungsnetz", das geeignet war, die einschneidende arbeitsrechtliche Rechtsfolge einer illegalen Überlassung, nämlich die Fiktion eines Arbeitsverhältnisses, auszuschließen. Dabei war es auch nicht erforderlich, dass das Vertragsverhältnis zwischen dem Auftragnehmer und dem Auftraggeber ausdrücklich als „Arbeitnehmerüberlassung" gekennzeichnet oder deklariert wurde. Ausreichend war vielmehr, dass der vermeintliche Werkunternehmer/Dienstleister für den Fall, dass sich der Werk-/Dienstvertrag tatsächlich als Arbeitnehmerüberlassung darstellte und in diesem Zusammenhang Ansprüche gegen diesen oder den Besteller geltend gemacht wurden, die entsprechende Erlaubnis nach § 1 AÜG im Nachgang präsentieren konnte. Auf die genaue Abgrenzung von Werk-/Dienstvertrag und einer Arbeitnehmerüberlassung kam es im Einzelfall nicht mehr an. Die Gerichte[293] argumentierten, dass diese Frage offenbleiben könne, da für den Fall, dass tatsächlich eine insoweit verdeckte Arbeitnehmerüberlassung praktiziert worden wäre, diese zumindest von der Vorratserlaubnis gedeckt sei. Dies hatte für die beteiligten Unternehmen den enormen Vorteil, dass diesen – zumindest mit Blick auf die Gefahr der Fiktion eines Arbeitsverhältnisses – das Risiko genommen wurde, dass sich ihre Einschätzung, es liege ein Werk-/Dienstvertrag vor, von vornherein oder zumindest im Laufe der Vertragsdurchführung als fehlerhaft erweist. Für dieses Szenario wurde in der Praxis durch eine entsprechende Vorratserlaubnis

---

291 Vgl. LSG Sachsen v. 22.4.2016 – L 1 KR 228/11, juris; in diesem Sinne bereits: LAG Baden-Württemberg v. 18.12.2014 – 3 Sa 33/14, AuA 2015, 113; LAG Rheinland-Pfalz v. 14.3.2016 – 3 Sa 476/15, juris; LAG Baden-Württemberg v. 9.4.2015 – 3 Sa 53/14, NZA-RR 2015, 456; LAG Baden-Württemberg v. 7.5.2015 – 6 Sa 78/14, NZA-RR 2015, 520; LAG Rheinland-Pfalz v. 28.5.2015 – 2 Sa 689/14, NZA-RR 2015, 625; LAG Baden-Württemberg v. 12.8.2015 – 21 Sa 98/14, juris; LAG Baden-Württemberg v. 8.9.2015 – 15 Sa 90/14, juris; *Bissels/Falter*, DB 2015, 1842; *Bissels*, BB 2015, 960; *Bissels*, jurisPR-ArbR 32/2015 Anm. 2; *Hamann*, jurisPR-ArbR 14/2015 Anm. 1; *Seier*, DB 2015, 494 ff.; offenlassend: LAG Berlin-Brandenburg v. 5.11.2015 – 21 Sa 2326/14, juris; **a.A.** LAG Baden-Württemberg v. 3.12.2014 – 4 Sa 41/14, NZA-RR 2015, 177 unter Berufung auf ein treuwidriges widersprüchliches Verhalten; *Brose*, DB 2014, 1739 ff.; ausführlich zu den Folgen eines „Scheinwerkvertrages" im Übrigen: *Hamann/Rudnik*, NZA 2015, 449 ff.
292 BAG v. 12.7.2016 – 9 AZR 352/15, BB 2016, 1715.
293 Vgl. nur: BAG v. 12.7.2016 – 9 AZR 352/15, BB 2016, 1715.

vorgesorgt. Vor diesem Hintergrund konnte mit der Fallschirmlösung – zumindest aus arbeitsrechtlicher Sicht – ein Scheinwerk-/Scheindienstvertrag recht sorgen- und risikofrei umgesetzt werden.[294]

Praxishinweis
Auch bei der verdeckten Arbeitnehmerüberlassung dürften aber regelmäßig Equal Pay Ansprüche des de facto als Leiharbeitnehmer eingesetzten Mitarbeiters entstehen; in dem mit diesem geschlossenen Arbeitsvertrag wird regelmäßig keine Bezugnahme auf die Tarifverträge der Leiharbeit vorgesehen sein, um den Equal Pay Grundsatz wirksam abzubedingen, ist der Einsatz doch – zumindest formal – nicht auf eine Arbeitnehmerüberlassung, sondern auf einen Werk-/Dienstvertrag ausgerichtet. Sollten die bei dem Entleiher beschäftigten, mit dem Leiharbeitnehmer vergleichbaren Mitarbeiter eine höhere Vergütung erhalten, kann der Verleiher für dieses Lohndelta in Anspruch genommen werden. In der Praxis wird das Nachzahlungsrisiko durch die Aufnahme von AGB-rechtlich wirksamen Ausschlussfristen im Ergebnis auf die letzten drei Monate begrenzt sein. Die auf die Lohndifferenz zum Equal Pay zu zahlenden Sozialversicherungsbeträge sind hingegen nicht den arbeitsvertraglich vereinbarten Verfallfristen unterworfen, sondern können bis zum Ablauf der maßgeblichen Verjährungsfristen[295] von der DRV geltend gemacht werden. Der Entleiher haftet für die Sozialversicherungsbeiträge gemäß § 28e Abs. 2 S. 1, 2 SGB IV wie ein selbstschuldnerischer Bürge. In diesem Zusammenhang besteht daher auch das Risiko, dass der Scheinwerk-/Scheindienstvertrag – zumindest bei einem bedingt vorsätzlichen Handeln – eine strafrechtliche Relevanz hat (§ 266a StGB, Untreue), so dass dieser trotz der Vorratserlaubnis sowohl für den Verleiher als auch den Entleiher zumindest nicht vollkommen gefahrlos abgebildet werden konnte.

II. Koalitionsvertrag

Der Politik waren und sind derartige Werk-/Dienstvertragskonstruktionen mit Fallschirm ein Dorn im Auge, so dass es nicht verwundert, dass sich der Koalitionsvertrag vom 16.12.2013 diesen annimmt. Unter der Überschrift „Missbrauch von Werkvertragsgestaltungen verhindern" heißt es bereits recht deutlich: 197

„Rechtswidrige Vertragskonstruktionen bei Werkverträgen zulasten von Arbeitnehmerinnen und Arbeitnehmern müssen verhindert werden. Dafür ist es erforderlich, die Prüftätigkeit der Kontroll- und Prüfinstanzen bei der Finanzkontrolle Schwarzarbeit zu konzentrieren, organisatorisch effektiver zu gestalten, zu erleichtern und

---

294 Vgl. dazu: *Hamann/Rudnik*, NZA 2015, 452 f.
295 § 25 Abs. 1 S. 1, 2 SGB IV: die reguläre Verjährungsfrist beträgt vier Jahre; bei vorsätzlich vorenthaltenen Beiträgen verlängert sich diese auf 30 Jahre.

im ausreichenden Umfang zu personalisieren [...] und verdeckte Arbeitnehmerüberlassung zu sanktionieren. Der vermeintliche Werkunternehmer und sein Auftraggeber dürfen auch bei Vorlage einer Verleiherlaubnis nicht besser gestellt sein, als derjenige, der unerlaubt Arbeitnehmerüberlassung betreibt."[296]

Aus der beabsichtigten Gleichstellung von illegaler und verdeckter Arbeitnehmerüberlassung konnte nur abgeleitet werden, dass die Große Koalition plant, der Fallschirmlösung einen (gesetzlichen) Riegel vorzuschieben. Ob dies ordnungspolitisch geboten erscheint, steht freilich auf einem anderen Blatt. Der nur verdeckt Arbeitnehmerüberlassung betreibende Verleiher hat sich immerhin einer Zuverlässigkeitsüberprüfung durch die Erlaubnisbehörde unterzogen, um die Arbeitnehmerüberlassungserlaubnis nach § 1 AÜG überhaupt zu erhalten. Diesen qua gesetzlicher Anordnung auf die gleiche Stufe mit einem Unternehmen zu stellen, das illegal Arbeitnehmerüberlassung betreibt, insbesondere ohne überhaupt eine rechtliche Legitimität des Einsatzes herstellen zu wollen, ist nicht überzeugend und schlussendlich nicht gerechtfertigt. Dennoch ist diese vornehmlich politische Entscheidung in der Praxis zunächst hinzunehmen.

III. Rechtslage ab 1.4.2017

1. Vertragsbezogene Verpflichtungen

a) Allgemeines

198 Seit dem 1.4.2017 sieht das AÜG – insbesondere zum Ausschluss der Fallschirmlösung – eine **Offenlegungs- und eine Konkretisierungspflicht** vor. In § 1 Abs. 1 S. 5, 6 AÜG heißt es:

> Verleiher und Entleiher haben die Überlassung von Leiharbeitnehmern in ihrem Vertrag ausdrücklich als Arbeitnehmerüberlassung zu bezeichnen, bevor sie den Leiharbeitnehmer überlassen oder tätig werden lassen. Vor der Überlassung haben sie die Person des Leiharbeitnehmers unter Bezugnahme auf diesen Vertrag zu konkretisieren.

Nicht akzeptabel sollen – so die Gesetzesbegründung[297] – insbesondere Vertragskonstruktionen sein, die von den Vertragspartnern zwar als „Werkvertrag" bzw. „Dienstvertrag" bezeichnet würden, tatsächlich jedoch als Arbeitsverträge oder Arbeitnehmerüberlassungsverträge durchgeführt worden seien. Auf diese Weise könnten den Arbeitnehmern die ihnen zustehenden Rechte vorenthalten werden. Mit der Neuregelung in § 1 Abs. 1 S. 5, 6 AÜG sollen nach der Gesetzesbegründung[298] missbräuchliche Gestaltungen des Fremdpersonaleinsatzes in Form der verdeckten Arbeitnehmerüberlassung vermieden werden. In der Vergangenheit seien Fälle aufgetreten, bei denen Arbeitnehmer im Rahmen einer bloß formal als

---

296 S. 69 des Koalitionsvertrages vom 16.12.2013.
297 Vgl. BT-Drucks 18/9232 S. 14.
298 BT-Drucks 18/9232 S. 19.

F. Die Offenlegungs-, Konkretisierungs- und Informationspflicht   § 5

Werkvertrag bezeichneten Vereinbarung an einen Dritten überlassen worden seien. Gleichzeitig habe der vermeintliche Werkunternehmer eine Verleiherlaubnis vorrätig gehalten. Sei deutlich geworden, dass der vermeintliche Werkvertrag tatsächlich als Überlassungsvertrag zwischen den Parteien gelebt worden sei, weil der Dritte arbeitsrechtliche Weisungsrechte gegenüber den eingesetzten Arbeitnehmern ausgeübt habe, habe der vermeintliche Werkunternehmer die auf Vorrat gehaltene Verleiherlaubnis vorlegen können, um das Eingreifen der im AÜG vorgesehenen Rechtsfolgen einer illegalen Arbeitnehmerüberlassung zu verhindern. Der vermeintliche Werkunternehmer und sein Auftraggeber sollten zukünftig auch bei Vorlage einer Verleiherlaubnis nicht besser gestellt sein, als derjenige, der ohne die erforderliche Erlaubnis Arbeitnehmerüberlassung betreibe. Eine Arbeitnehmerüberlassung solle deshalb nach der Neuregelung in § 1 Abs. 1 S. 5, 6 AÜG zwingend offengelegt erfolgen und die **verdeckte Arbeitnehmerüberlassung sanktioniert** werden.

b) Offenlegungspflicht

Hierzu wird mit Wirkung zum 1.4.2017 geregelt, dass die Überlassung des Arbeitnehmers ausdrücklich als Arbeitnehmerüberlassung zu bezeichnen ist. Dies ist nach **§ 1 Abs. 1 S. 5 AÜG** zunächst in dem Vertrag zwischen Entleiher und Verleiher vorzusehen.[299]

199

> *Praxishinweis*
> Mit dieser Neuregelung schließt sich der Gesetzgeber der nach alter Rechtslage von einer Mindermeinung in der Rechtsprechung vertretenen Ansicht[300] an, dass es widersprüchlich sein soll, sich einerseits aufgrund des besonderen Schutzzwecks des AÜG und des Typenzwangs bei der Einordnung des Rechtsverhältnisses auf die tatsächliche Durchführung zu berufen, aber andererseits bei der Frage, ob eine nur vorsorglich eingeholte Arbeitnehmerüberlassung ausreichend ist, einen formalistischen Standpunkt einzunehmen.[301] Dass die damit bezweckte Gleichsetzung der illegalen mit der verdeckten Arbeitnehmerüberlassung nicht gerechtfertigt ist, hat *Böhm*[302] sehr pointiert herausgestellt, indem er wörtlich formuliert: „Wer keine Erlaubnis hat, muss bei so genanntem drittbezogenem Personaleinsatz eine falsche Bezeichnung des Geschäfts wählen, um zu verschleiern, dass es illegal ist. Vor dieser Notwendigkeit steht ein Erlaubnisinhaber nicht. Fehlende oder falsche Bezeichnung können als Ordnungswidrigkeit geahndet werden (§ 16 Abs. 1 Nr. 1c AÜG) oder in krassen Fällen

---

299 Vgl. BT-Drucks 18/9232 S. 19.
300 LAG Baden-Württemberg v. 3.12.2014 – 4 Sa 41/14, NZA-RR 2015, 177; a.A. BAG v. 12.7.2016 – 9 AZR 352/15, BB 2016, 1715.
301 Vgl. Stellungnahme des Deutschen Anwaltvereins zum Referentenentwurf eines Gesetzes zur Änderung des Arbeitnehmerüberlassungsgesetzes und anderer Gesetze aus März 2016, S. 11.
302 *Böhm*, NZA 2016, 530.

zum Entzug der Erlaubnis führen. Den materiell-rechtlichen Charakter des Geschäfts beeinflussen sie nicht. Auch „verdeckte" Arbeitnehmerüberlassung ist Arbeitnehmerüberlassung. "Zudem hat sich der nicht offen Überlassende immerhin einer Zuverlässigkeitsüberprüfung durch die Erlaubnisbehörde unterzogen – im Gegensatz zu dem illegal überlassenden Dienstleister.[303]

200 § 1 Abs. 1 S. 5 AÜG verlangt, dass die **Offenlegung der Arbeitnehmerüberlassung in dem Arbeitnehmerüberlassungsvertrag** erfolgt. Dies bedeutet auch, dass das gesetzliche Schriftformerfordernis nach § 12 Abs. 1 S. 1 AÜG, §§ 126, 126a BGB zu beachten ist; ansonsten kann die Offenlegungspflicht nach § 1 Abs. 1 S. 5 AÜG bereits aus formalen Gründen nicht gewahrt werden. Erforderlich ist, dass der Vertrag wechselseitig von den Parteien unterzeichnet wird, bei mehreren gleichlautenden Urkunden jede Partei die für die andere Partei bestimmte Urkunde unterschreibt oder die elektronische Form gewahrt wird.[304]

201 Zudem ist in dem Arbeitnehmerüberlassungsvertrag ausdrücklich darauf hinzuweisen, dass eine Arbeitnehmerüberlassung durchgeführt werden soll. Dies kann in der Praxis am einfachsten durch die Kennzeichnung der Vereinbarung in der Überschrift als „Arbeitnehmerüberlassungsvertrag" geschehen. Ggf. kann zusätzlich festgelegt werden, dass die Vereinbarung die Rechte und Pflichten des Verleihers, der dem Entleiher Arbeitnehmer überlässt, und des Entleihers, der die vom Verleiher überlassenden Arbeitnehmer einsetzt, regelt. Die Anforderungen an die ausdrückliche Bezeichnung der Arbeitnehmerüberlassung in dem Vertrag zwischen Verleiher und Entleiher dürfen dabei nicht allzu hoch anzusetzen sein; ausreichend ist, wenn sich die Bezeichnung „Arbeitnehmerüberlassung" in dem Vertrag wiederfindet und sich auch im Übrigen aus den Regelungen und deren Gesamtzusammenhang ergibt, dass eine solche betrieben werden soll.

Wesentlich ist dabei, dass die entsprechende **schriftliche Offenlegung** *vor* **der Überlassung** durch den Verleiher bzw. vor dem tatsächlichen Einsatz der überlassenen Leiharbeitnehmer bei dem Entleiher erfolgen muss. Es ist also nicht ausreichend, dass der Arbeitnehmerüberlassungsvertrag nach Beginn des Einsatzes von beiden oder auch nur von einer Partei – ggf. auch rückdatiert – unterzeichnet wird. Vielmehr muss der Vertrag durch die Wahrung der Schriftform formwirksam geschlossen worden sein, bevor die Überlassung faktisch beginnt, wenn Verleiher und Entleiher die Offenlegungspflicht wahren wollen. Dies bedeutet, dass der Vertrag nicht nur von den Beteiligten unterzeichnet worden sein muss, sondern dass die unterschriebene Vereinbarung der jeweils anderen Partei auch zugegangen ist, also in der Regel im Original übergeben wurde.

---

303 Vgl. *Henssler*, RdA 2016, 23.
304 Die gesetzlich vorgeschriebene Schriftform kann durch die elektronische Form ersetzt werden. Erforderlich ist u.a., dass das elektronische Dokument mit einer qualifizierten elektronischen Signatur nach dem Signaturgesetz versehen wird, die in der Praxis de facto aber nicht weit verbreitet ist.

F. Die Offenlegungs-, Konkretisierungs- und Informationspflicht §5

Letztlich dürfte die Beachtung der Offenlegungspflicht „reine" Zeitarbeitsunternehmen in der Praxis vor keine großen Herausforderungen stellen, sind deren Verträge doch auf eine Arbeitnehmerüberlassung ausgelegt, was in der Regel schon in der Überschrift erkennbar wird. Schwieriger gestaltet sich – gesetzgeberisch gewollt – die Situation für **Werk-/Dienstvertragsanbieter oder Mischunternehmen, die sowohl Arbeitnehmerüberlassung als auch Werk- und/oder Dienstverträge durchführen**. Diese müssen sich zukünftig vor Beginn des Einsatzes festlegen, ob sie einen Werk-/Dienstvertrag zu schließen oder eine Arbeitnehmerüberlassung durchzuführen beabsichtigen. Vor dem Hintergrund, dass der Verstoß gegen die Offenlegungs- und Konkretisierungspflicht im Ergebnis zu der Fiktion eines Arbeitsverhältnisses zwischen dem Leiharbeitnehmer und dem Entleiher führen kann (§ 10 Abs. 1 AÜG) und dass bei der rechtlichen Bewertung, ob noch ein Werk-/Dienstvertrag oder schon eine Arbeitnehmerüberlassung vorliegt, aufgrund der vielschichtigen und kaum noch überschaubaren Rechtsprechung[305] gewisse Risiken einer Falschbewertung nicht auszuschließen sind, muss – gerade im „Grenzbereich" zwischen Werk-/Dienstvertrag und Arbeitnehmerüberlassung – dafür Sorge getragen werden, dass die Einsatz-/Weisungsstrukturen optimiert und Indizien, die für eine Arbeitnehmerüberlassung sprechen können, ausgeschlossen werden. Ist dies nicht möglich bzw. besteht trotz aller Optimierungsversuche nach wie vor ein nicht nur geringes Risiko, dass ein Gericht oder eine sonstige Behörde den an sich als Werk-/Dienstvertrag aufgesetzten Einsatz als Arbeitnehmerüberlassung qualifiziert, ist guter Rat teuer: entweder der Auftragnehmer ist bereit, dass wirtschaftliche (und ggf. auch strafrechtliche) Risiko einer fehlerhaften rechtlichen Einordnung zu tragen oder dieser entschließt sich – gesetzgeberisch sicherlich nicht unerwünscht – die strengen Regulationen des AÜG in Kauf zu nehmen. Um den ggf. nachteiligen Rechtsfolgen einer fehlerhaften Einordnung zu entgehen, kann das Werkvertragsunternehmen/der Dienstleister den seines Erachtens an sich als Werk-/Dienstvertrag durchzuführenden Einsatz von vornherein als Arbeitnehmerüberlassung deklarieren, um überhaupt die legitimierende Wirkung der Erlaubnis nach § 1 Abs. 1 AÜG für sich in Anspruch nehmen zu können. Der bisherige „Scheinwerk-/Scheindienstvertrag" hätte endlich seine Entsprechung in einer „Scheinarbeitnehmerüberlassung" gefunden[306] – ein Zustand den der Gesetzgeber wohl billigend in Kauf nimmt, da es diesem lieber zu sein scheint, dass Arbeitnehmer in einem gesetzlich hoch regulierten, aber mutmaßlich falschen rechtlichen Korsett des AÜG überlassen werden, als dass diese umgekehrt Gefahr laufen, in dem weitgehend deregulierten Bereich des Werk-/Dienstvertrages eingesetzt zu werden, wenn die Gefahr besteht, dass es sich nicht um einen solchen handelt.

202

---

305 *Böhm*, NZA 2016, 529: „Lotteriespiel".
306 So auch: *Böhm*, NZA 2016, 529.

> *Praxishinweis*
> In der Praxis kann erwogen werden, dass in dem zwischen den Parteien zu schließenden Vertrag vorsorglich auch eine Offenlegung der Arbeitnehmerüberlassung erfolgt. Diese schließen einen „echten" Werk-/Dienstvertrag, da sie nach einer entsprechenden Prüfung der Ansicht sind, dass die rechtlichen Anforderungen an einen solchen erfüllt sind. Daneben erklären die Parteien aber vorsorglich für den Fall, dass sich diese hinsichtlich der vertragsrechtlichen Einordnung des Einsatzes irren sollten und tatsächlich eine Arbeitnehmerüberlassung vorliegen sollte, dass eine solche betrieben wird.
>
> Der Offenlegungspflicht hätten die Parteien zwar entsprochen und daneben auch die mit einer Verletzung von § 1 Abs. 1 S. 5, 6 AÜG verbundene Fiktion eines Arbeitsverhältnisses ausgeschlossen (§§ 9 Abs. 1 Nr. 1a, 10 Abs. 1 AÜG, s. dazu Rdn 207), jedoch können bei einer solchen Vertragsgestaltung nicht sämtliche Risiken ausgeschlossen werden: da die Offenlegung nur vorsorglich erfolgt, werden die Parteien bei der Abwicklung des Vertrages – ihrer Bewertung entsprechend – die Vorschriften des AÜG nicht anwenden. Stellt sich sodann heraus, dass diese einschlägig gewesen sind und im Ergebnis auch der Equal Pay Grundsatz zu beachten ist, könnten Nachforderungsansprüche der de facto als Leiharbeitnehmer eingesetzten Mitarbeiter entstehen, auf die entsprechende Sozialversicherungsbeiträge abzuführen wären.
>
> Sollten die Parteien vorsorglich in der abgeschlossenen Vereinbarung darauf hingewiesen haben, dass eine Arbeitnehmerüberlassung vorliegen könnte, und haben diese dennoch die Vorschriften des AÜG (bewusst) nicht angewendet, kann dies als Indiz für eine vorsätzliche Nichtabführung von Sozialversicherungsbeiträgen angesehen werden. Vor dem Hintergrund einer damit verbundenen Strafbarkeit nach § 266a StGB bedarf eine solche Vertragsgestaltung einer genauen Abwägung, welche Risiken die Parteien in Kauf zu nehmen bereit sind.

c) Konkretisierungspflicht

203 Ergänzend zu der Offenlegungspflicht nach § 1 Abs. 1 S. 5 AÜG wurde mit Wirkung zum 1.4.2017 eine diese flankierende Konkretisierungsverpflichtung in **§ 1 Abs. 1 S. 6 AÜG** aufgenommen. Da – laut Gesetzesbegründung[307] – Überlassungsvereinbarungen auch als Rahmenverträge über ein Arbeitskräftekontingent ausgestaltet sein könnten, bestimme § 1 Abs. 1 S. 6 AÜG, dass **die Person des Leiharbeitnehmers *vor* der Überlassung zu konkretisieren** sei. Erforderlich ist also, dass die im Rahmen der vereinbarten Arbeitnehmerüberlassung bei dem Entleiher einzusetzenden Leiharbeitnehmer namentlich zu bezeichnen sind. Dies hat – wie auch bei der Offenlegungspflicht gemäß § 1 Abs. 1 S. 5 AÜG – vor dem Einsatz

---

[307] Vgl. BT-Drucks 18/9232 S. 19 f.

F. Die Offenlegungs-, Konkretisierungs- und Informationspflicht § 5

und damit vor der Aufnahme der Tätigkeit durch den Leiharbeitnehmer bei dem Entleiher zu erfolgen. Eine nachträglich vorgenommene Konkretisierung – ggf. verbunden mit einer Rückdatierung – ist nicht vorgesehen und verletzt folglich § 1 Abs. 1 S. 6 AÜG.

Nicht eindeutig geregelt ist, ob die Konkretisierung der Leiharbeitnehmer – wie die Offenlegung nach § 1 Abs. 1 S. 5 AÜG – unter Beachtung der Schriftform (§ 12 Abs. 1 AÜG, §§ 126. 126a BGB) erfolgen muss. Die herrschende Meinung bejaht dies, ohne dies freilich zu begründen.[308] Während in § 1 Abs. 1 S. 5 AÜG hinsichtlich der Arbeitnehmerüberlassung noch eindeutig verlangt wird, dass diese „in ihrem Vertrag" – gemeint ist hier der Arbeitnehmerüberlassungsvertrag zwischen Verleiher und Entleiher, der gemäß § 12 Abs. 1 AÜG unzweifelhaft der Schriftform unterworfen ist – offenzulegen ist, sieht § 1 Abs. 1 S. 6 AÜG nur vor, dass die Konkretisierung unter „Bezugnahme auf diesen Vertrag" zu erfolgen hat. Eine solche kann aber – ausgehend vom Wortlaut – auch mündlich oder in Textform vorgenommen werden, so dass die Vorschrift von ihrer Struktur nicht zwingend die Beachtung der Schriftform fordert. Allenfalls die Gesetzesbegründung, in der ein Bezug zu Rahmenverträgen hergestellt wird, in denen naturgemäß die Namen der letztlich konkret zu überlassenden Leiharbeitnehmer noch nicht final genannt sein können, kann einen Anknüpfungspunkt darstellen, für die Konkretisierung gleichermaßen die Schriftform zu verlangen, die auch ein Rahmenvertrag zu beachten hat. Insoweit könnte argumentiert werden, dass der die Namen der zu überlassenden Leiharbeitnehmer konkretisierende Einzelvertrag/-abruf dieselbe Form wahren muss, wie die Vereinbarung, auf der dieser aufsetzt. Zwingend ist dies allerdings nicht, so dass sich überzeugend vertreten lässt, dass die Konkretisierung nach § 1 Abs. 1 S. 6 AÜG nicht der Schriftform nach § 12 Abs. 1 AÜG unterworfen ist, sondern dass diese formfrei möglich ist. Zu Dokumentationszwecken bietet es sich an, die Konkretisierung der Leiharbeitnehmer schriftlich, also per Fax oder Email, vorzunehmen und sich diese von dem jeweiligen Vertragspartner entsprechend bestätigen zu lassen.

Praxishinweis
Mangels abschließender Klärung, welche Anforderungen an die Form in § 1 Abs. 1 S. 6 AÜG zu stellen sind, und eingedenk der einschneidenden Rechtsfolgen an den Verstoß gegen die Offenlegungs- und Konkretisierungspflicht ist für die Praxis – zumindest bis auf weiteres – allerdings zu empfehlen, die strengeren Anforderungen der **Schriftform** vor der Überlassung zu beachten. Erforderlich ist damit, dass „Einzelabrufe" vor dem Beginn des Einsatzes des Leiharbeitnehmers von Entleiher und Verleiher unter Bezugnahme auf den

---

308 Vgl. *Bertram*, AIP 12/2015, 6; *Bauer*, BD 2016, 10; *Zimmermann*, BB 2016, 55; wohl auch: *Siebert/Novak*, ArbR 2016, 393 („im Überlassungsvertrag"); vorsichtiger: BeckOK-ArbR/*Motz*, § 12 AÜG Rn 3.1.

> (Rahmen-)Vertrag unterzeichnet worden sind und die entsprechenden Erklärungen der jeweils anderen Partei zugehen.[309] Dies gilt auch, wenn die möglichen, für den Einsatz in Betracht kommenden Leiharbeitnehmer im Rahmenvertrag in Form eines „Stellenpools" bereits namentlich erfasst sind, aber nicht hinreichend klar ist, welcher konkrete Leiharbeitnehmer aus diesem tatsächlich abgerufen wird. Die Beachtung der Schriftform dient dabei der erforderlichen Dokumentation und Beweisbarkeit gegenüber der Erlaubnisbehörde, dass die Konkretisierungspflicht nach § 1 Abs. 1 S. 6 AÜG von Verleiher und Entleiher tatsächlich beachtet worden ist.

204 Die Vorschrift betrifft nicht nur „reine" Zeitarbeitsunternehmen, die auf Grundlage von Rahmenverträgen mit dem Entleiher eine Arbeitnehmerüberlassung vereinbart haben, sondern insbesondere Mischunternehmen oder Dienstleister, die Werk-/Dienstverträge mit ihren Kunden schließen. Insbesondere Letztgenannte müssen vor dem Einsatz „Farbe bekennen" und sich bei der Vornahme oder bei der Unterlassung einer Konkretisierung nach § 1 Abs. 1 S. 6 AÜG entscheiden, ob diese eine Arbeitnehmerüberlassung durchführen oder einen Werk-/Dienstvertrag abschließen wollen. Dabei sieht sich das betreffende Unternehmen mit den bereits in Zusammenhang mit der Offenlegungsverpflichtung dargestellten Schwierigkeit (Rdn 202) konfrontiert, dass den beteiligten Parteien qua gesetzlicher Anordnung das Risiko einer nicht verschuldeten Fehlbewertung der rechtlichen Qualität der dem Einsatz zugrunde gelegten Vereinbarung über einschneidende Rechtsfolgen (hier: Fiktion eines Arbeitsverhältnisses gemäß § 10 Abs. 1 AÜG) aufgelastet wird.

205 Hinzu kommt in der Praxis noch folgende **Problematik**, die auch reine Zeitarbeitsunternehmen vor Herausforderungen stellen wird: **kann ein bereits nach den Anforderungen des § 1 Abs. 1 S. 6 AÜG – unter Beachtung von § 12 AÜG, § 126 BGB – konkretisierter Leiharbeitnehmer kurzfristig nicht bei dem Kunden eingesetzt werden**, z.B. aufgrund eines unentschuldigten Fehlens oder einer Erkrankung, fordert der Entleiher regelmäßig bei dem Verleiher eine Ersatzkraft an. Wird mit der herrschenden Ansicht[310] davon ausgegangen, dass auch diese vor dem Einsatz unter Wahrung der Schriftform nach § 12 Abs. 1 AÜG, § 126 BGB im Sinne von § 1 Abs. 1 S. 6 AÜG konkretisiert werden muss, dürfte auf der Hand liegen, dass es in der Praxis kaum umsetzbar sein wird, vor Beginn des Einsatzes Verleiher und Entleiher wechselseitig auf den Einzelarbeitnehmerüberlassungsvertrag/-abruf im Original unterzeichnen zu lassen und die entsprechenden Erklärungen auszutauschen.[311] Eine Ausnahme mag für den Fall gelten, dass die Arbeitneh-

---

309 Die insoweit auch zulässige elektronische Form nach § 126a BGB spielt in der Praxis keine wesentliche Rolle.
310 *Bertram*, AIP 12/2015, 6; *Bauer*, BD 2016, 10; *Zimmermann*, BB 2016, 55; wohl auch: *Siebert/Novak*, ArbR 2016, 393 („im Überlassungsvertrag"); vorsichtiger: BeckOK-ArbR/*Motz*, § 12 AÜG Rn 3.1.
311 Auf entsprechende Schwierigkeiten weist auch *Bauer*, BD 2016, 10, hin.

F. Die Offenlegungs-, Konkretisierungs- und Informationspflicht § 5

merüberlassung im Rahmen eines Onsite-Managements betrieben wird, bei dem ein zeichnungsberechtigter Disponent des Verleihers vor Ort bei dem Entleiher den Fremdpersonaleinsatz administriert und organisiert. Letztlich verdeutlicht die Kombination der Konkretisierungspflicht mit der Wahrung der Schriftform, dass der Schutz vor etwaigen Missbrauchsfällen nach der gesetzgeberischen Denke eine höhere Priorität zu genießen scheint, als eine praktikable Handhabung der Vorschriften des AÜG zu gewährleisten.[312]

Unkritisch dürften damit letztlich nur (schriftliche) Einzelüberlassungsverträge sein, in denen neben Zeit, Dauer und Qualifikationsanforderungen auch die konkreten Namen der einzusetzenden Leiharbeitnehmer bereits genannt werden. Eine nochmalige Konkretisierung vor der beginnenden Überlassung ist eine schlichte Förmelei und hat mit Blick auf den Schutzzweck der Regelungen in § 1 Abs. 1 S. 5, 6 AÜG, nämlich die Parteien zu „zwingen", sich zu einer Arbeitnehmerüberlassung zu bekennen, um die legitimierende Wirkung der Erlaubnis nach § 1 Abs. 1 AÜG für sich in Anspruch nehmen zu können, keinen weiteren Nutzen.[313]

Die Praxis wird sich aber Modelle einfallen lassen müssen, die einen tauglichen Ansatz liefern, die Schriftform wahren zu können, wenn es gilt, Rahmenverträge zu konkretisieren, oder es zu kurzfristigen Ausfällen bei im Vorfeld hinreichend konkretisierten Leiharbeitnehmern kommt. In diesem Zusammenhang sind Vollmachtkonstruktionen denkbar, in denen der Entleiher vom Verleiher zur Zeichnung entsprechender Abrufe bzw. zur „Nachkonkretisierung" berechtigt wird und Erstgenannter – in Abstimmung mit dem Verleiher – vor dem Einsatz einen Einzelabruf sowohl für den Entleiher als auch den Verleiher zeichnet. Dabei ist zu beachten, dass die entsprechende Vollmacht schriftlich von dem Verleiher erteilt werden sollte[314] und der Entleiher von dem grundsätzlichen Verbot des Insichgeschäftes (§ 181 BGB) befreit werden muss. Auch eine Bevollmächtigung des einzusetzenden Leiharbeitnehmers durch den Verleiher ist denkbar; dieser könnte vor der Aufnahme seiner Tätigkeit eine schriftliche Erklärung zur Konkretisierung abgeben, die sodann von dem Entleiher vor Ort unterzeichnet und übergeben wird.

> *Praxishinweis*
> Eine **„Rückdatierung" von Arbeitnehmerüberlassungsverträgen** zur Konkretisierung der eingesetzten Leiharbeitnehmer ist zukünftig mit dem Risiko behaftet, dass wegen der Missachtung von § 1 Abs. 1 S. 5, 6 AÜG ein Arbeitsverhältnis mit dem Entleiher fingiert wird (§§ 9 Abs. 1 Nr. 1a, 10 Abs. 1 AÜG). Vor

---

312 So: *Bauer*, BD 2016, 10.
313 Vgl. BeckOK-ArbR/*Motz*, § 12 AÜG Rn 3.2, der sich in diesem Zusammenhang für eine teleologische Reduktion von § 1 Abs. 1 S. 6 AÜG ausspricht.
314 Die Vollmacht kann gemäß § 167 Abs. 2 BGB grundsätzlich formfrei erklärt werden, jedoch bietet es sich an, diese schriftlich zu erteilen, um ggf. auch seitens des Verleihers gewünschte Einschränkungen der Vertretungsmacht hinreichend zu dokumentieren.

diesem Hintergrund ist ein entsprechendes Vertragsmanagement/-monitoring sowohl durch den Verleiher als auch den Entleiher unerlässlich.

Auch hinsichtlich der Beachtung der Konkretisierungspflicht nach § 1 Abs. 1 S. 6 AÜG ist denkbar, dass eine solche vorsorglich für den Fall erfolgt, dass sich die beteiligten Parteien hinsichtlich der rechtlichen Einordnung des Einsatzes als „echter" Werk-/Dienstvertrag irren. Entsprechende Strafbarkeitsrisiken nach § 266a StGB bestehen jedoch in Zusammenhang mit § 1 Abs. 1 S. 6 AÜG ebenfalls (dazu oben Rdn 202).

206 Bei einer **Konzernüberlassung nach § 1 Abs. 3 Nr. 2 AÜG** sind Verleiher und Entleiher nicht gehalten, die Offenlegungs- und Konkretisierungspflichten nach § 1 Abs. 1 S. 5, 6 AÜG zu beachten; dies gilt im Übrigen auch, wenn ein anderer Privilegierungstatbestand nach § 1 Abs. 3 AÜG einschlägig sein sollte. § 1 Abs. 3 Eingangssatz AÜG erklärt in diesen Fällen abschließend nur einige wenige Vorschriften des AÜG für anwendbar;[315] § 1 Abs. 1 S. 5, 6 AÜG zählt nicht dazu.

d) Rechtsfolgen bei einem Verstoß gegen die Offenlegungs- und Konkretisierungspflicht

207 Verstoßen Verleiher und Entleiher gegen die Offenlegungs- und die Konkretisierungspflicht, ist der **Arbeitsvertrag zwischen Verleiher und Leiharbeitnehmer** – wie bisher nur bei einer illegalen Arbeitnehmerüberlassung[316] – **unwirksam (§ 9 Abs. 1 Nr. 1a AÜG)**. Diese Rechtsfolge tritt allerdings nur ein, wenn gleichzeitig gegen § 1 Abs. 1 S. 5 und S. 6 AÜG verstoßen wurde (dazu. s. Rdn 216). Stattdessen wird in diesem Fall ein **Arbeitsverhältnis zwischen Entleiher und Leiharbeitnehmer fingiert (§ 10 Abs. 1 AÜG)**.[317] Der Leiharbeitnehmer kann allerdings – unter Berücksichtigung der gesetzlich zwingend vorgesehenen Einbindung der Agentur für Arbeit nach § 9 Abs. 2 AÜG – innerhalb eines Monats nach dem für den Beginn der Überlassung maßgeblichen Zeitpunkt schriftlich gegenüber dem Verleiher oder dem Entleiher erklären, dass dieser an dem Arbeitsverhältnis zu dem Verleiher festhalten möchte (dazu insgesamt siehe Rdn 216 ff.). Die Rechtsfolgen treten dabei nicht nur bei den von vornherein rechtsmissbräuchlich handelnden Parteien ein, sondern auch bei denjenigen, die einen Werk-/Dienstvertrag in nicht vorwerfbarer Weise ausschließlich objektiv rechtsfehlerhaft nicht als Arbeitnehmerüberlassung erkannt und demgemäß nicht als solche deklariert haben[318] – diese Gleichstellung ist an sich nicht gerechtfertigt, vor dem Hintergrund der eindeutigen gesetzgeberischen Regelungsabsicht für die Praxis aber hinzunehmen.

---

315 Nämlich: § 1b S. 1, § 16 Abs. 1 Nr. 1b, Abs. 2 bis 5, §§ 17, 18 AÜG.
316 § 9 Abs. 1 Nr. 1 AÜG.
317 Kritisch zu den Rechtsfolgen: *Böhm*, NZA 2016, 529 ff.
318 Vgl. *Seel*, öAT 2016, 27.

F. Die Offenlegungs-, Konkretisierungs- und Informationspflicht § 5

Zudem können der vermeintliche Werkunternehmer und tatsächliche Verleiher sowie der vermeintliche Werkbesteller/Dienstleister und der tatsächliche Entleiher jeweils mit einem **Bußgeld von bis zu 30.000 EUR** belegt werden (**§ 16 Abs. 1 Nr. 1c, 1d, Abs. 2 AÜG**). Die Kodifizierung der Offenlegungspflicht, die beschriebenen Rechtsfolgen bei Verstößen und die vorgesehene Möglichkeit der Ahndung mit einer Geldbuße bei einem vorsätzlichen oder fahrlässigen und damit schuldhaften Verstoß soll nach Ansicht des Gesetzgebers[319] geeignet, erforderlich und angemessen sein, um den missbräuchlichen Fremdpersonaleinsatz durch die sogenannte verdeckte Arbeitnehmerüberlassung bzw. den Scheinwerkvertrag zu vermeiden. Mildere Mittel als die Pflicht, Arbeitnehmerüberlassung offenzulegen, die bei der Missbrauchsbekämpfung mindestens ebenso effektiv seien, seien nicht ersichtlich. Die Rechtsfolgen und Sanktionen seien angesichts der zu schützenden berechtigten Interessen der betroffenen Arbeitnehmer sowie der regelmäßig erheblichen Interessen der beteiligten Unternehmen sowie dem Allgemeininteresse an einem geordneten Arbeitsmarkt erforderlich und angemessen.[320]

Durch den Verstoß gegen die Offenlegungs- und Konkretisierungspflicht riskiert der Entleiher zudem **erlaubnisrechtliche Schritte**, die bis zur Aufhebung der diesem erteilten Arbeitnehmerüberlassungserlaubnis reichen können (**§ 3 Abs. 1 Nr. 1, §§ 4, 5 AÜG**).

Ob der Betriebsrat aufgrund eines Verstoßes gegen die Pflichten nach § 1 Abs. 1 S. 5 oder S. 6 AÜG berechtigt ist, dem Einsatz von Fremdpersonal gemäß § 99 Abs. 2 Nr. 1 BetrVG zu widersprechen, wenn – statt eines „echten" Werk-/Dienstvertrages – eine verdeckte Arbeitnehmerüberlassung durchgeführt wird, ist bislang von der Rechtsprechung nicht geklärt. Dies dürfte nicht der Fall sein, da § 1 Abs. 1 S. 5, 6 AÜG keine Verbotsnormen im Sinne von § 99 Abs. 2 Nr. 1 BetrVG darstellen dürfte; durch die betreffenden Regelungen soll im Sinne einer „Absperrtechnik" nicht verhindert werden, dass bestimmte Arbeitnehmer überhaupt in den Betrieb aufgenommen werden.

208

> *Praxishinweis*
> Vor dem Hintergrund, dass das BAG[321] ein Zustimmungsverweigerungsrecht des im Einsatzbetrieb bestehenden Betriebsrats bei einem Verstoß gegen den nicht mehr nur vorübergehenden Einsatz (§ 1 Abs. 1 S. 2 AÜG a.F.) anerkannt hat und das AÜG nach dessen Ansicht als gewerbliches Erlaubnisrecht eine rechtswidrige Beschäftigung von Leiharbeitnehmern untersagen soll, ist allerdings nicht auszuschließen, dass die Rechtsprechung auch einen Verstoß gegen § 1 Abs. 1 S. 5 oder S. 6 AÜG als hinreichend ansieht, um eine **Zustimmungs-**

---

319 BT-Drucks 18/9232 S. 19.
320 Vgl. BT-Drucks 18/9232 S. 19.
321 Vgl. BAG v. 10.7.2013 – 7 ABR 91/11, NZA 2013, 1296; BAG v. 30.9.2014 – 1 ABR 79/12, NZA 2015, 240.

verweigerung des bei dem Entleiher bestehenden Betriebsrats bzw. ein Verfahren nach § 101 BetrVG zu rechtfertigen.[322]

2. Informationspflicht

209 Flankiert wird die zwingende Offenlegung der Arbeitnehmerüberlassung zwischen Verleiher und Entleiher und die Konkretisierung der eingesetzten Leiharbeitnehmer nach § 1 Abs. 1 S. 5, 6 AÜG durch eine Pflicht des Verleihers, den Leiharbeitnehmer darüber zu unterrichten, dass er an einen Dritten (Entleiher) überlassen wird. In § 11 Abs. 2 S. 4 AÜG heißt es:

> Der Verleiher hat den Leiharbeitnehmer vor jeder Überlassung darüber zu informieren, dass er als Leiharbeitnehmer tätig wird.

Dies soll es Leiharbeitnehmern nach der Gesetzesbegründung erleichtern, deren Rechte nach dem AÜG geltend zu machen.[323] Die entsprechende **Unterrichtung** kann dabei **formfrei**, d.h. auch mündlich, erfolgen. Die gesetzliche Vorschrift sieht keine Text- oder gar Schriftform vor.

> *Praxishinweis*
> Für die Praxis ist gleichwohl **zu empfehlen, die Unterrichtung schriftlich vorzunehmen** und diese aus Dokumentationszwecken zu der Personalakte des Leiharbeitnehmers zu nehmen. Sollte die gesetzlich vorgesehene Informationspflicht nur mündlich erfolgen, kann der Verleiher insbesondere im Rahmen einer Prüfung durch die Erlaubnisbehörden in eine Beweisnot kommen, darzulegen, dass dieser der Pflicht nach § 11 Abs. 2 S. 4 AÜG tatsächlich nachgekommen ist.

Die Information des Leiharbeitnehmers muss dabei *vor* dem Beginn des Einsatzes und damit vor der tatsächlichen Arbeitsaufnahme bei dem Entleiher erfolgen. Dies kann gerade bei kurzfristigen Einsätzen mit gewissen praktischen Schwierigkeiten verbunden sein, wenn die Unterrichtung bei dem Verleiher grundsätzlich schriftlich erfolgt. Sollte dies im Ausnahmefall nicht möglich sein, sollte die Information des Leiharbeitnehmers zumindest anderweitig dokumentierbar, z.B. in Textform per E-Mail oder SMS, und nur ausnahmsweise telefonisch erfolgen sowie ein entsprechender Vermerk darüber zu den Akten genommen werden. Schließlich kann der Leiharbeitnehmer im Nachgang schriftlich bestätigen, dass dieser vor dem Beginn der Überlassung tatsächlich darüber unterrichtet worden ist, dass dieser als Leiharbeitnehmer eingesetzt werden soll.

210 Für „reine" Zeitarbeitsunternehmen dürfte die Erfüllung der in § 11 Abs. 2 S. 4 AÜG vorgesehenen Unterrichtungspflicht in der Regel keinen bedeutenden Mehr-

---

322 In diesem Sinne wohl: *Besgen*, B+P 2016, 380.
323 Vgl. BT-Drucks 18/9232 S. 20.

F. Die Offenlegungs-, Konkretisierungs- und Informationspflicht § 5

aufwand auslösen. In der Praxis erhält der Leiharbeitnehmer vor der Überlassung regelmäßig eine schriftliche Einsatzmitteilung, durch die diesem u.a. der konkrete Kunden, Beginn der Überlassung etc. mitgeteilt wird. Diese kann dabei um einen standardmäßig vorgesehenen Satz ergänzt werden, dass der Leiharbeitnehmer auch als solcher tätig wird.

Formulierungsbeispiel
„Hiermit unterrichten wir Sie darüber, dass Sie in dem vorgesehenen Einsatz bei dem Kunden *XY* im Rahmen einer Arbeitnehmerüberlassung eingesetzt und bei diesem als Leiharbeitnehmer tätig werden."

Ist der Leiharbeitnehmer ausdrücklich als solcher eingestellt worden und kann dieser auch nur in diesem Sinne eingesetzt werden, dürfte die Unterrichtungspflicht in § 11 Abs. 2 S. 4 AÜG eine schlichtweg überflüssige Förmelei darstellen, die für den betroffenen Leiharbeitnehmer keinen Mehrwert hinsichtlich der vom Gesetzgeber intendierten besseren Rechtswahrnehmung darstellt, da dieser schließlich weiß, dass er als Leiharbeitnehmer tätig wird und ausschließlich als solcher überlassen werden darf.[324] Dennoch sieht § 11 Abs. 2 S. 4 AÜG ausnahmslos vor, dass die Unterrichtung vor jeder Überlassung zu erfolgen hat. Unter Berücksichtigung von Sinn und Zweck der Vorschrift sprechen allerdings gute Gründe dafür, den Anwendungsbereich von § 11 Abs. 2 S. 4 AÜG in der obigen Konstellation entsprechend teleologisch zu reduzieren.

Praxishinweis
In der Praxis dürfte der Entleiher aber gut beraten sein, auch in diesen eindeutigen Fällen die Unterrichtungspflicht zu beachten und deren Einhaltung (schriftlich) zu dokumentieren. Dies gilt zumindest bis sich die Erlaubnisbehörde entsprechend positioniert hat oder höchstrichterlich feststeht, dass § 11 Abs. 2 S. 4 AÜG – anders als der Wortlaut nahelegt – einschränkend auszulegen und anzuwenden ist.

In diesem Zusammenhang ist zudem zu beachten, dass in zahlreichen mit Leiharbeitnehmern geschlossenen Arbeitsverträgen, die in der Leiharbeitsbranche genutzt werden, weit gefasste Versetzungsklauseln vorgesehen sind, die dem Verleiher ein umfängliches Gestaltungsrecht hinsichtlich der dem Leiharbeitnehmer zuzuweisenden Tätigkeiten zubilligen, selbst wenn der Leiharbeitnehmer ausdrücklich als solcher eingestellt worden ist.

Beispiel:
„Der Arbeitgeber ist im Rahmen seines Direktionsrechts berechtigt, den Leiharbeitnehmer [...] Tätigkeiten im eigenen Unternehmen oder, statt diesen an

---
324 In diesem Sinne auch: *Bauer*, BD 6/2016, 10 f.

Kundenbetriebe zu überlassen, auch im Rahmen von Werk- bzw. Dienstverträgen zwischen dem Arbeitgeber und dem Kunden einzusetzen."
„Dem Leiharbeitnehmer können auch Tätigkeiten im internen Bereich des Unternehmens zugewiesen werden; er kann zudem in Werk- oder Dienstverträgen eingesetzt werden."

Sollte der Arbeitsvertrag mit dem Leiharbeitnehmer dem Verleiher ein entsprechend weit gefasstes Direktionsrecht gewähren, den Leiharbeitnehmer gerade nicht als einen solchen einzusetzen, z.B. als Erfüllungsgehilfen im Rahmens eines von dem Auftraggeber geschlossenen Werkvertrages, ist eine Information nach § 11 Abs. 2 S. 4 AÜG hingegen immer erforderlich, um klarzustellen, wann tatsächlich ein Einsatz als Leiharbeitnehmer erfolgt bzw. wann der Verleiher diesen aufgrund des im Arbeitsvertrag vorgesehenen Direktionsrechts anderweitig einsetzt. Dies gilt im Übrigen auch, wenn der Leiharbeitnehmer seit dem Bestehen des Arbeitsverhältnisses ausschließlich als solcher überlassen wurde, sprich der Verleiher in der Vergangenheit von seinem Direktionsrecht keinen Gebrauch gemacht hat. Dieser Umstand ist unbeachtlich, da der Verleiher in der Zukunft aufgrund der vertraglichen Gestaltung jederzeit eine entsprechende Weisung erteilen kann, um den Leiharbeitnehmer nicht mehr als solchen einzusetzen.

Für Mischunternehmen, die Arbeitnehmerüberlassung betreiben und Werk-/Dienstverträge anbieten, sowie Dienstleister, deren Portfolie eine gewisse Nähe zur Arbeitnehmerüberlassung aufweisen kann, wird der organisatorisch-administrative Aufwand zukünftig steigen: für Erstgenannte, weil diese – je nach Einsatzart des Mitarbeiters – einen Prozess entwickeln müssen, dass diesem vor einer geplanten Überlassung im Zweifel eine (schriftliche) Einsatzmitteilung übermittelt wird, die den Anforderungen von § 11 Abs. 2 S. 4 AÜG genügt, für Letztgenannte, da diese sich im Vorhinein genau überlegen müssen, ob der durchzuführende Werk-/Dienstvertrag tatsächlich ein solcher ist oder ob nicht doch eine Arbeitnehmerüberlassung durchgeführt wird bzw. diese die „sicherere Variante" darstellt; in diesem Fall muss der eingesetzte Mitarbeiter – ausgehend davon, dass der Dienstleister auch über eine Erlaubnis nach § 1 Abs. 1 AÜG verfügt – entsprechend § 11 Abs. 2 S. 4 informiert werden. Zusätzlich sind in dieser Konstellation natürlich ebenfalls die Pflichten nach § 1 Abs. 1 S. 5, 6 AÜG einzuhalten.

212
Praxishinweis
Sind die Voraussetzungen einer **Konzernüberlassung gemäß § 1 Abs. 3 Nr. 2 AÜG** erfüllt, ist § 11 Abs. 2 S. 4 AÜG nicht zu beachten. Die Bereichsausnahme führt nur zu der Anwendung der abschließend im Eingangssatz von § 1 Abs. 3 AÜG genannten Vorschriften des AÜG;[325] § 11 Abs. 2 S. 4 ist dort nicht aufgeführt. Diese Erwägungen gelten im Übrigen entsprechend, wenn die Voraus-

---

325 § 1b S. 1, § 16 Abs. 1 Nr. 1b, Abs. 2 bis 5, §§ 17, 18 AÜG.

F. Die Offenlegungs-, Konkretisierungs- und Informationspflicht § 5

setzungen eines anderen in § 1 Abs. 3 AÜG genannten Privilegierungstatbestands erfüllt sind.

Die Verletzung der Informationspflicht nach § 11 Abs. 2 S. 4 AÜG durch den Verleiher stellt für diesen eine **Ordnungswidrigkeit** dar, die bei einem schuldhaften Verhalten (Vorsatz oder Fahrlässigkeit) mit einem **Bußgeld von bis zu 1.000 EUR** sanktioniert werden kann (**§ 16 Abs. 1 Nr. 8, Abs. 2 AÜG**).

Praxishinweis
Im Verhältnis zu einer Verletzung von § 1 Abs. 1 S. 5, 6 AÜG wird der Verstoß gegen § 11 Abs. 2 S. 4 AÜG vergleichsweise milde geahndet. Insbesondere wird daran **nicht die Fiktion eines Arbeitsverhältnisses** geknüpft (vgl. §§ 9 Abs. 1 Nr. 1a, 10 Abs. 1 AÜG). Jedoch ist in diesem Zusammenhang zu beachten, dass der Verleiher seine Arbeitnehmerüberlassungserlaubnis gefährdet, sollte dieser fortwährend oder wiederholt die Unterrichtungspflicht nach § 11 Abs. 2 S. 4 AÜG missachten (§ 3 Abs. 1 Nr. 1, §§ 4, 5 AÜG).

Auf kollektivrechtlicher Ebene begründet der Verstoß des Verleihers gegen die Pflicht nach § 11 Abs. 2 S. 4 AÜG **kein Zustimmungsverweigerungsrecht des bei dem Entleiher gewählten Betriebsrats nach § 99 Abs. 2 Nr. 1 BetrVG**. Geht es um die Aufnahme der Tätigkeit eines Leiharbeitnehmers in den Betrieb des Entleihers und damit um eine Einstellung i.S.d. § 99 Abs. 1 S. 1 BetrVG, muss diese durch die verletzte Vorschrift als solche untersagt sein. Dazu bedarf es zwar keiner Verbotsnorm im technischen Sinne, die unmittelbar die Unwirksamkeit der Maßnahme herbeiführt. Der Zweck der betreffenden Norm, die Einstellung selbst zu verhindern, muss aber hinreichend deutlich zum Ausdruck kommen. Der Zustimmungsverweigerungsgrund des § 99 Abs. 2 Nr. 1 BetrVG ist bei Einstellungen daher dann gegeben, wenn der Zweck der Verbotsnorm nur dadurch erreicht werden kann, dass die Einstellung insgesamt unterbleibt.[326] § 11 Abs. 2 S. 4 AÜG hat aber nach der Gesetzesbegründung ausschließlich den Zweck, es dem Leiharbeitnehmer zu erleichtern, dessen Rechte nach dem AÜG geltend zu machen.[327] Dieser Normbefehl richtet sich im Wesentlichen an den Verleiher als Vertragsarbeitgeber, so dass sich aus einem Verstoß gegen § 11 Abs. 2 S. 4 AÜG zumindest keine die Einstellung nach § 99 Abs. 2 Nr. 1 BetrVG verhindernde Wirkung im Betrieb des Entleihers ableiten lässt. Ob die Rechtsprechung dieser Einordnung folgen wird, bleibt abzuwarten.

213

---

326 BAG v. 30.9.2014 – 1 ABR 79/12, NZA 2015, 240.
327 Vgl. BT-Drucks 18/9232 S. 20.

G. Fiktion eines Arbeitsverhältnisses mit dem Entleiher und Festhaltenserklärung des Leiharbeitnehmers

Literatur:

Bauer, Das neue AÜG (Stand: Juni 2016) – Eine Gesamtbetrachtung, BD 6/2016, 12; *Bertram,* AÜG-Reform 2016 – der finale Gesetzesentwurf im Gesamtüberblick, AIP 6/2016, 7; *Brors,* AÜG-Reform: Ist das geplante Widerspruchsrecht des Leiharbeitnehmers verfassungsrechtlich geboten?, NZA 2016, 672; *Düwell,* Die Neuregelung der Sanktionen bei illegaler Arbeitnehmerüberlassung, jurisPR-ArbR 43/2016 Anm. 1; *Hamann,* „Entwurf eines Gesetzes zur Änderung des AÜG und anderer Gesetze" vom 17.2.2016, ArbuR 2016, 140; *Hennecke,* AÜG-Reform: Wahlrecht der Arbeitnehmer und Verfassungsrecht, NZA 2016, 1309; *Niklas/Schauß,* Die Arbeitnehmerüberlassung ist endlich – was kommt dann?, BB 2014, 2805; *Reuter,* Arbeitgeberwechsel und Widerspruchsrecht in der Leiharbeit, RdA 2015, 172; *Schüren,* Die Reform des AÜG: Das Widerspruchsrecht gemäß § 9 Nr. 1 AÜG 2017 – Ein Kuckuckskind im Koalitionsvertragsnest?, jurisPR-ArbR 19/2016 Anm. 1; *Seier,* Vorratserlaubnis vorläufig wirksam, DB 2016, 2181; *Siebert/Novak,* Neue gesetzliche Regelungen zum AÜG und Werkvertrag – Update 2017, ArbR 2016, 393; *Ulrici,* Bekämpfung illegaler Arbeitnehmerüberlassung durch Arbeitsrecht, NZA 2016, 1317; *Zimmermann,* Der Referentenentwurf zur AÜG-Reform 2017, BB 2016, 56.

I. Rechtslage bis zum 1.4.2017

214 In § 9 Nr. 1 AÜG a.F. ist für die illegale Arbeitnehmerüberlassung geregelt, dass **Verträge** zwischen dem Verleiher und dem Entleiher und zwischen dem Verleiher und dem Leiharbeitnehmer **unwirksam** sind. Nach § 10 Abs. 1 S. 1 AÜG a.F. wird in diesem Fall ein **Arbeitsverhältnis zwischen dem Entleiher und dem Leiharbeitnehmer fingiert**. Die Vorschrift dient dabei insbesondere der sozialen Absicherung des Leiharbeitnehmers, der ohne die Fiktionswirkung aufgrund der Anordnung der Unwirksamkeit des mit dem Verleiher bestehenden Arbeitsverhältnisses in § 9 Nr. 1 AÜG a.F. wegen der von diesem betriebenen unerlaubten Arbeitnehmerüberlassung ohne einen Vertragspartner stünde. Die Folgen und Sanktionen der illegalen Arbeitnehmerüberlassung sollen dabei in erster Linie den Verleiher und den Entleiher als „Organisatoren" des gesetzeswidrigen Einsatzes des Leiharbeitnehmers treffen und nicht diesen selbst. Diesem sollen als Ausgleich für den Verlust seiner Ansprüche gegen den Verleiher gleichwertige Ansprüche gegen den Entleiher gewährt werden.[328] Wesentlich ist, dass die **Fiktionswirkung** des § 10 Abs. 1 S. 1 AÜG a.F. unabhängig von dem Willen des betroffenen Arbeitnehmers und – natürlich – des Entleihers und des Verleihers eintritt; der Arbeitgeberwechsel erfolgt **kraft gesetzlicher Anordnung** und ist **zwingend**.[329]

---

[328] *Boemke/Lembke,* § 10 AÜG Rn 10.
[329] Vgl. *Reuter,* RdA 2015, 172.

G. Fiktion eines Arbeitsverhältnisses und Festhaltenserklärung § 5

Problematisch war nach der alten Rechtslage, dass zumindest **Konstellationen denkbar** waren, in denen die Fiktion eines Arbeitsverhältnisses zwischen dem Entleiher und dem Leiharbeitnehmer **nicht dessen Schutzinteressen** entsprochen hat, z.B.

- wenn sich das entleihende Unternehmen in wirtschaftlichen Schwierigkeiten befindet, die sich darin manifestieren, dass im Zweifel schon ein Insolvenzverfahren eröffnet wurde oder ein solches kurz bevorsteht,
- wenn es sich bei dem Entleiher um einen Kleinbetrieb nach § 24 KSchG handelt, in dem der Leiharbeitnehmer – anders als bei dem Verleiher – keinen Kündigungsschutz genießt,
- wenn die Arbeitskonditionen bei dem Verleiher – ggf. aufgrund der hohen Seniorität des Leiharbeitnehmers – günstiger sind als bei dem Entleiher.

Vor diesem Hintergrund gab es bereits in der Vergangenheit Ansätze, dem Leiharbeitnehmer unter Hinweis auf verfassungsrechtliche Erwägungen (Art. 12 GG) im Rahmen einer verfassungskonformen Auslegung ein Widerspruchsrecht gegen die Fiktion eines Arbeitsverhältnisses mit dem Entleiher nach § 10 Abs. 1 AÜG a.F. zu gewähren.[330] Die h.M. hat ein solches, weil so im Gesetz nicht vorgesehen, freilich abgelehnt.[331] Nach einer anderen Ansicht sollte der Leiharbeitnehmer aufgrund des Eingriffs in die freie Wahl des Arbeitsplatzes das fingierte Arbeitsverhältnis mit dem Entleiher gemäß § 626 BGB außerordentlich kündigen können.[332] Das BAG hat diese Frage nicht abschließend entscheiden müssen, jedoch jüngst auf die verfassungsrechtlichen Problematiken bei der Fiktionswirkung nach § 10 Abs. 1 AÜG a.F. hingewiesen. Wörtlich heißt es in einer Entscheidung vom 20.1.2016 zu dem „Prüfprogramm" des Landesarbeitsgerichts, an das die Sache zurückverwiesen wurde:[333] „Allerdings konnten die Rechtsfolgen der § 9 Nr. 1, § 10 Abs. 1 S. 1 AÜG nur eintreten, wenn diese Regelungen verfassungskonform sind, was von der Klägerin in Zweifel gezogen wird. Es wird daher ggf. zu prüfen sein, ob die in § 9 Nr. 1, § 10 Abs. 1 S. 1 AÜG angeordneten Rechtsfolgen mit Art. 12 Abs. 1 GG vereinbar sind, obwohl dem Arbeitnehmer nicht die Möglichkeit eingeräumt ist, dem Arbeitgeberwechsel zu widersprechen [...]. In diesem Zusammenhang wird das Landesarbeitsgericht ggf. sämtliche Möglichkeiten einer verfassungskonformen Auslegung in Betracht zu ziehen haben. Dabei könnte zu erwägen sein, ob den Anforderungen des Art. 12 Abs. 1 GG dadurch Rechnung getragen werden kann, dass der Arbeitnehmer die in § 9 Nr. 1, § 10 Abs. 1 S. 1 AÜG angeordneten Rechtsfolgen durch Ausübung eines Leistungsverweigerungsrechts bis zur Erfüllung der Informations- und Nachweispflichten des Verleihers nach § 11 Abs. 1 und Abs. 2 AÜG verhindern kann."

---

330 LAG Hessen v. 6.3.2001 – 2/9 Sa 1246/00, NZA-RR 2002, 73; *Boemke/Lembke*, § 10 AÜG Rn 37.
331 Vgl. nur: LAG Düsseldorf v. 26.7.2012 – 15 Sa 1452/11, BB 2012, 2112; *Reuter*, RdA 2015, 174.
332 *Thüsing/Mengel*, § 10 AÜG Rn 47.
333 BAG v. 20.1.2016 – 7 AZR 535/13, NZA 2016, 1168.

In Zusammenhang mit den Rechtsfolgen einer nicht mehr vorübergehenden Überlassung nach § 1 Abs. 1 S. 2 AÜG a.F. hat das **BAG**[334] bzgl. der von dem klagenden Leiharbeitnehmer geltend gemachten Fiktion eines Arbeitsverhältnisses mit dem Entleiher ebenfalls ausgeführt, dass die **Auswechslung des Arbeitgebers verfassungsrechtlich bedenklich** sei. Der Entzug des vom Leiharbeitnehmer gewählten Arbeitgebers durch Gesetz stelle einen Eingriff in seine durch Art. 12 GG geschützte Rechtsposition dar. Die Freiheit, ein Arbeitsverhältnis einzugehen oder dies zu unterlassen, sei Ausdruck der durch Art. 12 GG geschützten Vertragsfreiheit. In diese werde eingegriffen, wenn ohne die zu einem Vertragsschluss erforderlichen beiderseitig übereinstimmenden Willenserklärungen oder gar gegen den Willen einer oder auch beider Parteien kraft Gesetzes ein Arbeitsverhältnis begründet werden solle. Im Übrigen treffe den Gesetzgeber, wenn er es zulasse, dass der Arbeitgeber ohne Zustimmung des Arbeitnehmers ausgewechselt werde, grundsätzlich eine Schutzpflicht, die nicht nur das Interesse des Arbeitnehmers am Erhalt seines Arbeitsplatzes trotz des Arbeitgeberwechsels, sondern auch seine privatautonome Entscheidung über die Person des Vertragspartners beachten müsse.[335] Die Sicherstellung der freien Wahl des Arbeitsplatzes durch den Arbeitnehmer, wenn ein anderer als der von ihm gewählte in die Position des Arbeitgebers einrücken solle, z.B. durch ein Zustimmungserfordernis oder Widerspruchsrecht des Mitarbeiters, obliege dabei aber grundsätzlich dem Gesetzgeber.

Ähnlich argumentierte das BAG in der Entscheidung vom 12.7.2016[336] zu den Rechtsfolgen der **sog. Fallschirmlösung**, bei der der Auftragnehmer über eine „**Vorratserlaubnis**" zur Abwendung der mit einem Scheinwerk-/Scheindienstvertrag verbundenen unerwünschten Rechtsfolgen verfügt (s. dazu Rdn 196). In dieser hat der 9. Senat die Auswechslung des Arbeitgebers aufgrund einer (analogen) Anwendung von § 10 Abs. 1 S. 1 AÜG a.F. wegen des damit verbundenen Entzugs des vom Arbeitnehmer gewählten Arbeitgebers als verfassungsrechtlich bedenklich bezeichnet.

Zusammengefasst wurde der gesetzlich verordnete, sogar gegen den Willen des betroffenen Leiharbeitnehmers durchsetzbare Arbeitgeberwechsel vor dem Hintergrund des damit verbundenen Eingriffs in Art. 12 GG – zuletzt insbesondere von der Rechtsprechung – durchaus kritisch gesehen.

II. Koalitionsvertrag

215 Die Große Koalition hat sich im Koalitionsvertrag vom 16.12.2013 nicht ausdrücklich darauf verständigt, dort ein zuletzt von der Rechtsprechung immer wieder erwähntes Widerspruchsrecht gegen den gesetzlich angeordneten Arbeitgeberwech-

---

334 Vgl. BAG v. 10.12.2013 – 9 AZR 51/13, NZA 2014, 196.
335 BVerfG v. 25.1.2011 – 1 BvR 1741/09, NZA 2011, 403.
336 BAG v. 12.7.2016 – 9 AZR 352/15, BB 2016, 1715.

G. Fiktion eines Arbeitsverhältnisses und Festhaltenserklärung § 5

sel zu verankern. Unter der Überschrift „**Missbrauch von Werkvertragsgestaltungen verhindern**"[337] wird wörtlich lediglich festgestellt: „Rechtswidrige Vertragskonstruktionen bei Werkverträgen zulasten von Arbeitnehmerinnen und Arbeitnehmern müssen verhindert werden. Dafür ist es erforderlich, [...] die verdeckte Arbeitnehmerüberlassung zu sanktionieren. Der vermeintliche Werkunternehmer und sein Auftraggeber dürfen auch bei Vorlage einer Verleiherlaubnis nicht besser gestellt sein, als derjenige, der unerlaubt Arbeitnehmerüberlassung betreibt."

Zwar ist dort nicht die Rede von der Einführung eines Widerspruchsrechts oder einer Festhaltenserklärung, jedoch deutete sich schon im Koalitionsvertrag an, dass die verdeckte der illegalen Arbeitnehmerüberlassung gleichgestellt werden soll, was auf der Rechtsfolgenseite nur bedeuten konnte, dass in beiden Fällen ein Arbeitsverhältnis zwischen dem Entleiher und dem Leiharbeitnehmer fingiert wird.

Vor dem Hintergrund der mitunter kritischen Stimmen in Rechtsprechung und Literatur zu der verfassungsrechtlich bedenklichen „Aufdrängung" eines fremden Arbeitgebers ohne oder gar gegen den Willen des Leiharbeitnehmers war jedoch absehbar, dass der Gesetzgeber im Rahmen der Reform des AÜG auch über ein Widerspruchsrecht oder eine Festhaltenserklärung nachdenken würde, durch die der Leiharbeitnehmer die gesetzlich angeordnete Entstehung eines Arbeitsverhältnisses mit dem Entleiher durch eine privatautonom zu treffende Entscheidung verhindern kann.

III. Rechtslage ab dem 1.4.2017

1. Fiktion eines Arbeitsverhältnisses mit dem Entleiher

In Umsetzung der im Koalitionsvertrag vom 16.12.2013 getroffenen Vereinbarung hat sich der Gesetzgeber entschlossen, die zunächst auf eine illegale Arbeitnehmerüberlassung beschränkten **Rechtsfolge** (Fiktion eines Arbeitsverhältnisses zwischen dem Leiharbeitnehmer und dem Entleiher) **auch auf den Verstoß gegen die Offenlegungs- und Konkretisierungspflicht (§ 1 Abs. 1 S. 5, 6 AÜG)**[338] **und die Überschreitung der gesetzlichen Höchstüberlassungsdauer (§ 1 Abs. 1 S. 4, Abs. 1b AÜG) zu erstrecken**.

In § 9 Abs. 1 Nr. 1 AÜG heißt es – wie bisher – zunächst, dass Verträge zwischen Verleihern und Entleihern sowie zwischen Verleihern und Leiharbeitnehmern, wenn der Verleiher nicht die nach § 1 AÜG erforderliche Erlaubnis hat, unwirksam sind. Ergänzend ist in § 9 Abs. 1 Nr. 1a AÜG nun vorgesehen, dass Arbeitsverträge zwischen Verleihern und Leiharbeitnehmern unwirksam sind, wenn entgegen § 1

216

---

337 S. 69 des Koalitionsvertrages vom 16.12.2013.
338 Ziel ist es, die bislang legitimierende Wirkung einer **sog. Vorratsratserlaubnis** bei Scheinwerk-/Scheindienstverträgen auszuschließen, dazu Rdn 198.

Abs. 1 S. 5, 6 AÜG die Arbeitnehmerüberlassung nicht ausdrücklich als solche bezeichnet wird und die Person des Leiharbeitnehmers nicht konkretisiert worden ist.[339]

Praxishinweis
Die Formulierung von § 9 Abs. 1 Nr. 1a AÜG ist durch die „*Und*-"Verknüpfungen zwischen der Offenlegungs- und der Konkretisierungspflicht so zu verstehen, dass sowohl § 1 Abs. 1 S. 5 AÜG als auch § 1 Abs. 1 S. 6 AÜG verletzt sein müssen, um auf der Rechtsfolgenseite die Unwirksamkeit des zwischen dem Verleiher und dem Leiharbeitnehmer geschlossenen Arbeitsvertrages auszulösen.[340] Ansonsten hätte der Gesetzgeber dies durch eine „Oder"-Verbindung der beiden Verpflichtungen eindeutig formulieren können und müssen, zumal dieser in den Ordnungswidrigkeitstatbeständen nach § 16 Abs. 1 Nr. 1c, 1d AÜG zu erkennen gibt, dass er in diesem Fall auch die singuläre Verletzung einer der Pflichten auf der Rechtsfolgenseite zu ahnden gedenkt. Die Missachtung der Offenlegungs- *oder* der Konkretisierungspflicht ist für die Begründung der Unwirksamkeit des Arbeitsvertrages folglich nicht ausreichend. Bestätigt wird dieser Befund durch die Gesetzesbegründung, in der immer kumulativ an die Verletzung von § 1 Abs. 1 S. 5 und 6 AÜG angeknüpft wird.[341] Dies bedeutet, dass die Verletzung nur der Offenlegungspflicht bei gleichzeitiger Erfüllung der Konkretisierungspflicht genauso wenig wie der umgekehrte Fall ausreichend ist, um die Unwirksamkeit des zwischen dem Verleiher und dem Leiharbeitnehmer bestehenden Arbeitsvertrages zu begründen.

In der Praxis werden die beiden Pflichtverstöße allerdings regelmäßig parallel erfüllt sein: wenn die Parteien übereinstimmend davon ausgehen, einen Werkvertrag abzuschließen und durchzuführen, besteht keine Notwendigkeit eine Arbeitnehmerüberlassung offenzulegen (eine solche ist gerade nicht gewollt) oder die Arbeitnehmer, die an sich gar nicht überlassen werden sollen, vor dem Einsatz zu konkretisieren.

Zu einem Auseinanderfallen kann es aber insbesondere kommen, wenn die Parteien tatsächlich „offen" eine Arbeitnehmerüberlassung in einem Rahmenvertrag vereinbart und dies dort gemäß § 1 Abs. 1 S. 5 AÜG offengelegt haben, es in der täglichen Abwicklung der Arbeitnehmerüberlassung aber versäumt wird, z.B. nach einem kurzfristigen krankheitsbedingten Ausfall eines überlassenen (und im Vorfeld hinreichend konkretisierten) Arbeitnehmers, die von dem Entleiher angefragte und vom Verleiher zur Verfügung gestellte Ersatzkraft rechtzeitig i.S.v. § 1 Abs. 1 S. 6 AÜG zu bezeichnen. In diesem Fall dürfte es nach der gesetzlichen Systematik zu keiner Unwirksamkeit des zwischen dem Verleiher und dem Leiharbeitnehmer

---

339 Kritisch dazu: *Hennecke*, NZA 2016, 1309 ff.
340 A.A. wohl *Gaul/Hahne*, BB 2016, 59 („und/oder").
341 Vgl. BT-Drucks 18/9232, S. 25.

G. Fiktion eines Arbeitsverhältnisses und Festhaltenserklärung § 5

geschlossenen Arbeitsvertrages nach § 9 Abs. 1 Nr. 1a AÜG kommen. Der singuläre Pflichtverstoß gegen § 1 Abs. 1 S. 5 oder S. 6 AÜG wird nicht entsprechend sanktioniert.

Gleiches dürfte im Übrigen auch **bei (Sub-)Contracting-Modellen** gelten, in denen zwischen dem Auftraggeber und dem Auftragnehmer ein Werkvertrag geschlossen wird und sich der Auftragnehmer zur Erfüllung seiner gegenüber dem Auftraggeber bestehenden Pflichten eines (vermeintlichen) Freelancers bedient.[342] Ist dieser in dem zwischen Auftraggeber und Auftragnehmer abgeschlossenen Vertrag namentlich konkretisiert, tritt die Rechtsfolge des § 9 Abs. 1 Nr. 1a AÜG nicht ein, wenn der Freelancer in den Betrieb des Auftraggebers weisungsgebunden eingegliedert wird und dieser tatsächlich scheinselbstständig tätig ist – de facto wird folglich eine Arbeitnehmerüberlassung durchgeführt. Dies gilt zumindest für den Fall, dass der Auftragnehmer über eine Arbeitnehmerüberlassungserlaubnis nach § 1 AÜG verfügt. Die Konkretisierungspflicht nach § 1 Abs. 1 S. 6 AÜG wurde in dem zwischen Auftraggeber und Auftragnehmer abgeschlossenen Werkvertrag – in der Regelung unter Beachtung der Schriftform nach § 126 BGB – erfüllt; die verbleibende Verletzung der Offenlegungspflicht nach § 1 Abs. 1 S. 5 AÜG im Verhältnis von Auftraggeber und Auftragnehmer vermag die Unwirksamkeit des tatsächlich zwischen dem Auftragnehmer und dem vermeintlich selbstständig tätigen Freelancer bestehenden Arbeitsvertrages nicht zu begründen.

Zudem sind nach § 9 Abs. 1 Nr. 1b AÜG **Arbeitsverträge** zwischen Verleihern und Leiharbeitnehmern **mit dem Überschreiten der zulässigen Überlassungshöchstdauer** nach § 1 Abs. 1b AÜG (dazu insgesamt Rdn 57 ff.) **unwirksam**.

217

> *Praxishinweis*
> Die **Unwirksamkeit des zwischen dem Verleiher und dem Leiharbeitnehmer bestehenden Arbeitsvertrages** tritt ex nunc ein,[343] d.h. bei einer von vornherein ohne eine Erlaubnis nach § 1 AÜG durchgeführten Arbeitnehmerüberlassung oder bei einer Verletzung der Offenlegungs- und Konkretisierungspflicht mit Beginn des Einsatzes des Leiharbeitnehmers bei dem Entleiher[344] bzw. bei der Überschreitung der Höchstüberlassungsdauer mit der tatsächlicher Fortsetzung des Einsatzes[345] des Leiharbeitnehmers.

---

342 Dazu: *Niklas/Schauß*, BB 2014, 2807 f.
343 Vgl. *Urban-Crell/Germakowski/Bissels/Hurst*, § 9 AÜG Rn 22 m.w.N.; *Boemke/Lembke*, § 9 AÜG Rn 63.
344 Vgl. BAG v. 20.1.2016 – 7 AZR 535/13, DB 2016, 1701: erforderlich ist, dass der Leiharbeitnehmer bei dem Entleiher tätig geworden ist. Die schlichte Vereinbarung, die einer geplanten illegalen Überlassung zugrunde liegt, ist nicht ausreichend; *Urban-Crell/Germakowski/Bissels/Hurst*, § 9 AÜG Rn 23.
345 BAG v. 20.1.2016 – 7 AZR 535/13, DB 2016, 1701.

§ 5 Die Reform des AÜG

Der **zwischen dem Verleiher und dem Entleiher geschlossene Arbeitnehmerüberlassungsvertrag** wird in den Fällen des § 9 Abs. 1 Nr. 1a und 1b AÜG – anders als bei der illegalen Arbeitnehmerüberlassung nach § 9 Abs. 1 Nr. 1 AÜG – hingegen nicht dem Verdikt der gesetzlich angeordneten Unwirksamkeit unterworfen. § 10 Abs. 1 S. 1 AÜG sieht vor, dass – wie bisher – bei einer illegalen Arbeitnehmerüberlassung und – neu ab dem 1.4.2017 – bei einem Verstoß gegen die Offenlegungs- und Konkretisierungspflicht sowie bei der Überschreitung der gesetzlichen Überlassungshöchstdauer ein Arbeitsverhältnis zwischen Entleiher und Leiharbeitnehmer zu dem zwischen dem Entleiher und dem Verleiher für den Beginn der Tätigkeit vorgesehenen Zeitpunkt als zustande gekommen gilt; tritt die Unwirksamkeit erst nach Aufnahme der Tätigkeit bei dem Entleiher ein, gilt das Arbeitsverhältnis zwischen Entleiher und Leiharbeitnehmer mit dem Eintritt der Unwirksamkeit als zustande gekommen.

Durch die Erstreckung der Rechtsfolgen in §§ 9 Abs. 1 Nr. 1a, 10 Abs. 1 AÜG auf die Verletzung der Offenlegungs- und Konkretisierungspflicht werde – so die Gesetzesbegründung[346] – sichergestellt, dass sowohl der vermeintliche Werkunternehmer als auch sein Auftraggeber bei der Vorlage einer Verleiherlaubnis nicht besser gestellt würden, als derjenige, der unerlaubt Arbeitnehmerüberlassung betreibe. Die Vertragsparteien sollten damit veranlasst werden, sich klar zu der von ihnen gewählten Vertragsgestaltung in Form der Arbeitnehmerüberlassung zu bekennen. Damit erfolge eine klare Abgrenzung zu anderen Formen des Fremdpersonaleinsatzes. Die Nichtigkeit des Vertrages als Rechtsfolge sei erforderlich, um alle Beteiligten zu einem gesetzmäßigen Verhalten zu veranlassen. Durch die Bußgeldbewehrung könne keine Zuordnung des Arbeitsverhältnisses zu dem Entleiher erfolgen, der den Arbeitnehmer wie einen eigenen einsetze, ohne einen Arbeitnehmerüberlassungsvertrag offengelegt abgeschlossen zu haben. Dadurch werde auch Klarheit für den Arbeitnehmer geschaffen, wer sein Arbeitgeber sei, die anderenfalls regelmäßig erst durch eine gerichtliche Klärung geschaffen werde.[347]

Durch die Erstreckung der bis zum 1.4.2017 nur für die illegale Arbeitnehmerüberlassung vorgesehenen Rechtsfolgen auf die Überschreitung der gesetzlichen Höchstüberlassungsdauer solle – so die Gesetzesbegründung[348] – der Rechtsprechung des BAG[349] zu den Konsequenzen einer nicht nur vorübergehenden Arbeitnehmerüberlassung Rechnung getragen werden. Die vorgesehene Fiktion eines Arbeitsverhältnisses entspreche dem Regelungsziel, mit einer Überlassungshöchstdauer die Arbeitnehmerüberlassung auf ihre Kernfunktion zu orientieren und Beschäftigung in den Stammbelegschaften zu stärken. Dementsprechend gelte diese

---

346 BT-Drucks 18/9232, S. 25.
347 Vgl. BT-Drucks 18/9232, S. 25.
348 BT-Drucks 18/9232, S. 24.
349 BAG v. 10.12.2013 – 9 AZR 51/13, NZA 2014, 196.

G. Fiktion eines Arbeitsverhältnisses und Festhaltenserklärung § 5

Rechtsfolge sowohl bei der Überschreitung der gesetzlichen Überlassungshöchstdauer von 18 Monaten als auch bei einer nach § 1 Abs. 1b AÜG abweichend festgelegten Überlassungshöchstdauer.[350]

> *Praxishinweis*
> Der Gesetzgeber stellt in der Gesetzbegründung damit klar, dass zunächst zu bestimmen ist, ob die gesetzliche Höchstüberlassungsdauer von 18 Monaten einschlägig ist oder ob diese eine **Abweichung durch einen Tarifvertrag oder eine Betriebs-/Dienstvereinbarung** erfahren hat. Im letztgenannten Fall treten die Rechtsfolgen nach §§ 9 Abs. 1 Nr. 1b, 10 AÜG ein, wenn die nach dem Tarifvertrag oder der Betriebs-/Dienstvereinbarung wirksam festgelegte Höchstüberlassungsdauer überschritten ist. Diese kann dabei länger als 18 Monate, aber auch kürzer als die gesetzliche Überlassungshöchstdauer sein. Insoweit ist hier Vorsicht geboten und von dem Verleiher sorgfältig zu bestimmen, welche maximale Einsatzdauer bei dem jeweiligen Entleiher gilt. Entsprechende Informationen sind bei diesem vor einer Überlassung abzufragen und zu dokumentieren.

Die vorgesehenen **Rechtsfolgen** bei der illegalen Arbeitnehmerüberlassung, der Verletzung der Offenlegungs- und Konkretisierungspflicht sowie der Höchstüberlassungsdauer sind **zwingend** und können weder im Verhältnis von Verleiher und Entleiher noch von Entleiher und Leiharbeitnehmer noch von Verleiher und Leiharbeitnehmer wirksam vertraglich abbedungen werden. Zulässig dürfte aber eine im Innenverhältnis von Verleiher und Entleiher vereinbarte Regelung zur Freistellung oder Erstattung von den Kosten sein, die in Zusammenhang mit der Fiktion eines Arbeitsverhältnisses zwischen dem Entleiher und dem Leiharbeitnehmer entstehen. Derartige Klausel waren in der Praxis bereits vor dem 1.4.2017 verbreitet und dürften neben der illegalen Arbeitnehmerüberlassung nunmehr auch auf die Tatbestände nach § 9 Abs. 1 Nr. 1a, 1b AÜG erweitert werden.

Nach der Gesetzesbegründung sollen die beschriebenen Rechtsfolgen bei Verstößen gegen die Überlassungshöchstdauer und die vorgesehene **Möglichkeit der Ahndung mit einer Geldbuße**[351] bei einem vorsätzlichen oder fahrlässigen und damit schuldhaften Verstoß geeignet, erforderlich und angemessen sein, um den überlangen Einsatz von Leiharbeitskräften zu vermeiden. Mildere Mittel, die das Regelungsziel mindestens ebenso effektiv umsetzen würden, seien nicht ersichtlich. Die Rechtsfolgen und Sanktionen seien angesichts der zu schützenden berechtigten Interessen der betroffenen Arbeitnehmer sowie der regelmäßig erheblichen Interessen der beteiligten Unternehmen und dem Allgemeininteresse an einem geordneten Arbeitsmarkt erforderlich und angemessen.[352]

218

---

350 BT-Drucks 18/9232, S. 25 f.
351 Vgl. § 16 Abs. 1 Nr. 1e, Abs. 2 AÜG: Geldbuße bis zu 30.000 EUR für den Verleiher.
352 Vgl. BT-Drucks 18/9232, S. 26.

> *Praxishinweis*
> In § 1 Abs. 1 S. 3 AÜG wird seit dem 1.4.2017 die **sog. Kettenüberlassung** verboten. Diese führt in Kombination mit einer Arbeitnehmerüberlassung ohne Erlaubnis, einem Verstoß gegen die Offenlegungs- und Konkretisierungspflicht oder einer Überschreitung der Höchstüberlassungsdauer ebenfalls zu den in §§ 9 Nr. 1 bis 1b, 10 AÜG bestimmten Rechtsfolgen (§ 10a AÜG). Eine Kettenüberlassung ohne einen weiteren Verstoß gegen die genannten Pflichten stellt zwar gemäß § 16 Abs. 1 Nr. 1b AÜG eine Ordnungswidrigkeit für den Verleiher und den Entleiher dar (**Bußgeld: bis zu 30.000 EUR**), führt jedoch nicht zu einer Fiktion eines Arbeitsverhältnisses zwischen dem „Letztentleiher" und dem Leitarbeitnehmer.

219 Ergänzend hat der Gesetzgeber die in der Rechtsprechung[353] und Literatur geäußerten verfassungsrechtlichen Bedenken, die gegen die gesetzliche „Zwangszuweisung" eines neuen Arbeitgebers ohne oder gar gegen den Willen des Leiharbeitnehmers, insbesondere im Zusammenhang mit einer illegalen Arbeitnehmerüberlassung, vorgebracht wurden, aufgenommen und die Möglichkeit vorgesehen, dass der Leiharbeitnehmer durch die Abgabe einer **Festhaltenserklärung** die Unwirksamkeit des zwischen dem Verleiher und ihm bestehenden Arbeitsvertrages verhindern kann, so dass der Leiharbeitnehmer schlussendlich auch die Fiktion eines Arbeitsverhältnisses mit dem Entleiher ausschließen kann, knüpft diese nach § 10 Abs. 1 S. 1 AÜG doch gerade an eine Unwirksamkeit des zwischen dem Verleiher und dem Leiharbeitnehmer bestehenden Arbeitsvertrages an. Dieser soll durch die Abgabe einer entsprechenden Erklärung davor geschützt werden, dass ihm qua gesetzlicher Anordnung ein anderer Arbeitgeber zugewiesen wird. In diesem Sinne wird in der Gesetzesbegründung[354] ausgeführt, dass die Fiktion eines Arbeitsverhältnisses mit dem Entleiher im Regelfall der unerlaubten Arbeitnehmerüberlassung ebenfalls im Interesse des Arbeitnehmers liege. Es seien allerdings **Konstellationen** denkbar, in denen Leiharbeitnehmer an ihrem Arbeitsverhältnis zum Verleiher festhalten wollten, obwohl dieser nicht über die erforderliche Erlaubnis verfüge. Dies könne z.B. der Fall sein, wenn nur im Betrieb des Verleihers nach § 23 Abs. 1 KSchG die Vorschriften dieses Gesetzes Anwendung fänden. Denkbar sei zudem, dass im Betrieb des Verleihers eine ordentliche Kündigung kraft Vereinbarung oder kraft Gesetzes ausgeschlossen sei oder sich das Unternehmen des Entleihers in wirtschaftlichen Schwierigkeiten befinde. Die nun in § 9 Abs. 1 Nr. 1 AÜG vorgenommene Ergänzung sehe daher vor, dass die Unwirksamkeit des Arbeitsverhältnisses zwischen Leiharbeitnehmer und Verleiher nicht eintrete, wenn der Leiharbeitnehmer erkläre, dass er an dem Arbeitsvertrag mit dem

---

353 Vgl. BAG v. 10.12.2013 – 9 AZR 51/13, NZA 2014, 196.
354 BT-Drucks 18/9232, S. 25.

G. Fiktion eines Arbeitsverhältnisses und Festhaltenserklärung   § 5

Verleiher festhalte. Dieses Widerspruchsrecht des Leiharbeitnehmers **schütze dessen Berufsfreiheit nach Art. 12 des GG**.[355] Mit diesen verfassungsrechtlichen Erwägungen rechtfertigt der Gesetzgeber darüber hinaus in den Fällen des Verstoßes gegen die Offenlegungs- und Konkretisierungspflicht sowie der Überschreitung der gesetzlichen Überlassungshöchstdauer die Möglichkeit des Leiharbeitnehmers, eine entsprechende Festhaltenserklärung abzugeben.[356]

> *Praxishinweis*
> Selbst wenn sich der Leiharbeitnehmer entsprechend erklärt und der mit dem Verleiher bestehende Arbeitsvertrag nicht unwirksam ist, sondern fortbesteht, mögen damit die mit einer illegalen Arbeitnehmerüberlassung, einer Verletzung der Offenlegungs- und Konkretisierungspflicht oder einer Überschreitung der gesetzlichen Höchstüberlassungsdauer verbundenen arbeitsrechtlichen Konsequenzen (hier: Fiktion eines Arbeitsverhältnisses mit dem Entleiher) ausgeschlossen werden können. Dennoch kann das **Verhalten von Entleiher und Verleiher** als **Ordnungswidrigkeit**[357] verfolgt werden.[358] Der Verleiher riskiert darüber hinaus, dass die zuständige Agentur für Arbeit **erlaubnisrechtliche Schritte** einleitet, die bis zum Widerruf der Arbeitnehmerüberlassungserlaubnis reichen können (§ 3 Abs. 1 Nr. 1 i.V.m. §§ 4, 5 AÜG).[359] Dies gilt insbesondere, wenn nach einer Festhaltenserklärung des Leiharbeitnehmers Verstöße nicht abgestellt werden, indem z.b. die Überlassung trotz der Überschreitung der Höchstüberlassungsdauer fortgesetzt wird. Dies gilt selbst für den Fall, dass sämtliche Beteiligten, d.h. Verleiher, Entleiher und insbesondere der Leiharbeitnehmer, damit einverstanden sind.

2. Festhaltenserklärung

Die **Festhaltenserklärung** des Leiharbeitnehmers ist jeweils schriftlich zu erklären. Es gilt damit das gesetzliche **Schriftformerfordernis nach § 126 Abs. 1 BGB**. Dafür spricht bereits der Wortlaut von § 9 Abs. 1 Nr. 1, 1a, und 1b AÜG. Verwendet der Gesetzgeber den Begriff „schriftlich" im Zusammenhang mit einer Willenserklärung, wie dies bei der Festhaltenserklärung[360] der Fall ist, spricht dies für eine Unterwerfung unter die Schriftform des § 126 Abs. 1 BGB.[361] Zudem hätte der Gesetzgeber in Kenntnis der gesetzlichen Vorschrift zur „Textform" nach § 126b BGB

220

---

355 BT-Drucks 18/9232, S. 25.
356 BT-Drucks 18/9232, S. 25 f.
357 § 16 Abs. 1 Nr. 1, 1a, 1c, 1d, 1e AÜG.
358 *Hamann*, ArbuR 2016, 140.
359 Vgl. *Bauer*, BD 6/2016, 12.
360 BT-Drucks 18/9232, S. 26: *„bedingungsfeindliche einseitige Willenserklärung"*.
361 Vgl. BAG v. 10.5.2016 – 9 AZR 145/15, NZA 2016, 1137.

den Wortlaut der § 9 Abs. 1 Nr. 1, 1a, und 1b AÜG entsprechend eindeutig formulieren können, wenn dieser nicht die Schrift-, sondern die Textform hätte zulassen wollen. Auch unter Berücksichtigung der Rechtssicherheit und der von der Schriftform ausgehenden Warnfunktion an den sich erklärenden Leiharbeitnehmer ist es geboten, „schriftlich" im Sinne von § 126 Abs. 1 BGB auszulegen. Die Formwirksamkeit der Festhaltenserklärung des Leiharbeitnehmers erfordert daher, dass diese grundsätzlich[362] **im Original unterzeichnet** wird. Eine E-Mail oder ein Fax bzw. eine mündliche Erklärung des Leiharbeitnehmers wahren die gesetzlich vorgeschriebene Form hingegen nicht.

Die Erklärung kann dabei von dem Leiharbeitnehmer **gegenüber dem Verleiher oder dem Entleiher** abgegeben werden. Der Leiharbeitnehmer kann insoweit frei wählen.

> *Praxishinweis*
> Vor diesem Hintergrund bietet es sich an, in dem zwischen Verleiher und Entleiher zu schließenden Arbeitnehmerüberlassungsvertrag eine zumindest den Entleiher bindende Verpflichtung vorzusehen, den Verleiher unverzüglich darüber zu unterrichten, wenn und soweit ein Leiharbeitnehmer ihm gegenüber eine entsprechende Erklärung abgibt.

Da es sich bei der **Festhaltenserklärung** um **eine bedingungsfeindliche einseitige Willenserklärung** handelt,[363] bedarf es zu deren Wirksamkeit des Zugangs an den richtigen Erklärungsempfänger (hier: Verleiher oder Entleiher). Ein Widerruf der Festhaltenserklärung ist gesetzlich nicht vorgesehen. Allerdings ist diese nach den allgemeinen Grundsätzen anfechtbar, insbesondere aufgrund einer arglistigen Täuschung oder einer widerrechtlichen Drohung (§ 123 Abs. 1 BGB). Die Anforderungen an diese sind allerdings sehr hoch, so dass die Voraussetzungen für eine entsprechende Anfechtung nur ausnahmsweise in eindeutigen Fällen erfüllt sein dürften.

Beispiel: der Verleiher droht dem Leiharbeitnehmer an, er werde die gleichfalls bei ihm beschäftigte Ehefrau fristlos kündigen, wenn dieser nicht die von dem Verleiher verlangte Festhaltenserklärung abgibt.

Abgesehen von den hohen rechtlichen Hürden an eine erfolgreiche Anfechtung dürften sich in der Praxis oftmals erhebliche Schwierigkeiten ergeben, die entsprechenden Tatsachen, die eine solche de facto begründen könnten, auch zu beweisen; dies gilt insbesondere vor dem Hintergrund, dass derartige Situationen oftmals im Rahmen von 4-Augen-Gesprächen entstehen bzw. sich der Leiharbeitnehmer mit

---

362 Denkbar ist auch, dass die gesetzliche Schriftform gem. § 126 BGB durch die elektronische Form nach § 126a BGB ersetzt werden kann. Die dafür erforderliche qualifizierte elektronische Signatur nach dem Signaturgesetz ist in der Praxis jedoch kaum verbreitet, so dass diese Variante nur einen eingeschränkten Anwendungsbereich haben wird.
363 BT-Drucks 18/9232, S. 26.

G. Fiktion eines Arbeitsverhältnisses und Festhaltenserklärung § 5

mehreren Vertretern des Arbeitgebers konfrontiert sieht, die an dem Gespräch teilgenommen haben. Darlegungs- und beweisbelastet ist insoweit der anfechtende Leiharbeitnehmer.

In Zusammenhang mit der Festhaltenserklärung ist **nach § 9 Abs. 2 AÜG ein besonderes Verfahren zu beachten**, in das von dem Leiharbeitnehmer vor deren Abgabe die Agentur für Arbeit eingebunden werden muss.[364] Wird dieses nicht beachtet, ist die Festhaltenserklärung nicht wirksam. § 9 Abs. 2 AÜG sieht vor, dass

- der Leiharbeitnehmer die Festhaltenserklärung vor ihrer Abgabe bei dem Verleiher oder dem Entleiher persönlich in einer Agentur für Arbeit vorlegt,
- die Agentur für Arbeit die abzugebende Festhaltenserklärung mit dem Datum des Tages der Vorlage und dem Hinweis versieht, dass sie die Identität des Leiharbeitnehmers festgestellt hat und
- die Festhaltenserklärung spätestens am dritten Tag nach der Vorlage in der Agentur für Arbeit dem Verleiher oder dem Entleiher zugeht.

> *Praxishinweis*
> § 9 Abs. 2 AÜG stellt dabei darauf ab, dass „die" und nicht „die zuständige" Agentur für Arbeit von dem Leiharbeitnehmer vor der Abgabe der Festhaltenserklärung involviert wird. Daraus ist zu schließen, dass der Leiharbeitnehmer **eine beliebige Agentur für Arbeit** beteiligen kann. Es kommt also nicht darauf an, dass diese örtlich für den Einsatzbetrieb des Entleihers oder den Sitz des Verleihers zuständig ist.

Laut Gesetzesbegründung[365] beschränkt sich die Tätigkeit der Agentur für Arbeit auf die Entgegennahme der schriftlichen Festhaltenserklärung, auf der sie das Datum der Vorlage und die Feststellung der Identität des vor Ort anwesenden Leiharbeitnehmers vermerkt. Dadurch soll ausgeschlossen werden, dass der Leiharbeitnehmer eine Widerspruchserklärung unterschreibt, in die nachträglich etwa durch den Verleiher oder den Entleiher ein Datum eingetragen wird, das nicht dem tatsächlichen Tag der Erklärung entspricht.[366] Der Begründung[367] lässt sich zudem entnehmen, dass der Leiharbeitnehmer sich bei der Agentur für Arbeit nicht vertreten lassen kann; er muss also persönlich bei dieser vorstellig werden.

> *Praxishinweis*
> Im Ergebnis kommt der **Agentur für Arbeit** im Rahmen von § 9 Abs. 2 AÜG die **Funktion eines „Notars"** zu, indem diese den Tag der Vorlage der Festhaltenserklärung und die Identität des Leiharbeitnehmers bestätigt.

---

364 Dazu: *Düwell*, jurisPR-ArbR 43/2016 Anm. 1.
365 BT-Drucks 18/10064, S. 15.
366 BT-Drucks 18/10064, S. 15.
367 Vgl. BT-Drucks 18/10064, S. 15.

Damit die Festhaltenserklärung **nicht auf „Vorrat"** zu Beginn der Überlassung der Agentur für Arbeit präsentiert wird, ist die Erklärung **nur wirksam, wenn sie spätestens am dritten Tag nach der Vorlage in der Agentur für Arbeit dem Verleiher oder dem Entleiher zugeht.** Erfolgt der Zugang erst ab dem vierten Tag, ist diese Erklärung unwirksam.[368] Unbeschadet des neuen § 9 Abs. 2 AÜG bleibt der Leiharbeitnehmer weiterhin für die Übermittlung der Erklärung an den Verleiher oder den Entleiher verantwortlich. Es obliegt damit diesem, die nach § 9 Abs. 1 Nr. 1 bis 1b AÜG einzuhaltende Monatsfrist zu wahren (dazu Rdn 222), indem die Erklärung innerhalb dieser dem Verleiher oder den Entleiher übermittelt wird. Der notwendige fristgerechte Zugang wird durch die Datumsangabe der Agentur für Arbeit nicht ersetzt.[369]

§ 9 Abs. 2 AÜG führt damit zu einer weiteren, erheblichen Bürokratisierung bei der Ausübung des mit der Festhaltenserklärung verbundenen Widerspruchsrechts gegen die Fiktion eines Arbeitsverhältnisses mit dem Entleiher, indem nunmehr die Agentur für Arbeit eingeschaltet werden muss. Die Regelung ist dabei beseelt von dem Gedanken, dass Zeitarbeits- und/oder Werkvertragsunternehmen bereits jetzt an Umgehungsstrategien arbeiten, um die Fiktion eines Arbeitsverhältnisses durch vorsorgliche oder rück- bzw. nachdatierte Festhaltenserklärungen auszuschließen – ein Misstrauen, das pauschal Branchen stigmatisiert, ohne dass diese Annahme sachlich begründet wird oder ansonsten gerechtfertigt ist.

Zudem hat diese Regelung auch folgenden „angenehmen" und sicherlich nicht ungewünschten Nebeneffekt: ist der Leiharbeitnehmer einmal bei der Agentur für Arbeit, um seine Festhaltenserklärung abzugeben, weil z.B. die Höchstüberlassungsdauer überschritten wurde, dürfte sich der Verleiher sicher sein, dass dieser kurz nach der Einbindung der Agentur für Arbeit durch den Leiharbeitnehmer einen Anhörungsbogen über die **Einleitung eines Ordnungswidrigkeitenverfahrens** bei sich im Briefkasten vorfindet. Praktischer kann es für die Agentur für Arbeit als Erlaubnisbehörde kaum sein – etwaige Verstöße gegen das AÜG werden dieser über den § 9 Abs. 2 AÜG nunmehr ohne weiteren Ermittlungsaufwand – quasi „frei Haus" – von den Leiharbeitnehmern zugeliefert.

> *Praxishinweis*
> Unter Berücksichtigung der **rechtlichen Unwägbarkeiten**, die **bei der Bestimmung des Beginns der Abgabefrist** von einem Monat (dazu Rdn 222) entstehen, dürfte die erst auf der „Zielgeraden" in das Gesetz aufgenommene Regelung nach § 9 Abs. 2 AÜG über die zwingend erforderliche Einbindung der Agentur für Arbeit dazu führen, dass die wirksame Abgabe einer Festhaltenserklärung in der Praxis die Ausnahme sein wird. Durch die – im Zweifel bewusst – gesetzlich begründete Bürokratie und den **für den Leiharbeitnehmer**

---

368 Vgl. BT-Drucks 18/10064, S. 15.
369 BT-Drucks 18/10064, S. 15.

G. Fiktion eines Arbeitsverhältnisses und Festhaltenserklärung § 5

damit verbundenen organisatorischen Mehraufwand dürfte davon auszugehen sein, dass dieser eher abgeschreckt wird, eine entsprechende Festhaltenserklärung abzugeben. Sollte sich dieser doch überwinden und den Gang zu der Agentur für Arbeit antreten wollen, sollte dieser „Vorsicht" walten lassen, wenn die wirksame Abgabe der Festhaltenserklärung nicht doch dem Verdikt der Unwirksamkeit unterfallen soll: der Leiharbeitnehmer sollte im Anschluss keinen Urlaub geplant haben oder gar erkranken, um nicht zu riskieren, dass die Festhaltenserklärung verspätet, d.h. nicht innerhalb von drei Tagen, nach der Einbindung bei der Agentur für Arbeit bei dem Verleiher oder Entleiher eingeht.

Für die **Abgabe und den Zugang der Festhaltenserklärung** durch den Leiharbeitnehmer ist im Gesetz zudem ein auf den jeweiligen Tatbestand abstellendes, **unterschiedlich geregeltes Fristenregime** vorgesehen: 222

- **bei einer unerlaubten Arbeitnehmerüberlassung** muss die Erklärung bis zum Ablauf eines Monats nach dem zwischen Verleiher und Entleiher für den Beginn der Überlassung vorgesehenen Zeitpunkt zugegangen sein; tritt die Unwirksamkeit des zwischen dem Entleiher und dem Leiharbeitnehmer abgeschlossenen Arbeitsvertrages erst nach Aufnahme der Tätigkeit bei dem Entleiher ein, beginnt die Frist mit Eintritt der Unwirksamkeit,
- **bei einem Verstoß gegen die Offenlegungs- und Konkretisierungspflicht** muss die Erklärung bis zum Ablauf eines Monats nach dem zwischen Verleiher und Entleiher für den Beginn der Überlassung vorgesehenen Zeitpunkt zugegangen sein,
- **bei der Überschreitung der Höchstüberlassungsdauer** muss die Erklärung bis zum Ablauf eines Monats nach Überschreiten der zulässigen Überlassungshöchstdauer zugegangen sein.

In § 9 Abs. 3 S. 1 AÜG ist zudem geregelt, dass eine **vor Beginn der Frist** nach § 9 Abs. 1 Nr. 1 bis 1b AÜG **abgegebene Erklärung unwirksam** ist. Diese Vorschrift war im Ausgangsgesetzesentwurf vom 16.11.2015 noch nicht vorgesehen, sondern hat erst im Rahmen der noch außerparlamentarisch vorgenommenen Änderungen Eingang in das Gesetz[370] gefunden. Hintergrund dafür dürfte insbesondere gewesen sein, dass sich nach der Veröffentlichung des ersten Gesetzesentwurfs Diskussionen daran entzündeten, dass die vorgesehene Sanktionierung der illegalen Arbeitnehmerüberlassung, des Verstoßes gegen die Offenlegungs- und Konkretisierungspflichten oder die Nichtbeachtung der Überlassungshöchstdauer weitgehend ins Leere laufen würde, wenn und soweit sich der Verleiher bereits bei dem Abschluss des Arbeitsvertrages oder zumindest – im Zweifel auf Veranlassung des Entleihers – vor einem konkreten Einsatz eine (vorsorgliche) Festhaltenserklärung – ggf. auch formularmäßig und standardisiert – von dem Leiharbeitnehmer ein-

---

[370] Gesetzesentwurf in der Fassung vom 20.5.2016.

holt.[371] Der Gesetzgeber reagierte darauf, indem die Erklärung aufgrund der nunmehr in § 9 Abs. 3 S. 1 AÜG vorgesehenen Regelung – unter Berücksichtigung des Gedankens des Arbeitnehmerschutzes – wirksam erst während des Laufs der jeweiligen Monatsfrist, somit in Kenntnis der alternativen Vertragspartner – wie es in der Gesetzesbegründung[372] heißt – abgegeben werden kann; sie kann nicht vorsorglich, etwa auf Betreiben des Verleihers zum Schutze des Entleihers vor der Rechtsfolge des § 10 Abs. 1 AÜG, erklärt werden.[373]

Die **Frist kann** dabei **ohne einen tatsächlichen Einsatz bei dem Entleiher nicht beginnen.** Das BAG[374] hat zu der wortgleichen Formulierung in § 10 Abs. 1 S. 1 AÜG a.F. („dem zwischen Verleiher und Entleiher für den Beginn der Überlassung vorgesehenen Zeitpunkt") entschieden, dass es nicht auf eine ausschließlich vertragliche Abrede zwischen Entleiher und Verleiher ankomme; vielmehr sei die tatsächliche Arbeitsaufnahme bei dem Entleiher gemeint. Diese Wertung ist hinsichtlich des Fristbeginns auf die insoweit identisch formulierten Tatbestände nach § 9 Abs. 1 Nr. 1 und 1a AÜG zu übertragen. Dies gilt im Übrigen auch für die Unwirksamkeit des zwischen dem Verleiher und dem Leiharbeitnehmer bestehenden Arbeitsverhältnisses nach § 9 Abs. 1 Nr. 1b AÜG.

223 Gerade **für die illegale Arbeitnehmerüberlassung** hat die ab dem 1.4.2017 geltende Möglichkeit, durch eine **Festhaltenserklärung** des Leiharbeitnehmers die Unwirksamkeit des Arbeitsvertrages mit dem Verleiher auszuschließen und damit die Fiktion eines Arbeitsverhältnisses mit dem Entleiher zu verhindern, recht **„kuriose" Auswirkungen**, die aufzeigen, dass das gesetzgeberische Konzept nicht richtig durchdacht ist. Wird diese aufgedeckt, hat die zuständige Erlaubnisbehörde dem Verleiher die Ausübung der Arbeitnehmerüberlassung zu untersagen, wenn und soweit er nicht über eine entsprechende Erlaubnis verfügt (§ 6 AÜG). Diese ist ihm aber zu versagen, wenn er eine solche beantragen sollte, nachdem der Verleiher mit einer illegalen Arbeitnehmerüberlassung in der Vergangenheit bereits auffällig und damit „aktenkundig" geworden ist (§ 3 Abs. 1 Nr. 1 AÜG). Gibt der Leiharbeitnehmer eine entsprechende Festhaltenserklärung ab, verbleibt dessen Arbeitsverhältnis folglich bei einem Verleiher, bei dem keine Möglichkeit besteht, diesen zu beschäftigen. Dieser verfügt über keine legalen Arbeitsplätze,[375] kann sich aber auch gleichzeitig keine Erlaubnis beschaffen, um den Leiharbeitnehmer ohne Rechtsverstoß einzusetzen. Der Verleiher wäre also gezwungen, eine Kündigung

---

371 Vgl. *Hamann*, jurisPR-ArbR 48/2015 Anm. 1; *Zimmermann*, BB 2016, 56 m.w.N.; kritisch auch: *Schüren*, jurisPR-ArbR 19/2016 Anm. 1; *Brors*, NZA 2016, 672.
372 BT-Drucks 18/9232, S. 26.
373 BT-Drucks 18/9232, S. 26.
374 BAG v. 20.1.2016 – 7 AZR 535/13, DB 2016, 1701; kritisch dazu: *Hamann*, jurisPR-ArbR 32/2016 Anm. 3.
375 Es sei denn, es handelt sich um ein „Mischunternehmen", das neben einer Arbeitnehmerüberlassung z.B. auch Werkverträge anbietet.

G. Fiktion eines Arbeitsverhältnisses und Festhaltenserklärung § 5

des mit dem Leiharbeitnehmer aufgrund seiner Festhaltenserklärung fortbestehenden Arbeitsverhältnisses auszusprechen. Insoweit wird darauf hingewiesen, dass das Widerspruchsrecht bei der illegalen Arbeitnehmerüberlassung ersatzlos gestrichen werden sollte.[376]

Bei ohne eine Erlaubnis nach § 1 AÜG durchgeführten Scheinwerk-/Scheindienstverträgen kann die Festhaltenserklärung zu weiteren „Friktionen" führen, auf die *Hamann*[377] zutreffend hinweist: der geschlossene Scheinwerk-/Scheindienstvertrag ist als Scheingeschäft nach § 117 Abs. 1 BGB nichtig; der tatsächlich praktizierte Arbeitnehmerüberlassungsvertrag wäre nach § 117 Abs. 2 BGB an den Maßstäben des AÜG zu messen und in Ermangelung der formalen Anforderungen des § 12 Abs. 1 S. 2 AÜG nach § 134 BGB bzw. § 125 S. 1 BGB sowie § 9 Nr. 1 AÜG a.F. nichtig.[378] Der Arbeitsvertrag zwischen Verleiher und Leiharbeitnehmer war gemäß § 9 Nr. 1 AÜG a.F. unwirksam. Der illegale Entleiher würde – nach alter Rechtslage – zum Arbeitgeber des Leiharbeitnehmers und damit auch zum Schuldner insbesondere der Sozialversicherungsbeiträge (§ 28 Abs. 1 S. 1 SGB IV). Der Arbeitsvertrag zwischen Verleiher und Leiharbeitnehmer sowie die Überlassungsvereinbarung zwischen Verleiher und Entleiher teilten das gleiche Schicksal: beide waren nämlich wirksam.

Nach der neuen Rechtslage kann es durch die Festhaltenserklärung des Leiharbeitnehmers zu einem Auseinanderfallen hinsichtlich der Unwirksamkeit von Arbeits- und Arbeitnehmerüberlassungsvertrag kommen. Durch eine solche wird der dem Arbeitsvertrag zwischen Verleiher und Leiharbeitnehmer anhaftende „Makel" der Unwirksamkeit nämlich rückwirkend beseitigt. Dies gilt uneingeschränkt sowohl bei der illegalen Arbeitnehmerüberlassung als auch bei einem Verstoß gegen die Offenlegungs- und Konkretisierungspflichten oder gegen die gesetzliche Höchstüberlassungsdauer. Für den Auftraggeber (und de facto Entleiher) hat dies einen durchaus gefälligen Effekt: für die Vergütung – ggf. erhöht nach dem Equal Pay Grundsatz – ist allein der Verleiher eintrittspflichtig; dies gilt auch für die darauf entfallenden Sozialversicherungsbeiträge. Eine gesamtschuldnerische Haftung des Entleihers nach § 28e Abs. 2 S. 3, 4 SGB IV ist ausgeschlossen, knüpft diese doch gerade an die Unwirksamkeit des Arbeitsvertrages zwischen Verleiher und Leiharbeitnehmer an, die durch die Festhaltenserklärung aber gerade ausscheidet. Eine Haftung als selbstschuldnerischer Bürge gemäß § 28e Abs. 2 S. 1 SGB IV kommt nicht in Betracht, da die Überlassung illegal betrieben wurde. Der Entleiher kann „nur" noch für eine Ordnungswidrigkeit nach § 16 Abs. 1 Nr. 1a, 1c, 1d AÜG haftbar gemacht werden, wenn und soweit diesem ein Verschulden nachgewiesen werden kann.

---

376 Zu dem Ganzen, allerdings noch auf Grundlage des Gesetzesentwurfs in der Fassung vom 17.2.2016, in dem § 9 Abs. 2 AÜG n.F. noch nicht vorgesehen war: *Hamann*, ArbuR 2016, 140; ebenfalls kritisch: *Schüren*, jurisPR-ArbR 19/2016 Anm. 1; *Brors*, NZA 2016, 672.
377 *Hamann*, ArbuR 2016, 140.
378 BAG v. 12.7.2016 – 9 AZR 352/15, BB 2016, 1715.

Vor diesem Hintergrund kann die vom Leiharbeitnehmer abgegebene Festhaltenserklärung für den Entleiher durchaus enthaftende Wirkung haben.[379] Diese Problematik wurde vom Gesetzgeber auf der „Zielgeraden" jedoch noch erkannt, indem § 9 Abs. 3 S. 4 AÜG in das Gesetz eingefügt wurde.[380] Danach gilt § 28e Abs. 2 S. 4 SGB IV unbeschadet der Festhaltenserklärung. Die Vorschrift soll damit sicherstellen, dass eine Festhaltenserklärung sozialversicherungsrechtlich nicht zum Wegfall der gesamtschuldnerischen Haftung des Verleihers oder des Entleihers für die Zahlung der Sozialversicherungsbeiträge führt.[381]

224 Durch die Einfügung von § 9 Abs. 3 S. 1 AÜG[382] soll ein Rechtsmissbrauch von Festhaltenserklärungen insofern verhindert werden, als dass diese nicht mehr vorsorglich abgegeben werden kann; vielmehr entscheidet nunmehr der Leiharbeitnehmer „frei" über einen Widerspruch, der erst nach dem jeweiligen Fristbeginn nach § 9 Abs. 1 Nr. 1 bis 1b AÜG wirksam abgegeben werden kann (dazu Rdn 222). § 9 Abs. 3 S. 2 AÜG ergänzt in diesem Zusammenhang, dass der Arbeitsvertrag zwischen dem Verleiher und dem Leiharbeitnehmer (erneut) unwirksam ist bzw. wird, wenn die nach § 9 Abs. 1 Nr. 1, 1a oder 1b AÜG rechtswidrige Überlassung nach der Festhaltenserklärung fortgeführt wird.[383] Eine erneute Festhaltenserklärung wird nach § 9 Abs. 3 S. 3 AÜG ausgeschlossen. Mit der Festhaltenserklärung – so die Gesetzesbegründung[384] – kann eine rechtswidrige Überlassung weder für die Vergangenheit noch für die Zukunft legalisiert werden. Das im Gesetzentwurf der Bundesregierung vorgesehene Widerspruchsrecht soll allein das Festhalten am bisherigen Arbeitsverhältnis mit dem Verleiher ermöglichen und schützt damit die durch Art. 12 GG geschützte Berufsfreiheit der Leiharbeitnehmer.[385] Das Widerspruchsrecht soll jedoch nicht das Festhalten an einer rechtswidrigen Einsatzpraxis bewirken können; in diesem Sinne stellt der neue § 9 Abs. 3 S. 2, 3 AÜG klar, dass es bei der Fortführung der rechtswidrigen Überlassung trotz einer Festhaltenserklärung zur erneuten Unwirksamkeit des Arbeitsvertrags zwischen dem Verleiher und dem Leiharbeitnehmer kommt. In diesen Fällen entsteht daher (erneut) nach § 10 Abs. 1 AÜG ein Arbeitsverhältnis zu dem Entleiher.[386]

> *Praxishinweis*
> § 9 Abs. 3 S. 2, 3 AÜG ist – wie auch § 9 Abs. 2 AÜG – Ausfluss eines pauschal artikulierten Misstrauens gegenüber der gesamten Zeitarbeits-/Werkvertrags-

---

379 So: *Hamann*, ArbuR 2016, 140.
380 BT-Drucks 18/10064.
381 Vgl. BT-Drucks 18/10064, S. 15.
382 Vgl. Gesetzesentwurf in der Fassung vom 20.5.2016.
383 Dazu: *Düwell*, jurisPR-ArbR 43/2016 Anm. 1.
384 Vgl. BT-Drucks 18/10064, S. 15.
385 BT-Drucks 18/10064, S. 15.
386 Vgl. BT-Drucks 18/10064, S. 15.

G. Fiktion eines Arbeitsverhältnisses und Festhaltenserklärung § 5

branche, indem schlichtweg unterstellt wird, dass ein rechtswidriger Zustand nach einer Festhaltenserklärung von dem Verleiher und dem Entleiher gerade nicht abgestellt, sondern – im Gegenteil – bewusst weiter fortgeführt wird. Sachlich begründbar ist dieses Misstrauen jedoch in keiner Weise – dies auch vor dem Hintergrund, dass die Fortsetzung der illegalen Überlassung, die andauernde Überschreitung der Höchstüberlassungsdauer oder die fortwährende Missachtung der Offenlegungs- und Konkretisierungspflicht ordnungswidrig und damit bußgeldbewährt ist. Zudem drohen dem Verleiher in diesen Fällen erlaubnisrechtliche Sanktionen. Durch eine Perpetuierung eines rechtswidrigen Zustandes würde dieser durch den damit verbundenen drohenden Entzug der Arbeitnehmerüberlassungserlaubnis die Grundlage seines wirtschaftlichen Schaffens und damit seiner Existenz riskieren.

Gibt der Leiharbeitnehmer die Festhaltenserklärung nicht ab, verbleibt es letztlich bei der Unwirksamkeit des mit dem Verleiher bestehenden Arbeitsvertrages. Zahlt dieser dennoch das vereinbarte Entgelt oder Teile davon, z.b. weil irrtümlich und rechtsfehlerhaft nicht erkannt wurde, dass eine (illegale) Arbeitnehmerüberlassung betrieben wird, dass ein Scheinwerk-/Scheindienstvertrag abgeschlossen wurde bzw. dass ein zunächst „echter" Werk-/Dienstvertrag in eine Arbeitnehmerüberlassung „kippt" (mit einer Pflichtverletzung nach § 1 Abs. 1 S. 5, 6 AÜG) oder dass die zulässige Höchstüberlassungsdauer überschritten wurde, ist § 10 Abs. 3 AÜG anwendbar. Danach gilt der Verleiher neben dem Entleiher als Arbeitgeber. Für die Zahlungspflicht gelten beide als Gesamtschuldner. Im Innenverhältnis haftet – sofern keine abweichende Regelung getroffen wurde – ausschließlich der Entleiher als eigentlicher Arbeitgeber; der Verleiher hat durch die Zahlung des Entgelts eine fremde Schuld getilgt.[387]

In der Praxis dürfte **der Beginn der maßgeblichen Frist** zu Abgabe der Festhaltenserklärung nach § 9 Abs. 1 Nr. 1 bis 1b AÜG **nur mit erheblichen Schwierigkeiten bestimmt werden können**.[388] Dies gilt insbesondere für zunächst noch „echte" Werk-/Dienstverträge, die erst im Laufe der Zeit durch eine – ggf. nicht intendierte – Verzahnung der Arbeitsprozesse und der Weisungsstrukturen vor Ort bei dem Entleiher in eine (möglicherweise sogar illegale) Arbeitnehmerüberlassung umschlagen. Zwar beginnt die Frist erst mit diesem Zeitpunkt,[389] dennoch dürfte dieser in der Praxis nur schwerlich bestimmt werden können, da das Umschlagen in der Regel „schleichend" über einen längeren Zeitraum erfolgt. Das Ge-

---

387 Vgl. *Boemke/Lembke*, § 10 AÜG Rn 119 ff.
388 So auch: *Siebert/Novak*, ArbR 2016, 393.
389 Vgl. insbesondere § 9 Abs. 1 Nr. 1, letzter HS AÜG: „Tritt die Unwirksamkeit erst nach Aufnahme der Tätigkeit beim Entleiher ein, so beginnt die Frist mit Eintritt der Unwirksamkeit." § 9 Abs. 1 Nr. 1a und 1b AÜG knüpfen an den „für den Beginn der Überlassung vorgesehenen Zeitpunkt" an; dies entspricht bei § 9 Abs. 1 Nr. 1a AÜG dem Umschlagen von einem Werkvertrag in die Arbeitnehmerüberlassung; so auch: *Siebert/Novak*, ArbR 2016, 393.

setz sieht für solche Fälle nämlich keine – an § 613a Abs. 6 BGB angelehnte – Unterrichtung über die tatsächlichen Umstände vor, die eine Unwirksamkeit des zwischen dem Entleiher und dem Leiharbeitnehmer geschlossenen Arbeitsvertrages begründen können.

Erschwerend ist noch folgender Umstand zu beachten: nach dem Wortlaut des Gesetzes kommt es auch nicht darauf an, dass der Leiharbeitnehmer – selbst ohne eine entsprechende Unterrichtung – im Übrigen positive Kenntnis oder eine grob fahrlässige Unkenntnis hätte haben müssen. Vielmehr ergibt sich ein **(etwaiges) subjektives Element** ausschließlich aus der Gesetzesbegründung:[390] dort heißt es, dass die Festhaltenserklärung erst während der Laufs der Monatsfrist, „somit in Kenntnis der alternativen Vertragspartner", abgegeben werden kann. Der Gesetzgeber geht folglich davon aus, dass der Leiharbeitnehmer sich darüber bewusst sein muss, dass dieser ein Wahlrecht durch die Festhaltenserklärung innerhalb eines Monats ausüben kann, um zu bestimmen, ob das Arbeitsverhältnis – wie bisher – bei dem Verleiher verbleibt oder ob dieses qua gesetzlicher Anordnung mit dem Entleiher fortbestehen soll. Dieses Wahlrecht kann der Leiharbeitnehmer aber sinnvollerweise nur ausüben, wenn er auch positiv weiß oder zumindest grob fahrlässig nicht weiß, welche tatsächlichen Umstände ein solches begründen. Unter Berücksichtigung des gesetzgeberischen Willens **kann die Neuregelung § 9 Abs. 1 Nr. 1 bis 1b AÜG hinsichtlich des Fristbeginns zur Abgabe der Festhaltenserklärung nur so verstanden werden, dass der Leiharbeitnehmer die wesentlichen maßgeblichen Umstände, die die Unwirksamkeit des mit dem Verleiher bislang bestehenden Arbeitsverhältnisses begründen, zumindest in groben Zügen kennt oder ihm diese zumindest grob fahrlässig unbekannt geblieben sind.**[391]

225 Gibt der Leiharbeitnehmer form- und fristgemäß eine Festhaltenserklärung nach § 9 Abs. 1 Nr. 1 bis 1b AÜG ab, muss diese auch im Übrigen wirksam sein. In diesem Zusammenhang stellt sich die Frage einer notwendigen **AGB-Kontrolle**. Zwar handelt es sich um eine einseitige Erklärung des Leiharbeitnehmers, die einer solchen nicht unterworfen werden kann, wenn diese – ohne weitere Einwirkung oder Vorformulierung des Verleihers und/oder des Entleihers – abgebeben wird. Anders kann sich die Rechtslage aber darstellen, wenn sich der Leiharbeitnehmer aufgrund einer vom Verleiher und/oder Entleiher formularmäßig erstellten und einmalig[392] oder standardmäßig verwendeten Unterlage erklärt.[393] Die Klausel muss dabei zu-

---

390 BT-Drucks 18/9232, S. 26.
391 In diesem Sinne wohl auch: *Hamann*, jurisPR-ArbR 40/2016 Anm. 1; a.A. *Bauer*, BD 6/2016, 12, der für die Fristbestimmung allein an das objektive Vorliegen des für den Fristbeginn maßgeblichen Ereignisses abstellt.
392 § 310 Abs. 3 Nr. 2 BGB.
393 BAG v. 6.9.2007 – 2 AZR 722/06, NZA 2008, 219: zu einem formularmäßigen Verzicht auf eine Kündigungsschutzklage; BAG v. 23.10.2013 – 5 AZR 135/12, NZA 2014, 200: zu einer Ausgleichsquittung des Leiharbeitnehmers bei Equal Pay Ansprüchen.

G. Fiktion eines Arbeitsverhältnisses und Festhaltenserklärung §5

mindest hinreichend klar und transparent sein (§ 307 Abs. 1 S. 1, 2 BGB). Eine darüber hinaus gehende AGB-rechtliche Kontrolle anhand der Klauselverbote nach §§ 308, 309 BGB kommt allerdings mangels Abweichung oder Ergänzung einer gesetzlichen Regelung nicht in Betracht (vgl. § 307 Abs. 3 S. 1 BGB); der Leiharbeitnehmer entscheidet sich nach der verleiher- und/oder entleiherseitig erstellten und auf dessen/deren Veranlassung verwendeten Erklärung auf Grundlage eines gesetzlichen Wahlrechts schlichtweg für oder gegen den Fortbestand des mit dem Verleiher bestehenden Arbeitsverhältnisses.[394]

Nach einer in der Literatur vertretenen Ansicht[395] soll ein kompensationsloser Verzicht auf die Möglichkeit eines Arbeitsverhältnisses mit dem Entleiher den Leiharbeitnehmer unangemessen i.S.d. § 307 Abs. 1 BGB benachteiligen, soweit dieser durch eine vorformulierte Klausel auf Drängen von Verleiher und/oder Entleiher erfolgt. Dieser Auffassung ist nicht zu folgen, da die AGB-rechtlichen Vorschriften nicht ein Drängen zur Abgabe einer Erklärung sanktionieren sollen; sollte tatsächlich ein Zwang ausgeübt oder eine Drohung ausgesprochen worden sein, um den Leiharbeitnehmer von der Abgabe der Festhaltenserklärung „zu überzeugen", kann diese nach § 123 BGB angefochten werden (dazu Rdn 220). Auch der kompensationslose Verzicht auf die Geltendmachung eines Arbeitsverhältnisses mit dem Entleiher ist ABG-rechtlich nicht zu beanstanden, gibt das Gesetz dem Leiharbeitnehmer doch ausdrücklich ein Wahlrecht an die Hand, das dieser lediglich durch die vom Verleiher und/oder Entleiher vorbereitete Erklärung ausübt. In § 9 Abs. 1 Nr. 1 bis 1b AÜG ist ausdrücklich keine Kompensation für den Fall vorgesehen, dass das Arbeitsverhältnis des Leiharbeitnehmers auf dessen Wunsch beim Verleiher verbleiben soll, so dass es AGB-rechtlich unschädlich sein muss, wenn eine solche in einer vorformulierten Erklärung nicht zugesagt wird. Dies entspricht dem gesetzlich vorgesehenen „Regeltatbestand", an dessen Ausübung – auch aus AGB-rechtlicher Sicht – keine für den Verleiher und/oder den Entleiher negativen Konsequenzen geknüpft werden können, wenn diese keine Kompensation für die Abgabe einer entsprechenden Festhaltenserklärung „ausloben".

Insbesondere für den Fall, dass die **gesetzliche Höchstüberlassungsdauer überschritten** oder der **zunächst ordnungsgemäß durchgeführte Werk-/Dienstvertrag in eine Arbeitnehmerüberlassung umschlägt** bzw. dafür zumindest einige Indizien bestehen, gilt es für den Verleiher – tunlichst in Abstimmung mit dem Entleiher, der von den Rechtsfolgen der §§ 9 Abs. 1, 10 Abs. 1 AÜG unmittelbar betroffen ist – abzuwägen, wie mit der Situation – insbesondere mit dem regelmäßig unerwünschten, aber gesetzlich angeordneten Arbeitgeberwechsel von dem Verleiher auf den Entleiher – umzugehen ist. Letztlich ist zu berücksichtigen, dass die Fiktion eines Arbeitsverhältnisses durch eine form- und fristgemäß abgegebene

---

394 Dazu auch: *Hamann*, jurisPR-ArbR 40/2016 Anm. 1.
395 *Seier*, DB 2016, 2181.

§ 5 Die Reform des AÜG

Festhaltenserklärung des Leiharbeitnehmers möglicherweise noch verhindert werden kann.

Dabei kommen folgende **Vorgehensweisen** in Betracht:

- *Variante 1*: bei der Überschreitung der Höchstüberlassungsdauer wird der Einsatz beendet bzw. bei einem Umschlagen des Werk-/Dienstvertrages in eine Arbeitnehmerüberlassung werden die Organisationsstrukturen zur Abwicklung des Auftrags neu aufgesetzt und damit die für eine Arbeitnehmerüberlassung sprechenden Umstände – sofern möglich – beseitigt. Weitere Maßnahmen werden nicht ergriffen, insbesondere erfolgt keine Ansprache der Leiharbeitnehmer auf die Abgabe einer Festhaltenserklärung. Diese Variante hat den Vorteil, dass „keine schlafenden Hunde geweckt werden" und dass der Leiharbeitnehmer – mangels aktiver Einbindung hinsichtlich der in Betracht kommenden Optionen – nicht „bösgläubig" gemacht wird. Nachteilig wirkt allerdings, dass mangels Kenntnis der Leiharbeitnehmer (dazu Rdn 224) und damit mangels Beginn der Frist zu der Abgabe der Festhaltenserklärung ein latentes Risiko besteht, dass im Nachgang und unkontrolliert Ansprüche der betroffenen Leiharbeitnehmer geltend gemacht werden können. Der Makel des unzulässigen Einsatzes – verbunden mit der Fiktion eines Arbeitsverhältnisses zwischen dem Entleiher und dem Leiharbeitnehmer – stellt für den Verleiher und Entleiher ein „Damoklesschwert" dar, ohne dass diese die Kontrolle darüber haben, ob und wie sich der Missstand aus der Vergangenheit in schadensstiftender Weise in der Zukunft auswirkt.

- *Variante 2:* der bisher zwischen dem Entleiher und dem Verleiher gelebte Vertrag wird beendet und neu abgeschlossen; dabei soll das bislang eingesetzte Fremdpersonal – sofern möglich – ausgetauscht und – bei einem gewollten Werk-/Dienstvertrag – die tatsächliche Organisation des Einsatzes umgestellt werden. Auch in dieser Option werden die bislang eingesetzten Leiharbeitnehmer nicht in den Prozess eingebunden, so dass die Frist zu Abgabe der Festhaltenserklärung nicht zu laufen beginnt (dazu Rdn 224). Die Vor- und Nachteile sind identisch mit der Variante 1.

- *Variante 3:* der Leiharbeitnehmer wird durch den Verleiher und/oder den Entleiher darüber aufgeklärt, dass die gesetzliche Höchstüberlassungsdauer überschritten ist bzw. dass (möglicherweise) ein Scheinwerk-/Scheindienstvertrag vorliegt. Ergänzend wird der Leiharbeitnehmer über die sich aus der Festhaltenserklärung ergebenden Optionen unterrichtet. Der Vorteil dieser Variante liegt auf der Hand: die maßgebliche Frist zur Erklärung der Festhaltensfrist wird in Gang gesetzt; Verleiher und Entleiher hätten Klarheit über die sich aus der Unwirksamkeit nach § 9 Abs. 1 AÜG ergebenden (arbeitsrechtlichen) Folgen hinsichtlich des Fortbestandes des Arbeitsverhältnisses mit dem Verleiher oder dessen Fiktion mit dem Entleiher. Nachteilig an dieser Variante ist natürlich, dass die Leiharbeitnehmer geradezu darauf gestoßen werden, dass der Einsatz rechtswidrig war bzw. gewesen sein könnte; diese könnten geneigt sein,

G. Fiktion eines Arbeitsverhältnisses und Festhaltenserklärung § 5

diese Position zu ihrem eigenen Nutzen – auch unter Berücksichtigung wirtschaftlicher Erwägungen – für sich nutzbar zu machen. Verleiher und Entleiher müssen sich bei dieser Variante im Klaren darüber sein, dass die Einbindung der Leiharbeitnehmer zwar eine Klärung der Situation herbeiführen kann, jedoch müssen sie auch damit rechnen, dass sich diese nicht (immer) in deren Sinne regeln lässt. Sollten sich in der Folgezeit gerichtliche Streitigkeiten an den Bestand des Arbeitsverhältnisses mit dem Verleiher oder dessen Fiktion mit dem Entleiher anknüpfen, können die dem Leiharbeitnehmer mitgeteilten Umstände realistischerweise kaum erfolgversprechend in Abrede gestellt oder bestritten werden. Zudem dürfte es – unter Berücksichtigung sozialversicherungs-, steuer- und ggf. sogar strafrechtlicher Erwägungen – kaum vermeidbar sein, die entsprechend zuständigen Behörden mit in den Aufarbeitungsprozess einzubinden.

- Eine Festhaltenserklärung kann bei der Überschreitung der Höchstüberlassungsdauer wie folgt formuliert werden:[396]

Formulierungsbeispiel

„Ich bin von der [*Verleiher*]-GmbH darüber aufgeklärt worden, dass zwischen der [*Entleiher*]-GmbH und mir aufgrund der Überschreitung der zulässigen Überlassungshöchstdauer[397] ab dem [*Datum*] ein Arbeitsverhältnis fingiert worden ist und dass ich eine sog. Festhaltenserklärung nach § 9 Abs. 1 Nr. 1b AÜG[398] abgeben kann mit der Folge, dass der zwischen der [*Verleiher*]-GmbH und mir geschlossene Arbeitsvertrag fortbesteht.

Vor diesem Hintergrund erkläre ich, dass ich an dem Arbeitsverhältnis mit der [*Verleiher*]-GmbH festhalte und dieses fortsetzen möchte. Der Fiktion eines Arbeitsverhältnisses mit der [*Entleiher*]-GmbH widerspreche ich ausdrücklich."

Sollte sich der Leiharbeitnehmer im Rahmen eines gerichtlichen Verfahrens auf die Fiktion eines Arbeitsverhältnisses mit dem Entleiher berufen, **trägt der Leiharbeitnehmer die Darlegungs- und Beweislast** für das Vorliegen der tatbestandlichen Voraussetzungen und für deren Eintritt. Dieser muss die insoweit maßgeblichen Tatsachen vortragen, dass insbesondere eine unerlaubte Arbeitnehmerüberlassung vorgelegen hat, dass die gesetzliche Höchstüberlassungsdauer überschritten wurde bzw. dass eine Arbeitnehmerüberlassung betrieben wurde, ohne dass die Offenlegungs- und Konkretisierungspflichten nach § 1 Abs. 1 S. 5, 6 AÜG beachtet wurden. Dabei darf der Vortrag des Leiharbeitnehmers – gerade mit Blick auf die Pflicht nach § 1 Abs. 1 S. 5, 6 AÜG – nicht „ins Blaue" hinein erfol-

---

396 Vgl. auch den Vorschlag bei: *Hamann*, jurisPR-ArbR 40/2016 Anm. 1.
397 Für den Tatbestand nach § 9 Abs. 1 Nr. 1 und 1a AÜG müsste der Wortlaut der Erklärung entsprechend angepasst werden.
398 Der Verweis kann – je nach einschlägigem Tatbestand nach § 9 Abs. 1 Nr. 1 bis 1b AÜG – angepasst werden.

gen. Hinsichtlich einer nach dessen Vortrag vorliegenden Arbeitnehmerüberlassung kann dieser die ihm nach seiner eigenen Wahrnehmung bekannten Umstände der tatsächlichen Durchführung des Einsatzes in das Verfahren einführen. Mit Blick auf Offenlegungs- und Konkretisierungspflicht sind dem Leiharbeitnehmer regelmäßig die zwischen Entleiher und Verleiher abgeschlossenen Vereinbarungen und getroffenen Abreden unbekannt, dennoch ist es ihm zumutbar, entsprechenden Sachvortrag zu ermitteln, der auf einen Verstoß gegen diese Pflichten schließen lässt. Insbesondere ist es diesem zuzumuten, den bei dem Entleiher ggf. gewählten Betriebsrat nach entsprechenden Informationen zu fragen; diesem müssen schließlich die dem Fremdpersonaleinsatz zugrunde liegenden Verträge zwischen Entleiher und Verleiher vorgelegt werden (§ 80 Abs. 2 S. 3 BetrVG). Zudem muss der Leiharbeitnehmer behaupten, dass eine Festhaltenserklärung nicht bzw. nicht form- bzw. fristgerecht abgegeben worden ist.

Der **Entleiher trägt** schließlich **die Darlegungs- und Beweislast** dafür, dass der Leiharbeitnehmer eine solche form- und fristgerecht erklärt hat, um an dem Arbeitsverhältnis mit dem Verleiher festzuhalten. Es handelt sich dabei um eine rechtsvernichtende Einwendung, durch die die Fiktion eines Arbeitsverhältnisses mit dem Entleiher beseitigt wird.[399] Dies gilt auch hinsichtlich der ordnungsgemäßen Einhaltung des Verfahrens zur Beteiligung der Agentur für Arbeit nach § 9 Abs. 2 AÜG vor Abgabe der Festhaltenserklärung. In diesem Zusammenhang ist der Entleiher auch hinsichtlich der subjektiven Komponente zur Kenntnis oder zur grob fahrlässigen Unkenntnis des Leiharbeitnehmers bzgl. der für den Fristbeginn maßgeblichen Tatsachen (dazu Rdn 224) darlegungs- und beweisbelastet. Dies kann in der Praxis für den Entleiher – wie immer bei darzulegenden und zu beweisenden inneren Tatsachen bei Dritten – mit erheblichen Schwierigkeiten verbunden sein.

H. Der Einsatz von Leiharbeitnehmern während eines Streiks

Dr. Tim Wißmann (LL.M.)/Dr. Daniel Krämer

Literatur:

Bauer/Haußmann, Arbeiten verboten! – Das neue Streikbrecherverbot für Leiharbeitnehmer, NZA 2016, 803; *Boemke/Sachadae*, Tarifliche Einsatzverbote für Leiharbeitnehmer in bestreikten Betrieben – Folgen von Verstößen, BB 2015, 1781; *Boemke*, Annahmeverzug des Entleihers bei Nichtbeschäftigung des Leiharbeitnehmers?, BB 2006, 997; *Call*, Sittenwidrige Tarifverträge zur Leiharbeit?, NJ 2010, 89; *Eckert*, Blick ins Arbeitsrecht, DStR 2016, 2163; *Franzen*, Neuausrichtung des Drittpersonaleinsatzes – Überlegungen zu den Vorhaben des Koalitionsvertrags, RdA 2015, 141; *Giesen*, Reform der Leiharbeit, ZRP 2016, 130; *Greiner*, Atypische Arbeitskampfmittel und Kampfpluralität Welche Verteidigungsmittel bleiben?, NJW 2010, 2977; *Grimm/Göbel*, Ungereimtes zum Streikeinsatz von Leiharbeitnehmern, ArbRB

---

[399] Vgl. *Hamann*, jurisPR-ArbR 40/2016 Anm. 1.

H. Der Einsatz von Leiharbeitnehmern während eines Streiks § 5

2016, 119; *Henssler*, Überregulierung statt Rechtssicherheit – der Referentenentwurf des BMAS zur Reglementierung von Leiharbeit und Werkverträgen, RdA 2016, 18; *Senge*, Karlsruher Kommentar zum OWiG, 4. Auflage 2014; *Kissel*, Arbeitskampfrecht, 2002; *Lembke*, Gesetzesvorhaben der Großen Koalition im Bereich der Arbeitnehmerüberlassung, BB 2014, 1333; *Rieble*, Das neue Arbeitskampfrecht des BAG, BB 2008, 1506; *Schüren/Behrend*, Arbeitnehmerüberlassung nach der Reform – Risiken der Neuen Freiheit, NZA 2003, 521; *Thüsing*, Dauerhafte Arbeitnehmerüberlassung: Neues vom BAG, vom EuGH und auch vom Gesetzgeber, NZA 2014, 10; *Ubber/Löw*, Der Einsatz von Leiharbeitnehmern als Streikbrecher, BB 2015, 3125; *Waltermann*, Stärkung der Tarifautonomie – Welche Wege könnte man gehen?, NZA 2014, 874; *Willemsen/Mehrens*, Beabsichtige Neuregelung des Fremdpersonaleinsatzes – Mehr Bürokratie wagen?, NZA 2015, 897.

I. Vom Leistungsverweigerungsrecht zum (zusätzlichen) Einsatzverbot

Mit der Neufassung des § 11 Abs. 5 AÜG wird ein Einsatzverbot von Leiharbeitnehmern während eines Streiks beim Entleiher normiert. Die Regelung enthält zusätzlich das nach der Vorläuferbestimmung bereits nicht unumstrittene Leistungsverweigerungsrecht beim Streik im Entleiherbetrieb. Der Gesetzgeber hat sich bei der Neuregelung damit nicht darauf beschränkt, die bestehende Regelung anzupassen oder etwas zu erweitern; er hat vielmehr das bestehende Leistungsverweigerungsrecht durch eine **umfassende Regelung ergänzt**, welche über die Verhinderung des Einsatzes von Leiharbeitnehmern zum „Streikbruch" zumindest in der praktischen Wirkung nicht unerheblich hinausgeht. Mehr noch als die Vorläuferregelung sieht sich § 11 Abs. 5 AÜG verfassungsrechtlichen Bedenken ausgesetzt.

227

1. Der Leiharbeitnehmer im Arbeitskampf

Wird ein Verleiher bestreikt, gelten die allgemeinen Regeln des Arbeitskampfes.[400] Bei rechtmäßigen Arbeitskämpfen im Zusammenhang mit Tarifverträgen zur Arbeitnehmerüberlassung steht dem Leiharbeitnehmer das Recht zu, sich an einem solchen Streik zu beteiligen. Das Streikrecht gilt unabhängig davon, ob der Leiharbeitnehmer über seine Gewerkschaftsmitgliedschaft oder eine vertragliche Bezugnahme dem Tarifvertrag unterliegt.[401] Anders ist die Situation bei einem **Arbeitskampf im Einsatzbetrieb** des Leiharbeitnehmers (Entleiher). Im Entleiherbetrieb kann er keine Tarifregelung erreichen, die unmittelbar seiner Besserstellung dient. Zwar partizipiert der Leiharbeitnehmer über den Gleichstellungsgrundsatz in § 8 AÜG mittelbar am Streikergebnis.[402] Bei dem Leiharbeitnehmer handelt es sich dennoch im Hinblick auf den Arbeitskampf beim Entleiher um einen „**außenstehenden Dritten**". Nach überwiegender Meinung steht daher dem **Leiharbeitnehmer kein Streikrecht** zu, wenn ein Entleiher von einem Arbeitskampf betrof-

228

---

400 Thüsing/Mengel, § 11 Rn 53.
401 Ulber, § 11 Rn 128.
402 ErfK/Wank, § 11 AÜG Rn 20; Däubler u.a./Lorenz, Arbeitsrecht, § 11 AÜG Rn 31.

fen ist.⁴⁰³ Nimmt der Leiharbeitnehmer dennoch an Maßnahmen des Arbeitskampfes im Entleihbetrieb teil, liegt eine Verletzung der Leistungspflicht gegenüber dem Entleiher und eine Vertragsverletzung gegenüber dem Verleiher vor.⁴⁰⁴ Dem Entleiher können dann nach allgemeinen Regeln Ansprüche aus unerlaubter Handlung zustehen, insbesondere wegen Eingriffs in den eingerichteten und ausgeübten Gewerbebetrieb. Dem Verleiher steht in diesen Fällen unter Umständen ein Recht zur verhaltensbedingten, ggf. außerordentlichen Kündigung des Leiharbeitnehmers zu.⁴⁰⁵

229 Die Entscheidung des BAG vom 19.6.2007⁴⁰⁶ zu der grundsätzlichen Zulässigkeit von **Unterstützungsstreiks**, wird indes teilweise so verstanden, dass ein Unterstützungsstreik, zu dem auch die organisierten Leiharbeitnehmer aufgerufen werden, zulässig sein kann.⁴⁰⁷ Unter diesem Blickwinkel dürfte es unerheblich sein, falls die Leiharbeitnehmer einer anderen Gewerkschaft angehören als die streikende Stammbelegschaft. Denn der Grundrechtsschutz des Art. 9 Abs. 3 GG gilt – wenn auch nicht mit derselben Offenkundigkeit – grundsätzlich auch, wenn die den Hauptarbeitskampf führende und die den Unterstützungsstreik ausrufende Gewerkschaft nicht identisch sind.⁴⁰⁸ Allerdings dürfte in der Praxis das Bedürfnis von Leiharbeitnehmern und „ihrer" Gewerkschaft, einen Streik zu unterstützen, an dessen Ergebnis sie zumeist allenfalls mittelbar partizipieren, in aller Regel wenig ausgeprägt sein.

230 Leiharbeitnehmer konnten bisher, wie arbeitswillige Stammarbeitnehmer auch, als sogenannte „**Streikbrecher**" eingesetzt werden. Nach der Gesetzesbegründung zu § 11 Abs. 5 AÜG ist dies unter anderem in den Bereichen Einzelhandel, Gesundheitswesen, Postdienste, Telekommunikation und Metall in den letzten Jahren mehrfach vorgekommen.⁴⁰⁹ Auf diese Weise war es bestreikten Entleihern möglich, auch durch die Hinzunahme von Leiharbeitskräften den negativen Streikauswirkungen entgegenzutreten und den Betrieb trotz Arbeitskampf – gegebenenfalls teilweise – aufrecht zu erhalten.

Der Begriff des „Streikbrechers" ist dabei irreführend. Der Einsatz von Leiharbeitnehmern – wie auch von Stammarbeitskräften oder anderen Personen – stellt für den bestreikten Entleiher eine **legitime Abwehrmaßnahme** gegen die Folgen des

---

403 ErfK/*Wank*, § 11 Rn 19; Schüren/Hamann/*Schüren*, § 11 Rn 127; Thüsing/*Mengel*, § 11 Rn 47; Urban/Crell/*Schulz*, AÜG Rn 317.
404 ErfK/*Wank*, § 11 AÜG Rn 20; Schüren/Hamann/*Schüren*, § 11 AÜG Rn 127; Thüsing/*Mengel*, § 11 Rn 50.
405 Thüsing/*Mengel*, § 11 Rn 50; Schüren/Hamann/*Schüren*, § 11 AÜG Rn 127; Däubler u.a./*Lorenz*, Arbeitsrecht, § 11 AÜG Rn 31.
406 BAG v. 19.6.2007 – 1 AZR 396/06, NZA 2007, 1055.
407 Däubler u.a./*Lorenz*, Arbeitsrecht § 11 AÜG Rn 31; *Rieble*, BB 2008, 1506.
408 BAG v. 19.6.2007 – 1 AZR 396/06, NZA 2007, 1055.
409 BT-Drucks 18/9232, 27.

H. Der Einsatz von Leiharbeitnehmern während eines Streiks § 5

Arbeitskampfes dar.[410] Es ist in der Rechtsprechung des BAG anerkannt, dass der Arbeitgeber auf unterschiedliche Weise und ohne dass es sich zwangsläufig um eine Arbeitskampfmaßnahme i.e.S. handeln muss, auf einen Streik reagieren kann. Hierzu gehört es auch, den Versuch zu unternehmen, den Betrieb mit **arbeitswilligen Arbeitnehmern aufrecht zu erhalten**. Diese werden von den streikenden Kolleginnen und Kollegen zwar als „Streikbrecher" wahrgenommen, nehmen selber aber ihr legitimes und verfassungsrechtlich geschütztes Recht wahr, an dem Arbeitskampf nicht teilzunehmen (näher hierzu unter Rdn 294 ff.). Mit dem Einsatz von Leiharbeitnehmern versucht der bestreikte Arbeitgeber lediglich, den Betrieb fortzuführen, die wirtschaftlichen Folgen des Streiks zu verringern und gleichzeitig seine Stellung in der Tarifauseinandersetzung zu verbessern.[411] So sieht das BAG wesentliche Reaktionsmöglichkeiten des Arbeitgebers auf Arbeitskampfmaßnahmen der Gewerkschaften aus der Hand genommen, wenn der bestreikte Arbeitgeber den streikbedingten Produktionsausfall nicht durch den Einsatz arbeitswilliger Mitarbeiter effektiv verringern kann.[412] Es ist anerkannt, dass der Arbeitgeber versuchen kann, das mit dem Streik verfolgte Ziel der zeitweiligen Stilllegung seines Betriebes zu unterbinden, indem er mit Hilfe arbeitswilliger – unter Umständen auch neu eingestellter – Arbeitnehmer nach entsprechender Umorganisation den Betrieb wenigstens teilweise aufrecht erhält. Dies ist, so das BAG ausdrücklich, häufig auch in seinem Interesse, da die eingeschränkte Fortführung des Betriebes in der Regel wirtschaftlich sinnvoller und mit geringeren Verlusten verbunden ist als die vorübergehende gänzliche Einstellung.[413]

Vor diesem Hintergrund ist es auch kaum haltbar, in der Heranziehung zur „Streikbrucharbeit" eine „unlautere Unterlaufungsstrategie" und damit eine unzulässige Arbeitskampfmaßnahme zu sehen, da hierdurch die Aussichten eines Streiks unmittelbar beeinträchtigt werden würden.[414] Diese – teilweise auch in der Literatur vertretene – Auffassung basiert auf der etwas altertümlichen und dem Gedanken des „Klassenkampfes" entsprungenen Einschätzung, es sei Arbeitnehmern generell nicht zumutbar, sich gegenüber streikenden Kollegen unsolidarisch zu verhalten und diesen „in den Rücken zu fallen".[415] Diese Sichtweise blendet aus, dass es jedem Arbeitnehmer schon aufgrund der **negativen Koalitionsfreiheit** frei steht, sich für oder gegen den Streik einzusetzen. Solange ein Arbeitnehmer entgegenstehende Rechte nicht ausübt, wie beispielsweise die Teilnahme an dem Streik, bleibt er im

231

---

410   Vgl. zum arbeitskampfbedingt beschränkten Mitbestimmungsrecht des Betriebsrates beim Einsatz von arbeitswilligen Arbeitnehmern auf Arbeitsplätzen streikender Kollegen BAG v. 13.12.2011 – 1 ABR 2/10, NZA 2012, 571 (dort insb. Rn 31 und 35); *Greiner*, NJW 2010, 2977.
411   Vgl. BAG v. 13.12.2011 – 1 ABR 2/10, NZA 2012, 571.
412   BAG v. 13.12.2011 – 1 ABR 2/10, NZA 2012, 571 (Rn 35).
413   BAG v. 22.3.1994 – 1 AZR 622/93, NJW 1995, 477.
414   So aber ausdrücklich LAG Baden-Württemberg v. 31.7.2013 – 4 Sa 1813.
415   In diese Richtung BAG v. 25.7.1957 – 1 AZR 194/56; *Däubler*, Arbeitskampfrecht, § 19 Rn 68.

Rahmen der vertraglichen Absprachen auch zur Arbeitsleistung verpflichtet. In den Grenzen des Direktionsrechts kann ein Arbeitnehmer auch zu Arbeiten verpflichtet werden, die Gegenstand von Streikmaßnahmen sind. Dies gilt – vorbehaltlich § 11 Abs. 5 AÜG – auch für Leiharbeitnehmer.

2. Bisherige gesetzliche Regelung eines Leistungsverweigerungsrechts

232 Die Regelungen zum Einsatz von Leiharbeitnehmern im Arbeitskampf beschränkten sich bislang auf ein Leistungsverweigerungsrecht des Leiharbeitnehmers. Nach der Gesetzesbegründung sollte so ein Einsatz des Leiharbeitnehmers **gegen seinen Willen als Streikbrecher verhindert** werden.[416] Der Leiharbeitnehmer sollte selbst entscheiden dürfen, ob er seiner Tätigkeit beim Entleiher während eines Arbeitskampfes nachkommt oder nicht. Die Situation des Leiharbeitnehmers im Arbeitskampf ähnelte damit derjenigen der Stammarbeitskräfte, da auch diese selbst entscheiden können, ob sie an einem Arbeitskampf teilnehmen möchten oder nicht. Andererseits war eine etwa beabsichtigte „Gleichstellung" mit Stammarbeitskräften illusorisch. Denn der Leiharbeitnehmer konnte sein Leistungsverweigerungsrecht jedenfalls nach bislang herrschender Meinung ohne Verzicht auf die Vergütung ausüben (siehe dazu unten Rdn 270). Schon die bisherige gesetzliche Regelung wurde als verfassungsrechtlich bedenklich eingestuft.[417]

3. Vergleichbare tarifliche Regelungen

233 In den Manteltarifverträgen der Leiharbeitsbranche finden sich bereits verbreitet Klauseln, wonach Leiharbeitnehmer im Umfang eines Streikaufrufs nicht in Betrieben oder Betriebsteilen eingesetzt werden dürfen, die ordnungsgemäß bestreikt werden.[418] Die Zeitarbeitstarifverträge BAP und iGZ enthalten seit dem 1.11.2013 ein solches Einsatzverbot. Durch die Verwendung des Wortes „ordnungsgemäß" in den tarifvertraglichen Regelungen wird deutlich, dass das tarifvertragliche Einsatzverbot nur in Fällen eines rechtmäßigen Streiks gelten soll. Das gesetzliche Leistungsverweigerungsrecht aus § 11 Abs. 5 AÜG bleibt von dem tarifvertraglichen Einsatzverbot unberührt. Für die im BAP organisierten Personaldienstleister ist zusätzlich zu beachten, dass der Einsatz von Leiharbeitnehmern mit dem Ziel der Ersetzung rechtmäßig streikender Arbeitnehmer auch gegen II. Nr. 7 des BAP-Verhaltenskodex verstößt, an den die Mitglieder über § 8 Nr. 3a) der BAP-Satzung gebunden sind.[419]

---

[416] BT-Drucks 6/2303, 14.
[417] Vgl. etwa *Franzen*, RdA 2015, 141, 15; ErfK/*Wank*, § 11 AÜG Rn 20.
[418] Vgl. zu den tariflichen Einsatzverboten ausführlich *Boemke/Sachadae*, BB 2015, 1783.
[419] *Boemke/Sachadae* BB 2015, 1783.

H. Der Einsatz von Leiharbeitnehmern während eines Streiks § 5

Warum der Gesetzgeber trotz dieses tarifvertraglichen Einsatzverbotes eine gesetzliche Normierung als notwendig erachtete, beantwortet die Gesetzesbegründung[420] zum neuen § 11 Abs. 5 AÜG nur rudimentär. So habe sich das tarifvertragliche Verbot des Einsatzes von Leiharbeit in Arbeitskämpfen in der Praxis als „nicht wirksam durchsetzbar" erwiesen. Dies überrascht vor dem Hintergrund, dass Leiharbeitsverhältnisse heute ganz überwiegend – zumindest über Bezugnahmeklauseln – regelmäßig solchen Tarifverträgen unterliegen.[421] Zwar gelten tarifvertragliche Regelungen, wie auch die Gesetzesbegründung hervorhebt, nicht für ins Inland entsandte Leiharbeitskräfte von Verleihern mit Sitz im Ausland. Ob alleine dieser Umstand die weitreichende Neuregelung rechtfertigen kann, muss indes bezweifelt werden. Der Umstand, dass der Organisationsgrad der Gewerkschaften in der Leiharbeit ausgesprochen gering ist, mag eine mindestens ebenso wichtige Triebfeder gewesen sein, Leiharbeitnehmer auf gesetzlichem Wege zu „streikwilligen" Arbeitskräften zu machen.[422]

234

4. Gesetzliche Neuregelung eines (zusätzlichen) Einsatzverbotes

Bereits im Koalitionsvertrag zwischen CDU, CSU und SPD vom 16.12.2013 heißt es: „Kein Einsatz von Leiharbeitnehmerinnen und Leiharbeitnehmern als Streikbrecher".[423] Dieses Vorhaben geht auf eine Forderung der SPD zurück, welche in ihrem Regierungsprogramm 2013–2017 aufführt, dass der Einsatz von Leiharbeitnehmern als Streikbrecher verboten werden soll.

235

Insbesondere die Dienstleistungsgewerkschaft ver.di sieht sich mit der Situation konfrontiert, dass ein **geringer Organisationsgrad** der eigenen Stammbelegschaften die Durchführung von Arbeitskämpfen erheblich erschwert. Es wurde vor diesem Hintergrund offenbar als hinzutretender weiterer negativer Effekt empfunden, dass Arbeitgeber vielfach durch den Einsatz von Leiharbeitnehmern den beabsichtigten Folgen von Arbeitskämpfen wirksam entgegenwirken konnten. Mit einem gesetzlichen Verbot des Einsatzes von Leiharbeitnehmern als „Streikbrechern" will man dies ausschließen, obschon wegen der tariflichen Regelungen hierfür kaum ein praktisches Bedürfnis bestand. Insbesondere verfassungsrechtlich problematisch ist hieran, dass nicht nur die Leiharbeitnehmer ohne Berücksichtigung der negativen Koalitionsfreiheit zu Zwangsteilnehmern des Streiks werden, sondern darüber hinaus, dass dies – anders als bei den streikenden Stammarbeitskräften – zu keinem Entfall des Vergütungsanspruchs führt (vgl. hierzu unten Rdn 255).

236

---

420 BT-Drucks 18/9232, 27.
421 Vgl. *Ulber*, NZA 2009, 232.
422 Hier zutreffend *Thüsing*: „Wen die Gewerkschaft nicht mobilisieren kann, den mobilisiert der Gesetzgeber. Das kann verfassungsrechtlich nicht richtig sein.", FAZ v. 25.5.2016, 18.
423 Deutschlands Zukunft gestalten – Koalitionsvertrag zwischen CDU, CSU und SPD, 18. Legislaturperiode, S. 50.

a) Referentenentwurf

237 Alle drei Fassungen des Referentenentwurfs des BMAS zum Entwurf eines Gesetzes zur Änderung des Arbeitnehmerüberlassungsgesetzes und anderer Gesetze[424] enthielten ein noch **weiter gefasstes Einsatzverbot**. Ein Entleiher sollte einen Leiharbeitnehmer generell nicht tätig werden lassen, soweit sein Betrieb unmittelbar durch einen Arbeitskampf betroffen ist. Eine Beschränkung des Einsatzverbotes auf reinen Streikbruch fehlte; vielmehr sollte der Einsatz von Leiharbeitnehmern im bestreikten Betrieb dem Wortlaut der Bestimmung nach per se untersagt werden. Es mangelte an einer Klarstellung, dass Leiharbeitnehmer dann weiter eingesetzt werden dürfen, wenn sie nicht Aufgaben wahrnehmen, die bisher von Streikenden verrichtet wurden. Dieser Entwurf ging damit erheblich über den Koalitionsvertrag hinaus.[425]

b) Neufassung

238 Nach diversen Korrekturen des ursprünglichen Referentenentwurfes des BMAS enthielt der endgültige Gesetzesentwurf zwar weiterhin ein Einsatzverbot von Leiharbeitnehmern in bestreikten Betrieben. Es wird indes klargestellt, dass Leiharbeitnehmer dann weiter eingesetzt werden dürfen, wenn sichergestellt ist, dass sie nicht (auch nicht „in der Kette") Aufgaben wahrnehmen, die bisher von Streikenden verrichtet wurden. An dem bereits in § 11 Abs. 5 AÜG a.F. enthaltenen Leistungsverweigerungsrecht wird zusätzlich festgehalten. Dieses findet sich nun in § 11 Abs. 5 S. 3 AÜG.

II. Gesetzliche Neuregelung

239 Nach § 11 Abs. 5 S. 1 AÜG darf der Entleiher den Leiharbeitnehmer nicht tätig werden lassen, wenn sein **Betrieb unmittelbar durch einen Arbeitskampf betroffen** ist. Dies gilt gemäß § 11 Abs. 5 S. 2 AÜG nur dann nicht, wenn der **Entleiher sicherstellt**, dass Leiharbeitnehmer keine Tätigkeiten übernehmen, die bisher von Arbeitnehmern erledigt wurden, die sich im Arbeitskampf befinden oder ihrerseits Tätigkeiten von Arbeitnehmern, die sich im Arbeitskampf befinden, übernommen haben. Der Leiharbeitnehmer ist nach Satz 3 zudem nicht verpflichtet, bei einem Entleiher tätig zu sein, soweit dieser durch einen Arbeitskampf unmittelbar betroffen ist. Der Verleiher hat den Leiharbeitnehmer auf das Recht, die Arbeitsleistung zu verweigern, hinzuweisen.

240 Nach der Gesetzesbegründung[426] seien in den letzten Jahren zunehmend häufiger Leiharbeitskräfte bei Arbeitskämpfen als Streikbrecher eingesetzt worden. Leih-

---

[424] Stand 16.11.2015, Stand 17.2.2016 sowie Stand 14.4.2016.
[425] Vgl. hierzu nur *Zimmermann*, BB 2016, 53, 56; *Ubber/Löw*, BB 2015, 3125; *Thüsing*, NZA 2015, 1478, 1479.
[426] BT-Drucks 18/9292, 27 f.

arbeitnehmer seien dabei zum Teil massiv unter Druck gesetzt worden. Aufgrund ihrer besonderen Situation, in der Regel befristet und mit der Hoffnung auf Übernahme in einem Entleiherbetrieb tätig zu sein, seien diese nicht selbst zum Streik berechtigten Leiharbeitskräfte gegenüber derartigen Einwirkungen besonders schutzbedürftig. Es habe sich gezeigt, dass das Leistungsverweigerungsrecht aufgrund der besonderen Situation von Leiharbeitskräften nicht ausreichend sei. Auch hätten sich tarifvertragliche Verbote des Einsatzes von Leiharbeit in Arbeitskämpfen in der Praxis als nicht wirksam durchsetzbar erwiesen. Insbesondere würden die tarifvertraglichen Regelungen nicht für ins Inland entsandte Leiharbeitskräfte von Verleihern mit Sitz im Ausland gelten, sodass teilweise bei Arbeitskämpfen gezielt solche Leiharbeitnehmer als Streikbrecher eingesetzt würden. Die Position von Leiharbeitnehmern werde durch die Neuregelung gestärkt und eine missbräuchliche Einwirkung auf Arbeitskämpfe unterbunden.

Den Einsatz von Streikbrechern als eine „missbräuchliche Einwirkung" auf Arbeitskämpfe zu bewerten überrascht. So ist eine arbeitskampfbedingte Versetzung arbeitswilliger Arbeitnehmer auch nach Lesart des BAG in einem bestreikten Betrieb eine **legitime Abwehrmaßnahme** des Arbeitgebers.[427] Damit versucht er, den Betrieb fortzuführen, die wirtschaftlichen Folgen des Streiks zu verringern und gleichzeitig seine Stellung in der Tarifauseinandersetzung zu verbessern. Dem Arbeitgeber bleibt es dabei selbst überlassen, ob er arbeitswillige Arbeitnehmer einsetzt oder auf Leiharbeitnehmer zurückgreift.[428] 241

Im Ergebnis soll mit der Neuregelung der Arbeitgeber aber daran gehindert werden, Leiharbeitnehmer anstelle streikender Stammarbeitnehmer einzusetzen. Damit wird **Leiharbeitnehmern die Entscheidung über die Streikteilnahme durch gesetzlichen Zwang abgenommen**. Eine gerade mit Blick auf die verfassungsrechtlichen Grundsätze der negativen Koalitionsfreiheit sowie der **Freiheit der Wahl der Arbeitskampfmittel** nachvollziehbare Erklärung folgt aus der Gesetzesbegründung nicht.[429] Auch Stammarbeitskräfte unterliegen einem Druck, an einem Arbeitskampf nicht teilzunehmen. Dieser ist im Zweifel sogar größer, da sie – anders als Leiharbeitnehmer, die ihr Leistungsverweigerungsrecht ausüben (vgl. hierzu indes unten unter Rdn 270 ff.) – ihren Entgeltanspruch in jedem Fall verlieren. Es liegt auf der Hand, dass mit der „Zwangsteilnahme" von Leiharbeitnehmern am Arbeitskampf eine erhebliche Beeinflussung der arbeitskampfrechtlichen Parität zwischen Arbeitgeber- und Gewerkschaftsseite einhergeht. Entsprechendes gilt für die negative Koalitionsfreiheit der Leiharbeitnehmer.[430] 242

---

427 Vgl. BAG v. 13.12.2011 – 1 ABR 2/10, NZA 2012, 571 (insb. Rn 31 und 35); *Greiner*, NJW 2010, 2977; vgl. hierzu auch oben unter Rdn 230 f.
428 BAG v. 13.12.2011 – 1 ABR 2/10, NZA 2012, 571 (insb. Rn 31 und 35).
429 Vgl. *Giesen*, ZRP 2016, 130, 133.
430 *Giesen*, ZRP 2016, 130, 133; ausführlich hierzu unten unter Rdn 294 ff.

1. Verbot des Einsatzes von Leiharbeitnehmern im bestreikten Betrieb

243 Das Einsatzverbot greift, wenn der **Betrieb des Entleihers unmittelbar durch einen Arbeitskampf betroffen** ist. Dem gesetzlichen Verbot kann der Entleiher nur dadurch „entgehen" indem er sicherstellt, dass Leiharbeitnehmer keine Tätigkeit übernehmen, die bisher von streikenden Arbeitnehmern erledigt wurden oder die ihrerseits Tätigkeiten von streikenden Arbeitnehmern übernommen haben. Es ist kaum in Abrede zu stellen, dass diese Einschränkung des Einsatzverbotes zwar letztlich die Beschränkung auf den „Streikbruch" bewirken soll, indes faktisch das Einsatzverbot hierüber hinaus anordnet. Dies, da die Bestimmung auf Tätigkeiten schlechthin abstellt und dem Entleiher die Darlegung aufbürdet, dies sicherstellen zu müssen. In der Situation eines Arbeitskampfes ist dies praktisch kaum möglich.

a) Betrieb vom Arbeitskampf unmittelbar betroffen

244 Das Einsatzverbot greift, wenn der Betrieb des Entleihers unmittelbar durch einen Arbeitskampf betroffen ist. Wann eine solche unmittelbare Betroffenheit des Betriebes vorliegen soll, folgt aus § 11 Abs. 5 S. 1 AÜG selbst nicht, entsprechendes gilt für die Gesetzesbegründung. **Maßgeblich** sind daher **die allgemeinen Maßstäbe**.

aa) Streikaufruf und unmittelbare Betroffenheit

245 Zunächst muss der in Rede stehende Entleiherbetrieb dem räumlichen und fachlichen Geltungsbereich des umkämpften Tarifvertrages unterfallen, damit der Entleiherbetrieb überhaupt unmittelbar betroffen sein kann.[431] Bei einem Streik ist ein Arbeitgeber grundsätzlich **unmittelbar betroffen**, wenn sein Betrieb vom **Streikaufruf** erfasst wird. Ist ein Arbeitgeber dagegen kampfunbeteiligt, fehlt es regelmäßig an einer erforderlichen Betriebsbezogenheit des streikbedingten Eingriffs in dessen Gewerbebetrieb, mag sein Unternehmen auch durch den Streik beeinträchtigt sein.[432] Der von der Gewerkschaft ausgerufene Streik muss sich daher nach dem **Streikaufruf zumindest auch gegen den Betrieb des Entleihers** richten.[433] Daraus folgt auch, dass das Einsatzverbot dort nicht greift, wo beispielsweise Störungen entstehen, die auf einem Streik in einem anderen Betrieb beruhen und daher die Fortsetzung des nichtbestreikten Betriebes ganz oder teilweise unmöglich oder wirtschaftlich unzumutbar machen. So kann es häufig zu Störungen auch bei solchen Unternehmen kommen, die nicht unmittelbar vom Arbeitskampf betroffen sind, aber mit solchen kampfbetroffenen Unternehmen eng zusammenarbeiten

---

431 *Ulber*, § 11 Rn 133.
432 BAG v. 25.8.2015 – 1 AZR 754/13, NZA 2016, 74; Boecken u.a./*Ulrici*, § 11 AÜG Rn 28.
433 Vgl. hierzu BAG v. 22.3.1994 – 1 AZR 622/93, NJW 1995, 477.

(sog. mittelbare Arbeitskampffolgen).⁴³⁴ Hierauf bezieht sich das Einsatzverbot nicht. Ebenso folgt der **Zeitraum des Streiks** aus dem jeweiligen Streikbeschluss der Gewerkschaft.⁴³⁵ Wird der Entleiherbetrieb unbeschadet eines Streikbeschlusses **tatsächlich nicht bestreikt**, ist der Betrieb vom Arbeitskampf auch nicht unmittelbar im Sinne des § 11 Abs. 5 S. 1 AÜG betroffen.⁴³⁶ Dies ergibt sich für das Einsatzverbot schon daraus, dass in seiner solchen Konstellation ein Einsatz von Leiharbeitnehmern zum Streikbruch denklogisch ausscheidet. Eine Gewerkschaft kann also durch einen Streikbeschluss allein ein Einsatzverbot nicht auslösen.

bb) Andere Betriebsteile und anderer Betrieb

Fraglich ist, ob die **unmittelbare Betroffenheit nur eines Betriebsteils** das Einsatzverbot auch für Leiharbeitnehmer in einem anderen Betriebsteil auslösen kann. Damit einher geht die Frage, ob bei einem Streik einer Spartengewerkschaft sämtliche Leiharbeitnehmer im Betrieb ihre Arbeit im Grundsatz niederlegen müssen, wenn nicht durch den Arbeitgeber nachgewiesen ein Fall des § 11 Abs. 5 S. 2 AÜG gegeben ist.

246

Der Wortlaut von § 11 Abs. 5 S. 1 AÜG spricht gegen eine generelle Begrenzung des Tätigkeitsverbotes auf die vom Streik betroffenen Bereiche eines Betriebes oder Betriebsteile. Die Formulierung „*wenn* sein Betrieb unmittelbar betroffen ist" verdeutlicht, dass eine begrenzte Anwendung des Einsatzverbotes auf den tatsächlich betroffenen Bereich des Unternehmens nicht der Intention des Gesetzgebers entspricht. So hieß es im Referentenentwurf noch „*soweit* sein Betrieb unmittelbar betroffen ist".⁴³⁷ Hinzukommt, dass der Gesetzgeber in § 11 Abs. 5 AÜG beide Formulierungen verwendet und damit deutlich zeigt, dass er den Formulierungen unterschiedliche Bedeutung beimessen wollte.

Auch die Gesetzesbegründung,⁴³⁸ missbräuchliche Einwirkungen auf Arbeitskämpfe zu unterbinden, spricht für eine solche Auslegung des Begriffs der Betroffenheit. Die Beschränkung der Bestimmung auf die Verhinderung des Streikbruchs soll allein dadurch gewährleistet werden, dass das Einsatzverbot nach § 11 Abs. 5 S. 2 AÜG generell auf diejenigen Tätigkeiten beschränkt ist, die arbeitskampfbedingt ausfallen. Dies führt zwar im Ergebnis dazu, dass sich das Einsatzverbot in der Praxis auf den bestreikten Betriebsteil beziehungsweise bestreikten Bereich eines Betriebes beschränken kann. Da die Beschränkung auf die arbeitskampfbedingt ausgefallenden Tätigkeiten jedoch nur greift, wenn dies der Arbeitgeber „sicher-

---

434 Vgl. hierzu bspw. BAG v. 22.12.1980 – 1 ABR 2/79.
435 BAG v. 19.6.2012 – 1 AZR 775/10, NZA 2012, 1372.
436 A.A. *Ulber*, § 11 Rn 133.
437 Referentenentwurf des BMAS v. 16.11.2015.
438 BT-Drucks 18/9232, 27 f.

stellt" (§ 11 Abs. 5 S. 2 AÜG) bleibt ein nicht unerhebliches **Risikopotentiell auf Seiten des Arbeitgebers** vorhanden.

247   *Praxishinweis*
Wegen der – durch den Wortlaut der Norm ausdrücklich festgelegten – **Betriebsbezogenheit** greift das Einsatzverbot indes nicht, wenn Leiharbeitnehmer in einem **anderen Betrieb** des Unternehmens eingesetzt werden, um dort Stammbelegschaftskräfte zu ersetzen, welche im bestreikten Betrieb des Unternehmens zum Streikbruch eingesetzt werden. Dem bestreikten Entleiher bleibt es damit unbenommen, Stammbelegschaftskräfte aus anderen Betrieben in dem bestreikten Betrieb einzusetzen, um diesen – jedenfalls teilweise – aufrecht zu erhalten.[439] Diese Stammbelegschaftskräfte des anderen Betriebes können ohne Verstoß gegen § 11 Abs. 5 AÜG durch Leiharbeitnehmer ersetzt werden. Zwar muss der Entleiher nach § 11 Abs. 5 S. 2 AÜG auch sicherstellen, dass „in der Kette" von dem Leiharbeitnehmer keine Tätigkeiten von solchen Arbeitnehmern übernommen werden, die ihrerseits zum Streikbruch eingesetzt werden. Dieses Verbot bezieht sich indes nur auf den bestreikten Betrieb selbst und nicht auf andere nicht bestreikte Betriebe und den dortigen Einsatz von Leiharbeitnehmern.

cc) Konzernprivileg

248 Nach der Gesetzesbegründung bleibt das **Konzernprivileg** des § 1 Abs. 3 Nr. 2 AÜG unberührt. Demnach ist das AÜG und folglich das Einsatzverbot nicht anzuwenden auf die Arbeitnehmerüberlassung zwischen Konzernunternehmen im Sinne des § 18 AktG, wenn der Arbeitnehmer nicht zum Zweck der Überlassung eingestellt und beschäftigt wird. Der Personalaustausch und ggf. die Überlassung von Personal an den bestreikten Betrieb bleibt erlaubt, auch wenn mit dieser konzerninternen vorübergehenden Arbeitnehmerüberlassung Arbeitnehmer des Verleihers dann Tätigkeiten übernehmen, die bei dem Entleiher sonst von den Streikenden erbracht werden.[440]

b) Einsatzverbot nur bei rechtmäßigem Streik

249 Das Einsatzverbot greift nur bei einem **rechtmäßigen Streik** (vgl. hierzu auch unten Rdn 265). Der Gesetzeswortlaut verzichtet zwar auf eine Begrenzung dahingehend, jedoch würde der Sinn und Zweck der Neuregelung verfehlt, würde das Einsatzverbot auch bei einem rechtswidrigen Streik auferlegt. Eine missbräuchliche Einwirkung auf gesetzlich schützenswerte Arbeitskämpfe scheidet bei einem rechtswidrigen Arbeitskampf aus. Ebenso ist eine Schutzbedürftigkeit des Leiharbeitnehmers bei einem rechtswidrigen Streik zu verneinen. Es wäre nicht ein-

---

[439] Vgl. zu dieser Konstellation BAG v. 13.12.2011 – 1 ABR 2/10, NZA 2012, 571.
[440] Ebenso *Bauer/Haußmann*, NZA 2016, 803.

zusehen, warum der Leiharbeitnehmer gesetzlich zur „Teilnahme" an einem rechtswidrigen Arbeitskampf gezwungen werden sollte, an dem die Stammarbeitskräfte selber gar nicht teilnehmen dürfen. So sind die Stammarbeitnehmer im Falle eines rechtswidrigen Streiks ebenfalls verpflichtet, ihrer Arbeitspflicht nachzukommen.[441] Die Rechtsordnung verhielte sich widersprüchlich, wenn sie einerseits die Teilnahme an einem Arbeitskampf missbilligt und gleichzeitig andererseits die Teilnahme sogar gesetzlich anordnet.

c) Beschränkung auf Einsatz zum Streikbruch

Nach dem Willen des Gesetzgebers ist das Einsatzverbot auf den Einsatz zum „Streikbruch" begrenzt. Dies will § 11 Abs. 5 S. 2 AÜG dadurch gewährleisten, dass das **Einsatzverbot** nicht gilt, wenn der Leiharbeitnehmer mit **Tätigkeiten befasst ist oder diese übernimmt, die nicht vom streikbedingten Ausfall betroffen** sind. Indem § 11 Abs. 5 S. 2 AÜG von der „Übernahme" von Tätigkeiten durch den Leiharbeitnehmer spricht, wird gleichzeitig deutlich, was den Leiharbeitnehmer als „Streikbrecher" qualifiziert: Er kompensiert den streikbedingten Entfall von Tätigkeiten und ersetzt damit den streikenden Stammarbeitnehmer, indem er dessen Tätigkeit übernimmt. Wenig verständlich ist, dass der Gesetzgeber den eigentlichen Kern des Einsatzverbotes, einen Streikbruch durch Leiharbeitnehmer zu unterbinden, zu einer bloßen Ausnahme „degradiert", deren Vorliegen zudem durch den bestreikten Entleiher im Arbeitskampf „sichergestellt" werden muss. Mit anderen Worten: dem bestreikten **Entleiher** wird die **Beweislast** aufgebürdet, dass Leiharbeitnehmer nicht Tätigkeiten übernehmen, die vom streikbedingten Ausfall betroffen sind. Dies ist umso erstaunlicher, als sich der Entleiher im Arbeitskampf regelmäßig in einer Ausnahmesituation befindet und ein Verstoß gegen das Einsatzverbot mit Bußgeldern belegt werden kann.[442]

250

> *Praxishinweis*
> Die Beschränkung des Einsatzverbotes auf den Streikbruch bezieht sich auf **zwei Konstellationen**. Die Erledigung von streikbedingt ausgefallenen Tätigkeiten ist nicht nur im Hinblick auf diejenigen Stammarbeitskräfte untersagt, die sich selbst im Arbeitskampf befinden (Nr. 1). Vielmehr gilt dies auch für solche Tätigkeiten, die streikbedingt gar nicht ausfallen, indes von Stammarbeitskräften übernommen werden, die ihrerseits streikbedingt ausgefallene Tätigkeiten übernehmen (Nr. 2). Die Beschränkung des Einsatzverbots auf den Streikbruch gewinnt durch diesen Doppeltatbestand an weiterer Komplexität, was weitere Schwierigkeiten für den Entleiher verursacht.

---

441 ErfK/*Linsenmaier*, Art. 9 GG Rn 232; MüArbR/*Ricken*, § 203 Rn 29.
442 Vgl. § 16 Abs. 1 Nr. 8a AÜG.

aa) Übernahme streikbedingt ausgefallener Tätigkeit

251 Das Einsatzverbot von Leiharbeitnehmern greift nur soweit der **Leiharbeitnehmer Tätigkeiten übernehmen soll, die streikbedingt ausfallen**. Dies folgt aus § 11 Abs. 5 S. 2 AÜG, der das Einsatzverbot dann ausschließt, wenn eine Übernahme solcher Tätigkeiten nicht erfolgt. Durch den Begriff der „Übernahme" ist klargestellt, dass das Einsatzverbot nicht allgemein tätigkeitsbezogen gilt, sondern nur wenn der Leiharbeitnehmer mit Tätigkeiten befasst wird, deren streikbedingten Ausfall er kompensieren würde. Daher greift das Einsatzverbot nicht, wenn der Leiharbeitnehmer zwar mit derartigen Tätigkeiten befasst ist, dies jedoch auch bereits zuvor der Fall war. Denn dann „übernimmt" er keine streikbedingt ausgefallene Tätigkeit, er führt sie schlicht fort. Maßgeblich ist, ob der **Leiharbeitnehmer als Ersatzkraft** eingesetzt wird und so streikbedingt ausgefallene Tätigkeiten auffängt. Zwar ist die Vorschrift tätigkeits- und nicht arbeitsplatzbezogen. **Maßgeblich** ist damit die **konkrete Tätigkeit** und nicht der gesamte Arbeitsplatz. Auch sind alle Tätigkeiten, aus denen sich der Arbeitsplatz zusammensetzt, einzeln zu bewerten.[443] Dies ergibt sich aus dem Wortlaut der Norm, der von „Tätigkeiten" spricht. Der Entleiher muss damit im Grundsatz jede einzelne Tätigkeit der Leiharbeitnehmer dahingehend überprüfen und abgleichen, inwieweit diese Tätigkeit bisher von einem im Streik befindlichen Arbeitnehmer oder einem intern „in der Kette" eingesetzten Arbeitnehmer erledigt wurde und streikbedingt entfallen ist. Eine **Abgrenzung von einzelnen Tätigkeiten ist häufig nur sehr schwer möglich**, oft überschneiden sie sich. Nicht selten kommt es zu eigenverantwortlichen spontanen und vorübergehenden Tätigkeitserweiterungen durch den Leiharbeitnehmer, die vom Entleiher – zumal in der Situation des Arbeitskampfes – nicht zu kontrollieren sind. Problematisch ist eine Abgrenzung auch dann, wenn von mehreren Mitarbeitern mit gleichen Tätigkeiten einige streiken, andere bspw. urlaubs- oder krankheitsbedingt fehlen. Trotz der tätigkeitsbezogenen Sichtweise und Abgrenzung ist es im Ergebnis dann nicht als Übernahme einer streikbedingt ausgefallenen Tätigkeit zu qualifizieren, wenn die vom Leiharbeitnehmer verrichtete Tätigkeit nicht einen streikbedingten Ausfall kompensiert.

Wenn der Gesetzgeber mit der Regelung des § 11 Abs. 5 AÜG **bezweckt**, den **Einsatz von Leiharbeitnehmern zum „Streikbruch" zu unterbinden**, wird man auch aus verfassungsrechtlichen Gründen gehalten sein, das Einsatzverbot unbeschadet der weitgehenden Formulierung von § 11 Abs. 5 S. 2 AÜG auf ihren **eigentlichen Kern** zurückzuführen. Der Zweck des Einsatzverbotes würde ausgeblendet, wenn jeder einzelne Ausschnitt einer durch den Arbeitskampf ausgefallenen Tätigkeit allgemein nicht mehr von einem Leiharbeitnehmer verrichtet werden dürfte. Es ist vielmehr entscheidend, ob der Leiharbeitnehmer als „**Ersatzkraft**" für die arbeitskampfbedingt **ausgefallene Tätigkeit** eingesetzt ist und damit die Streikfol-

---

[443] So auch *Bauer/Haußmann*, NZA 2016, 803.

gen kompensiert. Denn nur dann handelt es sich um „echten" Streikbruch. Es muss sich dabei um den **Kern derjenigen Tätigkeit** handeln, die von dem streikenden Kollegen – bzw. dessen interner Ersatzkraft – zuvor erledigt wurde.

> *Beispiel:*
> Streiken einige Mitarbeiter der Buchhaltung, andere nicht, so kann der Leiharbeitnehmer, der bereits zuvor in der Buchhaltung tätig war, weiterhin dort eingesetzt werden. Dies gilt auch dann, wenn die streikenden Stammarbeitskräfte solche Tätigkeiten verrichtet haben, wie sie der Leiharbeitnehmer ausübt. Denn der Einsatz des Leiharbeitnehmers erfolgt in einer solchen Konstellation gerade nicht zum „Streikbruch"; er „übernimmt" keine streikbedingt ausgefallenen Tätigkeiten. Auch werden die negativen Streikfolgen für den Arbeitgeber durch die Weiterbeschäftigung eines solchen Leiharbeitnehmers nicht gemindert. Es ist nicht Sinn und Zweck des § 11 Abs. 5 AÜG und dem dort normierten Einsatzverbot den arbeitskampfbedingten Ausfall von Tätigkeiten noch zu erweitern.

bb) Zeitliche Erstreckung auf alle Leiharbeitnehmer und Notdienstarbeiten

Das Einsatzverbot erstreckt sich nach der Gesetzesbegründung[444] sowohl auf **nach dem Beginn** des Arbeitskampfs entliehene Leiharbeitnehmer als auch auf Leiharbeitnehmer, die **bei Beginn** des Arbeitskampfes bereits bei dem Entleiher tätig waren. Dies gilt jedoch nur, soweit nach den vorgenannten Maßgaben der Leiharbeitnehmer tatsächlich im Kern mit solchen Tätigkeiten befasst ist und diese als Ersatzkraft übernimmt, die streikbedingt ausfallen. Die Ausführung von sog. **Notdienstarbeiten**[445] soll nach der Gesetzesbegründung[446] von dem Einsatzverbot unberührt bleiben. Nach wie vor fehlt indes eine gesetzliche Regelung des Notdienstes während eines Arbeitskampfes.[447]

252

cc) Praktische Erwägungen

Verstößt der Entleiher gegen das Einsatzverbot, setzt er sich der **Gefahr eines Bußgeldes** aus. Der Arbeitgeber sieht sich also potentiell im Hinblick auf die Abwehr der Streikmaßnahmen nicht nur einem Konflikt mit der Gewerkschaft, sondern auch mit den Behörden ausgesetzt. In der kritischen und häufig schwer überschaubaren Situation eines Arbeitskampfes ist es dem Entleiher im Zweifel nur sehr schwer möglich, im Einzelnen sicherzustellen, dass Leiharbeitnehmer nicht mit streikbedingt ausgefallenen Tätigkeiten derart in Berührung kommen, dass von einer Tätigkeitsübernahme ausgegangen werden muss. Der organisatorische Auf-

253

---

444 BT-Drucks 18/9232, 28.
445 Vgl. grundlegend zu den sog. Notdienstarbeiten *Däubler*, Arbeitskampfrecht, § 18 Rn 15 ff.
446 BT-Drucks 18/9232, 28.
447 *Bauer/Haußmann*, NZA 2016, 804.

wand unter dem „Damoklesschwert" des Bußgeldes ist so groß, dass der **bestreikte Entleiher häufig** dazu übergehen wird, im Zweifel Leiharbeitnehmer **„nach Hause" zu schicken**. Dies zeigt, dass die gesetzliche Neuregelung des Einsatzverbotes in ihren praktischen Wirkungen weit über das gesetzgeberische Ziel hinausschießen kann. Da beim Entleiher vor dem Arbeitskampf bereits tätige Leiharbeitnehmer – wenn sie aus Anlass des Arbeitskampfes keine anderen oder zusätzlichen Aufgaben übernehmen – keine streikbedingt ausgefallenen Tätigkeiten verrichten, können diese indes unbeschadet des Einsatzverbotes weiterhin tätig bleiben. Dies erfordert eine **frühzeitige Einsatzplanung**, welche es dem Entleiher ermöglicht, den nach § 11 Abs. 5 S. 2 AÜG erforderlichen Nachweis zu erbringen.

d) Rechtsfolgen des Einsatzverbotes

254 Greift das Einsatzverbot, kann der Entleiher den Leiharbeitnehmer nicht, jedenfalls nicht im bestreikten Betrieb, einsetzen. Je nach Inhalt des Überlassungsvertrages ist es dann Sache des Verleihers, den Leiharbeitnehmer ggf. bei einem anderen Entleiher einzusetzen. Gelingt dies nicht, so fällt die Arbeit aus und es ist fraglich, ob der Verleiher trotz des Grundsatzes „kein Lohn ohne Arbeit" zur Vergütungszahlung gegenüber dem Leiharbeitnehmer verpflichtet bleibt. Ob der Entleiher trotz des Streiks die Überlassungsvergütung an den Verleiher zu zahlen hat, dürfte maßgeblich davon abhängen, in welche Risikosphäre das Einsatzverbot nach der Ausgestaltung der Überlassungsvereinbarung fällt.[448]

aa) Vergütung des Leiharbeitnehmers

255 Die Neuregelung schweigt sich dazu aus, ob dem Leiharbeitnehmer im Falle eines Einsatzverbotes der Anspruch auf die Vergütung erhalten bleiben soll oder nicht. Da die streikenden **Stammarbeitskräfte** ihren **Lohnanspruch verlieren**, ist die Aufrechterhaltung des Vergütungsanspruchs des Leiharbeitnehmers trotz (erzwungener) „Streikteilnahme" keine Selbstverständlichkeit. Rechtlich gewinnt die Frage dadurch an Komplexität, dass das Einsatzverbot aus dem Blickwinkel des Verleihers die Tätigkeit des Leiharbeitnehmers nicht schlechthin verbietet, sondern nur in der kraft Überlassungsvertrag und Weisungsausübung des Entleihers beabsichtigten Form.

256 Entfällt die Arbeit des Leiharbeitnehmers aufgrund des Einsatzverbotes, führt dies schon wegen des **Fixschuldcharakters** der Arbeitsleistung im Grundsatz nach §§ 275 Abs. 1 und 326 Abs. 1 BGB zum **Entfall des Vergütungsanspruchs** („kein Lohn ohne Arbeit"). Eine Aufrechterhaltung nach § 326 Abs. 2 S. 1 BGB scheidet

---

[448] *Bauer/Haußmann*, NZA 2016, 804; *Boemke*, BB 2006, 997.

H. Der Einsatz von Leiharbeitnehmern während eines Streiks § 5

aus, da der Verleiher für den Umstand des Einsatzverbotes nicht verantwortlich ist.[449]

Eine Aufrechterhaltung des Vergütungsanspruchs unter **Annahmeverzugs**gesichtspunkten nach § 615 S. 1 BGB scheidet ebenfalls aus. Ein Annahmeverzug ist nach § 297 BGB nicht gegeben, wenn der Arbeitnehmer außer Stande ist, die Arbeitsleistung zu bewirken, was insbesondere bei behördlichen Einsatzverboten der Fall sein kann.[450] Im Fall des Einsatzverbotes nach § 11 Abs. 5 S. 1 AÜG liegt ein gesetzliches Einsatzverbot vor, welches sich sowohl an Leiharbeitnehmer, als auch an den Entleiher richtet. Wie auch bei anderen Einsatzverboten[451] steht dies einem Annahmeverzug entgegen.[452] Der Umstand, dass sich das Einsatzverbot nur auf eine konkrete Tätigkeit beim Entleiher bezieht, steht der Leistungsunfähigkeit des Leiharbeitnehmers nach § 297 BGB nicht entgegen. Denn die im Sinne von § 294 BGB zu bewirkende Arbeitsleistung richtet sich nach der durch die wirksame **Ausübung des Direktionsrechts näher bestimmten Tätigkeit**.[453] Dies ist diejenige Tätigkeit, zu der der Leiharbeitnehmer durch den Verleiher bestimmt wird, die sodann aufgrund des Einsatzverbotes indes rechtlich unmöglich ist.

257

Eine Verpflichtung des Verleihers zur Fortzahlung der Vergütung kann daher allenfalls auf § 615 S. 3 BGB (**Betriebsrisikolehre**) gestützt werden. Das Betriebsrisiko betrifft die Frage, ob der Arbeitgeber zur Lohnzahlung verpflichtet bleibt, wenn er ohne eigenes Verschulden zur Beschäftigung der Belegschaft aus betrieblichen Gründen nicht im Stande ist. Es geht dabei auch um Fälle, in denen der Arbeitgeber seine Arbeitsmittel beispielsweise aus rechtlichen Gründen nicht zur Verfügung stellen kann, so dass die an sich arbeitswilligen Arbeitnehmer nicht in der Lage sind, ihre Arbeitsleistung zu erbringen.[454] Wenn das entsprechende Risiko dem Arbeitgeber zugewiesen ist, kann die Betriebsrisikozuweisung auch bei behördlichen und gesetzlichen Verboten greifen.[455] Der Verleiher trägt grundsätzlich das Risiko, dass Leiharbeitnehmer in Folge von Streiks beim Entleiher nicht beschäftigt werden können.[456] Der Verleiher hat damit im Verhältnis zum Leiharbeitnehmer das „Verwendungsrisiko" im Einsatzbetrieb übernommen. Fällt also aufgrund eines ge-

258

---

449 Verantwortlich meint insoweit vertreten müssen nach §§ 276, 278 BGB; vgl. BAG v. 23.9.2015 – 5 AZR 146/14, NJW 2016, 1608.
450 BAG v. 21.10.2015 – 5 AZR 843/14, NZA 2016, 688; Palandt/*Weidenkaff*, § 615 Rn 7; MüKo-BGB/ *Henssler*, § 615 Rn 29; ErfK/*Preis*, § 615 BGB Rn 46.
451 MüKo-BGB/*Henssler*, § 615 Rn 20; Boecken u.a./*Boemke*, § 615 BGB Rn 71; vgl. zu gesetzlich angeordneten Mindestpausen BAG v. 25.2.2015 – 5 AZR 886/12, NZA 2015, 494.
452 *Bauer/Haußmann*, NZA 2016, 803.
453 BAG v. 19.5.2010 – 5 AZR 172/09, NJW 2010, 3112.
454 MüKo-BGB/*Henssler*, § 615 Rn 89; *Henssler*, RdA 2002, 129, 133.
455 BAG v. 30.5.1963 – 5 AZR 252/62 (behördliches Auftrittsverbot); zum Betriebsverbot bei Smogalarm *Richardi*, NJW 1987, 1231, 1235; *Dossow*, BB 1988, 2455, 2459; MüKo-BGB/*Henssler*, § 615 Rn 101.
456 BAG v. 1.2.1973 – 5 AZR 382/72, NJW 1973, 1295.

setzlichen Verbotes beim Entleiher die Einsatzmöglichkeit weg, liegt dies im Allgemeinen in der Risikosphäre des Verleihers und nicht des Leiharbeitnehmers. Er ist – ein ordnungsgemäßes Angebot der Arbeitsleistung unterstellt – unbeschadet des **Arbeitsausfalls zur Vergütungszahlung verpflichtet.** Diese Sichtweise ist indes nicht unangreifbar. Aus § 11 Abs. 5 AÜG lässt sich diese Risikozuweisung kaum entnehmen. Ferner partizipiert der Leiharbeitnehmer in der Regel über das Gleichstellungsgebot mittelbar am Streikergebnis. Der Arbeitsausfall infolge eines Streikes wiederum ist aus der arbeitskampfrechtlichen Perspektive bei Stammarbeitskräften typischerweise mit dem Verlust des Entgeltanspruchs verbunden,[457] was letztlich auch Teil des austarierten Systems der Arbeitskampfparität ist. Ein nachvollziehbarer Grund, dies bei Leiharbeitnehmern diametral anders zu bewerten und das Lohnrisiko dem Verleiher aufzubürden, ist aus dem Blickwinkel des Arbeitskampfrechts daher nur schwer möglich.

259 Die **Höhe der fortzuzahlenden Vergütung** bemisst sich jedenfalls nicht danach, was der Leiharbeitnehmer verdient hätte, wenn er beim vorgesehenen, aber bestreikten Entleiher tätig gewesen wäre. Denn genau zu dieser Arbeit kann ihn der Verleiher nicht mehr anweisen. Wenn der Verleiher keine andere Einsatzmöglichkeit für den Leiharbeitnehmer hat, richtet sich die **Vergütung** nach der bestehenden Regelung **für Nichteinsatzzeiten.** Diese Vergütung ergibt sich im Regelfall aus dem vereinbarten Tarifvertrag oder dort, wo kein Tarifvertrag angewandt wird, gemäß § 11 Abs. 1 S. 1 Nr. 2 AÜG aus dem Arbeitsvertrag.[458]

bb) Überlassungsvergütung

260 Nicht weniger schwierig zu beantworten ist die Frage, ob der Entleiher die Überlassungsvergütung unabhängig davon schuldet, dass er den Leiharbeitnehmer wegen des Einsatzverbotes nicht einsetzen kann. **Maßgeblich** für die entsprechende Risikozuweisung ist zunächst der **Überlassungsvertrag** und dessen Auslegung. Sollte – was wohl zunächst die Regel ist – eine ausdrückliche Zuweisung des Risikos des § 11 Abs. 5 AÜG an die eine oder andere Seite fehlen, ist weiterhin entscheidend, was Inhalt der Verpflichtung des Verleihers nach dem Überlassungsvertrag ist. Grundsätzlich ist die Vertragspflicht des Verleihers gegenüber dem Entleiher bereits dann erfüllt, wenn er den Arbeitnehmer ausgewählt und ihn dem Entleiher zur Verfügung gestellt hat.[459] Der Einsatz des Leiharbeitnehmers ist nur eine Obliegenheit des Entleihers. Die Zahlungspflicht für die Überlassungsvergütung entsteht grundsätzlich unabhängig davon, ob der Entleiher die ordnungsgemäß angebotene

---

457 Vgl. zur Suspendierung der Pflicht zur Entgeltzahlung auch gegenüber arbeitswilligen Arbeitnehmern im Streik durch Hinnahme des Streiks, BAG v. 22.3.1994 – 1 AZR 622/93, NJW 1995, 477.
458 Vgl. zur alten Regelung Schüren/Hamann/*Schüren*, § 11 AÜG Rn 130.
459 Vgl. hierzu BAG v. 15.4.2014 – 3 AZR 395/11, BeckRS 2014, 70025; Boecken u.a./*Ulrici*, § 1 AÜG Rn 11.

Arbeitskraft einsetzt oder nicht.[460] Der **Vergütungsanspruch bleibt** danach **bestehen**, wenn etwa der Entleiher den Leiharbeitnehmer deswegen zurückweist, weil er keine Verwendungsmöglichkeit für ihn hat.[461] Problematisch an diesem Ansatz ist jedoch, dass der Entleiher einwenden könnte, mit dem Einsatzverbot würde sich gerade nicht sein Verwendungsrisiko realisieren. Vielmehr scheide ein Annahmeverzug des Entleihers aus, da auch der Verleiher aufgrund des Einsatzverbotes außer Stande ist, einen geeigneten Arbeitnehmer zur Verfügung zu stellen (§ 297 BGB). Letztlich wird man in der Regel indes zu dem Ergebnis kommen, dass nach der Risikozuweisung des Überlassungsvertrages das **Einsatzrisiko** in den Fällen **beim Entleiher** bleibt, in denen – wie im Fall des Arbeitskampfes – ein sich ausschließlich beim Entleiher ergebendes Risiko realisiert. Insoweit ist es auch sachgerecht, dass der Entleiher zur Zahlung der Überlassungsvergütung verpflichtet bleibt.

2. Leistungsverweigerungsrecht des Leiharbeitnehmers

Der **Leiharbeitnehmer** ist ferner **nicht verpflichtet**, bei einem Entleiher tätig zu sein, soweit dieser durch einen **Arbeitskampf unmittelbar betroffen** ist. In den Fällen eines Arbeitskampfes hat der Verleiher den Leiharbeitnehmer auf das Recht, die Arbeitsleistung zu verweigern, hinzuweisen. Dies entspricht der ursprünglichen Regelung, die ebenfalls ein Leistungsverweigerungsrecht des Leiharbeitnehmers sowie eine **Hinweispflicht des Verleihers** vorsah. Dass der Gesetzgeber trotz der Einfügung eines Einsatzverbotes im Arbeitskampf gleichzeitig das Leistungsverweigerungsrecht des Leiharbeitnehmers aufrecht erhalten hat, überrascht. So war es schon die seinerzeitige gesetzgeberische Intention, mit dem Leistungsverweigerungsrecht zu verhindern, dass der Leiharbeitnehmer gegen seinen Willen als Streikbrecher eingesetzt wird.[462] Nachdem nunmehr mit dem Einsatzverbot ein Einsatz von Leiharbeitnehmern als Streikbrecher ausgeschlossen ist, stellt sich durchaus die Frage, welche Rechtfertigung für das Leistungsverweigerungsrecht noch bestehen kann. Es ist klar, dass es um die Vereitelung von Streikbruch in dieser Konstellation nicht gehen kann. Vielmehr führt die Ausübung des Leistungsverweigerungsrechts **zwangsläufig** zu einer **Erweiterung der Streikfolgen**.

261

a) Voraussetzungen des Leistungsverweigerungsrecht

Die **Voraussetzungen** des Leistungsverweigerungsrechts haben sich gegenüber der Vorläuferregelung **nicht geändert**. Inhaltlich erstreckt sich das Leistungsverweige-

262

---

460 Schüren/Hamann/*Schüren*, Rn 359.
461 Vgl. *Boemke*, BB 2006, 997.
462 BT Drucks. VI/2303, 14; Bloemke/*Lembke*, § 11 Rn 130; ErfK/*Wank*, § 11 Rn 20; Thüsing/*Mengel*, § 11 Rn 50.

rungsrecht auf den bestreikten Entleiher insgesamt, soweit dieser durch einen Arbeitskampf unmittelbar betroffen ist.[463]

aa) Entleiher vom Arbeitskampf unmittelbar betroffen

263 Ähnlich wie bei dem Einsatzverbot muss, damit das Leistungsverweigerungsrecht besteht, der Entleiher durch einen **Arbeitskampf unmittelbar betroffen** sein. Der Gesetzgeber knüpft, anders als beim Einsatzverbot, nicht an den Betrieb, sondern an den Entleiher an. Der Begriff des Entleihers ist nicht betriebsbezogen, als Entleiher kommt vielmehr jeder in Betracht, der selbst Arbeitgeber sein könnte. Der Gesetzgeber stellt jedoch klar, dass das Leistungsverweigerungsrecht nur greift, *soweit* der Entleiher unmittelbar betroffen ist. Durch diese Formulierung liegt bereits eine Eingrenzung des Leistungsverweigerungsrechts auf **tatsächlich vom Streik betroffene Bereiche** vor. Das Leistungsverweigerungsrecht erstreckt sich nur auf Arbeiten, die in unmittelbar durch einen Arbeitskampf betroffenen Betrieben oder Betriebsteilen des Entleihers verrichtet werden sollen.[464]

264 Nach der Gesetzesbegründung gilt das Leistungsverweigerungsrecht für eingesetzte Leiharbeitnehmer, denen persönlich keine Streikbrechertätigkeiten zugewiesen werden. Das Leistungsverweigerungsrecht steht somit nicht neben dem Einsatzverbot, sondern greift in Fällen, in denen ein Einsatzverbot nicht besteht. Damit wird denjenigen Leiharbeitnehmern, die nicht vom Einsatzverbot betroffen sind, die Möglichkeit eingeräumt, sich faktisch am Streik zu beteiligen; es wird ein **eigenes „Streikrecht" der Leiharbeitnehmer** begründet, welches völlig unabhängig davon besteht, ob ihre Tätigkeit mit streikbedingten Ausfällen in Berührung kommt oder nicht.

bb) Leistungsverweigerungsrecht nur bei rechtmäßigem Streik

265 Im Rahmen des § 11 Abs. 5 AÜG a.F., war umstritten, ob das Leistungsverweigerungsrecht einen rechtmäßigen Arbeitskampf voraussetzt oder ob es auch im Falle eines rechtswidrigen Arbeitskampfes besteht.[465] Nachdem die Instanzrechtsprechung[466] auch einen rechtswidrigen Streik hat ausreichen lassen, läge es nahe, dieser Ansicht angesichts des unveränderten Wortlauts der Bestimmung auch für die Neuregelung zu folgen. Zu beachten ist jedoch, dass die Situation im Rahmen des bisherigen § 11 Abs. 5 AÜG eine andere war. Sinn und Zweck des „ursprünglichen"

---

463 Vgl. zum Inhalt der Vorläuferregelung Thüsing/*Mengel*, § 11 Rn 50; Schüren/*Hamann*, AÜG § 11 Rn 123; *Urban-Crell/Germankowski/Bissels/Hurst*, § 11 Rn 60 f.; *Ulber*, § 11 Rn 127 ff.; ErfK/ *Wank*, AÜG § 11 Rn 20.
464 Vgl. zur alten Rechtslage Sandmann/*Schneider*, § 11 AÜG Rn 29; Thüsing/*Mengel*, § 11 Rn 51; *Boemke/Lembke*, § 11 AÜG Nr. 132.
465 Einen rechtmäßigen Streik fordert Boecken u.a./*Ulrici*, § 11 AÜG Rn 28; a.A. Däubler u.a./*Lorenz*, Arbeitsrecht, § 11 AÜG Rn 32; Thüsing/*Mengel*, § 11 Rn 51; Sandmann/*Schneider*, § 11 Rn 30.
466 LAG Baden-Württemberg v. 31.7.2013 – 4 Sa 18/13, BeckRS 2013, 71078.

Leistungsverweigerungsrechts war es, dass der Leiharbeitnehmer nicht gegen seinen Willen als Streikbrecher eingesetzt werden konnte.[467] Zum Schutze des Leiharbeitnehmers sollte das Leistungsverweigerungsrecht auch bei einem rechtswidrigen Streik bestehen. Das „neue" Leistungsverweigerungsrecht hingegen greift nur dann, wenn der Leiharbeitnehmer keine vom Arbeitskampf betroffenen Tätigkeiten übernimmt. Da Stammarbeitnehmer im Falle eines rechtswidrigen Streiks ebenfalls verpflichtet sind, ihrer Arbeitspflicht nachzukommen,[468] kann für den Leiharbeitnehmer nach Sinn und Zweck der Neuregelung nichts anderes gelten. Anderenfalls würde die Rechtsordnung durch das Leistungsverweigerungsrecht ohne Rechtfertigung rechtswidrige Streikmaßnahmen sogar noch fördern.

cc) Zeitpunkt und Art der Geltendmachung

Der Leiharbeitnehmer hat ein Leistungsverweigerungsrecht, weshalb die Leistungspflicht **nicht automatisch** erlischt. Der Leiharbeitnehmer muss dieses Recht vielmehr – in Abgrenzung zu einem irrtümlich angenommenen Einsatzverbot deutlich erkennbar – geltend machen. Tut er dies nicht, bleibt er zur Arbeitsleistung dem bestreikten Entleiherbetrieb verpflichtet. Das Leistungsverweigerungsrecht erlischt nicht, wenn es nicht sofort bei Ausbruch des Arbeitskampfes ausgeübt wird. Der Leiharbeitnehmer kann die Arbeitsleistung also auch noch verweigern, wenn er zunächst trotz des Arbeitskampfes beim Entleiher tätig geworden ist.[469]

266

Umstritten war bereits nach der alten Regelung, wem gegenüber das Leistungsverweigerungsrecht geltend zu machen ist. Eine Klarstellung des Gesetzgebers ist nicht erfolgt. Vorzugswürdig dürfte sein, maßgeblich darauf abzustellen, dass nur zwischen Verleiher und Leiharbeitnehmer ein Arbeitsverhältnis besteht und das **Leistungsverweigerungsrecht** demgemäß **dem Verleiher gegenüber geltend zu machen** ist.[470] Dafür spricht auch, dass den Verleiher die Hinweispflicht bezüglich des Leistungsverweigerungsrechts trifft.

267

b) Hinweispflicht des Verleihers

Damit der Leiharbeitnehmer von seinem Recht die Leistung zu verweigern Gebrauch machen kann, muss ihn der Verleiher rechtzeitig über konkret laufende oder bevorstehende Arbeitskampfmaßnahmen im Einsatzbetrieb informieren. Seiner Hinweispflicht genügt der Verleiher nicht schon dadurch, dass er den Leiharbeitnehmer bei Abschluss des Leiharbeitsvertrages allgemein auf dieses Recht hinweist.[471] Der Verleiher hat den Leiharbeitnehmer vielmehr konkret vor Beginn sei-

268

---

467 BT-Drucks VI/2303, 14.
468 ErfK/*Linsenmaier*, Art. 9 GG Rn 232, MüArbR/*Ricken*, § 203 Rn 29.
469 Thüsing/*Mengel*, § 11 Rn 52.
470 Thüsing/*Mengel*, § 11 Rn 52; *Ulber*, § 11 Rn 127.
471 ErfK/*Wank*, § 11 AÜG Rn 20.

nes Einsatzes bei einem bestreikten Entleiher zu informieren, wenn der Arbeitskampf bereits vor der Überlassung begonnen hat. Beginnt der Arbeitskampf erst nach der Überlassung an den Entleiher, hat der Verleiher unverzüglich nach dem Auftakt des Arbeitskampfes zu informieren.[472]

> *Praxishinweis*
> **Unterrichtet der Verleiher den Leiharbeitnehmer nicht oder verspätet**, liegt zwar eine Pflichtverletzung vor. Mangels Schaden dürften Schadensersatzansprüche indes in aller Regel ausscheiden. Bei schwerwiegender oder beharrlicher Verletzung dieser Pflicht läuft der Verleiher indes Gefahr, dass ihm die Verlängerung der Verleiherlaubnis versagt oder die Erlaubnis widerrufen wird.[473]

c) Rechtsfolgen des Leistungsverweigerungsrechts

269 Macht der Leiharbeitnehmer sein Leistungsverweigerungsrecht geltend, ist er **von der Pflicht zur Arbeitsleistung** gegenüber dem Verleiher für die Dauer des Arbeitskampfes beim Entleiher **befreit**. Der Verleiher kann ihn dann gegebenenfalls bei einem anderen Entleiher einsetzen.[474] Aus dem Überlassungsvertrag kann folgen, dass der Verleiher verpflichtet ist, dem Entleiher eine Ersatzkraft zu stellen.[475]

aa) Vergütung des Leiharbeitnehmers

270 Macht der Leiharbeitnehmer von seinem Leistungsverweigerungsrecht Gebrauch, so **verliert** er nach vorzugswürdiger Ansicht seinen **Anspruch auf die Vergütung**. Zwar geht die bislang herrschende Meinung zur Vorläuferregelung davon aus, dass der Verleiher nach § 615 S. 3 BGB (Betriebsrisikolehre) zur Zahlung der Vergütung verpflichtet bleibt.[476] Nachdem das Leistungsverweigerungsrecht nunmehr, da es ergänzend zum Einsatzverbot gilt, stets auf eine **Erweiterung der Streikfolgen** gerichtet ist, besteht umso weniger die Rechtfertigung, dem Verleiher bzw. mittelbar dem Entleiher das Vergütungsrisiko aufzubürden. Vielmehr ist der Leiharbeitnehmer, der sein Leistungsverweigerungsrecht ausübt, nicht anders zu behandeln, als ein streikender Kollege der Stammbelegschaft.

271 Im Übrigen lässt sich auch dogmatisch eine Aufrechterhaltung der Vergütungspflicht des Verleihers kaum begründen. So hat der Gesetzgeber bspw. in § 14 AGG ein eigenes Leistungsverweigerungsrecht geschaffen und dabei – anders als in § 11 Abs. 5 S. 3 AÜG – ausdrücklich formuliert, dass das Arbeitsentgelt dennoch zu zahlen ist. Erbringt der Leiharbeitnehmer in Folge der Ausübung des Leistungsverwei-

---

472 ErfK/*Wank*, § 11 AÜG Rn 20; Thüsing/*Mengel*, § 11 Rn 54.
473 Thüsing/*Mengel*, § 11 Rn 55; Sandmann/*Schneider*, § 11 Rn 4.
474 Thüsing/*Mengel*, § 11 Rn 53.
475 *Ulber*, § 11 Rn 127; *Boemke*, BB 2006, 997.
476 Vgl. Schüren/Hamann/*Schüren*, § 11 AÜG Rn 125; Thüsing/*Mengel*, § 11 Nr. 53 jeweils m.w.N.

H. Der Einsatz von Leiharbeitnehmern während eines Streiks § 5

gerungsrechts seine Arbeitsleistung nicht, so tritt wegen des Fixschuldcharakters der Arbeitsleistung Unmöglichkeit (§ 275 Abs. 1 BGB) ein. Der Arbeitgeber wird gleichfalls von seiner Leistungspflicht (Vergütungszahlung) im Grundsatz befreit (§ 326 Abs. 1 S. 1 BGB – „ohne Arbeit kein Lohn").[477] Auch wenn man das Leistungsverweigerungsrecht in § 11 Abs. 5 S. 3 AÜG als gesetzlich normierten Fall des § 275 Abs. 3 BGB versteht,[478] so ändert dies nichts an dem Wegfall des Vergütungsanspruchs.[479] Die Möglichkeit, die Arbeitsleistung zu verweigern, führt nicht zur Unwirksamkeit der Zuweisung der Arbeit im Entleiherbetrieb.[480] Annahmeverzugslohnansprüche scheiden aus, da sie neben der objektiven Leistungsfähigkeit stets auch die subjektive **Leistungswilligkeit** voraussetzen.[481] Macht der Leiharbeitnehmer im Arbeitskampf von seinem Leistungsverweigerungsrecht nach § 11 Abs. 5 S. 3 AÜG Gebrauch, besteht – wie bei streikenden Stammarbeitskräften – eine Leistungswilligkeit gerade nicht.[482] Insoweit ist auch für eine Anwendung von § 615 S. 3 BGB (Betriebsrisiko) kein Raum, denn auch dieser erfordert die Leistungsbereitschaft des Arbeitnehmers (§ 297 BGB).[483] Im Übrigen ist es nicht ersichtlich, wie die Ausübung des Leistungsverweigerungsrechts dem allgemeinen Betriebsrisiko des Verleihers zugewiesen werden kann. Anders als beim Einsatzverbot ist Grundlage des Ausbleibens der Arbeitsleistung nicht ein gesetzgeberisches Verbot, sondern eine freie Entscheidung des Leiharbeitnehmers. Mit ihr verwirklicht sich nicht ein dem Verleiher zugewiesenes Risiko. Vielmehr ist der Leiharbeitnehmer, der wegen des Streikes die Arbeitsleistung verweigert, in der gleichen Situation wie ein streikender Stammarbeitnehmer, der sein Recht nach Art. 9 Abs. 3 GG wahrnimmt.

bb) Überlassungsvergütung

Verneint man nach den vorstehenden Ausführungen richtigerweise einen Anspruch des Leiharbeitnehmers auf Vergütung während der Dauer der Ausübung des Leistungsverweigerungsrechts, so **entfällt** gleichzeitig der **Anspruch des Verleihers gegen den Entleiher auf die Überlassungsvergütung**. Der Verleiher hat dem Entleiher einen „leistungsbereiten" Leiharbeitnehmer überlassen.[484] Kann der Verleiher seiner Pflicht nicht nachkommen, entfällt seine Leistungspflicht wegen ihres

272

---

477 ErfK/*Preis*, § 611 Rn 680.
478 So Boecken u.a./*Ulrici*, § 11 AÜG Rn 31.
479 ErfK/*Preis*, BGB § 611 Rn 688; Brors/*Schüren*, BB 2004, 2745, letztere jedoch mit anderem Ergebnis.
480 Boecken u.a./*Boemke*, EB § 615 Rn 57; dies verkennen Brors/*Schüren*, BB 2004, 2745.
481 BAG v. 17.8.2011 – 5 AZR 251/10, AP § 615 BGB Rn 126; MüKo-BGB/*Henssler*, § 615 Rn 29.
482 Boecken u.a./*Boemke*, EB § 615 Rn 57; ebenso Melms/*Lipinski*, BB 2004, 2409 unter zutreffendem Hinweis auf BAG v. 24.5.1989 – 2 AZR 285/88 (dort Leitsatz 4).
483 *Melms/Lipinski*, BB 2004, 2409.
484 Vgl. Boecken u.a./*Ulrici*, § 11 AÜG Rn 32.

Fixschuldcharakters nach § 275 Abs. 1 BGB und zugleich sein Vergütungsanspruch nach § 326 Abs. 1 BGB.

III. Durchsetzung des Leistungsverweigerungsrecht und des Einsatzverbotes

1. Überprüfung der Rechtmäßigkeit eines Leistungsverweigerungsrechts

273 Die Frage der Rechtmäßigkeit der Ausübung des Leistungsverweigerungsrechts durch einen Leiharbeitnehmer wird sich in der Praxis regelmäßig allenfalls im Rahmen von Klagen auf Vergütung, Klagen gegen Abmahnungen und möglicherweise anlässlich von Kündigungsschutzklagen stellen. Dabei ergeben sich keine Besonderheiten. Das Gericht hat dann inzident zu prüfen, ob die Voraussetzungen von § 11 Abs. 5 S. 3 AÜG vorlagen.

2. Reaktionsmöglichkeiten des Leiharbeitnehmers bei Verstoß gegen das Einsatzverbot

274 Beharrt der Entleiher auf einem Einsatz des Leiharbeitnehmers, den er nach Maßgabe von § 11 Abs. 5 S. 1, 2 AÜG nicht tätig werden lassen darf, hat der Leiharbeitnehmer grundsätzlich ein Interesse an der Feststellung, dass ein Einsatzverbot besteht oder dass er der (Zu-)Weisung nicht nachkommen muss. Eine Klage wäre gegen den Vertragspartner und damit gegen den Verleiher zu richten. Regelmäßig wird sich eine **Feststellungsklage** jedoch wegen der Überholung durch die Beendigung des Arbeitskampfes erledigen.

275 Für eine **einstweilige Verfügung auf Unterlassung** der Zuweisung von Tätigkeiten im Rahmen von § 11 Abs. 5 AÜG wird es zumeist an einem Verfügungsgrund fehlen. Auch bei sonstigen rechtswidrigen Weisungen verweist die zuständige Instanzenrechtsprechung den Arbeitnehmer weitgehend auf die Hauptsache. Nur in eng begrenzten Ausnahmefällen bei deutlich gesteigertem Abwehrinteresse des Arbeitnehmers, etwa bei erheblichen Gesundheitsgefahren, einer drohenden irreparablen Schädigung des beruflichen Ansehens, bei schweren Gewissenskonflikten oder in Fällen offenkundiger Rechtswidrigkeit kann ein Verfügungsgrund vorliegen.[485] Im Falle des Einsatzverbotes wird je nach Einzelfall allenfalls an eine offenkundige Rechtswidrigkeit zu denken sein. Eine Besonderheit besteht zwar darin, dass der Leiharbeitnehmer – anders als bei einer Versetzung – nicht seine Beschäftigung zu den alten Bedingungen geltend macht, sondern versucht, ein Beschäftigungsverbot

---

[485] Siehe etwa LAG Hessen v. 8.10.2010 – 3 SaGa 496/10; LAG Köln v. 14.8.2009 – 9 Ta 264/09; v. 24.6.2010 – 9 Ta 192/10; LAG Hamm v. 5.2.2008 – 11 SaGa 4/08; LAG Mecklenburg-Vorpommern v. 12.5.2009 – 5 SaGa 4/08.

durchzusetzen. Gleichwohl wird man auch bei der Durchsetzung des Einsatzverbotes ein gesteigertes Abwehrinteresse des Leiharbeitnehmers fordern müssen. Denn der Leiharbeitnehmer erfährt keine wesentlichen Nachteile, wenn er der Zuweisung der Tätigkeit zunächst nachkommen muss. Allein der Umstand, dass eine möglicherweise rechtswidrige Beschäftigung des Leiharbeitnehmers nicht mehr rückgängig gemacht werden kann, reicht hierfür regelmäßig nicht aus, zumal der Leiharbeitnehmer seine Leistung verweigern kann.

Bei einem Einsatzverbot kann der Leiharbeitnehmer seine **Leistung** auch dann zu Recht **verweigern**, wenn der Entleiher auf einen Einsatz besteht. Das BAG geht zwar bei unbilligen Weisungen wegen § 315 Abs. 3 S. 2 BGB (noch) davon aus, dass diese Weisungen solange verbindlich sind, bis die Unverbindlichkeit rechtskräftig festgestellt ist.[486] Dies gilt allerdings nicht, wenn die Weisung aus anderen Gründen, etwa wegen eines Verstoßes gegen ein gesetzliches Verbot unwirksam ist. Die Zuweisung der Tätigkeit bei bestehendem Einsatzverbot wäre aufgrund des gesetzlichen Verbots nach § 11 Abs. 5 S. 1 AÜG bereits unwirksam. Der Leiharbeitnehmer trägt bei einer Leistungsverweigerung allerdings das Risiko, dass ein Einsatzverbot tatsächlich vorgelegen hat.

276

3. Reaktionsmöglichkeiten der streikenden Gewerkschaft

Weigert sich der Entleiher, dem Einsatzverbot nachzukommen, besteht auch seitens der streikenden Gewerkschaft ein Interesse, das Einsatzverbot gerichtlich durchzusetzen. Gewerkschaften können im Ausgangspunkt von Arbeitgebern **Unterlassung** eines Verhaltens gemäß §§ 1004 Abs. 1, 823 Abs. 1 BGB i.V.m. Art. 9 Abs. 3 GG verlangen, wenn der **Arbeitgeber rechtswidrig in die Koalitionsfreiheit** der streikenden Gewerkschaft **eingreift**.[487] Dieser Anspruch wird regelmäßig im Wege des vorläufigen (und möglicherweise vorbeugenden) Rechtsschutzes geltend gemacht. Da sich der Gesetzgeber dafür entschieden hat, durch das Einsatzverbot den Arbeitskampf zu regulieren und damit die Koalitionsfreiheit der Entleiher – wenn auch in verfassungsrechtlich bedenklicher Weise – insoweit begrenzt,[488] kann sich die streikende Gewerkschaft auf ihre Koalitionsfreiheit als sonstiges Recht im Sinne von § 823 Abs. 1 BGB berufen, soweit sich der Entleiher nicht an das Einsatzverbot hält.

277

Neben der dogmatisch nicht unumstrittenen Begründung eines Unterlassungsanspruchs wegen eines Eingriffs in die Koalitionsfreiheit kann die streikende Gewerkschaft ihren Anspruch auch aus §§ 1004 Abs. 1, 823 Abs. 2 BGB i.V.m. § 11

278

486　BAG v. 22.2.2012 – 5 AZR 249/11; a.A. LAG Hamm v. 17.3.2016 – 17 Sa 1660/15; LAG Düsseldorf v. 6.4.2016 – 12 Sa 1153/15; vgl. auch *Schauß*, ArbRAktuell 2016, 518.
487　BAG v. 24.4.2007 – 1 AZR 252/06; BAG v. 16.4.1988 – 1 AZR 399/86; LAG Berlin-Brandenburg v. 13.4.2011 – 7 Ta 804/11; s.a. *Kissel*, Arbeitskampfrecht, § 64 Rn 2 ff.
488　Im Einzelnen hierzu unten Rdn 283 ff.

Abs. 5 S. 1 AÜG herleiten. Verbotsgesetze im Sinne von § 823 Abs. 2 BGB sind solche Rechtsnormen, die gerade auch den Anspruchsteller gegen die Verletzung eines Rechtsguts schützen.[489] Das Einsatzverbot soll nach der Intention des Gesetzgebers zwei Schutzrichtungen haben. Es soll einerseits den Leiharbeitnehmer schützen. Gleichzeitig sollen aber auch „missbräuchliche Einwirkungen" auf den Arbeitskampf unterbunden werden. Dies kann nur darauf zielen, dem **Entleiher Arbeitskampfmittel zu nehmen** und damit die streikende Gewerkschaft im Arbeitskampf zu stärken. Damit soll das Einsatzverbot also gerade auch die Gewerkschaften schützen. Es geht nicht um eine allgemeine Ordnungsregelung für den Arbeitskampf, sondern um ein konkretes Verbot bestimmter Verhaltensweisen der Entleiher zugunsten des sozialen Gegenspielers.

4. Erstattung einer Anzeige

279 Da ein Verstoß gegen § 11 Abs. 5 S. 1 AÜG mit einem erheblichem Bußgeld von bis zu 500.000 EUR im Einzelfall belegt werden kann (hierzu unten Rdn 280), kann auch die Erstattung einer **Anzeige bei der Bundesagentur für Arbeit** als zuständiger Ordnungsbehörde oder die Drohung hiermit ein wirksames Mittel sein, um den Entleiher dazu zu bewegen, das Einsatzverbot einzuhalten.

IV. Bußgelder

280 Nach § 16 Abs. 1 Nr. 8a AÜG handelt ordnungswidrig, wer entgegen § 11 Abs. 5 S. 1 AÜG **vorsätzlich oder fahrlässig** einen Leiharbeitnehmer tätig werden lässt. Die Bußgeldvorschrift richtet sich demnach **(nur) gegen den Entleiher**, der Leiharbeitnehmer einsetzt. Der Leiharbeitnehmer begeht als notwendiger Teilnehmer keine Ordnungswidrigkeit.[490] Da auch der fahrlässige Verstoß bußgeldbewährt ist, trägt der Entleiher auch das Risiko, Ausnahmen vom Einsatzverbot gemäß § 11 Abs. 5 S. 2 AÜG in tatsächlicher Hinsicht zu extensiv auszulegen.

> *Praxishinweis*
> Will der Entleiher nicht das Risiko eines Bußgeldes eingehen, sollte er also die Tätigkeiten, die bisher von Arbeitnehmern erledigt wurden, die sich im Arbeitskampf befinden, sehr weit verstehen, zumal sich in der kritischen Situation eines Arbeitskampfes eine zutreffende Bewertung, ob eine Tätigkeit zuvor von einem streikenden Arbeitnehmer ausgeführt wurde, kaum vornehmen lässt (näher hierzu Rdn 244 ff.). Bei sicherheitsorientierter Beratung, kann dem Entleiher im Zweifel nur empfohlen werden, in den bestreikten Betriebsteilen während der Arbeitskampfmaßnahme vollständig auf Leiharbeitnehmer zu ver-

---

489 St. Rspr., siehe etwa BGH v. 14.6.2005 – VI ZR 185/04 m.w.N.; eingehend MüKo/*Wagner*, § 823 BGB Rn 405 ff.
490 Vgl. zur alten Rechtslage Sandmann/*Schneider*, § 16 Rn 4.

H. Der Einsatz von Leiharbeitnehmern während eines Streiks § 5

zichten. Die Höhe der **Bußgeldandrohung ist mit bis zu 500.000 EUR** bei vorsätzlichen und der Hälfte hiervon (§ 17 Abs. 2 OWiG) bei fahrlässigen Verstößen je Einzelfall nicht unerheblich.

V. Hinweise zur Vertragsgestaltung

1. Regelungen zur Vergütungspflicht im Arbeitsvertrag

Der Verleiher bleibt nach § 615 S. 3 BGB im Falle eines Einsatzverbotes **grundsätzlich zur Zahlung der Vergütung verpflichtet** (Rdn 258). Die Regelung zur Vergütung bei Betriebsrisiko ist allerdings grundsätzlich **dispositiv**, kann also im Arbeitsvertrag abbedungen werden.[491] Die Abwälzung des Betriebsrisikos auf den Leiharbeitnehmer im Formulararbeitsvertrag muss sich jedoch an den §§ 305 ff. BGB messen lassen. Im Falle des Einsatzverbotes stellt sich insbesondere die Frage, ob eine solche Abwälzung den Leiharbeitnehmer nicht im Sinne von § 307 Abs. 1 S. 1 BGB unangemessen benachteiligt.[492] Wird von einem wesentlichen gesetzlichen Grundgedanken abgewichen, liegt gemäß § 307 Abs. 2 Nr. 1 BGB im Zweifel eine unangemessene Benachteiligung vor. Immerhin wird die gesetzgeberische Intention – Schutz des Leiharbeitnehmers – in der Gesetzesbegründung deutlich betont. Der weitest gehende Schutz würde erreicht, wenn auch die Vergütungspflicht Teil dieses Grundgedankens wäre. Erblickt man den Schutzgedanken aber (nur) darin, den Leiharbeitnehmer lediglich davor zu schützen, dass dieser nicht gezwungen wird, den Zweck des Arbeitskampfes zu konterkarieren, erstreckt sich der Gerechtigkeitsgehalt des Einsatzverbotes nicht auf den Vergütungsanspruch. Ein Verstoß gegen einen wesentlichen gesetzgeberischen Grundgedanken läge dann nicht vor. Auch eine sonstige unangemessene Benachteiligung kann nicht ohne weiteres angenommen werden. Denn der Leiharbeitnehmer wird durch den Wegfall der Vergütungspflicht nicht schlechter gestellt, als ein streikender Kollege der Stammbelegschaft. Es ist allerdings nicht unwahrscheinlich, dass sich die Gerichte eher auf einen umfassenderen Schutz der Leiharbeitnehmer zurückziehen werden.

281

2. Regelungen zur Vergütungspflicht im Überlassungsvertrag

Für den Verleiher liegt es nahe, das Risiko der Vergütungspflicht bei einem Einsatzverbot unmittelbar mit dem Entleiher zu regeln. Enthält der Überlassungsvertrag keine Regelung, ob die Überlassungsvergütung vom Entleiher auch zu zahlen ist, wenn der Leiharbeitnehmer nach § 11 Abs. 5 S. 1 AÜG nicht eingesetzt werden darf, wird der Überlassungsvertrag in aller Regel dahin auszulegen sein, dass der Verleiher seinen **Anspruch auf die Überlassungsvergütung behält** (Rdn 260).

282

---

491 H.M., siehe etwa MüKo/*Henssler*, § 615 BGB Rn 122; ErfK/*Preis*, § 615 BGB Rn 129; Beck OK/*Fuchs*, § 615 Rn 53.
492 Insgesamt kritisch zur formularmäßigen Abbedingung ErfK/*Preis*, § 615 BGB Rn 129.

> *Praxishinweis*
> Auch wenn Verleiher und Entleiher an diesem Grundsatz nichts ändern wollen, empfiehlt es sich schon um **Streitigkeiten zu vermeiden**, eine entsprechende Regelung in den Überlassungsvertrag ausdrücklich aufzunehmen. Aus dieser Regelung sollte insbesondere hervorgehen, ob und in welchen Fällen des Einsatzverbotes die Überlassungsvergütung entfallen soll.

VI. Verfassungsrechtlicher Rahmen

283 Erstmalig normiert der Gesetzgeber ausdrückliche Vorschriften zur Ausgestaltung von Arbeitskampfmaßnahmen. Sogar das Tarifautonomiestärkungsgesetz[493] enthielt für den Bereich der Tarifkollision keine entsprechenden Vorschriften, obwohl der Arbeitskampf von Spartengewerkschaften in Betrieben der Daseinsvorsorge nahezu einhellig als Problem angesehen wurde.[494] Es ist nicht verwunderlich, dass eine solche Normierung verfassungsrechtlichen Bedenken begegnet, zumal bislang kaum belastbare Judikatur zu dieser nicht unproblematischen Frage besteht.

284 Bereits die alte Fassung, die sich auf ein Leistungsverweigerungsrecht der Leiharbeitnehmer beschränkte, war nicht unumstritten.[495] Immerhin wurde der von einem Streik betroffene Entleiher in seinen Reaktionsmöglichkeiten auf einen Arbeitskampf beschränkt. Vielfach stellt es sich aber für einen Arbeitgeber als wirksame und legitime Strategie gegen einen Streik der Gewerkschaft dar, den Betrieb mit anderem Personal aufrecht zu erhalten.

285 Das neue **Einsatzverbot** für Leiharbeitnehmer in bestreikten Betrieben geht jedoch in mehrerlei Hinsicht **erheblich über ein bloßes Leistungsverweigerungsrecht hinaus**. Konnte der Entleiher zuvor Leiharbeitnehmer einsetzen und das Risiko einer Leistungsverweigerung eingehen, darf er unter Androhung von erheblichem Bußgeld Leiharbeitnehmer nicht mehr einsetzen und bleibt im Ergebnis zur Leistung der Überlassungsvergütung verpflichtet. Dies ist im Hinblick auf die durch Art. 9 Abs. 3 GG geschützte Koalitionsfreiheit des Entleihers problematisch. Zusätzlich werden auch die Möglichkeiten des Verleihers, seine Arbeitnehmer frei einzusetzen, beschränkt. Nicht zuletzt sind auch die Freiheiten des Leiharbeitnehmers betroffen. So wird durch das Einsatzverbot nicht nur sein in Art. 1 Abs. 1 i.V.m. Art. 2 Abs. 1 GG abgestützter Beschäftigungsanspruch eingeschränkt. Zudem kommt es zu einer Art „Zwangssolidarisierung",[496] da dem Leiharbeitnehmer nunmehr kein Wahlrecht mehr zusteht, ob er den Streik unterstützen möchte. Dies begegnet auch im Hinblick auf die (negative) Koalitionsfreiheit Bedenken.

---

493 Gesetz vom 11.8.2014, BGBl I, S. 1348.
494 *Bayreuther*, NZA 2013, 704 mit zahlreichen Nachweisen.
495 Siehe etwa ErfK/*Wank*, § 11 AÜG, Rn 20.
496 *Thüsing*, NZA 2014, 10, 11.

1. Freiheit der Wahl der Arbeitskampfmittel – Eingriff in die Koalitionsfreiheit der Entleiher

Im Ausgangspunkt obliegt es den Parteien eines Arbeitskampfes, ihre Kampfmittel und Reaktionen hierauf frei zu wählen.[497] So sind in der Vergangenheit von der Rechtsprechung auch ungewöhnliche Maßnahmen wie Flashmobs,[498] die mit den klassischen Arbeitskampfmitteln Streik und (Abwehr-)Aussperrung nur wenig gemein haben, als zulässige von Art. 9 Abs. 3 GG geschützte Arbeitskampfmaßnahme eingeordnet worden. Das BAG erkennt auch ausdrücklich an, dass der **Einsatz von arbeitswilligen Arbeitnehmern** als „**Streikbrecher**" durch den Arbeitgeber eine **zulässige Reaktion** auf einen Streik ist.[499] Dies zeigt letztlich auch, dass nicht nur Arbeitskampfmaßnahmen der Gewerkschaften, sondern auch Arbeitskampfmaßnahmen der Arbeitgeber – jedenfalls soweit es sich um Abwehrmaßnahmen handelt – **verfassungsrechtlich durch Art. 9 Abs. 3 GG geschützt** sind.[500] Immerhin geht es bei einem Einsatz von „Streikbrechern" nicht um eine aktive – auf eine Ausweitung des Kampfgebietes gerichtete – Maßnahme, sondern es sollen lediglich die Auswirkungen des Streiks eingedämmt werden. Dass sich Arbeitgeber in der Vergangenheit nicht nur eigener arbeitswilliger Arbeitnehmer bedienten, sondern auch auf bereits entliehene oder neue Leiharbeitnehmer zurückgriffen, mag man politisch bekämpfen wollen, untersteht jedoch im Ausgangspunkt verfassungsrechtlichem Schutz. Das BAG hat gerade in den letzten Jahren deutlich zu erkennen gegeben, dass sich der Arbeitskampf nicht auf die Personen beschränken muss, die unmittelbar von dem angestrebten Tarifvertrag profitieren.[501] So sind nach der Rechtsprechung im Rahmen der Verhältnismäßigkeit sowohl Unterstützungsstreiks[502] als auch Flashmob-Aktionen[503] von am Tarifgeschehen Unbeteiligten zulässig.

286

Wenn der Gesetzgeber nunmehr eine geschützte und effektive Abwehrstrategie der Arbeitgeber massiv durch ein Verbot gezielt einschränkt, bedeutet dies, dass unmittelbar der Schutzbereich der Koalitionsfreiheit der Entleiher durch das Einsatzverbot von Leiharbeitnehmer betroffen ist.

287

---

497 Siehe bereits BAG v. 28.1.1955 – GS 1/54.
498 BVerfG v. 26.03.014 – 1 BvR 3185/09; BAG v. 22.9.2009 – 1 AZR 972/08.
499 BAG v. 13.12.2011 – 1 ABR 2/10 – Rn 31.
500 Grundlegend: BVerfG v. 26.6.1991 – 1 BvR 779/85.
501 ähnlich *Ubber/Löw*, BB 2015, 3125, 3126; *Willemsen/Mehrens*, NZA 2015, 897, 901.
502 BAG v. 19.6.2007 – 1 AZR 396/06.
503 BAG v. 22.9.2009 – 1 AZR 972/08, gebilligt durch BVerfG v. 26.03.014 – 1 BvR 3185/09.

2. Beurteilungsspielraum des Gesetzgebers – Rechtfertigung des Eingriffs in die Koalitionsfreiheit?

288 Wie weit der verfassungsrechtliche Rahmen des Gesetzgebers zur Ausgestaltung der Tarifautonomie reicht, ist noch weitgehend ungeklärt.[504] Dies gilt umso mehr im Bereich des Arbeitskampfes, da sich der Gesetzgeber in diesem Bereich bislang sehr zurückgehalten hat.

a) Beurteilungsspielraum des Gesetzgebers

289 Der Gesetzgeber muss den Tarifvertragsparteien im Rahmen von Art. 9 Abs. 3 GG grundsätzlich nicht nur einen autonomen Bereich belassen. Ihn trifft vielmehr die Pflicht, ein funktionierendes Tarifvertragssystem zur Verfügung zu stellen.[505] Er muss die Tarifautonomie so ausgestalten, dass es zwischen den Tarifvertragsparteien zu einem angemessenen Ausgleich kommen kann. Sind die Tarifvertragsparteien annähernd gleich stark, besteht hierzu eine gewisse Wahrscheinlichkeit. Dieses Kräftegleichgewicht wird im Wesentlichen über den Arbeitskampf gesteuert. Häufig wird dies mit dem Begriff der erforderlichen **„Kampfparität"** umschrieben.[506] Bei funktionsfähiger Tarifautonomie ergibt sich ein annäherndes Kräftegleichgewicht gerade aus der Möglichkeit, Arbeitskampfmittel zu ergreifen und auf einen Arbeitskampf zu reagieren. Problematisch ist die Situation, wenn ein Funktionsdefizit, also ein Kräfteungleichgewicht ausgemacht wird.

290 Das BVerfG räumt dem Gesetzgeber hinsichtlich der Ausgestaltung der Koalitionsfreiheit zur Erreichung eines funktionsfähigen Systems eine **weite Einschätzungsprärogative** ein. Dies gilt auch für die Frage, ob das Kräftegleichgewicht der Tarifvertragsparteien gestört ist. Solange die Tarifautonomie als ein Bereich gewahrt bleibt, in dem die Tarifvertragsparteien ihre Angelegenheiten grundsätzlich selbstverantwortlich und ohne staatliche Einflussnahme regeln können, soll der Gesetzgeber nicht gehindert sein, die Rahmenbedingungen von Arbeitskämpfen zu ändern, insbesondere eine gestörte Parität wieder herzustellen. Dabei hat die Einschätzung des Gesetzgebers, der die politische Verantwortung trägt, Vorrang. Die Grenze ist erst dann überschritten, wenn sich deutlich abzeichnet, dass eine Fehleinschätzung vorliegt oder die Regelung von vorneherein darauf hinausläuft, ein vorhandenes Gleichgewicht der Kräfte zu stören oder ein Ungleichgewicht zu verstärken.[507] Der Handlungsspielraum des Gesetzgebers ist damit denkbar weit, wenn auch nicht unbegrenzt.

---

[504] *Waltermann*, NZA 2014, 874, 878.
[505] BVerfG, v. 4.7.1995 – 1 BvF 2/86 u.a.
[506] BAG v. 10.12.2002 – 1 AZR 96/02; BAG v. 19.11.1984 – 1 ABR 37/83; ErfK/*Linsenmaier*, Art. 9 GG Rn 112; *Löwisch/Rieble*, TVG, Grundl. Rn 474;
[507] BVerfG v. 4.7.1995 – 1 BvF 2/86 u.a.

b) Fehleinschätzung des Gesetzgebers?

Das BVerfG sieht ein **Kräfteungleichgewicht** zwischen den Tarifvertragsparteien als Voraussetzung für einen gesetzgeberischen Eingriff an. Es musste sich allerdings noch nicht mit der schwierigen, rechtlich kaum zu beantwortenden Frage auseinandersetzen, ob und wann das Kräftegleichgewicht zwischen Tarifvertragsparteien nach oder vor einem gesetzgeberischen Eingriff gestört ist. Daher ist es auch kaum abzusehen, wie das BVerfG eine entsprechende, sich „deutlich abzeichnende" Fehleinschätzung des Gesetzgebers näher bestimmen würde. 291

Man sollte aber nicht verkennen, dass § 11 Abs. 5 AÜG ein generelles Einsatzverbot normiert. Der Gesetzgeber unterscheidet nicht danach, ob in der konkreten Arbeitskampfsituation bereits eine Arbeitskampfdisparität zugunsten der Arbeitgeberseite besteht, welche durch den Einsatz von Leiharbeitnehmern ausgelöst oder verstärkt würde. Er geht vielmehr scheinbar (stillschweigend) hiervon aus. Bis zuletzt bestand in Rechtsprechung und Literatur weitgehend Einigkeit, dass Funktionsdefizite der Tarifautonomie mit der Folge eines Kräfteungleichgewichtes nicht generell, sondern **nur in bestimmten Bereichen**, insbesondere im Niedriglohnsektor, bestehen. Ist demnach die Prämisse, dass die Tarifautonomie weitgehend funktionsfähig ist und damit die Gewerkschaften grundsätzlich sehr wohl (noch) in der Lage sind, durch die ihnen zur Verfügung stehenden Arbeitskampfmaßnahmen eine Kampfparität zu erreichen, wird diese annähernde **Parität durch das Einsatzverbot** von Leiharbeitnehmern **offensichtlich zulasten der Entleiherbetriebe** verschoben.[508] Eine Rechtfertigung für einen generellen Eingriff ist zunächst nicht ersichtlich. Sieht der Gesetzgeber tatsächlich in bestimmten Bereichen oder Branchen eine Verschiebung der Parität zulasten der Gewerkschaften, die es durch das Einsatzverbot auszugleichen gilt, wäre es jedenfalls ein milderes Mittel, das Einsatzverbot entsprechend zu beschränken. Die damit einhergehende Fehleinschätzung des Gesetzgebers läge dann darin, dass er ein generelles Kräfteungleichgewicht zwischen den Tarifvertragsparteien ausmacht, welches nicht besteht oder zumindest rechtswissenschaftlich noch nicht überzeugend dargelegt werden konnte. Auch wenn das Gesetz im Vergleich zum Referentenentwurf, der das Einsatzverbot auf den gesamten bestreikten Betrieb bezog, rechtlich teilweise entschärft wurde, können die Bedenken nicht ausgeräumt werden. Durch die Probleme in der Abgrenzung, welche Tätigkeiten zuvor von der Stammbelegschaft erledigt wurden, verbleibt es **faktisch bei einem vollständigen Einsatzverbot**. Ob das BVerfG hierin eine Überschreitung des weiten Beurteilungsspielraumes des Gesetzgebers erblickt, bleibt abzuwarten. Ein überzeugendes Konzept zur Stärkung der Tarifautonomie stellt das Einsatzverbot von Leiharbeitnehmern jedenfalls nicht dar.[509] 292

---

508 I.E. wie hier *Franzen*, RdA 2015, 141, 150; *Henssler*, RdA 2016, 18, 24; *Lembke*, BB 2014, 1333, 1340; *Ubber/Löw*, BB 2015, 3125, 3126; *Willemsen/Mehrens*, NZA 2015, 897, 901.
509 Hierzu *Waltermann*, NZA 2014, 874.

3. Betroffene verfassungsrechtlich Freiheiten des Verleihers und der Leiharbeitnehmer

a) Verleiher

293 Im Falle eines Einsatzverbotes können Verleiher ihre Arbeitnehmer nach der Maßgabe von § 11 Abs. 5 AÜG nicht in bestreikte Betriebe verleihen. Die unternehmerische Freiheit, die hinsichtlich der wirtschaftlichen Betätigung jedenfalls durch Art. 12 Abs. 1 GG geschützt ist, wird damit eingeschränkt. Da es sich im Sinne der Drei-Stufen-Lehre des BVerfG[510] lediglich um eine Berufsausübungsregel handelt, reicht ein vernünftiger und **zweckmäßiger Grund des Gemeinwohls**, um die Beschränkung zu rechtfertigen. Ohne Zweifel stellen die Aufrechterhaltung der Funktionsfähigkeit der Tarifautonomie sowie der Schutz der Leiharbeitnehmer, das als Hauptanliegen aus der Gesetzesbegründung hervorgeht, vernünftige Zwecke des Gemeinwohls dar. Sollte der Beurteilungsspielraum des Gesetzgebers ausreichen, um den Eingriff in die Koalitionsfreiheit der Entleiher zu rechtfertigen, wird auch eine Beschränkung der Berufsausübungsfreiheit der Verleiher gerechtfertigt sein.

b) Leiharbeitnehmer

294 Die verfassungsrechtlichen Positionen der Leiharbeitnehmer wurden bisher kaum in den Blick genommen. Dabei werden Leiharbeitnehmer sowohl in ihrer (negativen) Koalitionsfreiheit betroffen, als auch in ihrem Beschäftigungsanspruch beschränkt.[511]

295 Die **negative Koalitionsfreiheit** wurde bislang vor allem im Zusammenhang mit Reglungen der Tarifvertragsparteien, insbesondere bei der Differenzierung nach Gewerkschaftszugehörigkeit, diskutiert. So schützt diese auch vom BVerfG anerkannte Dimension der Koalitionsfreiheit unzweifelhaft die Entscheidung, einer Koalition fernzubleiben und damit auch vor unzulässigem Druck, einer Koalition beizutreten.[512] Bei Arbeitskämpfen spielt die individuelle Koalitionsfreiheit allerdings ebenfalls eine nicht unbedeutende Rolle. So schützt sie den Einzelnen auch hinsichtlich einer Beteiligung an einem Arbeitskampf als Teil seiner Betätigungsfreiheit. Dies gilt infolge der Rechtsprechung zur Zulässigkeit von Unterstützungsstreiks und Flashmob-Aktionen auch für Dritte, die nicht oder nicht unmittelbar vom Arbeitskampf profitieren. Umgekehrt schützt die (negative) Koalitionsfreiheit den Einzelnen auch in seiner eventuellen Entscheidung, sich an einem Arbeitskampf nicht zu beteiligen, auch wenn er vom Streikaufruf erfasst sein sollte. Ein Zwang zum Arbeitskampf besteht nicht.

---

510 Siehe bereits BVerfG v. 11.6.1958 – 1 BvR 596/56.
511 Siehe nur *Giesen*, ZRP 2016, 130, 133.
512 BVerfG v. 3.7.2000 – 1 BvR 945/00; BVerfG v. 20.7.1971 – 1 BvR 13/69.

H. Der Einsatz von Leiharbeitnehmern während eines Streiks §5

Leiharbeitnehmer profitieren – ähnlich wie Arbeitnehmer, die sich im Unterstützungsstreik befinden – allenfalls mittelbar von einem Arbeitskampf beim Entleiher. Ein klassisches Streikrecht der Leiharbeitnehmer besteht daher regelmäßig nicht. Der Gesetzgeber räumte ihnen mit dem Leistungsverweigerungsrecht aber die Möglichkeit ein, den Arbeitskampf zu unterstützen und sich auf diese Weise an ihm zu beteiligen. Da Leiharbeitnehmer so Teil des Arbeitskampfes werden, ist es nur folgerichtig, das Wahlrecht und auch eine etwaige Unterstützung unter den Schutz von Art. 9 Abs. 3 GG zu stellen. Umgekehrt konnte sich der Leiharbeitnehmer jedoch auch dazu entscheiden, den Streik nicht zu unterstützen. Hierbei konnte eine mögliche Übernahmeperspektive eine nicht unerhebliche Rolle spielen. Soweit der Gesetzgeber mit einem Einsatzverbot dem Leiharbeitnehmer dessen **Wahlrecht** nunmehr, zumindest soweit sie Tätigkeiten übernehmen, die bisher von Arbeitnehmern übernommen werden, die sich im Arbeitskampf befinden, **nimmt**, greift er unmittelbar in die geschützten Rechtspositionen der Leiharbeitnehmer ein.

296

Nimmt man einen verfassungsrechtlich geschützten **Beschäftigungsanspruch** auch von Leiharbeitnehmern während ihrer Einsatzzeit an,[513] verlieren die betroffenen Leiharbeitnehmer zusätzlich diesen Anspruch. Es ist dem Verleiher im Rahmen von § 12 Abs. 5 AÜG rechtlich unmöglich, den Leiharbeitnehmer bei dem bestreikten Entleiher einzusetzen. Auch wenn ein anderer Einsatz in Betracht kommt, wird der Leiharbeitnehmer einen solchen nicht beanspruchen können.

297

Der Gesetzgeber führt als Rechtfertigung des Einsatzverbotes vor allem den Schutz des Leiharbeitnehmers an. Das Leistungsverweigerungsrecht habe sich als nicht wirksam erwiesen. Der Gesetzgeber schützt den Leiharbeitnehmer also vor sich selbst. Er nimmt ihm ein Wahlrecht und trifft die Entscheidung, den Arbeitskampf zu unterstützen für den Leiharbeitnehmer. Dabei stellt sich die Frage, weshalb es eines solchen Schutzes – statt des erheblich milderen Mittels eines Wahlrechts – überhaupt bedarf. Auch die Stammbelegschaft ist jederzeit frei, sich an einem Arbeitskampf zu beteiligen oder dies zu unterlassen. Auch dort mögen sich Arbeitnehmer dem zum Teil erheblichem Druck des bestreikten Arbeitgebers ausgesetzt sehen. Auf die Idee diese Arbeitnehmer durch eine Streikpflicht schützen zu müssen, kommt zu Recht niemand. Dies läuft vielmehr dem Geist eines Freiheitsrechts zuwider.

298

Rechtlich naheliegender erscheint die Rechtfertigung wie beim Eingriff in die Koalitionsfreiheit der Entleiher im Schutz der Funktionsfähigkeit der Tarifautonomie zu suchen. Ob hierzu jedoch ein generelles Einsatzverbot dem Verhältnismäßigkeitsgrundsatz entspricht, muss bezweifelt werden (hierzu oben Rdn 288 ff.).

299

---

513 Kritisch Schüren/*Brors*, Einl. Rn 443.

§ 5 Die Reform des AÜG

I. Beteiligungsrechte des Betriebsrats
Dr. Timon Grau/Dr. Ulrich Sittard

Literatur:

Düwell/Dahl, Mitbestimmung des Betriebsrats beim Einsatz von Leiharbeitnehmern, NZA-RR 2011, 1; *Franzen*, Neuausrichtung des Drittpersonaleinsatzes – Überlegungen zu den Vorhaben des Koalitionsvertrags, RdA 2015, 141; *Hamann*, Entwurf eines Gesetzes zur Änderung des AÜG und anderer Gesetze, ArbuR 2016, 136; *Hoppe/Marcus*, Einstellung und Versetzung in der betrieblichen Praxis: Mitbestimmungsrechte beim Einsatz von Fremdpersonal, ArbRAktuell 2011, 313; *Hunold*, Die Mitwirkung und Mitbestimmung des Betriebsrats in allgemeinen personellen Angelegenheiten (§ 92–95 BetrVG), DB 1989, 1334; *Hunold*, Die Rechtsprechung zu den Beteiligungsrechten des Entleiher-Betriebsrats bei Einsatz von Leiharbeitnehmern, NZA-RR 2008, 281; *Kort*, Informationsrechte von Betriebsräten bei Arbeitnehmerüberlassung, DB 2010, 1291; *Maiß/Juli*, Auskunftsansprüche des Betriebsrats bei dem Einsatz von Fremdpersonal, ArbRAktuell 2012, 162.

I. Überblick über die Neuregelung

300 § 80 Abs. 2 S. 1 BetrVG bestimmt, dass der Betriebsrat zur Durchführung seiner Aufgaben nach dem Betriebsverfassungsgesetz rechtzeitig und umfassend vom Arbeitgeber zu unterrichten ist. Bereits nach der bisherigen Rechtslage gilt, dass sich die Unterrichtung auch auf die Beschäftigung von Personen erstreckt, die nicht in einem Arbeitsverhältnis zum Arbeitgeber stehen. Der entsprechende 2. Halbsatz von § 80 Abs. 2 S. 1 BetrVG wurde nunmehr vom Gesetzgeber durch Art. 3 des Gesetzes zur Änderung des AÜG dahingehend ergänzt, dass die Unterrichtung *„insbesondere den zeitlichen Umfang des Einsatzes, den Einsatzort und die Arbeitsaufgaben dieser Personen"* umfasst. Ferner wurde der Vorschrift ein Satz neu hinzugefügt, wonach zu den erforderlichen Unterlagen auch die Verträge gehören, die der Beschäftigung derartiger Personen zugrunde liegen (§ 80 Abs. 2 S. 2 BetrVG). Die textliche Ergänzung des **allgemeinen Unterrichtungsanspruchs** des Betriebsrats soll ausweislich der Gesetzesbegründung ausschließlich **klarstellenden Charakter** haben.[514]

Die Vorschrift des § 80 Abs. 2 BetrVG lautet nunmehr:

> Zur Durchführung seiner Aufgaben nach diesem Gesetz ist der Betriebsrat rechtzeitig und umfassend vom Arbeitgeber zu unterrichten; die Unterrichtung erstreckt sich auch auf die Beschäftigung von Personen, die nicht in einem Arbeitsverhältnis zum Arbeitgeber stehen und umfasst insbesondere den zeitlichen Umfang des Einsatzes, den Einsatzort und die Arbeitsaufgaben dieser Personen. Dem Betriebsrat sind auf Verlangen jederzeit die zur Durchführung seiner Aufgaben erforderlichen Unterlagen zur Verfügung zu stellen; in diesem Rahmen ist der Betriebsausschuss oder ein nach § 28 gebildeter Ausschuss berechtigt, in die Listen über die Bruttolöhne und -gehälter Einblick zu nehmen. Zu den erforderlichen Unterlagen gehören auch die Verträge, die der Beschäftigung der in Satz 1 genannten Personen zugrunde liegen.

---

[514] BT-Drucks 18/9232, 3, 16, 32.

I. Beteiligungsrechte des Betriebsrats § 5

Ferner wurde die Vorschrift des § 92 BetrVG ergänzt. § 92 Abs. 1 S. 1 BetrVG sieht nunmehr ausdrücklich vor, dass die **Unterrichtungspflicht über die Personalplanung** im Zusammenhang mit der Information über den gegenwärtigen und künftigen Personalbedarf sowie die sich daraus ergebenden personellen Maßnahmen auch die geplante Beschäftigung von Personen, die nicht in einem Arbeitsverhältnis zum Arbeitgeber stehen, und damit auch Leiharbeitnehmer, zu umfassen hat. Auch dies dient nach der Gesetzesbegründung der **Klarstellung**.[515]

301

§ 92 Abs. 1 BetrVG lautet nunmehr:

> Der Arbeitgeber hat den Betriebsrat über die Personalplanung, insbesondere über den gegenwärtigen und künftigen Personalbedarf sowie über die sich daraus ergebenden personellen Maßnahmen **einschließlich der geplanten Beschäftigung von Personen, die nicht in einem Arbeitsverhältnis zum Arbeitgeber stehen** und Maßnahmen der Berufsbildung an Hand von Unterlagen rechtzeitig und umfassend zu unterrichten. Er hat mit dem Betriebsrat über Art und Umfang der erforderlichen Maßnahmen und über die Vermeidung von Härten zu beraten.

Die übrigen (geringfügigen) Änderungen im BetrVG in § 119 Abs. 1 Nr. 3 BetrVG und § 120 Abs. 1 Nr. 3b BetrVG im Zuge der aktuellen AÜG-Reform sind lediglich redaktionelle Folgeänderungen und bedürfen keiner besonderen Erwähnung.

302

II. Rechtspolitische Diskussion und ursprüngliche Forderungen

Die erfolgten Änderungen beruhen auf Forderungen, insbesondere der Gewerkschaften, nach erweiterten Mitbestimmungsrechten zur Kontrolle und Beschränkung von Leiharbeit und Werkverträgen, bleiben allerdings erheblich hinter früheren Vorschlägen zurück. Insbesondere von der IG Metall erhobene Forderungen sahen neben einer Kodifikation bestehender Informations- und Unterrichtungspflichten der Arbeitgeberseite im Zusammenhang mit Fremdpersonaleinsätzen auch eine erhebliche Ausweitung der betrieblichen Mitbestimmungsrechte bei Auslagerungen von Produktionsaufgaben an Dritte sowie die vollständige Erstreckung der Zuständigkeit des Betriebsrats des Entleih- bzw. Einsatzbetriebes auf externe Beschäftigte vor.[516]

303

Diese Forderungen stießen im Bundesrat zunächst auf Unterstützung durch einige Bundesländer. Der durch den Bundesrat vorgelegte Gesetzesentwurf vom 20.9.2013 sah als Reaktion auf die Reform des Arbeitnehmerüberlassungsgesetzes im Jahre 2011 erhebliche Veränderungen im AÜG sowie BetrVG vor, um die durch den Einsatz von Fremdpersonal vermeintlich entstandenen „nach sozialstaatlichen Maßstäben untragbaren und zum Teil sogar menschenunwürdigen Arbeits- und Le-

304

---

515 BT-Drucks 18/9232, 16, 32.
516 Vgl. das Positionspapier des DGB-Bundesvorstands, „Werkverträge – Missbrauch stoppen", von September 2015, S. 29 ff.

bensbedingungen"zu bekämpfen und trug deutlich die Handschrift der Gewerkschaften.[517] Unter anderem enthielt der Entwurf des Bundesrates gesetzliche Klarstellungen im BetrVG zu (bereits existierenden) Verpflichtungen des Arbeitgebers zur Unterrichtung des Betriebsrats im Zusammenhang mit Fremdpersonaleinsätzen. Ferner griff er die Forderung nach einer Doppelzuständigkeit des Betriebsrats für Stamm- wie Leiharbeitnehmer auf und sprach sich für ein Recht des Betriebsrats zur Zustimmungsverweigerung bei der Besetzung von Arbeitsplätzen mit Werkvertragsbeschäftigten aus.[518] Neben Änderungen in den §§ 80, 87 und 92 BetrVG war auch die Schaffung eines neuen § 99a BetrVG vorgesehen, der ein umfassendes Mitbestimmungsrecht des Betriebsrats bei Einsatz von Fremdpersonal vorsah. Mit dem darin enthaltenen Zustimmungsverweigerungsrecht hätten Betriebsräte den Einsatz von Personen, die nicht in einem Arbeitsverhältnis zum Arbeitgeber stehen, beschränken und so den Einsatz flexibler Beschäftigungsformen deutlich erschweren können.[519] Entsprechende Überlegungen sind in der arbeitsrechtlichen Literatur zu Recht auf Kritik gestoßen.[520]

305 Auf Bundesebene stießen die Forderungen der Gewerkschaften dagegen auf geringe Akzeptanz. Zwar enthielt ein Antrag der SPD-Fraktion vom 19.2.2013 neben Forderungen nach einer Verschärfung des AÜG und der Sanktionierung verdeckter Leiharbeit auch die Forderung nach erweiterten Auskunfts- und Zustimmungsverweigerungsrechten bei Einsatz von Fremdpersonal, um das befürchtete Abschmelzen von Stammarbeitsplätzen zugunsten von Leiharbeitseinsätzen zu verhindern.[521] Demgegenüber fanden sich im Koalitionsvertrag der 18. Wahlperiode von CDU, CSU und SPD zwar Regelungsabsichten zu den Informations- und Unterrichtungsrechten des Betriebsrats bei Werkvertragsgestaltungen, nicht aber zu erweiterten Mitbestimmungsrechten bei der Leiharbeit wieder.[522]

306 Mit Ausnahme der gesetzlichen Klarstellung von im Zusammenhang mit dem Fremdpersonaleinsatz im Prinzip bereits anerkannten Informationsrechten des Betriebsrates aus § 80 Abs. 2 BetrVG sowie § 92 Abs. 1 S. 1 BetrVG waren in dem vom BMAS vorgelegten Referentenentwurf zur Änderung des Arbeitnehmerüberlassungsgesetzes und anderer Gesetze vom 16.11.2015 keine der ursprünglichen Forderungen mehr enthalten.[523] Auch der Gesetzentwurf der Bundesregierung vom 2.6.2016 geht über die erklärte Absicht der Kodifizierung bestehender Informati-

---

517 BR-Drucks 687/13, 1 f.
518 BR-Drucks 687/13, 2 ff.
519 Siehe dazu u.a. *Bauer/Klebe/Schunder*, NZA 2013, 827, 831.
520 Vgl. *Bauer/Klebe/Schunder*, NZA 2013, 827; *Willemsen/Mehrens*, NZA 2015, 897; *Zimmermann*, BB 2016, 53.
521 BT-Drucks 17/12378, 4 ff.
522 Koalitionsvertrag der Bundesregierung vom 17.12.2013, S. 49 f.
523 Referentenentwurf vom 16.11.2015, 2 f., 10 ff.

ons- und Unterrichtungsrechte nicht hinaus.[524] Insbesondere sieht die neue Gesetzeslage **keine inhaltliche Veränderung** bei den Mitbestimmungsrechten oder bei der Zuständigkeitsabgrenzung zwischen dem Betriebsrat des Verleihers und dem des Entleihers im Zusammenhang mit dem Leiharbeitseinsatz vor. Für letzteres ist weiterhin die – allerdings nicht abschließende und unverändert gebliebene – Regelung des § 14 AÜG sowie auch die Frage maßgeblich, welcher Arbeitgeber die ggf. mitbestimmungspflichtige Entscheidung zu treffen hat.[525]

III. Neuregelung in § 80 Abs. 2 BetrVG

1. Regelungskontext und bisherige Rechtslage

Die Vorschrift des § 80 BetrVG enthält in Abs. 1 die Zuweisung allgemeiner Aufgaben an den Betriebsrat sowie in Abs. 2 ein für die Wahrnehmung dieser Aufgaben erforderliches Informations- und Unterrichtungsrecht und ferner einen Anspruch auf Herausgabe einschlägiger Unterlagen.[526] Der nicht abschließende **Aufgabenkatalog** in § 80 Abs. 1 BetrVG ist dabei als Ergänzung der im BetrVG sowie einer Vielzahl weiterer gesetzlicher Vorschriften vorgesehenen Unterrichtungs-, Mitsprache- und Mitbestimmungsrechten zu verstehen.[527] Zu den **allgemeinen Aufgaben** des Betriebsrats gehören unter anderem die Überwachung der Einhaltung geltender Vereinbarungen und Gesetze im Betrieb, die Beantragung bestimmter Maßnahmen zugunsten der Belegschaft und des Betriebs sowie verschiedene Schutz- und Förderungspflichten.

307

Das **Informationsrecht** nach § 80 Abs. 2 BetrVG verpflichtet den Arbeitgeber, den Betriebsrat rechtzeitig und umfassend über diejenigen Umstände zu unterrichten, die einen Bezug zu den ihm obliegenden Aufgaben aufweisen.[528] Mit der Auskunftspflicht des Arbeitgebers korrespondiert ein Auskunftsanspruch des Betriebsrats.[529] Das Informationsrecht steht in einem **kausalen Zusammenhang mit der Aufgabenerfüllung** und beinhaltet demzufolge keinen uneingeschränkten Auskunftsanspruch des Betriebsrats über alle im Betrieb ablaufenden Vorgänge (Akzessorietät des Unterrichtungsanspruchs).[530] Das gilt auch im Zusammenhang mit der Unterrichtung über den Einsatz von Fremdpersonal. § 80 Abs. 2 BetrVG erstreckt sich nicht nur auf die in Abs. 1 derselben Vorschrift genannten Aufgaben,

308

---

524 Vgl. BT-Drucks 18/9232.
525 Siehe BAG v. 19.6.2001 – 1 ABR 43/00, NZA 2001, 1263; ErfK/*Wank*, § 14 AÜG Rn 14; *Thüsing*, § 14 AÜG Rn 99 f.
526 *Maiß/Juli*, ArbRAktuell 2012, 162, 163.
527 *Fitting u.a.*, § 80 BetrVG Rn 4; DKKW/*Buschmann*, § 80 BetrVG Rn 3; *Kort*, DB 2010, 1291.
528 *Fitting u.a.*, § 80 BetrVG Rn 4 ff., 51.
529 St. Rspr.: BAG v. 19.2.2008 – 1 ABR 84/06, NZA 2008, 1078, 1079; BAG v. 21.10.2003 – 1 ABR 39/02, NZA 2004, 936, 938; BAG v. 17.5.1983 – 1 ABR 21/80, AP § 80 BetrVG 1972 Nr. 19.
530 *Maiß/Juli*, ArbRAktuell 2012, 162, 163; *Kort*, DB 2010, 1291.

sondern nach Art einer Generalklausel auf alle dem Betriebsrat auch im Wege weiterer Mitwirkungsrechte zugewiesenen Aufgaben, soweit dort keine speziellen Regelungen vorgesehen sind.[531] Den Aufgabenbezug des Auskunftsverlangens hat der Betriebsrat dem Arbeitgeber darzulegen und sein Begehren ggf. so zu konkretisieren, dass der Arbeitgeber beurteilen kann, ob die begehrte Information zur Aufgabenwahrnehmung erforderlich ist.[532] Für einen Informationsanspruch des Betriebsrats genügt nach der Rechtsprechung bereits ein hinreichender Grad an Wahrscheinlichkeit für das Bestehen eines Beteiligungsrechts.[533] Der Anspruch besteht auch während der Durchführung von Arbeitskampfmaßnahmen.[534]

309 Bereits das **Betriebsverfassungs-Reformgesetz des Jahres 2001** hatte den Informationsanspruch nach § 80 Abs. 2 BetrVG ausdrücklich auch auf Personen erstreckt, die im Betrieb tätig sind, jedoch nicht in einem Arbeitsverhältnis zu seinem Inhaber stehen.[535] Auch hierbei handelte es sich letztlich um eine gesetzliche Klarstellung, welche den vom BAG schon zuvor auch auf freie Mitarbeiter erstreckten Informationsanspruch des Betriebsrats nachzeichnete.[536] Fremdbeschäftigte in diesem Sinne sind neben **Leiharbeitnehmern** beispielsweise auch Mitarbeiter, die auf Werkvertragsbasis im Betrieb beschäftigt werden, sowie Personen, die einen Bundesfreiwilligendienst oder ein freies soziales Jahr ableisten.[537]

> *Praxishinweis*
> Nach vorzugswürdiger Ansicht bezieht sich der Informationsanspruch gegenüber dem im Betrieb tätigen Fremdpersonal lediglich auf Personen, die **nicht nur kurzfristig beschäftigt** werden.[538] Ferner wird angesichts des Zwecks und Wortlautes von § 80 Abs. 2 S. 1 Hs. 2 BetrVG zu Recht vorausgesetzt, dass die in Frage kommenden Personen in irgendeiner Form zur Arbeits- und Betriebsorganisation gehören müssen, was bspw. bei nur kurzfristig im Betrieb tätigen Handwerkern, Beratern des Arbeitgebers etc. nicht der Fall ist.[539] Teilweise wird auch danach abgegrenzt, ob der Arbeitseinsatz unmittelbar der arbeitstech-

---

531 *Fitting u.a.*, § 80 BetrVG Rn 48; DKKW/*Buschmann*, § 80 BetrVG Rn 78; *Kort*, DB 2010, 1291.
532 *Fitting u.a.*, § 80 BetrVG Rn 52.
533 *Maiß/Juli*, ArbRAktuell 2012 162, 163.
534 Vgl. BAG 13.12.2011 – 1 ABR 2/10, NZA 2012, 571,575; HWK/*Sittard*, § 80 BetrVG Rn 26 m.w.N. (auch zur Gegenansicht).
535 *Fitting u.a.*, § 80 BetrVG Rn 49; DKKW/*Buschmann*, § 80 BetrVG Rn 86; *Franzen*, RdA 2015, 141, 147.
536 Vgl. BAG 15.12.1998 – 1 ABR 9/98, NZA 1999, 722; DKKW/*Buschmann*, § 80 BetrVG Rn 85.
537 *Fitting u.a.*, § 80 BetrVG Rn 49 m.w.N.
538 Vgl. BT-Drucks 18/9232, 32; Hess u.a./*Nicolai*, § 80 BetrVG Rn 54; *Maiß/Juli*, ArbRAktuell 2012, 162, 164; weniger eindeutig BAG v. 15.12.1998 – 1 ABR 9/98, NZA 1999, 722, 726.
539 Hess u.a./*Nicolai*, § 80 BetrVG Rn 54; vgl. auch LAG Hamburg v. 21.4.2002 – 1 TaBV 3/03, BeckRS 2002, 30797454; BT-Drucks 14/5741, 46.

nischen Zwecksetzung des Betriebs diene.[540] Bei Leiharbeitnehmern dürfte es allerdings auf deren beabsichtigte Einsatzdauer im Betrieb nicht ankommen. Dafür spricht, dass das Unterrichtungsrecht dem Betriebsrat nach seinem **Zweck** eine Prüfung in eigener Verantwortung ermöglichen soll, ob und inwieweit sich Aufgaben im Sinne des BetrVG ergeben und der Betriebsrat zu ihrer Wahrnehmung tätig werden kann.[541] Auch § 14 Abs. 3 AÜG knüpft eine Beteiligung des Betriebsrats des Entleihbetriebes bei der Einstellung von Leiharbeitnehmern nach § 99 BetrVG nicht an eine bestimmte Einsatzdauer, sondern lediglich an die bevorstehende Übernahme zur Arbeitsleistung.

Der **notwendige Aufgabenbezug** des Informationsanspruchs gilt prinzipiell auch im Hinblick auf die Beschäftigung von Fremdpersonal, so dass der Betriebsrat auch hier ggf. darlegen muss, dass er die Informationen für die Erfüllung seiner gesetzlichen Aufgaben benötigt.[542] Im Zusammenhang mit der Beschäftigung von Fremdpersonal liegt allerdings ein Informationsanspruch regelmäßig schon aufgrund des Beteiligungsrechts nach § 99 BetrVG nahe.[543] Zudem spricht die Tatsache, dass der Gesetzgeber mit der Klarstellung in § 80 Abs. 2 S. 1 BetrVG den Zweck verfolgt, dem Betriebsrat eine eigenständige Prüfung über das Bestehen von Aufgaben im Zusammenhang mit dem jeweiligen Fremdpersonaleinsatz zu ermöglichen,[544] dafür, dass die Unterrichtung über die wesentlichen, nunmehr in § 80 Abs. 2 S. 2 BetrVG explizit genannten Modalitäten des Fremdpersonaleinsatzes, keinen besonderen Voraussetzungen unterliegt.

Der Arbeitgeber hat den Betriebsrat auch über die Beschäftigung freier Mitarbeiter zu unterrichten, worunter insbesondere Informationen zu Art und Dauer der Tätigkeit gehören, sodass der Betriebsrat beurteilen kann, ob und inwieweit Mitbestimmungsrechte in Betracht kommen.[545] In Hinblick auf Leiharbeitnehmer bezog sich das Informationsrecht des Betriebsrats des Entleihbetriebs nach der Rechtsprechung schon nach bisheriger Rechtslage auch auf **Umstände des Einsatzes** wie Dauer, Einsatzort und Arbeitsaufgabe.[546] Sind dem Arbeitgeber die Namen der einzelnen fremdbeschäftigten Personen unbekannt, so muss er diese jedoch nicht von seinem Vertragspartner für den Betriebsrat ermitteln.[547] Dies gilt nicht, wenn die

---

540 Vgl. LAG BW v. 14.7.2006 – 5 TaBV 6/05, BeckRS 2011, 65836.
541 BT-Drucks 18/9232, 32.
542 LAG BW v. 14.7.2006 – 5 TaBV 6/05, BeckRS 2011, 65836; Hess u.a./*Nicolai*, § 80 BetrVG Rn 54; GK-BetrVG/*Weber*, § 80 BetrVG Rn 62.
543 Vgl. BAG v. 15.12.1998 – 1 ABR 9/98, NZA 1999, 722, 724; LAG BW v. 14.7.2006 – 5 TaBV 6/05, BeckRS 2011, 65836; *Maiß/Juli*, ArbRAktuell 2012, 162, 163.
544 BT-Drucks 18/9232, 32.
545 BAG 15.12.1998 – 1 ABR 9/98, NZA 1999, 722; *Ulber*, § 14 AÜG Rn 102.
546 LAG BW v. 14.7.2006 – 5 TaBV 6/05, BeckRS 2011, 65836; *Boemkel/Lembke*, § 14 AÜG Rn 97; Schüren/Hamann/*Hamann*, § 14 AÜG Rn 236; vgl. auch BT-Drucks 18/9232, 32.
547 LAG Hessen v. 16.1.2007 – 4 TaBV 203/06, BeckRS 2007, 44175; LAG Köln v. 12.6.1987 – 9 Sa 171/87, DB 1987, 2106, 2107; ErfK/*Kania*, § 80 BetrVG Rn 24; *Kort*, DB 2010, 1291, 1293 f.

Mitteilung im Zusammenhang mit einem speziellen Beteiligungsrecht – wie etwa in § 99 BetrVG – erforderlich ist.

312 Die Vorschrift des § 80 Abs. 2 S. 1 Hs. 2 BetrVG betrifft damit vor allem die Unterrichtung des Betriebsrats des Entleihbetriebes. Ein konkreter Aufgabenbezug für dessen Information kann sich **beispielsweise** vor folgendem Hintergrund ergeben:[548]

1. Gemäß § 14 Abs. 3 AÜG i.V.m. § 99 BetrVG ist eine Beteiligung des Betriebsrats immer dann erforderlich, wenn die **Einstellung eines Leiharbeitnehmers** konkret geplant ist.[549] Der Betriebsrat kann gem. nach § 99 Abs. 2 BetrVG in den gesetzlich vorgesehenen Fällen die Zustimmung zu einer solchen Maßnahme verweigern. Auf der Grundlage von § 14 Abs. 3 S. 2 AÜG kann der Betriebsrat schon nach bisheriger Rechtslage die schriftliche Bestätigung des Bestehens einer Überlassungserlaubnis sowie nach h.M. auch den Arbeitnehmerüberlassungsvertrag zur Einsichtnahme verlangen (siehe noch Rdn 322).

> *Praxishinweis*
> In Bezug auf **freie Mitarbeiter** findet § 14 Abs. 3 AÜG dagegen keine Anwendung. Deren Tätigkeitsaufnahme stellt sich im Regelfall auch nicht als Eingliederung in den Betrieb dar, sodass ein Beteiligungsrecht des Betriebsrats nach § 99 Abs. 1 BetrVG auch unter Zugrundelegung des weiten Einstellungsbegriffs der Rechtsprechung grds. nicht besteht.[550] Dies entspricht auch Sinn und Zweck der Vorschrift, die kein Kontrollinstrument zur Verhinderung werk- oder dienstvertraglicher Gestaltungsvarianten ist.[551]

2. Des Weiteren ist der Betriebsrat gemäß § 92 BetrVG über die **Personalplanung** zu unterrichten, die sich auch auf die Besetzung von Arbeitsplätzen mit Leiharbeitnehmern erstreckt.[552] Ausschlaggebend hierfür ist, dass der Einsatz von Leiharbeitskräften für die gegenwärtige und zukünftige Personalplanung relevant ist und diese wiederum Einfluss auf personelle Einzelmaßnahmen haben kann. Die Personalplanung und damit das Unterrichtungsrecht nach § 92 BetrVG betrifft auch den Abschluss von Rahmenverträgen mit Leiharbeitsunternehmen, die den Fremdpersonaleinsatz bei Bedarf sicherstellen.[553]

---

[548] Ein guter Überblick über die im Zusammenhang mit dem Einsatz von Fremdpersonal in Betracht kommenden Beteiligungsrechte des Betriebsrats findet sich u.a. bei *Boemke/Lembke*, § 14 AÜG Rn 85 ff. sowie *Urban-Crell/Germakowski/Bissels/Hurst*, § 14 AÜG Rn 73 ff. jeweils m.w.N.
[549] *Urban-Crell/Germakowski/Bissels/Hurst*, § 14 AÜG Rn 107.
[550] BAG v. 15. 12. 1998 – 1 ABR 9/98, NZA 1999, 722.
[551] So auch *Hoppe/Marcus*, ArbRAktuell 2011, 313, 314.
[552] Vgl. *Franzen*, RdA 2015, 141, 147.
[553] *Urban-Crell/Germakowski/Bissels/Hurst*, § 14 AÜG Rn 98; *Boemke/Lembke*, § 14 AÜG Rn 139; *Schüren/Hamann/Hamann*, § 14 AÜG Rn 308.

3. Der Betriebsrat ist befugt, nach § 93 BetrVG die innerbetriebliche Ausschreibung von Arbeitsplätzen zu verlangen sowie nach § 92a BetrVG Vorschläge zu **möglichen Alternativen** im Zusammenhang mit einer Ausgliederung und Fremdvergabe von Tätigkeiten zu machen und hierdurch mittelbar Einfluss auf den Einsatz von Leiharbeitskräften zu nehmen.[554]

4. Einzelne **Mitbestimmungsrechte in sozialen Angelegenheiten** nach § 87 BetrVG können sich, etwa hinsichtlich der Ordnung im Betrieb, der Sozialeinrichtungen sowie der Arbeitsschutzregelungen, auch auf die im Betrieb beschäftigten Leiharbeitnehmer erstrecken, soweit diese hiervon betroffen sind.[555] Der Betriebsrat des Entleihers ist in solchen Fällen nach zutreffender Ansicht aufgrund der faktischen Eingliederung der Leiharbeitskräfte in den Betrieb zur Berücksichtigung ihrer Interessen im Rahmen der sozialen Angelegenheiten befugt.[556] Dies gilt in Abgrenzung dazu nicht für mitbestimmungspflichtige Regelungen, die nur mit dem Verleiher als Vertragsarbeitgeber getroffen werden können, wie bspw. die Festlegung von Beginn und Ende der regulären Arbeitszeit nach § 87 Abs. 1 Nr. 2 BetrVG[557] (anders die Rechtsprechung in Bezug auf § 87 Abs. 1 Nr. 3 BetrVG bei Einsatz im Entleihbetrieb[558]) oder für Fragen der betrieblichen Lohngestaltung nach § 87 Abs. 1 Nr. 10 BetrVG.[559] Insoweit ist nur der Betriebsrat des Verleihers regelungsbefugt.

5. Zu den gesetzlichen Aufgaben des Betriebsrats im Entleiherbetrieb gehört nach § 80 Abs. 1 BetrVG auch die **Überwachung der Einhaltung der Gesetze**, daher auch des AÜG sowie der Arbeitsschutz- und Gesundheitsschutzvorschriften, deren Einhaltung in gleicher Weise gegenüber Leiharbeitnehmern zu beachten ist.[560] In dem Zusammenhang kann sich ebenfalls ein konkreter Informationsbedarf ergeben, wie von § 80 Abs. 2 S. 1 Hs. 2 BetrVG bestätigt wird.

2. Ergänzung des Informationsanspruchs in § 80 Abs. 2 S. 1 BetrVG

Die Ergänzung in § 80 Abs. 2 S. 1. Hs. 2 BetrVG knüpft inhaltlich an die bereits im Jahr 2001 erfolgte Erstreckung des Informationsrechts auf im Betrieb beschäftigte

---

554 *Urban-Crell/Germakowski/Bissels/Hurst*, § 14 AÜG Rn 99 ff.; Thüsing/*Thüsing*, § 14 AÜG Rn 149 f.
555 *Boemke/Lembke*, § 14 AÜG Rn 122 ff.; Schüren/Hamann/*Hamann*, § 14 AÜG Rn 239 ff.
556 BAG 19.6.2001 – 1 ABR 43/00, NZA 2001, 1263, 1265 f. m.w.N.; Thüsing/*Thüsing*, § 14 AÜG Rn 117; Schüren/Hamann/*Hamann*, § 14 AÜG Rn 240.
557 LAG M-V v. 29.2.2008 – 3 TaBV 12/07, BeckRS 2008, 52948; Thüsing/*Thüsing*, § 14 AÜG Rn 117; Schüren/Hamann/*Hamann*, § 14 AÜG Rn 240; *Urban-Crell/Germakowski/Bissels/Hurst*, § 14 AÜG Rn 36 ff.
558 BAG v. 19.6.2001 – 1 ABR 43/00, NZA 2001, 1263, 1265 f.
559 *Urban-Crell/Germakowski/Bissels/Hurst*, § 14 AÜG Rn 39; *Ulber*, § 14 AÜG Rn 46 ff.
560 DKKW/*Buschmann*, § 80 BetrVG Rn 7 ff., 93.

Personen an, die nicht in einem Arbeitsverhältnis zum Arbeitgeber stehen.[561] Der Gesetzeswortlaut macht deutlich, dass der im Rahmen der gesetzlichen Aufgabenwahrnehmung bestehende Informationsanspruch auch den **zeitlichen Umfang des Einsatzes**, den **Einsatzort** und die **Arbeitsaufgaben** etwaig vom Arbeitgeber eingesetzter Fremdbeschäftigter umfasst. Die Neuregelung bestätigt und konkretisiert damit die Rechtsprechung, nach der sich das Unterrichtungsrecht, wie dargestellt, bereits auf die grundlegenden Modalitäten des Einsatzes der Fremdbeschäftigten erstreckte.

317 Mit dem zeitlichen Umfang des Einsatzes sind die geplanten **Einsatztage** sowie die jeweiligen **Einsatzzeiten** gemeint.[562] Die Einsatzzeiten beziehen sich dabei zunächst auf die Gesamtdauer, während derer Leiharbeitnehmer generell im Entleihbetrieb tätig werden, mithin Beginn und Ende ihres Einsatzes.[563] Für die Prüfung des Bestehens möglicher Beteiligungs- und Überwachungsrechte des Betriebsrats kann auch die Regelmäßigkeit der Tätigkeit von Leiharbeitnehmern relevant sein, d.h. an welchen Tagen der Woche und zu welchen Tageszeiten diese im Betrieb tätig werden (Anwesenheitszeiten).[564] In Verbindung mit der Anzahl eingesetzter Leiharbeitnehmer soll sich der Betriebsrat auf diese Weise, etwa für eine zukünftige Personalplanung, ein Bild machen können, welcher Gesamtarbeitsanfall über Fremdfirmen abgedeckt wird.[565] Die Informationen zu den Einsatzzeiten werden insbesondere auch deshalb als erforderlich angesehen, damit der Betriebsrat die Auswirkungen auf die Stammbelegschaft beurteilen kann.[566]

318 Die Information über den **Einsatzort** betrifft Angaben zum Ort der Tätigkeit der eingesetzten Leiharbeitnehmer, mithin in welchem Betrieb und ggf. in welcher Betriebsabteilung oder auswärtigen Arbeits- oder Fertigungsstätte die Tätigkeit räumlich erfolgt.[567] Soweit der Leiharbeitnehmer auch Einsätze außerhalb des Betriebs, etwa bei häufig wechselnden Kunden (z.B. Tourenfahrten), zu verrichten hat, bezieht sich der Unterrichtungsanspruch allerdings nicht auf jeden einzelnen besuchten Kunden.[568] Die Angaben zum Einsatzort sollen den Betriebsrat insbesondere in

---

561 *Franzen*, RdA 2015, 141, 147.
562 BT-Drucks 18/9232, 32; vgl. BAG v. 31.1.1989 – 1 ABR 72/87, NZA 1989, 932, 933; LAG BW v. 14.7.2006 – 5 TaBV 6/05, BeckRS 2011, 654836.
563 Vgl. LAG Niederachsen v. 9.8.2006 – 15 TaBV 53/05, BeckRS 2006, 44759; vgl. i.R.v. § 99 BetrVG auch *Urban-Crell/Germakowski/Bissels/Hurst*, § 14 AÜG Rn 118, 121; *Schüren/Hamann/Hamann*, § 14 AÜG Rn 159.
564 BAG v. 31.1.1989 – 1 ABR 72/87, NZA 1989, 932, 933; vgl. auch LAG BW v. 14.7.2006 – 5 TaBV 6/05, BeckRS 2011, 65836.
565 BAG v. 31.1.1989 – 1 ABR 72/87, NZA 1989, 932, 933.
566 *Thüsing/Thüsing*, § 14 AÜG Rn 164; *Schüren/Hamann/Hamann*, § 14 AÜG Rn 159; *Fitting u.a.*, § 99 BetrVG Rn 178.
567 Vgl. *Urban-Crell/Germakowski/Bissels/Hurst*, § 14 AÜG Rn 121; *Hess u.a./Huke*, § 99 BetrVG Rn 119.
568 A.A. wohl LAG BW v. 14.7.2006 – 5 TaBV 6/05, BeckRS 2011, 65836.

die Lage versetzen, die arbeitstechnischen Voraussetzungen der Tätigkeit näher abzuklären.[569]

Mit den **Arbeitsaufgaben** dürften, ähnlich wie bei § 99 Abs. 1 S. 2 BetrVG in Bezug auf die Information über den in Aussicht genommenen Arbeitsplatz, Angaben zu dem Tätigkeits- bzw. Aufgabenprofil der eingesetzten Fremdbeschäftigten gemeint sein. Der Betriebsrat soll so insbesondere beurteilen können, welche konkreten Funktionen innerhalb des Betriebes über externes Personal abgedeckt werden.[570]

Die im Gesetz explizit genannten Modalitäten des Fremdpersonaleinsatzes sind allerdings **nicht abschließend** („*insbesondere*"), so dass – je nach konkretem Aufgabenbezug – auch weitere Angaben vom Arbeitgeber verlangt werden können. Beispielsweise bedarf es bei § 14 Abs. 3 AÜG i.V.m. § 99 BetrVG im Falle der vorgesehenen Einstellung auch der Mitteilung der Qualifikation des Leiharbeitnehmers, falls dies für die Auswirkungen des Einsatzes Bedeutung erlangen kann (Anlern- und Überwachungsaufwand, Eignung für den Arbeitsplatz).[571]

3. Form der Unterrichtung und Vorlage von Unterlagen

Die Vorschrift des § 80 Abs. 2 S. 1 BetrVG verlangt auch in der geänderten Fassung grds. keine besondere Form für die Unterrichtung. Vielmehr kann diese auch **formlos** erfolgen, sofern es sich nicht um besonders komplexe Informationen handelt.[572]

> *Praxishinweis*
> Auch wenn für die Unterrichtung des Betriebsrats keine Form vorgeschrieben ist, empfiehlt sich in der Praxis regelmäßig die Erteilung sämtlicher Auskünfte in schriftlicher Form, insbesondere unter dem Gesichtspunkt späterer Beweisführung.

Im Rahmen seiner gesetzlichen Aufgaben hat der Betriebsrat nach § 80 Abs. 2 S. 2 BetrVG ferner einen Anspruch auf die **Vorlage relevanter Unterlagen**. Der **Betriebsrat des Entleihers** ist aufgrund dieser Vorschrift bereits nach derzeitiger Rechtslage über die **Werk- und Dienstverträge**, die dem Einsatz von Fremdpersonal zugrunde liegen, zu unterrichten.[573] Er kann überdies vermittels § 80 Abs. 2

---

569 Vgl. Hess u.a./*Huke*, § 99 BetrVG Rn 119.
570 BAG v. 31.1.1989 – 1 ABR 72/87, NZA 1989, 932, 933.
571 Vgl. Schüren/Hamann/*Hamann*, § 14 AÜG Rn 161; *Fitting u.a.*, § 99 BetrVG Rn 178.
572 Vgl. BAG v. 30.9.2008 – 1 ABR 54/07, NZA 2009, 502, 503 f.; *Fitting u.a.*, § 80 BetrVG Rn 54; DKKW/*Buschmann*, § 80 BetrVG Rn 105.
573 Vgl. BAG v. 31.1.1989 – 1 ABR 72/78, NZA 1989, 932; LAG Hessen v. 5.7.2007 – 9 TaBV 216/06, BeckRS 2011, 71714; LAG Köln v. 21.7.2010 – 9 TaBV 6/10, BeckRS 2010, 76132 (sog. Servicepartnerverträge); LAG Hamm v. 22.7.1987 – 12 TaBV 30/87, DB 1987, 2575, 2576; vgl. auch *Boemke/Lembke*, § 14 AÜG Rn 97; *Franzen*, RdA 2015, 141, 147; *Hunold*, NZA-RR 2008, 281.

S. 2 BetrVG schon nach bisheriger Sichtweise der Rechtsprechung verlangen, dass ihm die Verträge mit Fremdfirmen, welche die Grundlage der Beschäftigung des Fremdpersonals bilden, zur Verfügung gestellt werden.[574] Das gilt nach h.M. beispielsweise auch für den **Arbeitnehmerüberlassungsvertrag**.[575]

323 Die Vorlage der erforderlichen Unterlagen soll den Betriebsrat befähigen zu prüfen, ob und in welchem Umfang Interessen der Fremdbeschäftigten wahrzunehmen sind.[576] In diesem Zusammenhang billigt die Rechtsprechung dem Betriebsrat auch das Recht zu, Unterlagen zu verlangen, aus denen sich die Einsatzzeiten der Beschäftigten ergeben.[577] Der Arbeitgeber kann sich allerdings bei der Vorlage erforderlicher Unterlagen zum Fremdpersonaleinsatz zunächst auf die Bereitstellung einer **stichprobenartigen Gesamtübersicht** beschränken, aus der sich u.a. Personalien, Aufgabengebiet, Arbeitsplatz, Arbeitszeiten und die Art der Entlohnung ergeben und ist nicht verpflichtet, Unterlagen über konkrete Einsatztage und Einsatzorte beim Vertragspartner anzufordern.[578] Soweit Unterlagen bestimmte Informationen ohne Aufgabenbezug enthalten, darf der Arbeitgeber diese unkenntlich machen.[579]

324 Das Gesetz sieht in § 80 Abs. 2 S. 3 BetrVG nunmehr auch **ausdrücklich** vor, dass sich der Umfang der vorzulegenden Unterlagen auch auf Verträge erstreckt, die der Beschäftigung des Fremdpersonals zugrunde liegen. Gemeint sind damit, wie oben angesprochen, diejenigen Vertragsdokumente zwischen Betriebsinhaber und Fremdfirma, welche die Grundlage für den Fremdpersonaleinsatz bilden, insbesondere Personalservice- bzw. Arbeitnehmerüberlassungsverträge. Nicht gemeint sein dürften hingegen die **Arbeitsverträge der Leiharbeitnehmer** mit dem Verleiher; ein Recht auf Einsichtnahme steht dem Betriebsrat des Entleihers jedenfalls in Bezug auf die Wahrnehmung der Aufgaben aus § 99 BetrVG nicht zu.[580] Die gesetzliche Regelung bestätigt damit einerseits die bisherige Linie des BAG, geht andererseits aber auch nicht über diese hinaus.

---

574 BAG v. 31.1.1989 – 1 ABR 72/87, NZA 1989, 932; LAG Köln v. 21.7.2010 – 9 TaBV 6/10, BeckRS 2010, 76132; *Franzen*, RdA 2015, 141, 147; *Willemsen/Mehrens*, NZA 2015, 897, 903.
575 BAG v. 6.6.1978 – 1 ABR 66/75, AP § 99 BetrVG 1972 Nr. 6; LAG Niedersachsen v. 9.8.2006 – 15 TaBV 53/05, BeckRS 2006, 44759; *Düwell/Dahl*, NZA-RR 2011, 1, 3; a.A. LAG Niedersachsen v. 28.2.2006 – 13 TaBV 56/05, BeckRS 2006, 43575.
576 Vgl. BAG v. 31.1.1989 – 1 ABR 72/78, NZA 1989, 932; BAG v. 9.7.1991 – 1 ABR 45/90, AP § 99 BetrVG 1972 Nr. 94; BAG v. 15.12.1998 – 1 ABR 9/98, NZA 1999, 722, 725; LAG Köln v. 21.7.2010 – 9 TaBV 6/10, BeckRS 2010, 76132.
577 BAG v. 31.1.1989 – 1 ABR 72/87, NZA 1989, 932.
578 BAG v. 15.12.1998 – 1 ABR 9/98, NZA 1999, 722, 726; LAG BW v. 14.7.2006 – 5 TaBV 6/05, BeckRS 2011, 65836; *Richardi/Thüsing*, § 80 BetrVG Rn 56; a.A. noch BAG v. 31.1.1989 – 1 ABR 72/87, NZA 1989, 932.
579 BAG v. 16.8.2011 – 1 ABR 22/10, NZA 2012, 342, 345.
580 BAG v. 6.6.1978 – 1 ABR 66/75, AP BetrVG 1972 § 99 Nr. 6; LAG Niedersachsen v. 28.2.2006 – 13 TaBV 56/05, BeckRS 2006, 43575; *Düwell/Dahl*, NZA-RR 2011, 1, 3.

325 Soweit erforderlich, kann der Betriebsrat nach § 80 Abs. 2 S. 4 BetrVG zudem, wie bisher, sachkundige Arbeitnehmer sowie nach Maßgabe des Abs. 3 Sachverständige hinzuziehen, die ihn bei der Aufgabenwahrnehmung unterstützen.[581] Ferner ist der Betriebsrat (des Entleihers) befugt, sich erforderliche Informationen durch Aufsuchen und Befragen von Arbeitnehmern, inklusive des Fremdpersonals, sowie durch eine Betriebsbegehung zu beschaffen.[582] Demgegenüber hat der Betriebsrat des Verleihers kein Recht, den Betrieb des Entleihers anlasslos zu betreten und die Leiharbeitnehmer selbst zu befragen.

IV. Neuregelung in § 92 BetrVG

1. Regelungskontext und bisherige Rechtslage

326 Die Vorschrift des § 92 BetrVG statuiert Mitwirkungsrechte des Betriebsrats in personellen Angelegenheiten und betrifft die grundlegende **Personalplanung des Arbeitgebers** für den Betrieb. Nach § 92 BetrVG ist der Arbeitgeber verpflichtet, den Betriebsrat über seine Personalplanung, daher den gegenwärtigen wie zukünftigen Personalbedarf und die hieraus folgenden personellen Maßnahmen, einschließlich der Maßnahmen zur Berufsbildung, zu unterrichten. In ähnlicher Weise wie bei § 80 Abs. 2 BetrVG besteht auch hier die Pflicht, entsprechende Unterlagen zur Verfügung zu stellen, soweit dies für eine umfassende Unterrichtung des Betriebsrats erforderlich ist.[583] § 92 Abs. 1 S. 2 BetrVG sieht ferner vor, dass Betriebsrat und Arbeitgeber die erforderlichen Maßnahmen miteinander beraten sollen. Nach § 92 Abs. 2 BetrVG kann der Betriebsrat dem Arbeitgeber zudem personalplanungsbezogene Vorschläge unterbreiten. Die Grenze der Unterrichtungspflicht ist dort zu ziehen, wo die vom Betriebsrat verlangten Informationen Bereiche betreffen, die nicht mehr im Zusammenhang mit seinen Aufgaben stehen.[584]

327 Der Gesetzgeber hat den **Begriff der Personalplanung** nicht definiert. Sinn und Zweck der Regelung bestehen darin, dem Betriebsrat die den personellen Maßnahmen wie Einstellung, Kündigung und Versetzung zugrundeliegenden und zeitlich in der Regel vorgelagerten Grundsatzentscheidungen des Arbeitgebers frühzeitig bekannt zu machen, sodass dieser in Kenntnis der Lage des Betriebs und absehbarer Entwicklungen Einfluss nehmen kann.[585] Zur Personalplanung zählen damit letztlich alle systematischen Planungen im Vorfeld späterer Personalmaßnahmen, die sich auf den gegenwärtigen oder künftigen Personalbedarf in quantitativer oder qualitativer Hinsicht sowie auf dessen Deckung durch Einsatz personeller Kapazi-

---

581 *Fitting u.a.*, § 80 BetrVG Rn 80 ff.; DKKW/*Buschmann*, § 80 BetrVG Rn 140 ff., 152 ff.
582 Vgl. BAG v. 15.10.2014 – 7 ABR 74/12, NZA 2015, 560.
583 Hess u.a./*Rose*, § 92 BetrVG Rn 15.
584 BAG v. 23.3.2010 – 1 ABR 81/08, NZA 2011, 811; BAG v. 30.9.2008 – 1 ABR 54/07, NZA 2009, 502, 503; Hess u.a./*Rose*, § 92 BetrVG Rn 9.
585 *Fitting u.a.*, § 92 BetrVG Rn 9; DKKW/*Homburg*, § 92 BetrVG Rn 2.

täten beziehen.⁵⁸⁶ Die **Unterrichtungspflicht** umfasst die Bereitstellung von Informationen zu gegenwärtigen und künftigen Personalplanungskonzepten in allen Bereichen der Personalplanung, inklusive der daraus resultierenden personellen Maßnahmen sowie der technischen und organisatorischen Methoden zu deren Umsetzung, nicht jedoch konkrete Maßnahmen gegenüber einzelnen Mitarbeitern, die wiederum in den Anwendungsbereich des § 99 BetrVG fallen können.⁵⁸⁷ § 92 BetrVG selbst beinhaltet nach allgemeiner Meinung lediglich eine Pflicht des Arbeitgebers zur Beratung und Unterrichtung, nicht jedoch ein echtes Mitbestimmungsrecht.⁵⁸⁸

328 Aspekte der Personalplanung, über welche der Arbeitgeber den Betriebsrat zu unterrichten hat, betreffen u.a. die Personalbedarfsplanung, Personaldeckungsplanung und die Einsatzplanung. In diesen Zusammenhängen können gerade auch **Aspekte des Fremdpersonaleinsatzes** zu erörtern sein. Beispielsweise kann hierzu gehören, ob und welche Kapazitätsbedarfe mit eigenen Mitarbeitern oder alternativ durch Fremdpersonal abgedeckt werden sollen.⁵⁸⁹ Ebenfalls gehört zur Personalbedarfsplanung die Entscheidung, ob und in welchem Umfang Leiharbeitnehmern Übernahmechancen eingeräumt werden können.⁵⁹⁰ Auch Überlegungen, anstelle eines Abbaus von festangestellten Mitarbeitern vorrangig die Quote von Leiharbeitskräften zu reduzieren, gehören zur Personalplanung und sind daher ein möglicher Unterrichtungsgegenstand des § 92 Abs. 1 BetrVG.⁵⁹¹

2. Ergänzung der Vorschrift

329 Anders als bei § 80 Abs. 2 BetrVG war die Erstreckung der Unterrichtungspflicht des Arbeitgebers auf Personen, die nicht beim Arbeitgeber beschäftigt sind, noch nicht im Wortlaut der Regelung verankert. Gleichwohl entsprach es bereits nach bisheriger Rechtslage der wohl h.M., dass sich das Unterrichtungsrecht, wie dargestellt, auch auf den Einsatz von Leiharbeitnehmern oder anderen Fremdbeschäftigten erstrecken kann, die nicht in einem Arbeitsverhältnis zum Betriebsinhaber stehen oder eintreten sollen, soweit deren Einsatz Teil eines Personalplanungskonzepts ist.⁵⁹² Dies wird jetzt durch § 92 Abs. 1 S. 1 BetrVG **klargestellt**, indem das Gesetz nunmehr ausdrücklich bestimmt, dass die Unterrichtung und dementsprechend auch die vorgesehene Beratung der Betriebsparteien über die personellen

---

586 BAG v. 6.11.1990 – 1 ABR 60/89, DB 1991, 654 f.; Hess u.a./*Rose*, § 92 BetrVG Rn 15, 25.
587 BAG v. 27.10.2010 – 7 ABR 86/09, NZA 2011, 418, 420; *Fitting u.a.*, § 92 BetrVG Rn 21, 23 f.
588 GK-BetrVG/*Raab*, § 92 BetrVG Rn 6; *Fitting u.a.*, § 92 BetrVG Rn 21.
589 Hess u.a./*Rose*, § 92 BetrVG Rn 45; DKKW/*Homburg*, § 92 BetrVG Rn 37.
590 Hess u.a./*Rose*, § 92 BetrVG Rn 45; *Hunold*, DB 1989, 1334; vgl. hierzu auch BAG v. 10.9.1985 – 1 ABR 28/83, AP § 117 BetrVG 1972 Nr. 3.
591 Vgl. *Fitting u.a.*, § 92 BetrVG Rn 19; ErfK/*Kania*, § 92 BetrVG Rn 5.
592 Vgl. *Ulber*, § 14 AÜG Rn 116 f.; *Franzen*, RdA 2016, 141, 147; *Willemsen/Mehrens*, NZA 2015, 897, 903.

Maßnahmen auch die geplante Beschäftigung von Personen, die nicht in einem Arbeitsverhältnis mit dem Arbeitgeber stehen, einschließt. Dadurch wird u.a. erreicht, dass bei Erstellung und Umsetzung von Personalplanungskonzepten auch die Belange von Fremdpersonal in den Blick genommen werden.

Praxishinweis 330
Sofern die Personalplanung den Einsatz von Fremdpersonal umfasst, ist der Betriebsrat auch insofern zu unterrichten.[593] Diese Unterrichtungspflicht kann in dem Zusammenhang auch die Anzahl, vorgesehene Arbeitsplätze, Einstellungstermine und Einsatzdauer von Fremdbeschäftigten sowie mögliche Auswirkungen des Einsatzes von Fremdpersonal für die Stammbelegschaft umfassen.[594]

Ebenso wie im Rahmen von § 80 Abs. 2 BetrVG (s. Rdn 309) dürfte auch für § 92 Abs. 1 S. 1 BetrVG gelten, dass sich die Vorschrift nicht auf nur **kurzfristig im Betrieb beschäftigte Personen** bezieht, zumal hier eine Auswirkung auf die Personalplanung auch nicht naheliegt. 331

3. Vorlage von Unterlagen

Nach § 92 Abs. 1 S. 1 BetrVG hat die Unterrichtung **anhand von Unterlagen** zu erfolgen, was typischerweise die Vorlage der die Personalplanung enthaltenden Dokumente wie Stellenpläne, Statistiken oder Analysen einschließt.[595] Ob ein Anspruch auf Vorlage darüber hinausgehender Unterlagen über den Einsatz von Fremdbeschäftigten, insbesondere der Originallisten über Einsatzzeiten und Einsatzdauer besteht, ist i.R.d. § 92 BetrVG noch nicht entschieden, folgt allerdings letztlich jedenfalls aus § 80 Abs. 2 BetrVG.[596] Die wohl h.M. bejaht i.R.d. § 92 BetrVG entgegen dem Gesetzeswortlaut auch einen Anspruch auf Aushändigung der erforderlichen Unterlagen an den Betriebsrat.[597] Änderungen durch das aktuelle AÜG-Reformgesetz ergeben sich diesbezüglich nicht. 332

V. Zusammenfassende Bewertung für die Praxis

Da mit den erfolgten Änderungen in § 80 Abs. 2 BetrVG und § 92 Abs. 1 BetrVG bisherige in der Rechtsprechung bereits weitgehend anerkannte Standards lediglich in das Gesetz aufgenommen wurden, ergibt sich hieraus für die Praxis **kein speziel-** 333

---

593 BAG v. 15.12.1998 – 1 ABR 9/98, NZA 1999, 722; DKKW/*Homburg*, § 92 BetrVG Rn 32.
594 Hess u.a./*Rose*, § 92 BetrVG Rn 81; vgl. auch ArbG Halle v. 10.4.2008 – 1 BV 3/07, BeckRS 2009, 74185; DKKW/*Homburg*, § 92 BetrVG Rn 37.
595 DKKW/*Homburg*, § 92 BetrVG Rn 42; GK-BetrVG/*Raab*, § 92 BetrVG Rn 27.
596 BAG v. 31.1.1989 – 1 ABR 72/87, DB 1989, 982; DKKW/*Homburg*, § 92 BetrVG Rn 37.
597 LAG Sachsen v. 9.12.2011 – 3 TaBV 25/10, n.V.; LAG München v. 6.8.1986 – 8 TaBV 34/86, juris; *Fitting u.a.*, § 92 BetrVG Rn 34a; DKKW/*Homburg*, § 92 BetrVG Rn 43; a.A. Hess u.a./*Rose*, § 92 BetrVG Rn 85; GK-BetrVG/*Raab*, § 92 BetrVG Rn 27; ErfK/*Kania*, § 92 BetrVG Rn 7.

ler Anpassungsbedarf.[598] Gut vorstellbar sind Auswirkungen allerdings insoweit, als die Betriebsräte mit Blick auf die klare gesetzliche Rechtslage künftig vermehrt Informationen zum Einsatz von Fremdbeschäftigten im Betrieb einfordern und dies zum Gegenstand der Beratung mit dem Arbeitgeber machen werden.

J. Berücksichtigung von Leiharbeitnehmern bei Schwellenwerten

Dr. Alexander Bissels

Literatur:

Bayreuther, Der Leiharbeitnehmer im Kündigungsrecht, NZA 2016, 1304; *Bertram*, AÜG-Reform 2016 – der finale Gesetzesentwurf im Gesamtüberblick, AIP 6/2016, 9; *Besgen*, Fremdpersonaleinsatz: Was kommt? Was bleibt?, B+P 2016, 384; *Bissels*, Berücksichtigung von Leiharbeitnehmern bei betriebsverfassungsrechtlichen Schwellenwerten, jurisPR-ArbR 16/2016 Anm. 4; *Brose*, Die betriebsverfassungsrechtliche Stellung von Leiharbeitnehmern nach den Änderungen des AÜG, NZA 2005, 797; *Hamann*, „Entwurf eines Gesetzes zur Änderung des AÜG und anderer Gesetze" vom 17.2.2016, ArbuR 2016, 141; *Hay/Grüneberg*, Berücksichtigung von Leiharbeitnehmern bei den Schwellenwerten der Unternehmensmitbestimmung?!, NZA 2014, 819; *Krause*, Die Berücksichtigung von Leiharbeitnehmern bei den Schwellenwerten der Unternehmensmitbestimmung, ZIP 2014, 2209; *Krüger*, Anmerkung zum Beschluss des LAG Hessen vom 11.4.2013, Az. 9 TaBV 308/12 – Zur Gleichstellung von Leiharbeitnehmern und Vertragsarbeitnehmern bei § 9 MitbestG, EWiR 2013, 628; *Künzel/Schmid*, Wählen ja, zählen nein! Leiharbeitnehmer und Unternehmensmitbestimmung, NZA 2013, 300; *Lambrich/Reinhard*, Schwellenwerte bei der Unternehmensmitbestimmung – Wann beginnt die Mitbestimmung?, NJW 2014, 2231; *Langner/Jentsch*, Personalabbau beim Entleiher, AuA 2016, 208; *Lembke*, Massenentlassung im Einsatzbetrieb: Zählen Leiharbeitnehmer mit?, FA 2015, 350; *Linsenmaier/Kiel*, Der Leiharbeitnehmer in der Betriebsverfassung – „Zwei-Komponenten-Lehre" und normzweckorientierte Gesetzesauslegung, RdA 2014, 135; *Lunk*, Schwellenwerte Leiharbeitnehmer, NZG 2014, 779; *Maschmann*, Leiharbeitnehmer und Betriebsratswahl nach dem BetrVG-Reformgesetz, DB 2001, 2446; *Schubert/Liese*, Berücksichtigung von Leiharbeitnehmern bei den Schwellenwerten der Unternehmensmitbestimmung – Von der Rechtsprechung zur AÜG-Reform, NZA 2016, 1297; *Wisskirchen/Bissels/Dannhorn*, Vermeidung der unternehmerischen Mitbestimmung aus arbeitsrechtlicher Sicht, DB 2007, 2258; *Zimmermann*, Der Referentenentwurf zur AÜG-Reform 2017, BB 2016, 56.

I. Rechtslage bis 1.4.2017

1. Betriebsverfassung

334 „Leiharbeitnehmer wählen, zählen aber nicht"– dies war der vom BAG in ständiger Rechtsprechung entwickelte Grundsatz,[599] nach dem Leiharbeitnehmer zwar im Entleiherbetrieb bei der Wahl eines Betriebsrats mitwählen dürfen,[600] aber bei den

---

[598] Vgl. *Hamann*, ArbuR 2016, 136.
[599] BAG v. 22.10.2003 – 7 ABR 3/03, NZA 2004, 1052; BAG v. 10.3.2004 – 7 ABR 49/03, NZA 2004, 1340.
[600] Leiharbeitnehmer sind im Betrieb des Entleihers nicht wählbar, aber nach § 7 S. 2 BetrVG wahlberechtigt, wenn sie länger als drei Monate dort eingesetzt werden.

J. Berücksichtigung von Leiharbeitnehmern bei Schwellenwerten § 5

Schwellenwerten der Betriebsverfassung nicht zu berücksichtigen sind, sondern nur Stammbeschäftigte, z.b. bei der Bestimmung der Größe des Betriebsrats (§ 9 BetrVG) oder der Anzahl der Freistellungen von dort gewählten Betriebsratsmitgliedern (§ 38 BetrVG). Das BAG[601] formulierte in diesem Zusammenhang wörtlich: „Leiharbeitnehmer sind keine Arbeitnehmer des Entleiherbetriebs. Sie sind daher bei der für die Anzahl der nach § 38 Abs. 1 BetrVG freizustellenden Betriebsratsmitglieder maßgeblichen Belegschaftsstärke nicht zu berücksichtigen."

Die ganz überwiegende Ansicht im Schrifttum folgte dieser Auffassung.[602] Das BAG ging dabei von der sog. **Zwei-Komponenten-Lehre**[603] aus, nach der als „betriebszugehörig" im Sinne des BetrVG nur Arbeitnehmer angesehen werden, die in einem Arbeitsverhältnis zum Betriebsinhaber stehen und die in die Betriebsorganisation des Arbeitgebers eingegliedert sind. Diese Voraussetzungen erfüllen Leiharbeitnehmer nicht. Denn die Arbeitnehmerüberlassung sei gekennzeichnet durch das Fehlen einer arbeitsvertraglichen Beziehung zwischen Arbeitnehmer und Entleiher.[604] Die tatsächliche Eingliederung in die Betriebsorganisation begründe nicht die Zugehörigkeit zum Entleiherbetrieb. Dies ergebe sich aus § 14 Abs. 1 AÜG. Danach blieben Leiharbeitnehmer auch während der Zeit ihrer Arbeitsleistung bei einem Entleiher Angehörige des Verleiherbetriebs. Der tatsächlichen Eingliederung in den Betrieb des Entleihers habe der Gesetzgeber dadurch Rechnung getragen, dass Leiharbeitnehmern nach § 14 Abs. 2 S. 2, Abs. 3 AÜG einzelne betriebsverfassungsrechtliche Rechte im Entleiherbetrieb zustünden. Eine vollständige Betriebszugehörigkeit der Leiharbeitnehmer zum Entleiherbetrieb werde dadurch jedoch nicht begründet.[605]

Von dieser strengen Form der Zwei-Komponenten-Lehre ist das BAG inzwischen abgerückt. Deren „schleichender Niedergang" begann mit der Entscheidung vom 18.10.2011,[606] in der der 1. Senat feststellte, dass bei der Ermittlung der maßgeblichen Unternehmensgröße gem. § 111 S. 1 BetrVG Leiharbeitnehmer, die länger als drei Monate im Unternehmen eingesetzt sind, mitzuzählen sind. Angesichts der unterschiedlichen Zwecke der Schwellenwerte in § 9 und § 111 BetrVG sei eine differenzierte Auslegung des Begriffs „wahlberechtigte Arbeitnehmer" geboten. Ebenso wie betriebsangehörige Mitarbeiter seien Leiharbeitnehmer bei der Feststellung der Belegschaftsstärke nach § 111 S. 1 BetrVG mitzuzählen, wenn sie zu

---

601 Vgl. BAG v. 22.10.2003 – 7 ABR 3/03, NZA 2004, 1052.
602 Vgl. nur: *Brose*, NZA 2005, 797; *Maschmann*, DB 2001, 2446; weitere Nachweise auch für die Gegenansicht: BAG v. 13.3.2013 – 7 ABR 69/11, NZA 2013, 789.
603 BAG v. 18.1.1989 – 7 ABR 21/88, BB 1989, 1406; BAG v. 22.3.2000 – 7 ABR 34/98, NZA 2000, 1119; BAG v. 19.6.2001 – 1 ABR 43/00, NZA 2001, 1263.
604 BAG v. 25.10.2000 – 7 AZR 487/99, NZA 2001, 259.
605 BAG v. 22.10.2003 – 7 ABR 3/03, NZA 2004, 1052; BAG v. 18.1.1989 – 7 ABR 21/88, BB 1989, 1406; BAG v. 22.3.2000 – 7 ABR 34/98, NZA 2000, 1119.
606 BAG v. 18.10.2011 – 1 AZR 335/10, NZA 2012, 221.

den „in der Regel" Beschäftigten gehören. Freilich hat sich der 1. Senat[607] nicht ausdrücklich von der Zwei-Komponenten-Lehre distanziert oder diese gar aufgegeben, sondern nur auf ein unterschiedliches Verständnis des 7. Senats[608] bei der Bestimmung des Schwellenwertes nach § 9 BetrVG ohne die Berücksichtigung von Leiharbeitnehmern hingewiesen.

Mit Beschluss vom 15.11.2011 entschied schließlich der 7. Senat,[609] dass die in § 5 Abs. 1 S. 3 BetrVG genannten Beschäftigten[610] bei den an die Belegschaftsstärke anknüpfenden organisatorischen Bestimmungen des BetrVG, etwa bei der Größe des Betriebsrats (§ 9 BetrVG) und bei dem Umfang von Freistellungen (§ 38 BetrVG), zu berücksichtigen („mitzuzählen") sind. Dies ergebe eine am Wortlaut, an der Systematik und an Sinn und Zweck des § 5 Abs. 1 S. 3 BetrVG orientierte Auslegung, für die ebenso das teleologische Verständnis der in den organisatorischen Bestimmungen festgelegten Schwellenwerte streite. Die Entstehungsgeschichte von § 5 Abs. 1 S. 3 BetrVG stütze dieses Auslegungsergebnis, gegen das keine verfassungsrechtlichen Bedenken bestünden. Im Streitfall war keine Entscheidung dazu erforderlich, ob die in § 5 Abs. 1 S. 3 BetrVG genannten Beschäftigten einschränkungslos bei allen Vorschriften, die auf die Anzahl der Arbeitnehmer des Entleiherbetriebs abstellen, zu berücksichtigen sind oder ob etwa nach dem jeweiligen Zweck der Regelung Differenzierungen geboten sind. Auch der 7. Senat deutete allerdings nun an, dass dieser – zumindest gestützt auf die Besonderheiten, die sich aus § 5 Abs. 1 S. 3 BetrVG ergeben – nicht uneingeschränkt an der Zwei-Komponenten-Lehre festzuhalten beabsichtigt.

Am 5.12.2012 vollzog der 7. Senat[611] schließlich die sich ankündigende Kehrtwende und **gab die reine Zwei-Komponenten-Lehre beim drittbezogenen Personaleinsatz auf.** Diese führe bei einem solchen nicht zu sachgerechten Ergebnissen. Ihre uneingeschränkte Anwendung hätte vielmehr zur Folge, dass der Arbeitnehmer einerseits dem Betrieb seines Vertragsarbeitgebers mangels Eingliederung nicht zugeordnet werden könne, während es andererseits zum „Betriebsarbeitgeber" am arbeitsvertraglichen Band fehle. In derartigen Fällen der aufgespaltenen Arbeitgeberstellung bedürfe es daher einer differenzierten Beurteilung der betriebsverfassungsrechtlichen Zuordnung von Arbeitnehmern. Diese habe zum einen zu beachten, dass der Gesetzgeber die betriebsverfassungsrechtliche Behandlung des drittbezogenen Personaleinsatzes in nicht unerheblichem Umfang bereits geregelt

---

607 BAG v. 18.11.2011 – 1 AZR 335/10, NZA 2012, 221.
608 BAG v. 10.3.2004 – 7 ABR 49/03, NZA 2004, 1340.
609 BAG v. 15.12.2011 – 7 ABR 65/10, NZA 2012, 519.
610 Beamte, Soldaten sowie Arbeitnehmer des öffentlichen Dienstes einschließlich der zu ihrer Berufsbildung Beschäftigten, die in privatrechtlich organisierten Unternehmen tätig sind, gelten danach als Arbeitnehmer i.S.d. BetrVG.
611 BAG v. 5.12.2012 – 7 ABR 48/11, NZA 2013, 793; dazu ausführlich: *Linsenmaier/Kiel*, RdA 2014, 135 ff.

habe. Zum anderen sei zu beachten, dass innerhalb des BetrVG in durchaus unterschiedlichem Zusammenhang an den „Arbeitnehmer" angeknüpft werde. Letztlich seien beim drittbezogenen Personaleinsatz differenzierende Lösungen geboten, die zum einen die jeweiligen ausdrücklich normierten spezialgesetzlichen Konzepte, zum anderen aber auch die Funktion des Arbeitnehmerbegriffs im jeweiligen betriebsverfassungsrechtlichen Kontext angemessen berücksichtigten.

In Fortschreibung dieser Judikatur stellte der 7. Senat[612] am 13.3.2013 schließlich fest, dass dieser an seiner Rechtsprechung, dass Leiharbeitnehmer bei der Bestimmung der Größe des Betriebsrats bei dem Entleiher im Rahmen von § 9 S. 1 BetrVG nicht mitzuzählen seien, nicht weiter festhalte, nachdem dieser die zum betriebsverfassungsrechtlichen Arbeitnehmerbegriff entwickelte Zwei-Komponenten-Lehre für die Fälle des drittbezogenen Personaleinsatzes aufgegeben habe.[613] Bei einer insbesondere am Sinn und Zweck der Schwellenwerte in § 9 BetrVG orientierten Auslegung des Gesetzes seien die in der Regel beschäftigten Leiharbeitnehmer beim Entleiher folglich zu berücksichtigen.[614] In Betrieben mit bis zu 51 Arbeitnehmern komme es zusätzlich auf deren Wahlberechtigung an. Für Betriebe mit in der Regel mehr als 51 Arbeitnehmern sehe das Gesetz diese Voraussetzung nicht mehr vor.

Die Instanzgerichte[615] haben die sich ankündigende und sodann vollzogene Kehrtwende des BAG mitgetragen und ergänzend dazu entschieden, dass Leiharbeitnehmer nach Aufgabe der Zwei-Komponenten-Lehre beim Fremdpersonaleinsatz auch bei dem nach § 38 Abs. 1 BetrVG maßgeblichen Schwellenwert für Freistellungen von Betriebsratsmitgliedern des bei dem Entleiher gewählten Betriebsrats mitzuzählen sind.

2. Unternehmensmitbestimmung

Ob Leiharbeitnehmer bei den für die Unternehmensmitbestimmung maßgeblichen Schwellenwerten bei dem Entleiher, insbesondere zur Anwendung des **DrittelbG und des MitbestG**,[616] zu berücksichtigen sind, war – anders als im Rahmen der

---

612 BAG v. 13.3.2013 – 7 ABR 69/11, NZA 2013, 789; a.A. noch die Vorinstanz: LAG Nürnberg v. 2.8.2011 – 7 TaBV 66/10, AE 2012, 108.
613 Zur Berücksichtigung von Leiharbeitnehmer bei der Bestimmung des Schwellenwertes nach § 23 Abs. 1 KSchG: BAG v. 24.1.2013 – 2 AZR 140/12, NZA 2013, 726.
614 In diesem Sinne: LAG Berlin-Brandenburg v. 13.8.2015 – 5 TaBV 218/15, BB 2015, 2995; LAG Rheinland-Pfalz v. 25.6.2015 – 2 TaBV 28/14, juris; LAG-Rheinland-Pfalz v. 6.3.2015 – 1 TaBV 23/14, AE 2015, 167.
615 LAG Rheinland-Pfalz v. 14.7.2015 – 8 TaBV 34/14, AE 2016, 42; LAG Baden-Württemberg v. 27.2.2015 – 9 TaBV 8/14, NZA-RR 2015, 353; LAG Hessen v. 2.11.2015 – 16 TaBV 48/15, juris; dazu: *Bissels*, jurisPR-ArbR 16/2016 Anm. 4.
616 Insbesondere: § 1 Abs. 1 Nr. 1 MitbestG: „in der Regel mehr als 2.000 Arbeitnehmer"; § 1 Abs. 1 Nr. 1 DrittelbG: „in der Regel mehr als 500 Arbeitnehmer".

Betriebsverfassung, bei der bis zur Änderung der Rechtsprechung des BAG[617] eine strenge Form der Zwei-Komponenten-Lehre[618] galt – eine hoch umstrittene Frage, die höchstrichterlich nicht abschließend geklärt war.

Zuletzt hatten es sowohl das OLG Hamburg[619] als auch das OLG Saarland[620] abgelehnt, Leiharbeitnehmer in Zusammenhang mit der Unternehmensmitbestimmung mitzuzählen – „traditionell" stellte sich die Zivilgerichtsbarkeit „arbeitgeberfreundlicher" als die Arbeitsgerichtsbarkeit[621] dar. Das MitbestG habe – so das OLG Hamburg[622] – die Aufgabe, die mit der Unterordnung der Arbeitnehmer unter eine fremde Leitungs- und Organisationsgewalt in größeren Unternehmen verbundene Fremdbestimmung durch die institutionelle Beteiligung an den unternehmerischen Entscheidungen zu mildern [...] und die ökonomische Legitimation der Unternehmensleitung durch eine soziale Komponente zu ergänzen.[623] Auch konkretisiere das MitbestG die soziale Bindung des Anteilseigentums, denn zu dessen Nutzung bedürfe es der Mitwirkung der Arbeitnehmer. Die Ausübung der Verfügungsbefugnis durch den Eigentümer könne sich zugleich auf deren Daseinsgrundlage auswirken. Sie berühre damit die Grundrechtssphäre der Arbeitnehmer. Dass dieser Zweck – nämlich die Konkretisierung der Sozialbindung des Eigentums – angesichts der Tatsache, dass Leiharbeitnehmer in den verleihenden Betrieb zurückkehren könnten und eine betriebsbedingte Kündigung von Seiten des Verleiherbetriebs allein aufgrund des Wegfalls des Beschäftigungsbedürfnisses beim Kundenunternehmen ausgeschlossen sei, eine Berücksichtigung auch der Leiharbeitnehmer im Rahmen der unternehmerischen Mitbestimmung des Entleiherbetriebs, nämlich bei der Ermittlung der Schwellenwerte, erfordere, sei aufgrund der unterschiedlichen Betroffenheit nicht ersichtlich.[624]

Das BAG[625] hat im Gegensatz dazu – in konsequenter Fortführung der Aufgabe der strengen Form der Zwei-Komponenten-Lehre beim drittbezogenen Personaleinsatz im Rahmen der Betriebsverfassung – in Zusammenhang mit dem für das Wahlverfahren der Arbeitnehmervertreter in den Aufsichtsrat der entleihenden Ge-

---

617 BAG v. 13.3.2013 – 7 ABR 69/11, NZA 2013, 789.
618 BAG v. 22.10.2003 – 7 ABR 3/03, NZA 2004, 1052; BAG v. 10.3.2004 – 7 ABR 49/03, NZA 2004, 1340.
619 OLG Hamburg v. 31.1.2014 – 11 W 89/13, NZA 2014, 858; auch schon erstinstanzlich das LG Hamburg v. 12.8.2013 – 411 HKO 130/12, juris.
620 OLG Saarland v. 2.3.2016 – 4 W 1/15, juris; so auch schon erstinstanzlich das LG Saarbrücken v. 12.9.2014 – 6 O 168/13, n.v.; in diesem Sinne auch: OLG Düsseldorf v. 12.5.2004 – 19 W 2/04, GmbHR 2004, 1081; OLG Hamburg v. 29.10.2007 – 11 W 27/07, DB 2007, 2762.
621 Vgl. BAG v. 4.11.2015 – 7 ABR 42/13, NZA 2016, 559.
622 OLG Hamburg v. 31.1.2014 – 11 W 89/13, NZA 2014, 858.
623 Vgl. OLG Hamburg v. 31.1.2014 – 11 W 89/13, NZA 2014, 858.
624 OLG Hamburg v. 31.1.2014 – 11 W 89/13, NZA 2014, 858.
625 BAG v. 4.11.2015 – 7 ABR 42/13, NZA 2016, 559; so auch: LAG Hessen v. 11.4.2013 – 9 TaBV 308/12, ZIP 2013, 1740; ebenso: ArbG Offenbach v. 22.8.2012 – 10 BV 6/11, ArbuR 2012, 496.

sellschaft maßgeblichen Schwellenwert nach § 9 MitbestG[626] „arbeitnehmerfreundlich" erkannt, dass auf Stammarbeitsplätzen eingesetzte wahlberechtigte Leiharbeitnehmer insoweit mitzählen.[627] Damit stellte das BAG klar, dass die Zwei-Komponenten-Lehre auch hinsichtlich der Schwellenwerte der Unternehmensmitbestimmung nicht mehr in ihrer ursprünglichen Reinform anzuwenden ist. Der 7. Senat[628] betonte dabei aber ausdrücklich, dass sich die Frage, ob Leiharbeitnehmer grundsätzlich bei den Schwellenwerten der unternehmerischen Mitbestimmung zu berücksichtigen seien, nicht allgemein, sondern nur bezogen auf den jeweiligen Schwellenwert beantworten lasse. Es komme – so das BAG[629] – vorliegend nur darauf an, welche Funktion dem Arbeitnehmerbegriff bei § 9 Abs. 1 und Abs. 2 MitbestG zukomme. Dies erfordere keine Entscheidung darüber, ob Leiharbeitnehmer bei dem Schwellenwert des § 1 Abs. 1 Nr. 2 MitbestG, von dem abhänge, ob die Arbeitnehmer in den dort genannten entleihenden Unternehmen ein Mitbestimmungsrecht nach dem MitbestG hätten, oder bei der Größe des Aufsichtsrats nach § 7 MitbestG mitgezählt werden müssten.[630]

Letztlich hat der 7. Senat damit die zu den betriebsverfassungsrechtlichen Schwellenwerten entwickelte Rechtsprechung auf die für die Unternehmensmitbestimmung maßgeblichen Schwellenwerte übertragen, indem dieser **keine generalisierende Aussage zu der Berücksichtigungsfähigkeit von Leiharbeitnehmern** getroffen, aber – nach Maßgabe von Sinn und Zweck der jeweils maßgeblichen Vorschrift – anerkannt hat, dass diese grundsätzlich mitzählen können.

II. Koalitionsvertrag

Die Große Koalition hat sich auf Grundlage der in der Rechtsprechung seit dem 13.3.2013 deutlich nachvollzogenen Abwendung von der strengen Anwendung der Zwei-Komponenten-Lehre[631] beim Drittpersonaleinsatz des „Status" von Leiharbeitnehmern im Kundenbetrieb angenommen. Im Koalitionsvertrag vom 16.12.2013 hat diese dazu wörtlich vereinbart:[632]

„Die Koalition will die Leiharbeit auf ihre Kernfunktionen hin orientieren. Das AÜG wird daher an die aktuelle Entwicklung angepasst und novelliert:
- [...]

336

---

626 Delegiertenwahl bei in der Regel mehr als 8.000 Arbeitnehmern, unmittelbare Wahl bei in der Regel weniger als 8.000 Arbeitnehmern, § 9 Abs. 1, 2 MitbestG.
627 Zustimmend: *Hay/Grüneberg*, NZA 2014, 819 f.; *Krause*, ZIP 2014, 2209; a.A. *Künzel/Schmid*, NZA 2013, 300; *Krüger*, EWiR 2013, 628.
628 Vgl. BAG v. 4.11.2015 – 7 ABR 42/13, NZA 2016, 559.
629 BAG v. 4.11.2015 – 7 ABR 42/13, NZA 2016, 559.
630 Dafür: *Hay/Grüneberg*, NZA 2014, 814; dagegen: *Künzel/Schmid*, NZA 2013, 300; *Lambrich/Reinhard*, NJW 2014, 2231; *Lunk*, NZG 2014, 779.
631 BAG v. 13.3.2013 – 7 ABR 69/11, NZA 2013, 789.
632 S. 69.

§ 5 Die Reform des AÜG

- Zur Erleichterung der Arbeit der Betriebsräte wird gesetzlich klargestellt, dass Leiharbeitnehmer bei den betriebsverfassungsrechtlichen Schwellenwerten grundsätzlich zu berücksichtigen sind, sofern dies der Zielrichtung der jeweiligen Norm nicht widerspricht."

Die Große Koalition geht folglich von einem **Regel-Ausnahme-Prinzip zugunsten der Berücksichtigung** von Leiharbeitnehmern bei den betriebsverfassungsrechtlichen Schwellenwerten aus, während nach der Rechtsprechung des BAG[633] eine Einzelfallentscheidung anhand der jeweils relevanten Norm vorzunehmen ist, ohne dass von einer „Vermutung" ausgegangen wird, dass Leiharbeitnehmer tatsächlich im Rahmen der Betriebsverfassung mitzuzählen sind. Insoweit entscheidet sich der im Koalitionsvertrag gewählte Ansatz erheblich von den vom BAG[634] entwickelten Grundsätzen.

III. Rechtslage ab 1.4.2017

1. Betriebsverfassung

337 Die im Koalitionsvertrag festgeschriebene Ankündigung, **Leiharbeitnehmer grundsätzlich bei der Bestimmung der Schwellenwerte nach dem BetrVG bei dem Entleiher mitzuzählen**, hat Eingang in das mit Wirkung zum 1.4.2017 in Kraft getretene Gesetz zur Änderung des Arbeitnehmerüberlassungsgesetzes und anderer Gesetze gefunden.

Der in diesem Zusammenhang relevante § 14 Abs. 2 S. 4 AÜG lautet wie folgt:

> Soweit Bestimmungen des Betriebsverfassungsgesetzes mit Ausnahme des § 112a, des Europäische Betriebsräte-Gesetzes oder der aufgrund der jeweiligen Gesetze erlassenen Wahlordnungen eine bestimmte Anzahl oder einen bestimmten Anteil von Arbeitnehmern voraussetzen, sind Leiharbeitnehmer auch im Entleiherbetrieb zu berücksichtigen.

Bemerkenswert an dieser Regelung ist zunächst, dass sich die im Koalitionsvertrag vereinbarte Einschränkung, dass ein Mitzählen von Leiharbeitnehmern nur erfolgen soll, wenn dies der Zielrichtung der jeweiligen Norm nicht widerspricht, zumindest ausdrücklich nicht im Gesetzeswortlaut wiederfindet; auch vom Europäische Betriebsrätegesetz (EBRG) war im Koalitionsvertrag keine Rede, so dass § 14 Abs. 2 S. 4 AÜG zumindest insoweit eine über die zwischen Union und SPD am 16.12.2013 erzielte Verständigung hinaus gehende, überschüssige Tendenz attestiert werden kann.

In der **Gesetzesbegründung** wird ausgeführt, dass – die Entwicklung der neueren Rechtsprechung aufgreifend – gesetzlich klargestellt werde, dass Leiharbeitnehmer mit Ausnahme des § 112a des BetrVG bei den betriebsverfassungsrechtlichen

---

[633] BAG v. 13.3.2013 – 7 ABR 69/11, NZA 2013, 789.
[634] Vgl. BAG v. 13.3.2013 – 7 ABR 69/11, NZA 2013, 789.

J. Berücksichtigung von Leiharbeitnehmern bei Schwellenwerten § 5

Schwellenwerten auch im Entleiherbetrieb mitzählten.[635] Der Betriebsrat nehme seine Aufgaben nicht nur für die Stammarbeitnehmer des Betriebs, sondern grundsätzlich – unter Berücksichtigung der Besonderheiten dieses Rechtsverhältnisses – auch für die im Entleiherbetrieb eingesetzten Leiharbeitnehmer wahr. Dies müsse bei der Ermittlung der Arbeitnehmerzahlen zur Erreichung der betriebsverfassungsrechtlichen Schwellenwerte Berücksichtigung finden, sofern dies dem Sinn und Zweck der jeweiligen Norm entspreche.[636] Mit § 14 Abs. 2 S. 4 BetrVG greife – so die Begründung[637] – der Gesetzgeber die geänderte Rechtsprechung des BAG zum Mitzählen von Leiharbeitnehmern bei betriebsverfassungsrechtlichen Schwellenwerten im Entleiherbetrieb auf. Ein solches sei danach für jeden Schwellenwert gesondert anhand dessen Zwecksetzung zu prüfen. Die gesetzliche Regelung stelle nach den vom BAG aufgestellten Grundsätzen klar, bei welchen betriebsverfassungsrechtlichen Schwellenwerten Leiharbeitnehmer im Entleiherbetrieb mitzählten. Dies diene der Rechtsklarheit und erleichtere die Arbeit der Betriebsräte im Einsatzbetrieb.[638] Die Vorschriften des BetrVG und der Wahlordnungen, die eine bestimmte Anzahl von Arbeitnehmern voraussetzten, umfassten ihrem Zweck nach grundsätzlich auch Leiharbeitnehmer. Der Betriebsrat im Entleiherbetrieb sei in erheblichem Umfang für die Leiharbeitnehmer und deren Angelegenheiten zuständig und werde von diesen mit gewählt. Dementsprechend seien Leiharbeitnehmer dem Zweck nach bei den organisatorischen und wahlbezogenen Schwellenwerten zu berücksichtigen. Gleiches gelte grundsätzlich auch für die Schwellenwerte der materiellen Beteiligungsrechte. Die Regelung zum Mitzählen bewirke, dass Leiharbeitnehmer bei der Berechnung der betriebsverfassungsrechtlichen Schwellenwerte grundsätzlich zu berücksichtigen seien.[639] Solche – so zumindest die Gesetzesbegründung[640] – fänden sich auch in Regelungen europäischen Ursprungs, insbesondere im EBRG. Je nach Fallgestaltung könnten die vom Europäischen Betriebsrat oder seinem Ausschuss ausgeübten Rechte auch Leiharbeitnehmer betreffen. Daher seien sie im Rahmen des EBRG mitzuzählen.[641]

338 Während der Wortlaut von § 14 Abs. 2 S. 4 BetrVG noch recht klar formuliert ist und der Rechtsanwender bei unbefangener Durchsicht davon ausgehen muss, dass ab dem 1.4.2017 Leiharbeitnehmer bei den beim Entleiher maßgeblichen Schwellenwerten des BetrVG, der Wahlordnung zum BetrVG[642] sowie des EBRG[643] zu

---

635 BT-Drucks 18/9232, S. 29.
636 Vgl. BT-Drucks 18/9232, S. 29.
637 BT-Drucks 18/9232, S. 29.
638 Vgl. BT-Drucks 18/9232, S. 29.
639 BT-Drucks 18/9232, S. 29.
640 BT-Drucks 18/9232, S. 29.
641 Vgl. BT-Drucks 18/9232, S. 29.
642 Basiert auf § 126 BetrVG.
643 Eine Wahlordnung zum EBRG existiert (bislang) nicht.

berücksichtigen sind, es sei denn das Gesetz trifft – wie vorliegend – in Zusammenhang mit § 112a BetrVG eine ausdrückliche Ausnahme, den beschleichen hinsichtlich dieses Befundes bei der Analyse der entsprechenden Gesetzesbegründung Zweifel, wenn es dort heißt, dass ein Mitzählen der Leiharbeitnehmer nur „grundsätzlich" in Abhängigkeit zu der Zwecksetzung des jeweiligen Schwellenwerts in Betracht komme.[644] Hat diese Relativierung in der Gesetzesbegründung folglich zur Konsequenz, dass der Gesetzestext einschränkend ausgelegt bzw. teleologisch reduziert werden muss[645] und damit – über § 112a BetrVG hinaus – bei jedem Schwellenwert des BetrVG und des EBRG nach dem Sinn und Zweck gefragt werden muss, ob Leiharbeitnehmer bei dem Entleiher tatsächlich mitzuzählen sind oder nicht?

So wünschenswert dies wäre, so problematisch ist eine solche Auslegung vor folgendem Hintergrund: zwar wird in der Gesetzesbegründung – gleich mehrfach – darauf hingewiesen, dass Zeitarbeitnehmer bei den Schwellenwerten der Betriebsverfassung und des EBRG nur mitzählen sollen, sofern dies dem Sinn und Zweck der jeweiligen Norm entspricht; eine damit verbundene Einzelfallbewertung der jeweils maßgeblichen Vorschriften würde aber in einem deutlichen Widerspruch zur Intention des Gesetzgebers stehen, dass § 14 Abs. 2 S. 4 BetrVG Rechtsklarheit schaffen soll. Bei einer Einzelfallbewertung wäre eine solche schlichtweg nicht erreicht, da bis zu einer höchstrichterlichen Klärung zu der jeweiligen Norm – wie die Vergangenheit zu den Schwellenwerten nach §§ 9, 38 BetrVG[646] gezeigt hat – weiterhin Streit über die Berücksichtigung von Leiharbeitnehmern bei der Bestimmung von Schwellenwerten bei dem Entleiher bestünde. Auch mit Blick auf die Schwellenwerte des EBRG differenziert der Gesetzgeber nicht; vielmehr spricht die Begründung insoweit ein klare Sprache: Leiharbeitnehmer sind im Rahmen des EBRG – ohne weitere Ausnahme – mitzuzählen.[647]

Nach Maßgabe von Sinn und Zweck der gesetzlichen Regelung in § 14 Abs. 2 S. 4 AÜG ist folglich davon auszugehen, dass der Gesetzgeber die Ausnahme der Berücksichtigung von Leiharbeitnehmern in Zusammenhang mit § 112a BetrVG – im Sinne der Rechtssicherheit – als abschließend verstanden wissen wollte und im Übrigen davon ausgeht, dass Leiharbeitnehmer bei den maßgeblichen Schwellenwerten nach dem BetrVG und dem EBRG sowie den entsprechenden Wahlordnungen mitzählen, da dies grundsätzlich dem Telos der entsprechenden Normen entspricht. Insoweit nimmt der Gesetzgeber eine gewisse Pauschalisierung vor, indem dieser

---

644 Vgl. BT-Drucks 18/9232, S. 29; *Schubert/Liese*, NZA 2016, 1302: „irreführend".
645 Dieser Gedanke findet sich auch bei *Schubert/Liese*, NZA 2016, 1302, die diesen letztlich aber verwerfen.
646 BAG v. 13.3.2013 – 7 ABR 69/11, NZA 2013, 789.
647 Vgl. BT-Drucks 18/9232, S. 29.

J. Berücksichtigung von Leiharbeitnehmern bei Schwellenwerten §5

nicht – wie es im Koalitionsvertrag[648] und auch in der Rechtsprechung des BAG[649] angelegt war – im Einzelfall begründet, warum Zeitarbeitnehmer mitzählen, sondern er wählt den umgekehrten Weg, indem dieser generalisierend festlegt, dass es nach Maßgabe von Sinn und Zweck der in Betracht kommenden Schwellenwerten grundsätzlich gerechtfertigt ist, Leiharbeitnehmer bei dem Entleiher zu beachten, sofern gesetzlich – wie für § 112a BetrVG geschehen – nicht etwas anderes bestimmt ist.[650]

Dass Leiharbeitnehmer im Rahmen von § 112a BetrVG nicht zu berücksichtigen sind, ist im Ergebnis auch richtig, können diese von einer Betriebsänderung im Entleiherbetrieb nicht unmittelbar nachteilig betroffen sein,[651] besteht doch ihr Arbeitsverhältnis mit dem Verleiher – unabhängig von einer Betriebsänderung oder einer Sozialplanpflicht bei dem Entleiher – grundsätzlich uneingeschränkt fort.

Zudem sind Leiharbeitnehmer im Rahmen der Schwellenwerte des § 17 KSchG nicht mitzuzählen, um zu bestimmen, ob die Voraussetzungen für eine interessen- oder sozialplanpflichtige Betriebsänderung[652] bei dem Entleiher i.S.v. § 111 S. 1, 3 BetrVG vorliegt.[653] § 17 KSchG[654] ist gerade kein betriebsverfassungsrechtlicher Schwellenwert, bei dem der Gesetzgeber Leiharbeitnehmer zukünftig grundsätzlich zu berücksichtigen gedenkt. Vielmehr wird die Staffelung nach § 17 KSchG von der Rechtsprechung[655] lediglich in § 111 S. 3 BetrVG „hineingelesen", um die Wesentlichkeit der von dem Entleiher geplanten Maßnahme bestimmen und konkretisieren zu können, die sodann eine Interessenausgleichs- und Sozialplanpflicht auszulösen vermag. De facto handelt es sich bei § 17 KSchG – zumindest im inhaltlichen Kontext von § 111 S. 1, 3 BetrVG – lediglich um eine Auslegungshilfe, nicht aber um einen vom Gesetzgeber mit § 14 Abs. 4 S. 2 AÜG erfassten Schwellenwert des BetrVG. Inhaltlich fehlt es zudem an einer Entlassung des Leiharbeitnehmers; diese setzt nämlich zwingend ein Arbeitsverhältnis mit dem kündigenden Entleiher voraus, das bei einem Leiharbeitnehmer aber gerade fehlt.[656]

339

> *Praxishinweis*
> Zu erwägen wäre, dass Leiharbeitnehmer aufgrund der Formulierung von § 14 Abs. 4 S. 2 AÜG (*"[...] sind Leiharbeitnehmer auch im Entleiherbetrieb zu be-*

---

648 S. 69.
649 BAG v. 13.3.2013 – 7 ABR 69/11, NZA 2013, 789.
650 Im Ergebnis auch: *Zimmermann*, BB 2016, 56; a.A. wohl: *Hamann*, ArbuR 2016, 141.
651 Vgl. *Besgen*, B+P 2016, 384.
652 St. Rspr.: BAG v. 28.3.2006 – 1 ABR 5/05, NZA 2006, 932.
653 So überzeugend: *Langner/Jentsch*, AuA 2016, 208; *Bayreuther*, NZA 2016, 1306 f.; unentschieden: *Linsenmaier/Kiel*, RdA 2014, 156.
654 Überzeugend: *Lembke*, FA 2015, 350: keine Berücksichtigung von Leiharbeitnehmern bei den für eine Massenentlassung beim Entleiher maßgeblichen Schwellenwerten nach § 17 KSchG.
655 BAG v. 28.3.2006 – 1 ABR 5/05, NZA 2006, 932.
656 *Bayreuther*, NZA 2016, 1306.

rücksichtigen.") nicht mitzählen sollen, wenn es auf einen betriebsverfassungsrechtlichen Schwellenwert ankommt, der seinerseits wiederum auf das Unternehmen des Entleihers abstellt, z.B. in § 111 S. 1 BetrVG (*"in Unternehmen mit in der Regel mehr als zwanzig wahlberechtigten Arbeitnehmern"*). Dies ist jedoch unter Berücksichtigung der vom Gesetzgeber beabsichtigten Zwecksetzung nur schwer zu begründen, insbesondere vor dem Hintergrund, dass das BAG in der Vergangenheit Leiharbeitnehmer bei unternehmensbezogenen Schwellenwerten der Betriebsverfassung ausdrücklich berücksichtigt hat.[657] Da der Gesetzgeber auch an diese Rechtsprechung anknüpft, kann nicht davon ausgegangen werden, dass durch die obige Formulierung im Gesetz zwischen betriebs- und unternehmensbezogenen Schwellenwerten im BetrVG differenziert werden sollte. Leiharbeitnehmer werden letztlich im Entleiherbetrieb beschäftigt, die wiederum Bestandteil des Entleiherunternehmens sind. Vor diesem Hintergrund kann es keine Rolle spielen, ob im Betriebsverfassungsrecht an den Betrieb oder das Unternehmen des Entleihers angeknüpft wird. In beiden Fällen sollen die dort tätigen Leiharbeitnehmer zukünftig mitzählen.

§ 14 Abs. 2 S. 4 AÜG enthält dabei nur den gesetzlichen Anwendungsbefehl, dass Leiharbeitnehmer bei den für den Entleiher maßgeblichen Schwellenwerten nach dem BetrVG und des EBRG zu berücksichtigen sind. Die Bestimmung fingiert hingegen nicht das Vorliegen der ggf. in der jeweiligen Norm enthaltenen weiteren Voraussetzungen, z.B. die Wahlberechtigung[658] oder eine Beschränkung auf „in der Regel" Beschäftigte. Diese müssen in jedem Einzelfall – nach den allgemeinen Vorschriften – wie bei Stammmitarbeitern des Entleihers auch für die Leiharbeitnehmer erfüllt sein, damit sie jeweils bei den Schwellenwerten erhöhend beachtet werden können.[659]

340 Eine gewisse Mindestüberlassungsdauer des grundsätzlich mitzuzählenden Leiharbeitnehmers wird von § 14 Abs. 2 S. 4 AÜG nicht ausdrücklich verlangt, eine solche kann sich aber mittelbar aus den konkreten tatbestandlichen Anforderungen des jeweiligen Schwellenwerts ergeben. Sofern auf die „Wahlberechtigung" abgestellt wird (§ 7 S. 2 BetrVG), muss der Einsatz des Leiharbeitnehmers zumindest über einen Zeitraum von mindestens drei Monaten geplant sein; ist dies der Fall, besteht ab dem ersten Tag der Überlassung eine entsprechende Wahlberechtigung.[660] Der Leiharbeitnehmer ist dann im Entleiherbetrieb für die Bestimmung des auf die Wahlberechtigung abstellenden Schwellenwertes von Relevanz, z.B. in Zusammenhang mit der Staffel in § 9 S. 1 BetrVG bei bis zu 50 Arbeitnehmern im Betrieb des Entleihers.

---

657 Vgl. BAG v. 18.10.2011 – 1 AZR 335/10, NZA 2012, 221 zu § 111 S. 1 BetrVG.
658 Leiharbeitnehmer sind im Betrieb des Entleihers nicht wählbar, aber nach § 7 S. 2 BetrVG wahlberechtigt, wenn sie länger als drei Monate dort eingesetzt werden.
659 BT-Drucks 18/9232, S. 29.
660 Vgl. HWK/*Reichold*, § 7 BetrVG Rn 19 m.w.N.

J. Berücksichtigung von Leiharbeitnehmern bei Schwellenwerten § 5

§ 14 Abs. 2 S. 4 AÜG regelt nicht, ob und inwiefern Leiharbeitnehmer bei Schwellenwerten in anderen gesetzlichen Regelungen wie Stammbeschäftigte zu berücksichtigen sind.[661] Dies betrifft dabei insbesondere die Anwendbarkeit des KSchG[662] (Kleinbetriebsklausel nach § 23 Abs. 1 KSchG)[663] oder die Frage, ob ein Anspruch auf eine „reguläre" Teilzeitbeschäftigung („in der Regel mehr als 15 Arbeitnehmer", § 8 Abs. 7 TzBfG) oder auf eine Teilzeittätigkeit während der Elternzeit („in der Regel mehr als 15 Arbeitnehmer", § 15 Abs. 7 S. 1 Nr. 1 BEEG) besteht bzw. ob bei einer geplanten Personalreduktion eine Massenentlassungsanzeige zu erstatten ist (§ 17 KSchG). Insoweit ist zukünftig weiterhin eine am Telos der maßgeblichen Norm orientierte Auslegung vorzunehmen.

341

Im Ergebnis kann die Berücksichtigung von Leiharbeitnehmern bei Schwellenwerten der Betriebsverfassung sowie der entsprechenden Wahlordnung und nach dem EBRG im Entleiherbetrieb nach dem 1.4.2017 insbesondere bei folgenden Vorschriften eine Relevanz haben:

- **§ 1 Abs. 1 S. 1 BetrVG**: Errichtung von Betriebsräten („in Betrieben mit in der Regel mindestens fünf wahlberechtigten Arbeitnehmern")
- **§ 9 S. 1 BetrVG**: Zahl der Betriebsratsmitglieder (Staffelung nach Anzahl der – wahlberechtigten – Arbeitnehmer)
- **§ 14 Abs. 1 S. 1 BetrVG**: vereinfachtes Wahlverfahren für Kleinbetriebe („in Betrieben mit in der Regel fünf bis zwanzig wahlberechtigten Arbeitnehmern")
- **§ 19 Abs. 2 S. 1 BetrVG**: Wahlanfechtung („mindestens drei Wahlberechtigte")
- **§ 27 Abs. 1 S. 1 i.V.m. § 9 S. 1 BetrVG**: Betriebsausschuss („in Betrieben mit mehr als 200 Arbeitnehmern")
- **§ 28 Abs. 1 S. 1 BetrVG**: Übertragung von Aufgaben auf Ausschüsse („in Betrieben mit mehr als 100 Arbeitnehmern")
- **§ 28a Abs. 1 S. 1 BetrVG**: Übertragung von Aufgaben auf Arbeitsgruppen („in Betrieben mit mehr als 100 Arbeitnehmern")
- **§ 38 Abs. 1 S. 1 BetrVG**: Freistellungen („in Betrieben mit in der Regel mehr als 200 Arbeitnehmern")
- **§ 60 Abs. 1 BetrVG**: Errichtung einer Jugend- und Auszubildendenvertretung („in Betrieben mit in der Regel mindestens fünf Arbeitnehmern, die das 18. Lebensjahr noch nicht vollendet haben [...] oder die zu ihrer Berufsbildung beschäftigt sind und das 25. Lebensjahr noch nicht vollendet haben")
- **§ 92a Abs. 2 S. 2 BetrVG**: Beschäftigungssicherung („in Betrieben mit mehr als 100 Arbeitnehmern")
- **§ 95 Abs. 2 S. 1 BetrVG**: Auswahlrichtlinien („in Betrieben mit mehr als 500 Arbeitnehmern")

---

661 BT-Drucks 18/9232, S. 29.
662 A.A. wohl: *Bertram*, AIP 6/2016, 9.
663 Grundsätzlich bejahend: BAG v. 24.1.2013 – 2 AZR 140/12, NZA 2013, 726.

- **§ 99 Abs. 1 S. 1 BetrVG**: Mitbestimmung bei personellen Maßnahmen („in Unternehmen mit in der Regel mehr als zwanzig wahlberechtigten Arbeitnehmern")
- **§ 106 Abs. 1 S. 1 BetrVG**: Wirtschaftsausschuss („in Unternehmen mit der Regel mehr als 100 ständig beschäftigte Arbeitnehmer")
- **§ 111 S. 1 BetrVG**: Betriebsänderungen („in Unternehmen mit in der Regel mehr als zwanzig wahlberechtigten Arbeitnehmern")
- **§ 111 S. 3 BetrVG**: Hinzuziehung eines Beraters bei Betriebsänderungen („in Unternehmen mit mehr als 300 Arbeitnehmern")
- **§ 28 Abs. 1 S. 1 WO BetrVG**: Einladung zur Wahlversammlung („drei Wahlberechtigte des Betriebs")
- **§ 37 WO BetrVG**: Wahlverfahren („in einem Betrieb mit in der Regel 51 bis 100 Wahlberechtigten")
- **§ 3 Abs. 1 EBRG**: Gemeinschaftsweite Tätigkeit eines Unternehmens („Beschäftigung von mindestens 1.000 Arbeitnehmern in den Mitgliedsstaaten, davon jeweils 150 Arbeitnehmer in mindestens 2 Mitgliedsstaaten")
- **§ 3 Abs. 2 EBRG**: Gemeinschaftsweite Tätigkeit einer Unternehmensgruppe („Beschäftigung von mindestens 1.000 Arbeitnehmern in den Mitgliedsstaaten mit mindestens zwei Unternehmen mit Sitz in verschiedenen Mitgliedsstaaten mit mindestens je 150 Arbeitnehmern in verschiedenen Mitgliedsstaaten")
- **§ 9 Abs. 2 EBRG**: Bildung des besonderen Verhandlungsgremiums („mindestens 100 Arbeitnehmer oder ihre Vertreter aus mindestens zwei Betrieben oder Unternehmen, die in verschiedenen Mitgliedsstaaten liegen")
- **§ 10 Abs. 1 EBRG**: Zusammensetzung des besonderen Verhandlungsgremiums („Anteil der in einem Mitgliedsstaat beschäftigten Arbeitnehmer, der 10 Prozent der Gesamtzahl der in allen Mitgliedsstaaten beschäftigten Arbeitnehmer [...] oder einen Bruchteil davon beträgt")
- **§ 22 Abs. 1 EBRG**: Zusammensetzung des Europäischen Betriebsrats („Anteil der in einem Mitgliedsstaat beschäftigten Arbeitnehmer, der 10 Prozent der Gesamtzahl der in allen Mitgliedsstaaten beschäftigten Arbeitnehmer [...] oder einen Bruchteil davon beträgt")

2. Unternehmensmitbestimmung

342 Neben einer Normierung der Berücksichtigung von Leiharbeitnehmern bei den Schwellenwerten des BetrVG und des EBRG sowie der (etwaigen) Wahlordnungen bei dem Entleiher (§ 14 Abs. 2 S. 4 AÜG) wird vom Gesetzgeber zusätzlich eine Bestimmung getroffen, nach der Leiharbeitnehmer ab dem 1.4.2017 auch bei der Unternehmensmitbestimmung mitzuzählen sein sollen. Dies überrascht, erstreckt sich die im Koalitionsvertrag vom 16.12.2013 fixierte Regelungsabsicht doch ausschließlich auf die Betriebsverfassung. Auch insoweit ist der Großen Koalition eine über die Festlegung im Koalitionsvertrag überschüssige Tendenz zu attestieren.

J. Berücksichtigung von Leiharbeitnehmern bei Schwellenwerten § 5

Rechtspolitisch mag dies kritikwürdig und –fähig sein, die Praxis wird aber – wohl oder übel – damit leben müssen.

§ 14 Abs. 2 S. 5, 6 AÜG lautet dabei wie folgt:

> Soweit Bestimmungen des Mitbestimmungsgesetzes, des Montan-Mitbestimmungsgesetzes, des Mitbestimmungsergänzungsgesetzes, des Drittelbeteiligungsgesetzes, des Gesetzes über die Mitbestimmung der Arbeitnehmer bei einer grenzüberschreitenden Verschmelzung, des SE- und des SCE-Beteiligungsgesetzes oder der aufgrund der jeweiligen Gesetze erlassenen Wahlordnungen eine bestimmte Anzahl oder einen bestimmten Anteil von Arbeitnehmern voraussetzen, sind Leiharbeitnehmer auch im Entleiherunternehmen zu berücksichtigen. Soweit die Anwendung der in Satz 5 genannten Gesetze eine bestimmte Anzahl oder einen bestimmten Anteil von Arbeitnehmern erfordert, sind Leiharbeitnehmer im Entleiherunternehmen nur zu berücksichtigen, wenn die Einsatzdauer sechs Monate übersteigt.

Durch § 14 Abs. 2 S. 5 wird laut Gesetzesbegründung[664] klargestellt, **dass Leiharbeitnehmer in der Unternehmensmitbestimmung zukünftig auch bei dem Entleiher mitzählen.** Deren Einbeziehung baue auf dem langjährigen Grundsatz der Parallelität zum Betriebsverfassungsrecht auf und trage der Rechtsprechung des BAG Rechnung. Eine Berücksichtigung der Leiharbeitnehmer im Bereich der Unternehmensmitbestimmung entspreche der am Normzweck orientierten Betrachtung des BAG im Bereich des Betriebsverfassungsrechts. Diese Rechtsprechung zum BetrVG habe das BAG mit der Entscheidung vom 4.11.2015[665] für die Unternehmensmitbestimmung bestätigt. Es habe unter Fortführung seiner neueren Rechtsprechung entschieden, dass auch für den Bereich der Unternehmensmitbestimmung die normzweckorientierte Auslegung gelte und jedenfalls wahlberechtigte Leiharbeitnehmer auf Stammarbeitsplätzen für den gesetzlichen Schwellenwert zur Art der Wahl mitzuzählen seien. Diese auf der Rechtsprechung des BAG fußende Rechtslage werde für die Unternehmensmitbestimmung gesetzlich klargestellt. Durch diese sollten die Arbeitnehmerinteressen bei der Unternehmensführung gewahrt werden. Die Berücksichtigung der Leiharbeitnehmer bei den Schwellenwerten entspreche dem Zweck der jeweiligen Regelungen. Leiharbeitnehmer seien heute für Unternehmen z.T. ähnlich bedeutend wie die Stammbeschäftigte. Die Beschlüsse des Aufsichtsrats, wie z.B. zu Standortverlagerungen oder Produktionsumstellungen, seien regelmäßig für Leiharbeitnehmer ebenso relevant wie für die Stammbelegschaft. Deshalb seien sie – ebenso wie Stammarbeitnehmer – in der Unternehmensmitbestimmung zu berücksichtigen. Soweit Regelungen zur Unternehmensmitbestimmung mit europäischem Ursprung Schwellenwerte enthielten, z.B. bei der Bildung des besonderen Verhandlungsgremiums einer Europäischen

343

---

664 BT-Drucks 18/9232, S. 29.
665 BAG v. 4.11.2015 – 7 ABR 42/13, NZA 2016, 559.

Gesellschaft (SE), seien Leiharbeitnehmer ebenso mitzuzählen. Auch insoweit sei eine Parallelität zu den Regelungen des EBRG herzustellen.[666] Wie bei den Schwellenwerten zum BetrVG und zum EBRG (§ 14 Abs. 2 S. 4 AÜG) verweist der Gesetzgeber – insoweit noch zu Recht – zunächst darauf, dass das BAG die strenge Anwendung der Zwei-Komponenten-Lehre erst für die Betriebsverfassung und im Anschluss – in der in der Gesetzesbegründung ebenfalls genannten Entscheidung des BAG vom 4.11.2015[667] – für die Unternehmensmitbestimmung aufgegeben hat. Sodann rekurriert der Gesetzgeber auf eine nach der Rechtsprechung jeweils durchzuführende normorientierte Auslegung, um auch im Bereich der unternehmerischen Mitbestimmung festzustellen, ob im Einzelfall eine Berücksichtigung von Leiharbeitnehmern bei den bei dem Entleiher geltenden Schwellenwerten geboten ist. Eine solche findet sich in der gesetzlichen Regelung aber dann nicht wieder. Wie auch in § 14 Abs. 2 S. 4 AÜG[668] werden sämtliche Schwellenwerte der Unternehmensmitbestimmung einheitlich behandelt. Der Gesetzgeber kann in diesem Zusammenhang nur so verstanden werden, dass dieser mit Blick auf die Formulierung der gesetzlichen Bestimmung in § 14 Abs. 2, S. 5 AÜG davon ausgeht, dass bei sämtlichen Schwellenwerten eine entsprechende normorientierte Auslegung – ohne Ausnahme – dazu führt, dass Leiharbeitnehmer bei den insoweit relevanten Schwellenwerten nach dem MitbestG, Montan-MitbestG, Mitbestimmungsergänzungsgesetz, DrittelbG sowie dem Gesetz über die Mitbestimmung der Arbeitnehmer bei einer grenzüberschreitenden Verschmelzung (MgVG), des SE- und des SCE-Beteiligungsgesetzes und nach den ggf. aufgrund dieser Gesetze etwaig erlassenen Wahlordnungen[669] mitzuzählen sind.

Für eine differenzierte Betrachtung, ob es nach dem jeweiligen Sinn und Zweck des maßgeblichen Schwellenwerts geboten ist, die Leiharbeitnehmer bei dem Entleiher zu berücksichtigen, bleibt aufgrund dieser pauschalisierenden Betrachtung kein Raum mehr. Insoweit kann von einer gesetzlichen „Klarstellung" einer auf der Rechtsprechung des BAG fußenden Rechtslage[670] keine Rede sein, sondern von einer gesetzlichen Überdehnung dieser Judikatur. Dies wird insbesondere deutlich, wenn die Entscheidungsgründe der in der Gesetzesbegründung zitierten Entscheidung des BAG vom 4.11.2015[671] analysiert werden. Zwar bestätigt der 7. Senat, dass bei dem Entleiher eingesetzte Leiharbeitnehmer bei dem zur Bestimmung des richtigen Wahlverfahrens nach § 9 MitbestG maßgeblichen Schwellenwert mitzuzählen sind. Das BAG[672] stellt aber auch ausdrücklich fest, dass sich die Frage,

---

666 Vgl. BT-Drucks 18/9232, S. 29 f.
667 BAG v. 4.11.2015 – 7 ABR 42/13, NZA 2016, 559.
668 Mit Ausnahme von § 112a BetrVG.
669 Insbesondere die Wahlordnung zum MitbestG (gem. § 39 MitbestG).
670 Vgl. BT-Drucks 18/9232, S. 29.
671 BAG v. 4.11.2015 – 7 ABR 42/13, NZA 2016, 559.
672 BAG v. 4.11.2015 – 7 ABR 42/13, NZA 2016, 559.

J. Berücksichtigung von Leiharbeitnehmern bei Schwellenwerten § 5

ob Leiharbeitnehmer bei den Schwellenwerten der Unternehmensmitbestimmung zu berücksichtigen sind, nicht allgemein, sondern nur bezogen auf den jeweiligen Schwellenwert beantworten lässt. Der 7. Senat[673] hat konsequenterweise ausdrücklich offen gelassen, ob Leiharbeitnehmer bei anderen Schwellenwerten der Unternehmensmitbestimmung in die Berechnung einbezogen werden müssen, z.B. nach § 1 Abs. 1 Nr. 2 oder § 7 MitbestG.

Das BAG[674] geht also auch im Zusammenhang mit unternehmensmitbestimmungsrechtlich relevanten Schwellenwerten von einer einzelfallbezogenen Betrachtung und Auslegung der maßgeblichen Norm aus, während der Gesetzgeber in § 14 Abs. 4 S. 5 AÜG schlichtweg einen pauschalisierenden Ansatz wählt,[675] aus dem sich ergibt, dass dieser die Einbeziehung von Leiharbeitnehmern bei sämtlichen in Zusammenhang mit der Unternehmensmitbestimmung relevanten Schwellenwerten lediglich mit einer Einschränkung als geboten ansieht, die sich aus § 14 Abs. 2 S. 6 AÜG ergibt: bei den Schwellenwerten, die über die Anwendung der Unternehmensmitbestimmung entscheiden, sollen Leiharbeitnehmer nur dann Berücksichtigung finden, wenn die Gesamtdauer der Überlassung sechs Monate übersteigt.[676] Dies sind im Einzelnen:[677]

- **§ 1 Abs. 1 DrittelbG** („in der Regel mehr als 500 Arbeitnehmer")
- **§ 1 Abs. 1 Nr. 2 MitbestG** („in der Regel mehr als 2.000 Arbeitnehmer")
- **§ 1 Abs. 2 Montan-MitbestG** („in der Regel mehr als 1.000 Arbeitnehmer")
- **§ 3 Abs. 2 S. 1 Nr. 2 MitbestErgG** („in der Regel mehr als ein Fünftel der Arbeitnehmer sämtlicher Konzernunternehmen und abhängigen Unternehmen")

344

Für die übrigen relevanten Schwellenwerte der unternehmerischen Mitbestimmung ist eine Mindestüberlassungsdauer laut gesetzgeberischer Festlegung nach § 14 Abs. 2 S. 5 AÜG nicht erforderlich, es sei denn, dieser knüpft ausdrücklich oder mittelbar an eine solche an. § 14 Abs. 2 S. 5, 6 AÜG fingiert – wie auch im Anwendungsbereich von § 14 Abs. 2 S. 4 AÜG – nicht das Vorliegen der ggf. in der jeweiligen Norm enthaltenen weiteren Voraussetzungen, z.B. eine Beschränkung auf „in der Regel" Beschäftigte. Diese müssen bei den betreffenden Leiharbeitnehmern wie bei Stammmitarbeitern des Entleihers vorliegen, damit diese bei der Bestimmung des maßgeblichen Schwellenwerts tatsächlich mitzählen können.

345

Die ordnungsgemäße Berechnung, ob der für die Anwendung des maßgeblichen Gesetzes relevante Schwellenwert erreicht bzw. überschritten wird, dürfte in der Praxis mit einigen Schwierigkeiten behaftet sein. Die herrschende Meinung geht

346

---

673 Vgl. BAG v. 4.11.2015 – 7 ABR 42/13, NZA 2016, 559.
674 BAG v. 4.11.2015 – 7 ABR 42/13, NZA 2016, 559.
675 Kritisch dazu auch: Zimmermann, BB 2016, 56, der insbesondere darauf hinweist, dass sich die Gesetzesbegründung mit keinem Wort mit der entgegenstehenden Rechtsprechung der primär zuständigen Zivilgerichte auseinandersetzt.
676 BT-Drucks 18/9232, S. 30.
677 Vgl. BT-Drucks 18/9232, S. 30.

davon aus, dass die Zahl der „in der Regel" beschäftigten Arbeitnehmer, insbesondere in § 1 Abs. 1 Nr. 2 MitbestG, § 1 Abs. 1 DrittelbG, nicht durch das Abzählen der Mitarbeiter zu einem Stichtag festgelegt werden kann.[678] Maßgeblich ist dabei die normale Beschäftigtenzahl, wobei eine wertende Gesamtbetrachtung anzustellen ist. Entscheidend ist die Personalstärke, die für das Unternehmen im Allgemeinen kennzeichnend ist. Die Feststellung der maßgeblichen Unternehmensgröße erfordert regelmäßig sowohl einen Rückblick als auch eine Prognose. In diesem Zusammenhang ist ein angemessener Referenzzeitraum zugrunde zu legen, der von sechs Monaten bis zwei Jahren bemessen sein kann.[679] Werden Arbeitnehmer nicht ständig, sondern lediglich zeitweilig beschäftigt, kommt es für die Frage der regelmäßigen Beschäftigung darauf an, ob sie normalerweise während des überwiegenden Teils eines Jahres, d.h. länger als sechs Monate, bei dem Entleiher tätig werden. Die zukünftige Entwicklung kann berücksichtigt werden, wenn sich Veränderungen konkret abzeichnen.[680]

> *Praxishinweis*
> Auch ohne Leiharbeitnehmer dürfte – zumindest bei gewissen Schwankungsbreiten in der Belegschaft im „schwellennahen" Bereich – klar sein, dass die Bestimmung der „richtigen" Regelarbeitnehmerzahl problembelastet und vor diesem Hintergrund streitbefangen sein kann; dies dürfte insbesondere anzunehmen sein, wenn ein Unternehmen – insbesondere unter Berücksichtigung der dort eingesetzten Leiharbeitnehmer – in einem „Nahbereich" zu den einschlägigen gesetzlichen Schwellenwerten der Unternehmensmitbestimmung agiert.

347 In diesem Zusammenhang stellt sich seit dem 1.4.2017 erschwerend die Frage, ob und wie Leiharbeitnehmer unter Berücksichtigung des bislang als maßgeblich angesehenen Referenzzeitraums mitgezählt werden müssen, wenn die Gesamtdauer der Überlassung sechs Monate übersteigen muss. Fest steht dabei, dass dabei nicht der mit einem oder mehreren (wechselnden) Leiharbeitnehmer/-n besetzte Arbeitsplatz bei dem Entleiher maßgeblich sein kann. § 14 Abs. 2 S. 6 AÜG ist bzgl. der sechsmonatigen Einsatzdauer personen- und nicht arbeitsplatzbezogen formuliert, da ausdrücklich an eine Überlassung von Leiharbeitnehmern und nicht an deren Tätigkeit auf einem Arbeitsplatz des Entleihers angeknüpft wird.[681] Es kommt damit auf einen Einsatz der Leiharbeitnehmer selbst an.

---

678 Vgl. ErfK/*Oetker*, § 1 MitbestG Rn 9.
679 LAG Hessen v. 11.4.2013 – 9 TaBV 308/12, ZIP 2013, 1740; bestätigt durch: BAG v. 4.11.2015 – 7 ABR 42/13, NZA 2016, 559.
680 Vgl. dazu: LAG Hessen v. 11.4.2013 – 9 TaBV 308/12, ZIP 2013, 1740.
681 *Schubert/Liese*, NZA 2016, 1303.

J. Berücksichtigung von Leiharbeitnehmern bei Schwellenwerten § 5

Im Rahmen des Referenzzeitraums ist sodann zu prüfen, ob der einzelne Leiharbeitnehmer bereits mehr als sechs Monate bei dem Entleiher im Einsatz ist oder perspektivisch mehr als sechs Monate dort im Einsatz sein wird.[682] Maßgeblich ist dabei die Personalplanung des Entleihers, die sich im Zweifel in dem mit dem Verleiher geschlossenen Arbeitnehmerüberlassungsvertrag niederschlagen wird. Im Sinne des von der herrschenden Ansicht[683] vorgenommenen Rück- und Ausblicks zur Bestimmung der „in der Regel" beschäftigten Mitarbeiter im Entleiherunternehmen ist auch hinsichtlich der Leiharbeitnehmer eine Betrachtung der Zukunft ohne Beachtung der Vergangenheit genauso wenig geboten wie eine ausschließlich vergangenheitsbezogene Feststellung des Mitarbeiterbestands einschließlich der überlassenen Leiharbeitnehmer. Auch die Verwendung des Präsens als Tempus in § 14 Abs. 2 S. 6 AÜG (*"[...], wenn die Einsatzdauer sechs Monate übersteigt."*) spricht dafür. Hätte der Gesetzgeber nur einen Vergangenheits- oder einen Zukunftsbezug gewollt, hätte er dieses ohne weiteres entsprechend deutlich formulieren können ("[...], wenn die Einsatzdauer sechs Monate überstiegen hat." bzw. ("[...], wenn die Einsatzdauer sechs Monate übersteigen wird.").

> *Praxishinweis*
> Da bei den Eingangsschwellenwerten der Unternehmensmitbestimmung auf "die in der Regel" beschäftigten Arbeitnehmer abzustellen ist, dürfte die vom Gesetzgeber in § 14 Abs. 2 S. 6 AÜG vorgesehene Mindestbeschäftigungszeit von sechs Monaten in der Praxis allerdings kaum von Relevanz sein. Bei einer geplanten oder tatsächlichen Einsatzzeit von unter sechs Monaten dürfte der Leiharbeitnehmer nämlich noch nicht zu den "in der Regel" beschäftigten Mitarbeitern im mitbestimmungsrechtlichen Sinne zählen.[684] Bei der Bestimmung der sechsmonatigen Beschäftigungsdauer sind aufgrund der personenbezogenen Betrachtung auch Voreinsatzzeiten bei dem konkreten Verleiher gem. § 1 Abs. 1b S. 2 AÜG zu beachten.

Die Berücksichtigung von Leiharbeitnehmern bei den Eingangsschwellenwerten der unternehmerischen Mitbestimmung dürfte dazu führen, dass in Unternehmen wieder verstärkt darüber nachgedacht wird, wie eine Mitarbeiterbeteiligung im Aufsichtsrat vermieden werden kann. Die einschlägigen Strategien dazu sind be-   348

---

[682] Abweichend: *Schubert/Liese*, NZA 2016, 1303: Leiharbeitnehmer muss mehr als sechs Monate im Einsatz sein.
[683] LAG Hessen v. 11.4.2013 – 9 TaBV 308/12, ZIP 2013, 1740.
[684] Vgl. auch: *Schubert/Liese*, NZA 2016, 1303: "funktionslos".

kannt und „bewährt".[685] Sollte eine Gesellschaft die entsprechenden Schwellenwerte überschreiten, ist zu beachten, dass die Änderung des mitbestimmungsrechtlichen Status[686] an die Durchführung eines Verfahrens nach § 97 AktG anknüpft. Wird dieses streitig vor den zuständigen ordentlichen Gerichten geführt, kann ein entsprechender Rechtsstreit mitunter mehrere Jahre andauern; in dieser Zeit wird der bisherige mitbestimmungsrechtliche Status zunächst „konserviert". Im Zweifel bietet dieser Zeitraum damit die Möglichkeit, (arbeitgeberseits) flankierende Maßnahmen einzuleiten und umzusetzen, die sich ihrerseits wiederum auf den mitbestimmungsrechtlichen Status des Unternehmens auswirken und diesen erneut modifizieren können.

349 Die Berücksichtigung von Leiharbeitnehmern bei Schwellenwerten der unternehmerischen Mitbestimmung sowie der entsprechenden Wahlordnung im Entleiherbetrieb kann – in Ergänzung zu den Eingangsschwellenwerte, für die ein sechsmonatiger Einsatz erforderlich ist – nach dem 1.4.2017 insbesondere bei folgenden Vorschriften relevant sein:

- **§ 7 Abs. 1 MitbestG**: Zusammensetzung des Aufsichtsrats (u.a. „in der Regel nicht mehr als 10.000 Arbeitnehmer")
- **§ 9 Abs. 1, 2 MitbestG**: Aufsichtsratsmitglieder der Arbeitnehmer (u.a. „in der Regel mehr als 8.000 Arbeitnehmer")
- **§ 11 Abs. 1 MitbestG**: Errechnung der Zahl der Delegierten („auf je 90 wahlberechtigte Arbeitnehmer")
- **§ 15 Abs. 2 S. 2 MitbestG**: Wahl der unternehmensangehörigen Aufsichtsratsmitglieder der Arbeitnehmer („einem Fünftel oder 100 der wahlberechtigten Arbeitnehmer")
- **§ 21 Abs. 2 S. 1 MitbestG**: Anfechtung der Wahl von Delegierten („drei wahlberechtigte Arbeitnehmer des Betriebs")
- **§ 23 Abs. 1 S. 1 MitbestG**: Abberufung von Aufsichtsratsmitgliedern der Arbeitnehmer („drei Viertel der wahlberechtigten Arbeitnehmer")
- **§ 13 Abs. 1 S. 1 WO MitbestG**: Bekanntmachung („in der Regel insgesamt nicht mehr als 8.000 Arbeitnehmer")
- **§ 14 Abs. 1 S. 1 WO MitbestG**: Antrag auf Abstimmung („in der Regel insgesamt nicht mehr als 8.000 Arbeitnehmer")
- **§ 5 Nr. 1 MgVG**: Anwendung der Regelungen über die Mitbestimmung der Arbeitnehmer kraft Vereinbarung oder kraft Gesetzes („mindestens eine der beteiligten Gesellschaften durchschnittlich mehr als 500 Arbeitnehmer beschäftigt")

---

685 Vgl. dazu: *Wisskirchen/Bissels/Dannhorn*, DB 2007, 2258.
686 Erfasst ist dabei der Statuswechsel durch eine Erhöhung/Verringerung der unternehmerischen Mitbestimmung, z.B. vom DrittelbG zum MitbestG oder umgekehrt, oder die erstmalige Bildung eines mit Arbeitnehmervertretern besetzten Aufsichtsrats bei dem Unternehmen sowie das „Herausfallen" der Gesellschaft aus der unternehmerischen Mitbestimmung, vgl. OLG Frankfurt a.M. v. 2.11.2010 – 20 W 362/10, ZIP 2011, 21.

- **§ 5 Abs. 1 S. 2 SEBG**: Zusammensetzung des besonderen Verhandlungsgremiums(„Für jeden Anteil der in einem Mitgliedstaat beschäftigten Arbeitnehmer, der 10 Prozent der Gesamtzahl der in allen Mitgliedstaaten beschäftigten Arbeitnehmer der beteiligten Gesellschaften und der betroffenen Tochtergesellschaften oder betroffenen Betriebe oder einen Bruchteil davon beträgt")
- **§ 5 Abs. 2 S. 2 SCEBG**: Zusammensetzung des besonderen Verhandlungsgremiums(„Für jeden Anteil der in einem Mitgliedstaat beschäftigten Arbeitnehmer, der 10 Prozent der Gesamtzahl der in allen Mitgliedstaaten beschäftigten Arbeitnehmer oder einen Bruchteil davon beträgt")

K. Folgen der Neuregelung für grenzüberschreitende Arbeitnehmerüberlassung

Dr. Oliver Bertram

Literatur:

Hoch, Grenzüberschreitende Arbeitnehmerüberlassung, BB 2015 S. 1717.

I. Grundlagen der grenzüberschreitenden Arbeitnehmerüberlassung

1. Allgemeines

Hinsichtlich der infolge der AÜG-Reform in Kraft tretenden Änderungen ist in Bezug auf Fälle einer grenzüberschreitenden Arbeitnehmerüberlassung zum einen zwischen sog. **Outbound- und Inbound-Fällen** zu unterscheiden. Zum anderen sind aber die Rechtsänderungen danach zu differenzieren, ob diese inhaltlich auf das Arbeitsverhältnis des Leiharbeitnehmers einwirken (Gleichbehandlungsgebot), für Ver- und Entleiher eine Höchstüberlassungsdauer festlegen oder den Parteien formale Pflichten bzgl. der Ausgestaltung des Arbeitnehmerüberlassungsvertrages auferlegen. 350

2. Arbeitsverhältnis des Leiharbeitnehmers

Da das auf das Arbeitsverhältnis des Leiharbeitnehmers anwendbare Recht allein dem Privatrecht zuzuordnen ist, bestimmt sich bei der grenzüberschreitenden Arbeitnehmerüberlassung die Wahl des auf das Leiharbeitsverhältnis anwendbaren Rechts nach der **ROM I-Verordnung vom 17.6.2008 (VO EG 593/08)**. Die VO EG 593/08 regelt, welches nationale Privatrecht auf das Leiharbeitsverhältnis Anwendung findet. 351

Wegen des Zusammenspiels aus grds. Rechtswahl-Freiheit (Art. 8 VO EG 593/08) einerseits und Überlagerung zwingender Arbeitsschutzbestimmungen (Art. 9 VO

EG 593/08) andererseits ergeben sich erhebliche Anwendungsunterschiede zwischen sog. Outbound- und Inbound-Fällen.

a) Outbound-Fälle

352 Das Leiharbeitsverhältnis unterliegt zunächst grds. dem von den Parteien gewählten Recht, vgl. Art. 8 Abs. 1 S. 1 VO EG 593/08. Aufgrund einer entsprechenden ausdrücklichen oder konkludenten Rechtswahl in dem Arbeitsvertrag des Leiharbeitnehmers ist demnach das im Sitzstaat des Verleihers geltende Recht anzuwenden. Fehlt es aber an einer solchen Rechtswahl im Leiharbeitsvertrag, wird man regelmäßig kraft objektiver Anknüpfung zur Anwendung des Rechts des Sitzstaates des Verleihers kommen. Entweder weil der Leiharbeitnehmer regelmäßig im Sitzstaat des Verleihers und nur ausnahmsweise ins Ausland überlassen wird (vgl. Art. 8 Abs. 2 VO EG 593/08) oder weil der Leiharbeitnehmer zwar ständig im Ausland eingesetzt ist, dies aber in wechselnden Staaten nach Art. 8 Abs. 3 VO EG.

Das Recht des Sitzstaates des Verleihers wird nach Art. 12 Abs. 2 VO EG 593/08 jedoch durch die am ausländischen Einsatzort geltenden Bestimmungen insoweit überlagert, wie diese die Art und Weise der Vertragserfüllung regeln. Hierunter fallen insbesondere die Bestimmungen zum Arbeitsschutz und zur Arbeitszeit.

353 Aus diesen Grundsätzen folgt, dass der Gleichstellungsgrundsatz gemäß § 8 AÜG den Verleiher auch in von Deutschland ausgehenden Outbound-Fällen verpflichtet, nach neun Monaten der ununterbrochenen Überlassung Equal Pay zu gewähren.[687]

b) Inbound-Fälle

354 In entsprechender – umgekehrter – Anwendung der vorstehend dargelegten Grundsätze in Outbound-Fällen gilt für Inbound-Fälle, dass das Arbeitsverhältnis des Leiharbeitnehmers regelmäßig dem ausländischen Recht des Sitzstaates des ausländischen Verleihers unterfällt. Indes sind diejenigen Normen des deutschen Rechts anzuwenden, die ohne Rücksicht auf das nach diesen allgemeinen Grundsätzen anzuwendende Recht den Sachverhalt zwingend regeln, vgl. Art. 9 VO EG 593/08.

355 Umstritten ist, ob als eine solche zwingende Bestimmung gemäß Art. 9 VO EG 593/08 der Gleichstellungsgrundsatz (§ 8 AÜG) auf das Arbeitsverhältnis zwischen dem aus dem Ausland nach Deutschland überlassenen Leiharbeitnehmer und dessen im Ausland ansässigen Arbeitgeber (Verleiher) anzuwenden ist.[688] Soweit man dies verneint, darf ein im Ausland ansässiger Verleiher seinen (Leih-)Arbeitnehmer allein auf der Grundlage des Arbeitsrechts des Sitzstaates des Verleihers beschäftigen. Das Gleichbehandlungsgebot gemäß § 8 AÜG würde für den im Ausland ansässigen Verleiher damit nicht gelten. Richtiger Weise ist indes § 2 AEntG als zwingende Bestimmung gemäß Art. 9 VO EG 593/08 zu qualifizieren. Danach hat der

---

[687] Vgl. BAG v. 28.5.2014 – Az. 5 AZR 422/12.
[688] Verneinend: Schüren/Hamann/*Riederer von Paar*, Einl. Rn 668.

K. Folgen der Neuregelung für grenzüberschreitende Arbeitnehmerüberlassung § 5

im Ausland ansässige Verleiher seinem (Leih-)Arbeitnehmer die in deutschen Rechts- oder Verwaltungsvorschriften enthaltenen Bestimmungen über die Arbeitnehmerüberlassung zwingend zu beachten.[689]

3. Arbeitnehmerüberlassungsvertrag

a) Outbound-Fälle

Das auf den Arbeitnehmerüberlassungsvertrag als privatrechtlicher Vertrag zwischen Verleiher und Entleiher anwendbare Recht bestimmt sich nach der ROM I-Verordnung. Danach unterliegt dieses Rechtsverhältnis vorrangig dem von den Vertragsparteien vertraglich vereinbarten Recht, vgl. Art. 3 Abs. 1 VO EG 593/08. Ohne eine solche vertragliche Rechtswahl gilt das Recht desjenigen Staates, in dem diejenige Vertragspartei ihren gewöhnlichen Sitz hat, welche die für den Arbeitnehmerüberlassungsvertrag charakteristische Leistung erbringt, vgl. Art. 4 Abs. 2 VO EG 593/08. Dies ist die Überlassungsverpflichtung des Verleihers. — 356

In Outbound-Fällen finde demnach auf die Rechtsbeziehung zwischen Verleiher und Entleiher regelmäßig deutsches Recht Anwendung.[690] Demnach gelten in diesen Outbound-Fällen auch die neuen Unwirksamkeitsgründe (§ 9 Abs. 1 Nr. 1a und Nr. 1b AÜG) des geänderten AÜG, bspw. bei fehlender vertraglicher Konkretisierung der Überlassung. — 357

b) Inbound-Fälle

Nach Maßgabe der vorstehenden Grundsätze findet auf eine Überlassung aus dem Ausland nach Deutschland im Allgemeinen auf die Rechtsbeziehung zwischen Verleiher und Entleiher ausländisches Recht Anwendung. — 358

Die Parteien können jedoch etwas Abweichendes frei vereinbaren. — 359

4. Gewerberechtliche Bestimmungen der Arbeitnehmerüberlassung

Die grenzüberschreitende Arbeitnehmerüberlassung eines nach Maßgabe des deutschen Arbeitsrechts beschäftigten Leiharbeitnehmers durch einen deutschen Verleiher in das Ausland bedarf einer Erlaubnis nach § 1 Abs. 1 S. 1 AÜG. Die Bestimmung des § 1 Abs. 1 S. 1 AÜG hat gewerberechtlichen und damit öffentlich-rechtlichen Charakter, so dass hier das **sog. Territorialitätsprinzip** gilt. In Outbound-Fällen ist der dem Territorialitätsprinzip genügende Inlandsbezug darin zu sehen, dass das Verleiherunternehmen seinen Sitz in Deutschland hat und von dort aus überlässt. Hieraus folgt, dass das gewerberechtliche Verbot der Überschreitung der Höchstüberlassungsdauer gemäß § 1 Abs. 1b AÜG auch für eine Überlassung in — 360

---

689 Vgl. Boemke/Lembke/*Boemke*, Einl. Rn 25.
690 *Hoch*, BB 2015 S. 1717, 1719.

das Ausland gilt. Entsprechendes gilt für die Konkretisierungspflichten gemäß § 1 Abs. 1 S. 5 und S. 6 AÜG.

Darüber hinaus kann die Überlassung eine Erlaubnis nach den Vorschriften des Zielstaates, in dem die Arbeitsleistung erbracht wird, erfordern.

361 Nach Maßgabe des Territorialitätsprinzips ist § 1 Abs. 1 S. 1 AÜG, der die Pflicht zur Einholung einer Erlaubnis vor Beginn einer Arbeitnehmerüberlassung vorsieht, auch im Fall einer Arbeitnehmerüberlassung aus dem Ausland nach Deutschland (Inbound-Fall) zu beachten.[691] Der nach dem Territorialitätsprinzip geforderte Inlandsbezug ist darin zu sehen, dass die Arbeitnehmerüberlassung hinein in das Inland stattfindet. Daher ist die Überlassung von einem Verleiher mit Sitz im Ausland an einen Entleiher mit Sitz im Ausland auch dann erlaubnispflichtig, wenn der Leiharbeitnehmer in Deutschland tätig wird. Demgemäß gelten das gewerberechtliche Verbot der Überschreitung der Höchstüberlassungsdauer gemäß § 1 Abs. 1b AÜG sowie die Konkretisierungspflichten gemäß § 1 Abs. 1 S. 5 und S. 6 AÜG.

II. Wirkung ausländischer Tarifverträge

362 Der Gesetzgeber hat in das geänderte AÜG **zwei Tariföffnungsklauseln** aufgenommen, so dass den auf Verleiher- wie Entleiher-Seite geltenden Tarifverträgen besondere Bedeutung zukommt.

1. Gleichstellungsgrundsatz (9-Monats-Frist)

a) Inbound-Fälle

363 Eine Abweichung von dem Gleichstellungsgrundsatz des § 8 AÜG aufgrund eines für das Leiharbeitsverhältnis geltenden Tarifvertrages ist in einem Inbound-Fall, in dem regelmäßig das Arbeitsrecht des Sitzstaates des ausländischen Verleihers auf das Leiharbeitsverhältnis (weiterhin) anzuwenden ist, nur dann möglich, wenn in dem Sitzstaat ein für das Leiharbeitsverhältnis geltender Tarifvertrag eine Abweichung von der 9-Monats-Frist ausdrücklich vorsieht. Ein in Deutschland für Verleiher abgeschlossener Tarifvertrag befreit den Verleiher in dem Inbound-Fall demgegenüber nicht, solange nicht für das Leiharbeitsverhältnis insgesamt die Geltung deutschen Arbeitsrechts vereinbart wird (keine Rosinentheorie).

b) Outbound-Fälle

364 In einem Outbound-Fall bedarf eine Abweichung von der nach neunmonatiger Überlassungsdauer geltenden Equal Pay-Verpflichtung eines nach Maßgabe des deutschen Arbeitsrechts geltenden Tarifvertrages auf Verleiherseite. Eine arbeitsvertragliche Inbezugnahme oder kollektiv-arbeitsrechtliche Geltung eines im Einsatzstaat geltenden Tarifvertrages isoliert ist nicht möglich. Allenfalls eine vertrag-

---

691 Schüren/Hamann/*Riederer von Paar*, Einl. Rn 677.

liche Rechtswahlvereinbarung, die sodann jedoch das Arbeitsverhältnis des Zeitarbeitnehmers als Ganzes dem Arbeitsrecht des Einsatzstaates unterwerfen müsste, kann den gewünschten Effekt bringen.

2. Höchstüberlassungsdauer (18-Monats-Frist)

a) Inbound-Fälle

Eine tarifvertragliche Erweiterung der gesetzlich auf 18 Monate festgelegten Höchstüberlassungsdauer bedarf eines auf Entleiherseite geltenden Tarifvertrages. Im Fall eines Inbound-Falles ist demnach ein entsprechender in Deutschland für den Entleiher betrieblich-fachlich und regional geltender Tarifvertrages über die Länge eines Zeitarbeitseinsatzes erforderlich. Tarifvertragliche Erlaubnisse im Sitzstaat des Verleihers erfassen den Entleiherbetrieb mangels einer entsprechender örtlichen Geltungsreichweite regelmäßig nicht. 365

b) Outbound-Fälle

Im Falle einer grenzüberschreitenden Arbeitnehmerüberlassung in das Ausland kann eine für eine Überlassung aus Deutschland heraus wirksame abweichende Höchstüberlassungsdauer nur in einem für den Entleiher geltenden Tarifvertrag vorgesehen sein. 366

L. Sanktionen

Dr. Anne Förster/Johannes Simon, LL.M.

Literatur:

Bertram, AÜG-Reform – Beschränkung der Zeitarbeit und restriktive Abgrenzung von Dienst- und Werkverträgen, AIP 12/2015, 3–10; *Böhm*, Fiktiver (Leih)Arbeitnehmerschutz (§§ 9, 10 AÜG-E)?!, NZA 2016, 528–531; *Erbs/Kohlhaas*, Strafrechtliche Nebengesetzes, 209. EL Juli 2016; *Franzen*, Neuausrichtung des Drittpersonaleinsatzes – Überlegungen zu den Vorhaben des Koalitionsvertrages, RdA 2015, 141–152; *Gercke/Kraft/Richter*, Arbeitsstrafrecht, 2. Auflage, 2015; *Heerspink*, Einführung in das Unternehmensstrafrecht (Teil 4), AO-StB 2012, 123–128; *Henssler*, Überregulierung statt Rechtssicherheit – der Referentenentwurf des BMAS zur Reglementierung von Leiharbeit und Werkverträgen, RdA 2016, 18–24; *Lembke*, Gesetzesvorhaben der Großen Koalition im Bereich der Arbeitnehmerüberlassung, BB 2014, 1333–1341; *Olbertz/Groth*, Arbeitnehmerüberlassung: Neue gesetzliche Spielregeln ab dem 1.1.2017, GWR 2016, 371–374; *Seel*, Neue Spielregeln für die Arbeitnehmerüberlassung – Eine Analyse des Referentenentwurfs des AÜG, öAT, 2016, 27–30; *Thüsing/Kudlich*, Das neue Recht der Arbeitnehmerüberlassung und seine ordnungswidrigkeitenrechtlichen Konsequenzen, ZWH 2011, 90–96; *Zimmermann*, Der Referentenentwurf zur AÜG-Reform 2016, BB 2016, 53–57.

I. Das Übermaß an Sanktionen

1. Einleitung

Das ab dem 1.4.2017 geltende AÜG enthält gegenüber dem AÜG a.F. **erheblich verschärfte Sanktionen** im Falle von Verstößen. Hiergegen sind vielfach **verfas-** 367 sungsrechtliche Bedenken geäußert worden.[692] Kritisiert werden insbesondere die z.T. unklaren Definitionen der gesetzlichen Regelungen – z.B. zu Equal Treatment[693] – sowie die häufige „Mehrfachsanktionierung"[694] von Verstößen.

Der Gesetzesentwurf hätte eine „Kriminalisierung" der Zeitarbeitsbranche zur Folge.[695] Zudem könnten bereits kleine Fehler zum Entzug der Erlaubnis führen und damit existenzbedrohende Auswirkungen für Zeitarbeitsunternehmen haben, was im Koalitionsvertrag vom 27.11.2013 so nicht vorgesehen war. Um das gesetzliche Ziel der Rückbesinnung der Zeitarbeit auf ihre Kernfunktionen zu erreichen und Missbräuche zu bekämpfen, bedürfe es solch weitreichender Sanktionen nicht.[696]

2. Die Kern-Kritikpunkte

a) Mehrfachsanktionierung

368 Bei **Verstößen gegen den Grundsatz des Equal Treatment** sieht das AÜG als Sanktionen ein Bußgeld in Höhe von bis zu 500.000 EUR (§§ 16 Abs. 1 Nr. 7a, Abs. 2 AÜG) sowie die Versagung bzw. den Widerruf der Erlaubnis (§ 3 Abs. 1 Nr. 3 AÜG) vor.

Kritisiert wird hier u.a., dass die **tarifvertragliche Abweichungsmöglichkeit** von Equal-Treatment durch das neue AÜG **eingeschränkt** wird. Die praktische Relevanz des Equal Treatment wird dadurch deutlich zunehmen. Mangels gesetzlicher Definition des „Arbeitsentgelts" dürfte eine hundertprozentig zutreffende Ermittlung des nach dem Grundsatz des Equal Treatment zu zahlenden Entgelts in der Praxis oft nicht möglich und Verstöße somit unvermeidbar sein.[697] Gemäß § 3 Abs. 1 Nr. 3 AÜG **ist die Erlaubnis zu versagen**, wenn dem Leiharbeitnehmer die ihm nach § 8 AÜG zustehenden Arbeitsbedingungen nicht gewährt werden. Der Behörde ist somit kein Ermessen eingeräumt. Dem Verleiher droht damit schon bei leichten Verstößen ein Erlaubnisentzug. Hierin wird z.T. ein **de facto Berufsverbot**

---

692 Vgl. z.B. Stellungnahme der Bundesrechtsanwaltskammer v. 20.6.2016 in der Zusammenfassung der schriftlichen Stellungnahmen des Ausschusses für Arbeit und Soziales des Deutschen Bundestages, Ausschussdrucksache 18(11)686, 86; *Henssler*, RdA 2016, 18, 23.
693 Vgl. z.B. Stellungnahme des Interessenverbandes Deutscher Zeitarbeitsunternehmen e.V. (iGZ) v. 10.10.2016 in der Zusammenfassung der schriftlichen Stellungnahmen des Ausschusses für Arbeit und Soziales des Deutschen Bundestages, Ausschussdrucksache 18(11)727, 118.
694 *Olbertz/Groth*, GWR 2016, 371, 373 ff.
695 Vgl. Stellungnahme des Bundesarbeitgeberverbandes der Personaldienstleister e.V. (BAP) v. 14.10.2016 in der Zusammenfassung der schriftlichen Stellungnahmen des Ausschusses für Arbeit und Soziales des Deutschen Bundestages, Ausschussdrucksache 18(11)758, 132.
696 Vgl. Stellungnahme von *Prof. Dr. Martin Henssler* v. 12.10.2016 in der Zusammenfassung der schriftlichen Stellungnahmen des Ausschusses für Arbeit und Soziales des Deutschen Bundestages, Ausschussdrucksache 18(11)741, 49.
697 Vgl. Stellungnahme des Bundesarbeitgeberverbandes der Personaldienstleister e.V. (BAP) v. 14.10.2016 in der Zusammenfassung der schriftlichen Stellungnahmen des Ausschusses für Arbeit und Soziales des Deutschen Bundestages, Ausschussdrucksache 18(11)758, 138.

gesehen. Überdies wird die Bußgeldsumme von bis zu 500.000 EUR in einer mittelständisch geprägten Branche z.T. als für eine Vielzahl der Verleiher existenzgefährdend angesehen.[698]

369 Für das **Überschreiten der Höchstüberlassungsdauer** sieht das AÜG gleich **drei Sanktionen** vor, ein **Bußgeld** in Höhe von bis zu 30.000 EUR (vgl. §§ 16 Abs. 1 Nr. 1e, Abs. 2 AÜG), die Versagung bzw. den Widerruf der Erlaubnis (§ 3 Abs. 1 Nr. 1 AÜG) sowie **die Fiktion eines Arbeitsverhältnisses mit dem Entleiher** (§§ 9 Abs. 1 Nr. 1b, 10 Abs. 1 S. 1 AÜG). Hier wird vor allem der **Erlaubnisentzug** als mögliche Sanktionierung nach bereits nur einem Verstoß kritisiert, da dies – wie bereits bei der Nichtbeachtung von Equal Treatment – einem Berufsverbot gleichkäme.[699]

370 Aber auch die **Fiktion eines Arbeitsverhältnisses zwischen Leiharbeitnehmer und Entleiher** unabhängig vom Grund für die Überschreitung und unabhängig von der Dauer der Überschreitung der Höchstüberlassungsdauer wird teilweise als unverhältnismäßig schwerer Eingriff in die Vertragsfreiheit und Privatautonomie angesehen.[700] Denn im Fall der erlaubten, nicht verdeckten Arbeitnehmerüberlassung sei eine solche Sanktionierung zum Schutz des Leiharbeitnehmers nicht erforderlich. Diesbezüglich wurde im Rahmen des Gesetzgebungsverfahrens auch kritisiert, dass laut der Begründung des Regierungsentwurfs[701] mit der Fiktion eines Arbeitsverhältnis (unter Bezugnahme auf die Entscheidung des BAGs vom 10.12.2013[702]) der Rechtsprechung des BAG zu den Rechtsfolgen einer nicht nur vorübergehenden Arbeitnehmerüberlassung Rechnung getragen werde. Das BAG hatte in der Entscheidung vom 10.12.2013 allerdings gerade festgestellt, dass keinerlei Sanktionierung erfolgt und ausgeführt, dass die Fiktion eines Arbeitsverhältnisses unverhältnismäßig in die Berufsfreiheit eingreifen würde und daher verfassungsrechtlich bedenklich sei.[703]

371 Eine **Mehrfachsanktionierung** erfolgt schließlich auch **bei Verstößen gegen das Verbot der Kettenüberlassung sowie bei Verstößen gegen die Offenlegungs- und Konkretisierungspflicht**. Im Falle der Kettenüberlassung sieht das AÜG als Sanktionen ein Bußgeld in Höhe von bis zu 30.000 EUR (§ 16 Abs. 1 Nr. 1b, Abs. 2 AÜG) sowie die Versagung bzw. den Widerruf der Erlaubnis vor. Bei Verstößen ge-

---

698 Vgl. z.B. Stellungnahme des Interessenverbandes Deutscher Zeitarbeitsunternehmen e.V. (iGZ) v. 10.10.2016 in der Zusammenfassung der schriftlichen Stellungnahmen des Ausschusses für Arbeit und Soziales des Deutschen Bundestages, Ausschussdrucksache 18(11)727, 118.
699 Vgl. Stellungnahme des Bundesarbeitgeberverbandes der Personaldienstleister e.V. (BAP) v. 14.10.2016 in der Zusammenfassung der schriftlichen Stellungnahmen des Ausschusses für Arbeit und Soziales des Deutschen Bundestages, Ausschussdrucksache 18(11)758, 141.
700 Vgl. hierzu *Böhm*, NZA 2016, 528, 531.
701 Vgl. dort S. 24.
702 BAG v. 13.10.2013 – 9 AZR 51/13.
703 BAG v. 13.10.2013 – 9 AZR 51/13, Rn 31.

gen die Offenlegungs- und Konkretisierungspflicht sieht das AÜG als Sanktionen ein Bußgeld in Höhe von bis zu 30.000 EUR (§§ 16 Abs. 1 Nr. 1c, Abs. 2 AÜG bzw. §§ 16 Abs. 1 Nr. 1d, Abs. 2 AÜG) sowie die Fiktion eines Arbeitsverhältnisses mit dem Entleiher (§§ 9 Abs. 1 Nr. 1a, 10 Abs. 1 S. 1 AÜG) vor. An dieser Regelung wird neben der Doppelsanktionierung auch der hohe bürokratische Mehraufwand und die mangelnde Praxistauglichkeit bemängelt.

b) Verstoß gegen die Koalitionsfreiheit bei Streikbrecherverbot

372 Nach § 11 Abs. 5 AÜG ist der Einsatz von Leiharbeitnehmern in einem vom Arbeitskampf betroffenen Entleiherbetrieb grundsätzlich unzulässig. Dies betrifft auch nicht vom Streik betroffene Betriebsabteilungen des Entleihers. Allerdings hat sich das noch in den beiden Gesetzesentwürfen des BMAS[704] enthaltene Totalverbot nicht durchgesetzt. **Leiharbeitnehmer können nämlich ausnahmsweise eingesetzt bleiben,** wenn sichergestellt ist, dass diese **nicht (unmittelbar oder mittelbar) die Arbeit eines streikenden Stammarbeitnehmers übernehmen** (vgl. Rdn 251). Dennoch wird auch die „abgeschwächte" Neuregelung des § 11 Abs. 5 AÜG von vielen Seiten scharf kritisiert und **als verfassungsrechtlich bedenklich eingestuft**:[705] Zunächst stelle das Streikbrecherverbot einen Verstoß gegen die negative Koalitionsfreiheit des Leiharbeitnehmers dar. Denn diesem werde faktisch die Beteiligung an einem „branchenfremden" Streik der Einsatzbranche aufgezwungen.[706] Zudem verletze der Staat seine Neutralitätspflicht, da er unverhältnismäßig in die Kampfparität eingreife.[707] Denn die Folgen eines Streiks könnten ohne Belastung der Kampfkassen der Gewerkschaft zu Lasten des Arbeitgebers (hier des Entleihers) ausgeweitet werden.[708] Hierfür fehle es an der erforderlichen strukturellen Unterlegenheit einer Seite. Bereits aufgrund der tarifvertraglichen Regelungen solcher Einsatzverbote,[709] sei die Regelung überflüssig und unverhältnismäßig.[710] Schließlich würde das Gesetz ignorieren, dass das Streikbrecherverbot die Zeitarbeitsunternehmen finanziell belastet. Denn diese erhalten während des

---

704 Vgl. Referentenentwürfe vom 16.11.2015 und 17.2.2016.
705 Vgl. u.a. *Henssler*, RdA 2016, 18, 24; *Franzen*, RdA 2015, 141, 151; *Lembke*, BB 2014, 1333, 1340.
706 Stellungnahme der Bundesrechtsanwaltskammer v. 20.6.2016 in der Zusammenfassung der schriftlichen Stellungnahmen des Ausschusses für Arbeit und Soziales des Deutschen Bundestages, Ausschussdrucksache 18(11)686, 90.
707 *Henssler*, RdA 2016, 18, 24; *Franzen*, RdA 2015, 141, 151; *Lembke*, BB 2014, 1333, 1340.
708 *Henssler*, RdA 2016, 18, 24.
709 Vgl. § 12 des Manteltarifvertrages Zeitarbeit des Interessenverbandes der deutschen Zeitarbeitsunternehmen e.V. (iGZ) und § 17.1 des Manteltarifvertrages Zeitarbeit des Bundesverbandes der Personaldienstleister e.V. (BAP).
710 Stellungnahme der Bundesrechtsanwaltskammer v. 20.6.2016 in der Zusammenfassung der schriftlichen Stellungnahmen des Ausschusses für Arbeit und Soziales des Deutschen Bundestages, Ausschussdrucksache 18(11)686, 91.

Tätigkeitsverbots im Entleiher-Betrieb keine Vergütung von ihren Kunden, müssen aber die Leiharbeitnehmer weiter bezahlen.[711]

3. Fazit und Ausblick

Der Gesetzgeber hat den **Sanktionskatalog** in dem ab 1.4.2017 geltenden AÜG gegenüber dem AÜG a.F. **erheblich ausgeweitet und verschärft**. Neben der häufigen „**Mehrfachsanktionierung**" von Verstößen wird die **fehlende Differenzierung zwischen dem Grad und der Häufigkeit eines Verstoßes** bemängelt. Die Überschreitung der Höchstüberlassungsdauer von nur einem Tag kann so z.b. dazu führen, dass dem Verleiher die Arbeitnehmerüberlassungserlaubnis entzogen wird, ein Bußgeld in Höhe von 30.000 EUR gegen den Verleiher verhängt wird und der Arbeitsvertrag zwischen Verleiher und Leiharbeitnehmer für unwirksam erklärt und ein Arbeitsverhältnis mit dem Entleiher fingiert wird. Hier wäre eine Differenzierung zwischen Häufigkeit und dem Schweregrad des Verstoßes – Vorsatz/Fährlässigkeit und Anzahl der betroffenen Leiharbeitsverhältnisse – wünschenswert gewesen. Auch die bestehende **Rechtsunsicherheit** mangels eindeutiger gesetzlicher Vorgaben, wie insbesondere beim Equal Treatment, kann die Beteiligten unangemessenen schwer treffen.

373

Schließlich **erscheint die Anzahl der Verstöße, welche die Fiktion eines Arbeitsverhältnisses nach sich ziehen, unangemessen hoch**. Aufgrund der Schwere des Eingriffs in die Vertragsfreiheit, erscheint die Angemessenheit einer derartigen Fiktion bei einem formalen Verstoß gegen gesetzliche Vorgaben über Pflichtangaben bei einer an sich gesetzlich zulässigen Arbeitnehmerüberlassung fraglich.[712] Es bleibt abzuwarten, wie die Behörden sowie die Arbeits- und Sozialgerichte mit dem neuen gesetzlichen Sanktionskatalog umgehen. Jedenfalls dort, wo das Gesetz den Behörden keinen Ermessensspielraum lässt, dürften die Regelungen die Beteiligten mit ziemlicher Wucht treffen.

II. Die neuen Bußgeldtatbestände

1. Allgemeine Grundsätze

Die ab dem 1.4.2017 geltende Fassung des AÜG wurde in **§ 16 AÜG** um **fünf neue Bußgeldtatbestände** ergänzt, um die Einhaltung der neuen gesetzlichen Vorgaben umfänglich sicherzustellen. Bußgeldbewehrt sind nun (i) der Verstoß gegen das Verbot der Kettenüberlassung (§ 16 Abs. 1 Nr. 1b AÜG), (ii) der Verstoß gegen die Offenlegungspflicht (§ 16 Abs. 1 Nr. 1c AÜG), (iii) der Verstoß gegen die Konkreti-

374

---

711 Vgl. hierzu z.B.: Stellungnahme des Bundesarbeitgeberverbandes der Personaldienstleister e.V. (BAP) v. 14.10.2016 in der Zusammenfassung der schriftlichen Stellungnahmen des Ausschusses für Arbeit und Soziales des Deutschen Bundestages, Ausschussdrucksache 18(11)758, 143.
712 *Böhm*, NZA 2016, 528, 531.

sierungspflicht (§ 16 Abs. 1 Nr. 1d AÜG), (iv) der Verstoß gegen die Höchstüberlassungsdauer (§ 16 Abs. 1 Nr. 1e AÜG) sowie (v) der Verstoß gegen das Verbot des Streikbrechereinsatzes (§ 16 Abs. 1 Nr. 8a AÜG). Die neuen **Tatbestände betreffen teils ausschließlich den Verleiher** (§ 16 Abs. 1 Nr. 1e AÜG), **teils nur den Entleiher** (§ 16 Abs. 1 Nr. 8a AÜG) und **teils Verleiher und Entleiher gleichermaßen** (§§ 16 Abs. 1 Nr. 1b, Nr. 1c, Nr. 1d AÜG). Redaktionell angepasst wurde darüber hinaus § 16 Abs. 1 Nr. 7a AÜG (Verstoß gegen das Gleichstellungsgebot) und § 16 Abs. 1 Nr. 7b AÜG (Verstoß gegen die Mindestlohnuntergrenze), die nun auf den neu gefassten § 8 AÜG (Grundsatz der Gleichstellung) verweisen.

Die Gesetzessystematik des § 16 AÜG ist durch die Gesetzesänderung unverändert geblieben. § 16 Abs. 1 AÜG erfasst die Bußgeldtatbestände, § 16 Abs. 2 AÜG die maximale Bußgeldhöhe je Verstoß und § 16 Abs. 3–5 AÜG regeln das Verfahren der Ordnungswidrigkeitenverfolgung.

Die **Vorschriften des Gesetzes über Ordnungswidrigkeiten** finden nach § 2 OWiG im Rahmen des § 16 AÜG ergänzend Anwendung. Bei Anwendung der neu eingefügten Bußgeldtatbestände ist daher § 4 Abs. 1 OWiG zu beachten, der ein Rückwirkungsverbot normiert.[713]

Es gilt das **Prinzip der Organhaftung**.[714] Sind Verleiher oder Entleiher keine natürlichen Personen, sondern juristische Personen oder Personenhandelsgesellschaften, richtet sich in diesen Fällen das Bußgeldverfahren nach §§ 9,29 OWiG gegen das vertretungsberechtigte Organ, den vertretungsberechtigten Gesellschafter, den Prokuristen sowie sonstige Personen mit Leitungsverantwortlichkeit. Hat die vertretungsberechtigte Person tatbestandsmäßig gehandelt, kann gemäß § 30 OWiG eine Geldbuße auch gegen die juristische Person bzw. Personenhandelsgesellschaft verhängt werden, wenn diese bereichert worden ist oder werden sollte.[715]

Sofern ein Mitarbeiter des Verleihers bzw. Entleihers, der nicht zur Geschäftsführung bzw. Vertretung berufen ist, den Ordnungswidrigkeitentatbestand verwirklicht hat, kann der Betriebsinhaber gleichwohl nach § 130 OWiG verfolgt werden, sollte er die erforderlichen Aufsichtsmaßnahmen vorsätzlich oder fahrlässig unterlassen haben.[716]

2. Neue objektive Bußgeldtatbestände des § 16 AÜG

a) Verbot der Kettenüberlassung, § 16 Abs. 1 Nr. 1b AÜG

375 § 16 Abs. 1 Nr. 1b AÜG adressiert sowohl Verleiher wie Entleiher. Danach handelt ordnungswidrig, wer einen Leiharbeitnehmer überlässt oder tätig werden lässt, der

---

713 Thüsing/*Kudlich*, ZWH 2011, 90, 95.
714 BeckOK-ArbR/*Motz*, § 16 AÜG Rn 2; Thüsing/*Kudlich*, § 16 Rn 4.
715 OLG Düsseldorf v. 16.11.1995 – 5 Ss (OWi) 387/95, (OWi) 174/95 I – BB 1996, 79, 80; *Boemke/Lembke*, § 16 AÜG Rn 9.
716 Siehe *Boemke/Lembke*, § 16 AÜG Rn 9.

in keinem Arbeitsverhältnis zum Verleiher steht. Hiermit wird das nun erstmals in § 1 Abs. 1 S. 3 AÜG gesetzlich verankerte Verbot der sogenannten Kettenüberlassung sanktioniert (siehe im Einzelnen Rdn 27 ff.). Zwar war es seit jeher Rechtsauffassung der Bundesagentur für Arbeit, dass eine Kettenüberlassung unzulässig ist.[717] Da sich jedoch bislang keine gesetzliche Regelung hierzu fand, konnte die Bundesagentur Verstöße gegen eine Kettenüberlassung auch nahezu nicht sanktionieren.[718]

Nunmehr ist in § 1 Abs. 1 S. 3 AÜG ausdrücklich vorgesehen, dass die Überlassung von Arbeitnehmern zukünftig nur dann zulässig ist, wenn zwischen dem überlassenen Unternehmen und dem jeweiligen Arbeitnehmer ein Arbeitsverhältnis besteht.

Ein Verstoß hiergegen wird mit einem **Bußgeld** in Höhe von bis zu 30.000 EUR je Einzelfall sanktioniert. Zuständige Kontrollbehörde ist die Bundesagentur für Arbeit.[719]

b) Verstoß gegen die Offenlegungspflicht, § 16 Abs. 1 Nr. 1c AÜG

Nach § 16 Abs. 1 Nr. 1c AÜG ist es – für Verleiher wie Entleiher – bußgeldbewehrt, wenn die Überlassung der Leiharbeitnehmer nicht ausdrücklich in dem Vertrag zwischen Entleiher und Verleiher als Arbeitnehmerüberlassung bezeichnet ist, *bevor* der Leiharbeitnehmer überlassen oder tätig wird (siehe im Einzelnen zur Offenlegungspflicht Rdn 176 ff.). Ziel des Gesetzgebers ist es, hierdurch sogenannte Vorrats- oder Absicherungs-Arbeitnehmerüberlassungserlaubnisse auszuhebeln. Damit ist es nun nicht mehr, wie bislang, möglich, einen Scheinwerk- bzw. Scheindienstvertrag in eine Arbeitnehmerüberlassung unter gleichzeitiger Berufung auf eine dem Auftragnehmer (vorsorglich) erteilte Erlaubnis zur Arbeitnehmerüberlassung umzudeuten. Auf eine rechtmäßige, da von einer Arbeitnehmerüberlassungserlaubnis gedeckte Arbeitnehmerüberlassung, sollen sich die Vertragsparteien nur dann berufen können, wenn sie den Vertrag im Vorfeld ausdrücklich als Arbeitnehmerüberlassung deklariert haben.

Hiervon betroffen sind insbesondere Mitarbeiter von Dienstleistern, die in die Betriebsabläufe des Kunden stark integriert sind, ohne dass die Vertragsparteien dies bislang als Arbeitnehmerüberlassung qualifiziert haben bzw. als solche qualifizieren wollten. Vielfach verfügten bislang IT-Dienstleister, Engineering-Unternehmen, Caterer oder Promotion-Agenturen über eine Arbeitnehmerüberlassungserlaubnis für den Fall, dass eine zwischen ihnen und ihrem jeweiligen Kunden

---

717 Vgl. GA AÜG (Stand: Januar 2016), Ziffer 1.1.2., Abs. 11 und Abs. 12.
718 *Bertram*, AIP12/2015, 3, 6; *Zimmermann*, BB 2016, 53, 53.
719 Nach Ziffer 16.2 GA AÜG (Stand: Januar 2016) sind für die Verfolgung und Ahndung der Ordnungswidrigkeiten bei der Bundesagentur für Arbeit nicht die Teams Sachbearbeitung Arbeitnehmerüberlassung, sondern die Teams der Ordnungswidrigkeiten-Sachbearbeitung zuständig.

praktizierte Vertragsbeziehung zu einer Arbeitnehmerüberlassung umgedeutet wird.[720] Für einen solchen Fall war der Kunde bislang durch diese Arbeitnehmerüberlassungserlaubnis vor etwaigen ihn treffenden Rechtsfolgen geschützt. Dies wird durch die Offenlegungspflicht nunmehr verhindert.

Ein **Verstoß** gegen § 16 Abs. 1 Nr. 1c AÜG wird **nicht durch die Festhaltenserklärung des Leiharbeitnehmers** nach § 9 Abs. 2 AÜG „geheilt".[721]

Verstöße gegen § 16 Abs. 1 Nr. 1c AÜG werden mit einem **Bußgeld** von bis zu 30.000 EUR geahndet. Zuständige Verwaltungsbehörden sind die Behörden der Zollverwaltung.

c) Verstoß gegen die Konkretisierungspflicht, § 16 Abs. 1 Nr. 1d AÜG

377 Bußgeldbewehrt nach § 16 Abs. 1 Nr. 1d AÜG ist, wenn die Person des Leiharbeitnehmers *vor* der Überlassung nicht namentlich konkretisiert wurde (§ 1 Abs. 1 S. 6 AÜG). Diese Verpflichtung trifft sowohl den Verleiher wie den Entleiher.

Nach der Gesetzesbegründung sollen durch § 1 Abs. 1 S. 6 AÜG sowie der in § 1 Abs. 1 S. 5 AÜG geregelten Offenlegungspflicht *„missbräuchliche Gestaltungen des Fremdpersonaleinsatzes in Form der verdeckten Arbeitnehmerüberlassung"* vermieden werden.[722] § 1 Abs. 1 S. 6 AÜG soll hierzu beitragen, indem vor der Überlassung die Person des Leiharbeitnehmers konkretisiert und damit die Arbeitnehmerüberlassung offengelegt wird. Nicht ausdrücklich normiert ist jedoch, ob das Konkretisierungsgebot dem Schriftformerfordernis der § 12 Abs. 1 S. 1 AÜG, §§ 126, 126a BGB zu genügen hat[723] oder ob die Konkretisierung auch mündlich oder in Textform erfolgen kann.[724] § 1 Abs. 1 S. 6 AÜG spricht allein davon, dass die Person des Leiharbeitnehmers *„unter Bezugnahme auf diesen Vertrag"*, d.h. dem Arbeitnehmerüberlassungsvertrag, zu konkretisieren ist. Hieraus ergibt sich nicht, dass die Konkretisierung selbst den Anforderungen des § 12 AÜG genügen muss. Vielmehr ist die Konkretisierungspflicht als eine eigenständige, neben dem Arbeitnehmerüberlassungsvertrag bestehende Verpflichtung anzusehen, die selbst nicht unter das Schriftformerfordernis des § 12 Abs. 1 S. 1 AÜG fällt.

Wie auch bei § 16 Abs. 1 Nr. 1c AÜG wird im Fall des § 16 Abs. 1 Nr. 1d AÜG der Verstoß gegen den Bußgeldtatbestand nicht dadurch „geheilt", dass der Leiharbeit-

---

720 So *Bertram*, AIP 12/2015, 3,6.
721 So ausdrücklich die Antwort der Bundesregierung vom 12.10.2016 auf die Kleine Anfrage von Bündnis 90/DIE GRÜNEN, BT-Drucks 18/9944, S. 3: *„Das Widerspruchsrecht legalisiert darüber hinaus nicht eine rechtswidrige Einsatzpraxis. Diese bleibt selbst bei einer wirksamen Ausübung des Widerspruchsrechts illegal und bußgeldbewehrt."*.
722 BT-Drucks, 18/9232, S. 18.
723 So *Zimmermann*, BB 2016, 55; offen gelassen: BeckOK-ArbR/*Motz*, § 12 AÜG Rn 3.1.
724 So *Bissels*, Rdn 203.

nehmer nach § 9 Abs. 2 AÜG erklärt hat, an dem Arbeitsverhältnis mit dem Verleiher festhalten zu wollen.

Ein Verstoß gegen die Konkretisierungspflicht ist **bußgeldbewehrt** mit bis zu 30.000 EUR je Einzelfall. Zuständige Verwaltungsbehörden sind die Behörden der Zollverwaltung.

d) Verstoß gegen die Höchstüberlassungsdauer, § 16 Abs. 1 Nr. 1e AÜG

Eine Überschreitung der 18-monatigen Höchstüberlassungsdauer nach § 1 Abs. 1b S. 1 AÜG stellt eine Ordnungswidrigkeit gemäß § 16 Abs. 1 Nr. 1e AÜG dar, sofern nicht eine längere Überlassungsdauer nach § 1 Abs. 1b S. 3–8 AÜG gerechtfertigt ist (siehe zu den Möglichkeiten der Abweichung von der gesetzlichen Höchstüberlassungsdauer von 18 Monaten Rdn 90 ff. Der Tatbestand **richtet sich ausschließlich an den Verleiher**. Die **Festhaltenserklärung** des Leiharbeitnehmers nach 9 Abs. 2 AÜG **lässt den Bußgeldtatbestand des § 16 Abs. 1 Nr. 1e AÜG unberührt**.

378

Nach dem Gesetzeswortlaut ist der Bußgeldtatbestand bereits bei einer Überschreitung der Höchstüberlassungsdauer um nur einen Tag erfüllt.[725] Der Verhältnismäßigkeitsgrundsatz gebietet es jedoch, dass dem Verstoß eine gewisse Schwere zugrunde liegt, damit der Tatbestand erfüllt ist (vgl. auch oben Rdn 373).

Die Höhe der **Geldbuße** kann gemäß § 16 Abs. 2 AÜG bis zu 30.000 EUR betragen. Zuständige Kontrollbehörde ist die Bundesagentur für Arbeit.

e) Verstoß gegen den Gleichstellungsgrundsatz, § 16 Abs. 1 Nr. 7a AÜG

Gleichstellungsgrundsatz

379

Nach § 16 Abs. 1 Nr. 7a AÜG handelt der Verleiher ordnungswidrig, wenn er entgegen § 8 Abs. 1 S. 1 AÜG oder § 8 Abs. 2 S. 2 oder 4 AÜG dem Leiharbeitnehmer eine ihm zustehende Arbeitsbedingung nicht gewährt. Dieser Tatbestand **adressiert allein den Verleiher** und umfasst folgende Gestaltungsvarianten: Sanktioniert wird der Verstoß gegen den Gleichstellungsgrundsatz nach § 8 Abs. 1 S. 1 AÜG (**Equal Treatment**) bzw. – bei einem Abweichen vom Gleichstellungsgrundsatz durch Tarifvertrag nach § 8 Abs. 2 S. 2 AÜG –, das Nichtgewähren der tariflichen Leistung oder, bei tarifvertraglicher Unterschreitung des Mindeststundenentgelte (§ 8 Abs. 2 S. 4 AÜG), die Nichtzahlung des gleichwertigen Arbeitsentgelts (**Equal Pay**).

Voraussetzung des § 16 Abs. 1 Nr. 7a AÜG ist allein, dass der Verleiher die dem Leiharbeitnehmer zustehende Arbeitsbedingung tatsächlich „*nicht gewährt*". Demzufolge ist es für die Erfüllung des Bußgeldtatbestandes unerheblich, ob die zu-

---

725 Vgl. hierzu auch Stellungnahme von *Prof. Dr. Martin Henssler* v. 12.10.2016 in der Zusammenfassung der schriftlichen Stellungnahmen des Ausschusses für Arbeit und Soziales des Deutschen Bundestages, Ausschussdrucksache 18(11)741, 49.

grundeliegende arbeitsvertragliche Regelung rechtmäßig ist. Es ist allein entscheidend, dass der Leiharbeitnehmer die ihm zustehende Vergütung, bzw. die ihm zu gewährenden Arbeitsbedingungen, tatsächlich nicht (vollständig) erhalten hat.

Auf eine Definition des für diesen Bußgeldtatbestand wesentlichen Begriffs des **Equal Pay** hat der Gesetzgeber verzichtet und stattdessen allein auf die bislang zu § 10 Abs. 4 S. 1 AÜG a.F. ergangene Rechtsprechung verwiesen.[726] Aufgrund der **fehlenden gesetzlichen Definition** wird die korrekte Berechnung des Equal Pay eine kaum zu meisternde Herausforderung für den Verleiher darstellen, wenn man die praktischen Schwierigkeiten bei der Ermittlung der Fakten bedenkt.[727] Für die Erfüllung dieses Bußgeldtatbestandes ist daher unter Verhältnismäßigkeitsgesichtspunkten eine gewisse Schwere des Verstoßes vorauszusetzen.[728] Andernfalls könnte bereits ein Berechnungsfehler zu einer Ordnungswidrigkeit führen. Dies ist mit dem Verhältnismäßigkeitsgrundsatz nicht vereinbar.

Bei einem Verstoß drohen **Bußgelder** bis zu 500.000 EUR. Zuständige Kontrollbehörde ist die Bundesagentur für Arbeit.

f) Verstoß gegen die Gewährung des Mindestentgeltes, § 16 Abs. 1 Nr. 7b AÜG

380 § 16 Abs. 1 Nr. 7b AÜG verweist nun auf § 8 Abs. 5 AÜG, der inhaltsgleich mit § 10 Abs. 5 AÜG a.F. ist. Gemäß § 16 Abs. 1 Nr. 7b AÜG handelt der Verleiher **ordnungswidrig**, wenn er dem Leiharbeitnehmer ein **Entgelt** zahlt, das **unter dem in einer Rechtsverordnung** nach § 3a Abs. 2 AÜG **festgesetzten Mindeststundenentgelt** liegt. Ebenso bußgeldbewehrt ist, wenn die Zahlung nicht rechtzeitig erfolgt.

Im Falle eines Verstoßes gegen § 8 Abs. 5 AÜG drohen **Bußgelder** bis zu 500.000 EUR. Zuständige Kontrollbehörde ist die Bundesagentur für Arbeit.

g) Verstoß gegen das Verbot des Einsatzes von Leiharbeitnehmern während eines Streiks, § 16 Abs. 1 Nr. 8a AÜG

381 Nach § 16 Abs. 1 Nr. 8a AÜG ist bußgeldbewehrt, wenn der Entleiher Leiharbeitnehmer tätig werden lässt, obwohl der Betrieb unmittelbar durch einen Arbeitskampf betroffen ist. Dieser Bußgeldtatbestand **adressiert allein den Entleiher**. Bislang hat das AÜG einem Leiharbeitnehmer lediglich das Recht gegeben, im Falle eines Streiks in seinem Einsatzbetrieb seine Arbeitsleistung zu verweigern. Der

---

726 BT-Drucks, 18/9232, S. 22.
727 Stellungnahme von *Prof. Dr. Martin Henssler* v. 12.10.2016 in der Zusammenfassung der schriftlichen Stellungnahmen des Ausschusses für Arbeit und Soziales des Deutschen Bundestages, Ausschussdrucksache 18(11)741, 49.
728 So zur Vorgängerregelung: BeckOK-ArbR/*Motz*, § 16 AÜG Rn. 45; *Lembke/Boemke*, § 16 AÜG Rn 42.

Leiharbeitnehmer sollte nicht als Streikbrecher fungieren müssen, gleichwohl sollte er diese Möglichkeit behalten. Die **igZ- und BAP-Tarifverträge sahen bereits bislang ein Verbot des Streikeinsatzes vor.** Danach ist es solchen Zeitarbeitsunternehmen, die den igZ- oder BAP-Tarifvertrag zur Anwendung bringen, tariflich untersagt, diejenigen Leiharbeitnehmer, für die diese Tarifverträge galten, im Falle eines Streiks im Kundenbetrieb einzusetzen. Soweit mit einem Leiharbeitnehmer jedoch vereinbart wurde, dass auf sein Arbeitsverhältnis (zeitweise) kein Zeitarbeits-Tarifvertrag anwendbar sein sollte, sondern das gesetzliche Prinzip des Equal Treatment, galt weiterhin die bisherige gesetzliche Regelung eines bloßen Leistungsverweigerungsrechts zugunsten des Leiharbeitnehmers.[729] Von dieser Möglichkeit hat insbesondere der Einzelhandel Gebrauch gemacht.

Nun ist es unerheblich, ob der jeweilige Leiharbeitnehmer einem Tarifvertrag der Zeitarbeitsbranche oder dem Equal Treatment Prinzip unterfällt. Im Falle eines Einsatzes des Leiharbeitnehmers in einem unmittelbar durch Arbeitskampf betroffenen Betrieb, ist der Bußgeldtatbestand des § 16 Abs. 1 Nr. 8a AÜG erfüllt, wenn nicht die Ausnahme des § 11 Abs. 5 S. 2 AÜG greift (siehe hierzu im Einzelnen Rdn 227 ff.).

Für jeden Verstoß gegen das Streikbrecher-Verbot soll ein Bußgeld in Höhe von bis zu 500.000 EUR zu zahlen sein. Nach der Gesetzesbegründung soll bei der Festlegung der Höhe des Bußgeldes insbesondere berücksichtigt werden, wie viele und wie lange Leiharbeitnehmer eingesetzt worden sind.[730] Zuständige Kontrollbehörde ist die Bundesagentur für Arbeit.

3. Subjektiver Tatbestand

Die Ordnungswidrigkeitentatbestände des § 16 AÜG können **sowohl vorsätzlich wie fahrlässig** begangen werden (vgl. Einleitungssatz § 16 Abs. 1 AÜG).

382

Vorsatz liegt vor, wenn der Täter alle Umstände kennt, die zum gesetzlichen Tatbestand gehören und den Eintritt des tatbestandlichen Erfolgens zumindest billigend in Kauf nimmt.[731] **Fahrlässigkeit** liegt demgegenüber vor, wenn der Täter die Sorgfalt, zu der er nach objektiven Umständen und seinen subjektiven Fähigkeiten verpflichtet und im Stande ist, außer Acht lässt und es hierdurch zur Tatbestandsverwirklichung kommt.[732]

Sofern der Täter zwar die Umstände, die zur Tatbestandsverwirklichung führen kennt, er jedoch hieraus die falschen rechtlichen Schlussfolgerungen zieht und sein Verhalten als rechtmäßig ansieht, kann ein **schuldbefreiender Verbotsirrtum nach § 11 Abs. 2 OWiG** in Betracht kommen. Nach § 11 Abs. 2 OWiG entfällt der

---

729 *Bertram*, AIP 12/2015, 3, 6.
730 BT-Drucks 18/9232, S. 31.
731 Vgl. *Gercke/Kraft/Richter*, Arbeitsstrafrecht, Rn 598.
732 Vgl. *Gercke/Kraft/Richter*, Arbeitsstrafrecht, Rn 599; Schüren/Hamann/*Stracke*, § 16 Rn 53.

Schuldvorwurf jedoch nur dann, wenn der Irrtum nicht vermeidbar war. Dies ist anzunehmen, wenn Verleiher oder Entleiher alle ihre geistigen Erkenntniskräfte eingesetzt und etwaige Zweifel erforderlichenfalls durch Einholung von Rechtsrat beseitigt haben.[733]

III. Rechtsfolgen
1. Höhe der Geldbuße nach § 16 Abs. 2 AÜG

383 § 16 Abs. 2 AÜG legt die **Maximalhöhe der zu zahlenden Geldbuße** für die jeweiligen Ordnungswidrigkeiten nach § 16 Abs. 1 AÜG fest. Die Maximalhöhe der neu eingefügten Bußgeldtatbestände variiert zwischen 30.000 EUR (§§ 16 Abs. 1 Nr. 1b, Nr. 1c, Nr. 1d, und Nr. 1e AÜG) und 500.000 EUR (§§ 16 Abs. 1 Nr. 7a, 7b und Nr. 8a AÜG). Das Mindestbußgeld beträgt gemäß § 17 Abs. 1 OWiG 5 EUR.

Bei der **Bemessung der Höhe der Geldbuße** ist zu beachten, dass nach § 17 Abs. 2 OWiG fahrlässiges Handeln höchstens mit der Hälfte des angedrohten Maximalbetrages geahndet werden kann. Darüber hinaus sind nach § 17 Abs. 3 OWiG bei der konkreten Bemessung der Geldbuße die Bedeutung der erfüllten Ordnungswidrigkeit (Anhaltspunkt hierfür ist u.a. der gesetzliche Bußgeldrahmen, Ausmaß der Gefährdung des geschützten Rechtsguts) und der Vorwurf, der den Täter trifft (z.B. absichtlicher Verstoß oder Nachlässigkeit), zu berücksichtigen. Geschütztes Rechtsgut des § 16 AÜG ist neben der Herstellung geordneter Verhältnisse bei der Arbeitnehmerüberlassung insbesondere der Schutz der Leiharbeitnehmer.[734] Insofern muss bei der Bemessung der Geldbuße berücksichtigt werden, ob eine Gefährdung des geschützten Rechtsgutes, d.h. der Leiharbeitnehmer, überhaupt eingetreten ist.

> *Praxishinweis*
> Die **Frage, ob überhaupt ein geschütztes Rechtsgut gefährdet wurde**, spielt insbesondere in den Fällen eine Rolle, in denen nach § 10 AÜG ein Arbeitsverhältnis zwischen Leiharbeitnehmer und Entleiher fingiert wird, der Leiharbeitnehmer aber eine wirksame **Festhaltenserklärung** nach § 9 Abs. 2 AÜG abgegeben hat. In diesen Fällen bleibt der Ordnungswidrigkeitstatbestand des § 16 AÜG zwar bestehen. Allerdings dürfte das Verhalten des Leiharbeitnehmers bei der Bemessung des Bußgeldes strafmindernd zu berücksichtigen sein, da die Festhaltenserklärung des Leiharbeitnehmers indiziert, dass jedenfalls keine Gefährdung des Leiharbeitnehmers vorgelegen hat.[735]

Schließlich sieht **§ 17 Abs. 4 S. 1 OWiG** eine **Abschöpfung des erzielten Vorteils** vor. Sollte dazu die Überschreitung des Bußgeldrahmens erforderlich sein, ist dies zulässig. Da es sich bei § 17 Abs. 4 S. 1 OWiG um eine **Ermessensentscheidung**

---

733 BeckOK/*Valerius*, § 11 OWiG Rn 37.
734 *Boemke/Lembke*, § 16 AÜG Rn 7.
735 Vgl. *Seel*, öAT 2016, 27, 29.

handelt, ist die zuständige Behörde allerdings selbst dann nicht zur Abschöpfung verpflichtet, wenn sie die Ordnungswidrigkeit sanktionieren möchte.[736] Die Geldbuße kann mithin aus den beiden Komponenten der Sanktion sowie der Vorteilsabschöpfung bestehen oder lediglich eine Komponente berücksichtigen. So kann beispielsweise auf den Sanktionsanteil verzichtet und allein der gezogene Vorteil abgeschöpft werden. Dies kann in Betracht kommen, wenn sich das Verschulden des Täters als gering darstellt und nicht geahndet werden soll.

> *Praxishinweis*
> **Statt eines Bußgeldbescheides** kann die zuständige Behörde bei Vorliegen der Voraussetzungen auch einen **Verfallbescheid nach § 29a OWiG** erlassen und den Verfall der aus der Tat erlangten Vorteile anordnen. In diesem Fall erfolgt – unabhängig von der Höhe des hierin angeordneten Verfalls – keine Eintragung in das Gewerbezentralregister (siehe hierzu Rdn 384).

2. Sonstige Rechtsfolgen

Rechtskräftige Bußgeldentscheidungen werden nach § 149 Abs. 2 Nr. 3 GewO in das **Gewerbezentralregister** eingetragen, wenn die Geldbuße mehr als 200 EUR beträgt.

384

> *Praxishinweis*
> Eine Eintragung in das Gewerbezentralregister erfolgt jedoch nur dann, wenn ein einzelnes Bußgeld die Schwelle von 200 EUR übersteigt (vgl. § 149 Abs. 2 S. 1 OwiG). Werden bei einer Kontrolle durch die Aufsichtsbehörden mehrere bußgeldbewehrte Verstöße festgestellt, die allesamt die Eintragungsfähigkeitsgrenze von 200 EUR nach § 149 Abs. 2 S. 1 OwiG unterschreiten, so erfolgt insgesamt keine Eintragung (§ 151 Abs. 3 OwiG).[737]

Überdies ist zu beachten, dass gemäß **§ 21 Abs. 1 Nr. 3 SchwarzArbG** bei einer Verwirklichung der Ordnungswidrigkeiten in den Fällen der §§ 16 Abs. 1 Nr. 1, 1c, 1d, 1f und 2 AÜG der **Ausschluss von öffentlichen Aufträgen** bis zu einer Dauer von drei Jahren droht. Somit droht nun auch ein Ausschluss von der öffentlichen Auftragsvergabe, wenn gegen die (i) Offenlegungspflicht nach § 1 Abs. 1 S. 5 AÜG und/oder (ii) die Konkretisierungspflicht nach § 1 Abs. 1 S. 6 AÜG verstoßen wurde.

IV. Verjährung

Die Verjährungsfristen für die Ordnungswidrigkeitentatbestände richten sich nach § 31 OWiG. Hiernach gelten für die neuen Bußgeldtatbestände folgende Fristen:

385

---

736 *Heerspink*, AO-StB 2012, 123, 124.
737 BeckOK/*Kirchesch*, § 151 OwiG Rn 5; *Erbs/Kohlhaas*, § 151 OwiG Rn 3.

§ 5 Die Reform des AÜG

- Vorsatz- und Fahrlässigkeitstaten nach §§ 16 Abs. 1 Nr. 7a, 7b, 8a AÜG: **drei Jahre**,
- Vorsatztaten nach §§ 16 Abs. 1 Nr. 1b, Nr. 1c, Nr. 1d, Nr. 1e AÜG: **drei Jahre**,
- Fahrlässigkeitstaten nach §§ 16 Abs. 1 Nr. 1b, Nr. 1c, Nr. 1d, Nr. 1e AÜG: **zwei Jahre**.

V. Überblick Sanktionen

386

Verstoß	Bußgeld	Versagung / Widerruf AÜ-Erlaubnis	Fiktion eines Arbeitsverhältnisses
Kettenverleih (§ 16 Abs. 1 Nr. 1b AÜG)	Bußgeld bis 30.000 EUR für Verleiher und Entleiher (§ 16 Abs. 2 AÜG)	Kriterium innerhalb Zuverlässigkeitsprüfung gemäß § 3 Abs. 1 Nr. 1 AÜG	–
Verstoß gegen Offenlegungspflicht (§ 16 Abs. 1 Nr. 1c AÜG)	Bußgeld bis 30.000 EUR für Verleiher und Entleiher (§ 16 Abs. 2 AÜG)	–	§§ 9 Abs. 1 Nr. 1a, 10 Abs. 1 S. 1 AÜG
Verstoß gegen Konkretisierungspflicht (§ 16 Abs. 1 Nr. 1d AÜG)	Bußgeld bis 30.000 EUR für Verleiher und Entleiher (§ 16 Abs. 2 AÜG)	–	§§ 9 Abs. 1 Nr. 1a, 10 Abs. 1 S. 1 AÜG
Höchstüberlassungsdauer (§ 16 Abs. 1 Nr. 1e AÜG)	Bußgeld bis 30.000 EUR für Verleiher (§ 16 Abs. 2 AÜG)	Kriterium innerhalb Zuverlässigkeitsprüfung gemäß § 3 Abs. 1 Nr. 1 AÜG	§§ 9 Abs. 1 Nr. 1b, 10 Abs. 1 S. 1 AÜG
Equal Treatment (§ 16 Abs. 1 Nr. 7a AÜG)	Bußgeld bis EUR 500.000,00 für Verleiher (§ 16 Abs. 2 AÜG)	Erlaubnis ist zu versagen gemäß § 3 Abs. 1 Nr. 3 AÜG	–
Mindeststundenentgelt (§ 16 Abs. 1 Nr. 7b AÜG)	Bußgeld bis 500.000 EUR für Verleiher (§ 16 Abs. 2 AÜG)	Erlaubnis ist zu versagen gemäß § 3 Abs. 1 Nr. 3 AÜG	–
Einsatz Leiharbeitnehmer als Streikbrecher (§ 16 Abs. 1 Nr. 8a AÜG)	Bußgeld bis 500.000 EUR für Entleiher (§ 16 Abs. 2 AÜG)	–	–

M. Übergangsregelungen

Dr. Katrin Stamer

Literatur:

Baeck/Hies/Winzer, Neuere Entwicklungen im Arbeitsrecht Zweiter Referentenentwurf zur Änderung des Arbeitnehmerüberlassungsgesetzes und anderer Gesetze, NZG 2016, 415; *Bissels/Falter*, Bundestag billigt die AÜG-Reform – mit einigen überraschenden Änderungen, DB 2016, 2789; *Franzen*, Tarifdispositive Gestaltung einer Höchstüberlassungsdauer nach AÜG, ZfA 2016, 25; *Seel*, Neue Spielregel für die Arbeitnehmerüberlassung – Eine Analyse des Referentenentwurf des AÜG, öAT 2016, 27; *Zimmermann*, Der Referentenentwurf zur AÜG-Reform 2017, BB 2016, 53.

I. Allgemeines

Das Gesetz zur Änderung des Arbeitnehmerüberlassungsgesetzes und anderer Gesetze tritt nunmehr am 1.4.2017 in Kraft, vgl. Art. 7 AÜG-ÄndG. Die bereits in der bis 31.3.2017 geltenden Fassung des § 19 AÜG enthaltene **Übergangsvorschrift** wurde in den neuen § 19 Abs. 1 AÜG übernommen. Dabei wurden redaktionelle Änderungen vorgenommen. Demnach findet weiterhin die sog. Drehtürklausel keine Anwendung auf Leiharbeitsverhältnisse, die vor dem 15.12.2010 begründet worden sind. Die vormals in § 3 Abs. 1 Nr. 3 S. 4 und § 9 Nr. 2 letzter Hs. AÜG untergebrachte Drehtürklausel ist allerdings nunmehr als Grundsatz in § 8 Abs. 3 AÜG verankert. Folgerichtig nimmt der neue § 19 Abs. 1 AÜG nun Bezug auf § 8 Abs. 3 AÜG. Überdies wurde § 19 AÜG um einen zweiten Absatz ergänzt. Nach dem neuen § 19 Abs. 2 AÜG werden Überlassungszeiten vor dem Inkrafttreten, also dem 1.4.2017, bei der Berechnung der Höchstüberlassungsdauer nach § 1 Abs. 1b AÜG und der Berechnung der Überlassungszeiten nach § 8 Abs. 4 S. 1 AÜG nicht berücksichtigt.

387

1. Drehtürklausel

Mit der Übernahme des bisherigen § 19 AÜG in den neuen Abs. 1 gilt weiterhin, dass die sog. **Drehtürklausel** auf vor dem 15.12.2010 begründete Leiharbeitsverhältnisse nicht anzuwenden ist, wobei der Anwendungsbereich der Übergangsregelung beschränkt ist (dazu nachfolgend Rdn 391).[738]

388

Die Übergangsvorschrift in der bis 31.3.2017 geltenden Fassung war durch das Gesetz zur Änderung des Arbeitnehmerüberlassungsgesetzes und des Schwarzarbeitsbekämpfungsgesetzes v. 20.7.2011[739] eingefügt worden. Mit dem Wortlaut der zuvor geltenden Fassung, die wiederum mit dem Ersten Gesetz zur Änderung des Arbeitnehmerüberlassungsgesetzes – Verhinderung von Missbrauch der Arbeitneh-

389

---

738 § 19 AÜG a.F. war nicht befristet, vgl. dazu *Boemke/Lembke*, § 19 AÜG Rn 5; *Thüsing*, § 19 Rn 3.
739 BGBl I 2011, 1506.

merüberlassung vom 28.4.2011 (1. AÜG-ÄndG)[740] eingefügt worden war, war der Gesetzgeber erkennbar über das Ziel hinausgeschossen.[741] Wenngleich es nämlich seinerzeit in der Gesetzesbegründung geheißen hatte, dass mit der Übergangsvorschrift geregelt werde, „dass die sogenannte Drehtürklausel auf vor dem 15.12.2010 begründete Leiharbeitsverhältnisse nicht anzuwenden ist",[742] hatte § 19 in der mit dem 1. AÜG-ÄndG implementierten Fassung kurzerhand § 3 Abs. 1 Nr. 3 und § 9 Nr. 2 AÜG einschränkungslos für auf vor dem 15.12.2010 begründete Leiharbeitsverhältnisse unanwendbar erklärt.[743] Damit war seinerzeit beispielsweise auch die Einhaltung der **Mindeststundenentgelte** nach § 3a Abs. 2 AÜG für vor dem 15.12.2010 begründete Leiharbeitsverhältnisses für unanwendbar erklärt worden. Mit der durch das Gesetz zur Änderung des Arbeitnehmerüberlassungsgesetzes und des Schwarzarbeitsbekämpfungsgesetzes vom 20.7.2011 erfolgten Gesetzesänderung war dann die Klarstellung erfolgt.[744] Im Umkehrschluss folgte daraus, dass die weiteren mit dem 1. AÜG-ÄndG vorgenommenen Änderungen des AÜG seither auch für vor dem 15.12.2010 begründete Leiharbeitsverhältnisse galten.[745]

390 Ab dem 15.12.2010 begründete Leiharbeitsverhältnisse unterfielen und unterfallen mithin der Drehtürklausel. Wenn also Leiharbeitnehmer, deren Leiharbeitsverhältnis ab dem 15.12. 2010 begründet wurde oder wird, in den letzten sechs Monaten vor der Überlassung an den Entleiher aus einem Arbeitsverhältnis bei diesem oder einem mit dem Entleiher nach § 18 AktG verbundenen Arbeitgeber ausgeschieden waren, gilt der **Equal Pay/Equal Treatment Grundsatz**, selbst wenn für das Leiharbeitsverhältnis ein abweichender Tarifvertrag zur Anwendung käme.[746]

391 Die die Drehtürklausel betreffenden Regelungen traten nach Art. 2 Abs. 2 1. AÜG-ÄndG am Tag nach der Verkündung am 29.4.2011 in Kraft. Für vor Inkrafttreten der Regelung liegende Zeiten eines Rückverleihs findet die Drehtürklausel also unabhängig vom Datum der Begründung des Leiharbeitsverhältnisses allgemein keine Anwendung.[747] Damit kommt die Übergangsregelung im damaligen § 19 AÜG, jetzigen § 19 Abs. 1 AÜG, folglich ebenfalls nur zum Tragen, wenn der Arbeitnehmer, dessen **Leiharbeitsverhältnis vor dem 15.12.2010** begründet worden ist, zwischen dem 30.10.2010 bis zum 14.12.2010 bei dem Arbeitgeber ausgeschieden war, an den er dann ab dem 30.4.2011 „rückverliehen" wurde.

---

740 BGBl I 2011, 642.
741 *Boemke/Lembke*, § 19 AÜG Rn 4.
742 BT-Drucks 17/4804, 11.
743 Zum Verstoß gegen Gemeinschaftsrecht vgl. nur *Ulber*, § 19 Rn 3.
744 Vgl. BT-Drucks 17/5761, 8.
745 *Thüsing*, § 19 Rn 3; eine Rückwirkung des korrigierten § 19 AÜG hinsichtlich der Zeit ab dem 30.4.2011 hatte der Gesetzgeber allerdings nicht angeordnet, *Boemke/Lembke*, § 19 AÜG Rn 5.
746 Vgl. dazu *Boemke/Lembke*, § 19 AÜG Rn 8.
747 Vgl. dazu *Boemke/Lembke*, § 19 AÜG Rn 8; vgl. dazu auch BT-Drucks 17/5761, 11.

M. Übergangsregelungen § 5

Damit wird auch deutlich, weshalb es der Fortgeltung der bisherigen Übergangsregelung im neuen § 19 Abs. 1 AÜG überhaupt bedurfte. Auf diese Weise wird klargestellt, dass für vor dem 15.12.2010 begründete Leiharbeitsverhältnisse die **Drehtürklausel dauerhaft nicht gilt**.[748] Wäre die fehlende Anwendung nicht fortgeschrieben worden, könnten betroffene Leiharbeitnehmer nunmehr für solche Rückverleihzeiten ggfls. Equal Pay/Equal Treatment Ansprüche reklamieren, die bislang lediglich wegen der Unanwendbarkeit der Drehtürklausel ausgeschlossen waren. Die Einrede der Verjährung könnte nicht erhoben werden, weil bis dato wegen Unanwendbarkeit der Drehtürklausel keine entsprechenden Ansprüche bestanden hätten.

392

Dass der Gesetzgeber hinsichtlich der Bestimmungen zur Drehtürklausel nach Art. 2 Abs. 2 1. AÜG-ÄndG das vorzeitige Inkrafttreten angeordnet hatte, belegt, wie sehr ihm entsprechende Konstrukte „ein Dorn im Auge" waren. Mit dem 15.12.2010 hatte der Gesetzgeber den Tag des Kabinettsbeschlusses über den Regierungsentwurf als Stichtag für die Anwendbarkeit der Vorschriften hinsichtlich der Drehtürklausel gewählt.[749]

393

2. Höchstüberlassungsdauer

Nach § 1 Abs. 1b S. 1 AÜG darf der Verleiher denselben Leiharbeitnehmer nicht länger als 18 aufeinanderfolgende Monate demselben Entleiher überlassen; der Entleiher darf denselben Leiharbeitnehmer nicht länger als 18 aufeinanderfolgende Monate tätig werden lassen. Der Zeitraum vorheriger Überlassungen durch denselben oder einen anderen Verleiher an denselben Entleiher ist vollständig anzurechnen, wenn zwischen den Einsätzen jeweils nicht mehr als drei Monate liegen, vgl. § 1 Abs. 1b S. 2 AÜG. In einem Tarifvertrag kann ggf. eine von § 1 Abs. 1b S. 1 AÜG abweichende Höchstüberlassungsdauer festgelegt werden, § 1 Abs. 1b S. 3 AÜG (vgl. dazu im Einzelnen Rdn 90 ff.).

394

Nach dem neuen § 19 Abs. 2 AÜG werden bei der Berechnung der Höchstüberlassungsdauer nach § 1 Abs. 1b AÜG **Überlassungszeiten vor dem 1.4.2017** nicht berücksichtigt.[750]

395

Aufgrund des vorzeitigen Inkrafttretens der „Drehtürklausel" konnte der Gesetzgeber hinsichtlich § 19 AÜG a.F. seinerzeit nicht schlichtweg auf den Zeitpunkt des Inkrafttretens des 1. AÜG-ÄndG abstellen. Vielmehr musste er – unter Beachtung des Vertrauensschutzgrundsatzes – einen anderen Stichtag wählen (dazu vorstehend Rdn 391). Solche „Kunstgriffen" musste der Gesetzgeber bei Schaffung der Über-

396

---

748 Vgl. dazu auch *Boemke/Lembke*, § 19 AÜG Rn 13.
749 Vgl. dazu *Boemke/Lembke*, § 19 AÜG Rn 3.
750 Vgl. dazu *Bissels/Falter*, DB 2016, 2790.

gangsregelung nach § 19 Abs. 2 AÜG nicht bemühen. Vielmehr sind **Inkrafttreten und Vertrauensschutz** vereinheitlicht.[751] Unabhängig vom Zeitpunkt der Begründung des Leiharbeitsverhältnisses werden demnach Verleihzeiten vor Inkrafttreten des AÜG-ÄndG am 1.4.2017 für die Berechnung der Höchstüberlassungsdauer nicht berücksichtigt.

397 Nach der Gesetzesbegründung stellt die Regelung sicher, dass in die Höchstüberlassungsdauer nur Verleihzeiten ab dem Inkrafttreten des Gesetzes einzurechnen sind. **Vor Inkrafttreten** bereits zurückgelegte **Verleihzeiten** berühren die Höchstüberlassungsdauer daher nicht. Dies ermögliche es Sozialpartnern, Verleihern und Entleihern sowie den betroffenen Leiharbeitnehmerinnen und Leiharbeitnehmern, sich auf die geänderte Rechtslage einzustellen.[752]

398 Eine entsprechende Übergangsregelung hatte bereits der **Referentenentwurf** des Bundesministeriums für Arbeit und Soziales enthalten. Die Sozialpartner waren in der dortigen Begründung allerdings noch nicht angesprochen (dazu Rdn 405).[753]

3. Gleichstellungsgrundsatz

399 Nach § 8 Abs. 1 AÜG ist der Verleiher verpflichtet, dem Leiharbeitnehmer für die Zeit der Überlassung an den Entleiher die im Betrieb des Entleihers für einen vergleichbaren Arbeitnehmer des Entleihers geltenden wesentlichen Arbeitsbedingungen einschließlich des Arbeitsentgelts zu gewähren – **Gleichstellungsgrundsatz**. Nach § 8 Abs. 2 S. 1 AÜG kann ein Tarifvertrag bei Vorliegen weiterer Voraussetzungen hinsichtlich des Arbeitsentgelts vom Gleichstellungsgrundsatz abweichen (vgl. dazu im Einzelnen Rdn 140 ff.). Flankiert ist die Regelung weiterhin von der Drehtürklausel, vgl. § 8 Abs. 3 AÜG.

400 § 8 Abs. 4 S. 1 AÜG beschränkt die Abweichung vom Gleichstellungsgrundsatz hinsichtlich des Arbeitsentgelts durch Tarifvertrag auf die **ersten neun Monate** der Überlassung. Nach § 8 Abs. 4 S. 2 AÜG ist unter bestimmten Umständen eine **längere Abweichung** zulässig.

401 § 8 Abs. 4 S. 4 AÜG ordnet für die tarifvertragliche Abweichung hinsichtlich des Arbeitsentgelts vom Gleichstellungsgrundsatz ebenfalls an, dass der Zeitraum vorheriger Überlassungen durch denselben oder einen anderen Verleiher an denselben Entleiher vollständig anzurechnen ist, wenn zwischen den Einsätzen jeweils nicht mehr als drei Monate liegen (dazu im Einzelnen vgl. Rdn 140 ff.).

---

[751] Vgl. dazu auch BT-Drucks 18/10064, 16, hinsichtlich der Übernahme des veränderten Datums des Inkrafttretens in die Übergangsvorschrift des § 19 Abs. 2 AÜG, wonach es sich um eine „Folgeänderung zur Änderung des Inkrafttretens" handele.
[752] Vgl. BT-Drucks 18/9232, 31.
[753] Vgl. S. 29 im Referentenentwurf vom 16.11.2015 bzw. S. 30 im Referentenentwurf vom 17.2.2016 und vom 14.4.2016; vgl. dazu auch *Baeck/Winzer/Hies*, NZG 2016, 417.

M. Übergangsregelungen § 5

Nach dem neuen § 19 Abs. 2 AÜG werden bei der Berechnung der Überlassungszeiten nach § 8 Abs. 4 S. 1 AÜG **Überlassungszeiten vor dem 1.4.2017** nicht berücksichtigt. Auch insoweit sind Inkrafttreten und Vertrauensschutz vereinheitlicht (dazu vorstehend Rdn 396). Unabhängig vom Zeitpunkt der Begründung des Leiharbeitsverhältnisses werden Verleihzeiten vor Inkrafttreten des Gesetzes zur Änderung des Arbeitnehmerüberlassungsgesetzes und anderer Gesetze am 1.4.2017 für die Berechnung der Überlassungszeiten nach § 8 Abs. 4 S. 1 AÜG nicht berücksichtigt.

402

Nach der Gesetzesbegründung stellt die Regelung sicher, dass hinsichtlich der Neuregelung zu Equal Pay nach **neun Monaten** nur Verleihzeiten ab dem Inkrafttreten des Gesetzes einzurechnen sind. Vor dem Inkrafttreten des Gesetzes bereits zurückgelegte Verleihzeiten berührten die **9-Monatsfrist** für Equal Pay daher nicht. Dies ermögliche es Sozialpartnern, Verleihern und Entleihern sowie den betroffenen Leiharbeitnehmerinnen und Leiharbeitnehmern, sich auf die geänderte Rechtslage einzustellen.[754]

403

Die Abfassung der neuen Übergangsregelung des § 19 Abs. 2 AÜG verlief nicht ohne Umwege. So hatte der **Referentenentwurf** des Bundesministeriums für Arbeit und Soziales hinsichtlich der Möglichkeit der Abweichung vom Gleichstellungsgrundsatz noch keine Übergangsregelung enthalten. Der dortige Entwurf eines neuen § 19 Abs. 2 AÜG hatte lediglich hinsichtlich der Höchstüberlassungsdauer vorgesehen, dass erst Verleihzeiten ab dem Inkrafttreten des Gesetzes einzurechnen sind und insoweit darauf verwiesen, dass die Nichtberücksichtigung von bereits vor dem Inkrafttreten des Gesetzes zurückgelegten Verleihzeiten es Verleihern und Entleihern sowie den betroffenen Leiharbeitnehmerinnen und Leiharbeitnehmern ermögliche, sich auf die geänderte Rechtslage einzustellen (dazu Rdn 398).[755] Damit hätte ein großer Teil der Leiharbeitnehmer, die nach der bisherigen Gesetzeslage aufgrund entsprechender Tarifverträge kein Equal Pay beanspruchen konnten, ab Inkrafttreten des AÜG-ÄndG am 1.4.2017 Equal Pay beanspruchen können.[756]

404

Bereits im Gesetzentwurf der Bundesregierung erfolgte dann in der Übergangsvorschrift des § 19 Abs. 2 AÜG auch die **Nichtberücksichtigung** von bereits **vor Inkrafttreten** des Gesetzes zurückgelegten **Überlassungszeiten** für die Berechnung

405

---

754 Vgl. BT-Drucks 18/9232, 31.
755 Vgl. S. 29 im Referentenentwurf vom 16.11.2015 bzw. S. 30 im Referentenentwurf vom 17.2.2016 und vom 14.4.2016; zur seinerzeit noch fehlenden Regelung der Berücksichtigung von Überlassungszeiten vor Inkrafttreten für die Berechnung nach § 8 Abs. 4 S. 1 AÜG vgl. auch *Zimmermann*, BB 2016, 55, mit Verweis auf den Zwölften Bericht der Bundesregierung über Erfahrungen bei der Anwendung des Arbeitnehmerüberlassungsgesetzes vom 26.2.2014, BT-Drucks 18/673, 29, wonach nur wenige Leiharbeitnehmer eine Einsatzdauer von 9 Monaten erreichen.
756 Vgl. dazu auch *Seel*, öAT 2016, 29, der auch die Frage der europarechtlichen Gebotenheit einer Kombination von Höchstüberlassungsdauer einerseits und Equal Pay andererseits anspricht.

der Überlassungszeiten nach § 8 Abs. 4 S. 1 AÜG.⁷⁵⁷ Die Gesetzesbegründung war wiederum dahingehend ergänzt worden, dass die Nichtberücksichtigung solcher Überlassungszeiten es **Sozialpartnern**, Verleihern und Entleihern sowie den betroffenen Leiharbeitnehmerinnen und Leiharbeitnehmern ermögliche, sich auf die geänderte Rechtslage einzustellen.⁷⁵⁸

406 Wenngleich damit – anders als bei der Vorgängervorschrift – jedenfalls nicht schon insoweit kurzfristig eine **weitere Gesetzesänderung** notwendig wird, ist § 19 Abs. 2 AÜG gleichwohl nicht ganz gelungen. Zwar wurde seinerzeit allenthalben „die Klarstellung im Entwurf, dass Überlassungszeiten vor dem 1.1.2017 weder bei der Berechnung der Höchstüberlassungsdauer noch bei der Berechnung der Überlassungszeiten im Zusammenhang mit Equal Pay berücksichtigt würden" begrüßt.⁷⁵⁹ Allerdings nehmen nach wie vor weder Wortlaut des § 19 Abs. 2 AÜG noch Gesetzesbegründung auch die Bestimmung des **§ 8 Abs. 2 S. 2 AÜG** in Bezug.⁷⁶⁰

407 Damit stellt sich die Frage, ob für den Fall, dass tarifvertraglich nach § 8 Abs. 4 S. 2 AÜG eine **längere Abweichung** vereinbart ist, insoweit gleichwohl Überlassungszeiten vor dem 1.4.2017 einzurechnen sind. Hinsichtlich der ersten neun Monate könnte man ggf. noch auf die Übergangsvorschrift des § 19 Abs. 2 AÜG abstellen, weil insoweit schon keine „längere Abweichung" vorliegt. Hinsichtlich des Zeitraums der „längeren Abweichung" liegt die Nichtberücksichtigung von Überlassungszeiten dagegen nicht ohne weiteres auf der Hand. Erst recht gilt dies für die Berechnung des 15-Monatszeitraums nach § 8 Abs. 4 S. 2 lit. a) AÜG und die diesbezügliche stufenweise Heranführung nach § 8 Abs. 4 S. 2 lit. b) AÜG.

408 Die **Gesetzeshistorie** hilft nicht weiter. Zwar war die Übergangsvorschrift des § 19 Abs. 2 AÜG zeitnah hinsichtlich der Überlassungszeiten im Zusammenhang mit Equal Pay ergänzt worden (siehe dazu Rdn 404). § 8 Abs. 4 AÜG war im Referentenentwurf mit Bearbeitungsstand vom 16.11.2015 insoweit systematisch anders ausgestaltet, als die abweichende tarifliche Regelung nach S. 1 „nur für die ersten neun Monate" und nach S. 2 unter bestimmten Voraussetzungen nur für die „ersten zwölf Monate" einer Überlassung gelten sollte.⁷⁶¹ Bereits der Referentenentwurf

---

757 Nach Meinung des iGZ-Hauptgeschäftsführers Werner Stolz war dies „ein beachtlicher Fortschritt", vgl. die Stellungnahme des Interessenverbandes Deutscher Zeitarbeitsunternehmen v. 11.5.2016, abrufbar unter http://ig-zeitarbeit.de/presse/artikel/gestaltungsspielraeume-bleiben-weitgehend-erhalten.
758 Vgl. S. 31 im Gesetzentwurf der Bundesregierung vom 1.6.2016. Im Vorentwurf hatten die Sozialpartner noch keine Erwähnung gefunden, vgl. S. 29 im Referentenentwurf vom 16.11.2015 bzw. S. 30 im Referentenentwurf 17.2.2016 und vom 14.4.2016.
759 So der Bundesarbeitgeberverband Chemie in der öffentlichen Sachverständigenanhörung, vgl. BT-Drucks 18/10064, 10.
760 § 19 Abs. 2 AÜG nimmt demgegenüber § 1 Abs. 1b AÜG insgesamt in Bezug, vgl. dazu Rdn 395.
761 Vgl. Referentenentwurf Bearbeitungsstand 16.11.2015, 7.

mit Bearbeitungsstand 17.2.2016 hatte dann entsprechend der später Gesetz gewordenen Fassung keine Anordnung der Nichtgeltung der tariflichen Regelung nach neun bzw. 12 Monaten getroffen, sondern vielmehr vorgesehen, dass der Tarifvertrag für die ersten neun Monate oder ggf. auch länger hinsichtlich des Arbeitsentgelts vom Gleichstellungsgrundsatz abweichen kann, wenn nach 15 Monaten einer Überlassung mindestens ein Arbeitsentgelt erreicht wird, das in dem Tarifvertrag als gleichwertig mit dem tarifvertraglichen Arbeitsentgelt vergleichbarer Arbeitnehmer in der Einsatzbranche festgelegt ist und nach einer Einarbeitungszeit von längstens sechs Wochen eine stufenweise Heranführung an dieses Arbeitsentgelt erfolgt. Untergebracht waren die jeweiligen Vorschriften hinsichtlich der längeren „Nichtgeltung" bzw. der längeren „Abweichung" allerdings von vornherein in zwei Sätzen. Ein redaktionelles Versehen ist dem Gesetzgeber insoweit also nicht unterlaufen.

Soweit Tarifverträge längere Abweichungen vorsehen, kann für die Frage, ob für den verlängerten Abweichungszeitraum und/oder die Fristen nach § 8 Abs. 4 S. 2 lit a) und b) AÜG Überlassungszeiten vor dem 1.4.2017 einzurechnen sind, auch nicht mit dem Zeitpunkt des Inkrafttretens des AÜG-ÄndG argumentiert werden. Andernfalls wäre jedenfalls nicht erklärlich, warum § 19 Abs. 2 AÜG dann überhaupt Übergangsregelungen hinsichtlich Überlassungszeiten vor dem 1.4.2017 anordnet. Zudem spricht die **Gesetzesbegründung** möglicherweise gerade dafür, dass mindestens für die Berechnung des 15-Monatszeitraums bisherige Überlassungszeiten Berücksichtigung finden sollen. Immerhin heißt es dort hinsichtlich der 15-Monate-Regelung, die Regelung ermögliche es, bestehende Branchenzuschlagstarifverträge, welche für den Einsatz von Leiharbeitskräften in bestimmten Branchen bereits heute nach einer kurzen Einarbeitungszeit die Zahlung von Zuschlägen regeln, weiterzuentwickeln. Weiter heißt es dann wiederum, die Regelung beträfe „auch künftige neue Tarifverträge, die die gesetzlichen Mindestvoraussetzungen erfüllen".[762] Mithin kann auch hieraus nicht ohne weiteres geschlossen werden, die Übergangsvorschrift mit explizitem Bezug auf § 8 Abs. 4 S. 1 AÜG gälte selbstverständlich auch für die weiteren Bestimmungen in § 8 Abs. 4 S. 2 AÜG.

Ein Lösungsansatz könnte ggf. darin liegen, dass in den jeweiligen Branchentarifverträgen vereinbart wird, dass Überlassungszeiten aus der Zeit vor Inkrafttreten des AÜG-ÄndG unberücksichtigt bleiben. Allerdings ist der Gesetzgeber bei der Ausgestaltung **tarifdispositiven Gesetzesrechts** frei und kann insbesondere Vorgaben aufstellen.[763] Folglich ist mindestens nach Inkrafttreten des AÜG-ÄndG zweifelhaft, ob die Tarifvertragsparteien auch dann noch im Tarifvertrag wirksam regeln könnten, dass für die Berechnung der Fristen nach § 8 Abs. 4 S. 2 AÜG Zei-

---

762 Vgl. BT-Drucks 18/9232, 24.
763 Vgl. für eine tarifdispositive Gestaltung der Höchstüberlassungsdauer *Franzen*, ZfA 2016, 25.

ten vor dem 1.4.2017 unberücksichtigt bleiben. **Vorsorglich** wären mithin entsprechende neue **tarifliche Vereinbarungen** für Überlassungszeiten ab dem 1.4.2017 **zeitlich vor Inkrafttreten** des AÜG-ÄndG zu treffen.

II. Beispiele

411
Beispiel: Drehtürklausel
Nach Beendigung des Arbeitsverhältnisses mit Arbeitgeber A zum 30.11.2010 wurde mit Wirkung zum 1.12.2010 ein Leiharbeitsverhältnis mit dem verbundenen Unternehmen B begründet und der Leiharbeitnehmer seither an den Arbeitgeber A zurückverliehen. Der Leiharbeitsvertrag nimmt einen wirksamen Zeitarbeits-Tarifvertrag in Bezug.

Weiterhin findet die nunmehr in § 8 Abs. 3 AÜG verankerte Drehtürklausel keine Anwendung, und der Leiharbeitnehmer kann auf dieser Grundlage folglich weiterhin kein Equal Pay beanspruchen. Die Höchstüberlassungsdauer findet künftig Anwendung. Nach § 19 Abs. 2 AÜG werden Überlassungszeiten vor dem 1.4.17 allerdings nicht berücksichtigt.

412
Beispiel: Höchstüberlassungsdauer
Der Leiharbeitnehmer wird seit 1.2.2016 an den Entleiher A verliehen. Der Leiharbeitsvertrag nimmt einen wirksamen Zeitarbeits-Tarifvertrag in Bezug.

Auf Grundlage der Übergangsregelung des § 19 Abs. 2 AÜG bleiben die Überlassungszeiten vom 1.2.2016 bis einschließlich 31.3.2017 für die Berechnung der Höchstüberlassungsdauer unberücksichtigt, und zwar selbst dann, wenn ein Tarifvertrag eine über 18 Monate hinausgehende Höchstüberlassungsdauer vorsieht.

413
Beispiel: Equal Pay
Der Leiharbeitnehmer wurde auf Grundlage eines wirksamen Zeitarbeits-Tarifvertrags seit dem 1.3.2016 an den Entleiher A überlassen. Der Leiharbeitsvertrag nimmt einen wirksamen Zeitarbeits-Tarifvertrag in Bezug, der eine Abweichung hinsichtlich des Arbeitsentgelts vom Gleichstellungsgrundsatz für die ersten neun Monate der Überlassung vorsieht.

Auf Grundlage der Übergangsregelung des § 19 Abs. 2 AÜG bleiben die Überlassungszeiten vom 1.3.2016 bis einschließlich 31.3.2017 für die Berechnung der Überlassungszeiten im Zusammenhang mit Equal Pay unberücksichtigt (zur Problematik längerer Abweichungen und eines diesbezüglichen Lösungsansatzes vgl. Rdn 407, 410).

III. Schwellenwerte

Weitere Übergangsvorschriften enthält das AÜG nicht. Mithin sind für das Erfordernis einer mehr als sechsmonatigen Einsatzdauer im neuen § 14 Abs. 2 S. 6 AÜG hinsichtlich der Berücksichtigung von Leiharbeitnehmern bei der Ermittlung von Schwellenwerten im Rahmen der Unternehmensmitbestimmung auch Einsatzzeiten vor dem 1.4.2017 zu berücksichtigen (vgl. dazu im Einzelnen Rdn 334 ff.).

414

§ 6 Anhang

A. Synopse zum AÜG

AÜG a.F. (bis 31.3.2017)	AÜG n.F. (ab 1.4.2017)
§ 1 Erlaubnispflicht	§ 1 *Arbeitnehmerüberlassung*, Erlaubnispflicht

AÜG a.F. (bis 31.3.2017)

(1) Arbeitgeber, die als Verleiher Dritten (Entleihern) Arbeitnehmer (Leiharbeitnehmer) im Rahmen ihrer wirtschaftlichen Tätigkeit zur Arbeitsleistung überlassen wollen, bedürfen der Erlaubnis. ~~Die Überlassung von Arbeitnehmern an Entleiher erfolgt vorübergehend. Die Abordnung von Arbeitnehmern zu einer zur Herstellung eines Werkes gebildeten Arbeitsgemeinschaft ist keine Arbeitnehmerüberlassung, wenn der Arbeitgeber Mitglied der Arbeitsgemeinschaft ist, für alle Mitglieder der Arbeitsgemeinschaft Tarifverträge desselben Wirtschaftszweiges gelten und alle Mitglieder auf Grund des Arbeitsgemeinschaftsvertrages zur selbständigen Erbringung von Vertragsleistungen verpflichtet sind. Für einen Arbeitgeber mit Geschäftssitz in einem anderen Mitgliedstaat des Europäischen Wirtschaftsraumes ist die Abordnung von Arbeitnehmern zu einer zur Herstellung eines Werkes gebildeten Arbeitsgemeinschaft auch dann keine Arbeitnehmerüberlassung, wenn für ihn deutsche Tarifverträge desselben Wirtschaftszweiges wie für die anderen Mitglieder der Arbeitsgemeinschaft nicht gelten, er aber die übrigen Voraussetzungen des Satzes 2 erfüllt.~~

AÜG n.F. (ab 1.4.2017) 1

(1) Arbeitgeber, die als Verleiher Dritten (Entleihern) Arbeitnehmer (Leiharbeitnehmer) im Rahmen ihrer wirtschaftlichen Tätigkeit zur Arbeitsleistung überlassen *(Arbeitnehmerüberlassung)* wollen, bedürfen der Erlaubnis. *Arbeitnehmer werden zur Arbeitsleistung überlassen, wenn sie in die Arbeitsorganisation des Entleihers eingegliedert sind und seinen Weisungen unterliegen. Die Überlassung und das Tätigwerdenlassen von Arbeitnehmern als Leiharbeitnehmer ist nur zulässig, soweit zwischen dem Verleiher und dem Leiharbeitnehmer ein Arbeitsverhältnis besteht. Die Überlassung von Arbeitnehmern ist vorübergehend bis zu einer Überlassungshöchstdauer nach Absatz 1b zulässig. Verleiher und Entleiher haben die Überlassung von Leiharbeitnehmern in ihrem Vertrag ausdrücklich als Arbeitnehmerüberlassung zu bezeichnen, bevor sie den Leiharbeitnehmer überlassen oder tätig werden lassen. Vor der Überlassung haben sie die Person des Leiharbeitnehmers unter Bezugnahme auf diesen Vertrag zu konkretisieren.*

(1a) Die Abordnung von Arbeitnehmern zu einer zur Herstellung eines Werkes gebildeten Arbeitsgemeinschaft ist keine Arbeitnehmerüberlassung, wenn der Ar-

§ 6 Anhang

beitgeber Mitglied der Arbeitsgemeinschaft ist, für alle Mitglieder der Arbeitsgemeinschaft Tarifverträge desselben Wirtschaftszweiges gelten und alle Mitglieder auf Grund des Arbeitsgemeinschaftsvertrages zur selbständigen Erbringung von Vertragsleistungen verpflichtet sind. Für einen Arbeitgeber mit Geschäftssitz in einem anderen Mitgliedstaat des Europäischen Wirtschaftsraumes ist die Abordnung von Arbeitnehmern zu einer zur Herstellung eines Werkes gebildeten Arbeitsgemeinschaft auch dann keine Arbeitnehmerüberlassung, wenn für ihn deutsche Tarifverträge desselben Wirtschaftszweiges wie für die anderen Mitglieder der Arbeitsgemeinschaft nicht gelten, er aber die übrigen Voraussetzungen des Satzes 1 erfüllt.

(1b) Der Verleiher darf denselben Leiharbeitnehmer nicht länger als 18 aufeinander folgende Monate demselben Entleiher überlassen; der Entleiher darf denselben Leiharbeitnehmer nicht länger als 18 aufeinander folgende Monate tätig werden lassen. Der Zeitraum vorheriger Überlassungen durch denselben oder einen anderen Verleiher an denselben Entleiher ist vollständig anzurechnen, wenn zwischen den Einsätzen jeweils nicht mehr als drei Monate liegen. In einem Tarifvertrag von Tarifvertragsparteien der Einsatzbranche kann eine von Satz 1 abweichende Überlassungshöchstdauer festgelegt werden. Im Geltungsbereich eines Tarifvertrages nach Satz 3 können abweichende tarifvertragliche Regelungen im Betrieb eines nicht tarifgebundenen Entleihers durch Betriebs- oder Dienstvereinbarung übernommen werden. In einer auf Grund ei-

nes Tarifvertrages von Tarifvertragsparteien der Einsatzbranche getroffenen Betriebs- oder Dienstvereinbarung kann eine von Satz 1 abweichende Überlassungshöchstdauer festgelegt werden. Können auf Grund eines Tarifvertrages nach Satz 5 abweichende Regelungen in einer Betriebs- oder Dienstvereinbarung getroffen werden, kann auch in Betrieben eines nicht tarifgebundenen Entleihers bis zu einer Überlassungshöchstdauer von 24 Monaten davon Gebrauch gemacht werden, soweit nicht durch diesen Tarifvertrag eine von Satz 1 abweichende Überlassungshöchstdauer für Betriebs- oder Dienstvereinbarungen festgelegt ist. Unterfällt der Betrieb des nicht tarifgebundenen Entleihers bei Abschluss einer Betriebs- oder Dienstvereinbarung nach Satz 4 oder Satz 6 den Geltungsbereichen mehrerer Tarifverträge, ist auf den für die Branche des Entleihers repräsentativen Tarifvertrag abzustellen. Die Kirchen und die öffentlich-rechtlichen Religionsgesellschaften können von Satz 1 abweichende Überlassungshöchstdauern in ihren Regelungen vorsehen.

(2) Werden Arbeitnehmer Dritten zur Arbeitsleistung überlassen und übernimmt der Überlassende nicht die üblichen Arbeitgeberpflichten oder das Arbeitgeberrisiko (§ 3 Abs. 1 Nr. 1 bis 3), so wird vermutet, daß der Überlassende Arbeitsvermittlung betreibt.
(3) Dieses Gesetz ist mit Ausnahme des § 1b Satz 1, des § 16 Abs. 1 ~~Nr. 1b~~ und Abs. 2 bis 5 sowie der §§ 17 und 18 nicht anzuwenden auf die Arbeitnehmerüberlassung
1. zwischen Arbeitgebern desselben Wirtschaftszweiges zur Vermeidung von

(2) Werden Arbeitnehmer Dritten zur Arbeitsleistung überlassen und übernimmt der überlassende nicht die üblichen Arbeitgeberpflichten oder das Arbeitgeberrisiko (§ 3 Absatz 1 Nr. 1 bis 3), so wird vermutet, dass der überlassende Arbeitsvermittlung betreibt.
(3) Dieses Gesetz ist mit Ausnahme des § 1b Satz 1, des § 16 Absatz 1 *Nummer 1f* und Absatz 2 bis 5 sowie der §§ 17 und 18 nicht anzuwenden auf die Arbeitnehmerüberlassung
1. zwischen Arbeitgebern desselben Wirtschaftszweiges zur Vermeidung von

§ 6 Anhang

Kurzarbeit oder Entlassungen, wenn ein für den Entleiher und Verleiher geltender Tarifvertrag dies vorsieht,
2. zwischen Konzernunternehmen im Sinne des § 18 des Aktiengesetzes, wenn der Arbeitnehmer nicht zum Zweck der Überlassung eingestellt und beschäftigt wird,
2a. zwischen Arbeitgebern, wenn die Überlassung nur gelegentlich erfolgt und der Arbeitnehmer nicht zum Zweck der Überlassung eingestellt und beschäftigt wird, ~~oder~~

3. in das Ausland, wenn der Leiharbeitnehmer in ein auf der Grundlage zwischenstaatlicher Vereinbarungen begründetes deutsch-ausländisches Gemeinschaftsunternehmen verliehen wird, an dem der Verleiher beteiligt ist.

§ 1a Anzeige der Überlassung

(1) Keiner Erlaubnis bedarf ein Arbeitgeber mit weniger als 50 Beschäftigten, der zur Vermeidung von Kurzarbeit oder Entlassungen an einen Arbeitgeber einen Arbeitnehmer, der nicht zum Zweck der Überlassung eingestellt und beschäftigt wird, bis zur Dauer von zwölf Monaten

---

Kurzarbeit oder Entlassungen, wenn ein für den Entleiher und Verleiher geltender Tarifvertrag dies vorsieht,
2. zwischen Konzernunternehmen im Sinne des § 18 des Aktiengesetzes, wenn der Arbeitnehmer nicht zum Zweck der Überlassung eingestellt und beschäftigt wird,
2a. zwischen Arbeitgebern, wenn die Überlassung nur gelegentlich erfolgt und der Arbeitnehmer nicht zum Zweck der Überlassung eingestellt und beschäftigt wird,
2b. zwischen Arbeitgebern, wenn Aufgaben eines Arbeitnehmers von dem bisherigen zu dem anderen Arbeitgeber verlagert werden und auf Grund eines Tarifvertrages des öffentlichen Dienstes
a) das Arbeitsverhältnis mit dem bisherigen Arbeitgeber weiter besteht und
b) die Arbeitsleistung zukünftig bei dem anderen Arbeitgeber erbracht wird,
2c. zwischen Arbeitgebern, wenn diese juristische Personen des öffentlichen Rechts sind und Tarifverträge des öffentlichen Dienstes oder Regelungen der öffentlich-rechtlichen Religionsgesellschaften anwenden, oder

3. in das Ausland, wenn der Leiharbeitnehmer in ein auf der Grundlage zwischenstaatlicher Vereinbarungen begründetes deutsch-ausländisches Gemeinschaftsunternehmen verliehen wird, an dem der Verleiher beteiligt ist.

§ 1a Anzeige der Überlassung

(1) Keiner Erlaubnis bedarf ein Arbeitgeber mit weniger als 50 Beschäftigten, der zur Vermeidung von Kurzarbeit oder Entlassungen an einen Arbeitgeber einen Arbeitnehmer, der nicht zum Zweck der Überlassung eingestellt und beschäftigt wird, bis zur Dauer von zwölf Monaten

überlässt, wenn er die Überlassung vorher schriftlich der Bundesagentur für Arbeit angezeigt hat.
(2) In der Anzeige sind anzugeben
1. Vor- und Familiennamen, Wohnort und Wohnung, Tag und Ort der Geburt des Leiharbeitnehmers,
2. Art der vom Leiharbeitnehmer zu leistenden Tätigkeit und etwaige Pflicht zur auswärtigen Leistung,
3. Beginn und Dauer der Überlassung,
4. Firma und Anschrift des Entleihers.

§ 1b Einschränkungen im Baugewerbe
Arbeitnehmerüberlassung nach § 1 in Betriebe des Baugewerbes für Arbeiten, die üblicherweise von Arbeitern verrichtet werden, ist unzulässig. Sie ist gestattet
a) zwischen Betrieben des Baugewerbes und anderen Betrieben, wenn diese Betriebe erfassende, für allgemeinverbindlich erklärte Tarifverträge dies bestimmen,
b) zwischen Betrieben des Baugewerbes, wenn der verleihende Betrieb nachweislich seit mindestens drei Jahren von denselben Rahmen- und Sozialkassentarifverträgen oder von deren Allgemeinverbindlichkeit erfasst wird.
Abweichend von Satz 2 ist für Betriebe des Baugewerbes mit Geschäftssitz in einem anderen Mitgliedstaat des Europäischen Wirtschaftsraumes Arbeitnehmerüberlassung auch gestattet, wenn die ausländischen Betriebe nicht von deutschen Rahmen- und Sozialkassentarifverträgen oder für allgemeinverbindlich erklärten Tarifverträgen erfasst werden, sie aber nachweislich seit mindestens drei Jahren überwiegend Tätigkeiten ausüben, die unter den Geltungsbereich derselben Rahmen- und Sozialkassen-

überlässt, wenn er die Überlassung vorher schriftlich der Bundesagentur für Arbeit angezeigt hat.
(2) In der Anzeige sind anzugeben
1. Vor- und Familiennamen, Wohnort und Wohnung, Tag und Ort der Geburt des Leiharbeitnehmers,
2. Art der vom Leiharbeitnehmer zu leistenden Tätigkeit und etwaige Pflicht zur auswärtigen Leistung,
3. Beginn und Dauer der Überlassung,
4. Firma und Anschrift des Entleihers.

§ 1b Einschränkungen im Baugewerbe
Arbeitnehmerüberlassung nach § 1 in Betriebe des Baugewerbes für Arbeiten, die üblicherweise von Arbeitern verrichtet werden, ist unzulässig. Sie ist gestattet
a) zwischen Betrieben des Baugewerbes und anderen Betrieben, wenn diese Betriebe erfassende, für allgemeinverbindlich erklärte Tarifverträge dies bestimmen,
b) zwischen Betrieben des Baugewerbes, wenn der verleihende Betrieb nachweislich seit mindestens drei Jahren von denselben Rahmen- und Sozialkassentarifverträgen oder von deren Allgemeinverbindlichkeit erfasst wird.
Abweichend von Satz 2 ist für Betriebe des Baugewerbes mit Geschäftssitz in einem anderen Mitgliedstaat des Europäischen Wirtschaftsraumes Arbeitnehmerüberlassung auch gestattet, wenn die ausländischen Betriebe nicht von deutschen Rahmen- und Sozialkassentarifverträgen oder für allgemeinverbindlich erklärten Tarifverträgen erfasst werden, sie aber nachweislich seit mindestens drei Jahren überwiegend Tätigkeiten ausüben, die unter den Geltungsbereich derselben Rahmen- und Sozialkassen-

tarifverträge fallen, von denen der Betrieb des Entleihers erfasst wird.

§ 2 Erteilung und Erlöschen der Erlaubnis

(1) Die Erlaubnis wird auf schriftlichen Antrag erteilt.

(2) Die Erlaubnis kann unter Bedingungen erteilt und mit Auflagen verbunden werden, um sicherzustellen, daß keine Tatsachen eintreten, die nach § 3 die Versagung der Erlaubnis rechtfertigen. Die Aufnahme, Änderung oder Ergänzung von Auflagen sind auch nach Erteilung der Erlaubnis zulässig.

(3) Die Erlaubnis kann unter dem Vorbehalt des Widerrufs erteilt werden, wenn eine abschließende Beurteilung des Antrags noch nicht möglich ist.

(4) Die Erlaubnis ist auf ein Jahr zu befristen. Der Antrag auf Verlängerung der Erlaubnis ist spätestens drei Monate vor Ablauf des Jahres zu stellen. Die Erlaubnis verlängert sich um ein weiteres Jahr, wenn die Erlaubnisbehörde die Verlängerung nicht vor Ablauf des Jahres ablehnt. Im Fall der Ablehnung gilt die Erlaubnis für die Abwicklung der nach § 1 erlaubt abgeschlossenen Verträge als fortbestehend, jedoch nicht länger als zwölf Monate.

(5) Die Erlaubnis kann unbefristet erteilt werden, wenn der Verleiher drei aufeinanderfolgende Jahre lang nach § 1 erlaubt tätig war. Sie erlischt, wenn der Verleiher von der Erlaubnis drei Jahre lang keinen Gebrauch gemacht hat.

§ 2a Gebühren und Auslagen

(1) Für die Bearbeitung von Anträgen auf Erteilung und Verlängerung der Erlaubnis werden vom Antragsteller Gebühren und Auslagen erhoben.

(2) Die Bundesregierung wird ermächtigt, durch Rechtsverordnung die gebührenpflichtigen Tatbestände näher zu bestimmen und dabei feste Sätze und Rahmensätze vorzusehen. Die Gebühr darf im Einzelfall 2.500 Euro nicht überschreiten.

§ 3 Versagung
(1) Die Erlaubnis oder ihre Verlängerung ist zu versagen, wenn Tatsachen die Annahme rechtfertigen, daß der Antragsteller
1. die für die Ausübung der Tätigkeit nach § 1 erforderliche Zuverlässigkeit nicht besitzt, insbesondere weil er die Vorschriften des Sozialversicherungsrechts, über die Einbehaltung und Abführung der Lohnsteuer, über die Arbeitsvermittlung, über die Anwerbung im Ausland oder über die Ausländerbeschäftigung, die Vorschriften des Arbeitsschutzrechts oder die arbeitsrechtlichen Pflichten nicht einhält;

2. nach der Gestaltung seiner Betriebsorganisation nicht in der Lage ist, die üblichen Arbeitgeberpflichten ordnungsgemäß zu erfüllen;
3. dem Leiharbeitnehmer ~~für die Zeit der Überlassung an einen Entleiher die im Betrieb dieses Entleihers für einen vergleichbaren Arbeitnehmer des Entleihers geltenden wesentlichen Arbeitsbedingungen einschließlich des Arbeitsentgelts nicht gewährt. Ein Tarifvertrag kann abweichende Regelungen zulassen, soweit er nicht die in einer Rechtsverordnung nach § 3a Absatz 2 festgesetzten Mindeststundenentgelte unterschreitet. Im Geltungsbereich eines solchen Tarifvertrages können nicht tarifgebundene~~

(2) Die Bundesregierung wird ermächtigt, durch Rechtsverordnung die gebührenpflichtigen Tatbestände näher zu bestimmen und dabei feste Sätze und Rahmensätze vorzusehen. Die Gebühr darf im Einzelfall 2.500 Euro nicht überschreiten.

§ 3 Versagung
(1) Die Erlaubnis oder ihre Verlängerung ist zu versagen, wenn Tatsachen die Annahme rechtfertigen, dass der Antragsteller
1. die für die Ausübung der Tätigkeit nach § 1 erforderliche Zuverlässigkeit nicht besitzt, insbesondere weil er die Vorschriften des Sozialversicherungsrechts, über die Einbehaltung und Abführung der Lohnsteuer, über die Arbeitsvermittlung, über die Anwerbung im Ausland oder über die Ausländerbeschäftigung, *über die Überlassungshöchstdauer gemäß § 1 Absatz 1b,* die Vorschriften des Arbeitsschutzrechts oder die arbeitsrechtlichen Pflichten nicht einhält;

2. nach der Gestaltung seiner Betriebsorganisation nicht in der Lage ist, die üblichen Arbeitgeberpflichten ordnungsgemäß zu erfüllen;
3. dem Leiharbeitnehmer *die ihm nach § 8 zustehenden Arbeitsbedingungen einschließlich des Arbeitsentgelts nicht gewährt.*

§ 6 Anhang

~~Arbeitgeber und Arbeitnehmer die Anwendung der tariflichen Regelungen vereinbaren. Eine abweichende tarifliche Regelung gilt nicht für Leiharbeitnehmer, die in den letzten sechs Monaten vor der Überlassung an den Entleiher aus einem Arbeitsverhältnis bei diesem oder einem Arbeitgeber, der mit dem Entleiher einen Konzern im Sinne des § 18 des Aktiengesetzes bildet, ausgeschieden sind.~~

(2) Die Erlaubnis oder ihre Verlängerung ist ferner zu versagen, wenn für die Ausübung der Tätigkeit nach § 1 Betriebe, Betriebsteile oder Nebenbetriebe vorgesehen sind, die nicht in einem Mitgliedstaat der Europäischen Wirtschaftsgemeinschaft oder einem anderen Vertragsstaat des Abkommens über den Europäischen Wirtschaftsraum liegen.

(3) Die Erlaubnis kann versagt werden, wenn der Antragsteller nicht Deutscher im Sinne des Artikels 116 des Grundgesetzes ist oder wenn eine Gesellschaft oder juristische Person den Antrag stellt, die entweder nicht nach deutschem Recht gegründet ist oder die weder ihren satzungsmäßigen Sitz noch ihre Hauptverwaltung noch ihre Hauptniederlassung im Geltungsbereich dieses Gesetzes hat.

(4) Staatsangehörige der Mitgliedstaaten der Europäischen Wirtschaftsgemeinschaft oder eines anderen Vertragsstaates des Abkommens über den Europäischen Wirtschaftsraum erhalten die Erlaubnis unter den gleichen Voraussetzungen wie deutsche Staatsangehörige. Den Staatsangehörigen dieser Staaten stehen gleich Gesellschaften und juristische Personen, die nach den Rechtsvorschriften dieser Staaten gegründet sind und ihren sat-

(2) Die Erlaubnis oder ihre Verlängerung ist ferner zu versagen, wenn für die Ausübung der Tätigkeit nach § 1 Betriebe, Betriebsteile oder Nebenbetriebe vorgesehen sind, die nicht in einem Mitgliedstaat der Europäischen Wirtschaftsgemeinschaft oder einem anderen Vertragsstaat des Abkommens über den Europäischen Wirtschaftsraum liegen.

(3) Die Erlaubnis kann versagt werden, wenn der Antragsteller nicht Deutscher im Sinne des Artikels 116 des Grundgesetzes ist oder wenn eine Gesellschaft oder juristische Person den Antrag stellt, die entweder nicht nach deutschem Recht gegründet ist oder die weder ihren satzungsmäßigen Sitz noch ihre Hauptverwaltung noch ihre Hauptniederlassung im Geltungsbereich dieses Gesetzes hat.

(4) Staatsangehörige der Mitgliedstaaten der Europäischen Wirtschaftsgemeinschaft oder eines anderen Vertragsstaates des Abkommens über den Europäischen Wirtschaftsraum erhalten die Erlaubnis unter den gleichen Voraussetzungen wie deutsche Staatsangehörige. Den Staatsangehörigen dieser Staaten stehen gleich Gesellschaften und juristische Personen, die nach den Rechtsvorschriften dieser Staaten gegründet sind und ihren sat-

zungsgemäßen Sitz, ihre Hauptverwaltung oder ihre Hauptniederlassung innerhalb dieser Staaten haben. Soweit diese Gesellschaften oder juristische Personen zwar ihren satzungsmäßigen Sitz, jedoch weder ihre Hauptverwaltung noch ihre Hauptniederlassung innerhalb dieser Staaten haben, gilt Satz 2 nur, wenn ihre Tätigkeit in tatsächlicher und dauerhafter Verbindung mit der Wirtschaft eines Mitgliedstaates oder eines Vertragsstaates des Abkommens über den Europäischen Wirtschaftsraum steht.

(5) Staatsangehörige anderer als der in Absatz 4 genannten Staaten, die sich aufgrund eines internationalen Abkommens im Geltungsbereich dieses Gesetzes niederlassen und hierbei sowie bei ihrer Geschäftstätigkeit nicht weniger günstig behandelt werden dürfen als deutsche Staatsangehörige, erhalten die Erlaubnis unter den gleichen Voraussetzungen wie deutsche Staatsangehörige. Den Staatsangehörigen nach Satz 1 stehen gleich Gesellschaften, die nach den Rechtsvorschriften des anderen Staates gegründet sind.

§ 3a Lohnuntergrenze
(1) Gewerkschaften und Vereinigungen von Arbeitgebern, die zumindest auch für ihre jeweiligen in der Arbeitnehmerüberlassung tätigen Mitglieder zuständig sind (vorschlagsberechtigte Tarifvertragsparteien) und bundesweit tarifliche Mindeststundenentgelte im Bereich der Arbeitnehmerüberlassung miteinander vereinbart haben, können dem Bundesministerium für Arbeit und Soziales gemeinsam vorschlagen, diese als Lohnuntergrenze in einer Rechtsverordnung verbindlich festzusetzen; die Mindeststundenentgelte können nach dem jewei-

zungsgemäßen Sitz, ihre Hauptverwaltung oder ihre Hauptniederlassung innerhalb dieser Staaten haben. Soweit diese Gesellschaften oder juristische Personen zwar ihren satzungsmäßigen Sitz, jedoch weder ihre Hauptverwaltung noch ihre Hauptniederlassung innerhalb dieser Staaten haben, gilt Satz 2 nur, wenn ihre Tätigkeit in tatsächlicher und dauerhafter Verbindung mit der Wirtschaft eines Mitgliedstaates oder eines Vertragsstaates des Abkommens über den Europäischen Wirtschaftsraum steht.

(5) Staatsangehörige anderer als der in Absatz 4 genannten Staaten, die sich aufgrund eines internationalen Abkommens im Geltungsbereich dieses Gesetzes niederlassen und hierbei sowie bei ihrer Geschäftstätigkeit nicht weniger günstig behandelt werden dürfen als deutsche Staatsangehörige, erhalten die Erlaubnis unter den gleichen Voraussetzungen wie deutsche Staatsangehörige. Den Staatsangehörigen nach Satz 1 stehen gleich Gesellschaften, die nach den Rechtsvorschriften des anderen Staates gegründet sind.

§ 3a Lohnuntergrenze
(1) Gewerkschaften und Vereinigungen von Arbeitgebern, die zumindest auch für ihre jeweiligen in der Arbeitnehmerüberlassung tätigen Mitglieder zuständig sind (vorschlagsberechtigte Tarifvertragsparteien) und bundesweit tarifliche Mindeststundenentgelte im Bereich der Arbeitnehmerüberlassung miteinander vereinbart haben, können dem Bundesministerium für Arbeit und Soziales gemeinsam vorschlagen, diese als Lohnuntergrenze in einer Rechtsverordnung verbindlich festzusetzen; die Mindeststundenentgelte können nach dem jewei-

ligen Beschäftigungsort differenzieren und auch Regelungen zur Fälligkeit entsprechender Ansprüche einschließlich hierzu vereinbarter Ausnahmen und deren Voraussetzungen umfassen. Der Vorschlag muss für Verleihzeiten und verleihfreie Zeiten einheitliche Mindeststundenentgelte sowie eine Laufzeit enthalten. Der Vorschlag ist schriftlich zu begründen.

(2) Das Bundesministerium für Arbeit und Soziales kann, wenn dies im öffentlichen Interesse geboten erscheint, in einer Rechtsverordnung ohne Zustimmung des Bundesrates bestimmen, dass die vorgeschlagenen tariflichen Mindeststundenentgelte nach Absatz 1 als verbindliche Lohnuntergrenze auf alle in den Geltungsbereich der Verordnung fallenden Arbeitgeber sowie Leiharbeitnehmer Anwendung findet. Der Verordnungsgeber kann den Vorschlag nur inhaltlich unverändert in die Rechtsverordnung übernehmen.

(3) Der Verordnungsgeber hat bei seiner Entscheidung nach Absatz 2 im Rahmen einer Gesamtabwägung neben den Zielen dieses Gesetzes zu prüfen, ob eine Rechtsverordnung nach Absatz 2 insbesondere geeignet ist, die finanzielle Stabilität der sozialen Sicherungssysteme zu gewährleisten. Der Verordnungsgeber hat zu berücksichtigen
1. die bestehenden bundesweiten Tarifverträge in der Arbeitnehmerüberlassung und
2. die Repräsentativität der vorschlagenden Tarifvertragsparteien.

(4) Liegen mehrere Vorschläge nach Absatz 1 vor, hat der Verordnungsgeber bei seiner Entscheidung nach Absatz 2 im Rahmen der nach Absatz 3 erforderli-

chen Gesamtabwägung die Repräsentativität der vorschlagenden Tarifvertragsparteien besonders zu berücksichtigen. Bei der Feststellung der Repräsentativität ist vorrangig abzustellen auf
1. die Zahl der jeweils in den Geltungsbereich einer Rechtsverordnung nach Absatz 2 fallenden Arbeitnehmer, die bei Mitgliedern der vorschlagenden Arbeitgebervereinigung beschäftigt sind;
2. die Zahl der jeweils in den Geltungsbereich einer Rechtsverordnung nach Absatz 2 fallenden Mitglieder der vorschlagenden Gewerkschaften.
(5) Vor Erlass ist ein Entwurf der Rechtsverordnung im Bundesanzeiger bekannt zu machen. Das Bundesministerium für Arbeit und Soziales gibt Verleihern und Leiharbeitnehmern sowie den Gewerkschaften und Vereinigungen von Arbeitgebern, die im Geltungsbereich der Rechtsverordnung zumindest teilweise tarifzuständig sind, Gelegenheit zur schriftlichen Stellungnahme innerhalb von drei Wochen ab dem Tag der Bekanntmachung des Entwurfs der Rechtsverordnung im Bundesanzeiger. Nach Ablauf der Stellungnahmefrist wird der in § 5 Absatz 1 Satz 1 des Tarifvertragsgesetzes genannte Ausschuss mit dem Vorschlag befasst.
(6) Nach Absatz 1 vorschlagsberechtigte Tarifvertragsparteien können gemeinsam die Änderung einer nach Absatz 2 erlassenen Rechtsverordnung vorschlagen. Die Absätze 1 bis 5 finden entsprechend Anwendung.

§ 4 Rücknahme
(1) Eine rechtswidrige Erlaubnis kann mit Wirkung für die Zukunft zurückgenommen werden. § 2 Abs. 4 Satz 4 gilt entsprechend.

(2) Die Erlaubnisbehörde hat dem Verleiher auf Antrag den Vermögensnachteil auszugleichen, den dieser dadurch erleidet, daß er auf den Bestand der Erlaubnis vertraut hat, soweit sein Vertrauen unter Abwägung mit dem öffentlichen Interesse schutzwürdig ist. Auf Vertrauen kann sich der Verleiher nicht berufen, wenn er
1. die Erlaubnis durch arglistige Täuschung, Drohung oder eine strafbare Handlung erwirkt hat;
2. die Erlaubnis durch Angaben erwirkt hat, die in wesentlicher Beziehung unrichtig oder unvollständig waren, oder
3. die Rechtswidrigkeit der Erlaubnis kannte oder infolge grober Fahrlässigkeit nicht kannte.
Der Vermögensnachteil ist jedoch nicht über den Betrag des Interesses hinaus zu ersetzen, daß der Verleiher an dem Bestand der Erlaubnis hat. Der auszugleichende Vermögensnachteil wird durch die Erlaubnisbehörde festgesetzt. Der Anspruch kann nur innerhalb eines Jahres geltend gemacht werden; die Frist beginnt, sobald die Erlaubnisbehörde den Verleiher auf sie hingewiesen hat.
(3) Die Rücknahme ist nur innerhalb eines Jahres seit dem Zeitpunkt zulässig, in dem die Erlaubnisbehörde von den Tatsachen Kenntnis erhalten hat, die die Rücknahme der Erlaubnis rechtfertigen.

§ 5 Widerruf
(1) Die Erlaubnis kann mit Wirkung für die Zukunft widerrufen werden, wenn
1. der Widerruf bei ihrer Erteilung nach § 2 Abs. 3 vorbehalten worden ist;
2. der Verleiher eine Auflage nach § 2 nicht innerhalb einer ihm gesetzten Frist erfüllt hat;

(2) Die Erlaubnisbehörde hat dem Verleiher auf Antrag den Vermögensnachteil auszugleichen, den dieser dadurch erleidet, dass er auf den Bestand der Erlaubnis vertraut hat, soweit sein Vertrauen unter Abwägung mit dem öffentlichen Interesse schutzwürdig ist. Auf Vertrauen kann sich der Verleiher nicht berufen, wenn er
1. die Erlaubnis durch arglistige Täuschung, Drohung oder eine strafbare Handlung erwirkt hat;
2. die Erlaubnis durch Angaben erwirkt hat, die in wesentlicher Beziehung unrichtig oder unvollständig waren, oder
3. die Rechtswidrigkeit der Erlaubnis kannte oder infolge grober Fahrlässigkeit nicht kannte.
Der Vermögensnachteil ist jedoch nicht über den Betrag des Interesses hinaus zu ersetzen, dass der Verleiher an dem Bestand der Erlaubnis hat. Der auszugleichende Vermögensnachteil wird durch die Erlaubnisbehörde festgesetzt. Der Anspruch kann nur innerhalb eines Jahres geltend gemacht werden; die Frist beginnt, sobald die Erlaubnisbehörde den Verleiher auf sie hingewiesen hat.
(3) Die Rücknahme ist nur innerhalb eines Jahres seit dem Zeitpunkt zulässig, in dem die Erlaubnisbehörde von den Tatsachen Kenntnis erhalten hat, die die Rücknahme der Erlaubnis rechtfertigen.

§ 5 Widerruf
(1) Die Erlaubnis kann mit Wirkung für die Zukunft widerrufen werden, wenn
1. der Widerruf bei ihrer Erteilung nach § 2 Absatz 3 vorbehalten worden ist;
2. der Verleiher eine Auflage nach § 2 nicht innerhalb einer ihm gesetzten Frist erfüllt hat;

3. die Erlaubnisbehörde aufgrund nachträglich eingetretener Tatsachen berechtigt wäre, die Erlaubnis zu versagen, oder
4. die Erlaubnisbehörde aufgrund einer geänderten Rechtslage berechtigt wäre, die Erlaubnis zu versagen; § 4 Abs. 2 gilt entsprechend.
(2) Die Erlaubnis wird mit dem Wirksamwerden des Widerrufs unwirksam. § 2 Abs. 4 Satz 4 gilt entsprechend.
(3) Der Widerruf ist unzulässig, wenn eine Erlaubnis gleichen Inhalts erneut erteilt werden müßte.
(4) Der Widerruf ist nur innerhalb eines Jahres seit dem Zeitpunkt zulässig, in dem die Erlaubnisbehörde von den Tatsachen Kenntnis erhalten hat, die den Widerruf der Erlaubnis rechtfertigen.

§ 6 Verwaltungszwang
Werden Leiharbeitnehmer von einem Verleiher ohne die erforderliche Erlaubnis überlassen, so hat die Erlaubnisbehörde dem Verleiher dies zu untersagen und das weitere Überlassen nach den Vorschriften des Verwaltungsvollstreckungsgesetzes zu verhindern.

§ 7 Anzeigen und Auskünfte
(1) Der Verleiher hat der Erlaubnisbehörde nach Erteilung der Erlaubnis unaufgefordert die Verlegung, Schließung und Errichtung von Betrieben, Betriebsteilen oder Nebenbetrieben vorher anzuzeigen, soweit diese die Ausübung der Arbeitnehmerüberlassung zum Gegenstand haben. Wenn die Erlaubnis Personengesamtheiten, Personengesellschaften oder juristischen Personen erteilt ist und nach ihrer Erteilung eine andere Person zur Geschäftsführung oder Vertretung nach Gesetz, Satzung

---

3. die Erlaubnisbehörde aufgrund nachträglich eingetretener Tatsachen berechtigt wäre, die Erlaubnis zu versagen, oder
4. die Erlaubnisbehörde aufgrund einer geänderten Rechtslage berechtigt wäre, die Erlaubnis zu versagen; § 4 Absatz 2 gilt entsprechend.
(2) Die Erlaubnis wird mit dem Wirksamwerden des Widerrufs unwirksam. § 2 Absatz 4 Satz 4 gilt entsprechend.
(3) Der Widerruf ist unzulässig, wenn eine Erlaubnis gleichen Inhalts erneut erteilt werden müsste.
(4) Der Widerruf ist nur innerhalb eines Jahres seit dem Zeitpunkt zulässig, in dem die Erlaubnisbehörde von den Tatsachen Kenntnis erhalten hat, die den Widerruf der Erlaubnis rechtfertigen.

§ 6 Verwaltungszwang
Werden Leiharbeitnehmer von einem Verleiher ohne die erforderliche Erlaubnis überlassen, so hat die Erlaubnisbehörde dem Verleiher dies zu untersagen und das weitere Überlassen nach den Vorschriften des Verwaltungsvollstreckungsgesetzes zu verhindern.

§ 7 Anzeigen und Auskünfte
(1) Der Verleiher hat der Erlaubnisbehörde nach Erteilung der Erlaubnis unaufgefordert die Verlegung, Schließung und Errichtung von Betrieben, Betriebsteilen oder Nebenbetrieben vorher anzuzeigen, soweit diese die Ausübung der Arbeitnehmerüberlassung zum Gegenstand haben. Wenn die Erlaubnis Personengesamtheiten, Personengesellschaften oder juristischen Personen erteilt ist und nach ihrer Erteilung eine andere Person zur Geschäftsführung oder Vertretung nach Gesetz, Satzung

§ 6 Anhang

oder Gesellschaftsvertrag berufen wird, ist auch dies unaufgefordert anzuzeigen.

(2) Der Verleiher hat der Erlaubnisbehörde auf Verlangen die Auskünfte zu erteilen, die zur Durchführung des Gesetzes erforderlich sind. Die Auskünfte sind wahrheitsgemäß, vollständig, fristgemäß und unentgeltlich zu erteilen. Auf Verlangen der Erlaubnisbehörde hat der Verleiher die geschäftlichen Unterlagen vorzulegen, aus denen sich die Richtigkeit seiner Angaben ergibt, oder seine Angaben auf sonstige Weise glaubhaft zu machen. Der Verleiher hat seine Geschäftsunterlagen drei Jahre lang aufzubewahren.

(3) In begründeten Einzelfällen sind die von der Erlaubnisbehörde beauftragten Personen befugt, Grundstücke und Geschäftsräume des Verleihers zu betreten und dort Prüfungen vorzunehmen. Der Verleiher hat die Maßnahmen nach Satz 1 zu dulden. Das Grundrecht der Unverletzlichkeit der Wohnung (Artikel 13 des Grundgesetzes) wird insoweit eingeschränkt.

(4) Durchsuchungen können nur auf Anordnung des Richters bei dem Amtsgericht, in dessen Bezirk die Durchsuchung erfolgen soll, vorgenommen werden. Auf die Anfechtung dieser Anordnung finden die §§ 304 bis 310 der Strafprozeßordnung entsprechende Anwendung. Bei Gefahr im Verzug können die von der Erlaubnisbehörde beauftragten Personen während der Geschäftszeit die erforderlichen Durchsuchungen ohne richterliche Anordnung vornehmen. An Ort und Stelle ist eine Niederschrift über die Durchsuchung und ihr wesentliches Ergebnis aufzunehmen, aus der sich, falls keine richterliche Anordnung er-

gangen ist, auch die Tatsachen ergeben, die zur Annahme einer Gefahr im Verzug geführt haben.

(5) Der Verleiher kann die Auskunft auf solche Fragen verweigern, deren Beantwortung ihn selbst oder einen der in § 383 Abs. 1 Nr. 1 bis 3 der Zivilprozeßordnung bezeichneten Angehörigen der Gefahr strafgerichtlicher Verfolgung oder eines Verfahrens nach dem Gesetz über Ordnungswidrigkeiten aussetzen würde.

§ 8 ~~Statistische Meldungen~~
~~(1) Der Verleiher hat der Erlaubnisbehörde halbjährlich statistische Meldungen über~~
~~1. die Zahl der überlassenen Leiharbeitnehmer getrennt nach Geschlecht, nach der Staatsangehörigkeit, nach Berufsgruppen und nach der Art der vor der Begründung des Vertragsverhältnisses zum Verleiher ausgeübten Beschäftigung;~~
~~2. die Zahl der Überlassungsfälle, gegliedert nach Wirtschaftsgruppen;~~
~~3. die Zahl der Entleiher, denen er Leiharbeitnehmer überlassen hat, gegliedert nach Wirtschaftsgruppen,~~
~~4. die Zahl und die Dauer der Arbeitsverhältnisse, die er mit jedem überlassenen Leiharbeitnehmer eingegangen ist,~~
~~5. die Zahl der Beschäftigungstage jedes überlassenen Leiharbeitnehmers, gegliedert nach Überlassungsfällen, zu erstatten. Die Erlaubnisbehörde kann die Meldepflicht nach Satz 1 einschränken.~~
~~(2) Die Meldungen sind für das erste Kalenderhalbjahr bis zum 1. September des laufenden Jahres, für das zweite Kalenderhalbjahr bis zum 1. März des folgenden Jahres zu erstatten.~~

gangen ist, auch die Tatsachen ergeben, die zur Annahme einer Gefahr im Verzug geführt haben.

(5) Der Verleiher kann die Auskunft auf solche Fragen verweigern, deren Beantwortung ihn selbst oder einen der in § 383 Absatz 1 Nr. 1 bis 3 der Zivilprozessordnung bezeichneten Angehörigen der Gefahr strafgerichtlicher Verfolgung oder eines Verfahrens nach dem Gesetz über Ordnungswidrigkeiten aussetzen würde.

§ 8 Grundsatz der Gleichstellung
(1) Der Verleiher ist verpflichtet, dem Leiharbeitnehmer für die Zeit der Überlassung an den Entleiher die im Betrieb des Entleihers für einen vergleichbaren Arbeitnehmer des Entleihers geltenden wesentlichen Arbeitsbedingungen einschließlich des Arbeitsentgelts zu gewähren (Gleichstellungsgrundsatz). Erhält der Leiharbeitnehmer das für einen vergleichbaren Arbeitnehmer des Entleihers im Entleihbetrieb geschuldete tarifvertragliche Arbeitsentgelt oder in Ermangelung eines solchen ein für vergleichbare Arbeitnehmer in der Einsatzbranche geltendes tarifvertragliches Arbeitsentgelt, wird vermutet, dass der Leiharbeitnehmer hinsichtlich des Arbeitsentgelts im Sinne von Satz 1 gleichgestellt ist. Werden im Betrieb des Entleihers Sachbezüge gewährt, kann ein Wertausgleich in Euro erfolgen

(2) Ein Tarifvertrag kann vom Gleichstellungsgrundsatz abweichen, soweit er nicht die in einer Rechtsverordnung nach § 3a Absatz 2 festgesetzten Mindeststundenentgelte unterschreitet. So-

§ 6 Anhang

weit ein solcher Tarifvertrag vom Gleichstellungsgrundsatz abweicht, hat der Verleiher dem Leiharbeitnehmer die nach diesem Tarifvertrag geschuldeten Arbeitsbedingungen zu gewähren. Im Geltungsbereich eines solchen Tarifvertrages können nicht tarifgebundene Arbeitgeber und Arbeitnehmer die Anwendung des Tarifvertrages vereinbaren. Soweit ein solcher Tarifvertrag die in einer Rechtsverordnung nach § 3a Absatz 2 festgesetzten Mindeststundenentgelte unterschreitet, hat der Verleiher dem Leiharbeitnehmer für jede Arbeitsstunde das im Betrieb des Entleihers für einen vergleichbaren Arbeitnehmer des Entleihers für eine Arbeitsstunde zu zahlende Arbeitsentgelt zu gewähren.

~~(3) Die Erlaubnisbehörde gibt zur Durchführung des Absatzes 1 Erhebungsvordrucke aus. Die Meldungen sind auf diesen Vordrucken zu erstatten. Die Richtigkeit der Angaben ist durch Unterschrift zu bestätigen.~~

(3) Eine abweichende tarifliche Regelung im Sinne von Absatz 2 gilt nicht für Leiharbeitnehmer, die in den letzten sechs Monaten vor der Überlassung an den Entleiher aus einem Arbeitsverhältnis bei diesem oder einem Arbeitgeber, der mit dem Entleiher einen Konzern im Sinne des § 18 des Aktiengesetzes bildet, ausgeschieden sind.

~~(4) Einzelangaben nach Absatz 1 sind von der Erlaubnisbehörde geheimzuhalten. Die §§ 93, 97, 105 Abs. 1, § 111 Abs. 5 in Verbindung mit § 105 Abs. 1 sowie § 116 Abs. 1 der Abgabenordnung gelten nicht. Dies gilt nicht, soweit die Finanzbehörden die Kenntnisse für die Durchführung eines Verfahrens wegen einer Steuerstraftat sowie eines damit zusammenhängenden Besteuerungsverfahrens benötigen, an deren Verfolgung ein zwingendes öffentliches Interesse besteht, oder soweit es sich um vorsätzlich falsche Angaben des Auskunftspflichtigen oder der für ihn tätigen Per-~~

(4) Ein Tarifvertrag im Sinne des Absatzes 2 kann hinsichtlich des Arbeitsentgelts vom Gleichstellungsgrundsatz für die ersten neun Monate einer Überlassung an einen Entleiher abweichen. Eine längere Abweichung durch Tarifvertrag ist nur zulässig, wenn

1. nach spätestens 15 Monaten einer Überlassung an einen Entleiher mindestens ein Arbeitsentgelt erreicht wird, das in dem Tarifvertrag als gleichwertig mit dem tarifvertraglichen Arbeitsentgelt vergleichbarer Arbeitnehmer in der Einsatzbranche festgelegt ist, und

2. nach einer Einarbeitungszeit von

~~sonen handelt. Veröffentlichungen von Ergebnissen auf Grund von Meldungen nach Absatz 1 dürfen keine Einzelangaben enthalten. Eine Zusammenfassung von Angaben mehrerer Auskunftspflichtiger ist keine Einzelangabe im Sinne dieses Absatzes.~~

längstens sechs Wochen eine stufenweise Heranführung an dieses Arbeitsentgelt erfolgt.

Im Geltungsbereich eines solchen Tarifvertrages können nicht tarifgebundene Arbeitgeber und Arbeitnehmer die Anwendung der tariflichen Regelungen vereinbaren. Der Zeitraum vorheriger Überlassungen durch denselben oder einen anderen Verleiher an denselben Entleiher ist vollständig anzurechnen, wenn zwischen den Einsätzen jeweils nicht mehr als drei Monate liegen.

(5) Der Verleiher ist verpflichtet, dem Leiharbeitnehmer mindestens das in einer Rechtsverordnung nach § 3a Absatz 2 für die Zeit der Überlassung und für Zeiten ohne Überlassung festgesetzte Mindeststundenentgelt zu zahlen.

§ 9 Unwirksamkeit
Unwirksam sind:
1. Verträge zwischen Verleihern und Entleihern sowie zwischen Verleihern und Leiharbeitnehmern, wenn der Verleiher nicht die nach § 1 erforderliche Erlaubnis hat,

§ 9 Unwirksamkeit
(1) Unwirksam sind:
1. Verträge zwischen Verleihern und Entleihern sowie zwischen Verleihern und Leiharbeitnehmern, wenn der Verleiher nicht die nach § 1 erforderliche Erlaubnis hat; *der Vertrag zwischen Verleiher und Leiharbeitnehmer wird nicht unwirksam, wenn der Leiharbeitnehmer schriftlich bis zum Ablauf eines Monats nach dem zwischen Verleiher und Entleiher für den Beginn der Überlassung vorgesehenen Zeitpunkt gegenüber dem Verleiher oder dem Entleiher erklärt, dass er an dem Arbeitsvertrag mit dem Verleiher festhält; tritt die Unwirksamkeit erst nach Aufnahme der Tätigkeit beim Entleiher ein, so beginnt die Frist mit Eintritt der Unwirksamkeit,*

1a. Arbeitsverträge zwischen Verleihern und Leiharbeitnehmern, wenn entgegen § 1 Absatz 1 Satz 5 und 6 die Arbeitnehmerüberlassung nicht ausdrücklich als

§ 6 Anhang

2. Vereinbarungen, die für den Leiharbeitnehmer ~~für die Zeit der Überlassung an einen Entleiher schlechtere als die im Betrieb des Entleihers für einen vergleichbaren Arbeitnehmer des Entleihers geltenden wesentlichen Arbeitsbedingungen einschließlich des Arbeitsentgelts vorsehen; ein Tarifvertrag kann abweichende Regelungen zulassen, soweit er nicht die in einer Rechtsverordnung nach § 3a Absatz 2 festgesetzten Mindeststundenentgelte unterschreitet; im Geltungsbereich eines solchen Tarifvertrages können nicht tarifgebundene Arbeitgeber und Arbeitnehmer die Anwendung der tariflichen Regelungen vereinbaren; eine abweichende tarifliche Regelung gilt nicht für Leiharbeitnehmer, die in den letzten sechs Monaten vor der Überlassung an den Entleiher aus einem Arbeitsverhältnis bei diesem~~

solche bezeichnet und die Person des Leiharbeitnehmers nicht konkretisiert worden ist, es sei denn, der Leiharbeitnehmer erklärt schriftlich bis zum Ablauf eines Monats nach dem zwischen Verleiher und Entleiher für den Beginn der Überlassung vorgesehenen Zeit punkt gegenüber dem Verleiher oder dem Entleiher, dass er an dem Arbeitsvertrag mit dem Verleiher festhält,

1b. Arbeitsverträge zwischen Verleihern und Leiharbeitnehmern mit dem Überschreiten der zulässigen Überlassungshöchstdauer nach § 1 Absatz 1b, es sei denn, der Leiharbeitnehmer erklärt schriftlich bis zum Ablauf eines Monats nach Überschreiten der zulässigen Überlassungshöchstdauer gegenüber dem Verleiher oder dem Entleiher, dass er an dem Arbeitsvertrag mit dem Verleiher festhält,

2. Vereinbarungen, die für den Leiharbeitnehmer *schlechtere als die ihm nach § 8 zustehendenArbeitsbedingungen einschließlich des Arbeitsentgelts vorsehen,*

~~oder einem Arbeitgeber, der mit dem Entleiher einen Konzern im Sinne des § 18 des Aktiengesetzes bildet, ausgeschieden sind,~~	
2a. Vereinbarungen, die den Zugang des Leiharbeitnehmers zu den Gemeinschaftseinrichtungen oder -diensten im Unternehmen des Entleihers entgegen § 13b beschränken,	2a. Vereinbarungen, die den Zugang des Leiharbeitnehmers zu den Gemeinschaftseinrichtungen oder -diensten im Unternehmen des Entleihers entgegen § 13b beschränken,
3. Vereinbarungen, die dem Entleiher untersagen, den Leiharbeitnehmer zu einem Zeitpunkt einzustellen, in dem dessen Arbeitsverhältnis zum Verleiher nicht mehr besteht; dies schließt die Vereinbarung einer angemessenen Vergütung zwischen Verleiher und Entleiher für die nach vorangegangenem Verleih oder mittels vorangegangenem Verleih erfolgte Vermittlung nicht aus,	3. Vereinbarungen, die dem Entleiher untersagen, den Leiharbeitnehmer zu einem Zeitpunkt einzustellen, in dem dessen Arbeitsverhältnis zum Verleiher nicht mehr besteht; dies schließt die Vereinbarung einer angemessenen Vergütung zwischen Verleiher und Entleiher für die nach vorangegangenem Verleih oder mittels vorangegangenem Verleih erfolgte Vermittlung nicht aus,
4. Vereinbarungen, die dem Leiharbeitnehmer untersagen, mit dem Entleiher zu einem Zeitpunkt, in dem das Arbeitsverhältnis zwischen Verleiher und Leiharbeitnehmer nicht mehr besteht, ein Arbeitsverhältnis einzugehen,	4. Vereinbarungen, die dem Leiharbeitnehmer untersagen, mit dem Entleiher zu einem Zeitpunkt, in dem das Arbeitsverhältnis zwischen Verleiher und Leiharbeitnehmer nicht mehr besteht, ein Arbeitsverhältnis einzugehen,
5. Vereinbarungen, nach denen der Leiharbeitnehmer eine Vermittlungsvergütung an den Verleiher zu zahlen hat.	5. Vereinbarungen, nach denen der Leiharbeitnehmer eine Vermittlungsvergütung an den Verleiher zu zahlen hat.
	(2) Die Erklärung nach Absatz 1 Nummer 1, 1a oder 1b (Festhaltenserklärung) ist nur wirksam wenn
	1. der Leiharbeitnehmer diese vor ihrer Abgabe persönlich in einer Agentur für Arbeit vorlegt,
	2. die Agentur für Arbeit die abzugebende Erklärung mit dem Datum des Tages der Vorlage und dem Hinweis versieht, dass sie die Identität des Leiharbeitnehmers festgestellt hat, und
	3. die Erklärung spätestens am dritten Tag nach der Vorlage in der Agentur für Arbeit dem Ver- oder Entleiher zugeht.

	(3) Eine vor Beginn einer Frist nach Absatz 1 Nummer 1 bis 1b abgegebene Festhaltenserklärung ist unwirksam. Wird die Überlassung nach der Festhaltenserklärung fortgeführt, gilt Absatz 1 Nummer 1 bis 1b. Eine erneute Festhaltenserklärung ist unwirksam. § 28e Absatz 2 Satz 4 des Vierten Buches Sozialgesetzbuch gilt unbeschadet der Festhaltenserklärung.
§ 10 Rechtsfolgen bei Unwirksamkeit, ~~Pflichten des Arbeitgebers zur Gewährung von Arbeitsbedingungen~~	§ 10 Rechtsfolgen bei Unwirksamkeit
(1) Ist der Vertrag zwischen einem Verleiher und einem Leiharbeitnehmer nach ~~§ 9 Nr. 1~~ unwirksam, so gilt ein Arbeitsverhältnis zwischen Entleiher und Leiharbeitnehmer zu dem zwischen dem Entleiher und dem Verleiher für den Beginn der Tätigkeit vorgesehenen Zeitpunkt als zustande gekommen; tritt die Unwirksamkeit erst nach Aufnahme der Tätigkeit beim Entleiher ein, so gilt das Arbeitsverhältnis zwischen Entleiher und Leiharbeitnehmer mit dem Eintritt der Unwirksamkeit als zustande gekommen. Das Arbeitsverhältnis nach Satz 1 gilt als befristet, wenn die Tätigkeit des Leiharbeitnehmers bei dem Entleiher nur befristet vorgesehen war und ein die Befristung des Arbeitsverhältnisses sachlich rechtfertigender Grund vorliegt. Für das Arbeitsverhältnis nach Satz 1 gilt die zwischen dem Verleiher und dem Entleiher vorgesehene Arbeitszeit als vereinbart. Im übrigen bestimmen sich Inhalt und Dauer dieses Arbeitsverhältnisses nach den für den Betrieb des Entleihers geltenden Vorschriften und sonstigen Regelungen; sind solche nicht vorhanden, gelten diejenigen vergleichbarer Betriebe. Der Leiharbeitnehmer hat ge-	(1) Ist der Vertrag zwischen einem Verleiher und einem Leiharbeitnehmer nach § 9 unwirksam, so gilt ein Arbeitsverhältnis zwischen Entleiher und Leiharbeitnehmer zu dem zwischen dem Entleiher und dem Verleiher für den Beginn der Tätigkeit vorgesehenen Zeitpunkt als zustande gekommen; tritt die Unwirksamkeit erst nach Aufnahme der Tätigkeit beim Entleiher ein, so gilt das Arbeitsverhältnis zwischen Entleiher und Leiharbeitnehmer mit dem Ein tritt der Unwirksamkeit als zustande gekommen. Das Arbeitsverhältnis nach Satz 1 gilt als befristet, wenn die Tätigkeit des Leiharbeitnehmers bei dem Entleiher nur befristet vorgesehen war und ein die Befristung des Arbeitsverhältnisses sachlich rechtfertigender Grund vorliegt. Für das Arbeitsverhältnis nach Satz 1 gilt die zwischen dem Verleiher und dem Entleiher vorgesehene Arbeitszeit als vereinbart. Im Übrigen bestimmen sich Inhalt und Dauer dieses Arbeitsverhältnisses nach den für den Betrieb des Entleihers geltenden Vorschriften und sonstigen Regelungen; sind solche nicht vorhanden, gelten diejenigen vergleichbarer Betriebe. Der Leiharbeitnehmer hat ge-

gen den Entleiher mindestens Anspruch auf das mit dem Verleiher vereinbarte Arbeitsentgelt.

(2) Der Leiharbeitnehmer kann im Fall der Unwirksamkeit seines Vertrags mit dem Verleiher nach § 9 ~~Nr. 1~~ von diesem Ersatz des Schadens verlangen, den er dadurch erleidet, daß er auf die Gültigkeit des Vertrags vertraut. Die Ersatzpflicht tritt nicht ein, wenn der Leiharbeitnehmer den Grund der Unwirksamkeit kannte.

(3) Zahlt der Verleiher das vereinbarte Arbeitsentgelt oder Teile des Arbeitsentgelts an den Leiharbeitnehmer, obwohl der Vertrag nach ~~§ 9 Nr. 1~~ unwirksam ist, so hat er auch sonstige Teile des Arbeitsentgelts, die bei einem wirksamen Arbeitsvertrag für den Leiharbeitnehmer an einen anderen zu zahlen wären, an den anderen zu zahlen. Hinsichtlich dieser Zahlungspflicht gilt der Verleiher neben dem Entleiher als Arbeitgeber; beide haften insoweit als Gesamtschuldner.

~~(4) Der Verleiher ist verpflichtet, dem Leiharbeitnehmer für die Zeit der Überlassung an den Entleiher die im Betrieb des Entleihers für einen vergleichbaren Arbeitnehmer des Entleihers geltenden wesentlichen Arbeitsbedingungen einschließlich des Arbeitsentgelts zu gewähren. Soweit ein auf das Arbeitsverhältnis anzuwendender Tarifvertrag abweichende Regelungen trifft (§ 3 Absatz 1 Nummer 3, § 9 Nummer 2), hat der Verleiher dem Leiharbeitnehmer die nach diesem Tarifvertrag geschuldeten Arbeitsbedingungen zu gewähren. Soweit ein solcher Tarifvertrag die in einer Rechtsverordnung nach § 3a Absatz 2 festgesetzten Mindeststundenentgelte unterschreitet, hat der Verleiher dem~~

gen den Entleiher mindestens Anspruch auf das mit dem Verleiher vereinbarte Arbeitsentgelt.

(2) Der Leiharbeitnehmer kann im Fall der Unwirksamkeit seines Vertrags mit dem Verleiher nach § 9 von diesem Ersatz des Schadens verlangen, den er dadurch erleidet, dass er auf die Gültigkeit des Vertrags vertraut. Die Ersatzpflicht tritt nicht ein, wenn der Leiharbeitnehmer den Grund der Unwirksamkeit kannte.

(3) Zahlt der Verleiher das vereinbarte Arbeitsentgelt oder Teile des Arbeitsentgelts an den Leiharbeitnehmer, obwohl der Vertrag nach § 9 unwirksam ist, so hat er auch sonstige Teile des Arbeitsentgelts, die bei einem wirksamen Arbeitsvertrag für den Leiharbeitnehmer an einen anderen zu zahlen wären, an den anderen zu zahlen. Hinsichtlich dieser Zahlungspflicht gilt der Verleiher neben dem Entleiher als Arbeitgeber; beide haften insoweit als Gesamtschuldner.

~~Leiharbeitnehmer für jede Arbeitsstunde das im Betrieb des Entleihers für einen vergleichbaren Arbeitnehmer des Entleihers für eine Arbeitsstunde zu zahlende Arbeitsentgelt zu gewähren.~~ ~~Im Falle der Unwirksamkeit der Vereinbarung zwischen Verleiher und Leiharbeitnehmer nach § 9 Nummer 2 hat der Verleiher dem Leiharbeitnehmer die im Betrieb des Entleihers für einen vergleichbaren Arbeitnehmer des Entleihers geltenden wesentlichen Arbeitsbedingungen einschließlich des Arbeitsentgelts zu gewähren.~~
~~(5) Der Verleiher ist verpflichtet, dem Leiharbeitnehmer mindestens das in einer Rechtsverordnung nach § 3a Absatz 2 für die Zeit der Überlassung und für Zeiten ohne Überlassung festgesetzte Mindeststundenentgelt zu zahlen.~~

-

-

§ 10a Rechtsfolgen bei Überlassung durch eine andere Person als den Arbeitgeber

Werden Arbeitnehmer entgegen § 1 Absatz 1 Satz 3 von einer anderen Person überlassen und verstößt diese Person hierbei gegen § 1 Absatz 1 Satz 1, § 1 Absatz 1 Satz 5 und 6 oder § 1 Absatz 1b, gelten für das Arbeitsverhältnis des Leiharbeitnehmers § 9 Absatz 1 Nummer 1 bis 1b und § 10 entsprechend.

§ 11 Sonstige Vorschriften über das Leiharbeitsverhältnis

(1) Der Nachweis der wesentlichen Vertragsbedingungen des Leiharbeitsverhältnisses richtet sich nach den Bestimmungen des Nachweisgesetzes. Zusätzlich zu den in § 2 Abs. 1 des Nachweisgesetzes genannten Angaben sind in die Niederschrift aufzunehmen:
1. Firma und Anschrift des Verleihers, die Erlaubnisbehörde sowie Ort und Da-

§ 11 Sonstige Vorschriften über das Leiharbeitsverhältnis

(1) Der Nachweis der wesentlichen Vertragsbedingungen des Leiharbeitsverhältnisses richtet sich nach den Bestimmungen des Nachweisgesetzes. Zusätzlich zu den in § 2 Absatz 1 des Nachweisgesetzes genannten Angaben sind in die Niederschrift aufzunehmen:
1. Firma und Anschrift des Verleihers, die Erlaubnisbehörde sowie Ort und Da-

tum der Erteilung der Erlaubnis nach § 1,

2. Art und Höhe der Leistungen für Zeiten, in denen der Leiharbeitnehmer nicht verliehen ist.

(2) Der Verleiher ist ferner verpflichtet, dem Leiharbeitnehmer bei Vertragsschluß ein Merkblatt der Erlaubnisbehörde über den wesentlichen Inhalt dieses Gesetzes auszuhändigen. Nichtdeutsche Leiharbeitnehmer erhalten das Merkblatt und den Nachweis nach Absatz 1 auf Verlangen in ihrer Muttersprache. Die Kosten des Merkblatts trägt der Verleiher.

(3) Der Verleiher hat den Leiharbeitnehmer unverzüglich über den Zeitpunkt des Wegfalls der Erlaubnis zu unterrichten. In den Fällen der Nichtverlängerung (§ 2 Abs. 4 Satz 3), der Rücknahme (§ 4) oder des Widerrufs (§ 5) hat er ihn ferner auf das voraussichtliche Ende der Abwicklung (§ 2 Abs. 4 Satz 4) und die gesetzliche Abwicklungsfrist (§ 2 Abs. 4 Satz 4 letzter Halbsatz) hinzuweisen.

(4) § 622 Absatz 5 Nr. 1 des Bürgerlichen Gesetzbuchs ist nicht auf Arbeitsverhältnisse zwischen Verleihern und Leiharbeitnehmern anzuwenden. Das Recht des Leiharbeitnehmers auf Vergütung bei Annahmeverzug des Verleihers (§ 615 Satz 1 des Bürgerlichen Gesetzbuchs) kann nicht durch Vertrag aufgehoben oder beschränkt werden; § 615 Satz 2 des Bürgerlichen Gesetzbuchs bleibt unberührt. Das Recht des Leiharbeitnehmers auf Vergütung kann durch Vereinbarung von Kurzarbeit für die Zeit

tum der Erteilung der Erlaubnis nach § 1,

2. Art und Höhe der Leistungen für Zeiten, in denen der Leiharbeitnehmer nicht verliehen ist.

(2) Der Verleiher ist ferner verpflichtet, dem Leiharbeitnehmer bei Vertragsschluss ein Merkblatt der Erlaubnisbehörde über den wesentlichen Inhalt dieses Gesetzes auszuhändigen. Nichtdeutsche Leiharbeitnehmer erhalten das Merkblatt und den Nachweis nach Absatz 1 auf Verlangen in ihrer Muttersprache. Die Kosten des Merkblatts trägt der Verleiher. *Der Verleiher hat den Leiharbeitnehmer vor jeder Überlassung darüber zu informieren, dass er als Leiharbeitnehmer tätig wird.*

(3) Der Verleiher hat den Leiharbeitnehmer unverzüglich über den Zeitpunkt des Wegfalls der Erlaubnis zu unterrichten. In den Fällen der Nichtverlängerung (§ 2 Absatz 4 Satz 3), der Rücknahme (§ 4) oder des Widerrufs (§ 5) hat er ihn ferner auf das voraussichtliche Ende der Abwicklung (§ 2 Absatz 4 Satz 4) und die gesetzliche Abwicklungsfrist (§ 2 Absatz 4 Satz 4 letzter Halbsatz) hinzuweisen.

(4) § 622 Absatz 5 Nr. 1 des Bürgerlichen Gesetzbuchs ist nicht auf Arbeitsverhältnisse zwischen Verleihern und Leiharbeitnehmern anzuwenden. Das Recht des Leiharbeitnehmers auf Vergütung bei Annahmeverzug des Verleihers (§ 615 Satz 1 des Bürgerlichen Gesetzbuchs) kann nicht durch Vertrag aufgehoben oder beschränkt werden; § 615 Satz 2 des Bürgerlichen Gesetzbuchs bleibt unberührt. Das Recht des Leiharbeitnehmers auf Vergütung kann durch Vereinbarung von Kurzarbeit für die Zeit

§ 6 Anhang

aufgehoben werden, für die dem Leiharbeitnehmer Kurzarbeitergeld nach dem Dritten Buch Sozialgesetzbuch gezahlt wird; eine solche Vereinbarung kann das Recht des Leiharbeitnehmers auf Vergütung bis längstens zum 31. Dezember 2011 ausschließen.

~~(5) Der Leiharbeitnehmer ist nicht verpflichtet, bei einem Entleiher tätig zu sein, soweit dieser durch einen Arbeitskampf unmittelbar betroffen ist. In den Fällen eines Arbeitskampfs nach Satz 1 hat der Verleiher den Leiharbeitnehmer auf das Recht, die Arbeitsleistung zu verweigern, hinzuweisen.~~

(6) Die Tätigkeit des Leiharbeitnehmers bei dem Entleiher unterliegt den für den Betrieb des Entleihers geltenden öffentlich-rechtlichen Vorschriften des Arbeitsschutzrechts; die hieraus sich ergebenden Pflichten für den Arbeitgeber obliegen dem Entleiher unbeschadet der Pflichten des Verleihers. Insbesondere hat der Entleiher den Leiharbeitnehmer vor Beginn der Beschäftigung und bei Veränderungen in seinem Arbeitsbereich über Gefahren für Sicherheit und Gesundheit, denen er bei der Arbeit ausgesetzt sein kann, sowie über die Maßnahmen und Einrichtungen zur

aufgehoben werden, für die dem Leiharbeitnehmer Kurzarbeitergeld nach dem Dritten Buch Sozialgesetzbuch gezahlt wird; eine solche Vereinbarung kann das Recht des Leiharbeitnehmers auf Vergütung bis längstens zum 31. Dezember 2011 ausschließen.

(5) Der Entleiher darf Leiharbeitnehmer nicht tätig werden lassen, wenn sein Betrieb unmittelbar durch einen Arbeitskampf betroffen ist. Satz 1 gilt nicht, wenn der Entleiher sicherstellt, dass Leiharbeitnehmer keine Tätigkeit übernehmen, die bisher von Arbeitnehmern erledigt wurden, die
1. sich im Arbeitskampf befinden oder
2. ihrerseits Tätigkeiten von Arbeitnehmern, die sich im Arbeitskampf befinden, übernommen haben.

Der Leiharbeitnehmer ist nicht verpflichtet, bei einem Entleiher tätig zu sein, soweit dieser durch einen Arbeitskampf unmittelbar betroffen ist. In den Fällen eines Arbeitskampfes hat der Verleiher den Leiharbeitnehmer auf das Recht, die Arbeitsleistung zu verweigern, hinzuweisen.

(6) Die Tätigkeit des Leiharbeitnehmers bei dem Entleiher unterliegt den für den Betrieb des Entleihers geltenden öffentlich-rechtlichen Vorschriften des Arbeitsschutzrechts; die hieraus sich ergebenden Pflichten für den Arbeitgeber obliegen dem Entleiher unbeschadet der Pflichten des Verleihers. Insbesondere hat der Entleiher den Leiharbeitnehmer vor Beginn der Beschäftigung und bei Veränderungen in seinem Arbeitsbereich über Gefahren für Sicherheit und Gesundheit, denen er bei der Arbeit ausgesetzt sein kann, sowie über die Maßnahmen und Einrichtungen zur

Abwendung dieser Gefahren zu unterrichten. Der Entleiher hat den Leiharbeitnehmer zusätzlich über die Notwendigkeit besonderer Qualifikationen oder beruflicher Fähigkeiten oder einer besonderen ärztlichen Überwachung sowie über erhöhte besondere Gefahren des Arbeitsplatzes zu unterrichten.
(7) Hat der Leiharbeitnehmer während der Dauer der Tätigkeit bei dem Entleiher eine Erfindung oder einen technischen Verbesserungsvorschlag gemacht, so gilt der Entleiher als Arbeitgeber im Sinne des Gesetzes über Arbeitnehmererfindungen.

§ 12 Rechtsbeziehungen zwischen Verleiher und Entleiher
(1) Der Vertrag zwischen dem Verleiher und dem Entleiher bedarf der Schriftform. ~~In der Urkunde hat der Verleiher zu erklären, ob er die Erlaubnis nach § 1 besitzt.~~ Der Entleiher hat in der Urkunde anzugeben, welche besonderen Merkmale die für den Leiharbeitnehmer vorgesehene Tätigkeit hat und welche berufliche Qualifikation dafür erforderlich ist sowie welche im Betrieb des Entleihers für einen vergleichbaren Arbeitnehmer des Entleihers wesentlichen Arbeitsbedingungen einschließlich des Arbeitsentgelts gelten; Letzteres gilt nicht, soweit die Voraussetzungen der in ~~§ 3 Abs. 1 Nr. 3 und § 9 Nr. 2~~ genannten Ausnahme vorliegen.

(2) Der Verleiher hat den Entleiher unverzüglich über den Zeitpunkt des Wegfalls der Erlaubnis zu unterrichten. In

Abwendung dieser Gefahren zu unterrichten. Der Entleiher hat den Leiharbeitnehmer zusätzlich über die Notwendigkeit besonderer Qualifikationen oder beruflicher Fähigkeiten oder einer besonderen ärztlichen Überwachung sowie über erhöhte besondere Gefahren des Arbeitsplatzes zu unterrichten.
(7) Hat der Leiharbeitnehmer während der Dauer der Tätigkeit bei dem Entleiher eine Erfindung oder einen technischen Verbesserungsvorschlag gemacht, so gilt der Entleiher als Arbeitgeber im Sinne des Gesetzes über Arbeitnehmererfindungen.

§ 12 Rechtsbeziehungen zwischen Verleiher und Entleiher
(1) Der Vertrag zwischen dem Verleiher und dem Entleiher bedarf der Schriftform. *Wenn der Vertrag und seine tatsächliche Durchführung einander widersprechen, ist für die rechtliche Einordnung des Vertrages die tatsächliche Durchführung maßgebend. In der Urkunde hat der Verleiher zu erklären, ob er die Erlaubnis nach § 1 besitzt.* Der Entleiher hat in der Urkunde anzugeben, welche besonderen Merkmale die für den Leiharbeitnehmer vorgesehene Tätigkeit hat und welche berufliche Qualifikation dafür erforderlich ist sowie welche im Betrieb des Entleihers für einen vergleichbaren Arbeitnehmer des Entleihers wesentlichen Arbeitsbedingungen einschließlich des Arbeitsentgelts gelten; Letzteres gilt nicht, soweit die Voraussetzungen der in *§ 8 Absatz 2 und Absatz 4 Satz 2* genannten Ausnahme vorliegen.

(2) Der Verleiher hat den Entleiher unverzüglich über den Zeitpunkt des Wegfalls der Erlaubnis zu unterrichten. In

den Fällen der Nichtverlängerung (§ 2 Abs. 4 Satz 3), der Rücknahme (§ 4) oder des Widerrufs (§ 5) hat er ihn ferner auf das voraussichtliche Ende der Abwicklung (§ 2 Abs. 4 Satz 4) und die gesetzliche Abwicklungsfrist (§ 2 Abs. 4 Satz 4 letzter Halbsatz) hinzuweisen.

(3) (weggefallen)

§ 13 Auskunftsanspruch des Leiharbeitnehmers

Der Leiharbeitnehmer kann im Falle der Überlassung von seinem Entleiher Auskunft über die im Betrieb des Entleihers für einen vergleichbaren Arbeitnehmer des Entleihers geltenden wesentlichen Arbeitsbedingungen einschließlich des Arbeitsentgelts verlangen; dies gilt nicht, soweit die Voraussetzungen der in § 3 Abs. 1 Nr. 3 und § 9 Nr. 2 genannten Ausnahme vorliegen.

§ 13a Informationspflicht des Entleihers über freie Arbeitsplätze

Der Entleiher hat den Leiharbeitnehmer über Arbeitsplätze des Entleihers, die besetzt werden sollen, zu informieren. Die Information kann durch allgemeine Bekanntgabe an geeigneter, dem Leiharbeitnehmer zugänglicher Stelle im Betrieb und Unternehmen des Entleihers erfolgen.

§ 13b Zugang des Leiharbeitnehmers zu Gemeinschaftseinrichtungen oder -diensten

Der Entleiher hat dem Leiharbeitnehmer Zugang zu den Gemeinschaftseinrichtungen oder -diensten im Unternehmen unter den gleichen Bedingungen zu gewähren wie vergleichbaren Arbeitnehmern in dem Betrieb, in dem der Leiharbeitnehmer seine Arbeitsleistung erbringt, es sei denn, eine unterschiedliche Behandlung ist aus sachlichen Grün-

den Fällen der Nichtverlängerung (§ 2 Abs. 4 Satz 3), der Rücknahme (§ 4) oder des Widerrufs (§ 5) hat er ihn ferner auf das voraussichtliche Ende der Abwicklung (§ 2 Abs. 4 Satz 4) und die gesetzliche Abwicklungsfrist (§ 2 Abs. 4 Satz 4 letzter Halbsatz) hinzuweisen.

(3) (weggefallen)

§ 13 Auskunftsanspruch des Leiharbeitnehmers

Der Leiharbeitnehmer kann im Falle der Überlassung von seinem Entleiher Auskunft über die im Betrieb des Entleihers für einen vergleichbaren Arbeitnehmer des Entleihers geltenden wesentlichen Arbeitsbedingungen einschließlich des Arbeitsentgelts verlangen; dies gilt nicht, soweit die Voraussetzungen der in *§ 8 Absatz 2 und Absatz 4 Satz 2* genannten Ausnahme vorliegen.

§ 13a Informationspflicht des Entleihers über freie Arbeitsplätze

Der Entleiher hat den Leiharbeitnehmer über Arbeitsplätze des Entleihers, die besetzt werden sollen, zu informieren. Die Information kann durch allgemeine Bekanntgabe an geeigneter, dem Leiharbeitnehmer zugänglicher Stelle im Betrieb und Unternehmen des Entleihers erfolgen.

§ 13b Zugang des Leiharbeitnehmers zu Gemeinschaftseinrichtungen oder -diensten

Der Entleiher hat dem Leiharbeitnehmer Zugang zu den Gemeinschaftseinrichtungen oder -diensten im Unternehmen unter den gleichen Bedingungen zu gewähren wie vergleichbaren Arbeitnehmern in dem Betrieb, in dem der Leiharbeitnehmer seine Arbeitsleistung erbringt, es sei denn, eine unterschiedliche Behandlung ist aus sachlichen Gründen gerechtfertigt. Gemeinschaftseinrichtungen oder -dienste im Sinne des Satzes 1 sind insbesondere Kinderbetreuungseinrichtungen, Gemeinschaftsverpflegung und Beförderungsmittel.

§ 14 Mitwirkungs- und Mitbestimmungsrechte

(1) Leiharbeitnehmer bleiben auch während der Zeit ihrer Arbeitsleistung bei einem Entleiher Angehörige des entsendenden Betriebs des Verleihers.

(2) Leiharbeitnehmer sind bei der Wahl der Arbeitnehmervertreter in den Aufsichtsrat im Entleiherunternehmen und bei der Wahl der betriebsverfassungsrechtlichen Arbeitnehmervertretungen im Entleiherbetrieb nicht wählbar. Sie sind berechtigt, die Sprechstunden dieser Arbeitnehmervertretungen aufzusuchen und an den Betriebs- und Jugendversammlungen im Entleiherbetrieb teilzunehmen. Die §§ 81, 82 Abs. 1 und die §§ 84 bis 86 des Betriebsverfassungsgesetzes gelten im Entleiherbetrieb auch in Bezug auf die dort tätigen Leiharbeitnehmer.

---

den gerechtfertigt. Gemeinschaftseinrichtungen oder -dienste im Sinne des Satzes 1 sind insbesondere Kinderbetreuungseinrichtungen, Gemeinschaftsverpflegung und Beförderungsmittel.

§ 14 Mitwirkungs- und Mitbestimmungsrechte

(1) Leiharbeitnehmer bleiben auch während der Zeit ihrer Arbeitsleistung bei einem Entleiher Angehörige des entsendenden Betriebs des Verleihers.

(2) Leiharbeitnehmer sind bei der Wahl der Arbeitnehmervertreter in den Aufsichtsrat im Entleiherunternehmen und bei der Wahl der betriebsverfassungsrechtlichen Arbeitnehmervertretungen im Entleiherbetrieb nicht wählbar. Sie sind berechtigt, die Sprechstunden dieser Arbeitnehmervertretungen aufzusuchen und an den Betriebs- und Jugendversammlungen im Entleiherbetrieb teilzunehmen. Die §§ 81, 82 Abs. 1 und die §§ 84 bis 86 des Betriebsverfassungsgesetzes gelten im Entleiherbetrieb auch in Bezug auf die dort tätigen Leiharbeitnehmer. *Soweit Bestimmungen des Betriebsverfassungsgesetzes mit Ausnahme des § 112a, des Europäische Betriebsräte-Gesetzes oder der auf Grund der jeweiligen Gesetze erlassenen Wahlordnungen eine bestimmte Anzahl oder einen bestimmten Anteil von Arbeitnehmern voraussetzen, sind Leiharbeitnehmer auch im Entleiherbetrieb zu berücksichtigen. Soweit Bestimmungen des Mitbestimmungsgesetzes, des Montan Mitbestimmungsgesetzes, des Mitbestimmungsergänzungsgesetzes, des Drittelbeteiligungsgesetzes, des Gesetzes über die Mitbestimmung der Arbeitnehmer bei einer grenzüberschreitenden Ver-*

§ 6 Anhang

schmelzung des SE- und des SCE-Beteiligungsgesetzes oder der auf Grund der jeweiligen Gesetze erlassenen Wahlordnungen eine bestimmte Anzahl oder einen bestimmten Anteil von Arbeitnehmern voraussetzen, sind Leiharbeitnehmer auch im Entleiherunternehmen zu berücksichtigen. Soweit die Anwendung der in Satz 5 genannten Gesetze eine bestimmte Anzahl oder einen bestimmten Anteil von Arbeitnehmern erfordert, sind Leiharbeitnehmer im Entleiherunternehmen nur zu berücksichtigen, wenn die Einsatzdauer sechs Monate übersteigt.

(3) Vor der Übernahme eines Leiharbeitnehmers zur Arbeitsleistung ist der Betriebsrat des Entleiherbetriebs nach § 99 des Betriebsverfassungsgesetzes zu beteiligen. Dabei hat der Entleiher dem Betriebsrat auch die schriftliche Erklärung des Verleihers nach § 12 Abs. 1 Satz 2 vorzulegen. Er ist ferner verpflichtet, Mitteilungen des Verleihers nach § 12 Abs. 2 unverzüglich dem Betriebsrat bekanntzugeben.

(4) Die Absätze 1 und 2 Satz 1 und 2 sowie Absatz 3 gelten für die Anwendung des Bundespersonalvertretungsgesetzes sinngemäß.

§ 15 Ausländische Leiharbeitnehmer ohne Genehmigung

(1) Wer als Verleiher einen Ausländer, der einen erforderlichen Aufenthaltstitel nach § 4 Abs. 3 des Aufenthaltsgesetzes, eine Aufenthaltsgestattung oder eine Duldung, die zur Ausübung der Beschäftigung berechtigen, oder eine Genehmigung nach § 284 Abs. 1 des Dritten Buches Sozialgesetzbuch nicht besitzt, entgegen § 1 einem Dritten ohne Erlaubnis überläßt, wird mit Freiheitsstrafe bis

(3) Vor der Übernahme eines Leiharbeitnehmers zur Arbeitsleistung ist der Betriebsrat des Entleiherbetriebs nach § 99 des Betriebsverfassungsgesetzes zu beteiligen. Dabei hat der Entleiher dem Betriebsrat auch die schriftliche Erklärung des Verleihers nach § 12 Abs. 1 Satz 2 vorzulegen. Er ist ferner verpflichtet, Mitteilungen des Verleihers nach § 12 Abs. 2 unverzüglich dem Betriebsrat bekanntzugeben.

(4) Die Absätze 1 und 2 Satz 1 und 2 sowie Absatz 3 gelten für die Anwendung des Bundespersonalvertretungsgesetzes sinngemäß.

§ 15 Ausländische Leiharbeitnehmer ohne Genehmigung

(1) Wer als Verleiher einen Ausländer, der einen erforderlichen Aufenthaltstitel nach § 4 Abs. 3 des Aufenthaltsgesetzes, eine Aufenthaltsgestattung oder eine Duldung, die zur Ausübung der Beschäftigung berechtigen, oder eine Genehmigung nach § 284 Abs. 1 des Dritten Buches Sozialgesetzbuch nicht besitzt, entgegen § 1 einem Dritten ohne Erlaubnis überlässt, wird mit Freiheitsstrafe bis

zu drei Jahren oder mit Geldstrafe bestraft.
(2) In besonders schweren Fällen ist die Strafe Freiheitsstrafe von sechs Monaten bis zu fünf Jahren. Ein besonders schwerer Fall liegt in der Regel vor, wenn der Täter gewerbsmäßig oder aus grobem Eigennutz handelt.

§ 15a Entleih von Ausländern ohne Genehmigung
(1) Wer als Entleiher einen ihm überlassenen Ausländer, der einen erforderlichen Aufenthaltstitel nach § 4 Abs. 3 des Aufenthaltsgesetzes, eine Aufenthaltsgestattung oder eine Duldung, die zur Ausübung der Beschäftigung berechtigen, oder eine Genehmigung nach § 284 Abs. 1 des Dritten Buches Sozialgesetzbuch nicht besitzt, zu Arbeitsbedingungen des Leiharbeitsverhältnisses tätig werden läßt, die in einem auffälligen Mißverhältnis zu den Arbeitsbedingungen deutscher Leiharbeitnehmer stehen, die die gleiche oder eine vergleichbare Tätigkeit ausüben, wird mit Freiheitsstrafe bis zu drei Jahren oder mit Geldstrafe bestraft. In besonders schweren Fällen ist die Strafe Freiheitsstrafe von sechs Monaten bis zu fünf Jahren; ein besonders schwerer Fall liegt in der Regel vor, wenn der Täter gewerbsmäßig oder aus grobem Eigennutz handelt.
(2) Wer als Entleiher
1. gleichzeitig mehr als fünf Ausländer, die einen erforderlichen Aufenthaltstitel nach § 4 Abs. 3 des Aufenthaltsgesetzes, eine Aufenthaltsgestattung oder eine Duldung, die zur Ausübung der Beschäftigung berechtigen, oder eine Genehmigung nach § 284 Abs. 1 des Dritten Buches Sozialgesetzbuch nicht besitzen, tätig werden läßt oder

zu drei Jahren oder mit Geldstrafe bestraft.
(2) In besonders schweren Fällen ist die Strafe Freiheitsstrafe von sechs Monaten bis zu fünf Jahren. Ein besonders schwerer Fall liegt in der Regel vor, wenn der Täter gewerbsmäßig oder aus grobem Eigennutz handelt.

§ 15a Entleih von Ausländern ohne Genehmigung
(1) Wer als Entleiher einen ihm überlassenen Ausländer, der einen erforderlichen Aufenthaltstitel nach § 4 Abs. 3 des Aufenthaltsgesetzes, eine Aufenthaltsgestattung oder eine Duldung, die zur Ausübung der Beschäftigung berechtigen, oder eine Genehmigung nach § 284 Abs. 1 des Dritten Buches Sozialgesetzbuch nicht besitzt, zu Arbeitsbedingungen des Leiharbeitsverhältnisses tätig werden lässt, die in einem auffälligen Missverhältnis zu den Arbeitsbedingungen deutscher Leiharbeitnehmer stehen, die die gleiche oder eine vergleichbare Tätigkeit ausüben, wird mit Freiheitsstrafe bis zu drei Jahren oder mit Geldstrafe bestraft. In besonders schweren Fällen ist die Strafe Freiheitsstrafe von sechs Monaten bis zu fünf Jahren; ein besonders schwerer Fall liegt in der Regel vor, wenn der Täter gewerbsmäßig oder aus grobem Eigennutz handelt.
(2) Wer als Entleiher
1. gleichzeitig mehr als fünf Ausländer, die einen erforderlichen Aufenthaltstitel nach § 4 Abs. 3 des Aufenthaltsgesetzes, eine Aufenthaltsgestattung oder eine Duldung, die zur Ausübung der Beschäftigung berechtigen, oder eine Genehmigung nach § 284 Abs. 1 des Dritten Buches Sozialgesetzbuch nicht besitzen, tätig werden lässt oder

§ 6 Anhang

2. eine in § 16 Abs. 1 Nr. 2 bezeichnete vorsätzliche Zuwiderhandlung beharrlich wiederholt, wird mit Freiheitsstrafe bis zu einem Jahr oder mit Geldstrafe bestraft. Handelt der Täter aus grobem Eigennutz, ist die Strafe Freiheitsstrafe bis zu drei Jahren oder Geldstrafe.

§ 16 Ordnungswidrigkeiten
(1) Ordnungswidrig handelt, wer vorsätzlich oder fahrlässig
1. entgegen § 1 einen Leiharbeitnehmer einem Dritten ohne Erlaubnis überläßt,
1a. einen ihm von einem Verleiher ohne Erlaubnis überlassenen Leiharbeitnehmer tätig werden läßt,
1b. ~~entgegen § 1b Satz 1 Arbeitnehmer überläßt oder tätig werden läßt,~~

2. einen ihm überlassenen ausländischen Leiharbeitnehmer, der einen erforderlichen Aufenthaltstitel nach § 4 Abs. 3 des Aufenthaltsgesetzes, eine Aufenthaltsgestattung oder eine Duldung, die zur Ausübung der Beschäftigung berechtigen, oder eine Genehmigung nach § 284 Abs. 1 des Dritten Buches Sozialgesetzbuch nicht besitzt, tätig werden läßt,

2. eine in § 16 Abs. 1 Nr. 2 bezeichnete vorsätzliche Zuwiderhandlung beharrlich wiederholt, wird mit Freiheitsstrafe bis zu einem Jahr oder mit Geldstrafe bestraft. Handelt der Täter aus grobem Eigennutz, ist die Strafe Freiheitsstrafe bis zu drei Jahren oder Geldstrafe.

§ 16 Ordnungswidrigkeiten
(1) Ordnungswidrig handelt, wer vorsätzlich oder fahrlässig
1. entgegen § 1 einen Leiharbeitnehmer einem Dritten ohne Erlaubnis überlässt,
1a. einen ihm von einem Verleiher ohne Erlaubnis überlassenen Leiharbeitnehmer tätig werden lässt,
1b. entgegen § 1 Absatz 1 Satz 3 einen Arbeitnehmer überlässt oder tätig werden lässt
1c. entgegen § 1 Absatz Satz 5 eine dort genannte Überlassung nicht, nicht richtig oder nicht rechtzeitig konkretisiert,
1d. entgegen § 1 Absatz 1 Satz 6 die Person nicht, nicht richtig oder nicht rechtzeitig konkretisiert,
1e. entgegen § 1 Absatz 1b Satz 1 einen Leiharbeitnehmer überlässt,
1f. entgegen § 1 b Satz 1 Arbeitnehmer überlässt oder tätig werden lässt,

2. einen ihm überlassenen ausländischen Leiharbeitnehmer, der einen erforderlichen Aufenthaltstitel nach § 4 Absatz 3 des Aufenthaltsgesetzes, eine Aufenthaltsgestattung oder eine Duldung, die zur Ausübung der Beschäftigung berechtigen, oder eine Genehmigung nach § 284 Absatz 1 des Dritten Buches Sozialgesetzbuch nicht besitzt, tätig werden lässt,

2a. eine Anzeige nach § 1a nicht richtig, nicht vollständig oder nicht rechtzeitig erstattet, 3. einer Auflage nach § 2 Abs. 2 nicht, nicht vollständig oder nicht rechtzeitig nachkommt, 4. eine Anzeige nach § 7 Abs. 1 nicht, nicht richtig, nicht vollständig oder nicht rechtzeitig erstattet, 5. eine Auskunft nach § 7 Abs. 2 Satz 1 nicht, nicht richtig, nicht vollständig oder nicht rechtzeitig erteilt, 6. seiner Aufbewahrungspflicht nach § 7 Abs. 2 Satz 4 nicht nachkommt, 6a. entgegen § 7 Abs. 3 Satz 2 eine dort genannte Maßnahme nicht duldet, 7. eine statistische Meldung nach § 8 Abs. 1 nicht, nicht richtig, nicht vollständig oder nicht rechtzeitig erteilt, 7a. entgegen § 10 Absatz 4 eine 7b. entgegen § 10 Absatz 5 in Verbindung mit einer Rechtsverordnung nach § 3a Absatz 2 Satz 1 das dort genannte Mindeststundenentgelt nicht oder nicht rechtzeitig zahlt, Arbeitsbedingung nicht gewährt, 8. einer Pflicht nach § 11 Abs. 1 oder Abs. 2 nicht nachkommt, 9. entgegen § 13a Satz 1 den Leiharbeitnehmer nicht, nicht richtig oder nicht vollständig informiert, 10. entgegen § 13b Satz 1 Zugang nicht gewährt, 11. entgegen § 17a in Verbindung mit § 5 Absatz 1 Satz 1 des Schwarzarbeitsbekämpfungsgesetzes eine Prüfung nicht duldet oder bei dieser Prüfung nicht mitwirkt, 12. entgegen § 17a in Verbindung mit § 5 Absatz 1 Satz 2 des Schwarzarbeits-	2a. ein Anzeige nach § 1 a nicht richtig, nicht vollständig oder nicht rechtzeitig erstattet, 3. einer Auflage nach § 2 Absatz 2 nicht, nicht vollständig oder nicht rechtzeitig nachkommt, 4. eine Anzeige nach § 7 Absatz 1 nicht, nicht richtig, nicht vollständig oder nicht rechtzeitig erstattet, 5. eine Auskunft nach § 7 Absatz 2 Satz 1 nicht, nicht richtig, nicht vollständig oder nicht rechtzeitig erteilt, 6. seiner Aufbewahrungspflicht nach § 7 Absatz 2 Satz 4 nicht nachkommt, 6a. entgegen § 7 Absatz 3 Satz 2 eine dort genannte Maßnahme nicht duldet, 7a. entgegen § 8 Absatz 1 Satz 1 oder Absatz 2 Satz 2 und 4 eine Arbeitsbedingung nicht gewährt, 7b. entgegen § 8 Absatz 5 in Verbindung mit einer Rechtsverordnung nach § 3a Absatz 2 Satz 1 das dort genannte Mindeststundenentgelt nicht oder nicht rechtzeitig zahlt, 8. einer Pflicht nach § 11 Absatz 1 oder Absatz 2 nicht ankommt, 8a. entgegen § 11 Absatz 5 Satz 1 einen Leiharbeitnehmer tätig werden lässt; 9. entgegen § 13a Satz 1 den Leiharbeitnehmer nicht, nicht richtig oder nicht vollständig informiert, 10. entgegen § 13b Satz 1 Zugang nicht gewährt, 11. entgegen § 17a in Verbindung mit § 5 Absatz 1 Satz 1 des Schwarzarbeitsbekämpfungsgesetzes eine Prüfung nicht duldet oder bei dieser Prüfung nicht mitwirkt, 12. entgegen § 17a in Verbindung mit § 5 Absatz 1 Satz 2 des Schwarzarbeits-

bekämpfungsgesetzes das Betreten eines Grundstücks oder Geschäftsraums nicht duldet,
13. entgegen § 17a in Verbindung mit § 5 Absatz 3 Satz 1 des Schwarzarbeitsbekämpfungsgesetzes Daten nicht, nicht richtig, nicht vollständig, nicht in der vorgeschriebenen Weise oder nicht rechtzeitig übermittelt,
14. entgegen § 17b Absatz 1 Satz 1 eine Anmeldung nicht, nicht richtig, nicht vollständig, nicht in der vorgeschriebenen Weise oder nicht rechtzeitig zuleitet,
15. entgegen § 17b Absatz 1 Satz 2 eine Änderungsmeldung nicht, nicht richtig, nicht vollständig, nicht in der vorgeschriebenen Weise oder nicht rechtzeitig macht,
16. entgegen § 17b Absatz 2 eine Versicherung nicht beifügt,
17. entgegen § 17c Absatz 1 eine Aufzeichnung nicht, nicht richtig, nicht vollständig oder nicht rechtzeitig erstellt oder nicht oder nicht mindestens zwei Jahre aufbewahrt oder
18. entgegen § 17c Absatz 2 eine Unterlage nicht, nicht richtig, nicht vollständig oder nicht in der vorgeschriebenen Weise bereithält.

(2) Die Ordnungswidrigkeit nach Absatz 1 Nummer 1 bis 1b, 6 und 11 bis 18 kann mit einer Geldbuße bis zu dreißigtausend Euro, die Ordnungswidrigkeit nach Absatz 1 Nummer 2, 7a und 7b mit einer Geldbuße bis zu fünfhunderttausend Euro, die Ordnungswidrigkeit nach Absatz 1 Nummer 2a, 3, 9 und 10 mit einer Geldbuße bis zu zweitausendfünfhundert Euro, die Ordnungswidrigkeit nach Absatz 1 Nummer 4, 5, 6a, 7 und 8 mit einer Geldbuße bis zu tausend Euro geahndet werden.

bekämpfungsgesetzes das Betreten eines Grundstücks oder Geschäftsraums nicht duldet,
13. entgegen § 17a in Verbindung mit § 5 Absatz 3 Satz 1 des Schwarzarbeitsbekämpfungsgesetzes Daten nicht, nicht richtig, nicht vollständig, nicht in der vorgeschriebenen Weise oder nicht rechtzeitig übermittelt,
14. entgegen § 17b Absatz 1 Satz 1 eine Anmeldung nicht, nicht richtig, nicht vollständig, nicht in der vorgeschriebenen Weise oder nicht rechtzeitig zuleitet,
15. entgegen § 17b Absatz 1 Satz 2 eine Änderungsmeldung nicht, nicht richtig, nicht voll ständig, nicht in der vorgeschriebenen Weise oder nicht rechtzeitig macht,
16. entgegen § 17b Absatz 2 eine Versicherung nicht beifügt,
17. entgegen § 17c Absatz 1 eine Aufzeichnung nicht, nicht richtig, nicht vollständig oder nicht rechtzeitig erstellt oder nicht oder nicht mindestens zwei Jahre aufbewahrt oder
18. entgegen § 17c Absatz 2 eine Unterlage nicht, nicht richtig, nicht vollständig oder nicht in der vorgeschriebenen Weise bereithält.

(2) Die Ordnungswidrigkeit nach Absatz 1 Nummer 1 bis *1f*, 6 und 11 bis 18 kann mit einer Geldbuße bis zu dreißigtausend Euro, die Ordnungswidrigkeit nach Absatz 1 Nummer 2, 7a und 7b *und 8a* mit einer Geldbuße bis zu fünfhunderttausend Euro, die Ordnungswidrigkeit nach Absatz 1 Nummer 2a, 3, 9 und 10 mit einer Geldbuße bis zu zweitausendfünfhundert Euro, die Ordnungswidrigkeit nach Absatz 1 Nummer 4, 5, 6a und 8 mit einer Geldbuße bis zu tausend Euro geahndet werden.

(3) Verwaltungsbehörden im Sinne des § 36 Abs. 1 Nr. 1 des Gesetzes über Ordnungswidrigkeiten sind ~~für die Ordnungswidrigkeiten nach Absatz 1 Nummer 1 bis 2a, 7b sowie 11 bis 18 die Behörden der Zollverwaltung, für die Ordnungswidrigkeiten nach Absatz 1 Nummer 3 bis 7a sowie 8 bis 10 die Bundesagentur für Arbeit.~~

(4) §§ 66 des Zehnten Buches Sozialgesetzbuch gilt entsprechend.

(5) Die Geldbußen fließen in die Kasse der zuständigen Verwaltungsbehörde. Sie trägt abweichend von § 105 Abs. 2 des Gesetzes über Ordnungswidrigkeiten die notwendigen Auslagen und ist auch ersatzpflichtig im Sinne des § 110 Abs. 4 des Gesetzes über Ordnungswidrigkeiten.

§ 17 Durchführung

(1) Die Bundesagentur für Arbeit führt dieses Gesetz nach fachlichen Weisungen des Bundesministeriums für Arbeit und Soziales durch. Verwaltungskosten werden nicht erstattet.

(2) Die Prüfung der Arbeitsbedingungen nach ~~§ 10 Absatz 5~~ obliegt zudem den Behörden der Zollverwaltung nach Maßgabe der §§ 17a bis 18a.

§ 17a Befugnisse der Behörden der Zollverwaltung

Die §§ 2, 3 bis 6 und 14 bis 20, 22, 23 des Schwarzarbeitsbekämpfungsgesetzes sind entsprechend anzuwenden mit der Maßgabe, dass die dort genannten Behörden auch Einsicht in Arbeitsverträge, Niederschriften nach § 2 des Nachweisgesetzes und andere Geschäftsunterlagen nehmen können, die mittelbar oder unmittelbar Auskunft über die Einhal-

---

(3) Verwaltungsbehörden im Sinne des § 36 Absatz 1 Nummer 1 des Gesetzes über Ordnungswidrigkeiten sind *in den Fällen des Absatzes 1 Nummer 1, 1a, 1c, 1d, 1f, 2, 2a und 7b sowie 11 bis 18* die Behörden der Zollverwaltung *jeweils für ihren Geschäftsbereich, in den Fällen des Absatzes 1 Nummer 1b, 1e, 3 bis 7a sowie 8 bis 10* die Bundesagentur für Arbeit.

(4) §§ 66 des Zehnten Buches Sozialgesetzbuch gilt entsprechend.

(5) Die Geldbußen fließen in die Kasse der zuständigen Verwaltungsbehörde. Sie trägt abweichend von § 105 Abs. 2 des Gesetzes über Ordnungswidrigkeiten die notwendigen Auslagen und ist auch ersatzpflichtig im Sinne des § 110 Abs. 4 des Gesetzes über Ordnungswidrigkeiten.

§ 17 Durchführung

(1) Die Bundesagentur für Arbeit führt dieses Gesetz nach fachlichen Weisungen des Bundesministeriums für Arbeit und Soziales durch. Verwaltungskosten werden nicht erstattet.

(2) Die Prüfung der Arbeitsbedingungen nach *§ 8 Absatz 5* obliegt zudem den Behörden der Zollverwaltung nach Maßgabe der §§ 17a bis 18a.

§ 17a Befugnisse der Behörden der Zollverwaltung

Die §§ 2, 3 bis 6 und 14 bis 20, 22, 23 des Schwarzarbeitsbekämpfungsgesetzes sind entsprechend anzuwenden mit der Maßgabe, dass die dort genannten Behörden auch Einsicht in Arbeitsverträge, Niederschriften nach § 2 des Nachweisgesetzes und andere Geschäftsunterlagen nehmen können, die mittelbar oder unmittelbar Auskunft über die Einhal-

§ 6 Anhang

tung der Arbeitsbedingungen nach § 10 Absatz 5 geben.	tung der Arbeitsbedingungen nach § 8 Absatz 5 geben.
§ 17b Meldepflicht	**§ 17b Meldepflicht**
(1) Überlässt ein Verleiher mit Sitz im Ausland einen Leiharbeitnehmer zur Arbeitsleistung einem Entleiher, hat der Entleiher, sofern eine Rechtsverordnung nach § 3a auf das Arbeitsverhältnis Anwendung findet, vor Beginn jeder Überlassung der zuständigen Behörde der Zollverwaltung eine schriftliche Anmeldung in deutscher Sprache mit folgenden Angaben zuzuleiten:	(1) Überlässt ein Verleiher mit Sitz im Ausland einen Leiharbeitnehmer zur Arbeitsleistung einem Entleiher, hat der Entleiher, sofern eine Rechtsverordnung nach § 3a auf das Arbeitsverhältnis Anwendung findet, vor Beginn jeder Überlassung der zuständigen Behörde der Zollverwaltung eine schriftliche Anmeldung in deutscher Sprache mit folgenden Angaben zuzuleiten:
1. Familienname, Vornamen und Geburtsdatum des überlassenen Leiharbeitnehmers,	1. Familienname, Vornamen und Geburtsdatum des überlassenen Leiharbeitnehmers,
2. Beginn und Dauer der Überlassung,	2. Beginn und Dauer der Überlassung,
3. Ort der Beschäftigung,	3. Ort der Beschäftigung,
4. Ort im Inland, an dem die nach § 17c erforderlichen Unterlagen bereitgehalten werden,	4. Ort im Inland, an dem die nach § 17c erforderlichen Unterlagen bereitgehalten werden,
5. Familienname, Vornamen und Anschrift in Deutschland eines oder einer Zustellungsbevollmächtigten des Verleihers,	5. Familienname, Vornamen und Anschrift in Deutschland eines oder einer Zustellungsbevollmächtigten des Verleihers,
6. Branche, in die die Leiharbeitnehmer überlassen werden sollen, und	6. Branche, in die die Leiharbeitnehmer überlassen werden sollen, und
7. Familienname, Vornamen oder Firma sowie Anschrift des Verleihers.	7. Familienname, Vornamen oder Firma sowie Anschrift des Verleihers.
Änderungen bezüglich dieser Angaben hat der Entleiher unverzüglich zu melden.	Änderungen bezüglich dieser Angaben hat der Entleiher unverzüglich zu melden.
(2) Der Entleiher hat der Anmeldung eine Versicherung des Verleihers beizufügen, dass dieser seine Verpflichtungen nach § 10 Absatz 5 einhält.	(2) Der Entleiher hat der Anmeldung eine Versicherung des Verleihers beizufügen, dass dieser seine Verpflichtungen nach *§ 8 Absatz 5* einhält.
(3) Das Bundesministerium der Finanzen kann durch Rechtsverordnung im Einvernehmen mit dem Bundesministerium für Arbeit und Soziales ohne Zustimmung des Bundesrates bestimmen,	(3) Das Bundesministerium der Finanzen kann durch Rechtsverordnung im Einvernehmen mit dem Bundesministerium für Arbeit und Soziales ohne Zustimmung des Bundesrates bestimmen,

1. dass, auf welche Weise und unter welchen technischen und organisatorischen Voraussetzungen eine Anmeldung, Änderungsmeldung und Versicherung abweichend von den Absätzen 1 und 2 elektronisch übermittelt werden kann, 2. unter welchen Voraussetzungen eine Änderungsmeldung ausnahmsweise entfallen kann und 3. wie das Meldeverfahren vereinfacht oder abgewandelt werden kann. (4) Das Bundesministerium der Finanzen kann durch Rechtsverordnung ohne Zustimmung des Bundesrates die zuständige Behörde nach Absatz 1 Satz 1 bestimmen. **§ 17c Erstellen und Bereithalten von Dokumenten** (1) Sofern eine Rechtsverordnung nach § 3a auf ein Arbeitsverhältnis Anwendung findet, ist der Entleiher verpflichtet, Beginn, Ende und Dauer der täglichen Arbeitszeit des Leiharbeitnehmers spätestens bis zum Ablauf des siebten auf den Tag der Arbeitsleistung folgenden Kalendertages aufzuzeichnen und diese Aufzeichnungen mindestens zwei Jahre beginnend ab dem für die Aufzeichnung maßgeblichen Zeitpunkt aufzubewahren. (2) Jeder Verleiher ist verpflichtet, die für die Kontrolle der Einhaltung einer Rechtsverordnung nach § 3a erforderlichen Unterlagen im Inland für die gesamte Dauer der tatsächlichen Beschäftigung des Leiharbeitnehmers im Geltungsbereich dieses Gesetzes, insgesamt jedoch nicht länger als zwei Jahre, in deutscher Sprache bereitzuhalten. Auf Verlangen der Prüfbehörde sind die Unterlagen auch am Ort der Beschäftigung bereitzuhalten.	1. dass, auf welche Weise und unter welchen technischen und organisatorischen Voraussetzungen eine Anmeldung, Änderungsmeldung und Versicherung abweichend von den Absätzen 1 und 2 elektronisch übermittelt werden kann, 2. unter welchen Voraussetzungen eine Änderungsmeldung ausnahmsweise entfallen kann und 3. wie das Meldeverfahren vereinfacht oder abgewandelt werden kann. (4) Das Bundesministerium der Finanzen kann durch Rechtsverordnung ohne Zustimmung des Bundesrates die zuständige Behörde nach Absatz 1 Satz 1 bestimmen. **§ 17c Erstellen und Bereithalten von Dokumenten** (1) Sofern eine Rechtsverordnung nach § 3a auf ein Arbeitsverhältnis Anwendung findet, ist der Entleiher verpflichtet, Beginn, Ende und Dauer der täglichen Arbeitszeit des Leiharbeitnehmers spätestens bis zum Ablauf des siebten auf den Tag der Arbeitsleistung folgenden Kalendertages aufzuzeichnen und diese Aufzeichnungen mindestens zwei Jahre beginnend ab dem für die Aufzeichnung maßgeblichen Zeitpunkt aufzubewahren. (2) Jeder Verleiher ist verpflichtet, die für die Kontrolle der Einhaltung einer Rechtsverordnung nach § 3a erforderlichen Unterlagen im Inland für die gesamte Dauer der tatsächlichen Beschäftigung des Leiharbeitnehmers im Geltungsbereich dieses Gesetzes, insgesamt jedoch nicht länger als zwei Jahre, in deutscher Sprache bereitzuhalten. Auf Verlangen der Prüfbehörde sind die Unterlagen auch am Ort der Beschäftigung bereitzuhalten.

§ 18 Zusammenarbeit mit anderen Behörden

(1) Zur Verfolgung und Ahndung der Ordnungswidrigkeiten nach § 16 arbeiten die Bundesagentur für Arbeit und die Behörden der Zollverwaltung insbesondere mit folgenden Behörden zusammen:
1. den Trägern der Krankenversicherung als Einzugsstellen für die Sozialversicherungsbeiträge,
2. den in § 71 des Aufenthaltsgesetzes genannten Behörden,
3. den Finanzbehörden,
4. den nach Landesrecht für die Verfolgung und Ahndung von Ordnungswidrigkeiten nach dem Schwarzarbeitsbekämpfungsgesetz zuständigen Behörden,
5. den Trägern der Unfallversicherung,
6. den für den Arbeitsschutz zuständigen Landesbehörden,
7. den Rentenversicherungsträgern,
8. den Trägern der Sozialhilfe.

(2) Ergeben sich für die Bundesagentur für Arbeit oder die Behörden der Zollverwaltung bei der Durchführung dieses Gesetzes im Einzelfall konkrete Anhaltspunkte für
1. Verstöße gegen das Schwarzarbeitsbekämpfungsgesetz,
2. eine Beschäftigung oder Tätigkeit von Ausländern ohne erforderlichen Aufenthaltstitel nach § 4 Abs. 3 des Aufenthaltsgesetzes, eine Aufenthaltsgestattung oder eine Duldung, die zur Ausübung der Beschäftigung berechtigen, oder eine Genehmigung nach § 284 Abs. 1 des Dritten Buches Sozialgesetzbuch,
3. Verstöße gegen die Mitwirkungspflicht nach § 60 Abs. 1 Satz 1 Nr. 2 des

Ersten Buches Sozialgesetzbuch gegenüber einer Dienststelle der Bundesagentur für Arbeit, einem Träger der gesetzlichen Kranken-, Pflege-, Unfall- oder Rentenversicherung oder einem Träger der Sozialhilfe oder gegen die Meldepflicht nach § 8a des Asylbewerberleistungsgesetzes,
4. Verstöße gegen die Vorschriften des Vierten und Siebten Buches Sozialgesetzbuch über die Verpflichtung zur Zahlung von Sozialversicherungsbeiträgen, soweit sie im Zusammenhang mit den in den Nummern 1 bis 3 genannten Verstößen sowie mit Arbeitnehmerüberlassung entgegen § 1 stehen,
5. Verstöße gegen die Steuergesetze,
6. Verstöße gegen das Aufenthaltsgesetz, unterrichten sie die für die Verfolgung und Ahndung zuständigen Behörden, die Träger der Sozialhilfe sowie die Behörden nach § 71 des Aufenthaltsgesetzes.
(3) In Strafsachen, die Straftaten nach den §§ 15 und 15a zum Gegenstand haben, sind der Bundesagentur für Arbeit und den Behörden der Zollverwaltung zur Verfolgung von Ordnungswidrigkeiten
1. bei Einleitung des Strafverfahrens die Personendaten des Beschuldigten, der Straftatbestand, die Tatzeit und der Tatort,
2. im Falle der Erhebung der öffentlichen Klage die das Verfahren abschließende Entscheidung mit Begründung zu übermitteln. Ist mit der in Nummer 2 genannten Entscheidung ein Rechtsmittel verworfen worden oder wird darin auf die angefochtene Entscheidung Bezug genommen, so ist auch die angefochtene Entscheidung zu übermitteln. Die Übermitt-

Ersten Buches Sozialgesetzbuch gegenüber einer Dienststelle der Bundesagentur für Arbeit, einem Träger der gesetzlichen Kranken-, Pflege-, Unfall- oder Rentenversicherung oder einem Träger der Sozialhilfe oder gegen die Meldepflicht nach § 8a des Asylbewerberleistungsgesetzes,
4. Verstöße gegen die Vorschriften des Vierten und Siebten Buches Sozialgesetzbuch über die Verpflichtung zur Zahlung von Sozialversicherungsbeiträgen, soweit sie im Zusammenhang mit den in den Nummern 1 bis 3 genannten Verstößen sowie mit Arbeitnehmerüberlassung entgegen § 1 stehen,
5. Verstöße gegen die Steuergesetze,
6. Verstöße gegen das Aufenthaltsgesetz, unterrichten sie die für die Verfolgung und Ahndung zuständigen Behörden, die Träger der Sozialhilfe sowie die Behörden nach § 71 des Aufenthaltsgesetzes.
(3) In Strafsachen, die Straftaten nach den §§ 15 und 15a zum Gegenstand haben, sind der Bundesagentur für Arbeit und den Behörden der Zollverwaltung zur Verfolgung von Ordnungswidrigkeiten
1. bei Einleitung des Strafverfahrens die Personendaten des Beschuldigten, der Straftatbestand, die Tatzeit und der Tatort,
2. im Falle der Erhebung der öffentlichen Klage die das Verfahren abschließende Entscheidung mit Begründung zu übermitteln. Ist mit der in Nummer 2 genannten Entscheidung ein Rechtsmittel verworfen worden oder wird darin auf die angefochtene Entscheidung Bezug genommen, so ist auch die angefochtene Entscheidung zu übermitteln. Die Übermitt-

lung veranlaßt die Strafvollstreckungs- oder die Strafverfolgungsbehörde.
Eine Verwendung
1. der Daten der Arbeitnehmer für Maßnahmen zu ihren Gunsten,
2. der Daten des Arbeitgebers zur Besetzung seiner offenen Arbeitsplätze, die im Zusammenhang mit dem Strafverfahren bekanntgeworden sind,
3. der in den Nummern 1 und 2 genannten Daten für Entscheidungen über die Einstellung oder Rückforderung von Leistungen der Bundesagentur für Arbeit ist zulässig.
(4) (weggefallen)
(5) Die Behörden der Zollverwaltung unterrichten die zuständigen örtlichen Landesfinanzbehörden über den Inhalt von Meldungen nach § 17b.
(6) Die Behörden der Zollverwaltung und die übrigen in § 2 des Schwarzarbeitsbekämpfungsgesetzes genannten Behörden dürfen nach Maßgabe der jeweils einschlägigen datenschutzrechtlichen Bestimmungen auch mit Behörden anderer Vertragsstaaten des Abkommens über den Europäischen Wirtschaftsraum zusammenarbeiten, die dem § 17 Absatz 2 entsprechende Aufgaben durchführen oder für die Bekämpfung illegaler Beschäftigung zuständig sind oder Auskünfte geben können, ob ein Arbeitgeber seine Verpflichtungen nach § 10 Absatz 5 erfüllt. Die Regelungen über die internationale Rechtshilfe in Strafsachen bleiben hiervon unberührt.

§ 19 Übergangsvorschrift
§ 3 Absatz 1 Nummer 3 Satz 4 und § 9 Nummer 2 letzter Halbsatz finden keine Anwendung auf Leiharbeitsverhältnisse,

lung veranlasst die Strafvollstreckungs- oder die Strafverfolgungsbehörde.
Eine Verwendung
1. der Daten der Arbeitnehmer für Maßnahmen zu ihren Gunsten,
2. der Daten des Arbeitgebers zur Besetzung seiner offenen Arbeitsplätze, die im Zusammenhang mit dem Strafverfahren bekanntgeworden sind,
3. der in den Nummern 1 und 2 genannten Daten für Entscheidungen über die Einstellung oder Rückforderung von Leistungen der Bundesagentur für Arbeit ist zulässig.
(4) (weggefallen)
(5) Die Behörden der Zollverwaltung unterrichten die zuständigen örtlichen Landesfinanzbehörden über den Inhalt von Meldungen nach § 17b.
(6) Die Behörden der Zollverwaltung und die übrigen in § 2 des Schwarzarbeitsbekämpfungsgesetzes genannten Behörden dürfen nach Maßgabe der jeweils einschlägigen datenschutzrechtlichen Bestimmungen auch mit Behörden anderer Vertragsstaaten des Abkommens über den Europäischen Wirtschaftsraum zusammenarbeiten, die dem § 17 Absatz 2 entsprechende Aufgaben durchführen oder für die Bekämpfung illegaler Beschäftigung zuständig sind oder Auskünfte geben können, ob ein Arbeitgeber seine Verpflichtungen nach § 8 Absatz 5 erfüllt. Die Regelungen über die internationale Rechtshilfe in Strafsachen bleiben hiervon unberührt.

§ 19 Übergangsvorschrift
(1) § 8 Absatz 3 findet keine Anwendung auf Leiharbeitsverhältnisse, die vor dem 15. Dezember 2010 begründet worden sind.

~~die vor dem 15. Dezember 2010 begründet worden sind.~~

§ 20 (weggefallen)

(2) Überlassungszeiten vor dem 1. April 2017 werden bei der Berechnung der Überlassungshöchstdauer nach § 1 Absatz 1b und der Berechnung der Überlassungszeiten nach § 8 Absatz 4 Satz 1 nicht berücksichtigt.

§ 20 (weggefallen)

B. Synopse zu den geänderten Vorschriften des BetrVG

BetrVG bis 31.3.2017	BetrVG ab 1.4.2017
§ 80 Abs. 2 Allgemeine Aufgaben	**§ 80 Abs. 2 Allgemeine Aufgaben**
(2) Zur Durchführung seiner Aufgaben nach diesem Gesetz ist der Betriebsrat rechtzeitig und umfassend vom Arbeitgeber zu unterrichten; die Unterrichtung erstreckt sich auch auf die Beschäftigung von Personen, die nicht in einem Arbeitsverhältnis zum Arbeitgeber stehen.	(2) Zur Durchführung seiner Aufgaben nach diesem Gesetz ist der Betriebsrat rechtzeitig und umfassend vom Arbeitgeber zu unterrichten; die Unterrichtung erstreckt sich auch auf die Beschäftigung von Personen, die nicht in einem Arbeitsverhältnis zum Arbeitgeber stehen *und umfasst insbesondere den zeitlichen Umfang des Einsatzes, den Einsatzort und die Arbeitsaufgaben dieser Personen.*
Dem Betriebsrat sind auf Verlangen jederzeit die zur Durchführung seiner Aufgaben erforderlichen Unterlagen zur Verfügung zu stellen; in diesem Rahmen ist der Betriebsausschuss oder ein nach § 28 gebildeter Ausschuss berechtigt, in die Listen über die Bruttolöhne und -gehälter Einblick zu nehmen.	Dem Betriebsrat sind auf Verlangen jederzeit die zur Durchführung seiner Aufgaben erforderlichen Unterlagen zur Verfügung zu stellen; in diesem Rahmen ist der Betriebsausschuss oder ein nach § 28 gebildeter Ausschuss berechtigt, in die Listen über die Bruttolöhne und -gehälter Einblick zu nehmen. *Zu den erforderlichen Unterlagen gehören auch die Verträge, die der Beschäftigung der in Satz 1 genannten Personen zugrunde liegen.*

Soweit es zur ordnungsgemäßen Erfüllung der Aufgaben des Betriebsrats erforderlich ist, hat der Arbeitgeber ihm sachkundige Arbeitnehmer als Auskunftspersonen zur Verfügung zu stellen; er hat hierbei die Vorschläge des Betriebsrats zu berücksichtigen, soweit betriebliche Notwendigkeiten nicht entgegenstehen.

§ 92 Abs. 1 Personalplanung

(1) Der Arbeitgeber hat den Betriebsrat über die Personalplanung, insbesondere über den gegenwärtigen und künftigen Personalbedarf sowie über die sich daraus ergebenden personellen Maßnahmen und Maßnahmen der Berufsbildung anhand von Unterlagen rechtzeitig und umfassend zu unterrichten. Er hat mit dem Betriebsrat über Art und Umfang der erforderlichen Maßnahmen und über die Vermeidung von Härten zu beraten.

Soweit es zur ordnungsgemäßen Erfüllung der Aufgaben des Betriebsrats erforderlich ist, hat der Arbeitgeber ihm sachkundige Arbeitnehmer als Auskunftspersonen zur Verfügung zu stellen; er hat hierbei die Vorschläge des Betriebsrats zu berücksichtigen, soweit betriebliche Notwendigkeiten nicht entgegenstehen.

§ 92 Abs. 1 Personalplanung

(1) Der Arbeitgeber hat den Betriebsrat über die Personalplanung, insbesondere über den gegenwärtigen und künftigen Personalbedarf sowie über die sich daraus ergebenden personellen Maßnahmen *einschließlich der geplanten Beschäftigung von Personen, die nicht in einem Arbeitsverhältnis zum Arbeitgeber stehen* und Maßnahmen der Berufsbildung anhand von Unterlagen rechtzeitig und umfassend zu unterrichten. Er hat mit dem Betriebsrat über Art und Umfang der erforderlichen Maßnahmen und über die Vermeidung von Härten zu beraten.

C. Fassungen von § 611a BGB vom Referentenentwurf bis zur Gesetzesfassung

3 **§ 611a BGB Fassung erster Referentenentwurf (Nov 2015)**

§ 611a Vertragstypische Pflichten beim Arbeitsvertrag

(1) Handelt es sich bei den aufgrund eines Vertrages zugesagten Leistungen um Arbeitsleistungen, liegt ein Arbeitsvertrag vor. Arbeitsleistungen erbringt, wer Dienste erbringt und dabei in eine fremde Arbeitsorganisation eingegliedert ist und Weisungen unterliegt. Wenn der Vertrag und seine tatsächliche Durchführung einander widersprechen, ist für die rechtliche Einordnung des Vertrages die tatsächliche Durchführung maßgebend.

(2) Für die Feststellung, ob jemand in eine fremde Arbeitsorganisation eingegliedert ist und Weisungen unterliegt, ist eine wertende Gesamtbetrachtung vorzunehmen. Für diese Gesamtbetrachtung ist insbesondere maßgeblich, ob jemand

C. Fassungen von § 611a BGB vom Referentenentwurf bis zur Gesetzesfassung § 6

a. nicht frei darin ist, seine Arbeitszeit oder die geschuldete Leistung zu gestalten oder seinen Arbeitsort zu bestimmen,

b. die geschuldete Leistung überwiegend in Räumen eines anderen erbringt,

c. zur Erbringung der geschuldeten Leistung regelmäßig Mittel eines anderen nutzt,

d. die geschuldete Leistung in Zusammenarbeit mit Personen erbringt, die von einem anderen eingesetzt oder beauftragt sind,

e. ausschließlich oder überwiegend für einen anderen tätig ist,

f. keine eigene betriebliche Organisation unterhält, um die geschuldete Leistung zu erbringen,

g. Leistungen erbringt, die nicht auf die Herstellung oder Erreichung eines bestimmten Arbeitsergebnisses oder eines bestimmten Arbeitserfolges gerichtet sind,

h. für das Ergebnis seiner Tätigkeit keine Gewähr leistet.

(3) Das Bestehen eines Arbeitsvertrages wird widerleglich vermutet, wenn die Deutsche Rentenversicherung Bund nach § 7a des Vierten Buches Sozialgesetzbuch insoweit das Bestehen eines Beschäftigungsverhältnisses festgestellt hat."

§ 611a BGB Fassung zweiter Referentenentwurf/Regierungsentwurf
§ 611a BGB Arbeitnehmer

Arbeitnehmer ist, wer auf Grund eines privatrechtlichen Vertrags im Dienste eines anderen zur Leistung weisungsgebundener, fremdbestimmter Arbeit in persönlicher Abhängigkeit verpflichtet ist. Das Weisungsrecht kann Inhalt, Durchführung, Zeit, Dauer und Ort der Tätigkeit betreffen. Arbeitnehmer ist derjenige Mitarbeiter, der nicht im Wesentlichen frei seine Tätigkeit gestalten und seine Arbeitszeit bestimmen kann; der Grad der persönlichen Abhängigkeit hängt dabei auch von der Eigenart der jeweiligen Tätigkeit ab. Für die Feststellung der Arbeitnehmereigenschaft ist eine Gesamtbetrachtung aller Umstände vorzunehmen. Zeigt die tatsächliche Durchführung des Vertragsverhältnisses, dass es sich um ein Arbeitsverhältnis handelt, kommt es auf die Bezeichnung im Vertrag nicht an.

§ 611a BGB Gesetzesfassung ab 1.4.2017
§ 611a BGB Arbeitsvertrag

(1) Durch den Arbeitsvertrag wird der Arbeitnehmer im Dienste eines anderen zur Leistung weisungsgebundener, fremdbestimmter Arbeit in persönlicher Abhängigkeit verpflichtet. Das Weisungsrecht kann Inhalt, Durchführung, Zeit und Ort der Tätigkeit betreffen. Weisungsgebunden ist, wer nicht im Wesentlichen frei seine Tätigkeit gestalten und seine Arbeitszeit bestimmen kann. Der Grad der persönlichen Abhängigkeit hängt dabei auch von der Eigenart der jeweiligen Tätigkeit ab. Für die Feststellung, ob ein Arbeitsvertrag vorliegt, ist eine Gesamtbetrachtung al-

§ 6 Anhang

ler Umstände vorzunehmen. Zeigt die tatsächliche Durchführung des Vertragsverhältnisses, dass es sich um ein Arbeitsverhältnis handelt, kommt es auf die Bezeichnung im Vertrag nicht an.

(2) Der Arbeitgeber ist zur Zahlung der vereinbarten Vergütung verpflichtet.

Stichwortverzeichnis

fette Zahlen = Paragrafen, magere Zahlen = Randnummern

§ 611a BGB
- § 7a SGB IV **2** 6
- Bedeutung für die Leiharbeit **3** 17
- Definition des Arbeitsvertrages **2** 14
- Erster Referentenentwurf **1** 16; **2** 2
- Gesamtbetrachtung **2** 13
- Gesetz gewordene Fassung **2** 14
- in der Fassung des Regierungsentwurfes **2** 9, 11
- Kriterienkatalog **1** 16; **2** 2
- Kritik **2** 11
- Neuregelung **2** 14
- sozialrechtlicher Beschäftigtenbegriff **2** 6
- tatsächliche Durchführung **2** 13
- typologischer Arbeitnehmerbegriff **2** 13, 16
- Verhältnis zu § 1 Abs. 1 S. 2 AÜG **3** 17
- Verhältnis zu § 106 GewO **2** 11 f.
- Verhältnis zu § 84 HGB **2** 11 ff.
- Vermutungswirkung **2** 2, 6
- Zweiter Referentenentwurf **1** 17

2-stufiges Verfahren
- Arbeitnehmerüberlassung und sonst. Drittpersonaleinsatz **3** 17

Abgrenzung der Vertragstypen **3** 15 ff.
Abgrenzung Dienst- und Werkvertrag **4** 73
- Bedeutungslosigkeit für die Arbeitnehmerüberlassung **3** 15

Abgrenzung freie Mitarbeit
- Beratungsunternehmen **3** 19

Abgrenzungskriterien **3** 16, 25 ff.
- Ausgestaltung des Personaleinsatzes im Betrieb **3** 28
- Bewertungstabelle **3** 34
- Checkliste **3** 36
- Dauer und Intensität der Zusammenarbeit **3** 33
- Eingliederung **3** 31
- Geschäftsanweisung der BA **3** 34
- Nutzung fremder Arbeitsmittel **3** 32
- tatsächliche Vertragsdurchführung **3** 29
- typologische Gesamtbetrachtung **3** 28
- unerhebliche Kriterien **3** 33
- Vertragsbezeichnung **3** 29

Abgrenzungskriterien nach § 611a BGB **4** 73
Abgrenzungskriterien nach BAG **4** 73
Abweichende Arbeitnehmerdefinition **4** 77
Anwendung OWiG **5** 374
Arbeiten 4.0 **4** 7
Arbeitgeberbegriff **4** 2
Arbeitnehmer- und Leiharbeitnehmerbegriff **3** 17
Arbeitnehmerähnliche Person **4** 7
Arbeitnehmeranteile
- Erstattung **4** 55 f.

Arbeitnehmerbegriff
- § 611a BGB **2** 1 ff., 14
- § 611a BGB RegE **2** 11
- Beurteilungsspielraum **4** 10
- Beweislast **2** 6
- Eigenart der Tätigkeit **2** 5, 16
- Gesamtabwägung **2** 16

433

Stichwortverzeichnis

- Gesamtbetrachtung 2 13
- GmbH-Geschäftsführer 2 7
- im Arbeitsrecht 4 10
- im Sozialversicherungsrecht 4 11 ff.
- im Steuerrecht 4 16 ff.
- Indizien 2 18
- Kriterien 2 18
- Kriterienkatalog 2 5
- österreichische Regelung 2 8
- persönliche Weisungsabhängigkeit 2 5
- SPD Gesetzesentwurf 2 4
- tatsächliche Durchführung 2 13
- unbeachtliche Kriterien 2 20

Arbeitnehmerbegriff des § 1 AÜG 3 18 ff.

Arbeitnehmerbezug
- europarechtliche Vereinbarkeit 5 72

Arbeitnehmerstatus
- Konsequenzen falscher Handhabung 4 21 ff.
- Statusklage 4 35

Arbeitnehmerüberlassung
- 2-stufige Prüfung 3 17; 4 74
- Abgrenzung nach neuem Recht 3 17
- Abgrenzung zu anderen Formen des Fremdpersonaleinsatzes 3 14 ff.
- Abgrenzung zu Werkvertrag 3 14
- Abgrenzung zum Dienstvertrag 3 14
- Abgrenzungskriterien 4 73
- Anforderungen und Hinweise 3 24
- arbeitnehmerähnliche Selbstständige 4 74
- Begriff des Leiharbeitnehmers 3 18; 5 24
- Beratungsunternehmen 3 19, 39
- Dauer und Intensität der Zusammenarbeit 3 33

- Definition 5 2 ff.
- Eingliederung 3 31; 4 77
- grenzüberschreitende 5 350 ff.
- Haftung/Gewährleistung 3 27
- Hinweise zur Abgrenzung 3 24
- Legaldefinition 5 24
- Merkblatt der BA 4 74
- Missverständnisse bei der Abgrenzung 3 15
- Nutzung fremder Arbeitsmittel 3 32
- Projektgeschäft 3 39
- SAP-Berater 4 74
- Schwellenwerte 5 334 ff.
- Selbstständige mit einem Auftraggeber 4 74
- typologische Gesamtbetrachtung 3 28
- Übertragung der Personalhoheit 3 30
- Verbot des Kettenverleihs 5 27 ff.
- Weiterverleih 5 27
- Weiterverleiher 5 27
- zwei Rechtsverhältnisse 4 74
- Zwischenverleiher 5 27

Arbeitskampf 5 227 ff.

Arbeitsverhältnis
- Kriterienkatalog 2 2

Arbeitsverhältnis und Beschäftigungsverhältnis 2 6

Arbeitsvermittlung 1 2
- Doppelarbeitsverhältnis 5 59
- Vermutung 5 58

Arbeitsvertrag 2 1 ff.
- § 611a BGB 2 2
- § 611a BGB in der Fassung des RegE 2 11
- Abgrenzung zum Beschäftigungsverhältnis 2 6 f
- Arbeitnehmerbegriff 2 2
- Beweislast 2 6
- Definition 2 2

434

Stichwortverzeichnis

- Neuregelung in § 611a BGB 2 14
- Vertragsbezeichnung 2 17
- widerlegliche Vermutung 2 2

AÜG Reform 2011 1 13
- Drehtürklausel 1 9

Ausgestaltung des Personaleinsatzes im Betrieb 3 28

Auskunftsanspruch
- Betriebsrat 5 307 ff.

ausländischer Tarifvertrag 5 362 ff.

Ausschluss von öffentlichen Aufträgen 5 384

Beraterunternehmen
- Praxishinweise 3 42
- Vertragsgestaltung 3 42

Beratungsunternehmen 4 87

Bereichsausnahme öffentlicher Dienst 5 5, 31 ff.

Beteiligungsrechte des Betriebsrats 5 300 ff.

Betriebsrat 5 208, 213, 300 ff.
- Auskunftsanspruch 5 307 ff.
- Beteiligungsrechte 5 22
- Informationsrecht 5 307 ff.
- Mitbestimmungsrechte 5 300 ff.
- Personalplanung 5 326 ff.
- Zustimmungsverweigerungsrecht 5 134 f., 208, 213

Betriebsratsbeteiligung 5 300 ff.

Betriebsübergang 5 41
- Betriebsvereinbarung 5 110 ff.

Betriebsvereinbarung
- Betriebsübergang 5 110 ff.

Beweislast 2 6
- Leiharbeitnehmerbegriff 5 26

Bezeichnung des Vertrages
- Vorrang der tatsächlichen Durchführung 2 17

Branchenzuschlagstarifverträge 5 171 ff.

Bußgeld 5 374 ff.
- Einsatzverbot 5 280

Bußgeldtatbestände 5 374 ff.

Crowdworker 4 7

Dauer und Intensität der Zusammenarbeit 3 33

Dauerhafte Überlassung
- Rechtsfolge 1 11

Denkmalpflegerentscheidung 2 19

Deregulierung der Zeitarbeit
- Folgen 1 8
- Hartz-Gesetze 1 6

Dialogprozess "Arbeiten 4.0" 4 7

Drehtürklausel 1 9; 5 388 ff., 411

Drittpersonaleinsatz
- rechtliche Bewertung 3 25

Eigenart der Arbeitsleistung
- Arbeitnehmerbegriff 2 16

Eingliederung in die Betriebsorganisation 3 31

Einkommensteuer 4 58 ff.

Einsatzverbot 5 239 ff.
- Betriebsbezogenheit 5 244 ff.
- Bußgeld 5 280
- Notdienstarbeiten 5 252
- Überlassungsvergütung 5 260, 282
- verfassungsrechtlicher Rahmen 5 283 ff.
- Vergütung 5 254 ff.
- Vergütung des Leiharbeitnehmers 5 255 ff.
- Vergütungspflicht des Verleihers 5 281
- Voraussetzungen 5 243 ff.
- Zeitarbeitstarifverträge 5 233 f.

einstweilige Verfügung auf Unterlassung 5 275

Entleiher
- Begriff 5 73

435

Stichwortverzeichnis

Entleiherrondell **5** 30
Entwicklung der Zeitarbeit **1** 8
- „vorübergehende" Arbeitnehmerüberlassung **1** 11
- Arbeitnehmerüberlassungsgesetz 1972 **1** 2
- Arbeitsvermittlungsmonopol **1** 2
- AÜG Reform 2011 **1** 8
- Deregulierung der Zeitarbeit **1** 6
- Entwicklung der Höchstüberlassungsdauer **1** 4 f.
- Equal Pay **1** 7
- Equal Treatment **1** 7
- Folgen der Deregulierung **1** 8
- Gewerbsmäßige Arbeitnehmerüberlassung **1** 10
- Hartz-Gesetze **1** 6
- Koalitionsvereinbarung 2013 **1** 14
- Leiharbeitsrichtlinie **1** 10
- Liberalisierung der Zeitarbeit **1** 6
- Mindestlohn **1** 12
- Missbrauch von Werkverträgen **1** 14
- Reformen des AÜG **1** 13

Equal Pay Grundsatz **5** 16 f., 140 ff., 164 ff.
- Branchenzuschlagstarifverträge **5** 171 ff.
- Fristberechnung **5** 177 ff.
- Mindestlohntarifvertrag **5** 176
- Sachbezüge **5** 169
- Übergangsregelungen **5** 183 ff.
- Vermutungsregel **5** 166 ff.

Equal Treatment Grundsatz **5** 140 ff.
- Aufwendungsersatz **5** 155 ff.
- Betriebszugehörigkeit **5** 143 ff.
- Frist **5** 163
- Hartz-Gesetze **1** 7
- tarifungebundene Verleiher **5** 180 ff.
- Tarifvertrag **5** 159 ff.
- Umfang **5** 147 ff.

- vergleichbare Arbeitnehmer **5** 141 ff.
- Vergleichbarkeit **5** 141 ff.

Erster Referentenentwurf **1** 16
- § 611a BGB **2** 3 f.
- Kriterienkatalog **2** 4

Fahrlässigkeit **5** 382
Fakten zum „Missbrauch" **3** 1 ff.
- Zahlen zu Werk- und Dienstverträgen **3** 12
- Zahlen zur Leiharbeit **3** 3
Fakten zum „Missbrauch von Werkverträgen" **3** 12
Fakten zur Leiharbeit **3** 3 ff.
Fehlende Synchronisierung
- Leiharbeitnehmerbegriff **3** 20
Festhaltenserklärung **5** 18 ff., 214 ff., 219 ff.
- AGB-Kontrolle **5** 225
- Form **5** 220
- Frist **5** 222 ff.
- Verfahren **5** 221
- Zugang **5** 220
Feststellungsklage **5** 274
Fiktion des Arbeitsverhältnisses
- Vorratserlaubnis **1** 14
Fiktion eines Arbeitsverhältnisses **5** 214 ff.
Formen des Fremdpersonaleinsatzes **3** 14
Freelancer **4** 4
Freier Mitarbeiter **4** 4
Freie Mitarbeiter
- Lohnhöhe **4** 24 ff.
Freie-Mitarbeiter-Verträge **4** 4
Fremdpersonaleinsatz
- Checkliste **3** 36
- Checkliste (auf Dienstvertragsbasis) **3** 38
- Fakten und Zahlen **3** 12

436

Stichwortverzeichnis

Gegenmodell „Positivkatalog" 3 22
Geldbuße
- Höhe 5 383
Gesamtabwägung 3 28
Gesamtbetrachtung 3 28
Geschäftsanweisung der BA 4 80
Gesetzgebungsverfahren
- Sachverständigenanhörung 1 20
- Stellungnahme Bundesrat 1 19
Gewerbesteuer 4 65
Gewerbezentralregister 5 384
Gleichstellungsgrundsatz 5 16 f., 140 ff., 399 ff., 413
- Aufwendungsersatz 5 155 ff.
- bei Inbound-Fällen 5 355
- bei Outbound-Fällen 5 353
- Betriebszugehörigkeit 5 143 ff.
- Frist 5 163
- Sanktionen 5 190 ff., 379
- Tarifvertrag 5 159 ff.
- Übergangsregelungen 5 399 ff., 413
- Umfang 5 147 ff.
- vergleichbare Arbeitnehmer 5 141 ff.
- Vergleichbarkeit 5 141 ff.
grenzüberschreitende Arbeitnehmerüberlassung 5 350 ff.
- gewerberechtliche Bestimmungen 5 360
- Gleichstellungsgrundsatz bei Inbound-Fällen 5 355
- Gleichstellungsgrundsatz bei Outbound-Fällen 5 353
- Inbound-Fälle 5 354 f., 358 f.
- Outbound-Fälle 5 352 f., 356 f.
- ROM I-Verordnung 5 351 ff.
- VO EG 593/08 5 351 ff.

Haftung/Gewährleistung 3 27

Höchstüberlassungsdauer 5 13 ff., 57 ff.
- Anforderungen an Tarifvertrag 5 93 ff.
- Arbeitnehmerbezug 5 71
- Berechnung 5 70 ff.
- Entwicklung der Höchstüberlassungsdauer 1 4 f.
- europarechtliche Vereinbarkeit 5 68
- fingiertes Arbeitsverhältnis 5 126 ff.
- internationaler Vergleich 5 69
- Kirchen 5 120
- Konzernprivileg 5 89
- Rechtsfolge bei Überschreitung 5 126 ff.
- Sanktionen 5 378
- Schadensersatzanspruch 5 132 f.
- Tarifbindung 5 104
- Tarifbindung des Entleihers 5 96, 104
- tarifliche Öffnungsklausel 5 116
- Tarifvertrag 5 92 ff.
- Tarifvertrag der Einsatzbranche 5 90
- Tarifzuständigkeit 5 92
- Übergangsregelungen 5 394 ff., 412
- Überschreitung 5 121 ff., 214 ff., 219 ff.
- Unterbrechung 5 87
- Vergangenheit 5 57
Höhe der Geldbuße 5 383

Identifizierung des Vertragstypes 3 24
Indizientabelle 3 34
Informationspflicht 5 196 ff., 209 ff.
- bei Konzernüberlassung 5 212
Informationsrecht
- Betriebsrat 5 307 ff.
Interim Manager 4 4

Stichwortverzeichnis

IT Berater 3 39; 4 87
IT-Dienstleister Verträge 3 42
IT-Spezialist 4 73

Kampfparität 5 372
Kennzeichnungs- und Konkretisierungspflichten 5 10 ff.
Kennzeichnungspflicht 5 196 ff.
Kettenüberlassung
– Verbot 5 375
Kettenverleih 5 8 f.
– Sanktionen 5 28
– Zulässigkeit 5 28 f.
Koalitionsvertrag 2013 1 14
Konkretisierungspflicht 5 196 ff., 203 f., 214 ff., 216 ff.
– bei Konzernüberlassung 5 206
– Bußgeld 5 218
– Sanktionen 5 377
Konzernprivileg 5 6, 248
Konzernüberlassung 5 206, 212
Kriterien
– § 611a BGB g) und h) erster RefE 2 19
– Abnahmefähiges und abgrenzbares Werk 3 26
– Arbeitnehmerbegriff 2 18
– Bewertungstabelle 3 34
– Dauer und Intensität der Zusammenarbeit 3 33
– der tatsächlichen Durchführung 3 28
– eingesetztes Personal 3 25
– Eingliederung in die Betriebsorganisation 3 31
– für einen rechtssicheren Werkvertrag 3 25 ff.
– Haftung / Gewährleistung 3 27
– Inhaber der Personalhoheit 3 30
– Nutzung fremder Arbeitsmittel 3 32
– Persönliche Leistungspflicht 3 25

– Weisungsabhängigkeit 3 30
Kriterien der Abgrenzung
– Praxishinweise 3 24
Kriterienkatalog
– § 611a BGB 2 4
– 2 2
– Gegenmodell "Positiv-Katalog" 3 22
– Kritik 2 8
– Österreichische Regelung 2 8

Legaldefinition
– Leiharbeitnehmer 5 25
Leiharbeitnehmer
– Legaldefinition 5 24 f.
– Schwellenwerte 5 334 ff.
– Solo-Selbstständiger 4 71
Leiharbeitnehmerbegriff 3 18; 5 24
– Beweislast 5 26
– Bewertung 3 20
– Kritik 3 20
Leiharbeitnehmerrotation 5 30
Leiharbeitsrichtlinie 5 54
Leiharbeitsrichtlinie 2008/104/EG 1 10
Leistungsverweigerungsrecht
– bei Streik 5 261 ff.
– Geltendmachung 5 266 f.
– Hinweispflicht des Verleihers 5 268
– Überlassungsvergütung 5 272
– Vergütung des Leiharbeitnehmers 5 270 f.
– Voraussetzungen 5 262 ff.
Leistungsverweigerungsrecht bei Streik 5 227 ff.
Lohndumping
– durch Werkverträge 1 15
– Fall Schlecker 1 9
Lohnsteuer 4 58 ff.

Merkblatt BA 4 74

Stichwortverzeichnis

Merkmale des Werkvertrages **3** 15
Mindestentgelt **5** 380
Mindestlohn der Zeitarbeitsbranche
   1 12
Mindestlohntarifvertrag **5** 176
Missbräuchlicher Fremdpersonal-
   einsatz
– Fakten und Rechtstatsachen **3** 2
Mitbestimmungsrechte
– Betriebsbrat **5** 300 ff.

Nachzeichnung **5** 104 ff.
– Betriebsrat **5** 109
– Betriebsvereinbarung **5** 108
– Geltungsbereich des Tarifvertrags
   5 105
– inhaltsgleiche Übernahme **5** 107
– mehrere Tarifverträge **5** 106
Negative Koalitionsfreiheit **5** 231
Neuregelung
– Überblick **5** 64 ff.
Neuregelungen **5** 1 ff.

OECD **3** 13
Öffentlicher Dienst **5** 31 ff.
– Aufgabenverlagerung **5** 42 ff.
– Personalgestellung **5** 31 ff.
– Tarifverträge **5** 31
– vorübergehende Gestellung **5** 44
Offenlegungs- und Konkretisierungs-
   pflichten **5** 214 ff.
– Bußgeld **5** 218
– Beweislast **5** 226
Offenlegungspflicht **5** 196 ff., 199 ff.,
   214 ff., 216 ff.
– Bußgeld **5** 218
– Sanktionen **5** 376
Onesite Werkverträge **3** 31
Ordnungswidrigkeit
– Entleiher **5** 138
– Verleiher **5** 136 f.

Persönliche Abhängigkeit **3** 30
Personalgestellung **5** 31 ff., 40 f.
– in Schulen **1** 19
– unbedenkliche Dienst- und
   Werkverträge **3** 39
Personalgestellung im Projektgeschäft
   3 39
Personalgestellung in Schulen **1** 19
Personalgestellungsvereinbarung **5** 46
Personalhoheit **3** 16 f., 20 f., 30
Personalplanung **5** 301, 326 ff.
– Betriebsrat **5** 326 ff.
Plattformarbeit/-ökonomie **4** 7
Positivkatalog
– Vorschlag für einen § 611a Abs. 3
   BGB **3** 23
Praktische Handhabung
– Indizientabelle **3** 34
Praxishinweise
– besondere Anforderungen an die
   Ausgestaltung des Einsatzes **3** 28
– Checkliste **3** 36
– für Beraterunternehmen **3** 42
– Indizien zum Vertragstyp **3** 24
– Tabelle zur Bewertung der Indizien
   3 34
– zur Abgrenzung der Arbeitnehmer-
   überlassung von anderen Formen
   des Personaleinsatzes **3** 24
– zur Handhabung des Fremdper-
   sonaleinsatzes **3** 24
Privatisierung **5** 49
Projektgeschäft **3** 39

Qualifizierung des Fremdpersonalein-
   satzes **3** 25
Qualifizierung des Vertragstyps
– Positiv- und Negativindizien **3** 34

Reform 2017
– Beratung im Fachausschuss **1** 20
– Erster Referentenentwurf **1** 16

439

Stichwortverzeichnis

- Gesetzgebungsverfahren 1 20
- Regierungsentwurf 1 18
- Zweiter Referentenentwurf 1 17

Reformanlass
- AÜG Reform 2011 1 1
- Drehtürklausel 1 1
- Lohndumping 1 1
- Missbrauch von Leiharbeit 1 1
- Missbrauch von Werkverträgen 1 1

Reformen des AÜG 1 13
Reformvorschlag 3 22
Regierungsentwurf 1 18
- § 611a BGB 2 9

Regulierung der Leiharbeit
- Kritik am verstärktem Reglementierungsdrang 3 13

Religionsgemeinschaften 5 39
Rentenversicherungspflicht gem. § 2 Ziff. 9 SGB VI 4 74
Rundschreiben der Spitzenverbände 4 15

Sachverständigenanhörung 1 20
Sanktionen 5 367 ff.
- Dauerüberlassung 5 63
- Differenzierung nach Schweregrad von Verstoß 5 373
- Fahrlässigkeit 5 382
- Gleichstellungsgrundsatz 5 190 ff.
- Mehrfachsanktionierung 5 368 ff.
- Täterschaft 5 374
- Verfassungsmäßigkeit 5 367
- Verschärfung 5 373
- Vorsatz 5 382

SAP-Berater 4 74
Scheinselbstständigkeit 4 1 ff.
Scheinwerkverträge 1 15
Scheinwerkvertrag 3 16
Schwellenwerte 5 23, 334 ff.
- Arbeitnehmerüberlassung 5 334 ff.
- Betriebsverfassung 5 337
- Leiharbeitnehmer 5 334 ff.

- Übergangsregelungen 5 414 ff.
- Unternehmensmitbestimmung 5 342
- Zwei-Komponenten-Lehre 5 334

Selbständiger SAP-Berater 4 74
Solo-Selbständiger
- SAP-Berater 4 74

Solo-Selbstständige 4 1 ff.
- § 611a BGB n.F. 4 2
- 2-stufige Prüfung bei Überlassung 4 74 f.
- Abgrenzung zum Arbeitnehmer 4 1 ff., 9 ff.
- Abstimmung mit Auftraggeber 4 74
- abweichende Arbeitnehmerdefinition 4 77
- Altersvorsorge 4 7
- Anwendbarkeit des AÜG 4 77
- Arbeitgeberbegriff 4 2, 8, 88
- arbeitnehmerähnliche Person 4 38 ff.
- arbeitnehmerähnliche Personen 4 7
- Arbeitnehmerüberlassung 4 68 ff.
- Arbeitnehmerüberlassung/Fallgruppen 4 70
- Arbeitsort 4 87
- Arbeitsrecht 4 70 ff.
- arbeitsrechtliche Abgrenzung 4 10
- arbeitsrechtliche Risiken 4 21 ff.
- Beratungsunternehmen 4 87
- Beurteilungsspielraum 4 10
- Beweiserleichterung 4 31
- Beweislast 4 38, 54, 60, 62
- Bezeichnung 4 4
- Bindung an den Arbeitsort 4 87
- Clearingstellen-Verfahren 4 3
- Consulting 4 73
- Crowdworker 4 7
- Definition 4 1 ff.
- Dienstnehmer 4 70

Stichwortverzeichnis

- Divergenz der Rechtsgebiete 4 2, 9 ff., 20, 77
- DIW-/ECON-Studie 4 7
- Doppelfehler in AÜG-Fällen 4 88
- Dreipersonen-Verhältnis 4 69
- Eingliederung beim Dritten 4 75
- Eingliederung beim Einsatzunternehmen 4 77
- Einkommenssituation 4 7
- Entgeltfortzahlung 4 21
- Freiberufler 4 7
- Gesamtabwägung 4 73
- Gesamtbild der Tätigkeit 4 81
- Geschäftsanweisung der BA 4 80
- Gesetzesvorhaben (zukünftig) 4 7
- Grad der persönlichen Abhängigkeit 4 1
- Grenzfälle 4 17
- Haftung 4 82
- Haftungsbescheid 4 59
- Hauptzollamt 4 48
- Heimarbeitsgesetz 4 7
- Indizien/Kriterien 4 13, 17, 19
- Interim Manager 4 4
- IT-Spezialist 4 73
- Kollektivarbeitsrecht 4 44 ff.
- Landwirte 4 7
- Leiharbeitnehmer 4 71
- Meldeverfahren 4 55
- Mindestlohn 4 21
- Motive des Auftraggebers 4 5
- Motive des Solo-Selbstständigen 4 6
- Nachzahlungen 4 51
- nichtselbstständige Tätigkeit 4 17, 82
- persönliche Selbstständigkeit 4 17
- Pflichtversicherung 4 7
- PKW-Nutzung 4 64
- Plattformarbeit 4 7
- Plattformökonomie 4 7
- Prüfungsschritte in AÜG-Fällen 4 71
- Rechtsmissbrauch 4 33
- Rechtsweg 4 37
- Renaissance der FMA-Verträge 4 69
- Rentenversicherung 4 7, 70 ff.
- Rentenversicherungspflicht gem. § 2 Ziff. 9 SGB VI 4 74
- Rundschreiben der Spitzenverbände 4 15
- Säumniszuschläge 4 53, 81
- Schaubild unterschiedlicher Begrifflichkeiten 4 70
- Scheinselbständigkeit in AÜG-Fällen 4 84
- Scheinselbstständigkeit 4 1
- Schutzrechte 4 21
- Schwellenwerte 4 22
- Sozialversicherungsbeiträge 4 70 ff.
- Sozialversicherungsrecht 4 70 ff.
- sozialversicherungsrechtliche Abgrenzung 4 11
- sozialversicherungsrechtliche Risiken 4 48 ff.
- steuerliche Risiken 4 58 ff.
- Steuerrecht 4 70 ff.
- Steuerrecht in AÜG-Fällen 4 79
- steuerrechtliche Abgrenzung 4 16
- strafrechtliche Risiken 4 57, 67
- Tarifregister 4 7
- Tarifvertrag 4 7 f.
- Überzahlung 4 29
- Unternehmensberatung 4 73
- Unterrichtung des Betriebsrats 4 46
- unterschiedliche Definitionen 4 2
- Verjährung 4 54
- Versäumnisse des Gesetzgebers 4 2
- Vertrag 4 14
- Vertragstypenwahl 4 73
- Wegfall der Bereicherung 4 31

441

Stichwortverzeichnis

- Weißbuch Arbeiten 4.0   4 7
- Werkhersteller   4 70
- widersprüchliche Rechtslage   4 2
- zulässige Gestaltung   4 73

Solo-Selbstständiger
- Arbeitsrecht   4 10
- Arbeitsverhältnis   4 71
- Lohnhöhe   4 24 ff.
- Sozialversicherungsrecht   4 11 ff.
- Statusklage   4 35
- Steuerrecht   4 16 ff.
- Umsatzsteuer-Korrektur   4 62
- Weisungsrecht   4 74

Solo-Unternehmer   4 4
Sozialversicherungsbeiträge
- Hinterziehung   4 57
- Nachzahlung   4 51 ff.
- Säumniszuschläge   4 51 ff.

Sozialversicherungsrecht
- Statusfeststellung   4 48 ff.

Start Ups   4 7
Statistiken zu Werkverträgen   3 12
Statusbeurteilung
- Unbeachtliche Kriterien   2 20

Statusfeststellung
- Sozialversicherungsrecht   4 48 ff.

Statusfeststellungsverfahren   2 7
Statusklage   4 35
Steuerhinterziehung   4 67
Streik
- Einsatzverbot   5 227 ff.

Streikbrecher   5 227 ff., 230 f.
Streikbrecherverbot   5 21, 239 ff., 372
Streikeinsatz   5 381
Streikrecht
- beim Entleiher   5 228
- beim Verleiher   5 228

Streikverbot beim Entleiher
- Rechtsfolgen   5 228

Tabelle: Positiv- und Negativindizien
   3 34

tarifgebundene Entleiher
- zeitliche Beschränkung   5 118

Tarifverträge des öffentlichen Dienstes
   5 31 ff.

Tarifvertrag   5 92 ff.
- ausländischer   5 362 ff.
- Betriebsübergang   5 101 ff.
- Nachwirkung   5 98
- Nachzeichnung   5 105
- Solo-Selbstständige   4 8

Tarifzuständigkeit
- Höchstüberlassungsdauer   5 92

Tatsächliche Vertragsdurchführung
   3 29

Ticket-System   2 19
Typologische Betrachtungsweise
- Arbeitnehmerbegriff   2 16

Übergangsregelungen   5 387 ff.
- Drehtürklausel   5 388 ff., 411
- Equal Pay Grundsatz   5 183 ff.
- Gleichstellungsgrundsatz   5 399 ff., 413
- Höchstüberlassungsdauer   5 394 ff., 412
- Schwellenwerte   5 414 ff.

Überlassung eines Selbstständigen
   4 71

Überlassungsdauer
- arbeitnehmerbezogen   5 62
- arbeitsplatzbezogen   5 62
- Beginn   5 78 ff.
- Berechnung   5 77
- Fristberechnung   5 80
- Unterbrechung   5 87
- Verbot der Dauerüberlassung   5 61
- vorübergehend   5 60

Überlassungserlaubnis
- gewerberechtliche Konsequenzen
   5 139

Umsatzsteuer   4 62 ff.

Stichwortverzeichnis

Unbeachtliche Kriterien
- Statusbeurteilung **2** 20
Unterlassungsanspruch
- Gewerkschaft **5** 277 f.
Unternehmenberatungsvertrag **4** 73
Unternehmensberater **4** 73, 87
Unterstützungsstreik **5** 229

Verbot der Kettenüberlassung **5** 375
Verbot des Kettenverleihs **5** 27 ff.
- Entleiherrondell **5** 30
- Leiharbeitnehmerrotation **5** 30
Verdeckte Leiharbeit **3** 16
Verfallbescheid **5** 383
Verjährung **5** 385
Vermutungswirkung **2** 2
Versetzung **5** 44
Vertragstypenwahl **4** 73
vorherige Überlassung
- Anrechnung **5** 81
- Karenzzeit **5** 81
Vorrang der tatsächlichen
  Durchführung **3** 29
Vorratserlaubnis **5** 10 ff., 196 ff.,
  214 ff., 376
- Zulässigkeit **1** 14
Vorsatz **5** 382
vorübergehende Gestellung **5** 44

Vorübergehende Überlassung **1** 11
vorübergehende Überlassung
- Konkretisierung **5** 70
- Rechtsfolge der nicht
  vorübergehenden Überlassung **1** 11

Weißbuch Arbeiten 4.0 **4** 7
Weisungen **2** 5
- Fortsetzungszusammenhang **3** 21
Weisungsabhängigkeit **2** 12; **3** 21
- § 611a BGB-RefE-I **2** 5
Weisungsrecht **2** 12; **3** 30
Werkvertrag
- Checkliste **3** 36
Widerspruchsrecht des Leiharbeitnehmers *siehe* Festhaltenserklärung
  5 214, 220
Wirtschaft und Wettbewerb **3** 13
- Wachstumsbremse **3** 13

Zeitarbeitsrichtlinie **5** 140
Zeitarbeitstarifverträge
- Einsatzverbot **5** 233 f.
Zustimmungsverweigerungsrecht
- Betriebsrat des Entleihers **5** 134 f.
Zweiter Referentenentwurf **1** 17
Zwischenschaltung Dritter **5** 27

Alles rund ums Arbeitsrecht!

Diese und weitere Bücher finden Sie auf unserer Homepage unter:

www.anwaltverlag.de